iams & Wilkins • LA LEY

• Facts & Comparisons •

ystems • CT Corporation

UCC Direct Services •

en Publishers • LA LEY •

luwer • Luchterhand •

ial Directivos • CCH •

EINS • Wolter Noordhof

• Digital Spirit • LA LEY

CUSTODIA COMPARTIDA de los HIJOS

Fabiola Lathrop Gómez

Claves LA LEY

LA LEY
grupo Wolters Kluwer

CUSTODIA COMPARTIDA DE LOS HIJOS

Fabiola LATHROP GÓMEZ
Doctora en Derecho. Profesora de Derecho Civil

Director General de LA LEY: Alberto Larrondo Ilundain
Director de Publicaciones: José Ignacio San Román Hernández
Coordinación editorial: Chelo Canseco Dean
César Abella Fernández
Miriam Barca Soler

Diseño de cubierta: Raquel Fernández Cestero

Edición: Septiembre 2008

Edita: LA LEY
Edificio La Ley
C/ Collado Mediano, 9
28230 - Las Rozas (Madrid)
Tel.: 902 42 00 10 - Fax: 902 42 00 12
http://www.laley.es

ISBN: 978-84-9725-911-8
Depósito Legal:M-38958-2008
Printed in Spain.
Impreso en España por: Grefol, S.L.
Polígono 2 - La Fuensanta
28936 Móstoles (Madrid)

A Rodrigo, por tu amor y apoyo incondicional

«Parlavi alla luna, giocavi coi fiori
avevi l'età che non porta dolori
e il vento era un mago, la rugiada una dea
nel bosco incantato di ogni tua idea.»

Leggenda di Natale
Fabrizio DE ANDRÉ, 1968

ÍNDICE SISTEMÁTICO

CAPÍTULO I

LA GUARDA Y CUSTODIA DE LOS HIJOS EN EL CÓDIGO CIVIL

CAPÍTULO II

EJERCICIO DE LA GUARDA Y CUSTODIA DE LOS HIJOS

CAPÍTULO III

LA GUARDA Y CUSTODIA COMPARTIDA

CAPÍTULO IV

EJERCICIO DE LA GUARDA Y CUSTODIA COMPARTIDA

PRÓLOGO

Entre los aspectos más relevantes de la vida de los cónyuges una vez producida la ruptura matrimonial, están sin duda aquellos que tienen que ver con las relaciones paternofiliales. En efecto, cuando hay hijos que conviven con el matrimonio, sean menores o no, la separación o el divorcio acarrean como primer problema la necesidad de *elegir,* de decidir con cuál de ellos va a continuar la convivencia y todo lo que ésta lleva consigo. Una vez producida la vida independiente y separada de los cónyuges, es preciso determinar si los hijos continuarán viviendo habitualmente con uno, con otro, o de manera «compartida» (más bien, diríamos, alternativa) con ambos.

Los preceptos que atienden a la regulación de tales problemas en el Código Civil, en su redacción dada por la Ley de 7 de julio de 1981, aludían para referirse al problema al «cuidado y educación de los hijos» o «ejercicio de la patria potestad». Y a partir de la reforma introducida por la Ley 15/2005, de 8 de julio, empieza a emplearse la expresión (mucho menos técnica desde el punto de vista jurídico) «guarda y custodia», que ya se había acuñado desde el punto de vista legislativo en la Ley de Enjuiciamiento Civil 1/2000 en varios de sus preceptos (arts. 748.4.º, 769.3, 770.6.ª). Los padres, creo, nunca han «custodiado» a los hijos, al menos desde la reforma del Código Civil de 13 de mayo de 1981 en materia de patria potestad. Los padres tienen a los hijos «bajo su guarda», pero no los custodian, como si de equipajes (la *custodia* en Derecho romano consiste en una especial obligación de diligencia impuesta a ciertos oficios) o presidiarios se tratase. Y por ello, menos aún debería utilizarse la horrorosa expresión vulgar «custodia compartida», consagrada por los usos forenses y los medios de comunicación, no así por los nuevos preceptos del Código que, al referirse a esta posibilidad, la denominan «ejercicio compartido de la guarda y custodia de los hijos». La guarda de los hijos no es ningún derecho o prerrogativa que se pueda «compartir»: constituye más bien una parte del *officium* inherente a la patria potestad.

En la configuración del régimen jurídico de la guarda de los hijos que estableció la llamada «Ley del divorcio» en 1981, el ordenamiento jurídico diseñaba un modelo que podríamos denominar «estático» que sólo podía determinar la guarda de los hijos por el padre o por la madre. Y ello con arreglo a unos pocos principios y criterios fundamentales que han de presidir tan importante decisión, que con arreglo a la doctrina exegética de los preceptos legales, y como he señalado en otro lugar, pueden resumirse en los siguientes:

1.º La norma fundamental al respecto, que inaugura el art. 92, declara que la nulidad, separación o divorcio *no eximen a los padres de sus obligaciones* para con los hijos, y deriva de los principios constitucionales que consagran los arts. 39.2 y 39.3 de la CE.

2.º Aunque tales obligaciones no derivan realmente de la patria potestad, del anterior principio deriva otro que, no por evidente, es innecesario recordar (también en los convenios reguladores y las sentencias): como regla general, ambos progenitores *conservan la titularidad de la patria potestad,* a pesar de la ruptura matrimonial. Regla que sólo encuentra excepción en el caso de que se produzca una de las causas de privación de la patria potestad, previstas en el art. 170 del CC. Nótese que la detección de dicha causa puede producirse en causa criminal o «matrimonial» según el último precepto citado. Pese a ello, tras la reforma de nuestro divorcio operada por la Ley 15/2005, que ha venido a eliminar absolutamente toda referencia a causas de separación o de divorcio, no vemos cómo puede ponerse de relieve en un (aséptico y acausal) procedimiento de separación o de divorcio la existencia de una (excepcionalmente grave) causa de privación de la patria potestad.

3.º Un tercer principio, que inexplicablemente ha sido suprimido, al menos en su formulación explícita, por la Ley 15/2005, pero que en todo caso sigue presidiendo la materia, siquiera de forma implícita, es que cualquier decisión acerca de la guarda y custodia de los hijos debe ser adoptada *en beneficio del interés de los mismos,* como sí señala expresamente la regla 1.ª del art. 103. Es verdad que muchas veces no resulta fácil determinar con claridad dónde radica ese interés, si es preferible que el hijo no cambie de residencia, si el ejercicio del derecho de visitas en tal o cual lugar perjudica tal interés, etc. Sin embargo, es muy importante destacar la absoluta prevalencia del interés de los hijos sobre el de los progenitores.

4.º Otro principio, que también ha quedado diluido en la nueva regulación de la materia, es que padres o juez han de procurar en todo caso *no separar a los hermanos*. Principio que debe ser conectado con el anterior: es decir, sólo podría acordarse la separación de los hermanos cuando ello redunde en beneficio de su interés, y en ningún caso cuando ello resulte más beneficioso para los progenitores. A la vista de la reforma legislativa, parece como si dicho principio sólo debiera seguirse en los casos de custodia compartida, al haberse relegado su formulación al final del apartado 5 del art. 92, dedicado a ese supuesto. Sin embargo, resulta obvio el carácter absolutamente general de ese criterio de no separación de los hijos, también a los supuestos de atribución de la guarda y custodia a uno solo de los progenitores.

5.º Cualquier medida sobre la guarda de los hijos debe acordarse respetando el *derecho de los menores a ser oídos*. Este derecho existe siempre que dichos menores tengan «suficiente juicio», cuando el juez lo estime necesario, de oficio, a petición del fiscal, las partes o el Equipo Técnico Judicial, o incluso a petición del propio menor. Hay que tener en cuenta que con arreglo al art. 159 del CC, en todo caso, la audiencia del menor ha de producirse si tiene más de doce años.

6.º Además de la audiencia del menor, la decisión del juez acerca de la idoneidad del régimen de guarda debe venir amparada en el *dictamen de especialistas* debidamente cualificados, relativo a la idoneidad en el modo de ejercicio de la patria potestad y del régimen de custodia de los menores; en las alegaciones de las partes vertidas en la comparecencia; en la prueba practicada; y en la relación que los padres mantengan entre sí y con sus hijos.

7.º Excepcionalmente, según dispone el art. 103 (es abrumadora la falta de sistemática), los hijos pueden ser encomendados a los abuelos, parientes u otras personas que así lo consintieren y, de no haberlos, a una institución idónea, confiriéndoles las funciones tutelares que ejercerán bajo la autoridad del juez.

8.º Asimismo, cuando exista riesgo de sustracción del menor por alguno de los cónyuges o por terceros, pueden adoptarse, entre otras que resulten adecuadas, las siguientes medidas: Prohibición de salida del territorio nacional, salvo previa autorización judicial; prohibición de expedición del pasaporte al menor o retirada del mismo; y sometimiento a autorización judicial de cualquier cambio de domicilio del menor.

Junto a ese régimen «estático», hay que señalar que una de las novedades legislativas más significativas y abiertamente positiva de la Ley 15/2005, es la posibilidad de establecer la que ha dado en llamarse «custodia compartida» o, como dice el art. 92.4, el «ejercicio compartido de la guarda y custodia de los hijos», que consiste precisamente en establecer un régimen alternativo de convivencia de los hijos con uno u otro progenitor, por semanas, meses o número de días alternos, en una u otra vivienda.

No creo que pueda discutirse que el establecimiento de un régimen estático de guarda y custodia con uno solo de los progenitores, y un modelo de «visitas» (hasta el nombre repugna al mundo de los afectos y solidaridad familiar que preside la patria potestad) para el otro, a menudo ocultaba otros intereses de los cónyuges, relacionados con el uso de la vivienda familiar, atribuida prácticamente siempre a los hijos, la percepción de pensiones alimenticias, o la dejación de las enojosas tareas cotidianas que exige el cuidado y atención de la prole. Por ello, la posibilidad de repartir verdaderamente esas tareas, equilibrar la convivencia y dedicación a los hijos, y la búsqueda de soluciones imaginativas y dinámicas que integren realmente el interés de los menores y no la conveniencia de los cónyuges, supone un giro de enorme calado en nuestra regulación que, sin duda, evitará no pocos de los traumas que a menudo siguen tras la crisis matrimonial.

Esta alternativa de que los padres ejerzan conjuntamente la guarda de los hijos venía reclamándose hace tiempo desde numerosos sectores de la opinión pública, como medio de impedir que la guarda de los hijos atribuida a uno solo de los cónyuges, aderezada con la consiguiente atribución del uso de la vivienda familiar, y la imposición de un régimen de pensión alimenticia a cargo del otro progenitor, acabe convirtiendo a este último en un mero o patrocinador económico de la familia (es el conocido tránsito de *esposo* a *sponsor),* que interviene muy marginalmente en la educación de los hijos. Situación ésta que, ciertamente, agrava a menudo la situación de conflicto familiar inherente a todo divorcio.

Con arreglo al nuevo art. 92, como regla general, tal posibilidad de guarda alternativa de los hijos debe proceder de un acuerdo de los cónyuges, alcanzado en la propuesta de convenio regulador o en el transcurso del procedimiento. Y en este supuesto, son varias las precauciones que establece el legislador, además del cumplimiento de los principios generales que ya hemos comentado: El juez debe fundamentar su resolución, debe establecer las cautelas procedentes para el eficaz cumplimiento del régimen de guarda establecido, y ha de denegar tal acuerdo en los supuestos de atentado contra la vida, la integridad física, la libertad, la integridad moral o la libertad e indemnidad sexual del otro cónyuge o de los hijos, o cuando existan indicios (sí, *indicios* y no pruebas) fundados de violencia doméstica.

Lamentablemente, la reforma se quedó bastante corta, pues la posibilidad de acordar este régimen compartido a petición de uno solo de los cónyuges es absolutamente excepcional, no veo bien por qué, cuando el juez aprecie como fundamento de la decisión que sólo de este modo se protege adecuadamente el interés superior del menor. Máxime cuando en tal caso es requisito inexcusable el informe favorable del Ministerio Fiscal, en la práctica poco proclive a emitirlo en esos términos.

La trascendencia de dicho cambio legislativo, unida a la novedad de la figura en nuestro ordenamiento jurídico, justifican por sí solas el acierto que tuvo la Dra. Fabiola Esther LATHROP GÓMEZ cuando eligió el tema de su tesis doctoral, la cual se encuentra en la base del presente libro. Tesis que se elaboró en la Universidad de Salamanca bajo la codirección de la Profra. Dra. Nieves MARTÍNEZ RODRÍGUEZ y de quien hoy hace las veces de prologuista. Tras retornar la autora a su Chile tras su estancia doctoral en España, ha tomado la afortunada decisión de publicar la obra en nuestro país, de la que sin duda debemos felicitarnos.

Esa doble condición de codirector y prologuista me impide emitir aquí ningún juicio crítico sobre el trabajo, que sería en todo caso parcial, por lo que cualquier elogio de su contenido seria leído bajo sospecha. Sin embargo, creo merece la pena destacar al menos un par de aspectos que saltan a la vista desde la lectura de las primeras páginas. Uno de ellos es el magnífico empleo de la lengua castellana que nos brinda la autora, al que no es del todo ajeno su origen chileno. Precisión lingüística que se añade a una claridad sistemática que hacen tremendamente fácil la lectura de la obra. La atención prestada al Derecho comparado, de singular utilidad en el caso de figuras novedosas como la aquí estudiada, y a las inevitables ramificaciones interdisciplinares de la materia, otorgan a la obra una enorme utilidad. Tanto en el orden teórico, en el que tan necesitados estábamos de un estudio en profundidad de la llamada custodia compartida, como en el orden práctico, pues con la vista fijada de manera constante en la jurisprudencia menor, el trabajo ofrece respuesta a no pocos de los problemas que se vienen produciendo en la aplicación cotidiana de la figura.

En esta última línea mencionada, me parece importante destacar que el estudio teórico de la figura va seguido de una interesante exposición de las diferentes formas de organizar la guarda compartida, pues la propia naturaleza de la institución permite infinitas fórmulas de llevarse a la práctica. Y aquí es donde las soluciones imaginativas no se pueden dejar sólo a la mera «creatividad» de los cónyuges, sino que la ciencia jurídica tiene que ofrecer posibilidades y alternativas. Las propuestas de la autora en este punto confieren al trabajo un particular interés práctico, más allá del indudable rigor dogmático de toda su primera parte. Lo antedicho me permite afirmar con toda objetividad que estamos en presencia de una obra de referencia en la materia, por la que merece felicitación su autora y su editorial.

Salamanca, julio de 2008

Eugenio Llamas Pombo
Catedrático de Derecho Civil
Universidad de Salamanca

ABREVIATURAS

AAMN	Anales de la Academia Maritense del Notariado
AC	Actualidad Civil
ADC	Anuario de Derecho Civil
ATC	Auto Tribunal Constitucional
BGB	Bürgerliches Gesetzbuch (Código Civil alemán)
BIMJ	Boletín de Información del Ministerio de Justicia
BOCG	Boletín Oficial de las Cortes Generales
BOE	Boletín Oficial del Estado
BV	Wetboek van Burgelijk Rechtsvordering (Código de Procedimiento Civil holandés)
BVerfG	Bundesverfassungsgericht (Corte Constitucional alemana)
BW	Burgerlijk Wetboek (Código Civil holandés)
CC	Código Civil español
CDN	Convención Internacional de los Derechos del Niño
CE	Constitución española
CEDAW	Convención sobre la eliminación de todas las formas de discriminación en contra de la mujer
CEEP	Centro Europeo de la Empresa Pública
CES	Confederación Europea de Sindicatos
CES	Consejo Económico y Social
Cfr.	Confrontar
Ch.	Chapter
Coord.	Coordinador(a)
CTS	Cuadernos de Trabajo Social
DOCE	Diario Oficial de la Unión Europea
DPC	Derecho Privado y Constitución
Ed.	Edición
FamRZ	Zeitschrift für das gesamte Familienrecht

FGG	Gesetz über die Angelegenheiten der freiwilligen Gerichtsbarkeit (Código de Familia alemán)
ILCS	Illinois Compiled Statutes
IMSERSO	Instituto de Mayores y Servicios Sociales
IRCO	Initial Report Concluding Observations
IRPF	Impuesto sobre la Renta de Personas Físicas
ISTAT	Istituto Nazionale di Estatistica
LEC	Ley de Enjuiciamiento Civil
LO	Ley Orgánica
LOIE	Ley Orgánica para la Igualdad Efectiva de Mujeres y Hombres
LOPJ	Ley Orgánica del Poder Judicial
NRS	Nevada Revised Statutes
Núm.	Número
Op. cit.	Obra citada
OS	Oklahoma Statutes
OUA	Organización de la Unión Africana
pág./págs.	Página/páginas
párr.	Párrafo
PEF	Puntos de Encuentro Familiar
PIDCP	Pacto Internacional de Derechos Civiles y Políticos
PIDESC	Pacto Internacional de Derechos Económicos, Sociales y Culturales
RCDI	Revista Crítica de Derecho Inmobiliario
RDN	Revista de Derecho Notarial
RDP	Revista de Derecho Privado
RFDC	Revista de la Facultad de Derecho de la Universidad Complutense de Madrid
RGD	Revista General de Derecho
RJC	Revista Jurídica de Cataluña
RJCL	Revista Jurídica de Castilla y León
RJCLM	Revista Jurídica de Castilla-La Mancha
RPDTEL	Reglamento de Población y Demarcación Territorial de las Entidades Locales
SAP	Sentencia Audiencia Provincial
S.A.P.	Síndrome de Alienación Parental
SAT	Sentencia Audiencia Territorial
Sec.	Section

SFS	Swedish Code of Statutes
ss.	Siguientes
STC	Sentencia Tribunal Constitucional
STS	Sentencia Tribunal Supremo
TEDH	Tribunal Europeo de Derechos Humanos
UNICE	Unión de Industrias de la Comunidad Europea
Vid.	Ver entre otros
Vol.	Volumen
VV.AA.	Varios autores

INTRODUCCIÓN

Transcurridos casi veinticinco años desde la promulgación de la ley que introdujo en España el divorcio vincular, la sociedad española ha sido protagonista de una nueva y revolucionaria modificación del Derecho de familia. En el mes de julio de 2005 entraron en vigor la Ley 13/2005, de 1 de julio, que permitió el matrimonio entre personas del mismo sexo, y 15/2005, de 8 de julio, que eliminó la separación previa como requisito para acceder al divorcio, reconociendo positivamente, además, la custodia compartida de los hijos. Estos cuerpos legales han transformado el sistema matrimonial existente en el ordenamiento jurídico español desde el año 1981, desatando un apasionado debate en torno a la institución del matrimonio y la guarda y custodia de los hijos.

Sin perjuicio de la definición que más adelante se enunciará, puede señalarse, a grandes rasgos, que la custodia compartida, conjunta o alternada es aquel sistema familiar posterior a la ruptura matrimonial o de pareja que, basado en el principio de la corresponsabilidad parental, permite a ambos progenitores participar activa y equitativamente en el cuidado personal de sus hijos, pudiendo, en lo que a la residencia se refiere, vivir con cada uno de ellos durante lapsos sucesivos más o menos predeterminados.

La consagración legal de la custodia compartida ha estado precedida de un acalorado escenario político y social. En el contexto europeo, por ejemplo, su instauración ha sido objeto de diversas promesas político-electorales y, en general, en los países en que se ha planteado su reconocimiento positivo se ha generado una discusión que ha repercutido transversalmente en un sinnúmero de aspectos jurídicos y sociales, y su establecimiento ha sido defendido y difundido mediante curiosas y arriesgadas acciones de visibilización política y mediática.

Alrededor de esta figura gravita una enrevesada polémica sobre las bondades y defectos que su aplicación produce en los hijos y, en general, en las relaciones familiares. Numerosos estudios realizados en el ámbito de la psicología y psiquiatría infantil y diversas investigaciones llevadas a cabo en el campo sociojurídico, arrojan resultados que conducen tanto a aceptar como a rechazar su implementación, de forma que no puede afirmarse, con certeza absoluta, que se trate de un instituto positivo o negativo en sí mismo, sino que, como suele suceder en el Derecho de familia, su aplicación debe ser ponderada frente a las circunstancias de cada realidad en concreto.

En este trabajo se sostiene que el concepto de guarda que mejor se aviene con la custodia compartida es aquel que comprende no sólo la convivencia sino también el cuidado, en general, del aspecto personal de la vida del hijo. El cuidado directo, próximo e inmediato en el espacio y en el tiempo es un elemento esencial para definir la custodia, pero no agota su concepto, pues el padre o madre que no custodia tiene injerencia en esa esfera personal a través del derecho-deber de vigilancia y control y del deber de colaboración. En este sentido, el concepto de cuidado personal es más amplio que vivir bajo un mismo techo. Esta noción explica, además, el contenido y significación de la guarda compartida. Si la guarda y custodia significase básicamente convivir con el hijo, sería imposible «compartirla» una vez sobrevenida la ruptura conyugal. Del mismo modo, distribuir el cuidado personal no significa, *necesariamente*, vivir «rotatoriamente» por períodos más o menos similares, sino participar equitativamente en las decisiones relativas a dicha esfera personal de cuidado. De hecho, en Francia y en Italia, la *custodia conjunta* es un instituto totalmente diverso de la *custodia alternada,* pues en ésta se comparte sólo la residencia y no la totalidad de las funciones parentales.

Este trabajo desarrolla el estudio de la custodia compartida a partir de los ejes sobre los cuales la Ley 15/2005 la ha introducido positivamente, esto es, la igualdad entre padre y madre, el principio de corresponsabilidad familiar, y el derecho del hijo a seguir manteniendo un contacto directo y regular con ambos progenitores tras la ruptura matrimonial o de pareja. En este sentido, la reforma presenta un importante contenido promocional y pedagógico, pues reconoce e impulsa una nueva modalidad de organización posterior a la crisis familiar. Al análisis e implicancias de dichas directrices se dedica parte importante de las presentes páginas.

Cabe señalar que la técnica del legislador de 2005 es deficiente. En efecto, el texto de la Ley 15/2005 se presenta en diversas partes confuso y de difícil lectura. Por otra parte, además del escepticismo general que esta figura ha generado en el ámbito jurídico, uno de los aspectos más polémicos de la reforma ha sido la introducción de una norma que permite al juez establecer la custodia compartida sin el acuerdo de ambos padres siempre que uno de ellos la haya solicitado, que exista Informe favorable al respecto del Ministerio Fiscal, y que sólo de esa forma se garantice el interés superior del hijo. Se replantea así la controversia sobre el predominio o limitación de la autonomía de la voluntad de los cónyuges en estas materias, las cortapisas a la intervención judicial y la conveniencia o inconveniencia de la actuación de oficio del juez. El estudio de esta y otras insuficiencias constituye un enfoque de carácter crítico y transversal que ha intentado analizar integralmente la reforma de 2005.

En efecto, considerando que la custodia compartida no es sino una modalidad de ejercicio de la guarda y custodia en general, este trabajo se aboca, en primer lugar, al examen de la normativa relativa al cuidado personal de los hijos, de los criterios legales y judiciales para su atribución, y de los principales aspectos relacionados con su ejercicio. Posteriormente, se ofrece una aproximación a la custodia conjunta a través del análisis de su evolución, principios informadores, ventajas y desventajas y, particularmente, se aborda detenidamente el examen de las novedades introducidas por la Ley 15/2005, así como en la construcción de un modelo de guarda y custodia compartida que garantice un adecuado ejercicio de la misma.

De esta forma, la estructura del presente trabajo está organizada en cuatro Capítulos. El primero de ellos está dirigido al tratamiento de la guarda y custodia de los hijos y tiene por objeto fijar el marco legal y el presupuesto conceptual de la guarda compartida. En el Capítulo segundo se aborda el ejercicio de la guarda y custodia: la vinculación existente entre patria potestad y cuidado personal, los límites de su ejercicio, las hipótesis de atribución a terceros, la muerte del progenitor guardador, la modificación de los derechos y obligaciones relativos a la guarda y custodia y, por último, la responsabilidad civil de los padres por los hechos dañosos que sus hijos sujetos a guarda causan a terceros.

Los dos últimos Capítulos están dedicados al análisis de la custodia compartida. En el tercer Capítulo se abordan algunos aspectos que fijan el marco conceptual de este instituto como, por ejemplo, la correlación entre el principio de corresponsabilidad parental y guarda conjunta. Se esboza un concepto de esta figura, sus antecedentes legales y evolución en el Derecho comparado y sus principios informadores. Para finalizar este Capítulo, se desarrolla la regulación de la custodia compartida conforme a la nueva Ley, profundizando en sus aspectos más cuestionados.

El cuarto y último Capítulo está dedicado al funcionamiento práctico de este instituto. En primer lugar, se confrontan algunas de las ventajas y desventajas construidas por la doctrina y la jurisprudencia. Sobre la base de dichos elementos, y considerando la ausencia de pautas legales, se desarrollan los elementos de un modelo de custodia compartida conforme al cual ésta deba desarrollarse en la práctica.

Las páginas que siguen son el resultado de una intensa investigación cuyas motivaciones se originaron durante el desarrollo de los cursos del Período de Docencia del Programa de Doctorado «Nuevas Tendencias en Derecho Privado» de la Universidad de Salamanca, iniciado en el mes de febrero del año 2004.

A las instituciones, profesores, familia, amigos y compañeros que dejaron una imborrable huella y sentaron las bases de lo que más tarde sería este trabajo, deseo agradecerles expresamente.

En primer lugar, debo agradecer a la Universidad de Chile y al Ministerio de Planificación y Cooperación de Chile, que me otorgó la Beca Presidente de la República para estudios de postgrado en el extranjero. Asimismo, agradezco a la Università degli Studi di Milano, donde realicé una estancia de investigación destinada a completar el estudio de Derecho comparado contenido en este trabajo.

En especial, deseo expresar mi más profunda gratitud a los profesores Nieves Martínez Rodríguez y Eugenio Llamas Pombo, por su inestimable labor de dirección y los valiosos aportes que han efectuado en la elaboración de este trabajo. Deseo agradecerles sus sugerencias y críticas observaciones, sin las cuales este proyecto no hubiese sido posible.

Asimismo, esta investigación no habría dado frutos sin la inestimable ayuda de muchos profesores, amigos y amigas, de mis padres y hermanas y, en especial, de mi marido, compañero incondicional.

CAPÍTULO I

LA GUARDA Y CUSTODIA DE LOS HIJOS EN EL CÓDIGO CIVIL

1. ASPECTOS GENERALES DE LA GUARDA Y CUSTODIA DE LOS HIJOS

1.1. Terminología de la guarda y custodia de los hijos

1.1.1. Antecedentes legales

Antes de entrar en el análisis del concepto y contenido de la guarda y custodia de los hijos, efectuaremos una breve referencia a la terminología con la cual ha sido denominada esta figura jurídica.

En primer lugar, debemos señalar que el ordenamiento jurídico español ha carecido, a lo largo de los años, de una adecuada uniformidad en la designación de este instituto. Así, como veremos, el legislador se refiere de manera indiscriminada a la *guarda*, escogiendo vocablos que adquieren diversos significados según la materia en que son utilizados.

Con anterioridad a la reforma de 1981, el Código Civil[1] empleaba el término *cuidado* para referirse a esta institución. Así, por ejemplo, su art. 70 establecía que «Los hijos mayores de siete años quedarán al *cuidado* del padre, y las hijas al *cuidado* de la madre, si de parte de ambos cónyuges hubiese habido buena fe»[2]. También se utilizaba, aunque muy escasa-

---

(1) En adelante, indistintamente, CC o Código Civil español.

(2) El antiguo art. 70 del CC establecía: «*La ejecutoria de nulidad del matrimonio producirá los siguientes efectos:*
Los hijos mayores de siete años quedarán al ***cuidado*** *del padre, y las hijas al* ***cuidado*** *de la madre, si de parte de ambos cónyuges hubiese habido buena fe.*
Si la buena fe hubiese estado de parte de uno solo de los cónyuges quedarán bajo su poder y ***cuidado*** *los hijos de ambos sexos.*
Si la mala fe fuere de ambos, el Tribunal resolverá sobre la suerte de los hijos en la forma que dispone el párrafo segundo del número segundo del art. 73.

mente, la voz *custodia*, introducida en el CC por la Ley de 24 de abril de 1958, que modificó el art. 67 de dicho cuerpo legal[3] para pasar a referirse a la «persona bajo cuya *custodia* haya de quedar» el hijo.

Los hijos e hijas menores de siete años estarán hasta que cumplan esta edad, al ***cuidado*** *de la madre.*
Sin embargo, de lo establecido en estas normas, si el Tribunal que conoció sobre la nulidad del matrimonio hubiese por motivos especiales proveído en su sentencia acerca del ***cuidado*** *de los hijos, deberá estarse en todo caso a lo decretado por él.*
Por análogos motivos, y en lo que no haya dispuesto la sentencia de nulidad, el Juez que haya de ejecutarla podrá también aplicar su criterio discrecional según las particularidades del caso».
Utilizaban también esta expresión los arts. 71 y 73 del CC:
Art. 71 del CC: *«Lo dispuesto en los párrafos primero y segundo del artículo anterior no tendrá lugar si los padres de común acuerdo, proveyeren de otro modo al* ***cuidado*** *de los hijos dejando siempre a salvo lo establecido en los dos últimos párrafos del mismo artículo».*
Art. 73 del CC: *«La ejecutoria de separación producirá los siguientes efectos:*
1.º La separación de los cónyuges.
2.º Quedar o ser puestos los hijos bajo la potestad y protección del cónyuge inocente.
Si ambos fueren culpables, el Juez, discrecionalmente, podrá proveer de tutor a los hijos, conforme a las disposiciones de este Código. Esto no obstante, si al juzgarse sobre la separación no se hubiese dispuesto otra cosa, la madre tendrá a su ***cuidado****, en todo caso, a los hijos menores de siete años.*
A la muerte del cónyuge inocente, volverá el culpable a recobrar la patria potestad y sus derechos, si la causa que dio origen a la separación no afectare a la formación moral de los hijos. En otro caso se les proveerá de tutor. La privación de la patria potestad y de sus derechos no exime al cónyuge culpable del cumplimiento de las obligaciones que este Código le impone respecto de sus hijos.
Sin embargo, de lo anteriormente establecido, si al juzgarse sobre la separación se hubiera, por motivos especiales, proveído acerca del ***cuidado*** *de los hijos, deberá estarse en todo caso a lo decretado […]».*

(3) Art. 67 del CC: *«La mujer que se proponga demandar la separación o nulidad de su matrimonio puede pedir que se le separe provisionalmente de su marido y que se le confíen con igual carácter, los hijos menores de siete años, se le señale un domicilio y si es menor de edad, la persona bajo cuya custodia haya de quedar, así como los auxilios económicos necesarios a cargo de su cónyuge, medidas que quedarán sin efecto si en los treinta días siguientes no se acreditara la interposición de la demanda o en cuanto se justifique la inadmisión de ésta».* Esta norma se mantuvo vigente hasta la reforma introducida por la Ley 30/1981, de 7 de julio, «sobre modificación de la regulación del matrimonio y determinación del procedimiento a seguir en las causas de nulidad, separación y divorcio». Posteriormente, la Ley 15/2005, de 8 de julio, «por la que se modifican el Código Civil y la Ley de Enjuiciamiento Civil en materia de separación y divorcio», ha reincorporado este vocablo en dos párrafos del art. 92 del CC; en su párrafo segundo: *«El Juez, cuando deba adoptar cualquier medida sobre la* ***custodia****, el cuidado y la educación de los hijos menores, velará por el cumplimiento de su derecho a ser oídos»; y en su párrafo noveno: «El Juez, antes de adoptar alguna de las decisiones a que se refieren los apartados ante-*

Posteriormente, la reforma de 1981 mantuvo el vocablo «cuidado» en algunas de sus normas. Así, el art. 90, letra A), del CC, referido al contenido del convenio regulador, en conformidad a la redacción dada por la Ley 30/1981, de 7 de julio, «sobre modificación de la regulación del matrimonio y determinación del procedimiento a seguir en las causas de nulidad, separación y divorcio», establecía en uno de sus apartados: «La determinación de la persona a cuyo *cuidado* hayan de quedar los hijos [...]»(4). Por su parte, el art. 159 del CC(5), de acuerdo a la redacción dada por la Ley 11/1981, de 13 de mayo, «de modificación del Código Civil en materia de filiación, patria potestad y régimen económico del matrimonio», se refiere a la decisión judicial del *cuidado* de los hijos cuando los progenitores viven separados.

En todo caso, a partir de 1981, el CC comienza a hablar también de *guarda* para referirse a la institución en estudio. En efecto, conforme a la Ley 11/1981, de 13 de mayo, siguiendo la designación de Las Partidas(6), el legislador utiliza dicha expresión en: a) el art. 158.2 del CC, referido a las medidas judiciales que tienen por objeto evitar perturbaciones dañosas en los casos de cambio de titular de la *potestad de guarda;* y b) en el párrafo segundo del art. 1903 del CC, que regula la responsabilidad civil de los padres por los daños causados por sus hijos sujetos a *guarda*.

Sin embargo, cabe tener presente que en las normas contenidas en la Sección Primera del Capítulo V del Título VII del Libro I del CC, relativas al acogimiento y la *guarda de menores,* y en los artículos reguladores de

---

riores, de oficio o a instancia de parte, podrá recabar dictamen de especialistas debidamente cualificados, relativo a la idoneidad del modo de ejercicio de la patria potestad y del régimen de ***custodia*** *de los menores».*

(4) Actualmente, esta norma, aunque con otra redacción, continúa utilizando la expresión «cuidado». Art. 90 del CC: «*El convenio regulador a que se refieren los arts. 81 y 86 de este Código deberá contener, al menos, los siguientes extremos: A) El* ***cuidado*** *de los hijos sujetos a la patria potestad de ambos, el ejercicio de ésta y, en su caso, el régimen de comunicación y estancia de los hijos con el progenitor que no viva habitualmente con ellos*».

(5) Art. 159 del CC: «*Si los padres viven separados y no decidieren de común acuerdo, el Juez decidirá, siempre en beneficio de los hijos, al* ***cuidado*** *de qué progenitor quedarán los hijos menores de edad. El Juez oirá, antes de tomar esta medida, a los hijos que tuvieran suficiente juicio y, en todo caso, a los que fueran mayores de doce años*» (ésta y las anteriores negritas son nuestras).

(6) La Partida 4, Título 19, Ley 3, establecía que «[...] el otro que non fue en culpa los debe criar y aver en **guarda** [...]».

la *guarda de menores o incapacitados* del Título X del mismo Libro, dicha denominación agrupa instituciones diversas a la que nos ocupa[7]. Se trata, en efecto, de una terminología que, aunque emplea la expresión guarda, regula materias distintas[8]. Así lo han confirmado, con posterioridad a 1981, la Ley 21/1987, de 11 de noviembre, que modificó la legislación civil en materia de adopción y protección de menores, y la Ley Orgánica 1/1996, de 15 de enero, de Protección Jurídica del Menor.

1.1.2. La utilización de la expresión «guarda y custodia»

Como hemos analizado, el CC no se refería a esta figura con la denominación *guarda y custodia*. Ambos términos se utilizaban muy escasamente y de forma separada. Sin embargo, esta expresión estaba fuertemente consolidada en la doctrina. Por su parte, la jurisprudencia hablaba más comúnmente de *guarda* y la legislación de *cuidado*. Sólo con la entrada en vigor de la Ley 15/2005, de 8 de julio, «por la que se modifican el Código Civil y la Ley de Enjuiciamiento Civil en materia de separación y divorcio»[9], el CC ha pasado a referirse a esta institución con los vocablos conjuntos *guarda y custodia*.

No quedan claros los motivos por los cuales las leyes de 1981 no recogieron la expresión doctrinal *guarda y custodia*, sobre todo si se considera el carácter rupturista de estas reformas frente al modelo de Derecho de familia hasta entonces vigente. Al respecto, a juicio de García Pastor[10],

(7) Así, por ejemplo, el art. 215 del CC utiliza la expresión guarda como sustituto de la patria potestad en distintos grados *(«La **guarda** y protección de la persona y bienes o solamente de la persona o de los bienes de los menores o incapacitados se realizará, en los casos que proceda, mediante: 1.° La tutela. 2.° La curatela. 3.° El defensor judicial»). A su vez, el art. 243.1.° del CC habla de guarda para comprender funciones parciales de la patria potestad («No pueden ser tutores: 1.° Los que estuvieran privados o suspendidos en el ejercicio de la patria potestad o total o parcialmente de los derechos de **guarda** y educación, por resolución judicial»). Por último, el art. 1811, ubicado en el Capítulo I del Título XIII del Libro III del CC, la emplea como sinónimo de tutela o institución tutelar («El tutor no puede transigir sobre los derechos de la persona que tiene en **guarda**, sino en la forma prescrita en el presente Código»).*

(8) Lo mismo sucede, aunque con significados totalmente distintos, en los arts. 1758 y 1766 del CC, que regulan el depósito, y con los arts. 303 y siguientes de este cuerpo legal que reglamentan la guarda de hecho.

(9) En adelante, Ley 15/2005.

(10) Cfr. García Pastor, M., *La situación jurídica de los hijos cuyos padres no conviven: Aspectos personales,* Madrid, Ed. McGraw-Hill, 1997, págs. 69-70.

antes de la reforma de 1981 no se utilizaba el término «guarda» porque era la palabra con la que el Derecho tradicional español devenido de Las Partidas (Partida 6, Título 16, Ley I) designaba las instituciones relativas al cuidado de menores e incapacitados en defecto de sus padres, es decir, como sinónimo de tutela y curatela. En efecto, entendemos que aun dan cuenta de ello los epígrafes del Capítulo V del Título VII y del Título X, ambos del Libro I del CC, que hemos enunciado más arriba. Al parecer, esta omisión obedece a factores absolutamente casuales, pues no existía desarrollo doctrinal sobre la configuración desgajada de esta figura frente a la patria potestad, siendo el criterio de culpabilidad de la atribución de la guarda y custodia la temática que monopolizaba la discusión sobre ella.

Esta terminología jurídica se encuentra modificada por la reforma legislativa introducida al CC mediante Ley 15/2005, en especial su art. 92, que adopta positivamente la unión de ambas expresiones. No obstante, debemos señalar que la Ley de Enjuiciamiento Civil[(11)] del año 2000 las había incorporado en sus arts. 748.4.º, 769.3 y 770.6.ª, relativos a los procesos especiales sobre capacidad, filiación, matrimonio, y menores.

Ahora bien, si analizamos la redacción del art. 92 del CC, veremos que utiliza las expresiones *guarda y custodia* para referirse indistintamente al cuidado personal individual o compartido de los hijos en sus párrafos quinto, sexto y octavo. Ello difiere del texto anterior a la reforma de la Ley 15/2005, que hablaba de *cuidado* de los hijos. Asimismo, el art. 103.1.ª del CC establece que el juez debe determinar, en interés de los hijos, la forma en que el cónyuge que no ejerza la *guarda y custodia* de los hijos podrá cumplir el deber de velar por éstos y el tiempo, modo y lugar en que podrá comunicar con ellos y tenerlos en su compañía. Antes se refería al *cónyuge apartado de los hijos*. De todas formas, el CC aún no alcanza absoluta uniformidad en esta materia, pues utiliza otras expresiones para referirse a la guarda y custodia. Su art. 96 habla del «cónyuge *en cuya compañía queden*»; el último párrafo del art. 156 alude a «aquel con quien el hijo *conviva*»; y el art. 94 establece «el progenitor que *no tenga consigo a los hijos*».

En suma, la exégesis de las disposiciones a las que hemos hecho mención, demuestra la utilización de diversos vocablos en alusión a esta figura

(11) En adelante, LEC.

jurídica[12]. Incluso, resulta curioso que durante largos años la doctrina y jurisprudencia hayan empleado una denominación diversa de la legalmente establecida sin haber explicado tampoco si ambas voces aludían o no a la misma cuestión. Algo similar sucedió en Francia, en cuya legislación se introdujo el término *garde* mediante la reforma del *Code* de 1939, que posteriormente fue eliminada por la Ley 87-570, de 22 de julio de 1987, al sustituirla por «modalidad de ejercicio de la autoridad parental». No obstante, este vocablo siguió utilizándose con fuerza extraordinaria por la doctrina y la jurisprudencia de dicho país[13].

En cuanto a las palabras *guarda* y *custodia*, entendemos que son empleadas bajo relación de sinonimia y que ambas se refieren a una misma figura, esto es, el cuidado personal de los hijos. Al respecto, se ha señalado que *custodia* supone algo más que guarda; que significa guarda cuidadosa y diligente, por lo cual, al ir juntas, indican que el cuidado de los hijos está reforzado[14]. Así, la expresión guarda y custodia se circunscribiría exclusivamente a la función ejercida por uno o ambos progenitores, reservándose el empleo de guarda para los casos en que es desarrollada por un tercero, sea tutor, guardador de hecho, o entidad pública[15]. Para nosotros, el agregado de la palabra «custodia» se debe más bien a la pretensión de distin-

(12) En este sentido, Llebaría Samper, S., *Tutela automática y acogimiento de menores*, Barcelona, José M.ª Bosch Editor, S.A., 1990, pág. 13, señala que «el término "guarda" es omnicomprensivo, haciendo depender su concreto significado del contexto en que teleológica y sistemáticamente se positivice».

(13) En este sentido, Carbonnier, J. (*Droit civil 2: La famille, les Incapacités*, 12 édition refounde, Paris, Thémis, 1983, pág. 236), a propósito del vocablo *garde*, apunta que el antiguo art. 302 del Código Civil francés utilizaba un circunloquio para referirse a ella al establecer que los menores serían *confiados* o al utilizar el término *cuidado*. Posteriormente, Carbonnier, J. (*Droit civil. Tome 2. La famille, l'enfant, le couple*, 21 édition refounde, Paris, Thémis, 2002, pág. 632) ha señalado que la Ley de 1987, por razones oscuras, buscó desterrar la palabra *garde* de dicho texto legal. Y añade que, sin embargo, como la realidad no se deja tan cómodamente eliminar, ella volvió bajo una frase que considera equivocada para reemplazar el derecho de *garde*: el cónyuge guardador pasó a ser el *cónyuge con el cual el niño tiene su residencia acostumbrada*. Señala que las expresiones derecho a la *comunidad de la residencia, autoridad residencial* y *padre residente* pueden ser, quizás, poco elegantes pero que, de todas formas, con este léxico incompleto la nueva ley se precipitó en reconstruir las reglas de la asignación de la autoridad parental.

(14) Cfr. Ragel Sánchez, L., «La guardia y custodia de los hijos», *DPC*, núm. 15, 2001, pág. 282.

(15) Cfr. Ragel Sánchez, L., «La guardia y custodia...», *op. cit.*, pág. 284. Aunque este mismo autor cita la STS de 25 de junio de 1994, que utiliza las expresiones conjuntas *guarda y custodia* para referirse a la solicitud de una tía de la menor.

guir esta institución de otras que le son afines, como la tutela y la curatela, a las cuales muchas veces se les relaciona con la guarda (a secas).

En lo sucesivo, utilizaremos estos vocablos, juntos o separados, para referirnos al cuidado personal de los hijos, sea éste ejercido por los padres, individual o conjuntamente, o por un tercero.

1.2. Concepto y contenido de la guarda y custodia de los hijos

1.2.1. Antecedentes

Entrando en el análisis de la institución que nos ocupa, debemos señalar que en la literatura jurídica española no existe gran desarrollo del concepto, contenido y funciones de esta institución[(16)], cuestión que contrasta con el tratamiento de la patria potestad, respecto de la cual existen copiosas publicaciones. La jurisprudencia, a su vez, no ha suplido dicha carencia, limitándose sólo a determinar tangencialmente los límites de la guarda y custodia y dibujar débilmente su contenido, que continúa sin aparecer totalmente separado de la patria potestad.

Sin duda, Díez-Picazo[(17)] fue uno de los primeros estudiosos en advertir ciertos deslindes entre guarda y custodia y patria potestad. El autor afirmaba que, en las hipótesis de normalidad de la relación paterno-filial, el cuidado de los hijos estaba contenido en la patria potestad y que, en situaciones de separación de los padres por sentencia firme, el cuidado de los hijos debía continuar ejerciéndose por el progenitor a quien correspondiese la patria potestad. Sin embargo, se planteaba la problemática que originaba la delimitación de dichas funciones cuando cada una de ellas era atribuida a distintos progenitores. Agregaba que las facultades referidas al contenido patrimonial de la patria potestad no presentaban mayores dificultades, co-

(16) La necesidad de definir legalmente el contenido del término guarda y custodia ha sido puesta de manifiesto por en el ámbito jurídico. Así, por ejemplo, en las «Conclusiones sobre *Las Reformas del Derecho de Familia. II Encuentro institucional de jueces y magistrados de familia, fiscales y secretarios judiciales, con abogados de la Asociación Española de Abogados de Familia*», Madrid, 23, 24 y 25 de noviembre de 2005, pág. 3, se recomienda expresamente que se proceda a esta definición [http://www.reicaz.es/circubol/boletcol/bolc0172/bolc0172.pdf].

(17) Díez-Picazo, L., «La situación jurídica del matrimonio separado», *RDN*, enero-marzo, 1961, págs. 107-108.

rrespondiendo a quien la ostentase. El problema radicaba más bien en el contenido personal de la patria potestad, en cuyo caso debían analizarse cada uno de los elementos que ésta agrupaba con el objeto de incluirlos en una u otra titularidad.

Así, la facultad de tener a los hijos en compañía y la prestación de alimentos en especie eran inseparables del cuidado; mientras que el otro progenitor, aunque ostentase la patria potestad, debía limitarse a contribuir pecuniariamente. En cambio, las facultades de educación, instrucción y moderada corrección, relativas tanto a las esferas de la patria potestad como del cuidado personal, resultaban más difíciles de encuadrar, pues, si los padres vivían separados, el aspecto personal de la patria potestad no se ejercía en exclusiva por el progenitor a quien correspondía el cuidado personal de los hijos, sino que también habían ciertas facultades de carácter personal, fundamentalmente relacionadas con la educación, que debía ejercer quien era solamente titular de la patria potestad y no del cuidado personal propiamente dicho.

En suma, no existía un tratamiento separado de ambas figuras aunque, sin embargo, se atisbaba una cierta distinción entre las facultades que comprende el cuidado personal.

Como lo vimos en el epígrafe anterior, la terminología utilizada en esta materia tampoco daba muchas luces sobre el contenido de esta institución. En efecto, hasta el año 1981 el CC establecía en su art. 70, para el caso de la nulidad matrimonial, que los hijos e hijas menores de siete años quedaban *bajo el cuidado de la madre* hasta cumplir dicha edad (párrafo quinto); y si ambos cónyuges eran de buena fe, los hijos varones mayores de siete años quedaban al cuidado del padre, y las hijas, al de la madre. En cambio, si la buena fe existía de parte de uno solo de los cónyuges, quedaban *bajo su poder y cuidado* los hijos de ambos sexos (párrafo tercero). De esta forma, el legislador utilizaba dos expresiones distintas para una y otra hipótesis: al parecer, para referirse al aspecto personal de los hijos menores prefería la expresión *cuidado,* y cuando la intención era atribuir la patria potestad y el cuidado personal sólo al cónyuge de buena fe, empleaba las expresiones *bajo su poder y cuidado*(18).

(18) Cfr. Castán Tobeñas, J., *Derecho Civil español, común y foral,* V. *Derecho de Familia.* Vol. 1.º. *Relaciones conyugales,* 9.ª edición, Madrid, Reus, 1976, pág. 899.

Con posterioridad a la reforma de 1981 tampoco se despierta un interés especial por el estudio de la guarda y custodia, existiendo sólo referencias secundarias en ciertos comentarios de artículos del CC. Como señalamos antes, la doctrina española no profundiza en el contenido de este instituto; los límites entre guarda y patria potestad parecen difusos, resultando difícil construir un concepto de aquélla[19].

Algo similar ocurría en la doctrina extranjera de la época[20]. En el ámbito italiano, por ejemplo, GRASSI[21] ponía el acento en el fundamento de esta figura, señalando que el cuidado de los hijos, que comprendía el deber de educarlos, formarlos e instruirlos, más que un derecho de los progenitores parece que debe ser considerado un *munus*, un encargo. A su vez, en el Derecho francés, SIMLER[22] definía la guarda y custodia como el eje alrededor del cual gravitan y se ordenan todas las demás prerrogativas de la patria potestad, poniendo de manifiesto la íntima relación entre guarda y custodia y patria potestad y, más exactamente, con el ejercicio de esta última.

1.2.2. Fisonomía jurídica de la guarda y custodia

La guarda y custodia constituye la función paterno-filial de carácter personal que más relieve alcanza una vez sobrevenida la crisis matrimonial o de pareja. En efecto, como veremos más adelante, su regulación produce un verdadero «efecto cascada» sobre las demás cuestiones que deben acordarse: ejercicio de la patria potestad, alimentos, vivienda familiar, régimen de comunicación y estancia, etc.

Pero ¿qué es realmente la guarda y custodia?, ¿es posible fijar su concepto y contenido?, ¿constituye una figura independiente de la patria potestad?

En primer lugar, debemos señalar que existe una clara vinculación entre guarda y custodia y patria potestad, afirmación que ha sido confirmada por

(19) En este sentido, GARCÍA PASTOR, M., *La situación jurídica...*, *op. cit.*, pág. 73.

(20) Así, por ejemplo, SIMLER, P. («La notion de garde de l'énfant», *RTDC*, 1972, pág. 688), ponía de relieve que el concepto mismo de guarda no había llamado especialmente la atención de los autores.

(21) Cfr. GRASSI, L., *La Legge sul Divorzio*, Napoli, Casa editrice dott. Eugenio Jovene, 1971, págs. 179-180.

(22) Cfr. SIMLER, P., «La notion...», *op. cit.*, pág. 697.

el Tribunal Supremo mediante sentencia de 19 de octubre de 1983 que establece que la guarda y custodia es parte integrante de la patria potestad[(23)]. Sin embargo, es posible sostener que ambas figuras no son lo mismo, pues existen ciertos elementos que otorgan fisonomía jurídica propia a la guarda y custodia frente a la patria potestad.

De esta cercanía entre ambas instituciones da cuenta el art. 154 del CC[(24)] al establecer que la patria potestad comprende, entre otros derechos y facultades respecto de los hijos, los de *velar por ellos y tenerlos en su compañía*[(25)]. La sentencia del Tribunal Supremo antes mencionada ha señalado que dichos derechos y facultades «se refieren sin duda alguna, a los derechos de guarda y custodia»[(26)] de los hijos sujetos a patria potestad.

En el Derecho francés, la legislación civil no distingue tampoco con nitidez entre patria potestad y guarda de los hijos, refiriéndose solamente a la primera de estas figuras. El equivalente al art. 154 del CC lo encontramos en el art. 371.1 del *Code*, modificado por la Ley núm. 2002-305, de 4 de marzo de 2002. Este precepto establece que la *autorité parentale* (patria potestad) es un conjunto de derechos y obligaciones que tienen como fin el interés del hijo; y, determinando su contenido, agrega que

(23) LA LEY 8218-JF/0000. El considerando segundo de dicha sentencia establece: «*Que por expresa disposición del art. 154 del CC en su redacción actual, dada por la L. 11 de 1981, antes citada, y de aplicación al supuesto que nos ocupa, la Patria Potestad comprende, entre otros deberes y facultades, en relación con los hijos, los de velar por ellos y tenerlos en su compañía, expresiones éstas que se refieren sin duda alguna, a los derechos de guarda y custodia, objeto de la acción ventilada en este recurso, y si, de acuerdo con el art. 170 del CC, antes citado, cabe la privación total o parcial de la Patria Potestad por sentencia, nada se opone a que por resolución judicial se acuerde, como hace la recurrida la suspensión del derecho de guarda y custodia,* ***parte integrante del de potestad***» (la negrita es nuestra). En este mismo sentido se pronuncia en la doctrina francesa, SIMLER, P., «La notion...», *op. cit.*, págs. 689-691.

(24) Cabe tener presente que el último apartado de este artículo ha sido modificado por la Ley 54/2007, de 28 de diciembre, de Adopción internacional, publicada en el *BOE* núm. 312 de 29 de diciembre de 2007.

(25) En este sentido, CASTÁN VÁZQUEZ, J. («Comentario al Título VII del Libro I del Código Civil», en *Comentarios al Código Civil y Compilaciones Forales* Dirigidos por Manuel ALBALADEJO, tomo III, vol. II, Madrid, Edersa, 1982, pág. 69) define la patria potestad como «el conjunto de derechos y deberes que corresponde a los padres sobre la persona y el patrimonio de cada uno de sus hijos no emancipados, como medio para realizar la función natural que les incumbe de proteger y educar a la prole».

(26) *Vid. supra* nota núm. 23.

pertenecen al padre y a la madre hasta la mayoría de edad o emancipación del hijo, para velar por su seguridad, su salud y su moralidad, para asegurar su educación y permitir su desarrollo, con el respeto debido a su persona(27).

En Alemania, en tanto, la ley efectúa una cierta diferenciación entre ambos institutos aunque no por ello dejan de conformar una única unidad. En efecto, el parágrafo 1626.1 del BGB establece que los padres tienen la obligación y el derecho de cuidar del hijo menor de edad, función genérica denominada cuidado paterno. Éste, agrega la disposición, comprende tanto la atención de la persona del hijo, que recibe el nombre de cuidado personal, como el de su patrimonio, designado como administración patrimonial. Por su parte, el parágrafo 1631.1 del mismo cuerpo legal determina el contenido del derecho de cuidado personal prescribiendo que éste comprende sobre todo el derecho y la obligación de determinar su crianza, educación, guarda y residencia(28).

Se trata, como vemos, de nociones amplias de patria potestad, que agrupan el aspecto personal y patrimonial de la relación filial(29).

(27) Para comentar esta disposición nos basamos en la traducción efectuada por Núñez Iglesias, A., *Código Civil Francés*, edición bilingüe, Madrid-Barcelona, Marcial Pons, 2005, pág. 225.
Al respecto, antes de la referida modificación del Código Civil francés, Simler, P. («La notion...», *op. cit.*, pág. 695) enumeraba algunos de los elementos que conformaban la patria potestad, en base a los tratados y manuales sobre la materia: asegurar la manutención del hijo para la satisfacción de sus necesidades materiales; el deber de velar por su salud física y moral; la carga de asegurar su educación, escolar y profesional, e incluso religiosa o política; el derecho y el deber de vigilar sus relaciones, respetando el derecho de visita que la ley reconoce a los abuelos y que el juez puede, excepcionalmente, conceder a otras personas; el derecho de controlar su correspondencia, etc.

(28) Para el estudio de estas normas hemos utilizado la traducción efectuada por Eiranova Encinas, E., *Código Civil alemán. Comentado*, Barcelona, Marcial Pons, 1998, pág. 482.

(29) En cambio, en algunos ordenamientos jurídicos, como el chileno, la guarda de los hijos siempre tiene una fisonomía propia y separada de la patria potestad, tanto antes como después de la crisis conyugal. Esto se debe a que la patria potestad comprende sólo los aspectos patrimoniales del vínculo filial, de manera que existe un tratamiento dual de las relaciones filiales: las de carácter personal (englobadas en el denominado «cuidado personal») por una parte, y las de naturaleza económica (comprendidas en la «patria potestad»), por otra. Cfr. Lathrop Gómez, F., *Cuidado personal de los hijos*, Santiago de Chile, Puntolex, 2005, págs. 3-5.

1.2.3. El elemento de la convivencia

Como hemos analizado, la guarda está constituida por ciertos derechos y deberes que confiere la patria potestad. De allí que ambas instituciones vayan de la mano y que, para las situaciones que nos importan, si los padres viven separados la patria potestad sea ejercida por el padre o la madre con quien el hijo convive. Así lo dispone el párrafo quinto del art. 156 del CC(30), que aunque pudiera parecer que lo prescribe para hipótesis distintas a las de ruptura conyugal, según varios autores(31) es aplicable indistintamente, tanto a una situación de hecho como a situaciones de crisis matrimonial con sentencia constitutiva.

En efecto, cuando ambos padres viven juntos y la relación conyugal o de pareja se desenvuelve con normalidad, la guarda y custodia es ejercida conjuntamente por ellos, de tal manera que ésta se encuentra «embebida por la patria potestad dual»(32), sin necesidad de desgajarse de ella. En otras palabras, ambas instituciones coexisten perfectamente, pudiendo sostenerse que la guarda «es aquella función (derecho-deber) dimanante de la patria potestad que consiste en cubrir la necesidad de cuidado del hijo»(33).

En un sentido diverso se ha manifestado cierto sector de la doctrina(34) que, ubicando el origen de esta institución en la no convivencia de los padres y la consecuente imposibilidad de que el hijo viva con ellos, estima que, como los elementos de la patria potestad que requieren el cuidado directo y permanente respecto del hijo sólo pueden desarrollarse por el progenitor que vive con éste, dichas funciones deben claramente circunscribirse a la guarda y custodia. De ahí que los derechos y deberes que la

(30) Art. 156.5 del CC: «Si los padres viven separados, la patria potestad se ejercerá por aquel con quien el hijo conviva».

(31) Así opina, entre otros, ROCA TRÍAS, E., «Comentario al art. 90 del Código Civil», en *Comentario del Código Civil*, Madrid, Ministerio de Justicia, 1991, pág. 389. Más adelante nos referiremos a la discusión suscitada en torno a esta norma. *Vid. infra* epígrafe 1.2.2 del Capítulo II.

(32) En este sentido, SIMLER, P., «La notion...», *op. cit.*, pág. 696 y RAGEL SÁNCHEZ, L., «La guardia y custodia...», *op. cit.*, pág. 284.

(33) GODOY MORENO, A., «La guarda y custodia compartida. Guarda conjunta y guarda alternada», en VV.AA., *Diez años de abogados de familia*, Madrid, *LA LEY*, 2003, pág. 320. Este artículo ha sido publicado también en *Abogados de Familia*, núm. 16, 2000, págs. 2-14.

(34) Cfr. GARCÍA PASTOR, M., La situación jurídica..., *op. cit.*, pág. 74.

conforman sólo se fundamenten en la medida que requieren para su cumplimiento la convivencia con el niño o adolescente.

Para nosotros, si bien existe una estrecha correlación entre patria potestad y guarda y custodia de los hijos, ello no significa que ésta nazca solamente frente a la ausencia de convivencia de los padres. Lo que ocurre es que esa situación visibiliza esta figura jurídica que antes formaba un todo con las demás funciones de la patria potestad. A mayor abundamiento, SIMLER[35] señala que no es difícil dar un contenido teórico a los atributos de la autoridad parental (patria potestad) cuando estamos en el supuesto de normalidad familiar. Asegura que, en cambio, cuando la guarda se encuentra desprovista de las otras funciones de la patria potestad se produce una verdadera «cirugía jurídica» de esta figura. La guarda existe, pero en estado virtual, pues se confunde en el seno de la patria potestad; en los casos en que ésta es ejercida normalmente por ambos progenitores, aunque sería teóricamente imposible definir la guarda, ello sería perfectamente inútil, ya que no cumple ningún papel efectivo. La única situación que permite su conceptualización se produce cuando ambos institutos están separados.

En este sentido, creemos que la vinculación del origen de la guarda y custodia con la ruptura matrimonial o de pareja responde al especial hincapié que se efectúa en los elementos personales que conforman la patria potestad. Así, conforme a esta posición, si los progenitores no viven juntos el cuidado personal de los hijos —que no es sino el contenido personal de la patria potestad— sólo puede desarrollarse por *la persona* que convive con ellos; éste es el origen de la guarda y custodia. Sin embargo, esta postura olvida que aquélla se encontraba latente dentro de esas funciones de carácter personal de la patria potestad que sólo salen a la luz, con mayor claridad, frente a la ausencia de convivencia. La guarda y custodia dual no sólo es factible sino que es lo más corriente[36]. Prueba de ello es el párrafo segundo del art. 1903 del CC, que, al referirse a la responsabilidad extra-

(35) Cfr. SIMLER, P., «La notion...», *op. cit.*, págs. 691, 698, 727 y 728.

(36) Así lo demuestra también la existencia de la custodia compartida que, pese a la separación de los progenitores, admite la coparticipación en la esfera del cuidado personal del hijo. Más adelante analizaremos en profundidad estos aspectos. *Vid. infra* Capítulos III y IV.

contractual derivada de los daños causados por los hijos que se encuentren bajo guarda y custodia, emplea el vocablo *padres* (en plural)[37].

Puntualizando en la relación personal de cercanía que existe entre guardador e hijo, se ha definido la guarda y custodia como «el conjunto de funciones parentales que requieren el contacto constante entre el adulto y el niño»[38]. Entonces, si conforme a este concepto la guarda y custodia comprende todas las funciones paterno-filiales que requieren la inmediatez, cabe preguntarse ¿qué grado de injerencia corresponde en ellas al progenitor no guardador? Al parecer, parte de dichos derechos-funciones podrían ser desenvueltos por el padre o madre que no mantiene esa relación de convivencia constante, pues sólo es imprescindible que las desarrolle el progenitor guardador en cuanto el factor determinante de la inmediatez así lo exija[39].

En definitiva, en cuanto al concepto de guarda y custodia, existen dos tendencias en la doctrina. En primer lugar, hay quienes conciben el contacto directo, físico y continuo con el hijo como el elemento esencial de la guarda y custodia[40]. En este caso estamos frente a un concepto, por así decirlo, «restringido» de esta figura. Por otro lado, una noción más amplia de esta institución involucra la educación y formación integral de los hijos, es decir, sobrepasa el mero cuidado o protección física de éstos[41].

Para nosotros, la guarda y custodia tiene su eje central en el aspecto personal del cuidado de los hijos. En otras palabras, y como ya lo hemos adelantado, la guarda y custodia desarrolla la función de carácter personal de la patria potestad.

---

(37) Así lo expresa Ragel Sánchez, L., «La guardia y custodia...», *op. cit.*, pág. 285. A este precepto del CC nos referiremos posteriormente cuando analicemos la responsabilidad civil de los padres por los hechos dañosos de sus hijos. *Vid. infra* epígrafe 6 del Capítulo II.

(38) García Pastor, M., *La situación jurídica...*, *op. cit.*, pág. 79.

(39) Cfr. García Pastor, M., La situación jurídica..., *op. cit.*, pág. 85.

(40) Cfr. Rivero Hernández, F., «Comentarios al art. 92», en *Matrimonio y divorcio. Comentarios al nuevo título IV del libro I del Código Civil,* coordinados por Lacruz Berdejo, J. L., Madrid, Civitas, 2.ª ed., 1994, pág. 1024.

(41) En este sentido se pronuncia Ragel Sánchez, L. («La guardia y custodia...», *op. cit.*, pág. 289), quien señala que si el cuidado personal comprendiese solamente la atención de los aspectos personales del hijo la guarda y custodia podría ser ejercida por un empleado doméstico o un guardia de seguridad.

La convivencia habitual con el hijo es el requisito esencial para el desarrollo de la guarda y custodia; sin embargo, no creemos que ésta se agote en el hecho de vivir con el hijo. Así, entendemos que sobre la base de dicha atención personal y convivencia se cumplen las demás funciones que conforman el contenido de la patria potestad, derechos y deberes que, en principio, ambos progenitores ejercen pero que debido a la separación o divorcio matrimoniales no pueden ser desarrollados en plenitud por los dos padres, radicándose sólo en uno de ellos las funciones de carácter personal diario y cotidiano relativas al hijo. La guarda y custodia no comprende solamente la cohabitación con el menor, sino el conjunto de funciones de relieve personal, las que son desarrolladas íntegramente por ambos padres si ejercen la custodia compartida de sus hijos y que, en la hipótesis individual de su ejercicio, no son totalmente privativas de la persona a quien se ha atribuido la guarda y custodia, sino que, en parte, deben observarse también por el progenitor no custodio. Nos referimos al derecho-deber de velar, de tener a los hijos en compañía, y de procurarles alimentos, educación y formación integral.

Este concepto más amplio de la custodia de los hijos explica, en cierto modo, el contenido y significación de la guarda compartida recientemente reconocida en el ordenamiento jurídico español mediante Ley 15/2005. En efecto, como veremos más adelante[42], la custodia compartida existe con igual fuerza aunque no se verifique una alternancia frecuente de la residencia del hijo con ambos progenitores. Compartir el cuidado personal del hijo no significa vivir con él por períodos más o menos similares sino participar equitativamente en todas las tareas que implica dicha esfera personal de cuidado. En definitiva, custodia compartida no equivale a guarda conjunta o, mejor dicho, simultánea.

En suma, las funciones que comprende la guarda y custodia las encontramos esbozadas en el numerando primero del art. 154 del CC, referido a la patria potestad. Así, de su lectura se entiende que el guardador debe actuar conforme a los deberes y facultades que, según dicho precepto, corresponden a quien ejerce la patria potestad: velar por ellos, tenerlos en su compañía, alimentarlos, educarlos y procurarles una formación integral[43].

(42) *Vid. infra* epígrafe 1.1.4 del Capítulo III.

(43) En este sentido, Ragel Sánchez, L. («La guardia y custodia...», *op. cit.*, pág. 289) ha definido la guarda y custodia como «una situación de *convivencia* mantenida entre un menor

Y aunque el número 2.° de dicho precepto también alude a la función de *representarlos y administrar sus bienes,* ésta se aparta claramente del contenido extrapatrimonial de la guarda y custodia que nos interesa analizar y, por esta razón, en el siguiente epígrafe no entraremos en su análisis[(44)]. En todo caso, habrá de considerarse lo que el art. 154 del CC agrega, esto es, que si los hijos tuvieren suficiente juicio deberán ser oídos siempre antes de tomar decisiones que les afecten, y que los padres podrán, en el ejercicio de su potestad, recabar el auxilio de la autoridad[(45)].

1.2.4. Derecho-deber de velar por los hijos

En primer lugar, la expresión *velar* fue introducida en el CC por las Leyes 11/1981, de 13 de mayo (arts. 110, 111 y 154), y 30/1981, de 7 de julio (art. 103).

En cuanto a su contenido, se ha señalado que se trata de un derecho-función genérico que resume otros deberes que consiguientemente concreta el art. 154 del CC[(46)]; que no añade una nueva función a las desarrolladas por el párrafo segundo de dicha disposición, llegando más bien a redundar[(47)]. En este sentido, se ha afirmado que otorgarle una fisonomía jurídica

---

o incapacitado y su progenitor o sus dos progenitores, que tiene por objeto el *cuidado, educación y formación integral* de aquél por parte de éste o éstos»; y, a su vez, LLEBARÍA SAMPER, S. (*Tutela..., op. cit.,* pág. 14), ha señalado que el velar por un menor, tenerlo en compañía, alimentarlo, educarlo y formarlo, parece bastante elocuente sobre lo que pueda representar el contenido común —y máximo— de las fronteras conceptuales de este instituto.

(44) Sobre la administración del patrimonio del menor, *vid.* LLAMAS POMBO, E., *El patrimonio de los hijos sometidos a la patria potestad,* Madrid, Trivium, 1993, en especial, págs. 95 y ss.

(45) Cabe tener presente que el último apartado de este artículo ha sido modificado por la Ley 54/2007, de 28 de diciembre, de Adopción internacional, publicada en el *BOE* núm. 312 de 29 de diciembre de 2007. Antes de esta modificación, este párrafo establecía que los progenitores podían corregir razonable y moderadamente a sus hijos.

(46) Cfr. RUBIO SAN ROMÁN, J., «Comentarios a los arts. 154 a 161 del Código Civil», en RAMS ALBESA, J. (Coord.), *Comentarios al Código Civil II.* Vol. 2, Libro Primero (Títulos V a XII), Barcelona, J. M. Bosch Editor, 2000, pág. 1480; y PEÑA BERNALDO DE QUIRÓS, M., «Comentario al art. 110 del Código Civil», *Comentarios a las reformas de Derecho de Familia,* vol. I, Madrid, Tecnos, 1984, pág. 815.

(47) Así opina DÍEZ-PICAZO, L., «Notas sobre la Reforma del Código Civil en materia de patria potestad», en *La Reforma del Derecho de Familia. Jornadas Hispalenses sobre la Reforma del Derecho de Familia,* Sevilla, 1982, pág. 303 (el mismo artículo se encuentra en *ADC,* 1982, págs. 3 y ss.); y en *Familia y Derecho,* Madrid, Civitas, 1984, pág. 194.

propia a este vocablo no estaba en la intención del legislador de 1981 y que sostener que se trata de un nuevo deber paterno-filial equivaldría a aseverar que antes de 1981 los padres no tenían obligación de cuidar de la salud y seguridad personal del hijo o que no les asistía el derecho-función de atender su persona, salud física y psíquica, equilibrio afectivo, educación, etc., cuestión que parece bastante improbable(48).

Al respecto, BERCOVITZ RODRÍGUEZ-CANO(49) afirma que, en el contexto del CC, la palabra *velar* no es un concepto genérico que subsume todos los derechos y deberes paterno-filiales, pues el legislador le atribuye un sentido especial respecto de la misma patria potestad o de otras relaciones de filiación (arts. 103 núm. 1, 110 y 111 del CC), correspondiendo principalmente a un deber, no a una facultad. De acuerdo con los arts. 110 y 111 del CC, velar por los hijos es una obligación que corresponde a los padres, independientemente de si tienen o no la patria potestad, aunque en los casos en que sí la ostentan, conforme al art. 154 del CC, dicho deber queda absorbido por ella(50). En este sentido, del art. 103.1.° se deduce también que esta obligación de velar por los hijos responde más bien a la titularidad y no al ejercicio de la patria potestad(51). Se trata quizá de un «deber de controlar a aquellas otras personas que en las más diversas circunstancias tienen competencias legales concurrentes sobre el hijo no emancipado»(52), contenido que explica que el legislador se preocupe de insistir en su existencia en aquellos casos en que el ejercicio de la patria potestad no corresponde a un progenitor —como sucede en el art. 103 del CC— o cuando derechamente éste no es siquiera su titular (hipótesis de los arts. 110 y 111 del CC).

---

(48) Cfr. GARCÍA PASTOR, M., *La situación jurídica..., op. cit.,* págs. 89-90.

(49) Cfr. BERCOVITZ RODRÍGUEZ-CANO, R., «Comentario al art. 154 del Código Civil», *Comentarios a las reformas de Derecho de Familia,* vol. II, Madrid, Tecnos, 1984, pág. 1048.

(50) Cfr. ALBALADEJO, M., *Curso de Derecho Civil IV. Derecho de Familia,* novena edición, Barcelona, Bosch, 2002, pág. 16.

(51) Así lo afirma BERCOVITZ RODRÍGUEZ-CANO, R. («Comentario al art. 154...», *op. cit.,* pág. 1048). Por su parte, VEGA SALA, F. (*Síntesis práctica sobre la regulación del divorcio en España,* Barcelona, Praxis, 1981, pág. 221) señala que dicho artículo (en la redacción de la Ley de 7 de julio de 1981 que no difiere en lo sustancial de la actual) busca estar en consonancia con el primero de los deberes y facultades que comprende la patria potestad. El art. 103 núm. 1.° del CC, conforme a la Ley 15/2005 prescribe, entre las medidas que deben determinarse, «la forma en que el cónyuge que no ejerza la guarda y custodia de los hijos podrá cumplir el deber de velar por éstos».

(52) Cfr. BERCOVITZ RODRÍGUEZ-CANO, R., «Comentario al art. 154...», *op. cit.,* pág. 1049.

Para nosotros, la expresión *velar* utilizada en los arts. 103 núm. 1, 110, 111 y 154 del CC alude a ese deber paterno-filial que se tiene frente a los hijos en razón de la filiación jurídicamente determinada, es decir, por el solo hecho de la generación, y que existe incluso en los casos en que no se ejerce la patria potestad. Se trata, en definitiva, de un derecho-función que, al igual que los alimentos, subsiste cuando respecto del progenitor se ha ordenado la privación o suspensión del ejercicio la patria potestad y, más aún, cuando no se ostenta siquiera su titularidad. No creemos que se trate solamente de un deber parental genérico ni que, por lo mismo, redunde en el contexto del CC. Al contrario, su enunciación es de gran importancia precisamente para fundamentar la pervivencia de cierta responsabilidad parental en los casos enunciados.

En efecto, conforme al art. 110 del CC, «el padre y la madre, aunque no ostenten la patria potestad, están obligados a velar por los hijos menores y a prestarles alimentos», norma reforzada por el último párrafo del art. 111 del mismo cuerpo legal que, después de enunciar los supuestos en los que el progenitor queda excluido de la patria potestad[53], establece que «quedarán siempre a salvo las obligaciones de velar por los hijos y prestarles alimentos». La hipótesis de persistencia de estos deberes, no obstante la privación de la patria potestad, ha planteado dudas acerca de la efectiva vinculación entre dichas obligaciones y esta institución[54]. Por ejemplo, García Pastor[55] sostiene que las afirmaciones de Rivero Hernández, anteriormente comentadas, tratan justamente de otorgarle al deber de velar un contenido particular, forzando el sentido de la ley para conceder un derecho-función de vigilancia a quien, de acuerdo con el art. 110 del CC, no es titular de la patria potestad. Sin embargo, la gran mayoría de la doctrina

(53) Art. 111 del CC: «*Quedará excluido de la patria potestad y demás funciones tuitivas y no ostentará derechos por ministerio de la Ley respecto del hijo o de sus descendientes, o en sus herencias, el progenitor: 1.° Cuando haya sido condenado a causa de las relaciones a que obedezca la generación, según sentencia penal firme. 2.° Cuando la filiación haya sido judicialmente determinada contra su oposición.*
Dejarán de producir efecto estas restricciones por determinación del representante legal del hijo aprobada judicialmente, o por voluntad del propio hijo una vez alcanzada la plena capacidad».

(54) En este sentido, Delgado Echeverría, J., «Comentario a la STS de 5 de noviembre de 1984», *CCJC*, 1985, pág. 2131.

(55) Cfr. García Pastor, M., La situación jurídica..., *op. cit.*, pág. 90.

sostiene que los deberes de velar y dar alimentos nacen de la relación de filiación y no de la patria potestad[56].

Por otra parte, en lo que se refiere a la guarda y custodia de los hijos, entendemos que, con esta expresión, el art. 154 del CC refuerza el deber de resguardar los bienes personales del hijo, esto es, velar por su salud y por su seguridad personal conforme al texto propuesto por Díez-Picazo al Grupo de Trabajo de la Comisión General de Codificación[57]. En este sentido, se ha afirmado que este deber apunta a la especial diligencia con que se deben desenvolver las funciones que comprende el cuidado personal de los hijos[58]; determinando la «medida y hasta la actitud que debe informar el cumplimiento de los restantes deberes enumerados por el apartado primero del art. 154»[59], o elevando el nivel de diligencia en los aspectos personales de la patria potestad, pudiendo incluso exigirse responsabilidad por culpa leve o levísima[60].

Por último, conforme a lo hasta aquí dicho, este derecho-función de velar no sólo corresponde al progenitor guardador, sino también al no guardador que, en el desempeño de las funciones de la patria potestad (recordemos que el deber de velar lo enuncia el art. 154 del CC refiriéndose a esta última), deberá observar también una especial diligencia aunque no haya convivencia habitual. Es lo que cierta doctrina denomina derecho-deber de vigilancia, al que nos referiremos más adelante[61].

(56) Cfr. García Cantero, G., «Comentarios a los arts. 92 a 94 del Código Civil», en *Comentarios al Código Civil y Compilaciones Forales,* dirigidos por Manuel Albaladejo, tomo II, Madrid, Edersa, 1982, pág. 389; Delgado Echeverría, J., «Comentario al art. 142 del Código Civil», en *Comentario del Código Civil,* Madrid, Ministerio de Justicia, 1991, pág. 522; y Martínez Rodríguez, N., *La obligación legal de alimentos entre parientes,* Madrid, *LA LEY,* 2002, pág. 364.

(57) Así lo señalan Castán Vázquez, J., «Comentario al art. 154 del Código Civil», en *Comentarios al Código Civil y Compilaciones Forales* Dirigidos por Manuel Albaladejo, tomo III, vol. II, Madrid, Edersa, 1982, pág. 112; y Bercovitz Rodríguez-Cano, R., «Comentario al art. 154...», *op. cit.,* pág. 1048.

(58) Cfr. Díez-Picazo, L., «Notas sobre...», *op. cit.,* pág. 303 y *Familia y..., op. cit.,* pág. 194.

(59) Sancho Rebullida, F., «La patria potestad», en Lacruz Berdejo, J. L. y otros, *El nuevo régimen de la familia II,* Madrid, Civitas, 1982, págs. 103-104.

(60) Cfr. Díez-Picazo, L., «Notas sobre...», *op. cit.,* pág. 303, y *Familia y..., op. cit.,* pág. 194.

(61) *Vid. infra* epígrafe 2.2 del Capítulo II referido al derecho-deber de vigilancia y control.

1.2.5. Derecho-deber de tener a los hijos en compañía

1.2.5.1. Concepto y contenido

En segundo lugar, nos corresponde referirnos al derecho y facultad de *tener a los hijos en su compañía*. A ello se refiere el art. 154 del CC, que, con esta frase, presupone la convivencia habitual entre padres e hijos.

La doctrina ha señalado, repetidamente, que este derecho-función se encuentra indisolublemente unido a la guarda y custodia de los hijos, implicando comunidad de vida con éstos y su atención diaria[(62)] para el desempeño de otros deberes que conlleva la patria potestad, como la alimentación, educación y corrección[(63)]. Así, Díez-Picazo[(64)] señala que «la compañía —que etimológicamente significa compartir el pan— es una relación interpersonal continuada, que presupone comunidad de vivienda».

De esta forma, el derecho a vivir en compañía de los hijos es el contenido esencial de la guarda y custodia. En efecto, tal es el grado de vinculación existente entre la guarda y custodia de los hijos y la convivencia bajo el mismo techo junto a la persona que ejerce dicho derecho, que el art. 54.2 del Reglamento de Población y Demarcación Territorial de las Entidades Locales[(65)] establece que los menores de edad no emancipados tienen la misma vecindad que los padres que tengan su guarda y custodia o, en su defecto, de sus representantes legales.

Sin embargo, la vinculación entre la función de tener a los hijos en compañía y la convivencia propiamente dicha con ellos no significa que padres e hijos deban vivir necesariamente bajo un mismo techo; no hay

(62) Según Bercovitz Rodríguez-Cano, R. («Comentario al art. 154...», *op. cit.*, pág. 1049), así lo demuestran los arts. 90.A), 94, 103.1, 156, último párrafo, y sobre todo, el art. 96 del CC. También en este sentido, Zanón Masdeu, L., *Guarda y custodia de los hijos*, Barcelona, Bosch, 1996, pág. 13; Martínez Rodríguez, N., «El menor en las situaciones de crisis familiares: la atribución de su guarda y custodia», en Martínez Gallego, E. (Coord.), *Menores: Instituciones de protección y responsabilidad*, Murcia, Fundación Diagrama, 2004, pág. 116; y Seisdedos Muiño, A., *La patria potestad dual*, Bilbao, Serv. ed. de la Universidad del País Vasco, 1988, pág. 238.

(63) Cfr. Rubio San Román, J., «Comentarios a los arts. 154 a 161...», *op. cit.*, pág. 1481.

(64) Díez-Picazo, L., «Notas sobre...», *op. cit.*, pág. 303.

(65) Aprobado por el Real Decreto 1690/1986, de 11 de julio, y modificado por Real Decreto 2612/1996, de 20 de diciembre. En adelante, RPDTEL.

incumplimiento si las circunstancias justifican que el menor no viva en él, como cuando debe permanecer interno en un establecimiento de enseñanza[(66)] o trasladarse de su residencia habitual a otra ciudad para cursar sus estudios, desarrollar una actividad extra-académica o seguir un tratamiento médico por un período determinado. La compañía no se restringe a la unidad de domicilio[(67)]. Por el contrario, como veremos, comprende mucho más que el mero contacto físico: el cuidado personal de un hijo abarca la comunicación afectiva e intelectual, buen ejemplo de los padres y cariño ambiental[(68)].

Dada su naturaleza asistencial, cual es la compañía del hijo y la provisión de sus cuidados diarios bajo el mismo techo, el ordenamiento jurídico ha atribuido un valor especial a esta función. Así, el legislador garantiza y protege su cumplimiento en sede penal sancionando su infracción con el delito de abandono de familia tipificado por los arts. 226, 228, 229, 230 y 231 del Código Penal y por el art. 618 del mismo cuerpo legal. Asimismo, en sede civil, queda demostrada su relevancia a través de la norma que establece que los progenitores sólo pueden ser despojados del deber de tener en compañía a los hijos no emancipados en los casos previstos legalmente, es decir, cuando se les prive de la patria potestad (art. 170 del CC)[(69)].

Con respecto al derecho-deber de vivir en compañía de los hijos, existen dos aspectos de interés a los cuales debemos referirnos. El primero es la encomienda de los hijos a terceras personas. El segundo es el cambio de domicilio que puede efectuar el titular de la guarda. Analicemos, brevemente, ambas cuestiones.

(66) Así lo han señalado Castán Vázquez, J., «Comentario al art. 154 del Código Civil», en *Comentario del Código Civil*, Madrid, Ministerio de Justicia, 1991, pág. 547; y Rubio San Román, J., «Comentarios a los arts. 154 a 161...», *op. cit.*, pág. 1481.

(67) Éste es el concepto actual que defiende la doctrina, pues, anteriormente, algunos autores sostenían que el deber de tener a los hijos en compañía era precisamente el de señalar el lugar de residencia de éstos. En este sentido, de Buen, D., *Derecho civil español común*, vol. II, 2.ª edición, Madrid, Editorial Reus, 1931, pág. 180.

(68) Cfr. Lacruz Berdejo, J. L. y otros, *Elementos de Derecho Civil IV. Derecho de Familia*, Madrid, Dykinson, 2002, pág. 421; Martínez Rodríguez, N., «El menor...», *op. cit.*, pág. 116; y Rubio San Román, J., «Comentarios a los arts. 154 a 161...», *op. cit.*, pág. 1481.

(69) Cfr. Bercovitz Rodríguez-Cano, R., «Comentario al art. 154...», *op. cit.*, pág. 1050.

1.2.5.2. El cuidado de los hijos por terceras personas bajo la vigilancia de los progenitores

En esta parte intentaremos analizar la existencia del derecho que les asiste a los padres, titulares de la patria potestad, para entregar el cuidado de sus hijos a terceras personas bajo su vigilancia. Expondremos, además, la discusión sobre la subsistencia de dicha facultad unilateral en el guardador una vez producida la separación de los cónyuges.

Antes de la reforma de 1981 se entendía que el titular de la patria potestad podía decidir que su hijo conviviese con un tercero siempre que éste le brindase adecuadamente los cuidados necesarios(70). De ello dan cuenta dos sentencias emanadas del Tribunal Supremo en las que se reconoce al padre titular de la patria potestad el derecho a fijar la residencia habitual de sus hijos, con los abuelos y en el colegio, respectivamente(71).

Como es sabido, con la reforma de 1981 se instalan nuevos paradigmas en el Derecho de familia español, siendo el interés superior del hijo el criterio esencial para la decisión de todas las cuestiones relativas a su bienestar. Ante ello, entendemos que, mermados los poderes omnímodos del titular de la patria potestad, sólo excepcionalmente procede la entrega del cuidado de los hijos a terceros y siempre que dicho interés superior lo aconseje en cada caso concreto. De esta forma, cuando los progenitores viven juntos pueden, sólo bajo circunstancias especialísimas y por razones muy justificadas, entregar a sus hijos para que terceras personas se hagan cargo de su cuidado.

En este sentido, la doctrina ha sostenido que la función de compañía puede ser transitoriamente encomendada a otras personas e instituciones siempre que se cuente con el consentimiento y vigilancia de los padres(72). Otros, en cambio, sostuvieron hasta poco después de 1981, que la entrega del cuidado de los hijos a terceros era un derecho indiscutido que subsistía

(70) Cfr. Castán Vázquez, J., *La Patria Potestad*, Madrid, Editorial Revista de Derecho Privado, 1960, págs. 186-187; y Díez-Picazo, L. y Gullón Ballesteros, A., *Sistema de Derecho Civil. IV. Derecho de Familia. Derecho de Sucesiones*, Madrid, Tecnos, 1975, pág. 400.

(71) Nos referimos a las SSTS de 9 de junio de 1909 y 24 de junio de 1929.

(72) Cfr. Díez-Picazo, «Notas sobre...», *op. cit.*, págs. 3 y ss.; y en *Familia y...*, *op. cit.*, pág. 194; y Bercovitz Rodríguez-Cano, R., «Comentario al art. 154...», *op. cit.*, pág. 1049. Así lo afirma también, en el ordenamiento jurídico francés, Simler, P., «La notion...», *op. cit.*, pág. 696.

inalterado después de la reforma, pues el deber de convivir con el hijo se cumplía tanto si éste habitaba en el hogar paterno como fuera de él[73].

Dentro de la doctrina moderna, y refiriéndose a los casos de ruptura matrimonial, GARCÍA PASTOR[74] afirmaba que el art. 90.A) del CC —en la redacción anterior a la dada por la Ley 15/2005—, al señalar que los padres debían determinar en el convenio regulador la *persona* a cuyo cuidado habrían de quedar los hijos, no aludía a uno de los padres como titular del cuidado de los hijos, sino que también a terceros. Esta aseveración se veía reforzada por el art. 103 del CC, que permite al juez decidir dicha entrega de los hijos a otras personas diferentes de sus padres si las circunstancias lo justifican. Y, aunque este último precepto se refería a una hipótesis de atribución judicial, según la autora contenía ciertos criterios de interpretación del citado art. 90 del CC dadas las remisiones que los antiguos arts. 81 y 86 del CC hacían a los arts. 90 y 103 del CC en cuanto al contenido del convenio regulador, referencias que no daban sino a entender que los criterios del art. 103 del CC, respecto a la entrega del cuidado de los hijos a terceras personas, eran una pauta de interpretación de las incertidumbres del art. 90 del CC[75]. De la concordancia de dichas normas se podía concluir entonces que, bajo el debido control judicial, la patria potestad no sólo autorizaba a los padres a vivir con sus hijos sino también a fijar la residencia de éste con una tercera persona.

Pues bien, independientemente de la exactitud que la opinión de la autora pudiera tener, lo cierto es que la normativa sobre la que construye su argumento se encuentra derogada. Los actuales arts. 81 y 86 del CC han

(73) Así lo señala CASTÁN VÁZQUEZ, J., «Comentario al art. 154 del Código Civil», en *Comentarios al Código Civil y Compilaciones Forales..., op. cit.,* pág. 113; y LÓPEZ PÉREZ, J., *La patria potestad: voluntad del titular,* Valladolid, Editorial Universidad de Valladolid, 1982, págs. 64-65.

(74) Cfr. GARCÍA PASTOR, M., *La situación jurídica..., op. cit.,* págs. 81-82. En este mismo sentido se manifestarían, conforme señala la autora, RUIZ-RICO RUIZ, J., *Acogimiento y delegación de la patria potestad,* Granada, Comares, 1989, pág. 40; GARCÍA CANTERO, G., «Comentarios a los arts. 92 a 94 del Código Civil», en *Comentarios al Código Civil y Compilaciones Forales...», op. cit.,* pág. 380; y ROCA TRÍAS, E., «Comentario al art. 90 del Código Civil», en *Comentarios a las reformas de Derecho de Familia,* vol. I, Madrid, Tecnos, 1984, pág. 553.

(75) En cuanto a la conexión de los arts. 90 y 103 del CC, *vid.* LÓPEZ Y LÓPEZ, A., «Comentarios al art. 90», en *Matrimonio y divorcio. Comentarios al nuevo título IV del libro I del Código Civil,* coordinados por LACRUZ BERDEJO, J. L., Madrid, Civitas, 2.ª ed., 1994, pág. 972.

sido modificados por la Ley 15/2005, eliminándose las alusiones que se efectuaban al art. 103 del mismo cuerpo legal en el número 1.º y párrafo último, respectivamente, manteniéndose sólo la realizada al art. 90 del CC. Por lo tanto, la interpretación lógica de dichos preceptos no conduce a la conclusión planteada(76). De todas formas, nosotros no creemos que exista un derecho de los padres, como titulares de la patria potestad, a fijar con absoluta autonomía quién o quiénes ejercen el cuidado personal del hijo. No existe precepto legal que lo permita abiertamente. Sostenemos que ello sólo es pertinente si se verifican ciertas condiciones particularísimas y de mejor interés para el hijo. En este sentido, entendemos que la excepcionalidad contemplada para esta hipótesis en el art. 103 del CC, referido a la atribución judicial de la guarda a un tercero, es aplicable también a los casos en que ambos padres pretendan entregar el cuidado de sus hijos a otras personas y que, por lo tanto, deberán concurrir circunstancias que así lo justifiquen.

Por último, cabe analizar si la facultad del titular o titulares de la patria potestad consistente en encomendar a terceros el cuidado de los hijos, se transfiere o no al titular de la guarda y custodia una vez sobrevenida la crisis conyugal o de pareja.

Antes que todo, debemos tener presente que el aspecto esencial de la guarda y custodia es el cuidado de carácter personal, permanente e inmediato que se desarrolla respecto del hijo. Así, la transferencia de esta facultad al progenitor guardador depende de la extensión de dicha función: si sólo comprende el desenvolvimiento de un deber de asistencia cotidiano del hijo o si incluye, además, el poder de decisión sobre la vida de éste.

A nuestro entender, el progenitor guardador no posee sino facultades para dirigir el desarrollo próximo del hijo en el tiempo; no está habilitado para tomar decisiones que vayan a repercutir en el estilo de vida futuro del niño o adolescente, pues ello equivale a interferir en la vida individual de éste. Debe procurar, ante todo, encaminar el desarrollo del hijo conforme a su autonomía progresiva; sin acelerar algunos procesos y retardar otros, como sería decidir unilateral y apresuradamente que es apropiado que comparta la vida y la vivienda con los abuelos, tíos, o que se traslade a

(76) Dicha posición había sido recogida en la jurisprudencia. *Vid.* SAP de Barcelona de 28 de mayo de 1991 (*RJC*, 1992, pág. 585).

alguna institución. Bajo este punto de vista, creemos que alterar el hábitat al que pertenece, poniéndolo bajo la custodia de una tercera persona, rebasa el cuidado diario más o menos próximo en el tiempo, incidiendo directamente en la vida personal del menor y, posiblemente, afectando su desarrollo integral. En este sentido, entendemos que la protección del hijo debe reforzarse exigiendo la adopción conjunta de esta decisión por ambos padres y, en su caso, conforme al art. 156 del CC, someter la cuestión a la decisión del juez[77].

Por otra parte, en estrecha relación con este aspecto, se encuentra la renuncia del progenitor guardador a ejercer el cuidado del hijo. En este caso, entendemos que si ello se efectúa exponiendo razones motivadas, resulta legítimo que esta función pase a ser ejercida por el otro padre o madre. Si ambos están de acuerdo en que el otro asuma la custodia y si se resguarda con ello el interés del hijo, no vemos obstáculo a que se materialice esta modificación a través de la respectiva homologación judicial. En este caso, el derecho a vivir en compañía del hijo concedido a quien, en su momento, fue considerado más capacitado para desempeñar la guarda y que ahora desea renunciar a ello, debe ser restablecido al progenitor no custodio. En efecto, esta función no ha desaparecido para el padre o madre que no ejerce la guarda; al contrario, se sigue manifestando en el contacto directo y regular que debe mantener con el hijo mediante el régimen de comunicación y estancia, y en la observancia de los derechos-deberes de vigilancia y control y colaboración. Por lo tanto, lo lógico es que sea el otro padre o madre quien asuma el cuidado del menor y no una tercera persona[78].

En todo caso, no se trata de que la guarda deba, obligatoriamente, radicarse en el progenitor que hasta entonces no vivía con el hijo[79]; éste puede, incluso, rechazar el ejercicio de este derecho. Por ello, entendemos que se trata sólo de una prioridad en la atribución y que la concurrencia de circunstancias especiales como la negativa justificada, la incapacidad

(77) Así opina también, RAGEL SÁNCHEZ, L., «La guardia y custodia...», *op. cit.*, pág. 299.

(78) Así lo sostiene GARCÍA PASTOR, M., *La situación jurídica...*, *op. cit.*, págs. 82, 85 y 86, quien cita la SAT de Barcelona de 29 de noviembre de 1983 (*RGD*, 1984-2, págs. 2024-2025).

(79) Así, RAGEL SÁNCHEZ, L. («La guardia y custodia...», *op. cit.*, pág. 299, nota núm. 61) concibe, a nuestro juicio equivocadamente, que la guarda debe corresponder al progenitor que hasta ese momento no vivía con el hijo.

y la falta de idoneidad de dicho padre o madre para desempeñar dicho cuidado, pueden explicar que la asignación recaiga, excepcionalmente, en un tercero[(80)]. Se trata de una cuestión que debe ser resuelta prudencialmente por el juez sobre la base de la prueba que al efecto se rinda y tras valorar las alegaciones de ambos progenitores. Incluso, creemos que el juez puede denegar el cambio de atribución solicitado si estima que no existen circunstancias que lo justifiquen y si tiene la convicción de que el progenitor en quien se encuentra originalmente radicada la guarda se halla en condiciones de continuar ejerciéndola, siendo el más indicado para ello en conformidad al interés del hijo.

1.2.5.3. El cambio de domicilio del titular de la guarda y custodia de los hijos

A continuación trataremos el segundo tema que antes anunciamos, esto es, el cambio de domicilio del padre o madre guardador y, en consecuencia, el del hijo que mantiene bajo su cuidado.

En primer lugar, hemos de decir que sectores minoritarios se manifiestan en contra de esta prerrogativa del progenitor custodio[(81)]. Así, se señala que el reconocimiento de estos privilegios no se adecua a los instrumentos internacionales de Derechos Humanos en general y, muy especialmente, a la Convención Internacional de los Derechos del Niño de 20 de noviembre de 1989[(82)], conforme a la cual las decisiones familiares deben adoptarse resguardando los derechos de todas las partes involucradas. Se puntualiza que dicha Convención no establece alcances en cuanto a los derechos y deberes de los progenitores según ejerzan o no la custodia del hijo y que, por lo tanto, la decisión de cambio de domicilio tomada de forma unilateral y discrecional puede infringir los arts. 5, 8, 9 y 18 de la CDN, referidos, en primer lugar, al derecho a mantener un contacto directo y regular con ambos progenitores y a ser criado por ambos padres; y, por otra parte,

---

(80) La práctica demuestra que en muchos casos estos terceros son ascendientes del menor y, particularmente, sus abuelos.

(81) En España se muestra en contra de la unilateralidad de esta decisión, RAGEL SÁNCHEZ, L., «La guardia y custodia...», *op. cit.*, págs. 298-299. Asimismo, en la doctrina argentina desarrollan su oposición, GROISMAN, E. y HARARI, S., «La fijación del domicilio del hijo: hacia una coparentalidad», en *Ponencias del XIII Congreso Internacional de Derecho de Familia*, 18 a 22 de octubre de 2004, Sevilla-Huelva, España, págs. 4-9.

(82) En adelante, CDN.

al derecho del hijo a ser oído, consagrado en el art. 12 de dicho instrumento[83].

Por otra parte, se agrega que el goce pleno de estos derechos requiere inmediatez en las relaciones paterno y materno filiales, ya que la cotidianeidad en el trato contribuyen a la construcción de su subjetividad y a su formación integral y que, por lo tanto, cualquier decisión que se tome en relación al vínculo entre padres e hijos debe resguardar estos derechos del menor de edad y, en especial, su derecho a la identidad, evitándose que sean desarraigados y separados de sus progenitores.

Para nosotros, esta posición se relaciona con el derecho del hijo a seguir manteniendo un contacto directo y regular con el progenitor en cuya compañía no vive y no propiamente con la guarda y custodia. Se trata, entonces, de argumentos que defienden la subsistencia de la relación paterno-filial no obstante la ruptura conyugal, es decir, el legítimo derecho a la coparentalidad. Por otra parte, y sin restar validez a este principio, estimamos que el asunto en cuestión se refiere a una situación excepcional, que no necesariamente debe acarrear la disminución de la comunicación entre hijo y padre o madre no conviviente y que, si así fuere el caso, ello sólo debe justificarse en el mejor interés del hijo.

En este sentido, el punto de inflexión de la hipótesis que nos ocupa se encuentra, nuevamente, en el grado de autonomía del guardador o, en otras palabras, en la dimensión del derecho-función de guarda y custodia. Así, antes afirmamos que el guardador puede encomendar el cuidado del hijo a terceros sólo bajo ciertas y determinadas condiciones de mutuo acuerdo entre los progenitores o, en su caso, de intervención judicial. Dicha excepcionalidad descansa, en efecto, en que se trata de una atribu-

(83) En cuanto a este último derecho, de acuerdo con el documento de la Organización de Naciones Unidas (ONU) denominado *Preparación de informes sobre los derechos humanos. Conforme a seis importantes instrumentos internacionales de derechos humanos,* Ginebra, Naciones Unidas, 1998, pág. 463, «el niño intervendrá en todo procedimiento administrativo o judicial que lo afecte. Esta expresión debe interpretarse de modo amplio a fin de incluir todas las situaciones en las que esos procedimientos puedan afectarlo, sea que el niño inicie el procedimiento mediante la presentación de una denuncia de que es víctima de malos tratos, sea que el niño intervenga como parte en el procedimiento, por ejemplo, cuando debe tomarse una decisión acerca del *lugar de residencia del niño debido a la separación de sus padres* o en el caso de que cambie de nombre» (la cursiva es nuestra).

ción que desborda el fundamento y justificación de dicho derecho-deber, acercándose inadecuadamente a la decisión sobre aspectos personalísimos de la vida del hijo. Pues bien, en el caso que nos ocupa en este epígrafe, nos inclinamos por aceptar la posibilidad de que el guardador, al mudar su domicilio, modifique también el del hijo que tiene bajo su cuidado, ya que ello sí se ubica en la órbita de la inmediatez del mismo. Resulta difícil concebir que si el progenitor custodio deja de convivir con su hijo, puede seguir dispensando o vigilando la atención personal necesaria para cumplir con su deber. Así, puede sostenerse que la guarda y custodia determina la residencia del hijo, teniendo éste el domicilio del guardador(84). A mayor abundamiento, si ello estuviese vedado se vulneraría la libertad de elección de residencia del progenitor consagrada en el art. 19 de la Constitución española(85).

Por otra parte, se ha señalado que las cualidades de carácter personal que hacen del progenitor guardador el sujeto indicado para ejercer la custodia, no se ven mermadas por el cambio de ambiente físico en que aquéllas se desenvuelven; y si bien la vivienda es uno de los factores ponderados al momento de atribuir el ejercicio de la guarda y custodia a uno u otro padre o madre, se trata de un elemento de rango secundario(86). Por otro lado, la jurisprudencia ha reiterado que la continuidad de las relaciones personales del hijo con la persona que ejerce su guarda no se ve afectada negativamente por el traslado de residencia que le acarrea el cambio de domicilio de su guardador(87).

En definitiva, por las razones esbozadas, nos parece que el cambio de residencia del hijo como consecuencia de la modificación de domicilio

---

(84) Así lo afirma RIVERO HERNÁNDEZ, F., «Comentarios al art. 92», en *Matrimonio y divorcio…*, *op. cit.*, pág. 1031.

(85) En adelante, indistintamente, CE, Constitución o Constitución española.

(86) Cfr. GARCÍA PASTOR, M., La situación jurídica…, *op. cit.*, pág. 94.

(87) La jurisprudencia ha establecido en repetidas ocasiones que el traslado de residencia del hijo por cambio de domicilio del guardador no es causa suficiente para modificar el régimen de guarda y custodia. En tal sentido, SAT de Valencia de 29 de abril de 1988 (*LA LEY*, 1988-3, págs. 374-375); SAP de Madrid de 22 de marzo de 1989 (*RGD*, 1989, págs. 4015-4016); SAP de Bilbao de 11 de diciembre de 1991 (*RGD*, 1992, págs. 6157-6159); SAP de Madrid de 3 de octubre de 1995 (rollo de apelación núm. 31/1995); SAP de Pontevedra de 26 de diciembre de 1996 (LA LEY 2480/1997); SAP de Las Palmas de 17 de enero de 2005 (*RDF*, núm. 28, julio a septiembre de 2005, pág. 197); y SAP de Islas Baleares de 19 de mayo de 2006 (LA LEY 70880/2006).

que efectúa su guardador, está dentro de ese ámbito de autonomía al que nos referimos antes, pues no rebasa el aspecto personal que desarrolla. Sin embargo, estimamos que sí existen reparos fundados acerca de dicho cambio como, por ejemplo, si se produjesen alteraciones en el modo de vida del hijo o si éste viese desaparecido su entorno social y afectivo más cercano, el otro padre o madre puede oponerse a ello, o bien, solicitar la modificación del régimen de guarda por alteración sustancial de circunstancias conforme al penúltimo párrafo del art. 90 del CC.

El legislador no prevé expresamente la posibilidad de oposición del progenitor no custodio en estos casos. A este hecho se debe que la tendencia sea solicitar una alteración en la atribución de la guarda y custodia de los hijos. En efecto, la jurisprudencia ha considerado, como efectivamente relevante, sólo el traslado a otra ciudad o país aunque, en todo caso, más que el factor geográfico el elemento determinante para la modificación es la repercusión negativa que dicho cambio de residencia pueda tener en la formación del hijo(88).

En todo caso, creemos que esta problemática podría encuadrarse dentro del derecho de vigilancia y control que ejerce el progenitor no guardador. En efecto, en virtud de esta función, el otro padre o madre tiene el deber de informar a aquél sobre las cuestiones importantes concernientes a la vida del hijo, entre las cuales podría entenderse implícita la modificación del domicilio. En todo caso, se trataría sólo de un deber de comunicación y no de consulta u obtención de su consentimiento(89). Además, conforme lo analizaremos más adelante(90), el progenitor no custodio puede invocar a su favor lo dispuesto por el párrafo segundo del art. 156 del CC, que autoriza, en sede de patria potestad, a que en caso de desacuerdo cualquiera de los

(88) Al respecto, *vid.* nota anterior y las SSAP de Castellón de 20 de abril de 2000 (LA LEY 85723/2000), de Murcia de 15 de mayo de 2003 (LA LEY 87594/2003) y, también de Murcia, de 25 de mayo de 2005 (LA LEY 118040/2005), que conceden el cambio de atribución de la guarda.

(89) En este sentido, CARRETERO SÁNCHEZ, A. («El nuevo planteamiento del régimen de visitas», *LA LEY*, 1994-2, pág. 1022), señala que el progenitor custodio debe comunicar con antelación los traslados de domicilio, permanentes o transitorios, al padre o madre visitante con el objeto de evitar sensaciones de inseguridad respecto del paradero de su hijo. Esta exigencia debe cumplirse expresamente en los casos de separación y divorcio problemáticos.

(90) *Vid. infra* epígrafe 2.2 del Capítulo II.

padres acuda al juez, quien, después de oír a ambos y al hijo si tuviera suficiente juicio y, en todo caso, si fuera mayor de doce años, atribuirá sin ulterior recurso la facultad de decidir al padre o a la madre.

En estas situaciones, entendemos que el juez debe tener en cuenta, entre otros factores, las repercusiones positivas y negativas que el cambio de domicilio puede provocar en el hijo. Y, aunque hemos señalado que el guardador no debe obtener el consentimiento del padre no custodio sino que sólo debe notificarle dicho cambio, si este último se opone justificadamente a ello o bien solicita, motivadamente, una modificación de la guarda y custodia, el padre o madre guardador deberá exponer las razones para realizar dicho traslado. En este sentido, tanto las causas invocadas por el progenitor que ejerce la guarda y custodia para efectuar el cambio de domicilio, como la resistencia del no guardador a dicho traslado, deben estar completamente acreditadas. Se trata de descartar que la mudanza responda a los deseos de alejar al hijo de su progenitor no conviviente como mecanismo de venganza, chantaje, u otro pretexto ilegítimo; o que el desacuerdo provocado obedezca a la intención infundada de interferir en el normal desarrollo de la vida del ex cónyuge.

1.2.6. Derecho-deber de dispensación de alimentos, educación y formación integral de los hijos

1.2.6.1. Dispensación de alimentos

a. <u>Contenido y alcance</u>

En primer lugar, la doctrina[(91)] entiende que, al referirse a la *dispensación de alimentos,* el legislador no alude a los debidos entre parientes de los arts. 142 y siguientes del CC, que son de carácter eminentemen-

(91) Cfr. Castán Vázquez, J., «Comentario al art. 154 del Código Civil», en *Comentarios al Código Civil y Compilaciones Forales..., op. cit.,* pág. 120; Bercovitz Rodríguez-Cano, R., «Comentario al art. 154...», *op. cit.,* pág. 1051; Martín-Granizo Fernández, M., «Comentario al art. 154», en VV.AA., *Código Civil. Doctrina y Jurisprudencia,* tomo I, arts. 1 a 332, Madrid, Trivium, 1991, pág. 979; Martínez Rodríguez, N., *La obligación legal..., op. cit.,* pág. 366; y García Pastor, M., *La situación jurídica..., op. cit.,* pág. 86. Para un análisis detallado de las diferencias entre la obligación de alimentos propiamente dicha y la obligación de alimentos debida a los hijos menores de edad (denominada por la autora de «sostenimiento» o «mantenimiento»), *vid.* Martínez Rodríguez, N., *La obligación legal..., op. cit.,* págs. 367-373.

te patrimonial, sino también a la satisfacción de necesidades de orden personal, incluyendo los cuidados físicos, psicológicos, higiénicos, de salud, protección de peligros físicos y su atención educacional, social y moral[92].

En este sentido, la dispensación de alimentos es una obligación más amplia que los alimentos legales, pues, de acuerdo con el art. 142 del CC, incluye el sustento, habitación, vestido, asistencia médica y, en general, conforme al art. 10 de la Constitución española y el párrafo segundo del art. 154 del CC, todos los gastos que acarree el desarrollo de la personalidad del hijo, comprendiendo la defensa de su persona y aun otros conceptos menos necesarios materialmente pero adecuados a su formación y equilibrio espiritual, como el recreo y las relaciones con terceros[93].

Se trata, pues, de la materialización del deber de asistencia de todo orden que, conforme al art. 39.3 de la CE, corresponde a los padres[94], inclusive a quienes no son titulares de la patria potestad, de acuerdo con lo preceptuado por los arts. 110 y 111, último párrafo, del CC[95]. La dispensación de alimentos a los hijos menores de edad no es una obligación aislada ni autónoma; por el contrario, pertenece a un conjunto más amplio de deberes y constituye la traducción jurídica del deber moral de criar y educar a los hijos determinada por la equidad y la razón natural[96]. Subsiste durante la minoría de edad del hijo y respecto del hijo mayor incapacitado si se ha prorrogado la patria potestad conforme al art. 171 del CC; y está sujeta a las reglas especiales derivadas del estatuto filial y, subsidiariamente, de acuerdo con el art. 153 del CC, a las reglas de los alimentos legales contenidas en los arts. 142 y siguientes de dicho cuerpo legal[97].

---

(92) Para ESPÍN CÁNOVAS, D. [«Comentario al art. 39 de la Constitución española», en ALZAGA VILLAMIL, O. (dirigidos por), *Comentarios a las Leyes Políticas. Constitución Española de 1978,* tomo IV, arts. 39-55, Madrid, Edersa, 1984, pág. 39] prestar asistencia de todo orden envuelve los deberes de alimentación, educación y formación de la personalidad.

(93) Cfr. MARTÍNEZ RODRÍGUEZ, N., *La obligación legal..., op. cit.,* pág. 369.

(94) MARTÍN-GRANIZO FERNÁNDEZ, M. («Comentario al art. 154...», *op. cit.,* pág. 97), los denomina «omnialimentos peculiares», es decir, privativos de los deberes que la patria potestad impone a sus titulares.

(95) *Vid. supra* epígrafe 1.2.4 del presente Capítulo.

(96) Cfr. RODRÍGUEZ MARTÍNEZ, N., *La obligación legal..., op. cit.,* pág. 365.

(97) A la especialidad de las normas relativas a los alimentos debidos a los hijos menores de edad, se refiere, entre otros aspectos, la STS de 5 de octubre de 1993 (LA LEY 13423/1993).

b. Cumplimiento en caso de crisis familiar

La responsabilidad parental, que constituye uno de los principios rectores de la relación filial, permanece incólume no obstante la separación de los padres. De acuerdo con el párrafo primero del art. 92 del CC, la separación, la nulidad y el divorcio no eximen a los padres de sus obligaciones para con los hijos debiendo, por lo tanto, regularse la forma en que el deber de asistencia continuará cumpliéndose en dichas hipótesis. En este sentido, evidentemente, la quiebra de la unidad de domicilio ocasiona diversos desajustes en el modo de satisfacer las necesidades de sustento de los hijos. En la gran mayoría de los casos la atribución convencional y judicial de la guarda y custodia de los hijos es de carácter unilateral, por lo cual se debe determinar la debida prestación alimenticia a cargo del progenitor que no vive con su hijo[98].

Al respecto, el art. 93 del CC establece que el juez, en todo caso, determinará la contribución de cada progenitor para satisfacer los alimentos y adoptará las medidas convenientes para asegurar la efectividad y acomodación de las prestaciones a las circunstancias económicas y necesidades de los hijos en cada momento. Así, los cónyuges son los primeros llamados a acordar, en el convenio regulador, la forma, cantidad, aseguramiento y demás extremos relativos a la pensión alimenticia, pero nunca sobre la exoneración del deber legal de contribución conjunta, pues su renuncia está prohibida por la ley (art. 151 del CC)[99]. Y si no existe acuerdo entre los progenitores, el juez debe fijar de oficio dicha contribución, pues, al estar involucrados menores de edad, se trata de una materia de orden público que no precisa petición de parte[100].

En relación a la cuantía, a falta de una norma reguladora de la contribución alimenticia en estos casos, se ha señalado que, en base a lo dispuesto por los arts. 1438 y 145.1 del CC, debe ser proporcional a las capacidades

(98) A la regulación del mantenimiento de los hijos vigente la custodia compartida, nos referiremos más adelante en el epígrafe 2.4.4 del Capítulo IV de este trabajo.

(99) Cfr. Rivero Hernández, F., «Comentario al art. 93 del Código Civil», en *Matrimonio y divorcio. Comentarios al nuevo título IV del libro I del Código Civil,* coordinados por Lacruz Berdejo, J. L., Madrid, Civitas, 2.ª ed., 1994, pág. 1047; y Martínez Rodríguez, N., *La obligación legal..., op. cit.*, pág. 378.

(100) Cfr. Martínez Rodríguez, N., *La obligación legal..., op. cit.*, págs. 381 y ss.

económicas de cada progenitor[101]. En efecto, la primera de dichas disposiciones, para el caso de convivencia matrimonial, establece que los cónyuges, a falta de acuerdo al respecto, deben aportar al sostenimiento de las cargas del matrimonio proporcionalmente a sus respectivos recursos económicos. Por su parte, el mencionado párrafo primero del art. 145 del CC prescribe, en sede de alimentos legales, que los diversos deudores de una misma pensión alimenticia deben responder en cantidad proporcional a su caudal respectivo. Todo ello, sin perjuicio de que la dedicación a los hijos por parte de uno de los progenitores sea considerada como forma de contribución a los efectos de calcular su aportación dineraria.

Por otra parte, la connotación personal que esta obligación reviste nos lleva a concluir que ella debe cumplirse principalmente por el progenitor que ejerce la guarda y custodia, pues normalmente dicha asistencia deberá verificarse durante la vida cotidiana con el hijo. Al respecto, se ha afirmado que el deber de alimentos de los padres tiene una doble dimensión: de cobertura económica, por un lado, y de cuidados y asistencia directa, por otro, lo cual supone una necesaria convivencia[102]. A su vez, el progenitor no custodio cumple con el deber de alimentos, fundamentalmente, a través de la pensión alimenticia que regularmente debe pagar, la cual no se ve alterada por el hecho de dispensar a su hijo los alimentos necesarios durante el desarrollo del régimen de comunicación y estancia establecido a favor de ambos[103].

Planteadas de este modo, estas cuestiones tienen un marcado carácter económico; sin embargo, existe también un modo de cumplir con el aspecto más personal que presenta el deber que estamos analizando. Nos referimos a la forma en que el padre o madre no guardador concurre a la satisfacción del carácter personal de la obligación de alimentos durante los períodos de convivencia generales. Al respecto, la doctrina italiana ha afirmado la existencia de un deber de colaboración *(l'obbligo di collaborazione)* que comprende ciertas prestaciones personales relacionadas con

(101) Cfr. MARTÍNEZ RODRÍGUEZ, N., *La obligación legal..., op. cit.,* págs. 378-379.

(102) Así lo señala BERCOVITZ RODRÍGUEZ-CANO, R , «Comentario al art. 154...», *op. cit.,* pág. 1052.

(103) La jurisprudencia ha señalado que no procede la suspensión del pago de las pensiones durante las estancias temporales del hijo con el alimentante no custodio. *Vid.*, por todas, SAP de Badajoz de 20 de septiembre de 2002 (LA LEY 153634/2002).

el hijo. En virtud de esta figura jurídica, si por circunstancias particulares, subjetivas u objetivas, el progenitor guardador no puede cumplir con la totalidad de las cuestiones que el cuidado personal del hijo comprende, puede solicitar la asistencia necesaria al padre o madre no guardador(104). Dentro de este deber, al que nos referiremos más adelante(105), puede incluirse la dispensación extraordinaria de alimentos al hijo durante los períodos de convivencia normales con el guardador.

1.2.6.2. Educación y formación integral del hijo

Para finalizar el análisis del contenido del art. 154 del CC, nos resta referirnos a la *educación y formación integral del hijo.*

De acuerdo con la Constitución, la educación tiene por objeto el pleno desarrollo de la personalidad humana en el respeto a los principios democráticos de convivencia y a los derechos y libertades fundamentales (art. 27.2). Por otra parte, la Carta Fundamental prescribe que los poderes públicos deben garantizar el derecho que asiste a los padres para que sus hijos reciban la formación religiosa y moral que esté de acuerdo con sus propias convicciones (art. 27.3).

Al respecto, se ha puesto de relieve la existencia de cierta tensión entre los arts. 39.3 y 27.3 de la Constitución española(106), en cuanto a la actuación subsidiaria del Estado en estas materias. El primero, al establecer que los padres deben prestar asistencia de todo orden a sus hijos, impone deberes entre particulares (padres e hijos) sin que recaiga obligación alguna en los poderes públicos. El reconocimiento de derechos vendría dado por el segundo de dichos preceptos, en cuanto admite a los padres un poder de intervención *prioritario* en el cuidado y educación de los hijos. De esta forma, la actuación de los poderes públicos se efectuaría en dos sentidos(107):

(104) Cfr. Grassi, L., *La Legge..., op. cit.,* pág. 190.

(105) *Vid. infra* epígrafe 2.3 del Capítulo II.

(106) Cfr. Ruiz-Rico Ruiz, J., de la Fuente Núñez de Castro, M. y Luque Jiménez, C., «Reflexiones sobre la protección de menores en el ordenamiento jurídico español», *RDF,* núm. 17, octubre, 2002, págs. 60-62; Vargas Cabrero, B., «El Ministerio Fiscal y el principio del interés del menor», en VV.AA., *El menor y la familia: Conflictos e implicaciones,* Madrid, Rodríguez Torrente (ed.), Publicaciones de la Universidad Pontificia de Comillas, 1998, pág. 91; y Espín Cánovas, D., «Comentario al...», *op. cit.,* págs. 25 y 37.

(107) Cfr. Roca Trías, E., *Familia y Cambio social (De la «casa» a la persona),* Madrid, Cuadernos Civitas, 1999, pág. 223.

implementando políticas de bienestar dirigidas a la plena efectividad de los derechos fundamentales de los hijos, como lo son la escolaridad obligatoria y la regulación de la patria potestad y, además, participando *subsidiariamente* mediante el control de corrección de la actuación de los padres.

La legislación civil contempla la función de educación como contenido de la patria potestad. Lo hace someramente, reservando su desarrollo pormenorizado a las leyes especiales relativas a la enseñanza. En este ámbito, por educación debemos entender, por una parte, la de carácter formal, esto es, la escolar, extraescolar y profesional ejecutada por personas o entes diferentes a la familia en los establecimientos destinados a tal fin. Ambos progenitores deciden las condiciones en que el hijo recibirá esta educación, particularmente a través de la elección de la institución de enseñanza y la orientación que ésta ofrezca. Se trata de un poder de decisión emanado de la patria potestad y no de la guarda como figura autónoma, correspondiendo ejercerlo a los titulares de dicho instituto de manera conjunta.

Por otra parte, los propios padres y el entorno de parientes más cercano al menor le educa mediante tres vías: el comportamiento de las personas que le rodean a través de la imitación de modelos de conducta; las actividades cotidianas del niño o adolescente como son sus hábitos alimenticios, de higiene, de ocio, etc.; y por último, las reglas de comportamiento directas que los progenitores entregan a sus hijos[108].

Este tipo de educación debe responder a un único modelo educativo, determinado por ambos padres en el ejercicio de ese poder de decisión que la titularidad de la patria potestad les confiere. Sin embargo, en situaciones de crisis matrimonial esa unicidad puede verse fácilmente alterada si existen niveles de enemistad y divergencia, cuestión que sólo puede evitarse si se superan las diferencias considerando primordialmente el interés del hijo y su desarrollo formativo.

En este sentido, cabe destacar que, en hipótesis de custodia individual, esta educación debe ser desempeñada con observancia a ese modelo educativo construido, en primer lugar, por quien convive cotidianamente con el hijo, es decir, el guardador; y en segundo lugar, por quien no ejerce la

(108) Cfr. GARCÍA PASTOR, M., *La situación..., op. cit.*, págs. 87-88.

guarda y custodia, durante el desarrollo del régimen de comunicación y estancia[(109)].

Por otra parte, la tendencia en materia de educación de los hijos la vemos reflejada en las disposiciones de la CDN[(110)], que tienden a enfatizar en la formación de los niños y adolescentes desde una perspectiva integral de acuerdo con el desarrollo progresivo de su personalidad. No se trata solamente, como lo fue en épocas pasadas, de procurar instruirles moral, cívica y religiosamente o de entregarles los conocimientos de una determinada ciencia o arte[(111)]. La visión actual de la educación es muchísimo más amplia. No se le concibe «impuesta desde fuera», sino como un aprendizaje personal en diversos aspectos del conocimiento, sociedad, cultura, medio ambiente, etc.

En efecto, se ha señalado que la *formación integral* a la que se refiere el art. 154 del CC es más amplia que el anterior deber de «instruirlos» que establecía el Código Civil originario. En ella se incluyen la educación moral y religiosa conforme a las convicciones de los padres (de acuerdo con el art. 27.3 de la CE antes comentado)[(112)]. Por lo demás, el párrafo segundo del art. 92 del CC, refiriéndose a las medidas judiciales que deberán adoptarse, no habla de «cuidado de los hijos» a secas sino que agrega el vocablo *educación*, cuestión que ha sido interpretada como una evidencia

(109) En cambio, si la custodia es compartida, como veremos más adelante, ambos progenitores ejercen la crianza del hijo sobre la base de un proyecto educativo en común. *Vid. infra* epígrafe 2.2 del Capítulo IV.

(110) El art. 29.1 establece: «*1. Los Estados Partes convienen en que la educación del niño deberá estar encaminada a:*
a) Desarrollar la personalidad, las aptitudes y la capacidad mental y física del niño hasta el máximo de sus posibilidades;
b) Inculcar al niño el respeto de los derechos humanos y las libertades fundamentales y de los principios consagrados en la Carta de las Naciones Unidas;
c) Inculcar al niño el respeto de sus padres, de su propia identidad cultural, de su idioma y sus valores, de los valores nacionales del país en que vive, del país de que sea originario y de las civilizaciones distintas de la suya;
d) Preparar al niño para asumir una vida responsable en una sociedad libre, con espíritu de comprensión, paz, tolerancia, igualdad de los sexos y amistad entre todos los pueblos, grupos étnicos, nacionales y religiosos y personas de origen indígena;
e) Inculcar al niño el respeto del medio ambiente natural».

(111) *Vid.*, al respecto, CASTÁN VÁZQUEZ, J. («Comentario al art. 154 del Código Civil», en *Comentarios al Código Civil y Compilaciones Forales…, op. cit.*, pág. 126), que se refiere a la doctrina española del siglo XIX.

(112) Cfr. ESPÍN CÁNOVAS, D., «Comentario…», *op. cit.*, pág. 39.

de la intención del legislador en cuanto a destacar que el contenido de la guarda excede de lo meramente material(113).

En este sentido, en el Derecho italiano, donde el art. 147 del *Codice* habla de «mantener, instruir y educar», se ha dimensionado el cumplimiento de esta función señalando que la definición e individualización de los contenidos preceptivos expresados a través del vocablo «educar» no parecen del todo fáciles, pues este verbo envuelve la atribución de valores de carácter ético al sujeto destinatario, es decir, se trata de una actividad encaminada a la realización de la personalidad del hijo. Por otra parte, se agrega, este último ya no representa el sujeto pasivo de la relación educativa en el ámbito familiar sino que más bien le cabe un papel activo, como persona humana titular de derechos inviolables(114).

2. MARCO LEGAL DE LA GUARDA Y CUSTODIA DE LOS HIJOS

2.1. Antecedentes legales de la guarda y custodia de los hijos en el ordenamiento jurídico español

2.1.1. Con anterioridad a la reforma de 1981

Antes de entrar de lleno en el análisis de la normativa de la guarda y custodia de los hijos, anticipamos que el estudio detenido del marco legal de su ejercicio compartido, alternado o sucesivo se encuentra desarrollado en el Capítulo III del presente trabajo, por lo cual, sin perjuicio de someras referencias, en lo que a la exégesis de dicha figura corresponde, nos remitimos a lo que más adelante indicaremos.

Pues bien, debemos señalar que antes de la reforma de 1981 no existía la guarda jurídica como figura independiente(115), pues se encontraba sub-

(113) Cfr. RIVERO HERNÁNDEZ, F., «Comentarios al art. 92», en *Matrimonio y divorcio..., op. cit.*, pág. 1024.

(114) Cfr. FERRANDO G., FORTINO, M. y RUSCELLO, F. *(a cura di), Trattato di Diritto di Famiglia* (diretto da PAOLO ZATTI), Volume Primo. *Famiglia e Matrimonio.* Tomo II. *Separazione e divorzio,* Milano, Dott. A. Giuffrè editore, 2002, págs. 1304-1305.

(115) Lo cual no significa que no haya sido reconocida por dicha legislación. Así, RIVERO HERNÁNDEZ, F. («Comentarios al art. 92», en *Matrimonio y divorcio..., op. cit.*, pág. 1031) señala que «no se hallaba tipificada en nuestro ordenamiento en la legalidad anterior a 1981». También, en este sentido, RAGEL SÁNCHEZ, L., «La guardia y custodia...», *op. cit.*, pág. 291, nota núm. 31.

sumida en la omnímoda patria potestad ejercida por el padre. En situación de normalidad matrimonial, la guarda no adquiría carácter autónomo y a la madre sólo le correspondía una cierta prolongación del ejercicio de la patria potestad paterna. Ésta sólo se le asignaba subsidiariamente, esto es, en los casos en que el padre no pudiese ejercerla por muerte, incapacidad, ausencia, interdicción civil o sentencia firme en su contra en causa criminal(116).

Sobrevenida la separación o la nulidad matrimonial, se configuraba la guarda propiamente dicha, ya que el cuidado personal de los hijos quedaba radicado en la madre, conservando el marido progenitor la titularidad y ejercicio de la patria potestad. Se bifurcaba así la relación paterno-filial dando origen a una guarda jurídica que comprendía un conjunto de derechos y deberes atribuidos a la madre respecto de los hijos que eran dejados bajo su custodia.

De esta forma, los derogados arts. 70 a 73 del CC regulaban la determinación del cuidado de los hijos entre los cónyuges atendiendo a la buena o mala fe en el evento de la nulidad (art. 70 del CC) y, a la culpa, en caso de separación matrimonial (art. 73.2 del CC). De esta forma, la decisión judicial sobre la guarda se centraba absolutamente en la conducta que los progenitores habían observado antes que se desencadenara la crisis matrimonial, permaneciendo el hijo bajo el cuidado de quien resultaba de buena fe en la nulidad o inocente de la separación, según el caso.

El origen remoto de estas disposiciones se ubica en el Derecho romano-justinianeo, que fue el Derecho común de los países continentales europeos hasta que se realizaron las codificaciones modernas(117). Conforme al Capítulo VII de la Novela CXVII del *Corpus Iuris Civilis,* en caso de divorcio los hijos quedaban bajo el cuidado del cónyuge inocente a menos que el juez, según su prudente apreciación, considerase más conveniente al interés de los hijos la atribución del cuidado al otro cónyuge o a una tercera

(116) El art. 154.1 del CC establecía que «*El padre, y* ***en su defecto*** *la madre, tienen potestad sobre sus hijos legítimos no emancipados; y los hijos tienen la obligación de obedecerles mientras permanezcan en su potestad y de tributarles respeto y reverencia siempre*» (la negrita es nuestra).

(117) Para el comentario histórico seguimos a Mengoni, L., «Affidamento del minore nei casi di separazione e di divorzio», en Sacchi, M., *Affidamento del minore nei casi di separazione e di divorzio,* Milano, Franco Angeli, 1984, págs. 55-57.

persona. Pertenece a Justiniano el mérito de haber indicado, en el interés de los hijos, el criterio decisivo de la elección del progenitor guardador. La regla de la atribución de la guarda al cónyuge inocente estaba establecida, no tanto como sanción a la culpa del otro, sino más bien porque se presumía que el cónyuge inocente era más apto para dirigir la educación de los hijos que el cónyuge culpable de la violación de las obligaciones derivadas del matrimonio. Siendo ésa la *ratio* del precepto, existía la posibilidad de que el juez la alterara toda vez que el mejor interés de los hijos exigiese una solución diversa.

Posteriormente, esta norma justinianea fue recogida por la codificación francesa en el art. 302 del Código Civil de 1804, aunque con un agregado que parecía restringir la referida facultad del juez. En efecto, éste sólo podía alterar la regla general de atribución de la guarda al progenitor inocente, previa solicitud de un miembro de la familia de uno de los cónyuges, o bien, del ministerio público. Sin embargo, la interpretación de este artículo se ajustó a la práctica del Derecho común, reconociéndose que la inaplicabilidad de dicha norma general de asignación de la guarda al inocente quedaba bajo la discreción del juez, sin que fuese necesaria la petición de parte o del ministerio público. En todo caso, en la jurisprudencia francesa fue formándose una práctica que respetaba los acuerdos alcanzados por los cónyuges en estos aspectos, en cuanto eran considerados los mejores jueces del interés de sus hijos. Ahora bien, en caso de divorcio imputable a ambos padres, el Código Civil francés no preveía ningún criterio legal, por lo cual se entendía que la discrecionalidad del juez era plena(118).

(118) Al respecto, el Código Civil alemán de 1896 (que entró en vigor en 1900) adoptó la regla, expresamente rechazada por el Código de Justiniano, según la cual debía procederse a la división de los hijos por sexo y por edad: las mujeres y los hombres hasta los seis años con la madre y, después de dicha edad, los varones con el padre. Esta norma fue derogada por el legislador alemán en el año 1938. En cambio, con respecto a la separación matrimonial, el Código Civil francés no estableció regla expresa sobre la custodia de los hijos, entendiéndose, en consideración a las convicciones religiosas católicas, que la disciplina aplicable era la prevista en el Derecho canónico. Y éste, a su vez, en el canon 1136 del Código de Derecho canónico de 1917 reproducía el presupuesto justinianeo disponiendo que *istituta separazione, filii educandi sunt penes coniugem innocentem* a menos que el juez *pro ipsorum filiorum bono aliud decreverit*. En definitiva, para el caso de separación matrimonial, los hijos eran asignados al cónyuge inocente a menos que, en interés de los mismos, el juez estableciere otra cosa.

En cuanto al Derecho italiano, debemos señalar que el *Codice* de 1865 fue uno de los primeros códigos modernos en abandonar la regla de la atribución de la guarda y custodia de los hijos al cónyuge inocente, remitiéndose, en cada caso, a la prudente discrecionalidad del juez. En efecto, el inciso primero del art. 154 de dicho cuerpo legal establecía que el Tribunal que pronunciaba la separación debía declarar cuál de los cónyuges debía tener consigo a los hijos y proveer a su mantenimiento, educación e instrucción. Más adelante, esta norma, prácticamente reproducida por el Código Civil de 1942, fue interpretada en el sentido de remover la relevancia directa de la culpa. La Ley de Divorcio de 1970 erradicó este elemento como fundamento de la separación matrimonial en el ordenamiento jurídico italiano(119).

Por otra parte, en materia de atribución de la guarda y custodia de los hijos, el legislador español ordenaba ponderar no sólo la culpabilidad de los cónyuges, sino también el sexo y edad de los hijos. Así, la redacción originaria del art. 70 del CC establecía que, en caso de nulidad, salvo decisión judicial en contra motivada por circunstancias especiales, los hijos menores de tres años permanecían bajo el cuidado materno hasta que cumplieran dicha edad. A partir de la entrada en vigor de la Ley de 24 de abril del año 1958, el art. 70 del CC extendió su supuesto de hecho a la separación matrimonial, elevando dicha edad límite a los siete años. Cabe señalar al respecto que, evidentemente, el hijo no jugaba ningún papel en estas determinaciones, pues era un mero espectador de la ruptura de sus padres.

Estas disposiciones tienen su origen en la Partida 4, Título 19, Ley 3(120), y en los arts. 82 y 94 del Proyecto de 1851, que, en los casos de separación,

(119) En efecto, después de la reforma del Derecho de familia operada en 1975, la jurisprudencia italiana prescindió del criterio de la culpabilidad o de la responsabilidad del cónyuge para establecer a quién debía ser entregado el cuidado de los hijos. Así lo confirmó la Corte de Casación italiana en sentencia núm. 3019, de 26 de octubre de 1979 (*Giustizia Civile Massimario Annotato della Cassazione*, 1979, pág. 5), y núm. 2964, de 14 de abril de 1988 (*Giustizia Civile Massimario Annotato della Cassazione*, 1988-I, págs. 717-718). Con anterioridad, la sentencia de la Corte de Apelaciones de Napoli de 15 de septiembre de 1975 (*Diritto e Giurisprudenza*, 1976, págs. 9109-9143).

(120) «*Ley tercera en cuya guarda del padre o dela madre deven ser los hijos para nodresçer y criarlos. Nodresçer y criar deven las madres asus hijos que fueren menores de tres años y los padres alos que fueren mayores desta hedad. En pero si la madre fuesse tan pobre que los non pudiese criar el padre es tenudo darle lo que ouiere menester para criar los. E*

entregaban a la madre los hijos menores de tres años independientemente de su sexo, siempre que el Tribunal no dispusiere otra cosa. En la nulidad matrimonial, salvo que, de acuerdo con el art. 95 del CC, los padres acordasen algo diverso, los varones mayores de dicha edad quedaban al cuidado del padre, mientras que las hijas al de la madre, si de parte de ambos hubiese habido buena fe; en caso contrario (es decir, si sólo de parte de uno había existido buena fe), los hijos quedaban, sin distinción de sexo, bajo el cuidado del progenitor que había actuado de buena fe[(121)]. Posteriormente, estas normas fueron reproducidas en los arts. 83.2, 97 y 98 de la Ley de Matrimonio Civil de 1870[(122)] y las leyes que le siguieron, excepto en cuanto a la posibilidad de acuerdo de los padres que alterara la atribución para el caso de la nulidad, ya que la redacción de los arts. 70

si acaesçiese se departa el casamiento por alguna razon derecha aquel por cuya culpa se partio es tenudo de dar delo suyo de quien crien los hijos si fuere rico quier sean mayores a tres años o menores y ***el otro que non fue en culpa los debe criar y aver en guarda*** *po si la madre los ouiese a guardar por tal razon como sobre dicha es y si casare estonçe no los debe aver en guarda ni es tenudo el padre de dar aella ninguna cosa por esta razon ante el debe resçibir los hijos en guarda y criar los si ouiere riqueza con que lo pueda hazer»* (la negrita es nuestra).

Al respecto, GUTIÉRREZ FERNÁNDEZ, B. (*Códigos o estudios fundamentales sobre el Derecho civil español,* tomo primero, Madrid, 1868, págs. 353-354) señala que, tanto en el Derecho romano como en Las Partidas, se convenía que la educación y el cuidado de los hijos correspondían al cónyuge inocente.

(121) Al respecto, GARCÍA GOYENA, F. (*Concordancias, motivos y comentarios del Código Civil español I-II*, reimpresión de la edición de Madrid de 1852, Barcelona, 1973, pág. 98), relacionaba dicha edad con el fin de la lactancia señalando que, conforme a la Ley 9, Título 47, Libro 8 y la Ley 3, Título 19, de la Partida 4, «es una obligación natural de la madre el mantenerlos durante ella»; y, en cuanto a los hijos mayores de dicha edad, agregaba que «el varón es más a propósito para cuidar y educar al varón y la hembra a la hembra» (pág. 103).

(122) El art. 83.2 de la Ley de Matrimonio Civil de 18 de junio de 1870, para el caso de la separación matrimonial, establecía que el hijo debía quedar o ser puesto bajo la potestad del cónyuge inocente; y si ambos fueren culpables, bajo la autoridad del tutor o curador que se nombraría para tal efecto. Sin embargo, la madre conservaba en todo caso, el cuidado de los hijos menores de tres años, salvo decisión judicial en contra. El art. 97, para el caso de la nulidad, señalaba que los hijos varones mayores de tres años quedarían al cuidado del padre, y las hijas al de la madre, habiendo habido buena fe por parte de ambos progenitores. Si la había tan sólo de uno de ellos, los hijos de ambos sexos quedarían bajo su poder y cuidado. Sin embargo, quedarían en todo caso, bajo el cuidado de la madre, los menores de tres años. Todo ello, siempre que los padres, de común acuerdo, no determinasen otra cosa. El art. 98 prescribía que lo dispuesto en el art. 97 no tendría efecto si los padres, de común acuerdo, establecieran otra cosa.

y 71 del CC suprimió dicha alternativa reservándola exclusivamente a la decisión judicial.

Sólo con la Ley de Divorcio de 1932 comienza a vislumbrarse una desvinculación entre la lactancia y la atribución de la guarda de los hijos de corta edad a la madre, centrándose la motivación de la norma más bien en factores de índole social y psicológica, de acuerdo a los cuales se entendía que la labor e influencia materna en el desarrollo emocional y físico del hijo, hasta determinada edad, no podía ser suplida, en caso alguno, por la del padre(123). Su art. 17.2 establecía que «si la sentencia no hubiese dispuesto otra cosa, la madre tendrá a su cuidado, en todo caso, los hijos menores de cinco años». Novedad que se consolidó con la Ley de 24 de abril de 1958 que, elevando a siete años la edad hasta la cual los hijos quedaban bajo el cuidado materno, modificó los arts. 70.4 del CC(124), para el caso de la nulidad, y 73.2(125), para la separación matrimonial.

Al respecto, la doctrina, aunque minoritaria, criticaba esta normativa en base a dos argumentos. En primer lugar, porque la distinción de sexo y edad de los hijos imponía la separación de los hermanos, privándoles de una sana, conveniente e insustituible convivencia y comunicación recíproca. En segundo lugar, porque el ordenamiento jurídico se hallaba anclado en los presupuestos sociológicos y culturales vigentes en la época de redacción del CC, conforme a los cuales la educación de los hijos varones debía ser cualitativamente diversa en función de los distintos roles que a hombres y mujeres les correspondía desenvolver en la vida social y familiar. Por ello, se entregaba al padre la educación de los hijos para el

(123) Cfr. Benavente Moreda, P., «La custodia de los hijos menores de edad. El art. 159 del CC tras la Ley 11 de 15 de octubre de 1990», *RJCLM*, enero-agosto, 1991, pág. 131; y Linacero de la Fuente, M., «Acerca de la posible inconstitucionalidad del art. 159 del Código Civil», *RDP*, julio-agosto, 1990, pág. 563.

(124) *«Los hijos e hijas menores de siete años estarán hasta que cumplan esta edad, al cuidado de la madre».*

(125) El art. 73.2 del Código Civil, conforme a la Ley de 24 de abril de 1958, establecía que debían: *«[...] quedar o ser puestos los hijos bajo la potestad y protección del cónyuge inocente. Si ambos fueren culpables, el Juez discrecionalmente podrá proveer de tutor a los hijos conforme a las disposiciones de este Código. Esto no obstante, si al juzgarse sobre la separación no se hubiese dispuesto otra cosa, la madre tendrá derecho a su cuidado, en todo caso, a los hijos menores de siete años [...]».*

trabajo y la vida social activa y, a la madre, la celosa vigilancia de las hijas y su exclusiva preparación para la vida de hogar y la maternidad[126].

2.1.2. *Con posterioridad a la reforma de 1981*

Siguiendo el ejemplo de las legislaciones modernas, el legislador de 1981 recogió el principio del interés superior del menor, abandonando estos injustos criterios de atribución de la guarda y regulando, por lo demás, de manera conjunta, los efectos de la nulidad, separación y divorcio (a diferencia de la legislación que le antecedió).

La Ley 11/1981, de 13 de mayo, «de modificación del Código Civil en materia de filiación, patria potestad y régimen económico del matrimonio», reguló estos criterios de atribución y ejercicio de la patria potestad y la guarda y custodia de los hijos, refiriéndose, expresamente, a los casos de no convivencia entre los progenitores (arts. 156 a 159, Capítulo I, Título VII, del Libro I del CC, relativo a las relaciones filiales). Además, reformó los arts. 154 y 156 del CC, produciendo un importante cambio en materia de patria potestad, al establecer que su titularidad y ejercicio correspondían a ambos padres que, en plano de igualdad, pasaron a ejercer los derechos y deberes que antes eran privativos de uno u otro.

Por su parte, la Ley 30/1981, de 7 de julio, «por la que se modifica la regulación del matrimonio en el Código Civil y se determina el procedimiento a seguir en las causas de separación, nulidad y divorcio», reafirmó dichos criterios en el contexto de la crisis matrimonial, en los arts. 90 a 92 del CC.

Ante la nueva normativa, el Tribunal Supremo (STS de 19 de mayo de 1983[127]) comenzó a referirse al abandono de la culpa como elemento determinante, al señalar que en el ordenamiento vigente hasta 1981, aplicable al supuesto litigioso sobre el que se pronunciaba, «regía el sistema de separación por culpa, de suerte que la legitimación procesal sólo venía concedida al cónyuge inocente». Por su parte, la SAP de Madrid de 7 de

---

(126) Cfr. Navarro Fajardo, J., «El derecho a la custodia de los hijos de los padres separados», *BIMJ*, año XXXIII, núm. 1.189, 2, 1979, pág. 5.

(127) LA LEY 7890-JF/0000.

julio de 1997[128] da cuenta del sustancial cambio operado en la legislación en materia de criterios de atribución de la guarda y custodia de los hijos menores en casos de crisis matrimonial: «[...] no siendo preciso en tales supuestos efectuar una declaración de culpabilidad exclusiva o de responsabilidad única de uno u otro cónyuge en un sistema legal como el nuestro que abandonando la concepción de separación como sanción ha pasado a concebirla y configurarla como medio de solución de las crisis matrimoniales».

No obstante estos avances, conforme a la Ley 11/1981, de 13 de mayo, el art. 159 del CC, referido a la facultad del juez para la determinación de la guarda de los hijos, contemplaba una atribución directa del cuidado de los hijos menores de siete años a la madre, salvo que el juez, por motivos especiales, proveyere de otro modo. Con esta norma, el legislador de 1981 había recogido los criterios que una realidad social, que reconocía a la madre una mayor idoneidad en la esfera personal del cuidado de sus hijos, venía plasmando en el ámbito jurídico.

Esta norma generó un importante debate sobre su constitucionalidad a la luz del art. 14 de la CE, que consagra la igualdad jurídica entre hombre y mujer. La opinión mayoritaria, que consideraba constitucional la norma en cuestión, se basaba, entre otros argumentos, en el principio sexto de la Declaración de los Derechos del Niño de 20 de noviembre de 1959, que establece que, salvo circunstancias excepcionales, no debe separase el niño de corta edad de su madre, premisa que, por lo demás, era reconocida por un sinnúmero de instrumentos de carácter internacional[129]. Por otra

(128) Recurso de casación núm. 919/1996. En este mismo sentido, SAP de Valencia de 11 julio 1992 (rollo de apelación núm. 568/1991); SAP de Murcia de 29 junio 1994 (AC1998/1756); SAP de Córdoba de 9 julio 1994 (LA LEY 9797/1994); SAP de Murcia de 29 septiembre de 1998 (rollo de apelación núm. 662/1997); SAP de Castellón de 7 octubre 1998 (rollo de apelación núm. 537/1997); SAP de Cáceres de 7 mayo de 1999 (LA LEY 75090/1999); SAP de Córdoba de 11 julio de 2000 (LA LEY 142155/2000); SAP de Huelva de 15 septiembre de 2000 (LA LEY 163542/2000); SAP de Murcia de 21 diciembre de 2000 (recurso de apelación núm. 291/2000); SAP de Sevilla de 31 de mayo de 2005 (LA LEY 122070/2005); y SAP de Lleida de 27 de septiembre de 2006 (LA LEY 235961/2006).

(129) A esta idea se contra-argumentaba que la consagración internacional del principio de no separación de los hijos pequeños de su madre respondía más bien a una protección de éstos en relación con la maternidad, resultando inconducente la vinculación entre el hecho del establecimiento de dicha protección y la justificación de que la madre sea la que deba atender el cuidado de los hijos por gozar de mejores dotes para ello. Cfr. Benavente Moreda, P., «La custodia de...», *op. cit.*, pág. 145, nota núm. 36.

parte, se afirmaba que normalmente la madre se encontraba en mejores condiciones para satisfacer las necesidades de sus hijos pequeños, creencias y valores sociales que el legislador de 1981 no habría sino recogido en la nueva legislación[130]; añadiéndose, bajo el supuesto de que la diferencia de trato entre padre y madre obedecía a razones puramente objetivas, que la norma en cuestión no era sino la aplicación del art. 39 de la CE, en cuanto constituía una auténtica protección de los intereses del hijo[131].

Por el contrario, cierta doctrina afirmaba la existencia de una discriminación por razón de sexo argumentando, entre otras cosas, que no existían dotes especiales que tornaran indispensable la atribución de la guarda de los hijos pequeños a la madre; y que los roles de padre y madre eran ambos insustituibles[132]. Una clara prueba de que no se trataba de una situación desigual que requería un tratamiento desigual sino, derechamente, de una diferenciación injusta por razón de sexo, se encontraba en la reforma laboral que, por esos años, se había introducido en materia de permisos por maternidad. En efecto, se sostenía que la Ley 3/1989, de 3 de marzo, «por la que amplía a dieciséis semanas el permiso por maternidad y se establecen medidas para favorecer la igualdad de trato de la mujer en el trabajo», no consideraba que el menor pudiese quedar desprotegido ante la eventualidad de recibir la asistencia del padre durante sus primeros meses de vida, ni tan siquiera en el período que tradicionalmente se vinculaba como de lógica atribución de la guarda a la madre por razón de la lactancia. Por el contrario, al regular dichos permisos, el legislador había concebido a ambos progenitores en pie de igualdad, equiparándoles en aptitudes y capacidades para el cuidado del hijo, frente a lo cual no podía alegarse una vulneración de los intereses que, conforme al art. 39 de la

(130) En este sentido, se manifiestan Linacero de la Fuente, M., «Acerca de...», *op. cit.*, págs. 565 y 577; y Fuente Noriega, M. (*La patria potestad compartida en el Código Civil español*, Madrid, Montecorvo, 1986, pág. 302), quien justifica este criterio de atribución de la guarda a la madre en una realidad biológica y natural que concede a la mujer las condiciones más óptimas para la atención y cuidado de sus hijos, especialmente si son de corta edad.

(131) Cfr. Peña Bernaldo de Quirós, M., *Derecho de Familia*, Madrid, Facultad de Derecho Universidad Complutense de Madrid, Sección Publicaciones, 1989, pág. 519, nota núm. 27.

(132) Cfr. Benavente Moreda, P., «La custodia de...», *op. cit.*, págs. 137-142.

CE, la ley debía proteger en beneficio de los menores[133]. Por otra parte, se destacaba que la misma CDN, al establecer en su art. 9 la obligación de los Estados partes de no separar a los hijos de sus padres salvo en aras de los intereses superiores de aquéllos, estaba garantizando el cumplimiento de lo preceptuado en su art. 18, en cuanto a que ambos progenitores tienen obligaciones comunes respeto de la crianza y desarrollo de los hijos. En definitiva, se concluía que, al adoptar las medidas relativas a la educación y desarrollo del menor, lo que el legislador consideraba era el interés superior de éste[134]. Por último, se estimaba que la tendencia legislativa propiciaba la distribución de la crianza de los hijos en condiciones de igualdad entre hombre y mujer, lo que sin duda constituía una nueva realidad que justificaba la modificación del art. 159 del CC[135].

Posteriormente, y haciéndose eco de esta última opinión, la Ley 11/1990, de 15 de octubre, «sobre reforma del Código Civil en aplicación de principio de no discriminación por razón de sexo», modificó el texto del art. 159 del CC eliminando la atribución preferente a la madre[136]. La disposición actual entrega al juez la decisión sobre el cuidado de los hijos, sin supeditarla a su edad, cuestión que debe resolverse atendiendo al interés de éstos, tras oírlos si tienen suficiente juicio y, en todo caso, al mayor de doce años.

Así lo reafirma la STS de 22 mayo de 1999[137] al evidenciar el cambio producido por los nuevos criterios legales y judiciales en la concesión de la guarda y custodia al padre o madre, inspirados en la nueva igualdad

(133) Este argumento fue desarrollado por Benavente Moreda, P., «La custodia de...», *op. cit.*, págs. 139-141.

(134) Cfr. Benavente Moreda, P., «La custodia de...», *op. cit.*, págs. 141-142.

(135) Cfr. Rogel Vide, C., «Comentario al art. 159 del Código Civil», en *Comentarios a las reformas del Código Civil*, Bercovitz Rodríguez-Cano, R. (Coord.), Madrid, Tecnos, 1993, págs. 594-595.

(136) Más adelante veremos que no obstante dicha eliminación, en la práctica existe una arraigada tendencia jurisprudencial que otorga a la madre los hijos de corta edad.

(137) LA LEY 83186/1999. Por su parte, la SAP de Murcia de 30 junio de 1993 (rollo de apelación núm. 53/1993), señala que *«conviene tener en cuenta que superada afortunadamente a través de la reforma del Código Civil operada por la Ley 11/1990, de 15 octubre, el rígido automatismo que establecía el art. 159 del Código Civil que consideraba que la esposa estaba, sin más, mejor capacitada que el marido para atender el cuidado de los hijos menores [...]»*. Y la SAP de Las Palmas de 23 julio 1998 (rollo de apelación núm. 531/1997) establece que *«siendo también reflejo de una realidad social en la que cada vez se intercambian con más frecuencia entre ambos progenitores las diversas funciones*

de derechos y deberes que proclama la Carta Fundamental: «se invoca la infracción del art. 159 del Código Civil, en relación con el art. 154 del mismo y arts. 14 y 32 de la Constitución al fundamentarse el fallo en una supuesta preferencia de la madre sobre el padre para ejercer la guarda y custodia, en cuanto que se razona en la sentencia [...] pero el art. 159 no establece distingo entre el padre y la madre [...], en contra de la redacción anterior que establecía una presunción *iuris tantum* respecto a la madre. [...]. Ciertamente los preceptos constitucionales, especialmente, el art. 14, consagra el principio contrario a cualquier discriminación por razón de sexo, entre otras, el cual, parece haber sido acogido en el art. 159 del Código Civil respecto a la decisión judicial de a qué progenitor se le encomendará el cuidado de los hijos menores de edad».

2.2. Regulación actual de la guarda y custodia de los hijos en el CC

2.2.1. Modificaciones introducidas por la Ley 15/2005

En este epígrafe nos corresponde analizar la normativa vigente en materia de guarda y custodia de los hijos. Para ello, abordaremos especialmente la Ley 15/2005, de 8 de julio, «por la que se modifican el Código Civil y la Ley de Enjuiciamiento Civil en materia de separación y divorcio», en todo aquello que altera la regulación de la guarda y custodia. Dejaremos para más adelante el análisis de su texto en lo que respecta a la custodia compartida de los hijos.

En primer lugar, debemos señalar que el CC español no regula de forma orgánica la guarda y custodia de los hijos. Se refiere a ella fundamentalmente en su art. 92, en el Capítulo IX Título IV del Libro I, dentro de los efectos comunes de la nulidad, separación y divorcio, es decir, en el contexto de la crisis matrimonial. En esta disposición se concentra la

de la vida familiar, y fruto de lo cual ha sido la desaparición del precepto legal que obligaba a otorgar a la madre la custodia de los hijos menores de siete años».
La jurisprudencia más reciente continúa destacando el cambio legal producido. Así, la SAP de Castellón de 15 de enero de 2000 (recurso de apelación núm. 419/1998); y la SAP de Barcelona de 7 de febrero de 2005 (*RDF*, núm. 28, julio a septiembre, 2005, pág. 203) señalan, entre sus fundamentos, que superado ya el criterio legal favorable a las madres tanto el padre como la madre tienen el mismo derecho-deber de asumir la custodia ordinaria de los hijos.

normativa sobre guarda y custodia, sin perjuicio de otros preceptos que la complementan y a los cuales nos referiremos a continuación.

El art. 92 del CC está ubicado dentro de las disposiciones relativas al acuerdo regulador de las crisis matrimoniales. El art. 90 del CC, con el cual se inicia el Capítulo IX relativo a los efectos comunes a la nulidad, separación y divorcio, determina las materias a las cuales deben referirse los cónyuges para regular la nueva realidad familiar. Su apartado A), también modificado por la Ley 15/2005, establece que el convenio regulador debe referirse al cuidado de los hijos sujetos a la patria potestad de ambos progenitores, el ejercicio de ésta y, en su caso, al régimen de comunicación y estancia de los hijos con el progenitor que no viva habitualmente con ellos.

El texto del actual art. 90.A) del CC no difiere del vigente a partir del año 1981. En efecto, la anterior disposición establecía como extremo al que debía referirse el convenio regulador: «La determinación de la persona a cuyo cuidado hayan de quedar los hijos sujetos a la patria potestad de ambos, el ejercicio de ésta y el régimen de visitas y estancia de los hijos con el progenitor que no conviva con ellos». Al respecto, el Anteproyecto presentado por el Gobierno el 21 de septiembre de 2004 no introducía modificaciones al art. 90, apartado A), del CC. En cambio, el texto del Proyecto proponía la siguiente redacción para esta norma: «El régimen de guarda y custodia de los hijos sujetos a la patria potestad de ambos». Como vemos, el Proyecto excluía del contenido del convenio regulador, sin razón alguna, lo relativo al ejercicio de la patria potestad y régimen de visitas.

La actual redacción de la disposición citada tiene su origen en la enmienda núm. 63 presentada en el Congreso por el Grupo Parlamentario Catalán y luego en el Senado, en idénticos términos, con el núm. 11. Su objetivo respondía, «de una parte, a la necesidad de introducir nuevos vocablos que definan el cuidado de los hijos y que superen los actuales de guarda y custodia y visitas por lo que pueden tener de estigmatizadores, y de otra, a que [...] no debe omitirse de la norma la posibilidad de que, además de fijar el régimen de cuidado de los hijos, se fije también el régimen de comunicación y estancia de los hijos con el progenitor que no viva habitualmente con ellos, puesto que en la práctica generalidad de los casos no es la custodia compartida lo que acuerdan los cónyuges»(138). En realidad, esta enmienda

(138) *BOCG Congreso*. VIII Legislatura. Serie A. 15 de marzo de 2005, núm. 16-8, pág. 63.

no introducía ningún nuevo vocablo al hablar de «el cuidado de los hijos», pues si bien el Proyecto utilizaba las expresiones «guarda y custodia», el CC ya hablaba derechamente de *cuidado* conforme a la redacción de las leyes de 1981. Luego, el Senado argumentó razones similares al aceptar dicha enmienda a la letra A) del art. 90 del CC, pues pretendía «introducir la expresión "el cuidado de los hijos", más actual y ajustada a la realidad social y jurídica, como prever que el convenio regulador se extienda, en su caso, a la fijación del régimen de comunicación y estancia de los hijos con el progenitor que no viva habitualmente con ellos»[139]. En definitiva, se mantuvo la expresión «cuidado», que no era novedad, y los términos «guarda y custodia» que, aunque considerados obsoletos, eran utilizados sin reparos en otros párrafos del nuevo art. 92 y en el art. 103 del CC[140].

Por su parte, el «régimen de visitas, comunicación y estancia de los hijos con el progenitor que no viva con ellos» al que se refería el art. 90.A) del CC, tras la modificación introducida por la Ley 15/2005, pasa a denominarse régimen de *comunicación* y estancia de los hijos con el progenitor que no viva habitualmente con ellos. De acuerdo con la enmienda del Grupo Parlamentario Catalán a que aludimos más arriba, el cambio de lenguaje se debe a la carga estigmatizadora del vocablo «visitas». Sin embargo, varias disposiciones del CC continúan utilizando dicha expresión tras la reforma de 2005. Así por ejemplo, el mismo art. 90, letra B), del CC establece que el convenio regulador deberá regular «si se considera necesario, el régimen de visitas y comunicación de los nietos con sus abuelos, teniendo en cuenta, siempre, el interés de aquéllos». Y el art. 94 del CC, especialmente referido a este derecho-deber, determina que «el progenitor que no tenga consigo a los hijos menores o incapacitados gozará del derecho de visitarlos, comunicar con ellos y tenerlos en su compañía [...]»[141].

(139) *BOCG Congreso*. VIII Legislatura. Serie A. 30 de junio de 2005, núm. 16-14, pág. 93.

(140) En este sentido, *vid*. Seisdedos Muiño, A., «Las medidas relativas a los hijos en los procesos de divorcio y separación matrimonial: Primera aproximación al nuevo texto del Código Civil (Ley 15/2005)», *Aranzadi Civil*, núm. 22/2005, Parte Estudio, Pamplona, Editorial Aranzadi, 2006, BIB 2005\2649, págs. 2-3.

(141) Asimismo, utilizan la expresión «visitas» el párrafo antepenúltimo del art. 90, el párrafo segundo del art. 94 y los arts. 161 y 173. Todos del CC.
Aunque algunas de estas normas se refieren a la relación entre abuelos y nietos o a la comunicación mantenida entre la familia y el menor en caso de acogimiento, y no exclusivamente a la relación entre padre o madre no conviviente e hijo, el argumento esbozado para la eliminación de la expresión es igualmente válido, pues involucra un grado de estigmatización similar.

Por otro lado, como hemos comentado, en un primer momento este derecho-función de comunicación y estancia no estaba considerado en la nueva redacción del art. 90 del CC (en el texto del Proyecto). La enmienda núm. 11 presentada por el Grupo Parlamentario Catalán lo reintrodujo como elemento del convenio regulador, cuestión que fue aprobada por el Pleno del Senado. De no ser así, el acuerdo sobre este tradicional apartado del convenio regulador habría pasado a ser facultativo para las partes, de tal forma que si éstas nada establecían al respecto el juez debía fijar su regulación. Ello resultaba del todo incongruente con la Exposición de Motivos de la Ley y con el mismo art. 90.B) del CC. Con la primera, en cuanto señala que los padres determinarán en beneficio del menor la mejor forma en que éste se relacionará con el padre o madre no conviviente. Y con el art. 90.B) del CC, referido al régimen de comunicación entre nietos y abuelos tras la crisis matrimonial, por cuanto no resultaba coherente que el contenido de éste se mantuviera intacto y que se descartara el establecimiento de dicha relación directa y regular en favor de padres e hijos. De todas formas, los arts. 94.1 y 160.1 del CC, que se mantienen incólumes tras la reforma, y el art. 103.1.ª del CC (al que se le ha introducido una leve modificación)(142) lo contemplan como derecho-función del progenitor que no convive con su hijo, por lo cual habría quedado salvada la supresión prevista en el texto del Proyecto(143).

Una innovación que sí presenta el art. 90.A) del CC es la frase *en todo caso* no propuesta por la enmienda, sino introducida en el texto final de la ley. Posiblemente ello responde a la hipótesis de pacto de modalidad compartida de la guarda, pues, en esta situación, el establecimiento de un régimen de comunicación y estancia entre hijo y progenitor no conviviente dependerá de la forma en que se organice la convivencia con el menor y de la existencia y frecuencia de alternancia de domicilio en su caso(144).

El ejercicio de la patria potestad, como antes adelantamos, también fue excluido del contenido mínimo del convenio regulador de las crisis ma-

---

(142) La anterior disposición hablaba de «cónyuge apartado de los hijos». Después de la modificación introducida por la Ley 15/2005 utiliza las expresiones: *«cónyuge que no ejerza la guarda y custodia de los hijos»*.

(143) Así concluye también Seisdedos Muiño, A., «Las medidas...», *op. cit.*, pág. 3.

(144) *Vid. infra* epígrafe 2.4.5 del Capítulo IV relativo al régimen de comunicación en la custodia compartida.

trimoniales en el texto del Proyecto. De haber prosperado dicha omisión y ante la ausencia de acuerdo de los cónyuges que regulase el ejercicio de la patria potestad, hubiese resultado aplicable el art. 156 del CC, que contempla el ejercicio conjunto de ambos padres o de uno solo con el consentimiento expreso o tácito del otro. Ello se habría visto confirmado por los arts. 90.A) y 92, párrafo cuarto, del CC, conforme a los cuales lo que sí deberían haber estipulado expresamente, si así lo estimaban conveniente, era el ejercicio exclusivo unilateral, fuera total o parcial, puesto que el ordenamiento legal entiende de antemano que el ejercicio de la patria potestad es compartido por padre y madre (que es lo que se denomina ejercicio dual o conjunto de la patria potestad). En efecto, el art. 90.A) del CC habla de «el cuidado de los hijos **sujetos a la patria potestad de ambos** [...]»[145] como uno de los extremos del convenio regulador de los cónyuges. Y el art. 92, párrafo cuarto, del CC, desde el Anteproyecto, reconocía a éstos la posibilidad de pactar en dicho acuerdo que la patria potestad fuese ejercida total o parcialmente por uno de los ex cónyuges.

En este aspecto, al contrario de lo señalado por la Exposición de Motivos de la Ley 15/2005, y por parte de la doctrina[146], a nuestro juicio, no existe ninguna originalidad en comparación con la regulación anterior a la entrada en vigor de dicha ley. Conforme al actual párrafo cuarto del art. 92 del CC, los padres pueden acordar en el convenio regulador o el juez decidir, en beneficio de los hijos, que la patria potestad sea ejercida total

(145) La negrita es nuestra.

(146) La Exposición de Motivos de la Ley 15/2005 establece que «Se pretende reforzar con esta Ley la libertad de decisión de los padres respecto del ejercicio de la patria potestad. En este sentido, se prevé expresamente que puedan acordar en el convenio regulador que el ejercicio se atribuya exclusivamente a uno de ellos, o bien a ambos de forma compartida. También el Juez, en los procesos incoados a instancia de uno solo de los cónyuges, y en atención a lo solicitado por las partes, puede adoptar una decisión con ese contenido». Se ha entendido que en esta materia el legislador de 2005 introdujo cierta novedad en cuanto a la posibilidad expresa de distribución del ejercicio de la patria potestad. Cfr. Pastor Vita, J., «Algunas consideraciones sobre la Ley de Reforma del Código Civil en materia de separación y divorcio», *RDF*, núm. 28, julio a septiembre, 2005, págs. 41 y 43; y «Una primera aproximación al Proyecto de Ley de reforma del Código Civil en materia de separación y divorcio», *Diario LA LEY*, núm. 6235, 20 de abril de 2005, Ref. D-93, pág. 12. En este mismo sentido se pronunció el Ministro de Justicia López Aguilar, J., «Los criterios constitucionales y políticos inspiradores de la reforma del Derecho Civil en materia matrimonial», *Actualidad Jurídica Aranzadi*, núm. 655, Parte Comentario, Pamplona, Editorial Aranzadi, 2005, BIB 2005\156, pág. 4.

o parcialmente por uno de los cónyuges. La norma anteriormente vigente señalaba en su párrafo penúltimo que «podrá también acordarse, cuando así convenga a los hijos, que la patria potestad sea ejercida total o parcialmente por uno de los cónyuges [...]». Y el art. 90.A) del CC reconocía suficiente libertad de pacto para regular el ejercicio de la patria potestad en el convenio regulador (dicha disposición mencionaba el «ejercicio de ésta» antes de la modificación introducida por la Ley 15/2005).

En definitiva, la regulación del ejercicio de la patria potestad no ha sido alterada por la reforma de 2005. No se ha visto reforzada la libertad de los cónyuges al respecto sino sólo en cuanto a la posibilidad de establecer un ejercicio compartido de la guarda y custodia de sus hijos. No de la patria potestad. Incluso se ha señalado que la posibilidad de autorregulación del ejercicio de esta institución enunciada por el art. 92, párrafo cuarto, del CC, resulta superflua ante lo establecido por el art. 90.A) del mismo cuerpo legal, que obliga a los padres a referirse al ejercicio de la patria potestad en el convenio regulador. De ésta y otras normas (como el art. 156 del CC) se desprende que dicho acuerdo de las crisis matrimoniales tendría tal contenido sin que así se estableciera legalmente de forma expresa. Es más, se agrega, conforme a una interpretación forzada a nuestro juicio, que podría sostenerse que el art. 92, párrafo cuarto, del CC más bien limita la libertad de los cónyuges al respecto, puesto que sólo les permitiría adoptar las medidas que dicha norma enumera, descartando la alternativa de ejercicio conjunto(147).

2.2.2. El nuevo art. 92 del CC

El art. 92 del CC, referido a la guarda y custodia de los hijos, da inicio a la regulación del elenco de materias que norman las relaciones conyugales y paterno-filiales de carácter económico y personal. Los artículos que le siguen abordan los alimentos debidos a los hijos, el régimen de comunicación y estancia que se mantendrá con éstos, la liquidación del sistema económico matrimonial, la atribución de la vivienda familiar y los objetos de uso ordinario en ella, y la denominada pensión compensatoria(148). Po-

(147) Así lo expresa Seisdedos Muiño, A., «Las medidas...», *op. cit.*, pág. 4.

(148) La Ley 15/2005 ha reemplazado la expresión «pensión» por el vocablo «compensación» que está más acorde con la naturaleza jurídica que dicho cuerpo legal le ha asignado. De esta forma, las denominaciones más apropiadas pueden ser «prestación compensatoria»

dríamos decir que, a través de esta sistematización, el CC demuestra la relevancia que adquiere la guarda y custodia al generar un verdadero «efecto cascada» sobre las demás cuestiones atingentes a la realidad familiar posterior a la ruptura. En efecto, el sistema de atribución del cuidado de los hijos resulta determinante en la reglamentación de las cuestiones que regirán las relaciones parentales; piénsese, por ejemplo, en las repercusiones que acarreará la elección del modelo de custodia compartida en la asignación de la vivienda familiar, prestaciones de alimentos, o en la regulación del régimen de comunicación y estancia que deberá determinarse si la guarda es asignada en exclusivo a uno de los progenitores.

El art. 92 del CC constituye el eje sobre el cual desarrollaremos el presente trabajo. Se trata de una norma que, tras la modificación de la Ley 15/2005, resulta difícil de abordar por la diversidad de principios, tópicos y reglas que establece. Contiene un extenso texto legal, cuya farragosa redacción hace difícil su lectura e interpretación(149).

En este epígrafe intentaremos dar una visión general de las materias que regula, puesto que cada una de ellas será objeto de estudio en los Capítulos siguientes que hemos previsto.

Así, en materia de criterios de atribución de la guarda y custodia, cuestión que abordaremos en el Capítulo siguiente del presente trabajo, distinguimos en su párrafo primero, la mención al principio cardinal de la responsabilidad parental: la separación, la nulidad y el divorcio no eximen a los padres de sus obligaciones para con sus hijos. A él se vinculan varias directrices que gravitan en torno a la guarda y custodia. Comenzando por el *favor filii,* enunciado —aunque no como criterio general de atribución—

---

o bien «derecho compensatorio». Sin embargo, la mayoría de la jurisprudencia posterior a la reforma de 2005 continúa utilizando la denominación tradicional anterior. Así, por ejemplo, la SAP de Murcia de 29 junio de 2006 (LA LEY 117194/2006) habla de «pensión compensatoria». Sobre el cambio que ha experimentado este instituto luego de la Ley 15/2005, *vid.* LASARTE ÁLVAREZ, C., *Principios de Derecho Civil.* T. 6. *Derecho de Familia,* 5.ª edición, Madrid, Marcial Pons, 2006, págs. 151-158.

(149) Critican la técnica legislativa utilizada, entre otros: ORTUÑO MUÑOZ, P., *El nuevo régimen jurídico de la crisis matrimonial*, Navarra, Thomson Civitas, 2006, pág. 41; LINACERO DE LA FUENTE, M., «Leyes de Familia y Constitución: Ley 13/2005, de 1 de julio, y Ley 15/2005, de 8 de julio», *RDP*, marzo-abril, 2006, pág. 73; y RODRÍGUEZ CHACÓN, R., *Matrimonio, separación y divorcio en España: nueva regulación*, Barcelona, Ediciones Experiencia, 2005, pág. 117.

en los párrafos cuarto y octavo de la disposición en comento; el derecho del menor a ser oído referido en su párrafo segundo; el Informe del Ministerio Fiscal y el dictamen de especialistas a los que el art. 92 del CC en sus párrafos sexto, octavo y noveno. Y, por último, la recomendación, establecida en el párrafo quinto de la norma, de no separar a los hermanos.

Sin perjuicio del análisis detallado que efectuaremos al abordar la custodia compartida[150], los párrafos quinto a noveno del art. 92 del CC regulan sus siguientes aspectos.

En cuanto a la oportunidad de su solicitud, de acuerdo con el apartado quinto de esta disposición, la custodia compartida de los hijos tiene lugar ante el acuerdo original de los padres plasmado en el convenio regulador, o si así lo solicitan durante el procedimiento. En tal caso, si el juez no observa óbice a tal petición, debe adoptar, mediante resolución fundada, las cautelas pertinentes para su eficaz cumplimiento, procurando no separar a los hermanos, directriz que como vemos, el legislador de 2005 ha mantenido.

En estrecha relación con esta parte de la disposición se encuentra el apartado ocho al establecer que, con carácter excepcional, si no concurren los requisitos de común acuerdo entre los cónyuges y una de las partes así lo solicita, tendrá lugar la custodia compartida si existe Informe favorable del Ministerio Fiscal y si ello se fundamenta en que sólo de esta forma se protege el interés del hijo.

Por su parte, los apartados seis, siete, y nueve del art. 92 del CC se refieren más bien a reglas generales que deben observarse en materia de guarda y custodia, y por cierto, en su modalidad compartida. El apartado seis establece que el juez, en todo caso, antes de acordar el régimen de guarda y custodia, debe recabar Informe del Ministerio Fiscal, y oír a los menores que tengan suficiente juicio cuando se estime necesario, de oficio o a petición del Fiscal, partes o miembros del Equipo Técnico Judicial, o del propio menor. Eso sí, si se trata de custodia compartida, el juez debe valorar las alegaciones de las partes vertidas en la comparecencia y la prueba practicada en ella, y la relación que los padres mantengan entre sí y con sus hijos para determinar su idoneidad con el régimen de guarda. El

(150) *Vid. infra* epígrafe 3 del Capítulo III.

apartado siete establece que no procede la guarda y custodia compartida cuando cualquiera de los padres esté incurso en un proceso penal iniciado por atentar contra la vida, la integridad física, la libertad, la integridad moral o la libertad e indemnidad sexual del otro cónyuge o de los hijos que convivan con ambos. Agrega que tampoco procederá cuando el juez advierta, de las alegaciones de las partes y las pruebas practicadas, la existencia de indicios fundados de violencia doméstica.

Por último, el apartado nueve reitera el principio auxiliar relativo al dictamen de especialistas, prescribiendo que el juez, antes de pronunciarse sobre la guarda y custodia, de oficio o a instancia de parte, puede recabar el dictamen de especialistas debidamente cualificados, referidos a la idoneidad del modo de ejercicio de la patria potestad y del régimen de custodia de los menores.

2.3. Consideraciones generales sobre la autonomía de la voluntad de los progenitores

2.3.1. El papel de la autonomía de la voluntad de los progenitores

De acuerdo con lo hasta aquí señalado, la norma cardinal en materia de atribución de la guarda y custodia es el acuerdo de los padres que, materializado en el convenio regulador y en observancia del interés del hijo, establece la modalidad a través de la cual se llevará a cabo el cuidado del mismo. La posibilidad de autorregulación a la que nos estamos refiriendo es expresión del principio de autonomía de la voluntad reconocida a los cónyuges en materia familiar. Libertad que se encuentra limitada por tratarse de una materia indisponible, gobernada por el *favor filii*. De ahí que el ordenamiento jurídico conciba la intervención judicial como una herramienta de control público y garantía de dicho interés[(151)].

(151) No escapa a esta afirmación la situación de separación de hecho de los padres. En este caso, los acuerdos respecto de sus relaciones de convivencia y las de carácter paterno-filial, están sujetos a la misma comprobación judicial prevista para el caso del convenio regulador. Debemos tener presente que, a falta de acuerdo entre los progenitores separados de hecho, conforme al art. 159 del CC, es el juez quien decide, en interés del hijo, la atribución de la guarda y custodia. Esta decisión puede materializarse en un acuerdo general plasmado por escrito [así sucede en STS de 21 de julio de 1993 (LA LEY 13311/1993)], el cual es homologable mediante un expediente de jurisdicción voluntaria (así lo señala García Pastor, M., *La situación...., op. cit.*, págs. 63 y 110).

En este sentido, y no obstante el examen que de ella haremos en lo sucesivo, debemos señalar que la introducción de la figura de la custodia compartida ha reabierto el debate relativo al papel del juez frente a las determinaciones que los padres hayan efectuado en el convenio regulador. Entendemos que el legislador de 2005 ha incorporado expresamente una nueva modalidad en el ejercicio de la guarda y custodia de los hijos, ampliando el poder de decisión de los progenitores en la esfera personal de las relaciones filiales, con las consiguientes repercusiones en el plano económico que ello conlleva, por ejemplo, en lo que respecta a la atribución del uso de la vivienda familiar y la pensión de alimentos.

Adelantamos que la Ley 15/2005 permite incluso que, excepcionalmente, en caso de no existir acuerdo, el juez, a instancia de una de las partes y con Informe favorable del Ministerio Fiscal, acuerde la guarda y custodia compartida fundamentándola en que sólo de esta forma se protege adecuadamente el interés superior del menor (párrafo octavo del art. 92 del CC). Cabe así la posibilidad de que se determine la guarda y custodia compartida aun contra la voluntad de uno de los cónyuges, cuestión que ha sido ampliamente discutida en el Derecho comparado, y frente a la cual la doctrina nacional se ha pronunciado en diversos sentidos(152).

Pues bien, podemos decir que, dependiendo de la relevancia que se le conceda a la autonomía de la voluntad de los cónyuges en la regulación de los efectos de su crisis matrimonial, el papel del juez frente a la homologación u aprobación del mismo se posiciona más o menos protagonista. Los principios de autonomía de la voluntad e intervención judicial concurren de tal forma, que es posible advertir una interdependencia vital entre ellos; la labor del juez asume, en ciertas ocasiones, rasgos de control de lo acordado por los cónyuges y, en otras situaciones, funciones sustitutivas o quizá complementarias(153).

---

(152) *Vid. infra* la letra *b)* del epígrafe 3.2.3.2 del Capítulo III.

(153) Cfr. López y López, Á., «Comentarios al art. 90», en *Matrimonio y divorcio..., op. cit.,* pág. 971. En el epígrafe 2.2 del Capítulo III, relativo al principio de la corresponsabilidad parental, nos referiremos a la evolución experimentada en Europa en materia de matrimonio, separación y divorcio, a la autorregulación del conflicto familiar y a sus relaciones con la generalizada incorporación de la custodia compartida en diversos ordenamientos de la región.

En este sentido, el amplio reconocimiento de la autonomía privada de los cónyuges para regular los efectos de la ruptura conyugal favorece la redacción del convenio regulador, pues, atendido el dinamismo que reviste toda crisis matrimonial, es conveniente considerar que el acuerdo que se logre debe ser capaz de dar solución a cuantas vicisitudes se produzcan con posterioridad.

Sin embargo, la autodeterminación de los cónyuges no es absoluta, pues se encuentra sometida al control judicial. En este sentido, sobre la base de su naturaleza de negocio jurídico de Derecho de familia, el convenio regulador ha sido considerado como un estatuto conyugal o un negocio o pacto jurídico familiar en el que predomina la autonomía de la voluntad; aunque en el ejercicio de esta libertad, los cónyuges deben observar las limitaciones generales propias de todos los contratos, la prohibición de amparar situaciones abusivas, evitar un ejercicio antisocial del derecho y no efectuar renuncias de derechos de orden público(154). Otras limitaciones específicas son las contenidas en el párrafo segundo del art. 90 del CC, que dispone que los acuerdos de los cónyuges adoptados para regular las consecuencias de la nulidad, separación o divorcio serán aprobados por el juez, salvo si son dañosos para los hijos o gravemente perjudiciales para uno de los cónyuges. De esta forma, a pesar de ser, como todo negocio jurídico, expresión de la autonomía privada manifestada en una declaración de voluntad concorde, no es por sí solo suficiente para generar consecuencias jurídicas: la aprobación judicial es su presupuesto esencial o *condictio iuris*.

Pues bien, dadas estas cortapisas que el ordenamiento jurídico impone a la autonomía de la voluntad en este ámbito del Derecho de familia, cabe preguntarse si la autorregulación de los efectos de la crisis matrimonial se ve o no disminuida. En este sentido, por una parte, resulta claro que la naturaleza de negocio jurídico del acuerdo regulador permanece aunque el papel que se le otorgue al juez sea la homologación, esto es, calificación

(154) El convenio regulador es el estatuto jurídico negocial de los cónyuges separados o divorciados y de los efectos inherentes a estas situaciones familiares. No es un contrato, ya que no crea, modifica o extingue solamente relaciones patrimoniales; es más bien un acuerdo o convención que regula una múltiple situación familiar o un enrevesado de relaciones jurídicas de carácter familiar. Cfr. ALONSO PÉREZ, M., «La Familia entre el pasado y la modernidad. Reflexiones a la luz del Derecho civil», *AC*, 1998-1, pág. 25.

y comprobación de los requisitos legales. Sin embargo, por otra parte, es igualmente cierto que, de acuerdo con el art. 90 del CC, el juez puede llegar a ser extraordinariamente activo, de tal modo que la aprobación del convenio puede llegar a convertirse en un juicio sobre su conveniencia.

2.3.2. El principio rogatorio y las materias de ius cogens

Los procesos relativos al ámbito privado de las personas están sometidos al principio de disponibilidad, lo cual impide que el juez decida en contra de lo solicitado por las partes o que se pronuncie sobre un aspecto no sometido a su conocimiento. Sin embargo, como hemos señalado, determinadas cuestiones referidas a las crisis matrimoniales afectan a bienes, valores e intereses indisponibles, regidos por normas y principios de *ius cogens*, a los que se adecuan mal los principios de rogación y de congruencia que normalmente rigen el proceso civil. Al respecto, aunque nada dice el legislador, la doctrina(155) y la jurisprudencia(156) han distinguido dos grandes grupos de efectos derivados de la nulidad, separación o divorcio matrimonial.

Así, la guarda de los hijos menores, el ejercicio de la patria potestad, el derecho de comunicación y relaciones personales con el padre o madre con quien no hayan de convivir los hijos, la contribución de cada pro-

(155) Cfr. Rivero Hernández, F., «Comentarios al art. 91», en *Matrimonio y divorcio. Comentarios al nuevo título IV del libro I del Código Civil,* coordinados por Lacruz Berdejo, J. L., Madrid, Civitas, 2.ª ed., 1994, págs. 995-999. *Vid.* también Roca Trías, E., «Comentario al art. 90 del Código Civil», en *Comentario del..., op. cit.,* págs. 387-388.

(156) El Tribunal Constitucional ha señalado en sentencia de 10 de diciembre de 1984, que «*La dimensión de los efectos económicos de la sentencia estimatoria del divorcio se encuentra, más o menos extensamente tratada, en los escritos de ambas partes, por lo que la afirmación del recurrente en amparo es, en este punto, inexacta. Pero es que aunque la parte demandante en el proceso matrimonial no hubiera suscitado en modo alguno estos problemas, no por ello el Juez se hubiera visto obligado a silenciarlo en su sentencia o a considerar como una reconvención la petición de contenido económico formulada por la parte demandada.*
No es ocioso traer a colación aquí alguna somera reflexión en orden al carácter de todo proceso matrimonial, en el que se dan elementos no dispositivos, sino de ius cogens, precisamente por derivar y ser un instrumento al servicio del derecho de familia. No se puede transitar por él y ampararse en sus peculiaridades para olvidarse de ellas a la hora de los efectos de la sentencia que ponga fin a la relación conyugal, apelando, entonces, a los principios dispositivo y rogatorio del proceso civil español». En este sentido, *vid.* ATC 100/1987, de 28 de enero, y STC 4/2001, de 15 de enero.

genitor para satisfacer los alimentos debidos a los hijos sujetos a patria potestad, y la atribución de la vivienda familiar en el caso de existir hijos, son instituciones todas de carácter indisponible respecto de las cuales debe decidir el juez ineludiblemente, aunque los cónyuges nada hayan solicitado, pudiendo recabar e investigar de oficio los datos no suministrados por las partes. En cambio, la pensión compensatoria, la indemnización del art. 98 del CC prevista para el caso de nulidad, los alimentos debidos a los hijos mayores y entre cónyuges, la liquidación del régimen económico del matrimonio, y la atribución de la vivienda familiar no habiendo hijos, son materias que se rigen por el principio dispositivo y rogatorio; por ende, el juez nada debe ni puede conceder ni resolver sin mediar solicitud de parte.

Al respecto, cabe efectuar una breve referencia a una situación que puede presentarse en materia de custodia de los hijos en relación con el control público: la concesión judicial de la guarda de los hijos al padre o madre que no la ha solicitado, o bien, a un tercero no propuesto por los cónyuges.

Por una parte, aplicando a rajatabla el principio de la autonomía de la voluntad que gobierna el poder de decisión de los padres sobre sus cuestiones familiares, debería descartarse de plano un pronunciamiento judicial en tal sentido. Además, un argumento legal podía apoyar esta postura. La regulación de la guarda y custodia de los hijos no matrimoniales se encuentra en el art. 159 del CC, norma que establece que el juez decidirá sobre la guarda y custodia de los hijos en los casos en que los padres *no lo hayan efectuado de común acuerdo,* sin exigir que dicho pacto se exprese de determinada manera. De ello se desprende que el juez debe respetar lo acordado expresa o tácitamente por los padres en cuanto al cuidado de sus hijos no matrimoniales. Cuestión que resulta aplicable a las situaciones de nulidad, separación y divorcio, pues la dualidad de regulaciones (sobre hijos matrimoniales y no matrimoniales) debe resolverse descartando cualquier interpretación discriminatoria, como lo sería, en este caso, afirmar que el juez sí puede decidir contra la voluntad de los progenitores en el marco de la crisis matrimonial y no así, en cambio, ante la ausencia de dicho vínculo.

Sin embargo, atendido el aludido carácter de *ius cogens* de las materias relativas a la custodia de los hijos, debemos concluir que, aunque en principio cabe rechazar la posibilidad de que el juez atribuya la guarda y custodia de los hijos a una persona que no la ha solicitado, existen situaciones excepcionales que pueden justificar una decisión en tal sentido, como sería el caso de atribución a terceros mediante resolución fundada en que ninguno de los padres es idóneo para ejercer dicho derecho-función(157). En definitiva, la única limitación que respaldaría una decisión judicial de esta clase es que el perjuicio causado al hijo por el acuerdo previsto por las partes vulnere su interés supremo.

2.3.3. La necesidad de oír al hijo

Para finalizar la temática de la autonomía de la voluntad en el convenio regulador, nos permitimos una última reflexión. Como hemos visto, la primera fuente de atribución del cuidado de los hijos está constituida por los acuerdos de los cónyuges. Esta opción del legislador se justifica plenamente en cuanto son los padres los que normalmente conviven con sus hijos, comparten su realidad familiar y comprenden sus intereses y sinceras preferencias.

Pues bien, por estas mismas razones, los progenitores son los primeros que deben sentirse llamados a atender las opiniones de los hijos, a ejercitar una efectiva escucha de lo que manifiestan y a respetar su autonomía progresiva a la hora de tomar decisiones que les afecten(158). En este sentido, el art. 154 del CC establece que «la patria potestad se ejercerá siempre en beneficio de los hijos, de acuerdo con su personalidad [...]» (párrafo 2). Además, ordena claramente que «si los hijos tuvieren suficiente jui-

(157) En este mismo sentido, García Pastor, M., *La situación..., op. cit.*, págs. 111-113. En la jurisprudencia, la SAP de Navarra de 27 de enero de 1993 (rollo de apelación núm. 270/1992) afirma que no existe incongruencia en la decisión judicial que atribuye al padre el cuidado de los hijos aunque éste no lo haya solicitado expresamente. Asimismo, la SAP de Valencia de 8 de abril de 1993 (rollo de apelación núm. 627/1991) señala que no existe incongruencia si no habiendo sido solicitada por ninguna parte en la apelación, se atribuye la custodia del hijo a la abuela materna. Por último, la SAP de Palma de Mallorca de 13 de diciembre de 1990 (*RGD* 1992, enero-febrero, págs. 758-759) consideró congruente atribuir la custodia de los dos hijos del matrimonio al padre que sólo solicitó la custodia de uno de ellos.

(158) Al derecho del menor a ser oído nos referiremos en el epígrafe 3.5 del presente Capítulo.

cio **deberán ser oídos siempre antes de adoptar decisiones que les afecten»** (párrafo 3)[159].

Así las cosas, al momento de fijar el contenido del convenio regulador, los padres deben escuchar a sus hijos y tener en cuenta su interés en todos aquellos aspectos que puedan incumbirle. Al respecto, se ha señalado que la expresión *afecten* utilizada en esta norma, interpretada teleológicamente, puede ser sinónimo de «incidir» o «provocar un efecto» en la persona del menor. Por ello, al consultar su opinión, más que la envergadura de la decisión de un asunto debe considerarse el hecho de que ella alcance directamente a su persona[160]. Se defiende incluso la utilidad de dejar constancia de la escucha del hijo en el convenio[161], lo que resulta positivo siempre que no se convierta en una «cláusula de estilo» del mismo.

En la práctica será difícil, pero no por ello menos exigible, que los padres trasladen el centro del problema familiar desde su conflicto conyugal o de pareja, a la vivencia de esa ruptura por parte de los hijos. Esto es, que en vez de discutir y determinar la cuantía de los alimentos o la atribución de la vivienda familiar, visualicen sus desavenencias proyectando los daños que pueden provocar en los menores. Nos parece que la mejor forma de desarrollar esa dinámica es atender las aprensiones que aquéllos dejan entrever al manifestar sus deseos, temores, y opiniones[162].

(159) Las negritas son nuestras.

(160) Cfr. Bo Jané, M. y Caballero Ribera, M., «El nuevo derecho del menor a ser oído: ¿sujeto activo en la determinación de su interés?», *LA LEY*, 1996-6, pág. 1489, y Fonseca González, R., «El deber de oír a los hijos», en *La Tutela de los Derechos del Menor*, Córdoba, Departamento de Derecho Civil de la Facultad de Derecho de la Universidad de Córdoba, 1984, pág. 135. Además, Sánchez Prieto, A., «La audiencia del menor en las causas matrimoniales», *LA LEY*, 1988-1, pág. 961, resalta la importancia de la escucha del hijo por parte de los padres.

(161) Cfr. Rivero Hernández, F., «Comentarios al art. 92», en *Matrimonio y divorcio..., op. cit.*, pág. 1023.

(162) Evidentemente los jueces no pueden compeler a los padres para que, en lo cotidiano, tomen en cuenta las opiniones de sus hijos; claramente ello debe surgir en forma espontánea en el seno familiar. Pero también es cierto que, mediante sus decisiones, los jueces ponen de manifiesto que la falta de dicha escucha puede ser un elemento de juicio y fundamento de una sentencia. Así lo demuestra la siguiente jurisprudencia: 1) La SAP de Madrid de 17 de marzo de 1998 (LA LEY 35426/1998) dejó sin efecto la medida pactada por los cónyuges en un convenio regulador aprobado en auto de separación matrimonial, por la cual habían acordado una custodia temporal de las hijas. La sentencia se basó en la frontal oposición de las dos hijas mayores no consultadas en el procedimiento de

3. CRITERIOS LEGALES DE ATRIBUCIÓN DE LA GUARDA Y CUSTODIA DE LOS HIJOS

3.1. Aspectos generales

El art. 92 del CC constituye el punto de partida de la regulación de cada uno de los efectos que sobrevienen a las situaciones de crisis matrimonial. Como veremos, este precepto es el eje sobre el cual los cónyuges y el juez deben construir las reglas que ordenan la nueva realidad familiar. Al respecto, se ha afirmado que el legislador de 1981 «ha bajado unos cuantos puntos en sus preocupaciones moralizantes y prejuicios individualistas»(163), para acoger con sentido social y de futuro, como principios informadores del Derecho de familia, la subsistencia de la responsabilidad parental no obstante la ruptura matrimonial, el interés superior de los hijos, la audiencia de los mismos, el Informe del Ministerio Fiscal, el dictamen de especialistas dentro del conocimiento judicial, y la recomendación de no separar a los hermanos (o principio de unidad familiar). En cuanto a este último criterio, es importante destacar que lo hemos considerado de aplicación general a la guarda y custodia de los hijos, aunque, en un análisis estrictamente exegético, sólo lo sería respecto de su modalidad alternada. En su momento explicaremos la razón de la distinción efectuada por el legislador.

En materia de guarda y custodia, la reforma de 2005 introducida por la Ley 15/2005, contempla un nuevo criterio de aplicación general al cual también nos referiremos. El apartado seis del art. 92 del CC establece que el juez debe valorar las alegaciones de las partes vertidas en la comparecencia, la prueba practicada en ella, y la relación que los padres manten-

separación. 2) En otra decisión de la SAP de Madrid de 17 de marzo de 1998 (rollo de apelación núm. 561/1997) se solicitaba la supresión de la medida por la cual se había atribuido la guarda y custodia de los hijos al padre. La oposición de las menores para convivir con su madre determinó la inoportunidad de una nueva modificación. 3) La SAP de Lugo de 27 de junio de 2003 (LA LEY 113085/2003) señaló que es difícil omitir la voluntad manifestada por la menor de convivir con su madre, ya que se trata de una joven de 14 años de edad, donde sus manifestaciones, dentro de lo posible, han de ser tenidas en cuenta.

(163) RIVERO HERNÁNDEZ, F., «Comentarios al art. 92», en *Matrimonio y divorcio..., op. cit.*, pág. 1015.

gan entre sí y con sus hijos para determinar su idoneidad con el régimen de guarda.

Por su parte, la jurisprudencia, haciendo eco de estos principios, ha interpretado y desarrollado los preceptos que los contienen, creando diversos criterios relativos a la atribución de la guarda y custodia de los hijos. Abordaremos algunos de ellos al final del presente Capítulo.

3.2. La ruptura conyugal no extingue la responsabilidad parental

El art. 92 del CC comienza afirmando que «la separación, la nulidad y el divorcio no eximen a los padres de sus obligaciones para con los hijos».

Diversos autores han calificado a esta norma como innecesaria, pues los padres deben observar los mismos deberes morales y jurídicos para con los hijos tanto en situaciones de normalidad como de ruptura matrimonial. Tales obligaciones derivan del deber constitucional de los progenitores de prestar asistencia de todo orden a los hijos habidos dentro o fuera del matrimonio (art. 39.3 CE), norma que encontraría su expresión legal en los arts. 110, 111, párrafo cuarto, y 154 del CC(164).

A nuestro juicio, aunque este párrafo parezca repetitivo en el contexto del CC, la relevancia del principio al que se refiere justifica la remisión del legislador. Recordemos que este apartado del art. 92 del CC respondía, en 1981, a una normativa totalmente nueva sobre el divorcio y las demás situaciones de crisis matrimonial. El intento de agrupar en este artículo varios de los principios gobernantes de las relaciones paterno-filiales, insistimos, nos parece positivo. Así parece afirmarlo RIVERO HERNÁNDEZ(165) quien, pese a considerar redundante esta norma, agrega que no le parece mal que el legislador lo recuerde una vez más a los padres para evitar malentendidos y olvidos imperdonables y que, aunque nada concreta esa disposición sobre las relaciones subsistentes de los padres, hay que entender que son todas las que a éstos competen, es decir, las del art. 154 del CC, en cuanto

(164) En este sentido, LUNA SERRANO, A., «Matrimonio y divorcio», en LACRUZ BERDEJO, J. L. y otros, *El nuevo régimen de la familia*. Tomo I. *Matrimonio y divorcio*, Madrid, Civitas, 1982, pág. 353.

(165) Cfr. RIVERO HERNÁNDEZ, F., «Comentarios al art. 92», en *Matrimonio y divorcio..., op. cit.*, pág. 1041.

genéricas de la patria potestad, y cualesquiera otras ligadas a la calidad de padres.

En Italia se ha generado una discusión similar a la anteriormente descrita. Así, el principio enunciado en el párrafo primero del art. 92 del CC encuentra su símil en el inciso primero del art. 6 de la Ley de Divorcio italiana de 1970, que establece que las obligaciones de los progenitores hacia los hijos también permanecen en caso de nuevas nupcias de uno o de ambos padres. Esta disposición ha sido criticada por diversos autores. En efecto, se ha discutido acerca de la utilidad(166) y peligrosidad(167) de su enunciación, ya que de ella podría desprenderse la idea de que los deberes de los padres en relación a sus hijos son efectos residuales del matrimonio disuelto y no, simplemente, la continuidad de la relación generada como consecuencia de la procreación. En todo caso, la doctrina sostiene que estos deberes nacen directamente de la relación de filiación y respecto de ellos los conflictos personales de los progenitores no pueden influir en ningún modo(168).

A mayor abundamiento, al afirmarse la necesaria protección del menor en las crisis matrimoniales, se ha calificado como imprescindible la referencia a este principio que, aunque bastante sabido, no deja de ser relevante, puesto que la incolumidad de los deberes paterno-filiales, se funda y origina en la patria potestad, en la relación de filiación, y no en el matrimonio de los padres(169).

Al respecto, es innegable que el modelo único de familia matrimonial ha cedido lugar a distintos tipos de uniones familiares, ya que cada vez más proliferan los motivos que conducen a las personas a unirse en modos de cohabitación paralelos al matrimonio y que, como vemos, el ordena-

(166) Cfr. Barbiera, L., *Il divorzio dopo la seconda riforma*, Bologna, Zanichelli Bologna, 1988, pág. 121, y Finocchiaro, M. y Finocchiaro, A., *Diritto di Famiglia. Volume Terzo. Il divorzio*, Milano, Dott. A. Giuffrè editore, 1988, pág. 469.

(167) Cfr. Quadri, E., «Rapporti tra genitori e figli nel divorzio», en Cipriani, F. y Quadri, E., *La nuova legge sul divorzio II. Presuposti. Profili personali e processuali*, Napoli, Jovene Editore, 1987, pág. 98.

(168) Al respecto, Dossetti, M., «Gli effetti della pronunzia di divorzio», en Bonilini, G. y Cattaneo, G., *Il Diritto di Famiglia*. I. *Famiglia e matrimonio*, Torino, Utet, 1997, pág. 589.

(169) Cfr. Martínez Rodríguez, N., «El menor...», *op. cit*, pág. 117.

miento jurídico comienza a regular[(170)]. Aunque el presente trabajo versa sobre la guarda y custodia en situaciones de crisis matrimonial, este principio de responsabilidad se posiciona con igual validez frente a la ruptura de las uniones de facto, de tal manera que carece de importancia la existencia o no de un vínculo de matrimonio, puesto que la responsabilidad parental tiene su generación en otro hecho: el vínculo filial.

Ahora bien, una vez determinada la filiación se generan diversos efectos, de carácter personal o de contenido patrimonial. Muchas de sus consecuencias se estructuran sobre la base de los llamados derechos-funciones y no de simples obligaciones. Lo que antes se estimaba como derecho de los progenitores pasa a ser entonces un derecho-deber o derecho-función, de manera que, por ejemplo, el llamado derecho a mantener una relación directa y regular, ya no es privilegio del padre o madre que no vive en compañía de su hijo, sino que es también un derecho del propio hijo, porque el desarrollo de su autonomía progresiva exige que mantenga un régimen de comunicación con aquél[(171)]. Este elemento es lo que imprime el sello de indisponibilidad a este tipo de relaciones paterno-filiales, derivado del carácter de orden público que revisten las normas de Derecho de familia. El padre o la madre no pueden exonerarse del ejercicio de estos deberes invocando inaptitud para ello; tal pacto adolecería de nulidad y, ni siquiera la homologación del juez podría reparar tal defecto[(172)].

(170) Aunque no existe aún una normativa nacional acerca de las uniones de hecho, diversos ordenamientos locales las han regulado (así, por ejemplo, la Ley 10/1998, de 15 de julio, de Uniones Estables de Pareja, de Cataluña, y la Ley 4/2002, de 23 de mayo, de Parejas Estables, del Principado de Asturias).

(171) En este sentido, TAMAYO HAYA, S. («La custodia compartida como alternativa legal», *RCDI*, núm. 700, 2007, pág. 668, nota núm. 2), señala que el principio que comentamos había quedado ensombrecido por la redacción del art. 90 del CC, conforme al cual en el convenio regulador debía determinarse «al cuidado de cuál de los progenitores quedaban los hijos tras la ruptura»; por otra parte, por la discriminación hacia el cónyuge «apartado de los hijos» del párrafo primero del art. 103 del mismo cuerpo legal; y, por último, por la primera parte del último párrafo del art. 156 del CC que dispone que «si los padres viven separados, la patria potestad se ejercerá por aquel con quien el hijo conviva»; disposiciones éstas que, indirectamente, potenciaban la desvinculación de uno de los progenitores.

(172) *Vid. supra* lo señalado en el epígrafe 2.3 del presente Capítulo relativo a la autonomía de la voluntad de los cónyuges.

3.3. El interés superior del menor y su derecho a ser oído

La importancia del interés superior del hijo y de su derecho a ser oído se refleja en su carácter transversal, pues son numerosas las materias regidas por ellos. Así, el art. 92 del CC menciona estos principios en tres ocasiones. En su párrafo segundo, relativo al cuidado personal, establece que «el Juez, cuando deba adoptar cualquier medida sobre la custodia, el cuidado y la educación de los hijos menores, velará por el cumplimiento de su **derecho a ser oídos».** En su apartado cuarto, referido al ejercicio de la patria potestad, indica que «los padres podrán acordar en el convenio regulador o el Juez podrá decidir, **en beneficio de los hijos,** que la patria potestad sea ejercida total o parcialmente por uno de los cónyuges». Y, por último, el apartado octavo reitera el *favor filii* prescribiendo que, «excepcionalmente, aun cuando no se den los supuestos del apartado cinco de este artículo, el Juez, a instancia de una de las partes, con Informe favorable del Ministerio Fiscal, podrá acordar la guarda y custodia compartida fundamentándola en que sólo de esta forma se protege adecuadamente el **interés superior del menor»**[173].

Lo mismo ocurre a propósito de la aprobación judicial del convenio regulador, cuestión que, conforme al párrafo segundo del art. 90 del CC, no procederá si los acuerdos de los cónyuges *son dañosos para los hijos;* y en otras materias, como la relación directa y regular que deben mantener los hijos con el padre o madre que no vive en compañía con ellos y con otras personas de su familia.

El legislador ha consagrado dos principios cardinales que informan la decisión sobre la guarda y custodia de los hijos: el interés superior del menor y su derecho a ser oído[174]. Se trata de dos directrices que están íntimamente ligadas. Así, se ha llegado a sostener que al tener ambos un mismo fundamento, esto es, el respeto al libre desarrollo de la personalidad, la audiencia del hijo no es sino una especie de derivación de su interés supremo[175]. Para nosotros, no obstante esa interdependencia, el derecho

(173) Las negritas son nuestras.

(174) Más adelante, al analizar la regulación de la custodia compartida en España, efectuaremos un replanteamiento de esta aseveración, pues, en nuestra opinión, es posible afirmar que el legislador, al incorporar esta nueva figura jurídica, reconoce otros principios de extraordinaria importancia. *Vid. infra* epígrafe 3.3 del Capítulo III.

(175) Cfr. Bo Jané, M. y Caballero Ribera, M., «El nuevo derecho...», *op. cit.,* pág. 1488.

del menor a ser oído conserva su autonomía en el ordenamiento legal recibiendo una protección especial en el ámbito nacional e internacional, al punto que su inobservancia puede causar la nulidad de determinadas actuaciones procesales sin necesidad de que se invoque el *bonum filii* como fundamento jurídico directo.

3.4. El interés superior del menor

3.4.1. Consagración del interés superior del hijo en el ámbito internacional

El art. 3.1 de la Convención Internacional de los Derechos del Niño adoptada por la Asamblea General de Naciones Unidas, en su Resolución 44/25, de 20 de noviembre de 1989(176), establece que «en todas las medidas concernientes a los niños, que tomen las instituciones públicas o privadas de bienestar social, los Tribunales, las autoridades administrativas o los órganos legislativos una consideración primordial a que se atenderá será el interés superior del niño».

Antes de dicho instrumento internacional, la Declaración de Ginebra de 1924 sobre los Derechos del Niño contenía en cinco puntos los principios básicos sobre protección de la infancia. Sin embargo, fue la Declaración de los Derechos del Niño proclamada por la Asamblea General de las Naciones Unidas en su Resolución 1386 (XIV), de 20 de noviembre de 1959, la que utilizó por primera vez la expresión *interés superior del niño* en sus Principios 2 y 7. El primero de ellos establece que «el niño gozará de una protección especial y dispondrá de oportunidades y servicios, dispensado todo ello por la ley y por otros medios, para que pueda desarrollarse física, mental, moral, espiritual y socialmente en forma saludable y normal, así como en condiciones de libertad y dignidad. Al promulgar leyes con este fin, la consideración fundamental a que se atenderá será el interés superior del niño». A su vez, el Principio 7 establece que «el interés superior del niño debe ser el principio rector de quienes tienen la responsabilidad de su educación y orientación [...]»(177).

---

(176) Ratificada por España el 30 de noviembre de 1990.

(177) Por su parte, el Pacto Internacional de Derechos Civiles y Políticos (en adelante, PIDCP) de 1966, establece en su art. 24.1, que *«todo niño tiene derecho, sin discriminación alguna por motivos de raza, color, sexo, idioma, religión, origen nacional o social, posición económica o nacimiento, a las medidas de protección que su condición de menor*

En similares términos se pronuncia el art. 24.2 de la Carta de los Derechos Fundamentales de la Unión Europea del año 2000, al afirmar que «en todos los actos relativos a los niños llevados a cabo por autoridades públicas o instituciones privadas, el interés superior del niño constituirá una consideración primordial».

---

requiere, tanto por parte de su familia como de la sociedad y del Estado»; el art. 10.3 del Pacto Internacional de Derechos Sociales, Económicos y Culturales (en adelante, PIDESC) del mismo año, prescribe que *«se deben adoptar medidas especiales de protección y asistencia en favor de todos los niños y adolescentes, sin discriminación alguna por razón de filiación o cualquier otra condición. Debe protegerse a los niños y adolescentes contra la explotación económica y social. Su empleo en trabajos nocivos para su moral y salud o en los cuales peligre su vida o se corra el riesgo de perjudicar su desarrollo normal será sancionado por la Ley. Los Estados deben establecer también límites de edad por debajo de los cuales quede prohibido y sancionado por la Ley el empleo a sueldo de mano de obra infantil»*. También contempla el principio del interés superior del menor, la Convención sobre la eliminación de todas las formas de discriminación en contra de la mujer (en adelante, CEDAW), adoptada y abierta a la firma y ratificación, o adhesión, por la Asamblea General de las Naciones Unidas en su Resolución 34/180 de 18 de diciembre de 1979, al establecer, en su art. 5 letra b) que se debe *«garantizar que la educación familiar incluya una comprensión adecuada de la maternidad como función social y el reconocimiento de la responsabilidad común de hombres y mujeres en cuanto a la educación y al desarrollo de sus hijos, en la inteligencia de que el interés de los hijos constituirá la consideración primordial en todos los casos»*, y en su art. 16, letras b) y f), de la misma Convención.

En el ámbito regional, la Carta Europea de los Derechos del Niño de 8 de julio de 1992, en su punto 8.14, prescribe que: *«toda decisión familiar, administrativa o judicial, en lo que se refiere al niño, deberá tener por objeto prioritario la defensa y salvaguardia de sus intereses [...] A este respecto, en la totalidad de los procedimientos deberá ser parte obligatoriamente el ministerio fiscal o su equivalente, cuya función primordial será la salvaguarda de los derechos e intereses del niño»*. Asimismo, la Convención Europea sobre el Ejercicio de los Derechos de los Niños, adoptada en Estrasburgo el 25 de enero de 1996, establece en su art. 3.2 que su objeto, en el mejor beneficio de los niños, es promover sus derechos, garantizarles sus derechos de procedimiento y facilitar su ejercicio asegurando que los niños estén, por sí mismos o a través de otras personas, informados y con posibilidad de participar en procesos que los afectan ante una autoridad judicial. Por último, el Convenio Europeo sobre Reconocimiento y Ejecución de Decisiones en materia de Guarda de Niños y Restablecimiento de la Guarda de los Niños de 1980, del Consejo de Europa, prescribe que la adopción de las medidas destinadas a facilitar el reconocimiento y la ejecución de decisiones concernientes a la guarda de un niño tendrá por efecto asegurar una mejor protección al interés de los niños.

Y, en el ámbito africano, también recepciona este principio, la Carta africana sobre los Derechos y Bienestar del niño, adoptada por la Organización de la Unidad Africana (OUA) en el año 1990, en vigor desde el 29 de noviembre de 1999.

En materia de crisis matrimoniales, la CDN contempla, entre otras, dos normas que recogen el interés superior del hijo. En primer lugar, el art. 9.3, referido a los derechos del menor que se encuentre separado de uno o ambos progenitores, establece que éste tiene derecho a mantener relaciones personales y contacto directo con ambos padres de modo regular, salvo si ello es contrario a su interés[178]. En segundo lugar, el art. 18.1 determina que los Estados Partes deben garantizar el reconocimiento del principio según el cual ambos padres tienen obligaciones comunes en lo que respecta a la crianza y el desarrollo del menor. Agrega que a éstos incumbe la responsabilidad primordial de la crianza y el desarrollo del menor y que su preocupación fundamental debe ser su interés superior[179].

3.4.2. *El interés superior del menor en el Derecho español*

Pues bien, analizado el contexto internacional, debemos señalar que el principio del interés superior del menor se encuentra consagrado en todos los países que han llevado a cabo un proceso de reforma del Derecho de

(178) En este mismo sentido, la Carta de los Derechos Fundamentales de la Unión Europea del año 2000, que en su art. 24.3 establece que *«todo menor tiene derecho a mantener de forma periódica relaciones personales y contactos directos con su padre y con su madre, salvo si son contrarios a sus intereses»*. Resulta interesante destacar que este instrumento ha incluido la edad dentro de los factores de no discriminación (junto a las tendencias sexuales y la discapacidad). En efecto, su art. 21, ubicado en el Capítulo III relativo a la igualdad (reproducido literalmente en el artículo II-1981 el Tratado por el que se establece una Constitución para Europa, adoptado en Bruselas el 13 de octubre de 2004), establece: *«No discriminación. 1. Se prohíbe toda discriminación, y en particular la ejercida por razón de sexo, raza, color, orígenes étnicos o sociales, características genéticas, lengua, religión o convicciones, opiniones políticas o de cualquier otro tipo, pertenencia a una minoría nacional, patrimonio, nacimiento, discapacidad,* ***edad*** *u orientación sexual»* (la negrita es nuestra).

(179) En otras materias, el art. 20.1 de la CDN establece que *«los niños temporal o permanentemente privados de su medio familiar, o cuyo superior interés exija que no permanezcan en ese medio, tendrán derecho a la protección y asistencia especiales del Estado»*. Y en lo relativo a la responsabilidad penal de los niños, prescribe en su art. 40.2 que: *«Con ese fin, y habida cuenta de las disposiciones pertinentes de los instrumentos internacionales, los Estados Partes garantizarán, en particular: iii) Que la causa será dirimida sin demora por una autoridad u órgano judicial competente, independiente e imparcial en una audiencia equitativa conforme a la ley, en presencia de un asesor jurídico u otro tipo de asesor adecuado y, a menos que se considerare que ello fuere contrario al interés superior del niño, teniendo en cuenta en particular su edad o situación y a sus padres o representantes legales»*.

familia[180]; ha sido fuertemente desarrollado por la doctrina, y la jurisprudencia avanza decididamente hacia su consideración en todas aquellas decisiones que involucren al menor como sujeto de derecho, constituyendo así un importantísimo criterio de interpretación judicial.

Es un principio cuya definición se encuentra en desarrollo o, dicho de otro modo, forma parte de los denominados conceptos jurídicos indeterminados[181], relativos o abstractos, que adquieren verdadera dimensión

(180) En Europa, por ejemplo, el art. 371-1 del Código Civil francés (modificado por la Ley núm. 2002-305 del 4 de marzo de 2002 relativa a la patria potestad), establece que: «*La patria potestad es un conjunto de derechos y de obligaciones que tienen como fin el interés del niño.*
Pertenece al padre y a la madre hasta la mayoría de edad o emancipación del hijo, para velar por su seguridad, su salud y su moralidad, para asegurar su educación y permitir su desarrollo, con el respeto debido a su persona.
Los padres deben asociar al hijo a las decisiones que le conciernan, según su edad y su grado de madurez». La traducción corresponde a NÚÑEZ IGLESIAS, A., *Código Civil..., op. cit*, págs. 229-230.
Por su parte, el art. 1671 del BGB establece que: «*1. En caso de que los padres que ejerzan conjuntamente el cuidado paterno vivieran separados de forma definitiva, cada uno de ellos podrá solicitar que el Tribunal familiar le ceda el cuidado paterno o una parte del mismo a título unilateral.*
2. Deberá estimarse la solicitud, siempre que:
1.º El otro padre lo consienta, salvo que el hijo haya cumplido los catorce años y se oponga a dicha cesión, o
2.º Sea de esperar que la extinción del cuidado paterno común y su cesión al peticionario sea lo mejor para el bienestar del hijo.
3. No deberá estimarse la solicitud cuando el cuidado paterno deba regularse de forma distinta conforme a otros preceptos». La traducción corresponde a EIRANOVA ENCINAS, E., *Código Civil alemán..., op. cit.*, pág. 488.
Por último, el art. 155 del Código Civil italiano, modificado por la Ley de 8 de febrero de 2006, «sobre disposiciones en materia de separación de los progenitores y cuidado compartido de los hijos», determina que el juez que pronuncia la separación de los cónyuges debe adoptar las medidas relativas a los hijos con especial referencia a lo intereses materiales y morales de ellos.

(181) RIVERO HERNÁNDEZ, F. (*El interés del menor*, Madrid, Dykinson, 2000, pág. 57), señala que «el *interés del menor* constituye, en efecto, en nuestro sistema jurídico y en otros, un concepto jurídico indeterminado, por medio del cual la ley se refiere a una realidad cuyos límites no precisa con exactitud, pero con lo que intenta definir o delimitar un supuesto concreto que permite que sea precisado luego en el momento de su aplicación». Asimismo, la doctrina italiana señala que resulta difícil precisar su concepto de modo objetivo y uniforme (Cfr. STANZIONE, P., *Studi di Diritto Civile*, Napoli, Edizione Scientifiche Italiane, 1986, pág. 105), razón por la cual ha recibido fuertes críticas; así, por ejemplo, MANERA, G. («Criteri di affidamento della prole nel giudizio di separazione e modalità di visita del minore da parte del genitore non affidatario», *Giurisprudenza di merito*, 1991, I, pág. 41)

cuando son aplicados al caso concreto. No obstante, podemos afirmar que su cumplimiento equivale al pleno respeto de los derechos esenciales del niño, niña o adolescente[(182)].

Al respecto, el *Manual para la Aplicación de la Convención de los Derechos del Niño,* elaborado por la UNICEF[(183)], ha señalado que el grupo de trabajo que redactó el borrador de la CDN no formuló ninguna definición adicional sobre el «interés superior del hijo», y que el Comité de los Derechos del Niño aún no ha intentado proponer los criterios bajo los cuales los mejores beneficios para el menor deberían ser determinados, en general o en relación a circunstancias particulares. En definitiva, se ha afirmado que los valores generales y principios de la CDN deben ser aplicados al contexto en cuestión. El Comité ha hecho hincapié, repetidamente, en que la CDN debe ser considerada como un todo y ha enfatizado las interrelaciones existentes, en particular, entre los arts. 2, 3, 6 y 12, que ha elevado al estado de principios generales. Por lo tanto, la no discriminación, la máxima supervivencia y desarrollo, y el respeto de la opinión del niño o adolescente, son directrices igualmente relevantes para determinar cuál es el interés superior del menor en una situación especial, así como para determinar el bienestar de la niñez y adolescencia en general. Además, la consideración del mejor interés debe abrazar tanto las consideraciones a corto como a largo plazo para el menor.

En España, el Derecho de familia recogió el principio del interés superior del menor, fundamentalmente, a través de las reformas de 1981[(184)] y de la LO 1/1996, de 15 de enero, de Protección Jurídica del Menor. Este

califica esta expresión de vaga y genérica, y DOGLIOTTI, M. («L'interesse del minore nella separazione fra i coniugi», *Diritto di famiglia e delle persone*, 1986, pág. 1126), afirma que el uso de estos vocablos por parte del legislador italiano de 1975 parece una elección inoportuna que sólo contribuye a acentuar la confusión del lenguaje jurídico.

(182) Cfr. ALONSO PÉREZ, M., «La situación jurídica del menor en la Ley Orgánica 1/1996, de 15 de enero, de protección jurídica del menor, de modificación del Código Civil y de la Ley de Enjuiciamiento Civil: luces y sombras», *AC*, 1997-1, pág. 24; y ROCA TRÍAS, E., *Familia y..., op. cit.*, pág. 212.

(183) Cfr. *Implementation Handbook for the Convention on the Rights of the Child,* Fully revised edition, UNICEF, prepared by Rachel HODGKIN and Peter NEWELL, june 2002, pág. 42.

(184) Aunque la doctrina se había ya pronunciado afirmando la existencia de un supremo beneficio del menor. *Vid.* CASTÁN VÁZQUEZ, J., «Comentario al Título VII del Libro I del Código Civil», en *Comentarios al Código Civil y Compilaciones Forales..., op. cit.*, pág. 109.

desarrollo legislativo se produjo como consecuencia y concreción de las normas constitucionales sobre protección integral de la familia y la infancia, específicamente, el art. 39.2, 3, y 4 de la CE[185]. Actualmente, como iremos analizando a lo largo de este trabajo, diversas disposiciones legales se refieren al interés del menor, pero sin entrar a describir su contenido[186]. Es la técnica denominada «cláusula general», por la cual los conceptos no se definen en la ley sino que se refieren a realidades indeterminadas, de manera que, sólo llevados a situaciones puntuales, conducen a una solución específica. Esta opción legislativa se opone a la anglosajona que, como veremos, se caracteriza por determinar el interés del menor conforme a ciertos criterios normativos preestablecidos[187].

Este principio debe ser respetado tanto por los padres que acuerdan el convenio regulador de la crisis matrimonial, como por el juez al estudiar su contenido y determinar si lo homologa o rechaza. De esta forma, en caso de desacuerdo de los padres o de no aprobación del convenio regulador, el juez es quien debe determinar dónde está verdaderamente dicho

(185) El art. 39.2 de la CE establece: «*Los poderes públicos aseguran la protección social, económica y jurídica de la familia*». Su punto 3 indica: «*Los padres deben prestar asistencia de todo orden a los hijos habidos dentro o fuera del matrimonio, durante su minoría de edad y en los demás casos en que legalmente proceda*». Y su punto 4, prescribe: «*Los niños gozarán de la protección prevista en los acuerdos internacionales que velan por sus derechos*».

(186) El CC consagra este principio: en materia de nacionalidad, art. 20.2 letra a); crisis matrimonial, arts. 87 párrafo primero, 92 párrafos segundo y cuarto, y 103 núm. 1.º; alimentos entre parientes, art. 149; patria potestad, arts. 154 párrafo segundo, 156 párrafo segundo, 159, 161, y 170; reconocimiento de filiación: arts. 125, 121 y 124; guarda y acogimiento, arts. 172.3, 173.3 y, 173 *bis* núm. 3.º; adopción, arts. 176.1, 180.2 y 9.5 núm. 2.º; tutela, arts. 216 párrafo segundo; 234 párrafo segundo; 235, 239, 245 y 246; guarda de hecho, art. 304. Cfr. Rivero Hernández, F., *El interés..., op. cit.*, pág. 26. También se refieren al interés superior del hijo otros cuerpos legales, como la LEC (arts. 749.2, 775.1 y 5; 777.8, etc.); el Código Penal (arts. 149.2, 153, 173.2); la LO 5/2000, de 12 de enero, reguladora de la responsabilidad penal de los menores; y numerosas Leyes Autonómicas relativas a la protección de menores.

(187) En efecto, existe discusión acerca de cuál es el mejor sistema regulador del interés superior de los hijos. Por una parte, se señala que el mecanismo de la cláusula general produce cierta inseguridad jurídica y, por otra, se critica el sistema anglosajón debido a la posibilidad de que ciertas situaciones propias de la evolución social queden excluidas de la ley. Al respecto, *vid.* Delgado Echeverría, J., «La transformación del Derecho de Familia y la formación del jurista», en Lacruz Berdejo, J. L. y otros, *El nuevo régimen de la familia.* Tomo I. *Matrimonio y divorcio*, Madrid, Civitas, 1982, págs. 16 y ss.; y Roca Trías, E., «Contestació dicurso Alegría Borrás», *RJC*, 103-II, 1994, págs. 975 y ss.

interés. Así, en materia de guarda y custodia, el art. 159 del CC establece que «si los padres viven separados y no decidieren de común acuerdo, el Juez decidirá, siempre **en beneficio de los hijos,** al cuidado de qué progenitor quedarán los hijos menores de edad». Por su parte, el art. 92 del CC, en su apartado octavo, relativo a la modalidad compartida de esta figura, establece que «excepcionalmente [...] el Juez, a instancia de una de las partes, con Informe favorable del Ministerio Fiscal, podrá acordar la guarda y custodia compartida fundamentándola en que **sólo de esta forma se protege adecuadamente el interés superior del menor».**

En lo que respecta a la patria potestad, el art. 92 del CC, en su apartado cuarto, nos dice que «los padres podrán acordar en el convenio regulador o el Juez podrá decidir, **en beneficio de los hijos,** que la patria potestad sea ejercida total o parcialmente por uno de los cónyuges». Asimismo, el art. 103, núm. 1.°, del CC, referido a las medidas que el juez debe adoptar, indica «determinar, **en interés de los hijos,** con cuál de los cónyuges han de quedar los hijos sujetos a la patria potestad de ambos [...]»(188).

Por último, la LO 1/1996, de 15 de enero, de Protección Jurídica del Menor, inspirada en la CDN, prescribe que el interés superior del menor primará sobre cualquier otro interés legítimo que pudiera concurrir (art. 2.1); y que la supremacía del interés del menor será principio rector de la actuación de los poderes públicos [art. 11.2.a)](189).

El interés superior del hijo es uno de los principios inspiradores no sólo del Derecho civil de familia, sino de todas las ramas del Derecho relativas a la infancia y la adolescencia(190). Por ello, debe ser la consideración primordial al fijar el régimen de guarda y de comunicación y estancia, al regular la patria potestad, la atribución de la vivienda y ajuar familiar, los alimentos, y todas las demás materias que incidan en el interés del menor. En definitiva, el *favor filii* prevalece siempre sobre el de sus progenitores, los cuales no pueden perjudicar dicho interés(191). En este sentido, el Tri-

(188) Las negritas de los dos últimos párrafos son nuestras.

(189) Sobre esta ley y sus repercusiones, *vid.* ALONSO PÉREZ, M., «La situación jurídica...», *op. cit.*, págs. 25-26.

(190) Cfr. VARGAS CABRERO, B., «El Ministerio Fiscal...», *op. cit.*, pág. 89.

(191) Así los sostiene, entre otros muchos autores, PASTOR VITA, J. («Algunas consideraciones...», *op. cit.*, pág. 44), comentando las modificaciones introducidas por la Ley 15/2005 al art. 92 del CC.

bunal Constitucional ha señalado que se trata de un «criterio básico y preferente en los procedimientos en materia de familia»[(192)] y «uno de los elementos imperativos del Derecho de Familia»[(193)].

Pues bien, como vemos, el legislador ha optado por aludir genéricamente a este principio, sin llegar a determinar qué entiende por *en beneficio de los hijos* o *en interés de los hijos*. A falta de un concepto unívoco, cabe señalar las distintas visiones que, en torno al interés del hijo, ha enunciado la doctrina. Así, RIVERO HERNÁNDEZ[(194)] identifica las siguientes posiciones. Una corriente tradicional y autoritaria que ubica el interés del hijo en la perfección de su educación, impuesta y dirigida, ignorando las preferencias e inclinaciones del niño o adolescente. Otra tendencia, entiende que el interés del menor se identifica con sus gustos y deseos. Y una tercera posición intermedia, que concibe el interés del hijo en función de su edad y personalidad, equilibra el autoritarismo de la primera con las necesidades y tensiones afectivas, administradas ambas con prudencia, distinguiendo entre niño y adolescente, para otorgarle al primero mayor estabilidad emocional y, al segundo, la debida libertad.

En un intento por puntualizar el contenido del interés superior se ha distinguido entre interés moral y el interés material del hijo[(195)]. El interés moral se relaciona con una completa y eficiente formación espiritual, psicológica y educativa, mientras que el interés material se pone de manifiesto por la posición económica de los progenitores. El interés moral prevalecería sobre el material, aunque lo ideal sería conciliar ambos intereses de los hijos con las necesidades afectivas de éstos y de los progenitores. En este sentido, la SAP de Córdoba de 18 de mayo de 1993[(196)] establece que «la doctrina y Jurisprudencia española más recientes toman en consideración tanto el interés objetivo, en el que se incluye cualquier utilidad como

(192) ATC 127/1986, de 12 de febrero.

(193) STC 4/2001, de 15 de enero.

(194) Cfr. RIVERO HERNÁNDEZ, F., «Comentarios al art. 92», en *Matrimonio y divorcio..., op. cit.*, pág. 1018. Estas corrientes se citan en la SAP de Cuenca de 31 marzo 1999 (recurso de apelación núm. 260/1998).

(195) En la doctrina española asume esta distinción, ZANÓN MASDEU, L., *Guarda y..., op. cit.*, págs. 41 y ss. Asimismo, en la doctrina italiana, SCARDULLA, F., *La separazione personale dei coniugi ed il divorzio*, Milano, Giuffrè, 1977, págs. 327-328, y SCARDULLA, F., *La separazione personale dei coniugi ed il divorzio*, quarta edizione, Milano, Giuffrè, 2003, págs. 377-382.

(196) LA LEY 2358/1993.

las mayores ventajas que ofrece uno u otro cónyuge para la formación y educación del menor, como el interés subjetivo que comprende cualquier ventaja que responda a una inclinación del propio hijo y a sus deseos o aspiraciones, atendiendo a las circunstancias personales de cada menor (edad, sexo, existencia o no hermanos, etc.)».

De esta forma, el interés moral debiera ser entendido como alternativa y complemento del interés material, en relación a todo aquello que satisface al ser humano en las más variadas facetas de la vida, ya sea las relativas a la esfera de la afectividad como a la de los sentimientos, a las potencialidades de crecimiento y maduración a través del conocimiento y la educación, a la salvaguardia de los defectos y trastornos de la personalidad y, más en general, a la posibilidad de realizar de la mejor forma posible cada aspecto de sí mismo. Por otra parte, el interés material podría identificarse con la posibilidad de contar con la asistencia adecuada y los cuidados necesarios para cada etapa y eventualidades de la vida y de gozar de todo aquello que la hace más cómoda, propicia y abundante en prospectivas y satisfacciones, también desde el punto de vista económico, pues el interés material quedaría sin aplicación concreta si se limitase a los aspectos ampulosos y no se acercase a los problemas y a las dolorosas decisiones de la vida práctica.

La jurisprudencia, por su parte, no ha delimitado con claridad el contenido de esta directriz ni ha otorgado parámetros suficientes para concretarla[197]. En este sentido, la STS de 17 de septiembre de 1996[198] considera que el *favor filii* es el principio inspirador de todas las materias que atañen al menor, vinculando así al juez, a los poderes públicos y, obviamente, a los padres y ciudadanos. Supone el reconocimiento pleno de la titularidad de derechos en los menores de edad y de su capacidad progresiva para

(197) *Vid.*, entre otras, las SSTS de 17 de mayo de 1986 (LA LEY 2234/1986); 14 de mayo de 1987 (LA LEY 9189-R/1987) y 12 de febrero de 1992 (LA LEY 2944/1992). SAP de Tarragona 13 de diciembre de 1993 (La Ley Juris, 1137338/1993); SAP de Cádiz de 18 de enero de 2001 (recurso de apelación núm. 414/2000); SAP de Baleares de 16 de mayo de 2001 (LA LEY 6610/2001); SAP de Baleares de 20 de diciembre de 2004 (LA LEY 268014/2004); y SAP de Las Palmas de 28 de octubre de 2005 (recurso de apelación núm. 570/2005).

(198) Recurso de casación núm. 2631/1992.

ejercerlos[(199)]. De esta forma, deben adoptarse aquellas medidas que sean más adecuadas a la edad del sujeto, para que construya, progresivamente, el control de su situación personal y su proyección de futuro, evitando que pueda ser manipulado. En este sentido, se debe propender a su formación integral y a su integración familiar y social, de manera que las resoluciones que los jueces pueden adoptar (art. 158 del CC) se amplíen a todo tipo de situaciones, aunque excedan de las meramente paterno-filiales; medidas que pueden adoptarse al inicio, en el curso o después de cualquier procedimiento, y oyendo al menor.

3.4.3. Consagración del interés superior del menor en el Derecho comparado

El Derecho anglosajón presenta una panorámica absolutamente distinta en materia de interés superior del hijo.

— Así, en *Inglaterra,* el denominado *welfare principle* alcanza mayor precisión en el ámbito legal a través del establecimiento de un elenco de circunstancias que, ponderadas en el caso concreto, van configurando la decisión que representa el mejor interés del menor. En efecto, la *Guardianship of Minors Act 1971*, la *Children Act 1975,* la *Matrimonial Causes Act 1973,* la *Domestic Proceedings and Magistrates' Courts Acts 1978* y la *Children Act 1989* señalan que los Tribunales, en orden a la custodia o crianza de un menor, y en la administración de sus intereses, deben tener en cuenta el bienestar del niño como la primera y superior consideración.

La *Children Act 1989* contiene la enunciación de los criterios y factores dirigidos a determinar qué es el interés del niño. Su *section* 1 (1) a) establece que en el conocimiento de las cuestiones relativas a la crianza del hijo los Tribunales deben tener el bienestar del menor como la consideración primordial. La *section* 1 (3) identifica el *favor filii* a través de una lista, señalando que el Tribunal pondrá especial atención en los deseos y sentimientos del niño, considerando su edad y conocimiento; sus necesidades físicas, emocionales y educativas; el efecto probable sobre él de cualquier

(199) En este sentido se manifiesta también la doctrina, al señalar que el interés superior del menor no es sino la proyección en las personas menores de edad, del problema de la protección de los derechos fundamentales en general. Cfr. Roca Trías, E., *Familia y..., op. cit.,* pág. 220, y Stanzione, P., *Studi..., op. cit.,* págs. 105 y ss.

cambio en sus circunstancias; su edad, sexo, y cualquier característica que el Tribunal considere importante; cualquier daño que sufra o esté en riesgo de sufrir; y la capacidad de cada uno de sus padres y de cualquier otra persona a la que el Tribunal estime relevante para cubrir sus necesidades.

— En *Estados Unidos* sucede algo similar a lo descrito respecto de Inglaterra, pues en muchos de sus Estados se han dictado leyes que prevén criterios normativos preestablecidos para determinar el interés superior del hijo. Así, dado el régimen federal que rige en este país, existen un sinnúmero de cuerpos legales que enuncian los elementos que concretizan el *favor filii* en los procedimientos llevados a cabo en cada Estado respectivo. Pues bien, considerando este hecho y la extensión de los aspectos que estas legislaciones abarcan, en este epígrafe nos aproximaremos someramente a estos estatutos, restringiéndonos a las circunstancias relacionadas estrictamente con el cuidado personal de los hijos, debiendo tener presente que, en la gran mayoría de los ordenamientos locales, el sistema que se encuentra regulado en esta materia es la guarda compartida.

Para una mayor generalidad de la ilustración que pretendemos efectuar, la siguiente es una lista resumida de la enumeración de los criterios para la concesión de la guarda y custodia en cincuenta legislaciones de Estados Unidos, a fines de los años ochenta del siglo pasado: cualquier tipo de abuso ocasionado al niño o al otro cónyuge; edad y género del hijo; adaptación del niño a su ambiente; tiempo transcurrido en el contexto de vida actual del hijo; necesidades especiales del hijo para su cuidado emocional o físico; posición económica de las partes; deseos del menor y de los padres; requerimientos educativos del niño; acuerdos parentales; separación de los hermanos; salud física y mental de los padres; determinaciones anteriores sobre guarda y custodia; nivel de hostilidad existente entre los progenitores; flexibilidad de un padre o madre frente al otro; habilidades parentales generales; aspectos religiosos; acuerdos sobre custodia anteriores y posteriores a la separación; probabilidad de que el progenitor custodio influya negativamente sobre el niño respecto del otro padre, alienándolo contra él[200].

(200) Esta enunciación ha sido efectuada por SCHUTZ, B. M., DIXON, E. B., LINDENBERGER, J. C. y RUTHER, N. S., *Solomon's sword: a practical quide to conducting child custody evaluations*, San Francisco, Jossey-Bass Publishers, 1989, págs. 10-11.

Como tendremos ocasión de analizar más adelante, en las últimas décadas, un importante número de legislaciones estatales han establecido una presunción legal a favor del establecimiento de la custodia conjunta. Así, por ejemplo, el §16-911 del *District of Columbia Official Code*(201) entiende que la custodia compartida favorece el bienestar de el o los hijos, estableciendo los siguientes factores para la determinación de dicho interés: los deseos del niño o niña en cuanto a su custodia; los deseos del padre o de los padres del niño o niña en cuanto a la custodia de sus hijos; la interacción e interrelación del niño o niña con su padre o madre o ambos, sus hermanos y cualquier otra persona que pueda influir emocional o psicológicamente en el interés superior del niño o niña; el ajuste del niño o niña a su hogar, escuela o comunidad; la salud física y mental de todas las personas involucradas; la evidencia de violencia intrafamiliar; la capacidad de los padres para comunicarse y lograr compartir las decisiones que afecten la vida del niño o niña; la buena voluntad de los padres para compartir la custodia; la involucración previa de cada padre en la vida del niño o niña; la dispersión potencial de la vida escolar y social del niño o niña; la proximidad geográfica de las casas parentales en relación con la consideración práctica del horario de residencia del niño o niña; la exigencia del empleo parental; la edad y número de niños o niñas; la sinceridad de la solicitud de cada uno de los padres; la capacidad de los padres de sostener financieramente el acuerdo de custodia; el impacto sobre la ayuda temporal para familias necesitadas, o el programa sobre el trabajo, el empleo y la asistencia médica; y, por último, el beneficio de los padres [§16-911 (a)(3)](202).

(201) *District of Columbia Official Code 2001 Edition*. Hemos traducido la disposición citada refiriéndonos a «niño o niña» conforme a los términos del inglés «child», que tiene carácter neutral (a diferencia del idioma español), y a los vocablos «his» o «her» que ha procurado emplear dicho cuerpo legal para mantener la distinción entre uno y otro sexo. Resulta interesante señalar que la versión en inglés de la CDN tuvo la misma precaución, a diferencia de la traducción al español que, en el término «niño», incluye a varones y mujeres.

(202) Asimismo, en Maine, donde rige la misma presunción respecto de la custodia conjunta, el núm. 3 de la *Maine Revised Statutes Annotated, title 19-A: Domestics Relations § 1653, sub-§ 1*, de 21 de septiembre de 2001, establece que, al aplicar el interés superior de los hijos, el Tribunal considerará los siguientes factores: la edad del niño o niña; la relación del niño o niña con sus padres y con cualquier otra persona que pueda afectar significativamente el interés del niño o niña; la preferencia del niño o niña, si tiene la suficiente edad para expresarla; la duración y la suficiencia de los acuerdos vigentes respecto de la vida del niño o niña y la conveniencia de mantener su continuidad; la estabilidad de

Llama la atención el detalle con que estos estatutos enuncian estos factores. El abanico de circunstancias a considerar comprende desde las cuestiones más básicas, como la apreciación de los deseos del menor, hasta las de carácter puramente cotidiano y específico, como la cercanía del establecimiento escolar, el sistema de residencia establecido y la mayor o menor cobertura sanitaria. Esta prolijidad utilizada por el legislador se debe al mecanismo que rige la organización del cuidado diario del hijo, porque la coparticipación en la crianza del mismo implica una mayor equidad en la distribución de las tareas más habituales, de manera que la organización y previsión de dichos elementos pueden llegar a ser fundamentales para garantizar el adecuado desarrollo del hijo. Más adelante, al abordar el ejercicio de la custodia compartida, volveremos sobre estos aspectos(203).

En Estados Unidos se han levantado serias críticas a la aplicación del criterio del mejor interés del hijo, ya que esta teoría involucra una decisión que procura establecer, a largo plazo, las mejores condiciones de desarrollo para el hijo, lo cual es altamente dificultoso. En este país se ha puesto de manifiesto que alcanzar la mejor solución posible es más una ilusión que una realidad. La doctrina del bienestar del menor presenta problemas

cualquier acuerdo propuesto respecto de la vida del niño o niña; la motivación de las partes involucradas y su capacidad de dar amor, cariño y orientación al niño o niña; el ajuste para la residencia actual del niño o niña, escuela y comunidad; la capacidad de cada padre para admitir y apoyar el contacto frecuente y continuado entre el niño o niña y el otro padre, incluyendo el acceso físico; la capacidad de cada padre para colaborar o aprender a colaborar en el cuidado del niño o niña; los mecanismos para la cooperación parental y para la resolución de las disputas con buena voluntad, y la disposición de cada padre para usar esos métodos; el efecto sobre el niño o niña en caso de que un padre tenga autorización única sobre la crianza del niño o niña; la existencia de violencia doméstica entre los padres, en el pasado o actualmente, y cómo ese abuso afecta: (1) al niño o niña emocionalmente; y (2) a la seguridad del niño o niña; la existencia de cualquier historial de abuso de niño o niña por uno de los padres; cualquier otro factor que resulte razonable tener en cuenta para el bienestar físico y psicológico del niño o niña; el mal uso intencionado de un proceso de abuso, con el objeto de adquirir alguna ventaja táctica en el procedimiento que involucra la determinación de los derechos y responsabilidades parentales, pudiendo llegar a demostrarse que ese padre tendrá, en el futuro, una disminuida habilidad y buena voluntad para cooperar y trabajar con el otro padre en sus responsabilidades compartidas respecto del niño o niña; si el niño está bajo un año de edad, o si es lactante, etc. Para traducir este texto legal hemos utilizado la misma técnica descrita en la nota anterior.

(203) *Vid. infra* epígrafe 2.2 del Capítulo IV.

de definición, dificultades derivadas de la naturaleza de la decisión sobre la custodia del niño; y, por último, las limitaciones propias de los procesos judiciales[(204)]. En este sentido, se han identificado tres áreas de problemas que contribuyen a la naturaleza indeterminada de este criterio: el problema de la suficiencia y relevancia de la información para decidir esta cuestión; el problema de la predicción del futuro; y el problema de la definición de la frase «el mejor interés del hijo»[(205)]. A estas y otras razones se debe el surgimiento de diversas teorías y aproximaciones que pretenden resolver, con criterios de equidad y un acentuado pragmatismo, la problemática de la asignación de la guarda y custodia de los hijos[(206)].

Para finalizar, haremos alusión a dos países que se sitúan a la vanguardia del Derecho de familia.

— En primer lugar, *Suecia* lideró las primeras reformas llevadas a cabo en Europa durante la década de los ochenta del siglo pasado, en materia de interés superior de los hijos y de guarda y custodia[(207)]. El Código de los Niños y de los Padres[(208)], al determinar cuál es el interés superior del hijo en materias relativas a la guarda, establece que se prestará especial atención a su necesidad de contacto estrecho y adecuado con ambos progenitores (*Section* 2.ª del Capítulo 6, sobre Custodia, residencia y contacto). Por consiguiente, en los casos en que la custodia se confíe a uno de los padres, el criterio para la determinación, consistirá —salvo circunstancias que aconsejen otra cosa— en el otorgamiento de la custodia al progenitor que, en principio, favorezca mejor el contacto estrecho y adecuado entre el menor y el otro progenitor. Asimismo, se tendrá en cuenta el riesgo de que el hijo esté expuesto a abusos, secuestro o retención ilegal u otras

(204) Cfr. Melli, M., «Toward a restructuring of Custody Decision-Making at Divorce: An Aternative approach to the Best Interest of the Child», en Eekelaar, J. y Sarcevic, P. (Eds.), *Parenthood in Modern Society: Legal and Social Issues for the Twenty-first Century*, London, The International Society of Family Law, 1993, pág. 326.

(205) Cfr. Mnookin, R., «Child Custody Adjudication: Judicial Functions in the Face of Indeterminacy», *Law and Contemporary Problems*, vol. 39, 1975 II, págs. 257-261.

(206) A ellas nos referiremos más adelante a propósito de la evolución de la guarda compartida en Estados Unidos. *Vid. infra* epígrafe 1.2.2 del Capítulo III.

(207) En efecto, Suecia fue el primer país europeo en prohibir los castigos corporales y las formas de corrección humillantes ocasionados a los hijos. Asimismo, cuenta con una de las primeras legislaciones en materia de custodia compartida realizadas en la región.

(208) *Act on the Children and Parents Code, Swedish Code of Statutes*, SFS 1949:381. Unofficial translation: Lagen om Föräldrabalk.

formas de maltrato. Considerándose también las opiniones del niño o adolescente, en función de su edad y madurez.

El énfasis que esta normativa efectúa sobre el *friendly parent* —es decir, el progenitor que mejor garantiza el derecho del hijo a continuar manteniendo un contacto directo y regular con el padre o madre que no es residente habitual— obedece a que la regla general en materia de custodia en el Derecho de familia sueco es su ejercicio compartido. Basándose esta figura jurídica, entre otros principios, en la continuación de los lazos afectivos con ambos padres no obstante la ruptura familiar, el legislador, para los casos excepcionales en que sea introducida la guarda unilateral, ha tomado los resguardos que garanticen el adecuado desarrollo de la coparentalidad.

— En segundo término, en los últimos años, *Canadá* ha experimentado un sólido debate jurídico en materia de cuidado personal de los hijos, encontrándose *ad portas* de una importante y esperada modificación legal. El Gobierno ha encargado la elaboración de diversos informes destinados a medir el impacto de la posible introducción de la guarda y custodia compartida en dicho país. La seriedad y contundencia de las conclusiones que estos documentos han arrojado, han captado el interés de la doctrina extranjera que observa con especial atención el carácter innovador de este anteproyecto que podría convertirse en la futura ley de divorcio canadiense.

El comité parlamentario, denominado Comité Mixto Especial sobre Custodia y Acceso, se refiere al interés superior del hijo en su Informe de 1998[209]. Reconociendo su vital importancia, en su recomendación núm. 3, aconseja modificar la Ley de Divorcio de 1996 de dicho país para que los menores cuyos padres estén en trámites de divorcio tengan ocasión de expresar sus puntos de vista a un profesional competente, quien transmitiría esas opiniones al juez, evaluador o mediador encargado de determinar las modalidades de reparto de las responsabilidades parentales. Por otra parte, propone que si un menor experimenta dificultades a causa de la separación o divorcio de sus padres, el Tribunal tenga la posibilidad de designar a una tercera parte interesada (por ejemplo, un miembro de la familia extensa del hijo) para defender sus inte-

(209) A este texto nos referiremos más detenidamente al abordar la custodia compartida. *Vid. infra* punto viii del epígrafe 1.3 del Capítulo III.

reses y representarlo[210]. La recomendación núm. 16 de este Informe señala que los responsables de adoptar decisiones relativas al menor, en particular los padres y los jueces, deben tener en cuenta la siguiente lista de criterios para determinar el *favor filii*: la fuerza, naturaleza y estabilidad relativas de la relación entre el niño y cada una de las personas con derecho a solicitar una sentencia de responsabilidad parental respecto del niño; la fuerza, naturaleza y estabilidad relativas de la relación entre el niño y otros miembros de su familia que residan con él, así como de las personas que participen en su cuidado y crianza; la opinión del niño, cuando ella pueda conocerse con razonable certeza; la capacidad y buena disposición de cada solicitante para proporcionar al niño orientación y educación, atender sus necesidades ordinarias u otros requerimientos especiales; los lazos culturales y religiosos del niño; la importancia y los beneficios de la coparentalidad para el niño, así como de la participación activa de ambos padres en su vida tras la separación; la importancia de la relación entre el niño y sus hermanos, abuelos y otros miembros de la familia extensa; los planes de responsabilidad parental propuestos por los padres; la capacidad del niño para adaptarse a los planes de responsabilidad parental propuestos; la voluntad y capacidad de cada una de las partes para facilitar y fomentar una relación estrecha y constante entre el niño y el otro progenitor; los antecedentes demostrados de violencia familiar perpetrada por cualquiera de las partes que soliciten una sentencia de responsabilidad parental; no se otorgará preferencia a ninguno de los padres basándose únicamente en su sexo; se tendrá en cuenta la buena disposición mostrada por cada progenitor para asistir a la sesión de educación obligatoria; y el Tribunal tendrá en cuenta cualquier otro factor que considere de interés en un conflicto de coparentalidad[211].

Como vemos, este Informe se refiere a la responsabilidad parental y no a la custodia compartida, abarcando así un ámbito mucho más extenso que el de la sola coparticipación en materia de cuidado personal del hijo. Por otra parte, el Informe efectúa especial hincapié en las relaciones interpersonales del menor con los miembros de su familia extensa y demás personas relevantes para su desarrollo afectivo y emocional. Así, por ejemplo, permite que el correspondiente plan de responsabilidad parental sea presentado por una persona distinta a los progenitores.

(210) Cfr. *For the..., op. cit.*, pág. 23.
(211) Cfr. *For the..., op. cit.*, pág. 45.

3.4.4. *El interés superior del menor y la guarda y custodia de los hijos*

El interés superior del menor cobra vital importancia en materia de guarda y custodia de los hijos. Así, se ha señalado que, en estos casos, el interés del hijo «reside en su bienestar físico y sobre todo emocional, considerado como el principal factor para preservar el derecho fundamental al adecuado desarrollo de la personalidad del/la niño/a»[212]. Son muchísimas las sentencias que, resolviendo sobre la guarda y custodia de los hijos, se refieren al interés superior de éstos como la consideración más relevante a que debe atender el juez[213]. De esta forma, se han formulado las siguientes directrices para la determinación de la guarda de los hijos: las decisiones sobre custodia deben salvaguardar la necesidad del menor en cuanto a la continuidad en las relaciones personales; deben reflejar el sentido temporal del niño o adolescente y no el de los adultos; y, por último, deben considerar la incapacidad de la ley para supervisar las relaciones interpersonales, y los límites del conocimiento para realizar predicciones a largo plazo[214].

Con anterioridad a las modificaciones introducidas por la Ley 15/2005, el apartado segundo del art. 92 del CC establecía que las medidas judiciales sobre el cuidado y la educación de los hijos serían adoptadas en *beneficio de ellos,* tras oírles si tuvieran suficiente juicio y siempre a los mayores de doce años.

Esta redacción, respecto de la cual no se prevenía reforma alguna en el Anteproyecto de septiembre de 2004, sufrió alteraciones en el texto del

(212) Goiriena Lekue, A., «La Custodia Compartida, el interés del menor y la neutralidad de género», *Aequalitas*, núm. 16, enero-junio, 2005, pág. 54.

(213) Al interés superior de los hijos relacionado con su guarda y custodia, se refieren, entre muchas otras, las siguientes sentencias: SAP de Barcelona de 3 mayo 1999 (LA LEY 12012/1999); SAP de Castellón de 17 marzo 1999 (LA LEY 48394/1999); y SAP de Palencia, de 10 febrero 1999 (recurso de apelación núm. 233/1998). Más recientemente, las SSTS de 9 de julio de 2003 (LA LEY 2569/2003) y de 27 de marzo de 2001 (recurso de casación núm. 919/1996), y las siguientes resoluciones de la Audiencias Provinciales: SAP de Cádiz de 18 de enero de 2001 (LA LEY 16894/2001); SAP de Madrid de 18 de marzo de 2003 (LA LEY 53637/2003); SAP de Madrid de 9 de julio de 2004 (recurso de apelación núm. 377/2003; SAP de Las Palmas de 28 de febrero de 2005 (LA LEY 47505/2005); SAP de Cádiz de 9 de septiembre de 2005 (recurso de apelación núm. 67/2005); SAP de Santa Cruz de Tenerife de 3 de octubre de 2005 (recurso de apelación núm. 120/2005); SAP de Murcia de 2 de noviembre de 2006 (recurso de apelación núm. 393/2005); SAP de Alicante de 22 de septiembre de 2006 (LA LEY 161172/2006).

(214) Cfr. Goldstein, J., «En el interés superior de quién», en Beloff, M. (Compiladora), *Derecho, Infancia y Familia,* Barcelona, Gedisa Editorial, 2000, pág. 118.

Proyecto. En efecto, desapareció la remisión al *beneficio de los hijos* como regla general, señalándose que «el juez, cuando deba adoptar cualquier medida sobre la custodia, el cuidado y la educación de los hijos menores, velará por el cumplimento de su derecho a ser oídos». Sí se refería al beneficio de los hijos y al interés exclusivo de ellos en los apartados cuarto y quinto, respectivamente, determinando que los padres o el juez podían decidir que la patria potestad fuese ejercida total o parcialmente por uno de los cónyuges y que, en la propuesta de convenio regulador o a instancia de uno de los padres, podía solicitarse que el juez decidiese que la guarda fuese ejercida por uno de ellos o conjuntamente. El apartado séptimo agregaba que, cuando a petición de parte, el juez acordase la guarda y custodia conjunta, debía fundamentar su resolución en la mejor protección del interés del menor[(215)].

Para nosotros, la redacción del Anteproyecto era más adecuada al establecer el interés supremo de los hijos como directriz general aplicable a cada una de las materias reguladas por el actual art. 92 del CC[(216)]. Así, por ejemplo, al mencionarlo a propósito de la patria potestad y de la guarda conjunta, no lo hace expresamente extensible a las demás hipótesis que contempla en los otros apartados, como lo es la no separación de hermanos del párrafo octavo o el dictamen de facultativo del párrafo noveno.

Varias propuestas pretendieron, sin éxito, reintroducir este principio al texto del art. 92 del CC con carácter general. Así, por ejemplo, la enmienda núm. 42 del Grupo Parlamentario Izquierda Unida-Verdes presentada en el Congreso[(217)] estimaba que «debe quedar claro que el "interés de los hijos" (en cuanto interés de los menores) debe ser el criterio rector sobre

(215) *BOCG Congreso.* VIII Legislatura. Serie A. 1 de diciembre de 2004, núm. 16-1, págs. 1-5.

(216) Así lo expresa también Seisdedos Muiño, A., «Las medidas...», *op. cit.,* págs. 5-6.

(217) *BOCG Congreso.* VIII Legislatura. Serie A. 15 de marzo de 2005, núm. 16-8, pág. 33. En el mismo sentido se presentaron en el Congreso las enmiendas núm. 81 del Grupo Parlamentario Popular y núm. 29 del Grupo Parlamentario Mixto. Esta última, para «establecer con claridad que el criterio prioritario en todas las decisiones sobre guarda y custodia será el interés de los hijos e hijas menores». *BOCG Congreso.* VIII Legislatura. Serie A. 15 de marzo de 2005, núm. 16-8, págs. 50 y 29, respectivamente.
En el Senado fueron presentadas, con el mismo objetivo, las enmiendas del Grupo Parlamentario Mixto con el núm. 1; del Grupo Parlamentario *Entesa Catalana de Progrès* con el núm. 8 y la del Grupo Parlamentario Popular con el núm. 26. *BOCG Senado.* VIII Legislatura. Serie II: Proyectos de Ley. 26 de mayo de 2005, núm. 14 (c), págs. 12, 14 y 23, respectivamente.

la medidas que se acuerden sobre ellos. Así aparece recogido no sólo en los convenios internacionales aplicables al caso (Convenio sobre los Derechos del Niño de 1989, entre otros), sino también en la propia normativa interna española (Ley Orgánica 1/1996, de Protección Jurídica del Menor, especialmente arts. 2 y 11.2)». Esta enmienda proponía para el apartado segundo, la siguiente redacción: «Las medidas judiciales sobre la custodia, el cuidado y la educación de los hijos menores serán adoptadas en beneficio de ellos, previo Informe del Ministerio Fiscal y tras oír a los mayores de 12 años y a los menores que tengan el suficiente juicio». Actualmente, esta norma establece que cuando el juez deba adoptar cualquier medida sobre la custodia, el cuidado y la educación de los hijos menores, velará por el cumplimiento de su derecho a ser oídos.

3.5. El derecho del menor a ser oído

3.5.1. Consagración del derecho del menor a ser oído en el ámbito internacional

El derecho del menor a ser oído encuentra su fundamento en la participación, derecho esencial de todos los seres humanos, recogido en las diversas consagraciones que de él se hacen en beneficio de los adultos, pero también en favor de la niñez y la adolescencia. No se restringe a la idea de defensa en juicio o al alcance de la capacidad procesal de dicho grupo, sino que desborda ese marco para elevarse a la categoría de un derecho humano cuyo ejercicio tiene lugar en todos los ámbitos de la vida[218].

Varias de las disposiciones que aparecen en la CDN abordan el derecho del menor a la participación; su art. 12, concretamente, revela esta dimensión especial: «1. Los Estados Partes garantizarán al niño, que esté en condiciones de formarse un juicio propio, el derecho de expresar su opinión libremente en todos los asuntos que afecten al niño, teniéndose debidamente en cuenta las opiniones del niño, en función de la edad y madurez del niño. 2. Con tal fin, se dará en particular al niño, oportunidad de ser escuchado

(218) Sobre esta materia, *vid.* Lombardo Vásquez, J., «Problemática que plantea la audiencia de los hijos menores en la aprobación de los convenios y sus incidencias», en VV.AA., *Convenios reguladores de las crisis matrimoniales*, DIF, Pamplona, Ediciones Universidad de Navarra, 1984, págs. 399-412; y Lathrop Gómez, F., «El derecho del niño a ser oído», en Schmidt Hott, C. y Martinic Galetovic, M. (Coord.), *Instituciones de Derecho de Familia*, Santiago de Chile, LexisNexis, 2004, págs. 145-185.

en todo procedimiento judicial o administrativo que afecte al niño, ya sea directamente o por medio de un representante o de un órgano apropiado, en consonancia con las normas de procedimiento de la ley nacional».

En el marco jurídico europeo, el art. 24.1 de la Carta de Derechos Fundamentales de la Unión Europea del año 2000 dispone: «Los menores tienen derecho a la protección y a los cuidados necesarios para su bienestar. Podrán expresar su opinión libremente. Ésta será tenida en cuenta en relación con los asuntos que les afecten, en función de su edad y de su madurez»(219).

(219) Por otra parte, la Carta Europea de los Derechos del Niño de 8 de julio de 1992, en su punto 8.14, prescribe que: «*Toda decisión familiar, administrativa o judicial, en lo que se refiere al niño, deberá tener por objeto prioritario la defensa y salvaguardia de sus intereses. A tales efectos, y siempre que ello no implique riesgo y perjuicio alguno para el niño, éste deberá ser oído desde el momento en que su madurez lo permita en todas las decisiones que le afecten. Con objeto de ayudar a tomar una decisión a las personas competentes, el niño deberá ser oído, especialmente en todos aquellos procedimientos y decisiones que impliquen la modificación del ejercicio de la patria potestad, la determinación de la guarda y custodia, la designación de su tutor legal, su entrega en adopción o su eventual colocación en una institución familiar, educativa o con fines de reinserción social. A este respecto, en la totalidad de los procedimientos deberá ser parte obligatoriamente el ministerio fiscal o su equivalente, cuya función primordial será la salvaguarda de los derechos e intereses del niño*». A su vez, la Convención Europea sobre Ejercicio de los Derechos de los Menores, adoptada en Estrasburgo el 25 de enero de 1996, establece en su art. 6 letra b), que en los procedimientos judiciales que afecten al hijo, la autoridad judicial deberá, antes de tomar una decisión, consultar al niño en los casos que resulten apropiados, a menos que esto resulte manifiestamente contrario a los mejores beneficios del niño. Asimismo, la Recomendación del Consejo de Europa núm. R. (98) 1, sobre mediación familiar, señala que el mediador debe informar a los padres sobre la necesidad de consultar a sus hijos menores. Y el Punto 19 del Reglamento (CE) núm. 2201/2003 Del Consejo, de 27 de noviembre de 2003 «relativo a la competencia, el reconocimiento y la ejecución de resoluciones judiciales en materia matrimonial y de responsabilidad parental, por el que se deroga el Reglamento (CE) núm. 1347/2000», establece que «*La audiencia del menor desempeña un papel importante en la aplicación del presente Reglamento, sin que éste tenga por objeto modificar los procedimientos nacionales aplicables en la materia*». Su art. 23 agrega que «*Las resoluciones sobre responsabilidad parental no se reconocerán: b) si se hubieren dictado, excepto en casos de urgencia, sin haber dado posibilidad de audiencia al menor, en violación de principios fundamentales de procedimiento del Estado miembro requerido*». Y el art. 41, que regula los requisitos para la entrega del certificado relativo al derecho de visita, señala en su núm. 2, letra c), que «*el juez de origen sólo expedirá si se ha dado al menor posibilidad de audiencia, a menos que esto no se hubiere considerado conveniente habida cuenta de su edad o grado de madurez*». Su art. 42, referido a los requisitos para la entrega del certificado relativo a la restitución del menor, señala en su núm. 2, letra a), que éste se expedirá «*si se ha dado*

El principio del derecho del menor a ser oído afirma que éste es una persona en todo el sentido de la palabra, que tiene el derecho a expresar sus opiniones en aquellos asuntos que le afecten, las que deben ser escuchadas y tenidas debidamente en cuenta en función de su edad y madurez. Reconoce las posibilidades que tienen los menores de enriquecer el proceso de toma de decisiones, compartir su perspectiva y participar como ciudadanos y promotores de cambio.

En este sentido, cabe considerar que si bien todo niño o adolescente tiene derecho a ser oído o escuchado en todos los aspectos de su vida, esto es, en el plano familiar, escolar, social, judicial, administrativo, etc., tomar en cuenta la opinión que ha manifestado sobre las cuestiones que le atañen constituye una actividad diversa. De esta forma, es posible distinguir dos etapas o estadios sucesivos. En el primero de ellos es primordial entender que todos los sujetos que interactúan deben estar estimulados para acrecentar, cada uno en su ámbito, competencias propias; debe adoptarse una actitud de escucha recíproca, teniendo en cuenta, además, que hay muchas formas de comunicarse que no son verbalismo (que en determinadas edades son incluso más importantes) y que para su comprensión es necesario apoyarse en la interdisciplina[(220)]. En la segunda etapa de este proceso, se determina si debe o no considerarse la opinión del menor y, en caso afirmativo, en qué medida. La respuesta a esta nueva interrogante plantea diferentes respuestas según se trate de la atribución de la guarda, de la fijación de un régimen de comunicación y estancia con el padre o madre no conviviente o con otros familiares a los cuales la ley concede tal derecho, de la adopción, del ejercicio de la patria potestad, etc. La solución será, entonces, casuística.

---

al menor posibilidad de audiencia, a menos que esto no se hubiere considerado conveniente habida cuenta de su edad o grado de madurez». Por último, la Guía práctica para la aplicación del nuevo Reglamento Bruselas II, recién citado, elaborada por la Comisión Europea a través de la Red Judicial Europea en materia civil y mercantil, señala que este Reglamento *«hace hincapié en la importancia de que los menores tengan la oportunidad de manifestar su opinión en los procedimientos que les afectan. La audiencia del menor es uno de los requisitos para suprimir el procedimiento de exequátur en el derecho de visita y las resoluciones que implican la restitución del menor»* (pág. 46).

(220) Para LONGO, F. («Diritti del minore, mediazione familiare e affidamento condiviso», *Famiglia e Diritto*, núm. 1, 2003, pág. 90), la audiencia del hijo debería efectuarse siempre, más allá de su madurez o capacidad de autodeterminación, salvo aquellas hipótesis en que sea manifiestamente contraria a su interés superior o se revele como perjudicial.

En los siguientes epígrafes analizaremos la recepción de este principio en el Derecho español, la procedencia de la audiencia del hijo, el requisito de la edad, la celebración de la audiencia del hijo, la valoración de la opinión manifestada, y la consagración de este principio en otros ordenamientos jurídicos de Europa.

3.5.2. El derecho del menor a ser oído en el Derecho español

3.5.2.1. Consagración legal

El derecho del menor a ser oído se encuentra consagrado en la legislación española. Tiene lugar en los procedimientos en que se discuten cuestiones que le atañen y se practica de oficio o a petición del Ministerio Fiscal, de los cónyuges o del propio hijo. La audiencia propiamente dicha se efectúa siempre de manera directa y exclusiva por el juez aunque, excepcionalmente, puede estar presente el Ministerio Fiscal.

La LO 1/1996, de 15 de enero, «de Protección Jurídica del Menor que modifica parcialmente el Código Civil y la Ley de Enjuiciamiento Civil», da cuenta de la importancia social y jurídica de este derecho. En sus disposiciones generales establece que «las transformaciones sociales y culturales operadas en nuestra sociedad han provocado un cambio en el estatus social del niño y como consecuencia de eso se ha dado un nuevo enfoque a la construcción del edificio de los derechos humanos de la infancia», y en su art. 9.1 prescribe que «el menor tiene derecho a ser oído, tanto en el ámbito familiar como en cualquier procedimiento administrativo o judicial en que esté directamente implicado y que conduzca a una decisión que afecte su esfera personal, familiar o social. En los procedimientos judiciales, las comparecencias del menor se realizarán de forma adecuada, a su situación, y al desarrollo evolutivo de éste, cuidando de preservar su intimidad»(221).

(221) En lo que se refiere a la legislación autonómica, es de destacar que el derecho del menor a ser oído en todos los procesos ha sido incluido expresamente en el art. 82.2 del Código de Familia de Cataluña y en un sinnúmero de leyes locales, como por ejemplo, la Ley 6/1995, de 28 de marzo, sobre Garantías de los Derechos de la Infancia y la Adolescencia, de la Asamblea de Madrid y la Ley 3/2005, de 18 de febrero, sobre Atención y protección de la Infancia y la Adolescencia, del Parlamento Vasco.

Por su parte, el art. 92 del CC, antes de ser modificado por la Ley 15/2005, establecía que las medidas judiciales sobre cuidado y educación de los hijos serían adoptadas en beneficio de ellos, tras oírles si tuvieren suficiente juicio y *siempre* a los mayores de doce años de edad.

Como lo señalamos al referirnos al interés superior del hijo, el Anteproyecto no modificaba el CC en esta materia. En cambio, el párrafo segundo del art. 92 del Proyecto, que es el texto actual, no reconoció expresamente este derecho, sino que se limitó a establecer el deber judicial de velar por su cumplimiento. Por ello, se ha señalado que esta norma se ha tornado superflua: no alude al beneficio del menor con carácter general ni a los criterios conforme a los cuales éste debe ser oído[222].

Actualmente, el párrafo segundo del art. 92 del CC prescribe que, cuando el juez deba adoptar cualquier medida sobre la custodia, el cuidado y la educación de los hijos menores, velará por el cumplimiento de su derecho a ser oídos. En concordancia con ello, la LEC exige la audiencia de los hijos en los procesos matrimoniales y de menores en sus arts. 770.4.ª y 777.5 (ambos modificados por la Ley 15/2005)[223] [224].

(222) Cfr. Seisdedos Muiño, A., «Las medidas...», *op. cit.*, pág. 7.

(223) Art. 770.4.ª de la LEC: «*Las pruebas que no puedan practicarse en el acto de la vista se practicarán dentro del plazo que el Tribunal señale, que no podrá exceder de treinta días. Durante este plazo, el Tribunal podrá acordar de oficio las pruebas que estime necesarias para comprobar la concurrencia de las circunstancias en cada caso exigidas por el Código Civil para decretar la nulidad, separación o divorcio, así como las que se refieran a hechos de los que dependan los pronunciamientos sobre medidas que afecten a los hijos menores o incapacitados, de acuerdo con la legislación civil aplicable. Cuando hubiere hijos menores o incapacitados, se les oirá si tuvieren suficiente juicio y, en todo caso, si fueren mayores de doce años.*
En las exploraciones de menores en los procedimientos civiles se garantizará por el Juez que el menor pueda ser oído en condiciones idóneas para la salvaguarda de sus intereses, sin interferencias de otras personas, y recabando excepcionalmente el auxilio de especialistas cuando ello sea necesario».
Art. 777.5 de la LEC: «*Si hubiera hijos menores o incapacitados, el Tribunal recabará informe del Ministerio Fiscal sobre los términos del convenio relativos a los hijos y oirá a los menores si tuvieran suficiente juicio cuando se estime necesario de oficio o a petición del Fiscal, partes o miembros del Equipo Técnico Judicial o del propio menor. Estas actuaciones se practicarán durante el plazo a que se refiere el apartado anterior o, si éste no se hubiera abierto, en el plazo de cinco días*».

(224) Al respecto, Sánchez Prieto, A. («La audiencia...», *op. cit.*, pág. 961), estimaba, en 1988, que la audiencia debía celebrarse en todo tipo de procedimientos, contenciosos o de mutuo acuerdo. Nosotros estimamos que, aunque el legislador de 2005 no ha modificado expresamente en este aspecto el art. 770.4.ª de la LEC, resulta aplicable a los procedi-

3.5.2.2. Procedencia de la audiencia del hijo

A nuestro juicio, el actual párrafo segundo del art. 92 del CC contiene un mandato imperativo en cuanto a la audiencia de los hijos menores; entre otras razones, porque establece categóricamente que el juez **«velará** por el cumplimiento de su derecho a ser oídos». Sin embargo, el párrafo sexto de la norma en comento establece que, en todo caso, antes de acordar el régimen de guarda y custodia, el juez deberá recabar Informe del Ministerio Fiscal y «oír a los menores que tengan suficiente juicio **cuando se estime necesario** de oficio o a petición del Fiscal, partes o miembros del Equipo Técnico Judicial, o del propio menor».

Al respecto, entendemos que entre ambas normas existe cierta contradicción: el párrafo segundo del art. 92 del CC ordena velar por el cumplimiento de un principio cuya aplicación está condicionada por el párrafo sexto de la misma disposición. Podría parecer un problema fácilmente clarificable si se aplica el principio de especialidad, haciendo primar la que, en este caso, parece ser la norma especial, es decir, el párrafo sexto referido a la guarda y custodia de los hijos. En efecto, una primera lectura de este apartado podría llevar a concluir que la audiencia del menor no sería imperativa en las causas relativas al cuidado personal(225), sino solamente cuando el juez lo estime necesario y aquéllos cuenten con suficiente juicio. Sin embargo, un análisis más detenido nos lleva a la conclusión contraria(226). Existen argumentos fundados en el Derecho in-

---

mientos contenciosos lo contemplado en los arts. 92 del CC y 777.5 de la LEC sobre la audiencia de los menores.

(225) Así lo estima Forcada Miranda, F., «Las últimas reformas legales en España sobre el derecho a contraer matrimonio y en materia de separación y divorcio. Puntos de reflexión», *Aequalitas*, núm. 17, julio-diciembre, 2005, pág. 34.

(226) En este sentido, Martínez Gallego, E. («Las recientes reformas del Derecho de Familia», en Figueruelo Burrieza, A. e Ibáñez Martínez, M., *El reto de la efectiva igualdad de oportunidades*, Granada, Comares, 2006, págs. 264-265), quien ha calificado como desacertada la nueva redacción dada en estas materias al art. 92 del CC en cuanto vulnera la LO 1/1996, de Protección Jurídica del Menor, que establece el deber inexcusable de oírlos cuando tengan más de doce años y no cuando se estime necesario o sea solicitado por las partes; y Rivera Álvarez, J. M., «La custodia compartida: génesis del nuevo art. 92 del Código Civil», *CTS*, vol. 18, 2005, pág. 161. Por su parte, Linacero de la Fuente, M. («Leyes de Familia...», *op. cit.*, pág. 78), ha señalado que la supresión en los párrafos segundo y sexto del art. 92 del CC de la obligatoriedad de oír a los mayores de doce años antes de acordar el régimen de custodia «resulta cuando menos sorprendente, además de contraria a la reciente legislación de menores y a la jurisprudencia del Tribunal Constitucional».

ternacional, comunitario e interno que, junto a cierta jurisprudencia, nos conducen a sostener la obligatoriedad de la verificación de la audiencia del menor(227).

En primer lugar, el párrafo segundo del propio art. 92 del CC lo deja meridianamente claro al señalar que debe velarse por el cumplimiento del derecho del menor a ser oído. Consideramos que esta norma, por su tenor y ubicación, es de aplicación general. En este mismo sentido, el art. 154, ubicado dentro de las disposiciones generales de las relaciones paterno-filiales que regula el Título VII del Libro I del CC, refiriéndose a las funciones que comprende la patria potestad, establece que «si los hijos tuvieren suficiente juicio deberán ser oídos siempre antes de adoptar decisiones que los afecten». Por otra parte, el art. 159 del CC determina claramente que, a falta de acuerdo de los padres que viven separados, el juez decidirá, siempre en beneficio de los hijos, al cuidado de qué progenitor permanecerán los hijos menores de edad, para lo cual «el Juez **oirá**»(228) a los que tuvieren suficiente juicio y, en todo caso, a los mayores de doce años.

Como vemos, a la guarda y custodia de los hijos se refieren los arts. 92.2 y 159 del CC; el primero se refiere a los casos de crisis matrimonial y, el segundo, a la separación de hecho de los progenitores; por su parte, el art. 154 del mismo cuerpo legal alude a la patria potestad. Todos ellos establecen, con carácter imperativo, la realización de la audiencia de los hijos. En cambio, el párrafo sexto del art. 92 del CC que, al igual que su párrafo segundo regula el cuidado personal del hijo, sujeta su verificación a la estimación del juez sobre su necesidad. Así las cosas, de esta comprobación puede concluirse que existen diversidad de estatutos entre cuidado personal y patria potestad en lo que al derecho del menor a ser oído se refiere e, incluso, sin que quede clara la razón, dentro de la misma guarda

(227) Al respecto, LINACERO DE LA FUENTE, M. («Leyes de Familia...», *op. cit.*, págs. 79-80) estima que la nueva redacción de los párrafos 2 y 6 del art. 92 del CC es contraria a la regulación del derecho de audiencia en la legislación específica de menores y en el propio Código Civil (arts. 9 de la LO 1/1996 de Protección Jurídica del Menor, 12 de la CDN y 154.2, 156.2, 159, 231 y 248 del CC). La autora pone de relieve la contradicción que el propio Ministro de Justicia evidenció en este sentido al señalar que el juez, antes de acordar el régimen de guarda «deberá recabar todas aquellas pruebas que considere oportunas —entre ellas oír o dar audiencia al menor que sea mayor de 12 años— [...]» (LÓPEZ AGUILAR, J., «Los criterios...», *op. cit.*, pág. 4).

(228) Las negritas son nuestras.

y custodia, pues los hijos no matrimoniales mayores de doce años sí deben ser escuchados conforme al párrafo segundo del art. 154 y al art. 159 del CC. La incongruencia en que ha incurrido el legislador es evidente y, sin lugar a dudas, origina cierta perplejidad.

El origen de la actual normativa se encuentra en las diversas enmiendas presentadas en el Congreso durante la tramitación de la Ley 15/2005.

En efecto, dichas propuestas pretendieron eliminar el carácter automático de la audiencia de los hijos mayores de doce años. La razón que se invocaba era alejar a los menores de los efectos negativos que pudiese acarrear su exploración judicial en un Tribunal(229). Al respecto, el Grupo Parlamentario Mixto presentó dos enmiendas. La enmienda núm. 1 afirmaba que «La presencia y correspondiente exploración judicial de forma sistemática de los menores en un Juzgado, salvo cuando sea imprescindible para formar criterio (lo cual es poco frecuente en los procesos de mutuo acuerdo) sobre la custodia o el régimen de visitas, produce unos efectos negativos en el menor como argumentan perfectamente los especialistas en psicología infantil y los propios prácticos del Derecho de familia. Por tanto, esta exploración debe reservarse para los casos en que exista una necesidad real de conocer su testimonio por existir un Acuerdo entre los cónyuges que claramente se aprecia que puede perjudicar al menor, resulte extravagante o se disponga de información que justifique tal intervención»(230). La enmienda núm. 2, en congruencia con la anterior, proponía modificar el párrafo quinto del art. 777 de la LEC, con idéntica justificación(231).

Por su parte, la enmienda núm. 64, presentada por el Grupo Parlamentario Catalán(232), introducía la siguientes matizaciones. Modificaba el art. 92

(229) En la doctrina ha hecho eco este argumento. *Vid.* Pastor Vita, J., «Algunas consideraciones...», *op. cit.*, pág. 41, y Tamayo Haya, S., «La custodia compartida...», *op. cit.*, págs. 690 y ss.

(230) *BOCG Congreso.* VIII Legislatura. Serie A. 15 de marzo de 2005, núm. 16-8, pág. 19.

(231) *BOCG Congreso.* VIII Legislatura. Serie A. 15 de marzo de 2005, núm. 16-8, pág. 20.

(232) *BOCG Congreso.* VIII Legislatura. Serie A. 15 de marzo de 2005, núm. 16-8, pág. 43. La enmienda núm. 71 del mismo Grupo Parlamentario, «en concordancia» con la presentada para el art. 92 del CC, modificaba el art. 777.5 de la LEC en el siguiente sentido: «Si hubiere hijos menores o incapacitados, el Tribunal recabará informe del Ministerio Fiscal sobre los términos del convenio relativos a los hijos y podrá oír a éstos si tuvieren suficiente juicio o más de doce años. Estas actuaciones se practicarán durante el plazo a que se refiere el apartado anterior o, si éste no se hubiera abierto, en el plazo de cinco

del CC, no en su párrafo quinto, sino segundo, permitiendo que las medidas judiciales sobre el cuidado y educación de los hijos fuesen adoptadas en su beneficio, tras oírles «si los propios hijos quisieren ser oídos, o si teniendo suficiente juicio, ello sea necesario para la adopción de dichas medidas»[(233)].

El Informe de la Ponencia aceptó las enmiendas números 1 y 2 presentadas por el Grupo Parlamentario Mixto, aunque dejó a la Comisión la incorporación de la primera de ellas, ya que exigía introducir una corrección técnica en la enmienda 48 del Grupo Parlamentario Socialista, también incorporada en fase de Ponencia[(234)].

El dictamen de la Comisión contemplaba entonces la siguiente redacción para los apartados segundo y sexto del art. 92 del CC: «2. El Juez, cuando deba adoptar cualquier medida sobre la custodia, el cuidado y la educación de los hijos menores, velará por el cumplimento de su derecho a ser oídos [...] 6. En todo caso, antes de acordar el régimen de guarda y custodia, el Juez deberá recabar Informe del Ministerio Fiscal, y oír a los menores que tengan suficiente juicio cuando se estime necesario de oficio o a petición del Fiscal, partes o miembros del Equipo Técnico Judicial, o del propio menor [...]»[(235)].

---

días». En realidad no se advierte concordancia ninguna, pues esta redacción resultaba a todas luces contradictoria con la introducida al CC. *BOCG Congreso*. VIII Legislatura. Serie A. 15 de marzo de 2005, núm. 16-8, pág. 47.

(233) Esta última enmienda mencionada nos parece una propuesta interesante en cuanto introducía un reconocimiento legal y directo del deseo del hijo, incluso sin alusión a su edad, lo que hubiese significado una gran novedad en el ordenamiento jurídico. Así, si el hijo quería expresar su opinión, el juez debía escucharle, independientemente de si tomaba en cuenta lo dicho en la audiencia. Recordemos que oírle y considerar lo manifestado son dos cuestiones diversas. Y si no deseaba ser oído, la audiencia se llevaba a cabo de todas formas sólo si teniendo el hijo suficiente juicio, la diligencia se estimaba imprescindible para la adopción de la medida judicial. No se estipulaban las garantías y condiciones suficientes para el desarrollo de la audiencia. Tampoco lo contempla la normativa vigente pero, en caso de aprobarse la propuesta, hubiese resultado de vital importancia detectar posibles presiones de parte de los adultos para la realización de la audiencia, ya que del menor dependía, en principio, su verificación. En este mismo sentido, no obstante estimar adecuada la reforma por asegurar que los hijos no sean sometidos a exploraciones dañosas, se manifiesta PASTOR VITA, J., «Algunas consideraciones...», *op. cit.*, pág. 42, y, del mismo autor, «Una primera aproximación...», *op. cit.*, pág. 13.

(234) *BOCG Congreso*. VIII Legislatura. Informe de la Ponencia. Serie A. 12 de abril de 2005, Núm. 16-10, pág. 59.

(235) *BOCG Congreso*. VIII Legislatura. Serie A. 19 de abril de 2005, núm. 16-12, pág. 72.

Aunque hubo algunas enmiendas(236) que, sin expresar motivo, pretendían restablecer la normativa anteriormente vigente en la materia, el texto transcrito pasó al Senado sin que se produjese debate alguno a su respecto, para convertirse en la disposición actualmente vigente. Entonces, como señalamos antes, los requisitos que deben concurrir para la realización de la audiencia en los juicios sobre guarda y custodia, son dos: 1) que el hijo tenga suficiente juicio y discernimiento, y 2) que su celebración se estime necesaria.

Pues bien, las enmiendas parlamentarias a las que hemos aludido se asentaban en la idea de que la necesidad de oír a los menores que tuviesen suficiente juicio y siempre, en todo caso, imperativamente, a los mayores de doce años, podía producirles un daño innecesario. En este sentido, se ha señalado que la intervención del menor en un proceso judicial en que existe un enfrentamiento entre sus padres supondría para ellos una importante agresión. En segundo lugar, se afirma que esta audiencia podría ser necesaria cuando existe desacuerdo entre los padres respecto del ejercicio de la patria potestad o de la guarda, o cuando éstos presenten al juez un convenio extraño o perjudicial para los menores. Pero no en los casos que los padres convengan medidas razonables o en los que exista un informe del equipo psicosocial del Juzgado. Al respecto, hay autores que afirman que en los procedimientos consensuados, donde existen menores conflictos con los intereses de los hijos, la audiencia de éstos no pasa de ser algo meramente rutinario(237).

---

(236) Nos referimos a las enmiendas núm. 1 del Grupo Parlamentario Mixto, núm. 8 del Grupo Parlamentario *Entesa Catalana de Progrès,* y núm. 26 del Grupo Parlamentario Popular. *BOCG Senado.* VIII Legislatura. Serie II: Proyectos de Ley. 26 de mayo de 2005, núm. 14 (c), págs. 11, 14 y 23.

(237) En este sentido, Ortega Llorca, V., «La protección de los hijos menores en el proceso matrimonial», *RGD*, mayo, 1996, pág. 5037, y Espinosa Lozano, J., *Problemas procesales en el derecho de familia*, Barcelona, José María Bosch Editor, S.A., 1991, págs. 178-179. Incluso, antes de la reforma de 2005, Reina, V. y Martinell, J. (*Propuesta de Reforma de la Legislación Matrimonial*, Barcelona, PPU, 1987, págs. 84-85), proponían añadir al segundo párrafo del art. 92 del CC, lo siguiente: «En los supuestos de común acuerdo sólo será preceptivo oír (sic) a los menores cuando el Juez lo estime conveniente en orden a la aprobación del convenio». La razón era agilizar la tramitación del juicio de forma que, salvaguardando el bien de los hijos, su audiencia en los procedimientos consensuales, tantas veces inútil, perjudicial y obstaculizadora de la marcha del proceso, quedase más flexibilizada. Los autores se preguntaban qué posibilidad real tenía el juez de modificar el acuerdo de los padres en lo relativo a los hijos, que no fuese la de rechazar, en casos excepcionales, el mismo convenio. Por ello contemplaban la audiencia sólo para estos últimos supuestos.

En cuanto a la primera de las razones expuestas, es decir, la no realización de la audiencia por estimarla innecesaria y/o dañosa en los casos en los que el juez ha reunido antecedentes suficientes para su acertada resolución, cabe preguntarse, en primer lugar, si es posible que el juez maneje con exactitud los hechos sobre los cuales debe decidir si no ha oído al verdadero protagonista. Y, por otra parte, si contando con toda la información necesaria, estimase, excepcionalmente, que es inconveniente celebrar la audiencia, ¿no debiera exigirse que se dejara constancia razonada de su no realización, fundamentándose en el interés del hijo? De hecho, el art. 9.3 de la LO de Protección Jurídica del Menor establece que, cuando el menor solicite ser oído directamente o por medio de persona que le represente, la denegación de la audiencia será motivada(238) y comunicada al Ministerio Fiscal y a aquéllos. En este sentido, a nuestro juicio, el legislador debió prever una exigencia similar en el párrafo sexto del art. 92 del CC: si el juez omite la realización de la audiencia, debe fundamentar su resolución en la ausencia de cualquiera de los dos requisitos previstos en dicha norma, es decir, que el hijo no tiene suficiente juicio y discernimiento, o bien, en que su celebración es innecesaria.

En definitiva, consideramos adecuada la norma general que hace obligatoria la audiencia del menor. Sin embargo, reconocemos que pueden existir excepciones en las que el juez, *mediante resolución fundada y apoyándose en la supremacía del interés superior de los hijos* pueda llegar a determinar que, no obstante el tono imperativo del art. 92, apartado segundo, del CC, efectivamente la audiencia es prescindible, bien porque el hijo no tiene suficiente juicio y discernimiento, o porque ella es innecesaria a la luz del *favor filii*. Por ejemplo, si la audiencia produce una sobreexposición dañina del hijo dadas sus particulares condiciones psicológicas actuales o si resulta innecesaria en un juicio sobre la custodia de un adolescente muy próximo a la mayoría de edad en el que ni las partes, ni el menor ni el juez han promovido su escucha. En estos casos, la decisión debe fundamentarse en el supremo beneficio del hijo. De lo contrario, creemos que la falta de seriedad en la ponderación de las causas que permiten la omisión de la audiencia (insuficiente juicio y

(238) Igual prescripción contempla el párrafo segundo del art. 388-1 del Código Civil francés.

discernimiento y/o no necesariedad de la actuación), puede llegar a ser la regla general práctica en estos casos y no la excepción.

Por todo lo anterior, concordamos con el Informe del Consejo General del Poder Judicial de 27 de octubre de 2004, que estimaba adecuado que se mantuviera la necesaria audiencia del hijo mayor de doce años o menor de esta edad si tuviese suficiente juicio. Agregaba que dicha audiencia es un derecho del menor pero un deber del juez, por lo que «debería preverse la posibilidad de que éste, actuando siempre en beneficio del menor, pueda acordar motivadamente no oírle previo informe en tal sentido del equipo psicosocial»(239).

En este sentido apunta también el Derecho comunitario. La guía práctica para la aplicación del nuevo Reglamento Bruselas II [Reglamento (CE) núm. 2201/2003, del Consejo, de 27 de noviembre de 2003, «relativo a la competencia, el reconocimiento y la ejecución de resoluciones judiciales en materia matrimonial y de responsabilidad parental, por el que se deroga el Reglamento (CE) núm. 1347/2000»], elaborada por la Comisión Europea a través de la Red Judicial Europea en materia civil y mercantil, ha señalado que: «como excepción, un menor puede no ser oído si no se hubiere considerado conveniente habida cuenta de su edad o grado de madurez y esta excepción debe interpretarse de manera restrictiva».

Asimismo, antes de la reforma de 2005, la jurisprudencia destacaba el carácter obligatorio que la ley atribuía a esta audiencia y que, a nuestro juicio, continúa revistiendo conforme a los arts. 92.2, 154 y 159 del CC(240).

(239) Informe del Consejo General del Poder Judicial de 27 de octubre de 2004, pág. 21.

(240) En este mismo sentido, con posterioridad a la Ley 15/2005, la SAP de Valencia de 5 abril de 2006 (LA LEY 118785/2006) ha subrayado la importancia que tiene la verificación de la audiencia para la propia estabilidad emocional y afectiva del hijo y el desarrollo integral de su personalidad. Lo mismo sucede con la SAP de Cáceres de 22 septiembre de 2006 (LA LEY 107267/2006), que dice: *«simplemente, se trata de respetar el deseo de los hijos que quieren convivir con el padre, deseo que sería absurdo denegar, pues nada les podría impedir que de facto llevaran a efecto dicha convivencia»*. Asimismo, resulta interesante la SAP de Barcelona de 20 de febrero de 2007 (LA LEY JURIS 629/2007), pues es la primera sentencia posterior a la reforma española de 2005 que concedió la custodia de los hijos a ambos progenitores no obstante la oposición de la madre. Esta sentencia otorgó especial importancia a la opinión del hijo de trece años quien deseaba vivir con sus dos padres por igual, explicitando con detalle la equiparación de días con uno y otro.

Así, la Sentencia del Tribunal Constitucional de 6 de junio de 2005[(241)] se pronuncia sobre la violación del derecho a ser oído de un niño de nueve años, señalando que éste gozaba del juicio suficiente para ser explorado por la Audiencia Provincial con el fin de hacer efectiva la garantía reconocida en el art. 9 de la Ley Orgánica 1/1996, de 15 de enero, de Protección Jurídica del Menor, y en el art. 12 de la CDN. En este sentido, agrega que la Sala de la Audiencia Provincial debió otorgar el trámite específico de audiencia al menor antes de resolver el recurso de apelación interpuesto, motivo por el cual declara vulnerado el art. 24.1 de la CE[(242)]. Por su parte, la STS de 14 de mayo de 1987[(243)], resolviendo un recurso de casación interpuesto por el Ministerio Fiscal en interés de la Ley por violación del art. 92.2 del CC, señaló que la omisión de la audiencia del menor determina la nulidad de las actuaciones judiciales por provocar indefensión e ir en detrimento del *favor filii,* estimando que el precepto infringido es de carácter sustantivo y no procesal[(244)]. En este sentido, esta sentencia afirma que la interpretación de la Sala sentenciadora en la instancia, supondría erradicar la aplicación del art. 92 del CC en todos los casos que pudieran presentarse, ya que siendo preceptiva la intervención del Ministerio Fiscal en los procedimientos de esta clase, ello justificaría que el juez no oyese a un menor de doce años, pues al estar garantizado con ello el interés de los hijos, en ningún caso podría generarse la indefensión de los mismos, lo que conduciría al absurdo de privar de toda virtualidad a dicho precepto[(245)].

(241) RTC 2005\152.

(242) En los mismos términos, la STC 221/2002, de 25 de noviembre (RTC 2002\221).

(243) LA LEY 9189-R/1987.

(244) Al respecto, *vid.* Sánchez Prieto, A., «La audiencia...», *op. cit.,* págs. 960-962; y Bo Jané, M. y Caballero Ribera, M., «El nuevo derecho...», *op. cit.,* pág. 1495. En este mismo sentido, *vid.* STS de 11 de junio de 1996, STS de 17 de septiembre de 1996 y STS de 11 de junio de 1998.
En su fundamento primero, la STS de 14 de mayo de 1987 afirma que el hecho de considerar esta norma como sustantiva la hace incardinable, al contrario de lo sostenido por la sentencia recurrida, en la disposición del art. 238.3.º de la Ley Orgánica del Poder Judicial, referida a la infracción de las normas de procedimiento o a la vulneración, en el acto judicial, de los principios de audiencia, asistencia y defensa, para prescribir que no darán lugar a la nulidad de pleno derecho del acto judicial cuando tales infracciones no hayan producido indefensión, ya que con ello alude al quebrantamiento de las formas esenciales del juicio que puedan dar lugar al recurso de casación.

(245) Cfr. Ortega Llorca, V., «La protección...», *op. cit.,* pág. 5037.

Pues bien, otro gran fundamento de la posición que defiende la inutilidad de la audiencia del hijo es que ella es prácticamente superflua en los procedimientos no contenciosos.

En concreto, después de la reforma de 2005 cierta doctrina ha entendido que si en los juicios no contenciosos nadie solicita la audiencia del hijo y el juez no la estima necesaria, el derecho del menor a ser oído carece de imperatividad(246).

Al respecto, estimamos que por muy inútil que sea su verificación en este tipo de juicios, no hay cómo corroborar que, efectivamente, la opinión de los hijos haya sido escuchada por los padres, siendo la audiencia judicial la manera más adecuada de garantizar tal derecho.

En este sentido, cabe señalar que la regla general es que los progenitores actúen como representantes de sus hijos en cuanto son titulares de la patria potestad que ejercen sobre ellos. En el ejercicio de dicha función les corresponde velar por el respeto y protección del interés superior de su hijo. Sin embargo, la representación sólo se verifica si en un proceso determinado la parte es, no el representante, sino el representado. Así, cuando los padres son las partes principales en un juicio civil, contencioso o consensual, y se vuelven intérpretes de la oportunidad de entregar la custodia de los hijos a uno de ellos más que al otro, están disponiendo, a nombre propio, de una posición subjetiva ajena. Por esta razón, se ha señalado que, eventualmente, en estos casos entra en juego la figura de la sustitución procesal. En otras palabras, como en las causas de divorcio y separación se adoptan decisiones que dicen relación con el ejercicio de la patria potestad, es evidente que el progenitor, en cuanto es contemporáneamente parte del proceso y titular de la función parental, no puede también representar el interés del hijo si ello entra en contradicción con el punto de vista del padre mismo(247).

(246) Cfr. Rodríguez Chacón, R., *Matrimonio..., op. cit.*, pág. 173.

(247) Al respecto, *vid.* Martinelli, P. («Il diritto del minore all'ascolto nei procedimenti di separazione e divorzio», *Minorigiustizia*, 4, 2003, págs. 17 y ss.), quien señala que el primer efecto del conflicto entre los padres es que el hijo (parte sustancial) se ve privado de la posibilidad de hacer llegar al juez, en modo genuino, la propia voz a través de la sustitución procesal (págs. 19-20).

3.5.2.3. La edad del menor

Pasemos ahora a analizar un segundo aspecto controvertido que presenta la legislación española en materia de derecho del menor a ser oído.

El anterior párrafo segundo del art. 92 del CC prescribía que las medidas judiciales sobre cuidado y educación de los hijos debían adoptarse en beneficio de éstos y tras oírles si tenían suficiente juicio y siempre a los mayores de doce años. El legislador de 2005 ha preferido no referirse, en esta norma, a una edad a partir de la cual sea obligatorio oír al menor, apegándose así al criterio adoptado por la CDN, que, en su art. 12, atiende sólo al *suficiente juicio y discernimiento*. De esta forma, el párrafo segundo del actual art. 92 del CC, establece que «el Juez, cuando deba adoptar cualquier medida sobre la custodia, el cuidado y la educación de los hijos menores, velará por el cumplimiento de su derecho a ser oídos»; para agregar, en su párrafo sexto que, antes de acordar el régimen de guarda y custodia, el juez debe «oír a los menores que tengan suficiente juicio».

Estimamos apropiada la modificación, ya que el establecimiento de edades límites no siempre responde a la madurez que la ley pretende detectar para hacer procedente la escucha del menor. Sin embargo, la reforma es muy deficiente en este aspecto. Si la intención del legislador era alterar el modelo vigente hasta ahora en cuanto a la fijación de criterios objetivos basados en la edad del menor, debió hacerlo de manera orgánica, pues continúa refiriéndose a los doce años en varias disposiciones del CC[(248)]. Así, por ejemplo, el art. 159 de este cuerpo legal, determina que «el juez oirá, antes de tomar esta medida, a los hijos que tuvieran suficiente juicio, y en todo caso, a los que fueran mayores de doce años». Creemos que el propósito de la Ley 15/2005, como lo hemos analizado en el epígrafe anterior, era atenuar el carácter necesario y obligatorio de la audiencia en procedimientos relativos a la guarda y custodia de los hijos, proscribiendo así la referencia a la edad en el art. 92 del CC. Debido a que el legislador no suprimió los límites de edades existentes en otras materias, podría sostenerse que la regla general a partir de la cual debe ser escuchado el niño, niña o adolescente, siguen siendo los doce años. La regla excepcional estaría constituida por el párrafo segundo del art. 92 del CC en materia de guarda y custodia.

---

(248) En los arts. 156.2, 173.2, 177.1 y 177.3.3.º, 178.2.2.º, 231 y 273.

Ahora bien, qué debemos entender por *suficiente juicio*. La jurisprudencia lo asocia a un «discernimiento para actuar las facultades volitivas: inteligencia y voluntad»[(249)]. La doctrina ha señalado que, cuando la persona goza de «madurez de juicio», cuestión que la ley presume a partir de una determinada edad (los doce o catorce años)[(250)], es capaz de tener una opinión razonada sobre los aspectos que le conciernen. En todo caso, dicha fórmula debe ser interpretada en forma amplia y flexible, procurando que el menor pueda ser oído en el mayor número de hipótesis posibles[(251)].

Nuestra opinión es que el menor debe ser escuchado u oído siempre que esté en condiciones de formarse un juicio propio; no es conveniente fijar edades en la ley sino seguir pautas generales inspiradas en el texto mismo del art. 12 de la CDN[(252)]. Eventuales inconvenientes, como razones sicológicas o físicas, podrían ser subsanables en algunos casos, a través del nombramiento de un intérprete —si se trata de discapacidades del habla—, y en otros, de un psicólogo o médico personal o de un conocido por el menor. En estas situaciones, la única variación en la aplicación del derecho

(249) En este sentido, la SAP de Tarragona de 22 de septiembre de 1994 (LA LEY 11580/1994).

(250) Fosar Benlloch, E. (*Estudios de derecho de familia*. Tomo II. *La separación y el divorcio en el derecho español vigente*. Vol. 1.°, Barcelona, Bosch, 1982, pág. 333), opina que los doce años es una edad a partir de la cual se goza de suficiente juicio y discernimiento, dada la gran madurez psicofísica que se alcanza a dicha edad. En este orden de ideas, las SSAP de Tarragona de 14 de abril de 1994, de Málaga de 30 de junio de 1995 y de Zaragoza de 27 de noviembre de 1995, fueron pronunciadas bajo el supuesto de que ley entiende que a los doce años se tiene suficiente juicio y discernimiento.

(251) Así opinan Bo Jané, M. y Caballero Ribera, M., «El nuevo derecho...», *op. cit.*, págs. 1487 y 1493. Y de Prada González, J. («La patria potestad tras la reforma del Código Civil», *RDN*, 1982-1, pág. 294), a propósito de las excepciones a la regla general de la representación del hijo por los padres, duda que tener suficiente juicio sea equiparable a tener condiciones de madurez, afirmando que lo primero es más amplio que lo segundo.

(252) En Italia, la Ley de 8 de febrero de 2006, núm. 54, «sobre disposiciones en materia de separación de los progenitores y cuidado compartido de los hijos», establece en el inciso primero del art. 155 *sexies* del Código Civil, referido a los poderes del juez y la escucha del menor, que el juez debe disponer la audiencia del hijo menor que haya cumplido los doce años y también de edad inferior si es capaz de discernimiento. Al respecto, la doctrina de este país considera inapropiado el establecimiento de criterios rígidos que fijen una edad a partir de la cual sea posible reconocer este derecho al hijo en algunas situaciones. Cfr. Ruscello, F., «Gli effetti riguardo ai figli», en Bigiavi, W. (fondata da), *Giurisprudenza sistematica di diritto civile e commerciale*, tomo II, Torino, Utet, 2003, pág. 808. Aunque se advierte una tendencia a considerar desaconsejable la audiencia de los hijos de menor edad. Cfr. Dossetti, M., «Gli effetti...», *op. cit.*, pág. 593.

a ser oído será respecto de la forma en que se llevará a cabo la escucha, que ya no se hará en forma directa sino a través de un tercero, que será en todo caso un interlocutor válido.

En efecto, RIVERO HERNÁNDEZ[253] estima que, salvo los casos en que por razón de la edad quede excluida *ab initio* la audiencia (niños de seis meses o de cuatro años), será aconsejable que a partir de una edad razonable (ocho o diez años) el juez vea al niño para comprobar por sí mismo si tiene suficiente juicio. En este sentido, ALONSO PÉREZ[254], refiriéndose a la LO de Protección Jurídica del Menor, señala que, aunque «parece que ha de oírse a todo menor *ex* art. 9, y no sólo a los que tengan *suficiente juicio* (arts. 92, 154, 156, 159, 231, 237 CC, etc.), o sean mayores de *doce años* (arts. 92, 156, 159, 231, 273 CC)», debe entenderse que sólo ha de oírse a los que tienen suficiente juicio, sin mencionar una edad concreta.

En todo caso, la jurisprudencia se muestra reacia a escuchar a niños menores. La SAP de Barcelona de 2 de abril de 1998[255] señala ciertos inconvenientes del examen judicial de niños de 6 o 7 años de edad, ya que considera que indagar en sus preferencias que, por cierto, las califica de poco significativas dado lo influenciable que es un niño de esa edad, «sería notablemente perjudicial para su equilibrio psíquico, ya que implicaría colocarlo en la tesitura de que decida a favor de un progenitor, en perjuicio del otro, lo que supone un nivel de exigencia que la psiquiatría infantil especializada califica de traumatismo psíquico de carácter muy grave, y significa en la práctica el desplazamiento de la responsabilidad que sólo atañe a los padres —y, en ausencia de acuerdo, al juzgador— hacia el propio hijo menor».

Esta resolución pone de relieve la posible culpación del hijo que, puesto en una disyuntiva como la descrita, puede efectivamente resultar afectado en términos psicológicos. No negamos los méritos de la sentencia, que pone en evidencia los riesgos del sometimiento de un menor a experiencias traumáticas en un procedimiento judicial. Sin embargo, no creemos que lo expuesto en ella deba asumirse como regla general, ni en cuanto a la edad ni en cuanto a la forma, pues, en definitiva, todo dependerá de las condi-

(253) Cfr. RIVERO HERNÁNDEZ, F., *El derecho de visita*, Barcelona, Bosch, 1997, pág. 172.
(254) ALONSO PÉREZ, M., «La situación jurídica...», *op. cit.*, pág. 25.
(255) Rollo de apelación núm. 888/1997.

ciones en que se practique la audiencia, de las garantías y seguridades que el juez ordene y observe. A ello nos referiremos en el epígrafe siguiente.

3.5.2.4. La audiencia del menor

El CC nada dice sobre la realización propiamente dicha de la audiencia del hijo. En este sentido, la reforma de 2005 es bastante escasa, pues no ha llenado el vacío legal existente en esta materia antes de su entrada en vigor. En efecto, se ha señalado que la actual normativa relativa a la guarda y custodia del hijo no se refiere a la regulación del modo en que se lleva a cabo la exploración, no reglamenta la valoración de la información que debe darse al hijo sobre el motivo de la audiencia (en el caso que se considerare apropiado), la representación procesal puntual, ni la forma de documentar la declaración misma o su resultado[(256)].

Sin embargo, la LO 1/1996, de Protección Jurídica del Menor, da ciertas luces al respecto. En efecto, esta ley establece que en los procedimientos judiciales las comparecencias del menor se realizarán de forma adecuada a su situación y desarrollo evolutivo, cuidando preservar su intimidad (art. 9.1, párrafo segundo). Además, prescribe que el menor puede ejercitar este derecho por sí mismo o a través de la persona que designe para que le represente cuando tenga suficiente juicio. Y, cuando ello no sea posible o no convenga a su interés, puede conocerse su opinión por medio de sus representantes legales, siempre que no sean parte interesada ni tengan intereses contrapuestos a los del menor[(257)], o bien, a través de otras personas que, por su profesión o relación de especial confianza con él, puedan transmitirla objetivamente (art. 9.2).

Pues bien, en primer lugar, como principio general, podemos señalar que al niño o adolescente no se le debe preguntar directamente con quién

(256) Cfr. Forcada Miranda, F., «Las últimas...», *op. cit.*, pág. 34. Este autor da cuenta de la realidad en algunos países de Europa. Así, señala que en Alemania la práctica es que el juez conozca al menor, aun si tiene tres o cuatro años de edad. En Suecia, el juez no se entrevista con el menor, cuya opinión conoce a través de informes evacuados por asistentes sociales. En Francia, el juez de familia goza de libertad para decidir si la audiencia la celebra personalmente o no (pág. 35).

(257) En este sentido, cabe señalar que, en los juicios en que se discutan materias relativas a la guarda y custodia de los hijos, los padres son parte interesada y, por ende, no pueden representar al hijo. De lo contrario, se transformarían en intérpretes de una posición subjetiva ajena.

desea vivir habitualmente, o si prefiere que ambos padres ejerzan su cuidado personal de forma compartida. La exploración debe encaminarse a descubrir sus inclinaciones mediante otras técnicas adecuadas[258]. Entendiendo, en todo caso, que todo depende de su grado de madurez.

Para establecer el verdadero interés del hijo, el juez debe develar sus sentimientos e intereses para luego confrontarlos con las circunstancias de carácter objetivo que la realidad familiar presente. Lo ideal sería lograr la máxima congruencia entre lo que el menor expresa y lo que éste requiere para un adecuado proceso de socialización, teniendo siempre en cuenta su mejor interés; sin embargo, cada caso constituye un universo diverso y las soluciones varían dependiendo de las singularidades propias de cada situación. En particular, el juez y los demás operadores del Derecho deben representarse la posibilidad de que el menor esté sufriendo presiones o interferencias, las que variarán dependiendo del juicio de que se trate, pero que tendrán el común denominador de deformar el legítimo derecho del menor a exteriorizar sus deseos y emociones[259]. No olvidemos, además, que el juez no sólo debe ponderar lo *dicho* por él, sino que deberá ser un atento interlocutor, descubrir actitudes y gestos que evidencian, en ocasiones, mucho más que las propias palabras[260].

Estimamos adecuado que en los juicios sobre guarda y custodia esta audiencia se realice directamente por el juez y que, excepcionalmente, se

(258) La SAP de Granada de 18 de enero de 2003 (LA LEY 13587/2003) señaló que *«no significa que su voluntad haya de ser decisiva, mas apartando ideas que enuncian capricho o influencias extrañas, se ha de añadir que, en la búsqueda del* iustum *correcto concreto, no se puede dejar al lado un querer (nos referimos al manifestado por el niño) razonado y, por ende, razonable. Querer, manifestación de voluntad, que interpretada adecuadamente, incluso, en algunos supuestos, con auxilio de especialistas, puede llevar a encontrar unos sentimientos, unos deseos, que indican, muestran, revelan, ese querer del menor (o de los menores), algo que, por descontado, no ha de ser inútil, ni, menos aún desoído. Y es que la realidad social (art. 3.1 del Código Civil, SSTS de 13 de mayo de 1993 y de 10 de abril de 1995), la que muestra a la norma jurídica dirigida a regular las situaciones en que pueden hallarse las personas en el medio social en que se hallan insertas, no ha de ser abandonada».*

(259) *Vid. infra* epígrafe 2.4.1.2 del Capítulo III relativo a los síndromes de alienación parental y de la madre maliciosa.

(260) En un sentido similar se pronuncia LONGO, F. («Diritti...», *op. cit.*, pág. 90), para quien la escucha de los hijos de corta edad debe estar dirigida a descifrar lo dicho pero también lo no dicho, pues cada expresión del menor, adecuadamente leída, manifiesta algo que para él es importante y que debe ser respetado y considerado.

lleve a cabo mediante una entrevista efectuada por expertos. Ha sido la fórmula escogida por el legislador de 2005, que ha modificado el art. 770 de la LEC, al añadir a su cuarta medida, el siguiente párrafo: «En las exploraciones de menores en los procedimientos civiles se garantizará por el Juez que el menor pueda ser oído en condiciones idóneas para la salvaguarda de sus intereses, sin interferencias de otras personas, y recabando excepcionalmente el auxilio de especialistas cuando ello sea necesario». En todo caso, debe considerarse que se trata de una actuación extremadamente delicada y compleja, de manera que, al efectuarla, el juez siempre debe ser asesorado por especialistas en la materia (aunque sea indirectamente). En este ámbito, se ha señalado que la labor del Ministerio Fiscal es clave; por lo cual no debiera existir óbice alguno para su intervención en la audiencia del hijo, sobre todo si se considera el grado de responsabilidad que asume en sus informes en defensa de los intereses del menor(261). Para nosotros, efectivamente, no debiera existir obstáculo a la presencia del Ministerio Fiscal durante la celebración de la audiencia, aunque con la puntualización de que sólo los especialistas son los indicados para efectuar la entrevista propiamente dicha. Asimismo, para evitar que esta diligencia pueda resultar intimidante y con el objeto de garantizar su debida protección, estimamos que debe llevarse a cabo en las mejores condiciones ambientales para el menor; incluso, en lo posible, fuera del recinto del Juzgado(262).

Al respecto, algunos autores(263) se han referido a la posibilidad de una «audiencia de restitución» de la escucha frente al juez, en la cual participarían, además de un psicólogo (quien depositaría por escrito una breve relación ilustrativa acompañada de los dibujos realizados por el niño en el desarrollo de los encuentros sostenidos), los padres y sus respectivos

(261) Cfr. FORCADA MIRANDA, F., «Las últimas...», *op. cit.*, pág. 34.

(262) PÉREZ SALAZAR-RESANO, M. [«Patria potestad», en GONZÁLEZ POVEDA, P. y GONZÁLVEZ VICENTE, P., *Tratado de Derecho de familia. Aspectos sustantivos y procesales. Adaptado a las Leyes 13/2005 y 15/2005*, Pozuelo de Alarcón (Madrid), Sepín, 2005, pág. 206], enuncia una serie de elementos que el juez debería considerar: establecer un buen contacto inicial con el niño, recogiéndolo y acompañándolo a la sala donde se realizará la exploración; preguntarle porqué cree que se encuentra ahí o de qué cree que se hablará; preservar el secreto de lo expresado por el hijo, sobre todo si es este mismo quien lo solicita; informarle sobre la voluntariedad de su colaboración y la neutralidad de la intervención; evitar preguntas directas y/o inductoras sobre sus preferencias; etc.

(263) En este sentido, MARTINELLI, P. y MAZZA F., «La nuova disciplina dell'affidamento: una legge improvvisata e aprossimativa», *Questione giustizia*, 2006, núm. 3, págs. 469-470.

representantes. Esta actuación tendría por objeto permitir no sólo al juez sino también a los mismos progenitores, la comprensión de las expectativas de los hijos y, con ello, conseguir una significativa disminución de la conflictividad y una mayor facilidad en la adopción de los aspectos de la separación relacionados con la guarda. Para nosotros, se trata de una medida positiva en cuanto concede a las partes la posibilidad de percatarse de los deseos e intereses de los hijos sin someter a estos últimos a una exposición excesiva y dañina, como sería hacerles expresar sus preferencias frente a los progenitores y demás intervinientes; por otra parte, sin necesidad de grabar la audiencia del hijo, ofrece la posibilidad de dejar un nivel de constancia de su realización y de las opiniones vertidas al respecto por los padres, el juez y los especialistas, de manera de poder volver sobre ellas cuando se estime necesario. Sin embargo, estimamos que el hecho de revelar en cierto modo lo dicho por el menor puede vulnerar la estricta confidencialidad que debe observarse en este tipo de procedimientos; razón por la cual debería constituir más bien una sesión especial en la que los expertos describan y comenten sus propias conclusiones al respecto sin hacer alusión abierta a lo exteriorizado por el menor, con la consiguiente posibilidad de que las partes efectúen un diálogo pertinente y constructivo frente al juez.

A nuestro juicio, es desaconsejable que se escriture lo dicho por el hijo en la audiencia. Sólo debe levantarse un acta abreviada de lo manifestado por éste para que el juez pueda motivar su resolución sin hacer mención explícita a las inclinaciones expresadas por el menor. De lo contrario, se generarían sentimientos y presiones indebidas en el niño o adolescente ante el temor de que sus padres tomen conocimiento de lo que va a manifestar; o se estimularían posibles represalias de parte de los progenitores, entre ambos y con el menor, una vez que tengan acceso a dicha documentación.

Por otra parte, debe tenerse en cuenta que la audiencia del hijo no es una prueba más del proceso. El menor no interviene ni como parte ni como testigo[264]. Más bien, proporciona cierta información al juez para que

(264) Cfr. FONSECA GONZÁLEZ, R., «El deber...», *op. cit.*, pág. 138 y LOMBARDO VÁSQUEZ, J., «Problemática...», *op. cit.*, pág. 401. En este mismo sentido, en la doctrina italiana, LOVATI, P., «Affidamento condiviso dei figli: luci ed ombre della nuova legge», *Rivista Critica del Diritto Privato*, anno XXIV-1, marzo, 2006, pág. 172, y CECCARELLI, E., «Figli e genitori tra ideologia e realtà», *Questione giustizia*, núm. 3, 2006, págs. 484, 486 y 487.

éste cuente con un elemento de juicio que le permita resolver la cuestión que le concierne, con el mayor apego a sus necesidades afectivas. De ello se deriva que cualquier mecanismo de reproducción de lo expresado por el menor como, por ejemplo, una grabación, no puede ser considerado para fines procesales, pues no constituye fundamento probatorio de la decisión judicial[(265)].

Corrobora esta afirmación, la STS de 14 de mayo de 1987[(266)], que, resolviendo un recurso de casación interpuesto por el Ministerio Fiscal en interés de la ley por violación del art. 92.2 del CC, señaló que la omisión de la audiencia del menor determinaba la nulidad de las actuaciones judiciales por provocar indefensión e ir en detrimento del *favor filii*, estimando que el precepto infringido era de carácter sustantivo y no procesal. El hecho que el Tribunal Supremo considere que el art. 92.2 del CC es de contenido sustantivo, confirma la idea de que lo que el menor exprese en la audiencia no constituye prueba, sino un elemento más que el juez deberá ponderar[(267)].

3.5.3. Consagración del derecho del menor a ser oído en el Derecho comparado

— En primer lugar destaca la importancia que el *Código Civil alemán* otorga al deber de los padres de escuchar al hijo. La parte final del párrafo segundo del parágrafo 1626 del BGB se refiere a la consideración de la opinión del menor en el ámbito familiar, estableciendo que los padres

(265) Por esta y las razones que hemos señalado anteriormente, estimamos desacertada la enmienda núm. 15 presentada en el Senado por el Grupo Parlamentario Catalán que proponía la siguiente redacción para los párrafos tercero, cuarto y quinto de la medida 4.ª del art. 770 de la LEC: «En las exploraciones de menores en los procedimientos civiles, se le tomará declaración a través de un experto, al que el Juez, el Ministerio Fiscal y las partes, previamente facilitarán las preguntas.
La exploración será seguida por el Juez y las partes a través de un espejo unidireccional o de un circuito cerrado de vídeo y podrán sugerir nuevas preguntas a través del experto. Se grabará en soporte audiovisual para su valoración». *BOCG Senado.* VIII Legislatura. Serie II: Proyectos de Ley. 26 de mayo de 2005, núm. 14 (c), pág. 19.

(266) LA LEY 9189-R/1987.

(267) En sentido opuesto parece pronunciarse ROCA TRÍAS, E. («Comentario al art. 90 del Código Civil», en *Comentario del..., op. cit.,* pág. 391), quien, citando este fallo de 14 de mayo de 1987, señala que «[...] la audiencia de los hijos se conceptúa como *prueba específica* [...]» (la cursiva es nuestra).

«debatirán con el hijo las cuestiones relativas a su cuidado y promoverán la adopción de acuerdos». Por su parte, el párrafo segundo del parágrafo 1631.ª, relativo a la formación y profesión del hijo, prevé las consecuencias de no escuchar al mismo; en efecto, esta norma determina que, en caso de que los padres claramente no atiendan a las preferencias y capacidades del hijo y que ello pueda causar graves perjuicios en cuanto a la formación y desarrollo futuros del mismo, el Tribunal tutelar será quien decida, pudiendo suplir las declaraciones obligatorias de los padres o de uno de ellos. Por último, si estando separados los padres, alguno de ellos solicita la cesión del cuidado paterno o una parte del mismo a título unilateral, debe obtener el consentimiento del otro progenitor y del hijo mayor de catorce años[(268)], [(269)].

— En *Francia,* el derecho del menor a ser oído está garantizado por el último párrafo del art. 371.1 del Código Civil francés: «los padres deben asociar al hijo a las decisiones que le conciernan, según su edad y su grado de madurez». Por su parte, el art. 373.2.11 de dicho cuerpo legal, al enunciar las circunstancias que el juez habrá de tener en especial consideración para la determinación del ejercicio de la autoridad parental, enumera: «2.º los deseos expresados por el hijo menor en los términos previstos en el art. 388.1». Así, este art. 388.1 establece que, en cualquier procedimiento que le concierna, el menor que sea capaz de discernir podrá ser oído por el juez o por la persona designada por éste al efecto, sin perjuicio de las disposiciones que prevén su intervención o su consentimiento. Su párrafo segundo agrega que, cuando el menor lo solicite, habrá de ser oído, salvo resolución en contra especialmente motivada. Podrá ser oído solo, con un abogado o con una persona de su elección. Si esta designación no pareciere conforme al interés del menor, el juez podrá nombrar otra persona. Por último, la norma agrega que la audiencia del menor no le confiere la condición de parte procesal[(270)].

(268) *Vid. infra* epígrafe 3.5.4 del presente Capítulo, relativa a la opinión vinculante del menor en las materias relativas a su interés superior.

(269) Para comentar estas normas nos hemos basado en las traducciones de Eiranova Encinas, E., *Código Civil alemán..., op. cit.,* págs. 480 y 482.

(270) Para analizar estas disposiciones utilizamos la traducción efectuada por Núñez Iglesias, A., *Código Civil..., op. cit.,* págs. 225, 233, 250 y 251.

— En *Italia*, el art. 155 *sexies* del *Codice,* relativo a los poderes del juez y escucha del menor, establece que, antes de la emanación, incluso en vía provisoria, de las decisiones del art. 155, el juez puede admitir, a instancia de parte o de oficio, medios de prueba. En este sentido, el juez puede disponer la audición del hijo menor que tenga cumplidos los doce años y también de edad inferior si es capaz de discernimiento[(271)].

Al respecto, en este país se ha desarrollado una posición doctrinal que defiende la existencia de un curador especial a través del cual el hijo pueda ver representada su posición en los juicios de separación y divorcio. Se afirma que, a partir de cierta edad, normalmente los dieciséis años, el hijo debiera contar con un abogado que defendiera sus intereses y, de esta forma, ser capaz de interponer sus propias demandas (no en sede principal sino como sujetos que intervienen en el juicio incoado por los padres). Esta facultad podría restringirse a los casos de separación matrimonial en que los cónyuges sean muy conflictivos, con el objeto de permitir al menor la posibilidad de actuar autónomamente para la salvaguardia de las cuestiones que le conciernen, como la custodia, la residencia, el régimen de comunicación y estancia, la escuela, etc. Incluso, podría concedérseles la facultad de impugnar una decisión que consideren equivocada o contraria a sus intereses[(272)]. Para nosotros, si bien se trata de una alternativa que materializa eficazmente el derecho del menor a ser oído, su regulación debe ser detenidamente evaluada con el objeto de asegurar la integridad psicológica del mismo, a través de las medidas judiciales y extrajudiciales destinadas a prevenir futuros conflictos de lealtad o excesivas y dañosas extensiones del procedimiento si, por ejemplo, los hijos que interviniesen en él fuesen más de dos.

(271) Buzzelli, D. [«Diritti del minore nella crisi coniugale e affidamento condiviso», en de Tilla, M. y Operamolla (a cura di), *Seminari di Diritto di Famiglia*, Milano, Giuffrè editore, 2005, pág. 484], identifica una aplicación del principio en estudio en los siguientes cuerpos legales italianos: interrupción del embarazo, ley 194 de 1978; elección sobre la enseñanza de la religión católica, ley 291 de 1986; y solicitud de sometimiento a controles o programas terapéuticos en caso de consumo de sustancias estupefacientes, ley 685 de 1975 modificada por la ley 162 de 1990. Además del art. 90 del *Codice* que no exige ya, en caso de matrimonio del menor de edad, el necesario *assenso* de quien ejercita la patria potestad.

(272) Cfr. Longo, F., «Diritti...», *op. cit.,* págs. 90-91.

En todo caso, la Corte Constitucional italiana ha rechazado la posibilidad de establecer un curador especial. En la sentencia número 185 de 14 de julio de 1986[273] declaró infundada la cuestión de inconstitucionalidad del art. 5 en relación con el art. 6 de la Ley de Divorcio de 1970 y del art. 708 del Código de Procedimiento Civil italiano, que, en las causas de disolución del matrimonio, no prevén el nombramiento de un curador especial del hijo menor de las partes en las cuestiones relativas al pronunciamiento sobre la custodia y otras medidas que le conciernan.

3.5.4. La opinión vinculante del menor en las materias relativas a su interés superior

Como señalamos anteriormente, es posible distinguir dos etapas o estadios sucesivos en el proceso de escucha del menor[274]. En la primera fase, éste debe ser oído, conforme a la normativa establecida por cada legislación y en observancia a su interés superior, en todos los procedimientos y actuaciones que le conciernan en el ámbito familiar, escolar, judicial, administrativo, etc. En la segunda etapa, cabe determinar si debe o no considerarse su opinión y, en caso afirmativo, en qué medida. En este último sentido, nos parece claro que la obligación de oír al menor no es equiparable con la de aceptar su deseo. Las expresiones que emita durante la audiencia no son una especie de orden para el juez[275]. La actitud correcta es desentrañar la verdadera voluntad, interés y conveniencia del menor. Lo que oiga de él es un elemento que puede fundamentar su decisión pero no es su decisión misma. «Su necesidad subjetiva deberá ser confrontada con la necesidad objetiva»[276], teniendo en cuenta el interés superior del menor.

No obstante, cabe preguntarse si la opinión del hijo puede llegar a determinar la decisión judicial sobre su guarda y custodia u otras materias relativas a su interés superior.

---

(273) Cfr. *Giustizia civile*, 1986, I, pág. 2321.

(274) *Vid supra* epígrafe 3.5.1 del presente Capítulo.

(275) En este mismo sentido, Bo Jané, M. y Caballero Ribera, M., «El nuevo derecho...», *op. cit.*, pág. 1490, y Fonseca González, R., «El deber...», *op. cit.*, pág. 136.

(276) Orlandi, O., «El derecho del niño a ser oído en los procedimientos judiciales vinculados con la familia», en *X Congreso Internacional de Derecho de Familia: El Derecho de Familia y los Nuevos Paradigmas*, Ponencias Comisión II, Mendoza, 1998, pág. 273.

En el Derecho español, las normas actuales sobre atribución de la guarda y custodia de los hijos en los supuestos de crisis matrimonial no admiten una decisión vinculante del menor en estas materias. Sin embargo, conforme a su derecho a ser oído, las inclinaciones del hijo pueden alcanzar su adecuada expresión en la audiencia judicial prevista legalmente a partir de los doce años, o bien, cuando el menor tenga suficiente juicio y discernimiento. Si el juez, asesorado por especialistas, escucha al menor en las condiciones y con las garantías adecuadas, determinando que tiene suficiente juicio y discernimiento, deberá tener en cuenta la preferencia manifestada por el hijo en cuanto a la modalidad de cuidado personal(277).

Al respecto, Ruiz-Rico y de la Fuente(278) han denunciado la falta de interés por construir fórmulas de orden legal o práctico que fomenten la participación del hijo en lo atinente a su propia vida. Han señalado que, sobre la base de la normativa civil vigente, podría uniformarse el criterio relativo a la edad que debe tener el hijo para que su opinión se considere decisiva. En este sentido, la expresión de las preferencias de un hijo de doce años, avalada por el grado de conocimiento del entorno y la formación recibida a esta edad, contribuiría a solucionar los graves problemas de inseguridad jurídica que en materia de guarda y custodia se producen. Para estos autores, resulta incoherente que la legislación conceda al menor poder decisorio en materia de acogimiento de menores y adopción, y no

(277) La SAP de Toledo de 2 de mayo de 2000 (LA LEY 90186/2000) establece que el deber procesal de oír judicialmente a los hijos permite considerar la voluntad manifestada de los menores como un criterio legal relevante de acomodación de las medidas de educación y cuidado al principio general destinado a favorecer el interés preponderante de los hijos, y que *«en el sentido expresado, ya decíamos en nuestras sentencias de 22 de diciembre de 1997 y 17 de septiembre de 1998, que el deseo de los hijos constituye una circunstancia esencial capaz de fundamentar una eventual modificación de la medida relativa a su guarda y custodia, dada la trascendencia que dicha voluntad tiene a la hora de apreciar las condiciones de convivencia más beneficiosas para el menor, desde la perspectiva de su desarrollo afectivo y protección integral»*. En este mismo sentido, la SAP de Segovia de 27 de mayo de 2003 (LA LEY 94757/2003).

(278) Cfr. Ruiz-Rico Ruiz, J., de la Fuente Núñez de Castro, M. y Luque Jiménez, C., «Reflexiones...», *op. cit.*, págs. 55-59. Algo similar sucede en Italia, donde también se han levantado críticas al respecto. Así, Dogliotti, M. (*Separazione e divorzio*, Torino, UTET, 1988, pág. 167), señala que, una vez más, la reforma de 1987 nada dice respecto de la voluntad del menor en la elección del progenitor guardador, limitándose a prever la escucha de los hijos menores siempre que ello se estime necesario en consideración a su edad (art. 4 de la Ley núm. 74 de 26 marzo de 1987, que modificó la Ley de Divorcio italiana).

en cuestiones sobre crisis matrimoniales, sobre todo considerando el grado de conocimiento anterior que tiene de las personas entre las cuales ha de elegir.

Los criterios judiciales sobre la valoración de la opinión del menor son variables[(279)]. En ciertos casos, los jueces la consideran derechamente como fundamento de su decisión (aunque se observa que se valoran otras circunstancias, principalmente en los casos de hijos de 5 a 8 años); en otros, en cambio, los jueces resuelven en un sentido contrario al expresado por los hijos menores. Los factores ponderados son la edad, el grado de discernimiento, la existencia de manipulaciones e influencias, la justificación en la que descansa el deseo del niño o adolescente, etc.

Así, en cuanto a la decisión sobre guarda y custodia, la jurisprudencia ha considerado la opinión de los hijos en sentencias como la emanada de la Audiencia Provincial de Guadalajara de 13 de enero de 1995[(280)], señalando que la audiencia «refleja con claridad la preferencia de las niñas y su voluntad de continuar en compañía de su padre y abuelos paternos, manteniendo asimismo las tres un rechazo hacia la madre que cualquiera que sea la razón sólo podrá paliarse con una actitud comprensiva y dialogante de la madre hacia sus hijas, pero sin que pueda evitarse con la imposición de una convivencia no deseada». En este mismo sentido se pronuncia la SAP de Castellón de 12 febrero 1998[(281)] que, valorando la exploración realizada a un niño de 6 años, establece: «y como, además, el propio niño ha manifestado en forma clara y sin ambigüedad su deseo de mantener la actual situación de convivencia con su padre, sin que ello suponga, por otro lado, ningún tipo de aversión hacia su madre, con la que, por otra parte, el contacto es fluido y no obstaculizado por el padre»[(282)].

---

(279) Cfr. Bermúdez Ballesteros, M., «Criterios para la atribución y modificación de la guarda y custodia de los hijos en la práctica judicial», *Aranzadi Civil*, 2001-1, págs. 1867-1868.

(280) Rollo de apelación núm. 44/1994.

(281) Rollo de apelación núm. 219/1995.

(282) Consideran la opinión del hijo, las siguientes decisiones judiciales recaídas en la atribución de la guarda y custodia: SSAP de Baleares de 22 junio 1998 (rollo de apelación núm. 979/1997); SAP de Huesca de 13 de febrero 1998 (rollo de apelación núm. 335/1997); SAP de Castellón de 7 octubre de 1998 (rollo de apelación núm. 537/1997); y SAP de La Coruña de 19 febrero 1999 (LA LEY 7692/1999).

Por el contrario, se ha negado la consideración de la opinión y deseo de los menores, en los siguientes términos: por estar distorsionados sus deseos debido al «rechazo de las menores a las normas educativas que la madre les impone, frente a la laxitud que el padre las ofrece en este ámbito [...] y, en segundo lugar, el sentimiento de abandono que la actitud del padre suscita en las hijas, que tienden a protegerlo, ya que el mismo vive solo [...] y carece de relaciones estables habituales [...]»(283); por carecer de suficiente juicio y discernimiento un niño de 5 años(284); por presentar un carácter *endeble* el deseo de una adolescente de 14 años, propio «de su edad adolescente y del ansia de libertad hacia los progenitores que suele acompañarla [...]»(285), etc.

Por último, la SAP de Cuenca de 31 marzo de 1999(286) aborda la problemática de otorgar o no valor jurídico a la voluntad del hijo: a su clara preferencia o a su rotunda negativa para permanecer con uno u otro de los padres. En el caso en cuestión, de acuerdo a lo que señala la resolución, el resultado de la audiencia del hijo no era vinculante para el juzgador en orden a su guarda y custodia. Sin embargo, afirma, a nuestro juicio acertada y certeramente, la necesidad y deber de considerar la voluntad del hijo, «no tanto en cuanto expresión de un mero capricho, sino en cuanto a la voluntad razonada que corresponde a unas causas que deben ser valoradas y en su caso atendidas, y ello en base a que si lo prevalente es el interés del hijo, no puede ignorarse que su voluntad razonada y razonable puede ser expresión de unos sentimientos e intereses más valiosos que la propia voluntad *per se*».

Son escasos los ordenamientos jurídicos que reconocen cierta fuerza obligatoria al deseo del hijo de permanecer con uno u otro progenitor. Entre los países que han legislado al respecto están Finlandia, Suecia, Dinamarca, algunos Estados de Estados Unidos, Alemania, Holanda, etc.

(283) SAP de Barcelona de 3 mayo 1999 (LA LEY 12012/1999).

(284) SAP de Barcelona de 30 abril 1999 (recurso de apelación núm. 698/1998-B).

(285) SAP de Toledo de 30 abril 1999 (recurso de apelación núm. 228/1999); y SAP de Madrid de 3 marzo 1998 (LA LEY 71468/1999).

(286) Recurso de apelación núm. 260/1998.

— La *ley finlandesa* no prevé ningún límite de edad para escuchar al menor. En materia de cuidado personal establece que las decisiones sobre custodia y contacto[287] no pueden ser ejecutadas en contra de la voluntad del hijo de doce años. Asimismo, las inclinaciones del niño que no ha alcanzado dicha edad, pueden ser tenidas en cuenta cuando sea suficientemente maduro para expresar su opinión e, incluso, si ello es necesario, el juez puede oírlos aunque sean muy pequeños[288].

— Al igual que en Finlandia, en *Suecia* existen normas especiales de protección de los menores en materia de ejecución de las decisiones sobre custodia. Así, el Tribunal no puede ordenar su cumplimiento si el niño que ha llegado a los doce años de edad o que goza de un nivel de madurez que justifique la consideración de su deseo, se opone a ser devuelto a su guardador, a menos que el juez estime que ello es necesario para el mejor beneficio del menor (*Section* 5 del Capítulo 6 sobre Custodia, residencia y contacto del Código de los Niños y de los Padres)[289].

— Por su parte, la *legislación danesa,* aunque no prevé normas generales relativas al derecho de los menores a ser consultados y a su propia determinación, asegura la consideración de sus opiniones en la resolución de aspectos de variada naturaleza; por ejemplo, en materia de contacto directo y regular con sus progenitores *(samvær)*[290], adopción, métodos

(287) Con esta última denominación el legislador finlandés alude a las relaciones directas y regulares que el menor mantiene con sus padres y, desde luego, al régimen de comunicación y estancia.

(288) Cfr. *Implementation Handbook..., op. cit.,* pág. 139.

(289) Cfr. *Act on the Children and Parents Code, Swedish Code of Statutes*, SFS 1949:381; y MINISTRY OF JUSTICE, Sweden, «Custody of Children», en *Fact Sheet,* Ju 00.05, may, 2000, pág. 2.

(290) Con el vocablo «contacto», el legislador danés alude a las relaciones directas y regulares que el menor mantiene con sus padres y, desde luego, al régimen de comunicación y estancia. Las reglas básicas sobre derechos personales y patrimoniales de los menores se encuentran enunciadas en la *Danish Act on Guardianship (Værgemålsloven),* contenida en la Ley núm. 388 de 14 de junio de 1995.

anticonceptivos, aborto, autoridad parental y régimen de comunicación y estancia[291], tratamientos médicos[292] y religión[293].

— En el Estado de Idaho, *Estados Unidos*, el Título 15, Capítulo 5, Parte 2, de los *Idaho Statutes* (15-5-2006), referido a los tutores de menores, establece que el Tribunal puede nombrar como tutor a cualquier persona cuya designación esté en el mejor beneficio del menor. Y si éste tiene catorce o más años de edad, el Tribunal debe designar a la persona que nombre el menor, a menos ello sea contrario a sus intereses.

— En el *Derecho alemán,* el apartado segundo del parágrafo 1626 del BGB establece que, en el ejercicio del cuidado del hijo, los progenitores deben observar la creciente capacidad y necesidad de independencia del mismo en cuanto a su actuación conciente y responsable. Bajo esta premisa, para el caso de separación matrimonial, el art. 1671 del BGB[294], refiriéndose al *cuidado paterno* común (es decir, la patria potestad), establece que, en caso de que los padres que ejerzan conjuntamente dicho cuidado vivan separados de forma definitiva, cada uno de ellos podrá solicitar que el Tribunal familiar le ceda el cuidado paterno o una parte del mismo a título unilateral. Para que dicha solicitud sea estimada deben cumplirse dos requisitos. En primer lugar, que el otro padre o madre lo consienta, *salvo que el hijo haya cumplido los catorce años y se oponga a dicha cesión,* lo que constituye un clarísimo reconocimiento de la voluntad del hijo en materia de cuidado personal. En segundo lugar, que sea de esperar que la

(291) Conforme al art. 29 de la Ley danesa sobre autoridad y contacto, núm. 387 de 14 de junio de 1995, modificada el 9 de junio de 2004 *(Lov om forældremyndighed og samvær),* el menor debe ser oído si es mayor de doce años y siempre que sea lo suficientemente maduro si no ha alcanzado dicha edad.

(292) El art. 8(1) de la Ley danesa relativa a la posición legal de los pacientes, núm. 482, de 1 de julio de 1998, establece que debe obtenerse el consentimiento del adolescente de quince años.

(293) El art. 8 de la Ley núm. 57 de 24 de enero de 1992 prescribe que el menor que haya alcanzado los quince años de edad debe asentir la decisión que los titulares de la autoridad parental han adoptado en materia de religión. En este mismo sentido, Suiza y Portugal fijan en los dieciséis años la edad a partir de la cual los hijos tienen autonomía sobre su educación religiosa (art. 1886 del Código Civil portugués y art. 303.3 del Código Civil suizo).

(294) Para comentar estas disposiciones nos basamos en la traducción efectuada por EIRANOVA ENCINAS, E., *Código Civil alemán..., op. cit.,* págs. 487-488.

extinción del cuidado paterno común y su cesión al peticionario sea lo mejor para el bienestar del hijo.

— Y, por último, aunque no estrictamente en materia de guarda pero sí en estrecha relación con ella, en *Holanda* se ha establecido que a los menores de doce o más años se les debe solicitar la expresión de sus opiniones en las materias que les conciernan. En especial, los mayores de dicha edad e, incluso, si se estima necesario, los que no la han alcanzado, pueden plantear a los Tribunales, a través de una carta o llamada telefónica, peticiones relativas a los acuerdos de régimen de comunicación con el padre no conviviente, como su regulación o modificación. Ante ello, el órgano jurisdiccional debe determinar si el menor es capaz de hacer una valoración razonable de sus propios intereses y evaluar si es necesario iniciar procedimientos oficiales[295].

3.6. El Informe del Ministerio Fiscal

El Ministerio Fiscal es un órgano del Estado cuya intervención en el orden civil se justifica en la defensa de los intereses públicos y sociales. Debido a que el juez no puede velar de oficio por ellos, sino solamente a petición de parte, el legislador encomienda dicha tarea al Ministerio Fiscal, que actúa como custodio de la legalidad. Para lograr dicho objetivo, este organismo puede constituirse, en virtud de la ley, como parte o dictaminador. Esta última función, por la cual el Ministerio Fiscal actúa como asesor del juez mediante la evacuación del respectivo Informe, ha cobrado especial importancia tras la reforma operada en 2005 en materia de guarda y custodia de los hijos.

El párrafo sexto del art. 92 del CC, modificado por la Ley 15/2005, exige que, en todo caso, antes de acordar el régimen de guarda y custodia, el juez recabe el Informe del Ministerio Fiscal. La redacción anterior del art. 92 del CC no contemplaba la intervención de este organismo, la cual obedecía a las disposiciones que, como veremos, contiene al respecto la LEC En efecto, en lo referido al Ministerio Fiscal, la norma del párrafo sexto del

(295) Para la descripción de la legislación holandesa hemos tomado como base la información proporcionada por el Ministerio de Justicia holandés en inglés: MINISTRY OF JUSTICE, Holland, *Responsibility, access and information*, august, 2000, 25 págs.; y MINISTRY OF JUSTICE, Holland, *Marriage, registered partnership and cohabitation*, AVT02/JU66666, 21 págs.

art. 92 del CC no estaba prevista ni en el Anteproyecto ni en el Proyecto de la Ley 15/2005. Fue introducida más tarde por el Informe de la Ponencia(296) al aceptar la enmienda número 48 del Grupo Parlamentario Socialista(297).

La alusión al Informe del Ministerio Fiscal obedece a las normas contenidas en el Título I del Libro IV de la LEC (arts. 749.2 y 777.5)(298), que exigen preceptivamente su intervención en los procedimientos sobre capacidad, filiación, matrimonio y menores, cuando en ellos estén involucrados hijos que no han alcanzado la mayoría de edad o que son incapacitados. De ahí la expresión *en todo caso* que utiliza el párrafo sexto del art. 92 del CC. En efecto, la Fiscalía General del Estado ha establecido en su Circular 1/2001, de 5 de abril, «relativa a la incidencia de la nueva Ley de Enjuiciamiento Civil en la intervención del Fiscal en los procesos civiles», que el Ministerio Fiscal interviene en el proceso matrimonial si existen hijos del matrimonio menores de edad o incapaces, ejerciendo una «legitimación no sustitutiva de sus representantes legales, sino propia, justificada en la defensa del interés público comprometido».

De acuerdo con las referidas disposiciones de la LEC, la intervención del Ministerio Fiscal se limita a los términos en que ha sido acordado el convenio regulador, solamente en las materias relativas a los hijos. Entendemos que no se extiende a las cláusulas referidas a los cónyuges por muy perjudiciales que resulten para el que se encuentra más necesitado de protección. Así como tampoco puede controlar la procedencia o improcedencia de los presupuestos legales exigidos para la separación y el divorcio.

Su función es informar si el contenido del convenio regulador garantiza suficientemente el interés de los hijos o si, por el contrario, éste contiene

(296) *BOCG Congreso.* VIII Legislatura. Informe de la Ponencia. Serie A. 12 de abril de 2005, Núm. 16-10, pág. 63.

(297) *BOCG Congreso.* VIII Legislatura. Serie A. 15 de marzo de 2005, núm. 16-8, pág. 36.

(298) Art. 749.2 de la LEC: «*En los demás procesos a que se refiere este título será preceptiva la intervención del Ministerio Fiscal, siempre que alguno de los interesados en el procedimiento sea menor, incapacitado o esté en situación de ausencia legal*». Art. 777.5 de la LEC, modificado por la Ley 15/2005: «*Si hubiera hijos menores o incapacitados, el Tribunal recabará informe del Ministerio Fiscal sobre los términos del convenio relativos a los hijos y oirá a los menores si tuvieran suficiente juicio cuando se estime necesario de oficio o a petición del Fiscal, partes o miembros del Equipo Técnico Judicial o del propio menor. Estas actuaciones se practicarán durante el plazo a que se refiere el apartado anterior o, si éste no se hubiera abierto, en el plazo de cinco días*».

decisiones potencialmente dañinas para ellos. Puede intervenir en su aprobación, modificación y extinción, o bien, en la constitución de un nuevo acuerdo(299).

Además, conforme al art. 749.1 de la LEC, en los procesos sobre nulidad matrimonial es siempre parte el Ministerio Fiscal, aunque no haya sido promotor de los mismos ni deba, conforme a la ley, asumir la defensa de alguna de las partes. Asimismo, puede solicitar la práctica de pruebas (párrafo segundo del art. 752.1 y art. 774.2 de la LEC) o la modificación de las medidas convenidas por los cónyuges o de las adoptadas en defecto de acuerdo, siempre que hayan variado sustancialmente las circunstancias tenidas en cuenta al aprobarlas o acordarlas (art. 775 de la LEC); y puede interponer, en interés de los hijos menores o incapacitados, los recursos correspondientes contra la sentencia o el auto que aprueben en su totalidad la propuesta de convenio (art. 777, apartado octavo, párrafo segundo, de la LEC)(300).

En definitiva, el Informe del Ministerio Fiscal puede estimar que las cláusulas del convenio regulador amparan adecuadamente el beneficio de los hijos, o bien, puede oponerse a su aprobación fundándose en que no garantizan suficientemente el interés de éstos, en cuyo caso puede proponer su eliminación, modificación o perfeccionamiento.

Como vemos, su función se encuentra en estrecha relación con la determinación del *favor filii* en el caso en que interviene. En efecto, la relatividad del concepto de este principio conduce al Ministerio Fiscal a no actuar en estas materias con estricta sujeción al principio de legalidad.

---

(299) La Fiscalía General del Estado, en su Circular 3/1986, de 15 de diciembre, «sobre intervención del Ministerio Fiscal en los procesos de separación y divorcio», refiriéndose a la Disposición Adicional Sexta de la Ley 30/1981, establece que la variación fundamental introducida es que, a la intervención genérica del Ministerio Fiscal como parte en el proceso, se une la específica nacida del carácter inexcusable de su Informe sobre los términos del convenio regulador que afecten a los hijos.

(300) En cuanto a las medidas provisionales, la Circular de la Fiscalía General del Estado 1/2001, de 5 de abril, «relativa a la incidencia de la nueva Ley de Enjuiciamiento Civil en la intervención del fiscal en los procesos civiles», señala que la presencia del Fiscal en dicha comparecencia es muy importante, porque las partes pueden acudir con acuerdos conyugales que afecten el interés público y porque, en todo caso, debe adquirir un conocimiento directo del resultado de la prueba, que ha de orientarse hacia la búsqueda de la verdad material, trascendiendo a los meros intereses particulares de los cónyuges litigantes.

Por ello, al interpretar y calificar las decisiones adoptadas en relación con el menor de edad o incapacitado, debe efectuar valoraciones de las realidades, medios, futuro y conveniencias que respondan al principio jurídico de la oportunidad[301].

En este sentido, y para las materias relativas a la guarda y custodia de los hijos, la Circular de la Fiscalía General del Estado 3/1986, de 15 de diciembre, «sobre intervención del Ministerio Fiscal en los procesos de separación y divorcio», establece que, cuando sea necesario para formular una solicitud de custodia, pueden pedirse informes de conducta de los cónyuges a la Policía Judicial, agregando que, si el juez no la admitiese, puede hacerse directamente y aportarse como prueba en el período correspondiente.

Resulta interesante el papel que, conforme a esta última Circular, le corresponde al Ministerio Fiscal durante la exploración de los menores. En efecto, esta Circular señala que a este organismo le corresponde cuidar que la audiencia del menor no se transforme en un interrogatorio, pues no se trata de una prueba testifical. Agrega que la intervención del Ministerio Fiscal en ella es necesaria en los casos especialmente conflictivos y que nunca debe efectuarse en presencia de las partes.

El Ministerio Fiscal cumple un papel importantísimo en la regulación de las consecuencias de la crisis matrimonial en los hijos. El Informe que evacua, si bien no vincula al juez, tiene una fuerte relevancia para la resolución del asunto controvertido. En este sentido, se ha señalado que este organismo ha pasado de efectuar intervenciones aisladas ante los Tribunales en materias relativas a la capacidad de obrar, a ser concebido como un defensor real de los intereses de los menores en los diversos aspectos del ordenamiento jurídico que les atañen, realizando actuaciones no sólo de carácter procesal sino de control y vigilancia de los entes públicos, investigación, gestión, postulación y requerimiento ante las autoridades administrativas y personas y entidades de todo género. Por otra parte, el Ministerio Fiscal, en el cumplimiento de sus funciones y, conforme a lo señalado por el art. 124 de la Constitución española[302], equilibra las posiciones de los

(301) Cfr. Vargas Cabrero, B., «El Ministerio Fiscal...», *op. cit.*, pág. 93.

(302) Art. 124 de la CE: *«1. El Ministerio Fiscal, sin perjuicio de las funciones encomendadas a otros órganos, tiene por misión promover la acción de la justicia en defensa de la legali-*

distintos sujetos involucrados, procurando que se actúe con mentalidades abiertas, voluntad de promoción del diálogo y de intercambio continuo de información entre las instituciones y las personas[303].

Más adelante volveremos sobre el Informe del Ministerio Fiscal a propósito del estudio de la guarda y custodia alternada.

3.7. Valoraciones especiales

La Ley 15/2005 ha introducido, en el párrafo sexto del art. 92 del CC, ciertas exigencias especiales que el juez debe observar al decidir sobre un régimen de guarda y custodia. Se trata de tres aspectos que el juez debe valorar: a) las alegaciones de las partes vertidas en la comparecencia; b) la prueba practicada en ella; y c) la relación que los padres sostienen entre sí y con sus hijos con el fin de determinar su aptitud con el sistema de guarda y custodia.

El origen de esta disposición se encuentra en la enmienda número 48 del Grupo Parlamentario Socialista[304], con excepción de la mención a las relaciones entre padres e hijos que no estaba contemplada en dicha propuesta ni en el texto enviado al Senado[305], sino que fue introducida

---

dad, de los derechos de los ciudadanos y del interés público tutelado por la ley, de oficio o a petición de los interesados, así como velar por la independencia de los Tribunales y procurar ante éstos la satisfacción del interés social.

2. El Ministerio Fiscal ejerce sus funciones por medio de órganos propios conforme a los principios de unidad de actuación y dependencia jerárquica y con sujeción, en todo caso, a los de legalidad e imparcialidad.

3. La ley regulará el estatuto orgánico del Ministerio Fiscal.

4. El Fiscal General del Estado será nombrado por el Rey, a propuesta del Gobierno, oído el Consejo General del Poder Judicial».

(303) Cfr. VARGAS CABRERO, B., «El Ministerio Fiscal...», *op. cit.*, pág. 88.

(304) *BOCG Congreso.* VIII Legislatura. Serie A. 15 de marzo de 2005, núm. 16-8, pág. 36, que proponía el siguiente texto: «En todo caso, antes de acordar el régimen de guarda y custodia, el Juez deberá recabar informe del Ministerio Fiscal, oír a los mayores de 12 años y, si lo considera preciso, a los menores que tengan suficiente juicio, valorar las alegaciones de las partes vertidas en la comparecencia y la prueba practicada en ella, y la relación que los padres mantengan entre sí para determinar su idoneidad con el régimen de guarda».

(305) *BOCG Senado.* VIII Legislatura. Serie II Proyectos de Ley. 5 de mayo de 2005, núm. 14 (a), págs. 4-5.

más tarde por este último en la redacción que aprobó el 29 de junio de 2005[306].

La comparecencia a la que se refiere esta norma comprende, en los supuestos contenciosos, tanto la de las medidas previas como la de las coetáneas a la demanda y la vista del pleito principal. Para los supuestos de mutuo acuerdo, dicha comparecencia constituye el trámite previsto en los arts. 777.4 y 777.5 de la LEC, referidos a la rendición de la prueba aportada por las partes, al Informe del Ministerio Fiscal sobre los términos del convenio regulador relativos a los hijos y a la audiencia del menor ordenada de oficio por el juez o solicitada por el Fiscal, las partes, los miembros del Equipo Técnico Judicial, o por el mismo menor[307].

En cuanto a la primera y segunda de las valoraciones especiales que exige el párrafo sexto del art. 92 del CC, esto es, la ponderación de las alegaciones de las partes vertidas en la comparecencia y de la prueba practicada, estimamos que su enunciación es innecesaria[308]. Es obvio que para la acertada resolución del asunto sometido a su conocimiento el juez debe ponderar ambos extremos. La novedad radica en la referencia a la tercera valoración: las relaciones que los padres mantienen entre sí y con sus hijos, cuestión que se explica por el reconocimiento que el legislador hace del ejercicio compartido de la guarda y custodia.

(306) *BOCG Senado*. VIII Legislatura. Serie II: Proyectos de Ley. 29 de junio de 2005, núm. 14 (f), pág. 47.

(307) Cfr. «Conclusiones sobre las reformas del Derecho de Familia...», *op. cit.*, pág. 3.

(308) En el mismo sentido, SEISDEDOS MUIÑO, A. («Las medidas...», *op. cit.*, págs. 7-8), para quien la norma evidencia la gran desconfianza del legislador hacia los jueces, que son quienes deben adoptar las decisiones en estas materias, resquemor motivado, seguramente, por el debate social y mediático que generó el establecimiento de la custodia compartida. En cambio, ORTUÑO MUÑOZ, P. (*El nuevo régimen..., op. cit.*, pág. 47), reconociendo la obviedad de la norma, señala que la intención del legislador no puede ser otra que la de destacar la trascendencia de la inmediación judicial y de la presencia física de las partes en el proceso de familia, como asimismo, valorar lo que se venía denominando en la práctica de los Juzgados de Familia el «informe psicosocial del sistema de relaciones de la familia en crisis». Finalmente, para PÉREZ VEGA, A. («La guarda y custodia compartida de los hijos sometidos a patria potestad», *Anuario da Facultade de Dereito da Universidade da Coruña*, núm. 9, 2005, pág. 687), la valoración de las alegaciones de las partes vertidas en la comparecencia se encuentra en estrecha relación con el párrafo séptimo del art. 92 del CC, que prohíbe acordar la custodia compartida en los casos de violencia de género y violencia doméstica.

En este sentido, creemos que resulta importante destacar que la intención del legislador fue determinar ciertos aspectos que el juez debe especialmente analizar para fijar el régimen de guarda compartida en particular, no la custodia en general, aunque del tenor del párrafo sexto se desprenda lo contrario. Por otra parte, la enumeración es inexacta, ya que no realiza una adecuada relación de dichas circunstancias: menciona dos que son obvias y no alude, por ejemplo, a las condiciones habitacionales, a la organización de la alternancia en la residencia, a la compatibilidad de horarios escolares del hijo con las condiciones laborales de sus padres, etc.

A uno de estos últimos aspectos se refería el apartado octavo del art. 92 del CC en la redacción dada por el Senado, pero cuyo texto no fue aprobado debido al error cometido por los parlamentarios socialistas el día de su votación[(309)]. En efecto, la Cámara Alta definió del siguiente modo la norma relativa a la custodia compartida: «[...] que en todo caso se asegure que, por la ubicación de los domicilios de los padres, el menor gozará de la necesaria estabilidad para el mejor desarrollo de su personalidad y para el desenvolvimiento idóneo de sus hábitos y relaciones personales»[(310)].

Pues bien, no queda totalmente clara la razón por la cual el Senado pretendía separar este requisito exigido, como hemos visto, sólo para la custodia compartida, de aquel que la guarda y custodia en general requiere y que es el que el párrafo sexto del art. 92 del CC contempla actualmente, esto es, las relaciones entre progenitores y entre éstos y sus hijos. No hubiese resultado coherente tampoco que el apartado quinto del art. 92 del CC no exigiera la ponderación de este extremo para el caso que la custodia compartida hubiese sido acordada por padre y madre de consuno.

En definitiva, el tenor de la norma vigente es confuso e incompleto. Quizá, como afirma SEISDEDOS[(311)], hubiese bastado con efectuar una mención genérica al *favor filii* sin entrar a detallar las circunstancias para el caso de custodia conjunta sin acuerdo de ambos padres.

(309) *Cortes Generales. Diario de Sesiones del Congreso de los Diputados. Pleno y Diputación Permanente.* VIII Legislatura. 29 de junio de 2005, núm. 102, pág. 5210. Más adelante volveremos sobre este hecho.

(310) *BOCG Senado.* VIII Legislatura. Serie II: Proyectos de Ley. 29 de junio de 2005, núm. 14 (f), pág. 47.

(311) SEISDEDOS MUIÑO, A., «Las medidas...», *op. cit.*, pág. 11.

En cuanto a las circunstancias fácticas que deben examinarse al determinar el sistema bajo el cual se organiza el cuidado de los hijos con posterioridad a la crisis familiar, diversas legislaciones extranjeras contemplan factores particulares a los que el juez debe atender. Ellos funcionan como verdaderas pautas legales a seguir en el juicio. En algunos casos son de observancia obligatoria; en otros, sólo informan o apoyan al juez para una acertada decisión, dejando su valoración a su criterio discrecional.

Así, por ejemplo, en Francia, en materia de autoridad parental, instituto que se acerca a lo que constituye la patria potestad en España, el art. 373.2.11 del *Code*, cuya redacción ha sido fijada por la Ley núm. 2002-305, de 4 de marzo de 2002, establece que cuando el juez se pronuncie sobre las modalidades de su ejercicio, *tendrá necesariamente* en cuenta: 1.° la práctica seguida por los padres o los acuerdos que hubiesen firmado con anterioridad; 2.° los sentimientos expresados por el niño en las condiciones previstas en el art. 388.1; 3.° la aptitud de cada uno de los padres para asumir sus deberes y respetar los derechos del otro; 4.° el resultado de las exploraciones periciales que hayan podido efectuarse; 5.° los datos de los informes y contrainformes sociales que hayan podido llevarse a cabo[(312)].

En otras legislaciones se han previsto elementos especiales a los que el juez debe atender para el establecimiento del régimen compartido de la guarda y custodia. Así sucede con un gran número de Estados en Estados Unidos. Por ejemplo, en Kansas[(313)], al decidir sobre la custodia y la residencia del niño y el tiempo de convivencia con sus padres, el Tribunal debe tener en cuenta todos los factores de interés, en particular los siguientes: i) el período durante el cual el niño ha estado bajo el cuidado y el control real de cualquier persona que no sea uno de los padres, y las circunstancias del caso; ii) los deseos de los padres respecto de la custodia o la residencia; iii) los deseos del niño respecto de la custodia o la residen-

(312) Para comentar las disposiciones del *Code* nos basamos en la traducción efectuada por Núñez Iglesias, A., *Código Civil..., op. cit.*, págs. 224 y ss. Más adelante, veremos que, en Francia, la autoridad parental permanece en manos de ambos progenitores no obstante la crisis matrimonial y que, en cuanto al régimen de cuidado propiamente dicho, rige el sistema de la guarda y custodia compartida con un especial énfasis en la residencia alternada de los hijos. *Vid. infra* punto ii del epígrafe 1.3 del Capítulo III.

(313) *Kansas Statute No. 60-1610, chapter 60, article 16, 3), B.* En un sentido similar se pronuncia la *Illinois Marriage and Dissolution of Marriage Act, 750 ILCS 5/602.1.c).*

cia; iv) la interacción e interrelación del niño con los padres, hermanos y otras personas que puedan determinar significativamente el mejor interés del niño; v) la adaptación del niño a su hogar, escuela y comunidad; vi) la buena disposición y capacidad de cada padre para respetar y apreciar la relación entre el niño y el otro padre y para permitir una relación continua entre ambos; vii) la constatación de malos tratos conyugales.

Volveremos sobre estas y otras circunstancias al ocuparnos de la guarda y custodia compartida, alternada o sucesiva[(314)].

3.8. El dictamen de especialistas

3.8.1. Antecedentes legislativos del párrafo noveno del art. 92 del CC

El dictamen de especialistas es un principio auxiliar que la legislación civil contempla con anterioridad a la reforma introducida por la Ley 15/2005, la cual, sin embargo, ha modificado el párrafo final del art. 92 del CC, estableciendo que «el Juez, antes de adoptar alguna de las decisiones a que se refieren los apartados anteriores, de oficio o a instancia de parte, podrá recabar dictamen de especialistas debidamente cualificados, relativo a la idoneidad del modo de ejercicio de la patria potestad y del régimen de custodia de los menores».

En el texto del Proyecto, el párrafo noveno del art. 92 del CC establecía que «el juez, antes de adoptar alguna de las decisiones a que se refieren los apartados anteriores, de oficio o a instancia de parte, podrá recabar dictamen de un *facultativo* relativo a la idoneidad del modo de ejercicio de la patria potestad y del régimen de custodia de los menores».

La Comisión de Justicia del Congreso[(315)], a instancia del Informe de la Ponencia[(316)], que acogió una Enmienda del Grupo Parlamentario Izquierda Verde-Izquierda Unida-*Iniciativa per Catalunya Verds*, reemplazó el término «facultativo» por el de «especialistas debidamente cualificados»[(317)]. La

(314) *Vid. infra* epígrafe 2.2 del Capítulo IV.

(315) *BOCG Congreso.* VIII Legislatura. Serie A. 19 de abril de 2005, núm. 16-12, pág. 72.

(316) *BOCG Congreso.* VIII Legislatura. Informe de la Ponencia. Serie A. 12 de abril de 2005, Núm. 16-10, pág. 63.

(317) Se trata de la enmienda núm. 42. *BOCG Congreso.* VIII Legislatura. Serie A. 15 de marzo de 2005, núm. 16-8, págs. 33-34.

justificación de dicha propuesta señalaba que era más apropiado, conforme recoge el Informe del Consejo General del Poder Judicial[318], emplear dicho término, ya que por él se entiende al «que cultiva o practica una rama determinada de un arte o ciencia». Se agregaba que «facultativo» es, en la quinta acepción del diccionario de la Real Academia Española, «especializado, técnico», pero en las acepciones tercera y séptima es «perteneciente o relativo al médico» y «persona titulada en medicina y que ejerce como tal», por lo que podía prestarse a confusión la nueva redacción de la norma, entendiéndose que sólo pudiese recabarse el auxilio de un médico y no de cualquier otro especialista. Por último, se señalaba que era conveniente no limitar el auxilio a un único experto, pudiendo el juez, en atención a las circunstancias concurrentes, recabar la ayuda de varios de ellos, tal y como constaba en la anterior redacción, y también de varias disciplinas.

Por otra parte, bien avanzada la tramitación legislativa, el Senado incorporó una norma para el caso de otorgamiento de la custodia compartida sin el acuerdo de los padres. Se trataba de la enmienda presentada por el Grupo Parlamentario Socialista, por la cual se añadía al art. 92 del CC, la siguiente frase: «En todo caso, el dictamen será preceptivo cuando se trate de otorgar el régimen de custodia compartida sin que medie acuerdo»[319]. Fue una de las modificaciones con las cuales se pretendió aquietar a los sectores sociales que se manifestaban en contra del establecimiento de la custodia compartida con la oposición de uno de los padres.

Más tarde, la Comisión de Justicia del Senado adoptó una propuesta presentada por el Grupo Parlamentario Vasco, tanto en el Congreso como en el Senado. Se trataba de las enmiendas número 38[320] y 3[321], respectivamente, que pretendían agregar al último párrafo del art. 92 del CC, la referencia al dictamen del *equipo psicoasistencial adscrito a la Administración de Justicia*. Ello se fundamentaba en que la existencia y encargo, en exclusiva, de los informes a los profesionales de la propia Administración

(318) Informe del Consejo General del Poder Judicial, de 27 de octubre de 2004, pág. 21.

(319) *BOCG Senado*. VIII Legislatura. Serie II: Proyectos de Ley. 26 de mayo de 2005, núm. 14 (c), págs. 27-28.

(320) *BOCG Congreso*. VIII Legislatura. Serie A. 15 de marzo de 2005, núm. 16-8, págs. 33-32.

(321) *BOCG Senado*. VIII Legislatura. Serie II: Proyectos de Ley. 26 de mayo de 2005, núm. 14 (c), pág. 13.

de Justicia que forman parte de los denominados equipos psicoasistenciales, era la fórmula que parecía más adecuada para favorecer el acierto en las decisiones de los Tribunales. Además, así se evitaba el peregrinaje de padres e hijos por centros y gabinetes de especialistas con el objeto del alcanzar una opinión pericial que les fuese favorable.

De esta forma, aceptada la proposición del Grupo Parlamentario Vasco y la propuesta de transacción presentada por el Grupo Parlamentario Socialista[(322)], a la cual nos hemos referido en otras ocasiones, la Comisión de Justicia del Senado contemplaba la siguiente redacción para el apartado noveno del art. 92 del CC: «El Juez, antes de adoptar alguna de las decisiones a que se refieren los apartados anteriores, de oficio o a instancia de parte, podrá recabar dictamen del Equipo psicoasistencial adscrito a la Administración de Justicia o de especialistas debidamente cualificados, relativos a la idoneidad del modo de ejercicio de la patria potestad y del régimen de custodia de los menores. En todo caso, el dictamen será preceptivo, cuando se trate de otorgar el régimen de custodia compartida ejercida de forma alterna contemplado en el apartado 8»[(323)].

Sin embargo, debido al error producido el día 30 de junio de 2005[(324)] en las votaciones de las enmiendas, el texto definitivamente aprobado no hace mención al equipo psicoasistencial adscrito a la Administración de Justicia ni a la obligatoriedad de recabar el dictamen correspondiente tratándose de la custodia compartida adoptada sin el acuerdo de ambos padres.

En cuanto al análisis de fondo de este criterio legal que nos ocupa, estos *especialistas debidamente cualificados* están llamados a emitir una opinión objetiva y seria, evacuando los informes correspondientes relativos a la aptitud para el ejercicio de la guarda de los hijos. Con esta disposición, el legislador dota al juez de una eficaz herramienta para implementar los anteriores criterios enunciados en materia de atribución de la guarda y custodia en general, es decir, el interés superior del hijo, su derecho a ser

---

(322) VIII Legislatura. Comisiones, núm. 184. Cortes Generales. *Diario de Sesiones del Senado. Comisión de Justicia.* 14 de junio de 2005, pág. 29.

(323) *BOCG Senado.* VIII Legislatura. Serie II: Proyectos de Ley. 29 de junio de 2005, núm. 14 (f), pág. 47.

(324) *Cortes Generales. Diario de Sesiones del Congreso de los Diputados. Pleno y Diputación Permanente.* VIII Legislatura. 29 de junio de 2005, núm. 102, pág. 5210.

oído y las valoraciones especiales a las que el juez debe atender. Además, permite que sean varios los expertos que se pronuncien sobre la materia discutida y no sólo un facultativo como contemplaba la normativa anterior, incentivando de este modo la capacidad de escucha, intervención y diálogo entre los distintos especialistas y la posibilidad de experimentación de las diversas soluciones que vayan derivándose de la colaboración de todo el equipo.

De todas formas, estimamos más adecuada la modificación que pretendía introducirse al final de la tramitación de la ley, relativa a la inclusión del equipo psicoasistencial adscrito a la Administración de Justicia, ya que reforzaba la objetividad frente a los informes periciales de parte y otorgaba mejores garantías en cuanto a la forma de evacuación de los dictámenes(325). Del mismo modo, estimamos acertada dicha enmienda en la parte que exigía, perentoriamente, la realización de estos informes para los casos en que los padres no estuviesen de común acuerdo con el establecimiento de la custodia compartida. Dado el grado de conflictividad que probablemente existirá entre las partes en esta hipótesis, la obligatoriedad del dictamen del especialista hubiese dado mayores garantías sobre su aplicabilidad(326). Así, en otros países se ha planteado la necesidad de exigir perentoriamente estos informes cuando la custodia compartida recaiga en niños de muy corta edad(327).

El dictamen de especialistas puede ser ordenado por el juez, bien de oficio, a petición de parte o a instancias del Ministerio Fiscal.

(325) En este mismo sentido, Cañete Quesada, A. («El anteproyecto de ley por el que se modifica el Código Civil en materia de separación y divorcio», *Diario LA LEY*, núm. 6140, año XXV, 2 de diciembre de 2004, Ref. D-245, págs. 5-6), estima positiva dicha modificación, destacando el objetivo de dotar a los equipos psicosociales pertenecientes a la Administración de Justicia, de la exclusividad de dictámenes en estas materias, dando mayor objetividad al proceso matrimonial y acabando con las innecesarias pruebas periciales privadas efectuadas sin las debidas garantías y contradicción, y que muchas veces sólo agudizan el conflicto familiar. En un sentido similar Pastor Vita, J., «Algunas consideraciones...», *op. cit.*, pág. 42.

(326) De acuerdo a las «Conclusiones sobre *Las Reformas del Derecho de Familia...»*, *op. cit.*, pág. 3, el art. 92 del CC no debía modificarse para exigir el informe técnico en todo caso de guarda y custodia compartida sino que ello debía dejarse a la valoración del juez, atendidas las circunstancias concurrentes.

(327) Cfr. Poussin, G. y Lamy, A., *Custodia compartida*, Madrid, Espasa, 2005, pág. 62.

3.8.2. *El papel de los «especialistas debidamente cualificados»*

Algunos de los motivos que justifican el parecer de los especialistas los señalamos a propósito de la necesidad de colaboración en la tarea de decodificación de la opinión del menor. Sin embargo, ciertamente, son numerosísimas las circunstancias que harán necesaria esta intervención, y diversas también las ciencias de cuya asistencia se requerirá; aunque a este respecto se ha señalado que la práctica judicial, lejos de recurrir a profesionales con conocimientos en materias de relaciones personales, como los psiquiatras y los sociólogos, se ha limitado a requerir los dictámenes de psicólogos y asistentes sociales[(328)]. Recordemos que la crisis familiar encierra complejos conflictos personales y sociales a los cuales el juez no puede abocarse por entero; por ello, estos asuntos deben resolverse por una justicia interdisciplinaria, capaz de crear no sólo una solución estrictamente jurídica, sino también las condiciones adecuadas para un mayor bienestar de cada uno de los sujetos involucrados en el conflicto y, muy especialmente, del menor[(329)].

Por otra parte, se ha señalado que la intervención de estos especialistas en el proceso de separación y divorcio es tardía, ya que se produce cuando los conflictos psicológicos de la pareja están muy agudizados, no existiendo acuerdo en el modo de regular sus relaciones en una organización familiar diversa de la establecida antes de la ruptura. A ello se agrega el hecho de que la intervención del psicólogo viene provocada por la solicitud del juez, no por parte de la familia, la cual solamente se ha limitado

---

(328) Cfr. PÉREZ MARTÍN, A., *Derecho de Familia*. Tomo II. *El procedimiento contencioso de separación y divorcio*, Valladolid, Lex Nova, 1997, pág. 966. En relación con la confluencia de diversas especialidades en estos aspectos, se ha afirmado la existencia de cierta pugna entre psicólogos y trabajadores sociales en el área de la práctica penitenciaria y, entre psicólogos y psiquiatras en la elaboración de los peritajes ante jueces, fiscales y abogados en el ámbito de los servicios prestados a menores. Esto último se explica por la tradicional vinculación que existe en occidente, entre psiquiatría y ejercicio del Derecho. Así lo afirma GARRIDO GENOVÉS, V., «Psicología Jurídica en España: líneas fundamentales de intervención», *Papeles del Psicólogo*, núm. 48, 1991, pág. 22.

(329) Desde la psicología jurídica se ha demandado una mayor capacidad de intervención en el conflicto familiar. El deseo de los especialistas que prestan sus servicios en los Juzgados de Familia es desarrollar su labor más allá del apoyo técnico al juez, por ejemplo, a través de la mediación. Cfr. IBÁÑEZ VALVERDE, V., «Los psicólogos en los juzgados de familia», *II Congreso del Colegio Oficial de Psicólogos*, Área Psicología Jurídica, Madrid, Colegio Oficial de Psicólogos, 1990, pág. 129. *Vid. infra* epígrafe 2.6 del Capítulo IV relativo a la mediación familiar.

a demandar un remedio legal a su conflicto. Este elemento repercute en la evaluación que realiza este experto, ya que su labor será sólo la aportación al juez de datos materializados en un informe, ante lo cual lo más frecuente y lógico es que se produzca cierta resistencia y actitud defensiva por parte de las personas involucradas en el peritaje[(330)].

En estos casos, el instrumento técnico del que se sirve el psicólogo para delimitar su evaluación es el *encuadre,* conjunto de constantes gracias a las cuales puede llevarse a cabo el proceso psicodiagnóstico, y cuya función es sentar las condiciones más favorables para el desarrollo de la pericia considerando las particularidades de la situación[(331)]. Al respecto, MARTÍN CORRAL[(332)] señala que la peritación psicológica presenta tres pretensiones y fines: A) facilitar las decisiones judiciales con una información profesional y esclarecedora, toda vez que se requiera una habilidad especial para valorar los hechos o circunstancias del pleito que excedan el conocimiento de los jueces (objetivo legal); B) apreciar y valorar los conflictos familiares desde una perspectiva no jurídica, para facilitar una mejor comprensión de las emociones, la comunicación, y la organización de roles y relaciones familiares, humanizando así un juicio dirigido que necesariamente ha de discurrir por las relaciones y afectos interpersonales (pretensión de la Justicia); y C) conforme a los principios generales de la profesión, en especial con el art. 5 del Código Deontológico del Colegio Oficial de Psicólogos[(333)], la tarea del psicólogo se dirige a precisar el interés del menor, maximizar los recursos de la familia dividida, y minimizar los riesgos no deseados para los menores involucrados (finalidad psicológica).

(330) Cfr. BIEZMA LÓPEZ, J., «El contexto de trabajo en los peritajes psicológicos de familia», *Papeles del Psicólogo*, núm. 48, 1991, pág. 36.

(331) Cfr. GRANADOS PÉREZ, F., «El "setting" del psicólogo en los juzgados de familia. Algunos aspectos», *II Congreso del Colegio Oficial de Psicólogos*, Área Psicología Jurídica, Madrid, Colegio Oficial de Psicólogos, 1990, pág. 54.

(332) Cfr. MARTÍN CORRAL, S., «Psicología forense en los juzgados de familia», en URRA PORTILLO, J., *Tratado de Psicología Forense*, Madrid, Siglo Veintiuno de España, 2002, págs. 38-39. A las características que debe reunir el informe del especialista se refiere GRANADOS PÉREZ, F., *Ética y técnica de la intervención psicológica en los juzgados de familia*, Madrid, Editorial de la Universidad Complutense de Madrid, 1991, págs. 111-115.

(333) «*El ejercicio de la Psicología se ordena en una finalidad humana y social, que pueda expresarse como el bienestar, la salud, la calidad de vida, la plenitud del desarrollo de las personas y los grupos, en los distintos ámbitos de la vida individual y social*».

Agrega ALBARRÁN OLIVERA[334] que la intervención del psicólogo tiene como objeto las características y componentes del grupo familiar, analizando a cada uno de sus miembros, su dinámica y roles internos. Ello se efectúa analizando la personalidad de los padres y sus niveles de adaptación familiar, social y emocional; estudiando las habilidades que presentan como padres con respecto al cuidado y educación de los hijos, incluyendo sus proyectos de vida y expectativas; examinando la personalidad de los niños, su capacidad e interacción con cada uno de los miembros de su familia; observando la adaptación personal de los menores en el ámbito social y escolar, y su adecuación familiar y percepción de roles propios como hijos; y estudiando otras figuras que pueden formar parte del grupo familiar, como lo son las nuevas parejas de los padres y abuelos maternos y paternos.

En cuanto a los márgenes de actuación e investigación del psicólogo, se afirma que la evaluación que realiza el especialista no es general ni abierta, sino que constituye una intervención focalizada, definida por las mismas interrogantes que se desprenden del conflicto familiar descrito por las partes.

3.8.3. La naturaleza jurídica del dictamen de especialistas

Por otra parte, en el ámbito procesal, se ha señalado que el dictamen de especialistas debidamente cualificados es un asesoramiento judicial que el legislador no califica directamente de prueba pericial, aunque se afirma que ello podría presumirse del texto del art. 1242 del CC, conforme al cual sólo se podrá utilizar la prueba de peritos cuando, para apreciar los hechos, sean necesarios o convenientes conocimientos científicos, artísticos o prácticos.

En todo caso, se ha señalado que la creación de equipos técnicos psicosociales adscritos a los Juzgados de Familia altera el régimen procesal de la prueba pericial[335]. Lo cierto es que entre ambas figuras existen algunas diferencias. En primer lugar, la prueba pericial propiamente dicha puede llegar a efectuarse por varios peritos; en cambio, no siempre es convenien-

(334) Cfr. ALBARRÁN OLIVERA, A., «Figura y función del psicólogo en los órganos judiciales», *BIMJ*, año XLIII, núm. 1525, 25 de abril de 1989, pág. 1731.

(335) Cfr. PÉREZ MARTÍN, A., *Derecho de Familia*. Tomo II. *El procedimiento..., op. cit.*, págs. 967 y 968.

te que se nombre a más de un especialista para emitir un dictamen sobre la guarda y custodia de los hijos, ya que es innecesario y perjudicial que los padres y, sobre todo el menor, sean sometidos al examen de múltiples expertos. En cuanto al nombramiento, lo normal es que lo realicen las partes —ya que a ellas corresponde la carga de alegar y probar la veracidad de los hechos—, o bien el juez, si así lo solicitan aquéllas o resulta necesario. Sin embargo, tratándose de las materias a las que se refiere el art. 92 del CC, el sistema de nombramiento descrito se produce en los Juzgados que no cuenten con un equipo técnico, pero en las capitales de provincia que sí lo poseen el dictamen se emite siempre por un psicólogo y asistente social adscrito al órgano judicial. Por otra parte, los miembros del mencionado equipo psicosocial no requieren aceptar el cargo y jurar desempeñarlo fielmente previamente a la emisión del respectivo informe, ya que su cometido es precisamente evacuar todos los informes que se ordenen practicar por el juez, ya sea de oficio, o a petición de parte o del Ministerio Fiscal.

Finalmente, el apartado primero del art. 345 de la LEC, sobre operaciones periciales y posible intervención de las partes en ellas, establece que cuando la emisión del dictamen requiera algún reconocimiento de lugares, objetos o personas o la realización de operaciones análogas, las partes y sus defensores podrán presenciar uno y otras, si con ello no se impide o estorba la labor del perito y se puede garantizar el acierto e imparcialidad del dictamen. Pues bien, la excepción contenida en esta norma se transforma en la regla general en los asuntos sobre la atribución y ejercicio del cuidado personal de los hijos, ya que resulta absolutamente desaconsejable la presencia de las partes en la exploración que el especialista realiza para la elaboración del correspondiente dictamen.

En definitiva, de todo lo anterior se desprende que el dictamen de especialistas debidamente cualificados constituye una prueba pericial de carácter especial, ya que no comparte todas las características de la prueba pericial ordinaria. Al respecto, RIVERO HERNÁNDEZ[336] señala que podría pensarse que esta disposición del art. 92 del CC tendría una mejor ubicación entre las de naturaleza procesal; pero, afirma, «bien está que con este párrafo se

(336) RIVERO HERNÁNDEZ, F., «Comentarios al art. 92», en *Matrimonio y divorcio..., op. cit.*, pág. 1041.

recuerde la conveniencia, necesidad más bien en muchas ocasiones, de recurrir a expertos y dictámenes».

En cuanto a la valoración judicial debemos señalar que, aunque no vinculan, los dictámenes emitidos por especialistas resultan de vital importancia para el conocimiento de la realidad familiar en que se inserta el asunto sometido a su decisión. Puede pensarse que el desconocimiento de las disciplinas de las cuales dichos expertos son conocedores y estudiosos, conduciría al juez a aceptar sin mayores cuestionamientos el informe realizado y a aceptarlo prácticamente como el contenido de la decisión[337]. De hecho, se ha señalado que algunos de los injustificados prejuicios que existen al momento de solicitar colaboración extra-jurídica pueden provenir de un cierto temor de verse el juez en una dependencia en relación con el parecer y conclusiones de los especialistas consultados[338]. Sin embargo, creemos que la valoración debe efectuarse conforme a las reglas de la sana crítica teniendo en cuenta las demás pruebas practicadas (conforme al art. 348 de la LEC). Recordemos que la fase probatoria en un procedimiento es aquella que tiene como finalidad producir la convicción psicológica del juez en un sentido determinado, con respecto a un dato o conjunto de datos procesales valorados libremente, sin otra limitación que la apreciación conjunta de las diversas actividades probatorias. Las referencias del CC o de la LEC a las reglas de la sana crítica o del criterio humano no alteran el carácter discrecional de la valoración de la prueba[339].

(337) Al respecto, la SAP de Cáceres de 11 de julio de 2000 (LA LEY 142534/2000) pone de manifiesto que el único elemento probatorio nuevo aportado al proceso entre la adopción de las medidas provisionales —que entregaban la guarda y custodia de los hijos al padre—, y la sentencia, es el informe emitido por el equipo psicosocial de los Juzgados de la ciudad que, tras el examen de los autos y la entrevista con los progenitores e hijos, concluye que la guarda y custodia debe ser ostentada por la madre. Asegura la sentencia que este dictamen es el motivo que, en poco más de un mes, hace cambiar de criterio al juzgador dejando sin efecto las medidas provisionales para atribuir la guarda y custodia a la madre. Finalmente, la mencionada resolución atribuye al padre el cuidado de los hijos, revirtiendo el criterio del Juzgado de Primera Instancia, corroborando así lo decidido en sede de medidas provisionales.

(338) Así opina, Rivero Hernández, F., «Comentarios al art. 92», en *Matrimonio y divorcio…, op. cit.,* pág. 1043.

(339) Cfr. Pérez Martín, A., *Derecho de Familia.* Tomo III. *Divorcio y separación de mutuo acuerdo. El procedimiento de modificación de medidas,* Valladolid, Lex Nova, 1996, pág. 634.

Por último, hemos de destacar la importancia que reviste la efectiva colaboración de las partes para la elaboración de los respectivos dictámenes. Si bien no están compelidas a la exploración de los especialistas, se ha señalado que la negativa puede incidir en la decisión del juez en cuanto a la atribución de la guarda y custodia(340), ya que ello evidencia una falta de interés por la determinación del ambiente que es más propicio para el desarrollo y bienestar de los hijos. El rechazo al sometimiento de estas prácticas puede provenir de la imposibilidad de ser asistidos por sus abogados, lo cual se encuentra justificado, como hemos señalado anteriormente, por las particularidades de esta prueba pericial y la protección de intereses superiores.

3.9. El principio de unidad familiar

La ley establece un último criterio legal de atribución de la guarda y custodia: evitar la separación de los hermanos, consecuencia directa de la aplicación del *favor filii.*

El apartado quinto del art. 92 del CC, modificado por la Ley 15/2005, vuelve a referirse a la guarda para establecer que «el Juez, al acordar la guarda conjunta y tras fundamentar su resolución, adoptará las cautelas procedentes para el eficaz cumplimiento del régimen de guarda establecido, **procurando no separar a los hermanos»**(341).

Se trata, como se desprende de su tenor literal, de una recomendación legal; no de una obligación impuesta a las partes y al juez. Así lo confirma el párrafo segundo del art. 96 del CC, referido a la atribución del uso y goce de la vivienda familiar tras la crisis conyugal, que prevé una hipótesis de custodia distributiva de los hijos(342).

En esta nueva redacción del art. 92 del CC, que proviene de la enmienda número 48 del Grupo Parlamentario Socialista(343), el principio de la unidad familiar está enunciado para la hipótesis de custodia compartida.

(340) Cfr. PÉREZ MARTÍN, A., *Derecho de Familia*. Tomo II. *El procedimiento..., op. cit.,* pág. 1003.

(341) La negrita es nuestra.

(342) El párrafo segundo del art. 96 del CC establece: *«Cuando alguno de los hijos queden en la compañía de uno y los restantes en la del otro, el Juez resolverá lo procedente».*

(343) *BOCG Congreso.* VIII Legislatura. Serie A. 15 de marzo de 2005, núm. 16-8, pág. 36.

Sin embargo, entendemos que este principio es de aplicación general, tal y como lo contemplaba la legislación anterior y las primeras redacciones de la reforma de 2005(344).

En efecto, el texto del Proyecto de Ley de modificación del Código Civil en materia de separación y divorcio del Ministerio de Justicia de 20 de septiembre de 2004 contemplaba la siguiente redacción para el penúltimo párrafo del art. 92 del CC: «Si hubiera más de un hijo, el Juez, a instancia de parte, podrá decidir que cada uno conviva separadamente con uno de sus padres. El Juez sólo adoptará esta medida tras recabar informe favorable de un perito psicólogo, haber oído al Ministerio Fiscal a los hijos que tengan suficiente juicio y siempre a los mayores de doce años». Por su parte, de forma mucho más sucinta, el Proyecto establecía la siguiente redacción para dicho párrafo: «En todo caso, se procurará no separar a los hermanos».

Como vemos, el anteproyecto regulaba con mayor precisión la posibilidad de separación de los hijos, insistiendo en su carácter excepcional al exigir a) la solicitud de parte; b) el informe favorable de un especialista (que, a nuestro juicio, no necesariamente debe ser un psicólogo como proponía la norma); c) la audiencia del hijo; y d) la intervención del Ministerio Fiscal.

La historia de la Ley 15/2005 demuestra que esta recomendación legal tenía carácter general para la guarda y custodia de los hijos, sin referencia a una modalidad específica de ejercicio. Sin embargo, el Informe de la Ponencia ubicó este criterio en el párrafo quinto del art. 92 del CC, relativo a la custodia compartida, alterando la regulación que este consejo legal presentaba hasta antes de la reforma. Al respecto, SEISDEDOS MUIÑO(345) ha señalado que la importancia de este principio resulta incluso mayor en situaciones de atribución individual de la guarda y custodia, ya que es en estos casos cuando se plantea con mayor frecuencia, como solución salomónica, el reparto de los hijos entre ambos progenitores.

(344) En este sentido, LINACERO DE LA FUENTE, M., «Leyes de Familia...», *op. cit.*, pág. 73, y RODRÍGUEZ CHACÓN, R., *Matrimonio...*, *op. cit.*, pág. 116.

(345) Cfr. SEISDEDOS MUIÑO, A., «Las medidas...», *op. cit.*, pág. 13.

Por todo lo dicho, nos parece más acertada la norma anterior prevista por el legislador de 1981(346), que recogió una importante línea jurisprudencial que buscaba no recrudecer la ruptura familiar y procurar el mantenimiento de los lazos fraternos.

La mayoría de la doctrina consideraba adecuada la recomendación prevista en el antiguo párrafo cuarto del art. 92 del CC, en cuanto al mantenimiento de la unidad familiar(347). Se estimaba que este criterio resultaba de una obviedad pedagógica elemental, ya que los hijos se autoeducan por la imitación y el contacto con sus padres y hermanos, afirmándose que la separación de éstos crea extrañeza y ruptura de ciertos lazos que el derecho no puede ignorar(348). En efecto, puede que los hijos reciban una educación profundamente diversa y crezcan en ambientes sociales diferentes, adoptando costumbres que acentúen esa separación; sin posibilidad de mantener contactos frecuentes y de establecer entre ellos los lazos afectivos que pueden constituir la base para la reconstrucción de la familia. Esto se produce, especialmente, cuando son sólo dos hermanos, ya que ellos comienzan a ser educados como hijos únicos, con todas las desventajas que ello acarrea (salvo que se inserten en la nueva familia del progenitor con el que pasan a vivir)(349).

Del mismo modo se manifestaba la jurisprudencia. La SAP de Toledo de 11 de noviembre de 1999(350) señala: «otro criterio particular que ha

(346) El antiguo párrafo cuarto del art. 92 del CC, establecía que: «Podrá también acordarse, cuando así convenga a los hijos, que la patria potestad sea ejercida total o parcialmente por uno de los cónyuges o que el cuidado de ellos corresponda a uno u otro procurando no separar a los hermanos».

(347) Si bien alguna doctrina minoritaria, entre la que se encuentra García Cantero, G. («Comentarios a los arts. 92 a 94 del Código Civil», en *Comentarios al Código Civil y Compilaciones Forales..., op. cit.,* pág. 393), calificaba como poco convincente la interpretación de esta norma en el sentido de rechazar el reparto de los hijos entre padre y madre, ya que la edad o el sexo de los hijos podría aconsejar esa separación.

(348) Cfr. Fosar Benlloch, E., *Estudios de..., op. cit.,* pág. 333.

(349) Así lo afirma Scardulla, F., *La separazione pesonale..., op. cit,* pág. 410.

(350) Recurso de apelación núm. 228/1999. Mantienen unidos a los hermanos, en consideración de su mejor interés, entre muchas otras: la SAP de Murcia de 30 de mayo de 2000 (LA LEY 111185/2000); y la SAP de La Coruña de 24 de mayo de 2002 (LA LEY 99266/2002).

No obstante la tendencia descrita, sentencias minoritarias han accedido a la separación de los hermanos, atendidas las circunstancias concurrentes. Así, por ejemplo, la SAP de Navarra de 29 de enero de 1993 (rollo de apelación núm. 380/1992) establece que de ser tenido en cuenta de modo relevante en la atribución de la guarda y custodia de los hijos, dada su formulación legal expresa (art. 92, pfo. 4.º, CC) es el de procurar no separar a los hermanos, con el claro designio de no agravar más aún la situación afectiva y de ruptura o desintegración de los lazos familiares, que de por sí genera la separación de los progenitores, mediante la separación de los hijos, la cual, en principio y salvo circunstancias excepcionales que la hagan necesaria, debe ser evitada con carácter general». Por otra parte, la SAP de Córdoba de 1 de marzo de 2004[(351)] concede la custodia alternada de dos hijas solicitada por la madre, invocando, entre otras circunstancias, el principio de no separación de aquéllas, priorizando así la unidad familiar sobre los tradicionales disvalores de inestabilidad atribuidos a dicha figura. Y, más recientemente, la SAP de Barcelona de 20 de febrero de 2007[(352)] concedió la custodia compartida solicitada por el padre pese a la oposición de la madre, señalando que esta modalidad potencia la no separación de los hermanos: una niña de 7 años y un menor de 13, quien es un *referente importante en todos los aspectos de la vida* de aquélla.

En definitiva, para nosotros, la norma en estudio contiene una sugerencia establecida legalmente, dirigida al juez y, desde luego, a los padres. No constituye una orden, aunque el legislador de 1981 y 2005 debió establecer esta directriz con mayor fuerza. Así lo ha hecho el Derecho francés, que recoge con muchísima más claridad este principio[(353)]. En efecto, el

---

«no obsta a lo expuesto el contenido del art. 92 del CC, invocado por el apelante, en lo relativo a la conveniencia de mantener juntos a los hermanos, prevención que no debe aplicarse con pleno rigor especialmente en casos como el presente de hermanos que no lo son de doble vínculo, entre los que existe gran diferencia de edad, escaso tiempo de convivencia y no constan especiales lazos afectivos, siendo evidente que no puede alzarse dicha prevención genérica sobre el concreto interés de la menor que, según lo antedicho, será más adecuadamente satisfecho manteniéndose en compañía de su madre». En este mismo sentido, la SAP de Jaén de 7 de diciembre de 1995 (LA LEY 12766/1995); la SAP de Las Palmas de 15 de marzo de 1999 (recurso de apelación núm. 530/1998); y la SAP de Huelva de 18 de septiembre de 2000 (LA LEY 165560/2000).

(351) LA LEY 52193/2004. En este mismo sentido, tras la reforma de 2005, la SAP de Cáceres de 22 septiembre de 2006 (LA LEY 107267/2006).

(352) LA LEY JURIS, 629/2007.

(353) Por el contrario, en Italia este criterio no ha sido expresamente establecido en la ley, aunque se encuentra ampliamente reconocido en la doctrina. Cfr. DE FILIPPIS, B. y CASABURI, G., *Separazione e divorzio nella dottrina e nella giurisprudenza*, Padova, CEDAM, 2004, págs. 195, 196 y 237; y SCARDULLA, F., *La separazione personale...», op. cit.*, págs. 331 y 406.

art. 371.5 del *Code* prescribe categóricamente que «el hijo no debe ser separado de sus hermanos, salvo que otra cosa no sea posible o que su interés aconseje otra solución. Si es procedente, el Juez resolverá sobre las relaciones personales entre los hermanos»[(354)].

Las razones para acordar el establecimiento de la guarda que conlleva la separación de hermanos son diversas. La doctrina enumera entre ellas la diferencia de edad y sexo entre aquéllos, la realización de estudios en la ciudad donde reside el progenitor que solicita el reparto en el cuidado de los hijos, preferencias sobre los hijos, la mejor relación entre éstos y dicho padre o madre, etc.[(355)]. Al respecto, no nos parece que el sexo o la simple predilección de los progenitores por uno u otro de los hijos sean elementos legítimos y razonables para que éstos sean separados. Una decisión de este tipo deja en evidencia un deseo antojadizo que constituye, sin lugar a dudas, un incumplimiento de las funciones parentales más básicas, como lo es el deber de tener a los hijos en compañía. En cambio, estimamos que este principio puede ceder ante ciertos casos de extraordinaria excepción, siempre que el interés superior del menor lo aconseje. El párrafo quinto del art. 92 del CC es una norma de carácter permisivo y no imperativo y, por lo tanto, debe utilizarse de manera racional y no genérica o automática. En este sentido, si lo normal es no privar a los hermanos de la experiencia natural de vivir juntos, con el fin de facilitar, mantener o apoyar su equilibrio emocional y psicológico que, por lo demás, puede ya presentar dificultades derivadas de la situación de crisis conyugal, en ocasiones especiales puede ser recomendable no forzar una convivencia que va a influir negativamente en la situación personal, afectiva y emocional del hijo. Asimismo, imponer una situación de este tipo puede arrebatar otras relaciones personales más íntimas con el otro progenitor, que pueden ser imprescindibles y necesarias para su adecuada estabilidad en orden a los factores citados. De esta forma, las partes deberán reconocer que, a veces, un cambio de vida no deseado e impuesto en el plano afectivo, adoptado con criterios de inflexibilidad, puede llegar a ser sumamente nocivo e incluso afectar negativamente y empeorar aquello que se pretende mejorar o arreglar[(356)]. Así, por ejem-

(354) La traducción corresponde a Núñez Iglesias, A., *Código Civil..., op. cit.*, pág. 227.

(355) Cfr. Pérez Martín, A., *Derecho de Familia*. Tomo II. *El procedimiento..., op. cit.*, pág. 302.

(356) En este sentido, SAP de Castellón de 17 de marzo de 1999 (LA LEY 34463/2008).

plo, en el caso de un hijo adolescente que presenta una diferencia de edad significativa respecto de sus hermanos, que mantiene un alto grado de conflictividad con uno de sus progenitores, y que manifiesta una clara preferencia por vivir con el padre que tiene mayor afinidad con él, podría plantearse la posibilidad de acordar la separación de los hermanos, aunque adoptando siempre todas las medidas necesarias para que éstos mantengan un contacto frecuente y adecuado.

Cabe destacar la importancia de la valoración de la opinión del hijo en estas materias. La SAP de Jaén de 2 abril 1998[357] da cuenta de ello al determinar que «el principio establecido en el art. 92 del Código Civil, que en interés de los propios hermanos y, por tanto, de la familia, dispone que se procurará no separar a los hermanos, debe prevalecer sobre la preferencia expresada por el menor, en cuya exploración no se indica el motivo de la misma». Creemos que las circunstancias que justifican la ruptura de este principio deben ser especialmente excepcionales. En este sentido, la SAP de Las Palmas de 15 marzo 1999[358] declara que «si bien el art. 92.4 *in fine* del CC contiene una norma de criterio legal dirigida al Juez, para que éste "procure" no separar a hermanos, no es regla sin excepción, ya que el interés preferente de la medida complementaria de la separación o divorcio es precisamente la salvaguarda de los intereses de los hijos, de manera que si bien este interés en general se protege mejor manteniendo la unidad de la custodia, no siempre será así, y cuando se den pruebas de esta negativa, preferible será decidir la custodia separada de unos y otros hijos, que imponer una custodia conjunta que represente perjuicio para alguno de ellos; amén que si la custodia conjunta es regla más rigurosa en los casos de hijos de corta edad, cuando ya esta edad es más elevada y roza con la pubertad e incluso la adolescencia, la mayor independencia de cada hijo permite un grado de discrecionalidad superior a favor de la separación de los hermanos, tomando como base la propia voluntad manifestada por ellos, especialmente relevante a partir de los 12 años».

(357) Rollo de apelación núm. 388/1997.
(358) Recurso de apelación núm. 530/1998.

4. CRITERIOS JUDICIALES SOBRE LA GUARDA Y CUSTODIA DE LOS HIJOS

4.1. Aspectos generales

El cuidado personal de los hijos es, a nuestro juicio, la cuestión más compleja respecto de la cual los cónyuges deben pronunciarse en el convenio regulador o el juez dictaminar, a falta de dicho acuerdo o de no aprobación del mismo, en la sentencia de juicio matrimonial[(359)]. Ello explica el verdadero «efecto cascada» que las decisiones adoptadas en esta sede provocan en el elenco de las demás materias relativas a la realidad familiar posterior a la ruptura conyugal o de pareja.

Para determinar la atribución de la guarda y custodia, los Tribunales deben considerar todos los criterios legales a los cuales nos hemos referido hasta ahora: el interés superior del hijo, su derecho a ser oído, el Informe del Ministerio Fiscal, las alegaciones de las partes, la prueba rendida, las relaciones entre cónyuges y las de éstos para con sus hijos, el dictamen de especialistas y la no separación de hermanos.

Precisamente, una vez efectuadas dichas valoraciones, se podrá determinar cuál es, en esa realidad familiar concreta, el interés del hijo, cuestión que, en definitiva, orientará las decisiones en materia de guarda y custodia.

Lo cierto es que, dada la multiplicidad de particularidades que reviste cada caso sometido al conocimiento del Tribunal, no pueden esbozarse pautas uniformes a seguir en la resolución de cada conflicto. A grandes rasgos, podemos afirmar que el juez debe analizar el convenio regulador, corroborando la ausencia de presiones que condicionen lo acordado y comprobando que la atribución convenida coincide con el interés del hijo en el asunto que conoce. Debe ratificar si realmente el menor ha sido el protagonista de la decisión, habiéndosele tenido en cuenta, o si ha sido nada más que un elemento de transacción dentro de las concesiones que se han efectuado. En definitiva, el juez determina si el padre o madre, o

(359) Así lo pone de manifiesto la SAP de La Coruña de 24 de mayo de 2002 (LA LEY 99266/2002), al afirmar que aun más difícil y delicada se torna la labor de los órganos jurisdiccionales cuando, en una hipótesis de custodia individual, han de resolver a cuál de los dos progenitores, igualmente aptos para asumir la custodia de sus hijos menores, le corresponde el ejercicio de tan esencial función.

ambos, en su caso, son idóneos para el ejercicio de la guarda y cuidado del menor, en el plano material y espiritual, y el modo en que se han de desarrollar dichas funciones de cuidado. Y, para el evento en que no lo sean, debe indicar una tercera persona o institución adecuada para ello.

A nuestro juicio, la exigencia de especificación del *favor filii* ha conllevado la elaboración de diversos criterios judiciales de carácter abstracto, de ciertos patrones de normalidad social que pretenden hacer encajar las características individuales de los padres en un perfil de «buen ejemplo» para el hijo o de un «buen progenitor». De esta forma, muchos de estos modelos buscan determinar la idoneidad de los progenitores para el ejercicio de dicha función sobre la base de ciertos estándares prefijados de validez parental, centrados en las cualidades personales de cada uno de ellos más que en la relación desarrollada con el hijo. En efecto, muchas veces, tanto la jurisprudencia como la doctrina, centran sus esfuerzos en la indicación descriptiva de las aptitudes de los padres y de las exigencias del menor, evadiendo el examen de la problemática actual que cada caso presenta.

Creemos que uno de los elementos principales sobre el cual debe concentrarse la decisión judicial es la relación interpersonal que los progenitores mantenían con el hijo antes de la ruptura conyugal. Este factor, en un análisis de proyección futura, permite precisar qué modalidad de cuidado personal ofrece las mejores garantías y condiciones positivas de formación para el menor y, sobre todo, hasta qué punto ese sistema de organización por el cual se ha optado refuerza y promueve la conservación de una estrecha relación con ambos padres. Como veremos más adelante, la conservación de un contacto parental directo y regular tras la crisis matrimonial es uno de los aspectos más importantes para el desarrollo armónico de la personalidad del hijo de padres separados.

Pues bien, cabe preguntarse hasta dónde debe llegar la actividad judicial para determinar el modelo de guarda y custodia apropiado, y la idoneidad de los progenitores o de un tercero, en su caso, para el ejercicio de dicha función. Nuestra opinión es que el juez debe reunir el máximo de información posible, a través de los medios que estime convenientes. RIVERO HERNÁNDEZ(360), por ejemplo, señala que se podría solicitar a los cón-

(360) RIVERO HERNÁNDEZ, F., «Comentarios al art. 92», en *Matrimonio y divorcio…, op. cit.*, págs. 1025-1026.

yuges una «especie de proyecto de vida y medios materiales y espirituales de que disponen para sacar a sus hijos adelante con dignidad». Una vez que el juez tenga a su disposición todos estos elementos, deberá reconstruir rigurosamente la realidad familiar en cuestión. De esta forma, podrá establecer ciertas y determinadas prioridades dentro de estos criterios abstractos que, a primera vista, se sitúan en un mismo plano. Asimismo, podrá proveer de un significado efectivo a esos parámetros que, de lo contrario, corren el riesgo de permanecer sólo como formulaciones de principio carentes de contenido.

Los elementos que el juez pondera para decidir sobre la atribución del cuidado personal de los hijos son aplicables tanto a los casos en que ambos progenitores pretenden ejercerlo unilateralmente, como a aquellos en que se ha estimado, de común acuerdo o con la oposición de uno de ellos, el régimen de custodia compartida. Se trata de pautas basadas, entre otros factores, en el sexo de los padres, la personalidad y la conducta de cada uno de ellos, su estado de salud, las convicciones filosóficas, ideológicas y religiosas, la moralidad de los progenitores, la actividad laboral o el oficio que éstos desarrollan, sus capacidades económicas, su ambiente de vida, etc.

Algunos de estos elementos son, en general, considerados intrascendentes por la jurisprudencia a la hora de decidir sobre la atribución del cuidado de los hijos. Otros, en cambio, resultan determinantes en cuanto inciden directamente en el beneficio de éstos.

4.2. Elementos considerados *intrascendentes* para la atribución de la guarda y custodia de los hijos

4.2.1. Con relación a las capacidades materiales de los progenitores

Algunos de los elementos relacionados con las capacidades materiales de los padres que, en general, resultan intrascendentes para la determinación judicial de la atribución de la guarda y custodia de los hijos, son: la circunstancia de que uno de los progenitores disponga de más tiempo libre para el cuidado de los hijos por carecer de empleo; y, en segundo lugar, el hecho de reunir uno de ellos más medios económicos que el otro.

— El hecho de que uno de los progenitores tenga más tiempo libre para el cuidado de los hijos por carecer de empleo, puede ser entendido en dos sentidos. Desde la perspectiva positiva, si el hecho de contar con más tiempo libre se estimase a priori más beneficioso para los hijos, podría pensarse que el desempleo de uno de los padres favorece el cuidado personal de aquéllos, haciendo de ese progenitor la persona idónea para el ejercicio de la guarda. Ello entraría en contradicción con el principio constitucional de igualdad y derecho al trabajo (art. 35 de la CE), conforme al cual los españoles tienen el deber de trabajar y el derecho al trabajo(361). La disponibilidad de tiempo para el cuidado de los hijos es un factor relativo: debe valorarse atendidas las circunstancias personales concretas de los padres y, muy especialmente, de los hijos, como por ejemplo la edad de éstos, la cercanía entre los lugares de trabajo y la residencia de los menores, y la posibilidad de compatibilizar la actividad laboral con el cuidado de éstos para evitar la contratación de servicios de terceras personas(362). Desde otro punto de vista, el desempleo puede constituir un factor negativo para la atribución del ejercicio del cuidado personal en cuanto evidencia una menor capacidad económica para satisfacer las necesidades de carácter material de los hijos. En este sentido, es evidente que el hecho de que uno de los progenitores, por causas ajenas a su voluntad, no cuente con una

(361) *Vid.* SAP de Castellón de 20 de diciembre de 1999 (LA LEY 187269/1999); SAP de Barcelona 21 de diciembre de 2000 (LA LEY 233536/2000), por la que se atribuye la guarda y custodia a la madre, que incluso habría dejado de trabajar por atender a su hija enferma; y SAP de Valencia de 17 de diciembre de 2004 (recurso de apelación núm. 815/2004), en la que se considera irrelevante el hecho de que el padre disponga de más tiempo libre al no coincidir siempre la atención real a los hijos con la disponibilidad de tiempo.

(362) De ello da cuenta la SAP de Murcia de 22 de octubre de 2003 (LA LEY 168199/2003), que señala: «*Partiendo, pues, de la igual capacitación de los progenitores, desde el punto de vista psicológico y personal, para atender y cuidar a su hija, ha de valorarse si existen circunstancias, en el caso de autos, que aconsejen la atribución de la guarda y custodia a alguno de ellos; y, en este sentido, debe señalarse que la Sala estima acertada, como antes se dijo, la atribución de la guarda y custodia de la menor a la madre, teniendo en cuenta que la corta edad de la menor (menos de un año y cuatro meses en la actualidad) da lugar a que precise de constantes atenciones y cuidados, a ser posible prestados por alguno de sus progenitores y no por terceras personas, estando la madre, a este respecto, en mejores condiciones que el padre para prestar tales atenciones y cuidados, en la actualidad, ya que ella no trabaja y puede, por tanto, atender durante todo el día a la menor, mientras que el padre tiene un horario de 8,00 a 17,00 horas en su trabajo, lo que le obligaría a dejar a la niña, durante casi todo el día, con terceras personas; y a ello debe añadirse que atribuir la custodia al padre supondría que la niña tendría que residir con él en Madrid, que es el lugar donde trabaja en la actualidad, mientras que el lugar natural de arraigo de la niña es Cartagena, donde reside con la madre, ya que ambos progenitores son de esta ciudad y tienen a sus respectivas familias aquí [...]*».

fuente de trabajo remunerado, no puede conducir al juez a descartar a priori a dicho padre o madre como posible guardador. Dicha circunstancia transitoria no anula, en absoluto, las demás capacidades de dicho progenitor para el cuidado de sus hijos.

— En segundo lugar, en cuanto a la ventaja que posee uno de los progenitores para proporcionar medios de carácter material a sus hijos, la ley obliga a los padres a contribuir, *en proporción* a sus fuerzas patrimoniales con la subvención de las necesidades de la familia; de esta forma, sus capacidades económicas quedan compensadas frente a los hijos, siendo irrelevante que uno de los progenitores cuente con una mejor situación financiera(363). Por otra parte, el bienestar de los hijos no se consigue sólo con la dispensa de bienes materiales, sino con la formación personal y educación integral que cada uno de los padres está en condiciones de ofrecer(364).

4.2.2. Con relación a la culpa o mala fe de los progenitores

En primer lugar, se ha entendido, como hemos dicho anteriormente, que el juez debe entregar la guarda a quien reúna las mejores condiciones espirituales y materiales para cuidar del hijo, no importando que se trate del cónyuge culpable de la separación o del divorcio o del cónyuge de mala fe en la nulidad matrimonial.

Este criterio fue confirmado mayoritariamente por las sentencias de las Audiencias Provinciales durante los primeros años de aplicación de la

(363) Los factores relacionados con la actividad laboral de los progenitores y, por ende, con la capacidad económica de éstos para satisfacer las necesidades de sus hijos, son: los horarios, los lugares en que ella se desenvuelve, la estabilidad en el trabajo y los ingresos percibidos. Cfr. Bermúdez Ballesteros, M., «Criterios para la...», *op. cit.,* pág. 1880. En todo caso, existen situaciones económicas y habitacionales de precariedad que justifican un cambio en la guarda y custodia. En tal sentido, SAP de Lugo de 9 de junio de 2005 (recurso de apelación núm. 188/2005). E incluso puede que ninguno de los progenitores cuente con los medios materiales suficientes, caso en el que puede determinarse que el hijo viva con su padre o madre y la respectiva familia extensa, paterna o materna, que mayores medios económicos presente. *Vid.* SAP de Madrid de 29 de octubre de 2001 (LA LEY 193333/2001).

(364) Sobre estos aspectos, *vid.* SAP de Navarra de 29 de enero de 1993 (rollo de apelación núm. 388/1997).

reforma de 1981[365] y continúa siendo la jurisprudencia dominante. Así, la SAP de Murcia de 22 de octubre de 2003 expresa que, con anterioridad a las leyes de 1981, la legislación conceptuaba la separación matrimonial como una acción, y exigía, en consecuencia, la determinación y concreción de un culpable de la correspondiente crisis familiar. Agrega la sentencia que, en la actualidad y frente a ese criterio de culpabilidad, la legislación no distingue tal dicotomía de cónyuge culpable y cónyuge inocente sino que, marginando la conducta de los cónyuges en la producción y desenlace de la separación matrimonial, atiende a la situación concreta de la crisis matrimonial y, en definitiva, al elemento de la *affectio maritalis* como dato esencial en la valoración y decisión judicial. La separación-remedio, opuesta a la denominada separación-sanción, incide en el menoscabo de esa *affectio maritalis*, cualquiera que sea la causa real que motivó la ruptura[366].

En sentido contrario y aislado se pronuncia la STS de 17 de mayo de 1986[367] que, resolviendo un recurso de casación, señala que ante «[...] la apreciación de culpabilidad de la esposa (extremo básico y determinante en el presente litigio), resulta procedente la resolución de que los hijos del matrimonio queden bajo la guarda y custodia del padre, conclusión a la

---

(365) Así lo declaró la SAT de Bilbao de 31 de diciembre de 1984 al señalar que *«tanto la atribución de la guarda y custodia de los hijos [...] se hallan en la nueva ordenación legal del matrimonio absolutamente desligadas del criterio de culpabilidad de la crisis matrimonial que inspiraba en la legislación derogada la adopción de las medidas subsiguientes a la separación conyugal»*. En el mismo sentido, la SAT de Barcelona de 7 de abril de 1986 determinó que la infidelidad conyugal no es, per se, motivo suficiente para privar a la madre de la guarda del hijo menor, ya que ello no indica una incapacidad para su educación.

Algo similar sucedió en Italia, donde después de la reforma del Derecho de familia operada en 1975, la jurisprudencia prescindió del criterio de la culpabilidad o de la responsabilidad del cónyuge para establecer a quién debe ser entregado el cuidado de los hijos. *Vid. supra* nota núm. 119.

(366) LA LEY 168199/2003. Esta misma SAP menciona otras decisiones similares pronunciadas por esa misma Sección: 24 de abril de 1996, 7 de abril de 1997, 29 de septiembre de 1998, 23 de febrero de 1999 y 4 de abril de 2000. En este sentido, *vid.* también las siguientes SSAP: de Córdoba de 18 de mayo de 1993 (LA LEY 2358/1993); de Murcia de 10 de febrero de 1998 (recurso de apelación núm. 77/1997); de Sevilla de 26 de marzo de 2002 (LA LEY 63260/2002); también de Murcia, de 15 de octubre de 2002 (LA LEY 169799/2002); y de Sevilla de 25 de marzo de 2003 (Recurso núm. 310/2003).

(367) LA LEY 2234/1986.

que se llega, probada y declarada la culpabilidad de la esposa, tanto por la vía del antiguo artículo setenta y tres, como por la del actual artículo noventa y dos del Código Civil». En esta decisión se estima improcedente el recurso judicial que pretendía hacer extensiva la retroactividad de la Ley 30/1981, de 7 de julio, a unos capítulos del CC que no están expresamente recogidos en la disposición transitoria segunda de dicha ley. Ello justifica la remisión que el Tribunal Supremo hace al antiguo art. 73 del CC, pero, en ningún caso, a nuestro juicio, al art. 92 del mismo cuerpo legal, que no considera la culpa como factor determinante para la atribución de la guarda de los hijos.

El criterio judicial general es entonces, ignorar la mala fe o la culpabilidad de uno o ambos progenitores como elementos de decisión para la atribución del cuidado personal. Desde 1981, la jurisprudencia mayoritaria se ha orientado en el sentido de prescindir del estudio de las causas legales de separación y divorcio al menos cuando la separación es consensual[368]. En todo caso, claro está que será difícil que finalmente se otorgue la guarda y custodia al cónyuge que ha violado grave o reiteradamente los deberes respecto de los hijos, causándole malos tratos[369]; o al alcohólico[370], drogadicto[371], o

(368) Así lo ha señalado Rodríguez Chacón, R., *Matrimonio... op. cit.*, pág. 70.

(369) La SAP de Barcelona de 21 noviembre de 1996 (rollo de apelación núm. 1136/1995) establece: «*la conveniencia de que el menor continúe bajo la guarda y custodia de su padre, con el que convive desde los dos años de edad, y determina la necesidad de no modificar su estado de vida, máxime teniendo en cuenta la manifestación de rechazo que presenta hacia su madre, quizá derivada de los malos tratos causados al mismo*». En el mismo sentido: SAP de Murcia de 6 de marzo de 2001 (LA LEY 51155/2001). En las SSAP de Madrid de 30 de enero de 2003 (LA LEY 22123/2003) y de Barcelona de 27 de octubre de 2003 (LA LEY 171553/2003) no se logra acreditar la existencia de dichos malos tratos.

(370) La SAP de Pontevedra de 20 enero 1998 (rollo de apelación núm. 156/1997) atribuye a la madre la guarda y custodia de los hijos en base, exclusivamente, «*a la adicción del padre al alcohol y a su falta de atención a los deberes familiares*». En este sentido, la SAP de Madrid de 4 de octubre de 2005 (LA LEY 192513/2005).

(371) La SAP de Guipúzcoa de 27 julio 1998 (rollo de apelación núm. 2144/1997) da lugar a la modificación de medidas solicitada por el padre, concediéndole la guarda y custodia de los hijos que antes ejercía la madre toxicómana; la sentencia señala que «*no se pone en duda que los niños estén ahora bien, aunque se trate de un equilibrio inestable. Se trata de que estén lo mejor posible. Y el padre tiene pleno derecho no sólo a intentarlo, sino que es su obligación ante la postura de la madre*». Así también la SAP de Murcia de 4 de enero de 2001 (LA LEY 9539/2001), en la cual se señala que «*esta Sala comparte las alegaciones del Ministerio Público pues la medida por la que los menores quedan al cuidado de la abuela paterna ha sido adoptada con carácter provisional ante la delicada*

perturbado mental(372), pues, en todas estas situaciones, lo que seguramente se pondrá en duda es la habilidad moral para cuidar a los hijos(373).

Finalmente, cabe señalar que con la supresión del sistema causal que ha introducido la Ley 15/2005, queda confirmada la irrelevancia de la culpa de los cónyuges en la separación y divorcio matrimoniales.

4.2.3. *Otros factores*

A nuestro juicio, en principio y salvo que el interés del menor justifique lo contrario, carecen también de relevancia los siguientes factores relacionados con ciertas características personales y morales, comportamientos o

---

situación en que se encuentran los niños, tratando de velar en lo posible por el interés más necesitado de protección, en aras al principio bonus o favor filii, *por cuanto las circunstancias vitales de los progenitores —adicción del padre a opiáceos e ingreso en prisión de la madre— les imposibilita para afrontar adecuadamente los deberes inherentes a la patria potestad [...]*».

(372) Si alguno de los progenitores padece una enfermedad psíquica, como regla general, la jurisprudencia tiende a no concederle la guarda. Así, la SAP de Cuenca de 17 diciembre 1998 (rollo de apelación núm. 219/1998) declara la guarda y custodia a favor del padre, pues la madre «*padece de trastorno psicótico no especificado y trastorno histriónico de la personalidad, a los que se ha añadido en los últimos tiempos un diagnóstico de tratamiento depresivo, lo que hace poco aconsejable que la misma se hiciera cargo del mantenimiento y educación de su único hijo, al no poder ofrecerle la estabilidad psíquica y emocional que un niño de tan corta edad requiere*». Sin embargo, existen excepciones relativas a casos en que el padre o madre enfermo esté bajo tratamiento médico y con posibilidades de mejorar. Así lo decidió la SAP de Álava de 7 mayo de 1996 (rollo de apelación núm. 102/1996) que, revocando la custodia compartida, entrega a la madre la guarda y custodia, señalando que «*no pueden servir de fundamento al efecto, por cuanto que resulta acreditado del propio informe psicológico que la esposa se encuentra en la actualidad compensada de su afección, no existiendo riesgo grande de recaída, pudiendo desarrollar perfectamente el cuidado y la atención de su hijo*». En el mismo sentido, la SAP de Murcia de 17 de mayo de 2005 (LA LEY 109663/2005).

(373) Así sucede en la SAP de Castellón de 20 julio 1998 (rollo de apelación núm. 284/1996), por la cual la Audiencia revoca lo decidido en instancia en lo relativo a la atribución de la guarda y custodia de la hija, por estar plenamente acreditado que la madre se dedicaba a la prostitución y frecuentaba la compañía de toxicómanos, lo que resulta objetivamente desfavorable para la niña. Se refieren también al ejercicio de la prostitución como un factor que incide negativamente en la atribución del cuidado personal de los hijos, las SSAP de Toledo 3 de diciembre de 2001 (LA LEY 218895/2001); y de Lugo de 1 de octubre de 2003 (LA LEY 153546/2003), en la que no se pudo acreditar el ejercicio de dicha actividad.

inclinaciones de los padres: la convivencia de uno de ellos con otra persona[374] y la conducta homosexual[375].

— En primer lugar, el hecho de que los padres convivan con una persona con la cual han iniciado una nueva relación amorosa, siempre que ello no afecte razonadamente el desarrollo del hijo[376], no resulta determinante para la atribución de la guarda y custodia. Al respecto se ha señalado que el nuevo compañero puede llegar a ser un elemento estabilizador toda vez que contribuya a mediar con inteligencia y habilidad en las relaciones entre los ex cónyuges, ayude a activar los recursos personales de su pareja con el objetivo de que esté más disponible y abierto a nuevos proyectos de vida, o favorezca la resolución del conflicto promoviendo relaciones colaborativas[377]. El rechazo del hijo a esta persona y, por consiguiente, la resistencia a vivir en el mismo domicilio, puede resultar de toda normalidad en un inicio; sin embargo, si el impacto que ello causa llega a ser

(374) La SAP de Murcia de 30 de octubre de 2000 (LA LEY 196339/2000) da lugar a la modificación de la atribución de la guarda y custodia frente a la existencia de una nueva pareja e hijo del padre. En el mismo sentido, la SAP de Murcia de 10 de mayo de 2000 (LA LEY 96146/2000) y la SAP de Barcelona de 27 de octubre de 2003 (LA LEY 171556/2003).

(375) En este sentido, estimamos acertada la SAP de Las Palmas de 14 de abril de 2004 (LA LEY 87957/2004) que, fundándose en la igualdad de derechos de todas las personas y no discriminación de las opciones sexuales, atribuye a la madre la guarda y custodia dada la irrelevancia de que ésta sea homosexual y conviva con otra mujer, ya que es posible que el hijo encuentre en un hogar homosexual un entorno de educación y desarrollo personal adecuado.

(376) Al respecto se ha señalado que, en los casos en que el vínculo que se instaura entre el hijo y el nuevo compañero del progenitor es tranquilo y rico en intercambio afectivo, se puede producir un gran beneficio para el menor, sobre todo si la anterior situación conyugal de sus padres era altamente conflictiva. En estos casos sucede que el menor, que previamente presentaba una relación adultomorfa con el progenitor que toleraba pasivamente la separación (y que tiende a trasladar a sus hijos las expectativas que tenía frente al cónyuge), logra recuperar en la nueva realidad familiar su papel de menor con el reconocimiento del derecho a comportarse como tal. Cfr. Grimaldi, M., «L'affidamento dei figli al genitore più idoneo nella separazione en nel divorzio», *Giurisprudenza di Merito*, 1990, I, pág. 186.

(377) A este aspecto se refiere Lombarda, R., «Diverse punteggiature sull'affido congiunto. Futuri esperti ed operatori a confronto», en Malagoli, M., *Affido congiunto e condivisione della genitorialità. Un contributo alla discussione in Ámbito psicogiuridico*, Milano, Franco Angeli, 2005, pág. 117; y Francescato, D. (*Figli sereni di amori smarriti: ragazzi e adulti dopo la separazione*, Milano, Mondadori, 1994, págs. 246-247), para quien esta nueva figura —que denomina «progenitor social»— tendrá afinidad con los hijos del precedente matrimonio de su pareja si mantiene, a su vez, una adecuada relación con ésta, si existe poca rivalidad con el progenitor natural y si no intenta sustituirlo.

perjudicial en la vida del menor, deben evaluarse, a nuestro juicio, nuevas modalidades de atribución de la guarda y custodia.

— En cuanto a la homosexualidad de uno de los padres, entendemos que el factor relevante es la actividad sexual practicada y no la inclinación sexual. Así, debe atenderse al modo en que cada progenitor desarrolla su sexualidad y el impacto que causa en la formación del menor, ya que la promiscuidad u otros comportamientos potencialmente negativos para éste, son tan propios de la conducta homosexual como de la heterosexual. Además, toda vez que la Constitución española (art. 18) reconoce a las personas el derecho a la intimidad personal y familiar, entendemos que están prohibidas las intromisiones en la orientación sexual de los progenitores, mientras no se acredite que existe una efectiva repercusión negativa en los hijos[(378)]. Por otra parte, cabe señalar que este factor adquiere especial importancia tras las modificaciones introducidas por la Ley 13/2005, de 1 de julio, que reconoce el derecho a contraer matrimonio entre personas del mismo sexo. En efecto, después de esta reforma, el ordenamiento jurídico español permite a los contrayentes la adopción de menores, confirmando así la intención del legislador de remover los obstáculos sociales y legales que impidan la formación de una familia sobre la base de una unión homosexual. En este mismo sentido, al aplicarse un único estatuto filial, en caso de ruptura conyugal, estas parejas podrán optar por el régimen de custodia compartida del hijo en común.

4.3. Elementos considerados *trascendentes* para la atribución de la guarda y custodia de los hijos

4.3.1. Enumeración

En este epígrafe mencionaremos algunos de los factores que resultan trascendentes para la atribución judicial del cuidado de los hijos. Entre ellos, y en relación con ciertas condiciones personales o ambientales y determinadas convicciones filosóficas, ideológicas y religiosas, indicaremos sin ánimo exhaustivo: el cambio de domicilio a otra ciudad o país de origen del proge-

(378) En este sentido, RAGEL SÁNCHEZ, L. («La guardia y custodia...», *op. cit.*, pág. 323, nota núm. 149), comentando la posibilidad de que el progenitor guardador pase a convivir con otra persona, señala que no debieran generarse respuestas distintas dependiendo de si es o no de su mismo sexo.

nitor que solicita la custodia, la práctica de alguna religión o participación en sectas, el padecimiento de alguna enfermedad por parte de uno de los progenitores, la separación de hecho anterior y prolongada de uno de los padres y, especialmente, el sexo de los padres y la edad de los hijos.

— En cuanto al cambio de domicilio a otra ciudad o país, debido a que la tendencia es mantener el estatus familiar vigente al momento de la separación, salvo casos excepcionales fundados en el mejor interés del menor, el traslado del hijo a un lugar distinto del que hasta entonces era su residencia constituye un elemento negativo frente a la determinación de la atribución de la guarda y custodia, ya que puede causar alteraciones en su entorno social, escolar y afectivo(379).

— Por otra parte, se valoran también ciertas prácticas religiosas o la participación en sectas(380), ya que la introducción temprana de los hijos en ellas puede resultar dañina para su formación. Entendemos que la profesión de una religión integra aquellas materias en las cuales ambos cónyuges deben decidir de consuno. No se encuentra dentro de las atribuciones del guardador elegir o dirigir la educación moral y religiosa del menor, ya que ello escapa del cuidado de índole estrictamente personal y cotidiana de éste(381).

(379) A este aspecto se refieren las SSAP de Castellón de 20 de abril de 2000 (recurso de apelación núm. 347/1999); de Toledo de 1 de febrero de 2001 (LA LEY 27805/2001); y de Murcia de 15 de mayo de 2003 (LA LEY 87594/2003). En esta materia conviene tener presente lo dicho respecto del derecho-deber de tener a los hijos en compañía. *Vid. supra* epígrafe 1.2.5 de este Capítulo.

(380) *Vid.* SAP de Almería de 13 de junio 1999 (recurso de apelación núm. 402/1998) y SAP de Salamanca de 14 julio 1998 (recurso de apelación núm. 216/1999).

(381) Al respecto, en Italia, donde existe una importante tradición católica, se ha señalado que los complejos mecanismos que conducen al menor a formar sus convicciones religiosas y políticas dependen en gran medida de la calidad y tipo de relación con los padres más que de la educación impartida de modo explícito por la familia. Cfr. GRIMALDI, M., «L'affidamento dei figli...», *op. cit.,* pág. 187. Asimismo, la jurisprudencia italiana ha señalado que la diversidad de credos no figura entre los elementos de juicio relativos a las aptitudes para educar a los hijos y que, existiendo diferencias entre los padres sobre la formación religiosa que se les imparte, la religión constituye solamente uno de los criterios de valoración, de forma que se debe más bien proceder a un análisis complejo y exhaustivo que determine la solución más idónea para los hijos. Así, la sentencia núm. 1714 de la Corte de Casación de 27 de febrero de 1985 (*Giustizia Civile*, 1985, II, págs. 2565-2569), entrega el cuidado del hijo a la madre no porque el padre pretendiese educarlo de acuerdo a los dictámenes de la religión musulmana, sino más bien porque resultaba ser menos apto para la educación del hijo, ya que, entre otras cosas, el menor habría tenido que permanecer con sus abuelos en Irán, arrancándolo del contexto al cual se había ambientado.

Esta facultad entra más bien en el ámbito de funciones derivadas de la patria potestad que, en principio, ambos padres ejercen. Conforme al párrafo segundo del art. 156 del CC, si existen discrepancias, el juez debe resolver escuchando a ambas partes, al hijo si tuviere suficiente juicio y siempre si fuere mayor de doce años, atribuyendo sin ulterior recurso al padre o a la madre la facultad de decidir.

— En cuanto al padecimiento de un progenitor de alguna enfermedad física o psíquica grave que impida un desenvolvimiento normal y adecuado de las funciones de cuidado personal de los hijos, entendemos que en dichos casos puede ser aconsejable la atribución de la guarda y custodia al otro progenitor(382). En efecto, se ha señalado que debe distinguirse entre anomalías psíquicas y anomalías mentales. Estas últimas tendrían un carácter más grave (como la obnubilación de la conciencia y la confusión de los niveles de la realidad) y excluirían la custodia a favor de quien las sufre. A su vez, debería diferenciarse entre anomalías psíquicas caracterizadas por una mayor posibilidad de ser dinamizadas y resueltas a través de una psicoterapia y aquellas con pronóstico desalentador o con una connotación de violencia física o psicológica(383).

— Por otra parte, se ha considerado que, si ha mediado una separación de hecho prolongada, la convivencia anterior de los hijos con uno de los progenitores debe ser mantenida con el objeto de salvaguardar la continuidad de entornos físicos, sociales, familiares, escolares y afectivos del hijo para el bien de su estabilidad(384). En este sentido, se pretende no alterar

(382) Con este tenor, SAP de Murcia de 22 de noviembre de 2005 (LA LEY 228003/2005). En sentido contrario, la SAP de Barcelona de 3 de marzo de 2005 (LA LEY 51300/2005) niega la modificación de la atribución de la guarda y custodia a favor de la madre por considerar irrelevante que el padre progenitor tenga 65 años y padezca de leucemia aguda, ya que se trata de una enfermedad anterior al abandono de la madre del hogar familiar y que se encuentra en fase de remisión. Asimismo, la SAP de Murcia de 17 de mayo de 2005 (LA LEY 109663/2005) considera que la enfermedad de la madre no constituye alteración de circunstancias que justifique una modificación en la atribución de la guarda y custodia.

(383) Cfr. GRIMALDI, M., «L'affidamento dei figli...», *op. cit.*, pág. 188.

(384) *Vid.* SAP de Barcelona de 2 de junio de 1998 (rollo de apelación núm. 78/1997).
Al respecto, el art. 375-2 del Código Civil francés establece, en materia de asistencia educativa, que «siempre que sea posible, deberá mantenerse al menor en su entorno actual». Aunque no se trata de una norma referida a la crisis matrimonial, tiene por objeto preservar la estabilidad del menor en caso de que peligre su salud, seguridad, moralidad o educación, mediante la adopción judicial de medidas de asistencia educativa (la traducción corresponde a NÚÑEZ IGLESIAS, A., *Código Civil...*, *op. cit.*, pág. 238).

el modus vivendi del hijo salvo hipótesis de mayor conveniencia como sería, desde luego, el mantenimiento de una relación directa y regular con ambos padres.

4.3.2. Mención especial a la edad del hijo y el sexo de los progenitores

Por último, la ponderación de la edad del menor y el sexo de los progenitores requiere un mayor análisis.

Hasta el año 1981, la ruptura matrimonial era consecuencia de la conducta de un «culpable» que se veía privado del derecho a ejercer la custodia de los hijos comunes[385]. La Ley 11/1981, de 7 de julio, que modificó

(385) El art. 70 del Código Civil en su redacción anterior a 1981, prescribía: «*La ejecutoria de nulidad del matrimonio producirá los siguientes efectos:*
Los hijos mayores de siete años quedarán al cuidado del padre, y las hijas al cuidado de la madre, si de parte de ambos cónyuges hubiese habido buena fe.
Si la buena fe hubiese estado de parte de uno solo de los cónyuges quedarán bajo su poder y cuidado los hijos de ambos sexos.
Si la mala fe fuere de ambos, el Tribunal resolverá sobre la suerte de los hijos en la forma que dispone el párrafo segundo del número segundo del art. 73.
Los hijos e hijas menores de siete años estarán hasta que cumplan esta edad, al cuidado de la madre.
Sin embargo, de lo establecido en estas normas, si el Tribunal que conoció sobre la nulidad del matrimonio hubiese por motivos especiales proveído en su sentencia acerca del cuidado de los hijos, deberá estarse en todo caso a lo decretado por él.
Por análogos motivos, y en lo que no haya dispuesto la sentencia de nulidad, el Juez que haya de ejecutarla podrá también aplicar su criterio discrecional según las particularidades del caso».
Por su parte, el art. 71, establecía: «*Lo dispuesto en los párrafos primero y segundo del artículo anterior no tendrá lugar si los padres de común acuerdo, proveyeren de otro modo al cuidado de los hijos dejando siempre a salvo lo establecido en los dos últimos párrafos del mismo artículo*».
Finalmente, el art. 73, ordenaba que: «*La ejecutoria de separación producirá los siguientes efectos: 2.° Quedar o ser puestos los hijos bajo la potestad y protección del cónyuge inocente.*
Si ambos fueren culpables, el Juez, discrecionalmente, podrá proveer de tutor a los hijos, conforme a las disposiciones de este Código. Esto no obstante, si al juzgarse sobre la separación no se hubiese dispuesto otra cosa, la madre tendrá a su cuidado, en todo caso, a los hijos menores de siete años.
A la muerte del cónyuge inocente, volverá el culpable a recobrar la patria potestad y sus derechos, si la causa que dio origen a la separación no afectare a la formación moral de los hijos. En otro caso se les proveerá de tutor. La privación de la patria potestad y de sus derechos no exime al cónyuge culpable del cumplimiento de las obligaciones que este Código le impone respecto de sus hijos.

la regulación del matrimonio y determinó el procedimiento a seguir en las causas de nulidad, separación y divorcio, estimaba, en cambio, que el elemento desencadenante de la crisis familiar era la ruptura de la pareja en sí misma, sin atribución de culpa a uno u otro cónyuge.

De esta forma, la nueva legislación matrimonial pretendió conformar un sistema unitario y coherente que, regido por el principio del interés superior del hijo, estableciese los criterios legales que, aplicados al caso concreto, determinasen al progenitor más idóneo como el guardador o custodio de los hijos, sin calificar la participación de los cónyuges en la crisis matrimonial. Salvo situaciones excepcionales, se atendía sólo a circunstancias personales encaminadas a valorar dicha idoneidad.

Aunque la pretensión del legislador tenía como fundamento el principio de igualdad entre cónyuges, subsistía en el art. 159 del CC la regla por la cual, si los padres vivían separados y no decidían de común acuerdo, los hijos e hijas menores de siete años quedaban al cuidado de la madre, salvo que el juez, por motivos especiales, proveyera de otro modo, discriminación que se mantuvo hasta el año 1990, fecha en que se dictó la Ley 11/1990, de 15 de octubre, «sobre reforma del Código Civil en aplicación de principio de no discriminación por razón de sexo»[386].

Para los sectores que reivindicaban mayores derechos en relación a sus hijos, la antigua regulación se basaba en la consolidación de un modelo legal que, favoreciendo claramente a la mujer en perjuicio del marido, entregaba la custodia de los menores a su madre. Según NAVARRO FAJARDO[387], quien generalmente resultaba sacrificado era el padre, pues el sistema jurídico privilegiaba a la mujer; prueba de ello, señalaba el autor, era que el elevadísimo porcentaje de los procesos matrimoniales eran iniciados por ésta. Los hombres desistían de su pretensión de divorcio o separación desalentados por la posibilidad de tener que abandonar el domicilio familiar

---

Sin embargo, de lo anteriormente establecido, si al juzgarse sobre la separación se hubiera, por motivos especiales, proveído acerca del cuidado de los hijos, deberá estarse en todo caso a lo decretado.

Por análogos motivos, en lo que no se haya proveído, el Juez encargado de la ejecución podrá también aplicar su criterio discrecional, según las particularidades del caso».

(386) En cuanto al modificado art. 159 del CC, *vid. supra* epígrafe 2.1.2 del presente Capítulo.

(387) Cfr. NAVARRO FAJARDO, J., «El derecho a...», *op. cit.*, págs. 6-7.

y a sus hijos, entregar una pensión a la ex cónyuge y mantener dos casas: la vivienda familiar y la propia de soltero.

No podemos negar la existencia de dicha discriminación legal por razón de sexo que era denunciada, con toda legitimidad, por este sector de la doctrina. Sin embargo, creemos que esta normativa descansaba en los mismos estereotipos que en esa época gobernaban una sociedad profundamente sexista, y contra los cuales las mujeres sostenían una lucha mucho más silenciosa, acallada por los prejuicios machistas que le impedían desenvolverse civilmente en igualdad de condiciones junto al hombre, no sólo en la esfera familiar sino también en el ámbito negocial, laboral y social en general. Es más, el mismo autor que antes hemos citado, explicando los criterios de atribución de la custodia de los hijos que diferenciaban entre sus edades y sexos, señalaba que ello respondía a los patrones sociológicos vigentes en la época de redacción del CC. De esta forma, se entregaba al padre la educación de los hijos para el trabajo y la vida social activa, y a la madre, la celosa vigilancia de las hijas y su exclusiva preparación para la vida de hogar y la maternidad[(388)].

Este criterio legal discriminatorio fue recogido por la jurisprudencia considerándose a la madre, prácticamente a priori, como la persona más indicada para ejercer la guarda y custodia[(389)]. En efecto, se ha establecido una especie de «presunción *iuris tantum* de que la compañía y el cuidado materno es lo más beneficioso para el menor, lo más acorde con su interés, y sólo cuando esa presunción pueda destruirse con prueba en contrario, el padre obtendrá la guarda y custodia»[(390)].

Así, en 1995 se afirmaba que en las causas judiciales de separación y divorcio, tanto en España como en los demás países europeos, la guarda y custodia de los hijos se adjudicaba a la madre en un 90% de los casos[(391)],

(388) Cfr. Navarro Fajardo, J., «El derecho a...», *op. cit.*, pág. 5.

(389) Cfr. Pastor Vita, J., «Algunas consideraciones...», *op. cit.*, pág. 44.

(390) Martínez Rodríguez, N., «El menor...», *op. cit.*, pág. 137. En este mismo sentido, en el Derecho italiano, Grimaldi, M., «L'affidamento del minore al padre nella separazione en el divorzio», *Diritto di famiglia e delle persone*, 1992, pág. 855, y Dogliotti, M., *Separazione..., op. cit.*, págs. 54 y ss.

(391) Así lo señalaba la Presidenta de la Unión de Asociaciones Familiares Pérez del Campo Noriega, A., «Presente y futuro de las relaciones entre padres e hijos en las familias de carácter monoparental», *Infancia y Sociedad*, núm. 30, 1995, pág. 71. En el mismo sentido, García Pastor, M., *La situación jurídica..., op. cit.*, pág. 149 y Ragel Sánchez, L. («La guardia y custodia...», *op. cit.*, pág. 310), quien cita diversos autores que describen una situación similar en Italia, Francia y Reino Unido.

dejando al padre no custodio un derecho de comunicación y estancia consistente, la gran mayoría de las veces, en los fines de semana alternos y la mitad de las vacaciones de verano, Navidad y Semana Santa. Estas cifras no han variado mucho en la actualidad reciente[392], lo que significa que el menor pasa aproximadamente 271 días al año con el padre o madre custodio, y 98 días con el progenitor no custodio[393].

Por otra parte, en lo que dice relación con la edad del hijo, existe una creencia generalizada que estima más conveniente entregar a la madre el cuidado de los hijos de corta edad, aduciendo razones de mejor aptitud en comparación con el padre, de mejor interés para el menor, e incluso la «relación especial que los muy pequeños suelen desarrollar con la madre a través del amamantamiento, primeros cuidados de higiene, mayor atención de la madre en el aseo, vestido, etcétera»[394]. En la doctrina, por su parte, se ha señalado que «los hijos de corta edad tienen una mayor vinculación con la madre dada la trascendencia de los primeros años en la personalidad de los niños, y que por ley natural se desarrolla en su primera etapa por medio de una relación madre e hijos»[395].

---

(392) Un estudio judicial llevado a cabo en Cataluña, referido a los años 1990-2000, arrojó que en el 89.76% de los procedimientos de separación la guarda era atribuida a la madre, mientras que en los juicios de divorcio esta cifra descendía al 82.99%. Por otra parte, la investigación indicó que esta atribución preferente se debe, en comparación con lo que sucedía hace más de veinte años, a que actualmente las crisis matrimoniales se producen en un momento más temprano, con lo que los hijos tienen menor edad y dependen más del cuidado materno, salvo causas graves. Así lo señala RIVERO HERNÁNDEZ, F., «Efectos de la crisis matrimonial respecto de los hijos. Estudio judicial (Juzgados de Catalunya)», *RJC*, núm. 3, 2003, pág. 28.

(393) Cfr. ORTIZ IBÁÑEZ, M., «La custodia compartida de los hijos e hijas en casos de nulidad, separación y divorcio», *Aequalitas*, núm. 7, mayo-agosto, 2001, pág. 36. En este mismo sentido, RAGEL SÁNCHEZ, L. («La guardia y custodia...», *op. cit.*, pág. 315) afirma que estos períodos suponen la cuarta parte e incluso la mitad del tiempo total. Así, un progenitor puede tener consigo a sus hijos la mitad de las vacaciones (cincuenta días al año) y veinte fines de semana (cuarenta días al año), lo que suma noventa días, es decir, la cuarta parte de un año.

(394) SAP de Castellón de 14 julio 1998 (recurso de apelación núm. 352/1996). Numerosas sentencias consideran fundamental la edad de los hijos: SAP de Badajoz de 15 julio 1998 (rollo de apelación núm. 16/1998); SAP de Toledo de 11 febrero 1998 (rollo de apelación núm. 413/1997); SAP de Barcelona de 9 febrero 1999 (recurso de apelación núm. 570/1998-C); y SAP de Salamanca de 24 de enero de 2005 (*RDF* núm. 28, julio a septiembre de 2005, págs. 195-196), entre otras.

(395) ZANÓN MASDEU, L., *Guarda y..., op. cit.*, pág. 46. El autor cita a SCARDULLA, F. (*La separazione personale dei coniugi ed il divorzio*, Milano, Giuffrè, 1977, pág. 330), para quien, durante la primera infancia, la forma más simple de atención y promoción de la afectividad se pue-

Estimamos que existen, entre otras, dos causas de estas preferencias.

En primer lugar, está asumido socialmente que la madre, al desempeñar las tareas del hogar en la inmensa mayoría de los casos, es la persona más capacitada para cuidar de los hijos tras la ruptura conyugal, sobre todo si se trata de niños de corta edad. De esta forma se le atribuye una función natural para ejercer la guarda y custodia[396]. Por su parte, bajo este modelo, al padre no custodio le corresponde suministrar seguridad económica a la familia, ejercer el derecho de vigilancia y control derivado de la titularidad de la patria potestad y gozar de un régimen de comunicación y estancia con su hijo. El rechazo a la idea que sea el progenitor varón quien se ocupe de la crianza de los hijos es, en definitiva, una consecuencia de la asignación tradicional de los roles parentales que efectúa la sociedad[397].

---

de otorgar mediante la solución temporal y contingente que se adapte mejor a las exigencias del menor. Exactamente por eso, la prole, en la tierna edad, se confía normalmente a la madre. En 1996, en la cuarta edición de su obra el autor mantiene, aunque un poco más moderada, la misma afirmación. Cfr. Scardulla, F., *La separazione personale dei coniugi ed il divorzio*, quarta edizione, Milano, Giuffrè, 2003, págs. 382, 383 y 386.

Por su parte, Pérez Martín, A. (*Derecho de Familia.* Tomo II. *El procedimiento..., op. cit.,* pág. 302, y *Derecho de Familia.* Tomo III. *Divorcio y..., op. cit.,* pág. 93) señala que «factores biológicos —lactancia— determinan que el hijo necesite más intensamente los cuidados de la madre» y que «existe el acuerdo de respetar las leyes naturales de la maternidad y confiar la custodia a la madre».

(396) En cuanto al factor de la edad, si bien no es fácil fijar un momento a partir de la cual el menor esté en condiciones físicas para desprenderse del cuidado materno, se ha señalado que el fin de la lactancia puede constituir uno de los indicadores del grado de dependencia fisiológica del hijo respecto de su madre. En este sentido, de los estudios sobre la edad evolutiva se desprende que, hasta el cumplimiento de los tres meses de edad, el bebé se encuentra en un estado neutral en el cual percibe el seno materno como parte de sí mismo. Al término de este estadio pre-objetivo, el bebé sufre una modificación importantísima, pues se produce un proceso de crecimiento a través del cual emerge de la pasividad para responder a la realidad externa: la sonrisa. Se pasa así de la inicial condición de indiferenciación psíquica a la etapa de definitiva estabilización del objeto libido. De esta forma, para que el desarrollo psíquico sea adecuadamente estimulado, es necesario que la asiduidad y la calidad del cuidado materno satisfagan completamente las necesidades del hijo. Cfr. Grimaldi, M., «L'affidamento dei figli...», *op. cit.,* pág. 191.

(397) Se ha señalado que la causa de este estereotipo descansa en la confusión de la identidad sexual con el rol sexual. Así, la pertenencia al *género* masculino o femenino determinaría necesariamente el deber de atenerse a los *roles* masculinos y femeninos. La identidad sexual está constituida por la suma de las ideas y de los pensamientos más íntimos sobre la propia identidad psíquica. Así, el niño o la niña adquieren el concepto de su identidad masculina o femenina a través de la interacción con las personas que le rodean, que le ofrecen la percepción de pertenecer a una cierta categoría y la convicción de ser biológ-

En segundo lugar, y muy ligado a lo anterior, se advierte una cierta desazón por parte de los progenitores varones, quienes, acatando la realidad social y el arraigado criterio judicial, no solicitan el ejercicio unilateral de la custodia de sus hijos(398). Por cada hombre que defiende las relaciones con sus hijos existen muchos que no osan ni siquiera intentarlo en cuanto se dan cuenta que las circunstancias son totalmente adversas como para no justificar un gravoso esfuerzo emocional y, a menudo, económico. De este modo, ante la falta de peticiones de guarda y custodia individual por

gicamente hombre o mujer. El rol sexual, en cambio, es un concepto que se refiere más a un determinado comportamiento del individuo que a la percepción de su ser biológico, derivando más bien de la influencia socio-ambiental que de la identidad sexual y que se funda, implícitamente, en la división de los roles. Cfr. GRIMALDI, M., «L'affidamento del minore...», *op. cit.,* pág. 862. A los estereotipos comúnmente asignados al varón y a la mujer y al imaginario social creado en torno a ellos, se refiere, en la doctrina española, ROMERO NAVARRO, F., «La custodia compartida. Una perspectiva sociológica. Función del mediador», en ROMERO NAVARRO, F., *La mediación, una visión plural: diversos campos de aplicación*, Gobierno de Canarias, Consejería de Presidencia y Justicia, Viceconsejería de Justicia y Seguridad, 2005, págs. 96-98.

(398) Así lo afirman PÉREZ MARTÍN, A., *Derecho de Familia.* Tomo II. *El procedimiento..., op. cit.,* pág. 297, y HUAITA ALEGRE, M., «Derecho de custodia, neutralidad de género, derechos humanos de la mujer e interés superior del niño o niña», en *Género y Derecho*, Santiago de Chile, Ediciones Lom, 1999, pág. 559. En efecto, conforme a ciertos datos del Instituto de la Mujer de España, GOIRIENA LEKUE, A. («La Custodia Compartida...», *op. cit.,* pág. 57) afirma que en los procesos de separación y divorcio de mutuo acuerdo, la custodia de los hijos se otorga a la madre en el 95% de los casos, siendo este aspecto objeto de acuerdo previo entre los progenitores en el convenio regulador. En los procesos contenciosos, las estadísticas sobre guarda y custodia son los siguientes: sólo el 15%-20% de los progenitores la solicitan para sí por separado, mientras que en el 80%-85% de los casos no se plantea discusión al respecto (porque el padre no la solicita) y, por lo tanto, es atribuida a la madre. Asimismo, un estudio referido a más de 1.700 sentencias de separación y divorcio dictadas entre los años 2002 y 2003 por los Juzgados de Barcelona y Mataró, arrojó que en los procedimientos contenciosos únicamente el 22% de los padres pide para sí la custodia unilateral y sólo un 1% la solicita de forma compartida. En tanto, el 77% no la pide y, desde el primer momento, asume que es la madre la que la ejercerá de manera exclusiva. En los juicios no contenciosos, los convenios reguladores indican que en el 93% de los casos los progenitores acuerdan que los hijos permanezcan con su madre; en el 5% con el padre; y sólo en un 2% se establece que la custodia se ejercerá de manera conjunta. Este desinterés se observa también en la fijación del régimen de comunicación y estancia, pues sólo en el 9% de los casos se pactan dos tardes semanales de contacto regular, mientras que el 63% acuerda sólo un fin de semana quincenal. Cfr. VARELA PORTELA, M, «Protección a la maternidad en los procesos de separación y divorcio», Ponencia presentada en el *XVII Congreso Estatal de Mujeres Abogadas*, Valladolid, octubre de 2004, disponible en [http://www.bufete-varela.com/publicaciones_detalle.asp?idPublicacion=99].

parte del padre (varón), las habilidades y condiciones afectivas y materiales que éstos pueden ofrecer a sus hijos quedan ocultas. Sería mucho más conveniente que el juez pudiese ilustrarse de ambas situaciones por igual, conocer los diversos aspectos personales y de educación que tanto el padre como la madre poseen y proyectan para sus hijos, hipótesis que hasta ahora se verifica sólo si existe contienda entre aquéllos con respecto a la custodia de su hijo en común mediante la aportación de la prueba respectiva.

En todo caso, es posible advertir que las relaciones parentales avanzan hacia una fuerte asunción de funciones familiares por parte del padre: las tradicionales esferas privativas de la madre en la atención del hijo van abriendo terreno hacia una igualdad de roles; la ascendente inserción femenina en el campo laboral contribuye a potenciar una mayor participación de los hombres en el cuidado y atención de los hijos. De ello da muestra la jurisprudencia, ya que cada vez son más las sentencias que entregan al padre la guarda y cuidado de los hijos[399].

(399) La STS de 22 de mayo de 1999 reconoce esta tendencia, aunque minoritaria, señalando que, como regla general, se atribuye el cuidado personal de los hijos a la madre, «*salvo que concurran circunstancias excepcionales que aconsejen entregarlos al cuidado paterno*». En la SAP de Tarragona, de 9 febrero 1999 (*AC*, 1994-1, pág. 600), se señala que «*este Tribunal no comparte el criterio del Juzgado a quo sobre una mayor idoneidad de las madres para atender a los menores con un carácter absoluto y para los casos en que el padre también sea adecuado, por lo que estando ambos progenitores, en este caso, perfectamente capacitados para atender a su hijo, tanto material como afectivamente y no mostrando el niño rechazo por ninguno de ellos que evidencie que se haya condicionado su pensamiento o sus sentimientos por alguno de los padres a fin de indisponerlo con el otro, debe valorarse la preferencia del menor, y en consecuencia procede atribuir al padre la guarda y custodia, manteniendo las condiciones fijadas en la resolución recurrida para el derecho de visitas referidas a la madre*».

Asimismo, la SAP de Guadalajara de 13 de enero de 1995 (rollo de apelación núm. 44/1994) reconoció «*la situación de igualdad en que a priori se encuentran los progenitores, sin que sea por sí solo el sexo del mismo determinante de unas mayores facultades al respecto que justifiquen su atribución al mismo*».

A su vez, la SAP de Tarragona de 24 de julio de 2000 (LA LEY 152019/2000) señala que «*ha desaparecido en nuestra legislación toda desigualdad o trato discriminatorio entre el padre y madre a la hora del ejercicio de la patria potestad y de la guarda y custodia respecto a los hijos menores, en lógica aplicación del principio de igualdad que viene contemplado en el art. 14 de la Constitución Española, y aunque en la práctica judicial se produce, a veces, un cierto automatismo a la hora de resolver con cuál de los dos progenitores ha de quedar el hijo o los hijos habidos, por la existencia de un criterio consolidado, salvo contadas excepciones y basadas en la tradición y realidad social conforme*

En definitiva, a nuestro juicio, el factor determinante debe ser la aptitud de cada progenitor para desenvolver las funciones inherentes al cuidado del hijo, independientemente de su sexo. Con la promulgación de la Ley 15/2005 se ha reforzado el principio de no discriminación entre hombre y mujer que en 1990 el legislador consagró en estas materias. El reconocimiento positivo de la custodia compartida se fundamenta en el principio de corresponsabilidad familiar que, a su vez, concibe a ambos padres igualmente capaces para involucrarse en las funciones parentales y, en especial, en las tareas de cuidado de los hijos[400]. El juez debe o puede

---

al cual se estima que durante la temprana edad de los hijos es más beneficioso para éstos la compañía permanente de la madre, lo cierto es, que los cambios en esa realidad social, que sobrevienen fundamentalmente por el acceso al mundo laboral de las mujeres, van desplazando el problema a un campo donde las resoluciones acerca de tan importante punto han de atender a las peculiaridades de cada caso concreto, de modo que en aquellos supuestos donde ambos progenitores trabajan fuera del domicilio, habrá que ver cuál de los dos podrá atender más y mejor las necesidades de los hijos».

Por ejemplo, durante el año 2000, se dictaron las siguientes sentencias otorgando la custodia de los hijos al padre: SAP de Albacete de 30 diciembre (LA LEY 238825/2000); SAP de Málaga de 20 diciembre (LA LEY 232670/2000); SAP de Albacete de 19 diciembre (LA LEY 231833/2000); SAP de Murcia de 17 diciembre (LA LEY 229778/2000); SAP de Las Palmas de 11 diciembre (LA LEY 225035/2000); SAP de Alicante de 1 diciembre (LA LEY 220595/2000); SAP de Las Palmas de 14 noviembre (LA LEY 206450/2000); SAP de Santa Cruz de Tenerife de 11 noviembre (LA LEY 205070/2000); SAP de Baleares de 7 noviembre (recurso de apelación núm. 687/1999); SAP de León de 7 noviembre (LA LEY 201874/2000); SAP de Badajoz de 24 octubre (LA LEY 191678/2000); SAP de Murcia de 23 octubre (LA LEY 190878/2000); SAP de Lleida de 20 octubre (LA LEY 189479/2000); SAP de Murcia de 11 octubre (LA LEY 183517/2000); SAP de Murcia de 19 septiembre (LA LEY 166380/2000); SAP de Huelva de 15 septiembre (LA LEY 163542/2000); SAP de Salamanca de 27 julio (LA LEY 154513/2000); SAP de Teruel de 21 julio (LA LEY 151165/2000); SAP de Alicante de 18 julio (LA LEY 148374/2000); SAP de Málaga de 20 julio (recurso de apelación núm. 322/2000); y SAP de Cáceres de 11 julio (LA LEY 142534/2000).

(400) En este sentido, Linacero de la Fuente, M. («Leyes de Familia...», *op. cit.*, pág. 67), ha señalado que el legislador no puede «inclinar la balanza a favor del padre o de la madre [...] por cuanto sería tachado de inconstitucional». En este artículo la autora identifica el cambio social producido en materia de roles parentales como aquella circunstancia que, en su momento, consideró necesaria para la alteración del antiguo art. 159 del CC (antes de ser modificado por la Ley 11/1990) respecto del cual defendía su constitucionalidad en los siguientes términos «si la realidad social cambiase de forma que ambos progenitores, hombre y mujer, se repartiesen equitativamente la crianza de los hijos pequeños, podría justificarse la alteración de la norma» (Linacero de la Fuente, M., «Acerca de...», *op. cit.*, págs. 577 y 578). En la jurisprudencia, por su parte, afirman la inexistencia de discriminación por razón de sexo en la atribución de la guarda y custodia de los hijos: la SAP de Las Palmas de 6 de junio de 2003 (LA LEY 101228/2003) y la SAP de Castellón de 27 de junio de 2003 (LA LEY 113568/2003), entre otras.

considerar las capacidades de los progenitores para dispensar la adecuada atención y cuidado a sus hijos, en el orden personal, material, emocional, afectivo y educativo, de manera que se garantice un adecuado equilibrio del menor, evitando que éste sea utilizado en el conflicto de sus padres. Para ello será determinante la evaluación de la estabilidad emocional de cada uno de los progenitores y la ponderación el entorno socioeconómico y cultural del hijo, ya que ello incide en sus relaciones familiares y habituales. Debe analizarse la conducta de los padres, su personalidad, la posible influencia negativa que pueda ejercer en la formación del hijo y, sobre todo, considerar cuál de los dos ofrece una mayor garantía para que la relación de éste con el otro padre o madre no custodio se desarrolle con normalidad. Debe examinarse, por otra parte, el grado de dedicación a los hijos anterior a la ruptura, para establecer el mayor o menor grado de cercanía y empatía con cada uno de los padres; la existencia de riesgos para la formación o salud de los menores; las convicciones políticas y religiosas; y el modo en que previsiblemente se han de solucionar los problemas económicos, descartándose la presencia de intereses ajenos al cuidado de los hijos que encubran el deseo de obtener el uso de la vivienda familiar, el establecimiento de una pensión, su incremento o su disminución[401].

(401) Así lo señala la SAP de Barcelona de 21 noviembre de 1996 (rollo de apelación núm. 1136/1995) y la SAP de Madrid de 25 febrero 1998 (LA LEY 27139/1998). La SAP de Madrid de 8 de junio de 2004 (LA LEY 134762/2004) afirma que «*la resolución judicial ha de atender para la adopción de la medida debatida a los elementos personales, familiares, materiales, sociales y culturales que concurren en una familia determinada, buscando lo que se entiende mejor para los hijos, para su desarrollo integral, su personalidad, su formación psíquica y física, teniendo presente los elementos individualizados como criterios orientadores, sopesando las necesidades de atención, de cariño de los menores, de alimentación, de educación y ayuda escolar, de desahogo material, de sosiego y clima de equilibrio para su desarrollo, las pautas de conducta de su entorno y sus progenitores, el buen ambiente social y familiar que pueden ofrecerles, la ayuda laboral, sus afectos y relaciones con ellos en especial si existe un rechazo o una especial identificación, su edad y capacidad de autoabastecerse, etc.*».

CAPÍTULO II

EJERCICIO DE LA GUARDA Y CUSTODIA DE LOS HIJOS

1. VINCULACIÓN ENTRE PATRIA POTESTAD Y GUARDA Y CUSTODIA DE LOS HIJOS

1.1. Situaciones de normalidad familiar

El análisis de la vinculación entre patria potestad y guarda y custodia de los hijos, debe partir de la distinción entre situaciones de normalidad familiar y de ruptura conyugal o de pareja.

En situaciones de regularidad matrimonial, la regla general es el ejercicio conjunto de la patria potestad. Los derechos-funciones que ésta comprende van desenvolviéndose de manera natural respecto de los hijos sin que el aparato jurisdiccional deba intervenir. De hecho, prácticamente no existe jurisprudencia recaída en procedimientos judiciales encaminados a resolver desacuerdos ocasionales o reiterados sobre el ejercicio de la patria potestad dual en supuestos de normalidad conyugal[402].

El desarrollo de las facultades que comprende la guarda y custodia de los hijos menores no emancipados corresponde a ambos progenitores, pues conforme al art. 154 del CC, aquéllos están bajo la patria potestad de éstos. Dichos derechos y deberes deben ejercerse de consuno por padre y madre; y si se produjesen ciertos desacuerdos debemos distinguir si éstos son o no reiterados (párrafo segundo del art. 156 del CC):

• Si los desacuerdos no son reiterados, cualquiera de ellos puede recurrir al juez, quien después de oír a ambos y al hijo o hijos si tuvieren suficiente juicio y discernimiento y, en todo caso, si fueran mayores de

(402) Así lo señala RAGEL SÁNCHEZ, L., «Reflexiones sobre los deberes paterno-filiales», en VV.AA., *Estudios Jurídicos en homenaje a Luis Díez-Picazo*, tomo III, Madrid, Thomson Civitas, 2003, pág. 4892.

doce años, atribuirá sin ulterior recurso la facultad de decidir al padre o a la madre.

• Si los desacuerdos son reiterados, sean esporádicos o continuos, o si concurriera cualquier otra causa que entorpezca gravemente el ejercicio de la patria potestad y, por ende, el de la guarda, el juez podrá atribuir total o parcialmente dicha patria potestad a uno de los padres o distribuir entre ellos sus funciones; medida que durará el plazo que el juez fije con un máximo de dos años. Desaparecido el desacuerdo o la causa de entorpecimiento, no es obligatorio dejar transcurrir el término fijado para cesar la eficacia de la medida judicial adoptada(403).

En ambos casos, la decisión recae sobre el contenido de la patria potestad, en su modo de ejercicio, sin afectar la titularidad de la misma.

1.2. Situaciones de crisis familiar

1.2.1. Planteamiento

En los casos de ruptura conyugal o de pareja, la guarda y custodia de los hijos se desgaja de la patria potestad transformándose en un derecho-deber independiente(404) que, generalmente (a esto nos referiremos detenidamente más adelante), irá acompañado del ejercicio de la patria potestad por parte del progenitor guardador, y de la titularidad conjunta de la misma con el otro padre o madre no custodio.

De acuerdo con los arts. 154 y 159 del CC, la *titularidad* de la patria potestad corresponde a ambos progenitores. No obstante lo cual, entendemos que la atribución de la guarda y custodia de los hijos supondrá el *ejercicio* de dicha patria potestad por parte del padre o madre guardador, o por

(403) Cfr. Bercovitz Rodríguez-Cano, R., «Comentario al art. 156...», *op. cit.*, pág. 1066.

(404) En este sentido, de Cossío Martínez, M., *Las medidas en los casos de crisis matrimonial*, Madrid, McGraw-Hill, 1997, pág. 18. Para Rabadán Sánchez-Lafuente, F. («Régimen de atribución del ejercicio de la patria potestad en los supuestos que los padres no conviven», en *Ponencias del XIII Congreso Internacional de Derecho de Familia*, 18 a 22 de octubre de 2004, Sevilla-Huelva, España, pág. 2), en los casos de no convivencia entre los padres, el concepto de ejercicio de la patria potestad quiebra para generar tres figuras: la guarda, el derecho de visitas y lo que la autora denomina «ejercicio impropio», que englobaría aquellas facultades de la patria potestad que no forman parte del cuidado directo del menor, es decir, de la guarda y custodia.

ambos si la modalidad de cuidado personal de los hijos es compartida, sin que, en ninguno de los dos casos, la titularidad recaída en ambos progenitores se vea alterada. De todas formas, debe tenerse presente que el juez puede determinar, en interés del hijo, que la patria potestad sea ejercida total o parcialmente sólo por uno de ellos e, incluso, puede establecer la privación de ella si concurren causas graves que así lo justifiquen.

Debido a la amplitud de facultades que concede la guarda y custodia, se ha señalado que el progenitor no guardador tiene una patria potestad formal y *capiti disminuida*, que alcanza mayor trascendencia a través del régimen de comunicación y estancia, lo que a su vez presupone una especie de limitación al desarrollo de las funciones del guardador(405). Incluso, cierta doctrina(406) ha señalado que la atribución de la guarda y custodia de los hijos a uno solo de los progenitores equivale a la atribución del ejercicio de la patria potestad. Nosotros sostenemos que ciertos elementos de dicho ejercicio quedan radicados también en el otro progenitor. Nos referimos al derecho-deber de vigilancia y control y al deber de colaboración que examinaremos más adelante(407).

1.2.2. Regla general aplicable al ejercicio de la patria potestad en situaciones de crisis familiar

En cuanto a la regla legal general aplicable al ejercicio de la patria potestad en situaciones de crisis familiar, la doctrina se encuentra dividida entre varias posiciones, existiendo una fértil discusión al respecto.

El debate doctrinal se centra en el párrafo quinto del art. 156 del CC, que establece que, si los padres viven separados, la patria potestad se ejerce por aquel de los progenitores con quien el hijo convive.

Para un sector minoritario de la doctrina(408), esta disposición es aplicable a las situaciones en que existen hijos de filiación no matrimonial y

(405) Cfr. Rivero Hernández, F., «Comentarios a los arts. 92, 93 y 94 del Código Civil», en Rams Albesa, J. y Moreno Flórez, R. M. (Coord.), *Comentarios al Código Civil II*. Vol. 1.º. *Libro Primero (Títulos I a IV)*, Barcelona, J. M., Bosch Editor, 2000, págs. 932-934.

(406) Así lo estiman Ruiz-Rico Ruiz, J., de la Fuente Núñez de Castro, M. y Luque Jiménez, C., «Reflexiones...», *op. cit.*, pág. 73.

(407) *Vid. infra* epígrafes 2.2 y 2.3 del presente Capítulo.

(408) Cfr. López Pérez, J., La patria potestad..., *op. cit.*, pág. 53.

a las rupturas de las parejas de hecho. De acuerdo con esta posición, el apartado cuarto del art. 92 del CC, que señala que los padres podrán acordar en el convenio regulador o el juez podrá decidir, en beneficio de los hijos, que la patria potestad sea ejercida total o parcialmente por uno de los cónyuges[(409)], acogería los demás supuestos para la nulidad, separación y divorcio matrimoniales confirmando que la regla general es el coejercicio de la patria potestad, cuestión que no se ve alterada por la ruptura de los cónyuges[(410)].

Otro sector de la doctrina[(411)] realiza una interpretación más amplia de la frase *si los padres viven separados* del apartado quinto del art. 156 del CC.

(409) Esta norma ha sido modificada por la Ley 15/2005 pero, para efectos de lo comentado por la doctrina (y que aquí se reproduce), mantiene su vigencia, ya que no ha sido objeto de alteraciones sustanciales. En efecto, el anterior párrafo cuarto señalaba que: «podrá también acordarse, cuando así convenga a los hijos, que la patria potestad sea ejercitada total o parcialmente por uno de los cónyuges o que el cuidado de ellos corresponda a uno u otro, procurando no separar a los hermanos».

(410) En efecto, la asignación unilateral de la custodia de los hijos no lleva aparejada la concesión automática del ejercicio de la patria potestad al progenitor guardador. En contra, Castán Pérez-Gómez, J. («La patria potestad», en Delgado de Miguel, J. (coordinador general), *Instituciones de Derecho Privado.* Tomo IV. *Familia.* Volumen 1.º, Madrid, Civitas, 2001, pág. 676), quien señala que, en defecto de acuerdo o resolución judicial, prevalece el párrafo quinto del art. 156 del CC, de manera que la patria potestad debe ser ejercida exclusivamente por el padre que vive con los hijos.

(411) Cfr. Bercovitz Rodríguez-Cano, R., «Comentario al art. 156...», *op. cit.,* pág. 1069; de Prada González, J., «La patria potestad tras...», pág. 285, también en *AAMN*, 1982, XXV, págs. 384-385; Castillo Tamarit, J., «Reflexiones sobre la modificación del Código Civil en materia de patria potestad», *RDN*, 1982-2, pág. 65; Solís Villa, C., «Notas sobre el ejercicio de la representación legal de los hijos», en *La Reforma del Derecho de Familia. Jornadas Hispalenses sobre la Reforma del Derecho de Familia*, Sevilla, 1982, pág. 321; y Echarte Feliú, A., *Patria potestad en situaciones de crisis matrimonial*, Granada, Comares, 2000, págs. 23-36. En el mismo sentido Rivero Hernández, F. («Comentarios al art. 92», en *Matrimonio y divorcio..., op. cit.,* págs. 1036-1037), para quien, si bien el párrafo quinto del art. 156 del CC se refiere exclusivamente a situaciones de separación de hecho de los progenitores (casados o no casados entre sí), de su redacción se desprende que los acuerdos o medidas respecto del ejercicio de la patria potestad en los procedimientos matrimoniales son relativamente excepcionales, es decir, sólo cuando se revele causa para ello. Por último, a nuestro juicio, pertenece también a este sector doctrinal Roca Trías, E. («Comentario al art. 92 del Código Civil», en *Comentarios a..., op. cit.,* pág. 577, y «Comentario al art. 92 del Código Civil», en *Comentario del..., op. cit.,* pág. 389), quien afirma que, si bien los arts. 92, 93 y 94 del CC tienen plena aplicación en situaciones constatadas judicialmente, los arts. 156.5, 159 y 161 del CC pueden aplicarse tanto a casos de crisis con sentencia constitutiva como a situaciones de separación de hecho. Esta tesis es compartida también por Rogel Vide, C., «Comentario al art. 159 del Código

— En primer lugar, se señala que dicho supuesto incluye la separación de hecho de los cónyuges, la vida separada de los progenitores no matrimoniales y, por último, los casos de divorcio, nulidad y separación matrimoniales siempre que no se haya determinado medida alguna para el ejercicio de la patria potestad en el correspondiente procedimiento.

A nuestro juicio, el argumento más fuerte de esta posición es la aplicación del principio de igualdad constitucional, que impide efectuar diferencias entre filiación matrimonial y no matrimonial en situaciones de crisis conyugal[(412)] y, conforme al cual, el párrafo cuarto del art. 92 del CC no se encontraría excluido por la hipótesis del párrafo quinto del art. 156 del mismo cuerpo legal, ya que aquél sería aplicación de lo prescrito por éste. En suma, de acuerdo con esta posición, toda vez que existe separación entre padre y madre, y a falta de acuerdo de éstos, la patria potestad debe ejercerse por el progenitor guardador.

En este sentido, GODOY MORENO[(413)] sostiene que, conforme a dicho principio constitucional de igualdad, ante el supuesto de hecho de padres que no viven juntos, no cabe una dualidad de respuestas en cuanto al ejercicio de la patria potestad. Por lo tanto, el párrafo quinto del art. 156 del CC es

Civil», en *Comentarios a las reformas del..., op. cit.,* pág. 602 y GARCÍA PASTOR, M., «El derecho de visitas en circunstancias excepcionales (SSTS de 22 de mayo y 21 de julio de 1993)», *AC,* 1995-4, pág. 756.

(412) BAYOD LÓPEZ, M. («El supuesto de hecho del párrafo 5 del art. 156 CC: ¿Qué casos son subsumibles en esta disposición?», *RCDI,* 1991-I, págs. 925-926), pone de manifiesto que en el Proyecto de Ley sobre modificación del Código Civil en materia de filiación, patria potestad y régimen económico del matrimonio de 1981, dada la plena igualdad jurídica de los hijos ante la ley reconocida en el art. 32.2 de la Constitución española de 1978, no se estableció un régimen distinto para la filiación matrimonial y no matrimonial (a diferencia de diversos ordenamientos jurídicos europeos). Así, si los padres viven separados, independientemente de si están o no casados, la regla general es que se atribuya a ambos el ejercicio conjunto de la patria potestad, subsistiendo, no obstante, la duda respecto de los casos de ruptura de hecho entre ellos. A este vacío responden las enmiendas núms. 114 y 453 que, respectivamente, fueron presentadas por el Partido Comunista y la Coalición Democrática. La primera se refería expresamente a la filiación no matrimonial atendiendo a la situación generalizada de vida separada entre las parejas que, habiendo reconocido a su hijo, no habían contraído matrimonio y, la segunda, sin hacer esa directa referencia, regulaba la situación de separación de hecho para llenar la laguna legal que podría perjudicar a los hijos. Dichas propuestas motivaron la inclusión de una norma referida a la situación de vida separada de los progenitores contenida en el párrafo quinto del art. 156 del CC.

(413) Cfr. GODOY MORENO, A., «La guarda y custodia compartida...», *op. cit.,* pág. 328.

aplicable a cualquier situación de ruptura o ausencia de convivencia entre padre y madre, incluso en casos de nulidad, separación y divorcio. Sin embargo, la autora agrega una cuestión con la que no estamos totalmente de acuerdo. Sostiene que el párrafo cuarto del art. 92 del CC no obliga al juez a pronunciarse sobre el ejercicio de la patria potestad, a diferencia de la atribución y ejercicio de la guarda, que constituye un contenido mínimo de la sentencia en el juicio matrimonial (conforme al art. 159 del CC); y que, por lo mismo, debe observarse lo establecido en el párrafo quinto del art. 156 del CC, atribuyendo el ejercicio de la patria potestad al padre o madre guardador, a menos que las circunstancias indiquen una solución diversa atendido el interés superior del hijo. En efecto, de acuerdo con el párrafo quinto del art. 156 del CC, el progenitor no conviviente puede solicitar fundadamente al juez el ejercicio conjunto de la patria potestad o la distribución de las funciones inherentes a su ejercicio, en cuyo caso, la decisión judicial debe atender el interés del hijo. Sin embargo, para nosotros, el hecho de que el art. 92 del CC no obligue al juez a pronunciarse sobre el ejercicio de la patria potestad pero sí sobre la titularidad de la guarda y custodia, ocasiona que, ante la ausencia de un criterio automático de atribución de dicho ejercicio, el juez quede obligado también a disponerlo(414). Es decir, deberá producirse una actitud positiva del juez en cuanto a la modalidad de ejercicio de la patria potestad y no una atribución mecánica en el guardador. No es necesario que medie solicitud para que se introduzca un régimen conjunto, distribuido, o exclusivo de las funciones que comprende esta figura.

— En segundo lugar, dentro de esta misma doctrina que defiende una interpretación amplia de esta norma, se afirma que los supuestos de crisis matrimonial están excluidos de ella, ya sea porque, en estos casos, el ejercicio de la patria potestad debe ser siempre regulado judicialmente, bien a través del aprobación del convenio regulador o directamente por el juez a falta de dicho acuerdo, o porque cuando nada se ha establecido ni en la sentencia ni en el acuerdo de los cónyuges respecto del ejercicio de la patria potestad, éste continúa ejerciéndose conjuntamente por am-

(414) En el mismo sentido, García Pastor, M., *La situación...., op. cit.*, págs. 187-190; y Guilarte Martín-Calero, C., «Comentarios del nuevo art. 92 del Código Civil», en Guilarte Gutiérrez, V. (Dir.), *Comentarios a la reforma de la separación y el divorcio*, Valladolid, Lex Nova, 2005, págs. 134 y 141.

bos progenitores sin necesidad de aplicar el párrafo quinto del art. 156 del CC[(415)].

Al respecto, BAYOD LÓPEZ[(416)] hace referencia a cierta jurisprudencia que acoge una interpretación amplia de la norma que venimos comentando. En primer lugar, el Tribunal Supremo, en sentencia de 23 de febrero de 1984, considera factible la aplicación del párrafo quinto del art. 156 del CC, tanto a supuestos de separación matrimonial de hecho y falta de convivencia de parejas que no habiendo contraído matrimonio han reconocido a sus hijos, como a los supuestos de separación legal. En segundo lugar, conforme detalla el autor, las Audiencias, confirmando el criterio del Tribunal Supremo, han aplicado de forma reiterada esta disposición a las separaciones matrimoniales, como una consecuencia jurídica ante la vida separada de los progenitores y la atribución de la guarda y custodia a uno de ellos conforme al art. 92 del CC.

En definitiva, para nosotros, el criterio legal general de atribución del ejercicio de la patria potestad cuando los padres no conviven está contenido en el art. 156, párrafo quinto, del CC. Se trata de una situación de hecho no sometida a conocimiento judicial a la cual el ordenamiento jurídico da una solución automática. Dadas las tensiones que se producen entre los padres una vez sobrevenida la separación, que pueden llegar a hacer imposible un ejercicio conjunto de la patria potestad, el legislador ha considerado prudente atribuir el ejercicio de la patria potestad al padre o madre custodio[(417)]. Sin embargo, en los supuestos de separación y divorcio en los cuales sí existe intervención judicial, prima la aplicación de párrafo

(415) Cfr. SUÁREZ SÁNCHEZ-VENTURA, J. y MARTÍNEZ MARTÍNEZ, F., «Los actos de disposición de bienes de menores sometidos a la patria potestad en el Código Civil», *RDP*, 1981, pág. 861; URIBE SORRIBES, A, «La representación de los hijos», *AAMN*, XXV, Madrid, Edersa, 1982, pág. 258; VENTOSO ESCRIBANO, A., *La representación y distribución de los bienes de los hijos*, Madrid, Edit. Colex, 1989, págs. 133 y 134; y SEISDEDOS MUIÑO, A., *La patria potestad...*, *op. cit.*, págs. 189 y 334. BAYOD LÓPEZ, M. («El supuesto...», *op. cit.*, págs. 933 y 936), señala que en los supuestos de separación de derecho y de mutuo acuerdo no se aplica directamente el párrafo quinto del art. 156 del CC porque la norma especial (arts. 90 y 103 del mismo cuerpo legal) prevalece sobre la general; aunque más adelante agrega que el juez puede aplicar el párrafo quinto del art. 156 del CC para oponerse al convenio regulador si lo estima conveniente o para establecer, en los casos en que los cónyuges no han llegado a acuerdo, que el ejercicio de la patria potestad corresponda a uno solo de ellos, o bien, de forma conjunta o distribuida entre ambos.

(416) Cfr. BAYOD LÓPEZ, M., «El supuesto...», *op. cit.*, pág. 934, en especial la nota núm. 20, donde enuncia varias SSAT.

(417) En este sentido, GARCÍA PASTOR, M., *La situación....*, *op. cit.*, pág. 197.

cuarto del art. 92 del CC sobre lo dispuesto en el párrafo quinto del art. 156 del mismo cuerpo legal, debiendo el juez, ante la falta de acuerdo de los padres al respecto, decidir sobre el ejercicio de la patria potestad, pues la determinación del progenitor custodio no trae aparejada la adopción de un régimen predeterminado de ejercicio de la patria potestad. Así, el juez debe establecer, conforme a su criterio y en el interés superior del hijo, el titular de la guarda y custodia, implantando un ejercicio exclusivo, conjunto, o una atribución o distribución de funciones de la patria potestad.

1.2.3. Referencia al art. 159 del CC

Para finalizar, diremos que, en estrecha relación con la discusión descrita acerca del párrafo quinto del art. 156 del CC, se encuentra el art. 159 del mismo cuerpo legal. La primera parte de esta disposición establece que «si los padres viven separados y no decidieren de común acuerdo, el Juez decidirá, siempre en beneficio de los hijos, al cuidado de qué progenitor quedarán los hijos menores de edad».

En ambas normas se ha discutido el alcance de la frase *si viven separados, ya que*, como hemos dicho, cierta interpretación excluiría la separación, divorcio y nulidad matrimoniales. Sin embargo, con respecto al art. 159 del CC, la doctrina mayoritaria entiende que se trata de una norma que regula el cuidado de los hijos para todos los casos en que los padres no vivan juntos y que, por lo tanto, se aplica a la separación de progenitores no casados, a los separados de hecho y a las hipótesis de crisis matrimonial reguladas por los arts. 90.A, 91, 92 y 103.1 del CC[418].

(418) Cfr. Bercovitz Rodríguez-Cano, R., «Comentario al art. 159...», *op. cit.*, págs. 1073 y 1074; Bayod López, M., «El supuesto...», *op. cit.*, pág. 940; y Rogel Vide, C., «Comentario al art. 159 del Código Civil», en *Comentarios a las reformas del..., op. cit.*, págs. 601-602. Por su parte, Benavente Moreda, P. («La custodia de...», *op. cit.*, págs. 154-155), afirma que, al haber desaparecido la especialidad del límite de los siete años como criterio de atribución, esta norma carece de significación, ya que reitera lo dispuesto en los arts. 90, 91 y 92 del CC. Por lo tanto, agrega la autora, al menos cuando la falta de convivencia se origina en tales situaciones de crisis matrimonial, esta norma resulta superflua por repetitiva. Por último, algunas autoras exigen un cierto matiz de continuidad en la separación aludida en la norma en cuestión. Así, Fuente Noriega, M. (*La patria potestad..., op. cit.*, págs. 286-287), afirma que «tanto el art. 156,5 como el 159, al referirse a progenitores que no viven juntos, aluden, en todo caso, bien a situaciones en las que la convivencia nunca ha existido, bien a una ruptura o cese de la misma caracterizada por un cierto carácter estable y de mayor o menor duración [...]». En el mismo sentido,

2. LÍMITES TRADICIONALES DEL EJERCICIO DE LA GUARDA Y CUSTODIA DE LOS HIJOS

2.1. La posición del progenitor no guardador

Como hemos señalado, la atribución de la guarda y custodia de los hijos al progenitor que resulte más apto para ejercerla no produce la pérdida de la titularidad de la patria potestad del padre o madre no guardador, quien conserva una importante injerencia en la formación integral de su hijo. Con mayor razón aún, si la modalidad de ejercicio del cuidado personal es compartida, ambos progenitores mantienen casi intactos sus derechos y funciones derivados de la patria potestad. Como veremos más adelante, al diferenciarse en España entre titularidad y ejercicio de la patria potestad, la custodia alternada o sucesiva presenta diversas posibilidades en su ejercicio en relación con el desenvolvimiento de la patria potestad que coexiste durante los períodos de convivencia con uno y otro padre[(419)]. A continuación nos referiremos solamente a la hipótesis de custodia unilateral de los hijos.

La titularidad de la patria potestad continúa entonces, salvo decisión judicial (el apartado tercero del art. 92 del CC establece que en la sentencia se acordará la privación de la patria potestad cuando en el proceso se revele causa para ello[(420)]), en manos de ambos padres. En cuanto a su ejercicio, conforme lo señalamos al abordar la discusión sobre el apartado quinto del art. 156 del CC, si no media acuerdo al respecto, el juez actúa positivamente a falta de un criterio automático, es decir, debe decidir si corresponde a ambos conjuntamente, si queda distribuido parcialmente entre ellos, o si queda radicado en el progenitor a quien le es asignada la guarda. Recordemos que, a nuestro juicio, no es necesario que exista acuerdo entre los padres para que la patria potestad sea ejercida total o parcialmente por uno de ellos en los casos de nulidad, separación y divorcio matrimoniales (conforme a la posibilidad prevista por el párrafo cuarto

LINACERO DE LA FUENTE, M. («Acerca de...», *op. cit.*, pág. 566) estima que «es obvio que se refiere a aquellos casos de separación que tengan una cierta voluntad de permanencia o continuidad».

(419) Así, se distinguen ciertas combinaciones de la custodia compartida con respecto al ejercicio de la patria potestad. *Vid. infra* epígrafe 2.4.6 del Capítulo IV.

(420) Las causas de privación de la patria potestad están establecidas en el art. 170 del CC.

del art. 92 del CC). No obstante lo anterior, sólo en uno de ellos quedará radicada la custodia de los hijos.

Esta cotitularidad de la patria potestad *versus* la guarda privativa de uno de los padres, produce no pocas interferencias para el ejercicio de una y otra. Algunos de los casos en los que ellas pueden presentarse son aquellas situaciones en las que ambos padres conservan idénticos derechos respecto de ciertos actos referidos a los hijos menores: prestar el consentimiento para su adopción por un tercero y para la audiencia procedente en su caso, no importando a quién se le ha atribuido la guarda (art. 177.2.2.° y 3.2.° del CC)[(421)]; lo mismo ocurre con el trámite de ser oídos en los expedientes de dispensa de edad para el matrimonio (art. 48.2 *in fine* del CC)[(422)]; en los de emancipación por concesión judicial (art. 320 del CC)[(423)]; y en la emancipación por concesión de los que ejerzan la patria potestad, a menos que el no guardador haya sido privado de esa potestad y la tenga en exclusiva el guardador (arts. 314.3 y 317 del CC)[(424)]. Por otra parte, de acuerdo a la teoría de la apariencia, los terceros presumirán que quien ejerce la patria potestad es el padre o madre bajo cuya guarda están los hijos[(425)].

(421) El art. 177 del CC dispone en su punto 2: «*Deberán asentir a la adopción en la forma que señala la Ley de Enjuiciamiento Civil: 2.° Los padres del adoptando que no se hallare emancipado, a menos que estuvieran privados de la patria potestad por sentencia firme o incursos en causa legal para tal privación. Esta situación sólo podrá apreciarse en procedimiento judicial contradictorio, el cual podrá tramitarse como dispone el art. 1.827 de la Ley de Enjuiciamiento Civil*». El párrafo tercero del art. 177 del CC prescribe: «*Deberán ser simplemente oídos por el Juez: 2.° El tutor y, en su caso, el guardador o guardadores*».

(422) El párrafo segundo del art. 48 del CC establece: «*El Juez de Primera Instancia podrá dispensar, con justa causa y a instancia de parte, los impedimentos del grado tercero entre colaterales y de edad a partir de los catorce años. En los expedientes de dispensa de edad deberán ser oídos el menor y sus padres o guardadores*».

(423) El encabezado del art. 320 del CC dispone: «*El Juez podrá conceder la emancipación de los hijos mayores de dieciséis años si éstos lo pidieren y previa audiencia de los padres: [...]*».

(424) Art. 314 del CC: «*La emancipación tiene lugar: 3.° Por concesión de los que ejerzan la patria potestad*». Art. 317 del CC: «*Para que tenga lugar la emancipación por concesión de quienes ejerzan la patria potestad, se requiere que el menor tenga dieciséis años cumplidos y que la consienta. Esta emancipación se otorgará por escritura pública o por comparecencia ante el Juez encargado del Registro*».

(425) Cfr. Rivero Hernández, F., «Comentarios al art. 92», en *Matrimonio y divorcio..., op. cit.*, págs. 1033-1034; y Roca Trías, E., «Comentario al art. 90 del Código Civil», en *Comentario del..., op. cit.*, pág. 390.

El titular de la patria potestad, incluso sin su ejercicio, no está libre de la observancia de las funciones que la integran. Aun en los casos de privación de la patria potestad, regulados en el art. 170 del CC, a consecuencia de lo cual se pierde tanto la titularidad como el ejercicio de esta institución —y es improcedente aplicar el art. 154 del CC referido al contenido de la misma—, el progenitor conserva ciertas obligaciones mínimas respecto del hijo: las contenidas en los arts. 110 y 111 del CC, es decir, la obligación de velar por los hijos y de prestarles alimentos. Se trata obligaciones generales independientes de la patria potestad, derivada del vínculo filial, y que continúa vigente no obstante la privación de aquélla[(426)].

Al progenitor no guardador le competen los siguientes derechos-deberes: mantener una relación directa y regular con el hijo que no vive en su compañía, el derecho de vigilancia y control, y el deber de colaboración.

A estos dos últimos derechos-funciones dedicaremos los epígrafes siguientes. En cuanto al ejercicio del régimen de comunicación y estancia, por exceder el objeto de nuestro estudio sólo diremos que, en la práctica, constituye una cortapisa a la guarda y la generación de ciertas cargas que debe observar el progenitor guardador. Así, el art. 160 del CC establece que el padre y la madre, aunque no ejerzan la patria potestad, tienen el derecho de relacionarse con sus hijos; y que no pueden impedirse sin justa causa las relaciones personales entre el hijo y sus abuelos y otros parientes y allegados. Este último derecho que, hasta hace unos años se reconocía jurisprudencialmente, ha tenido reflejo normativo en la Ley 42/2003, de 21 de noviembre, de modificación del Código Civil y de la Ley de Enjuiciamiento Civil en materia de relaciones familiares de los nietos con los abuelos[(427)].

2.2. El derecho-deber de vigilancia y control

2.2.1. Consagración en el Derecho español

En primer lugar, debemos aclarar que el derecho de vigilancia y control no está relacionado con la supervisión que los padres ejercen sobre de la

(426) Cfr. DE PRADA GONZÁLEZ, J., «La patria potestad tras...», *op. cit.*, pág. 264 y BERCOVITZ RODRÍGUEZ-CANO, R., «Comentario al art. 154...», *op. cit.*, pág. 1049.

(427) Más adelante, al abordar el principio de coparentalidad, volveremos sobre esta materia. *Vid. infra* epígrafe 2.4.4 del Capítulo III.

conducta del hijo. Se trata más bien de un control de los métodos a través de los cuales el progenitor custodio provee de educación y formación al menor.

El CC no hace referencia a este instituto no obstante haberse contemplado tanto en los anteproyectos que precedieron a la reforma de 1981 como en la legislación francesa e italiana que le sirvieron de fuente. Es más, el art. 20 de la Ley de Divorcio de 1932 lo contemplaba expresamente al establecer en su párrafo 2: «el que no los tenga en su poder (los hijos) conserva el derecho de comunicar con ellos y vigilar su educación en la forma que determine el Juez, quien adoptará las medidas necesarias para asegurar el ejercicio de estos derechos».

El estudio del derecho de vigilancia y control está relacionado tanto con la patria potestad como con la guarda. Gran parte de lo que aquélla comprende está constituida precisamente por el cuidado personal de los hijos. Por ello, en hipótesis de separación y divorcio de los progenitores, resulta difícil establecer cuáles son los derechos y deberes que corresponden al padre o madre no guardador. Al respecto, recordemos que, al analizar el contenido de la custodia de los hijos, abordamos los derechos-deberes de velar por ellos, vivir en su compañía y de dispensarles alimentos, educación y formación integral[(428)]. Recalcamos el fuerte contenido personal del derecho de guarda, concluyendo que el elemento esencial que permite ejercerlo está constituido por la vinculación y cercanía entre el hijo y la persona o personas que le dispensan toda clase de atenciones cotidianas. En este sentido, señalamos que el *deber de velar por los hijos* y de procurarles una *formación integral* podía, en cierta forma, ser cumplido sin que existiese dicha inmediatez. Así, para el padre o madre no guardador subsiste una responsabilidad genérica respecto del cuidado de los hijos, responsabilidad que no exige una convivencia habitual con ellos. En definitiva, el guardador cumpliría esta función parental general *in natura* a través del cuidado directo y cotidiano. En cambio, el progenitor que no ejerce la custodia lo haría, por cierto, a través de la prestación económica de alimentos y manteniendo con el hijo un contacto directo y regular[(429)],

(428) *Vid. supra* epígrafes 1.2.4, 1.2.5 y 1.2.6 del Capítulo I.

(429) La SAP de Orense de 3 de mayo de 1999 (LA LEY 10904/1999) estableció que el derecho de comunicación y estancia es, al mismo tiempo, un deber del padre que ostenta la patria potestad compartida para el control del desenvolvimiento de la educación del

aunque también a través de la preocupación permanente por ellos. Es lo que se denomina derecho-deber de vigilancia y control.

Al respecto, se ha señalado que el padre guardador es quien se encuentra en las mejores condiciones para fomentar el desarrollo de las facultades intelectuales del menor, siendo difícilmente concebible que una persona ejerza la guarda y custodia de los hijos, mientras otra, que no convive con éstos, tenga a su cargo la educación de los mismos[(430)]. Esta aseveración tiene como premisa la absorción total del derecho-deber de educación por parte del padre o madre guardador, cuestión que debe ser matizada por las facultades que al respecto conserva el progenitor no custodio, por el derecho-deber de vigilancia y control al cual nos estamos refiriendo.

En efecto, la sentencia del Tribunal Supremo de 6 de julio de 1996[(431)], confirmando la decisión del juez de primera instancia, declaró que, como cotitular de la patria potestad, el padre puede intervenir en la decisión de temas de importancia, aunque no así en los de carácter cotidiano, y que el padre debe ser oído o consultado por la madre antes de que ésta adopte decisión alguna sobre aquellas cuestiones que, afectando al menor, tengan carácter extraordinario o revistan especial importancia. La resolución agrega que sólo en casos extremos de excepcional relevancia o singular trascendencia, si el padre discrepa razonable y abiertamente del criterio de la madre, podrá recabar la decisión de la autoridad judicial. En el caso en comento, el pronunciamiento del Juzgado de Primera Instancia reconoció las facultades que le competen al progenitor no custodio en virtud de la titularidad de la patria potestad, la cual permanece incólume no obstante carecer del ejercicio de misma y de la guarda y custodia de los hijos. En virtud de dichos poderes, le corresponde participar en la adopción de las

---

menor. Por ello, el guardador debe adecuar su actuación, en este punto, a los dictados de la buena fe, favoreciendo el régimen de visitas establecido y cuidando de no perturbar las relaciones del hijo con el otro progenitor.

(430) En este sentido, RAGEL SÁNCHEZ, L., «La guardia y custodia...», *op. cit.*, pág. 296, y SIMLER, P., «La notion...», *op. cit.*, pág. 695. Aunque, más adelante, este último autor afirma que el hecho de que el hijo comparta domicilio con el progenitor guardador, provoca que los actos usuales que exige la educación de aquél incumban necesaria y evidentemente a éste, mientras que al padre o madre no guardador le corresponde intervenir en la adopción de las decisiones educativas más importantes, como la elección de la orientación escolar o religiosa (págs. 704-708).

(431) LA LEY 9215/1996.

decisiones importantes, tal como lo establece el Tribunal Supremo. Entre ellas suelen mencionarse: el sometimiento a una intervención quirúrgica o a un tratamiento médico; el cambio de colegio; estancias prolongadas en el extranjero, etc.[432].

De esta forma, en virtud del derecho-deber de vigilancia y control, el titular de la patria potestad puede fiscalizar el ejercicio que de la misma lleva a cabo el progenitor guardador y, cuando corresponda, en virtud de dicha titularidad, puede acudir al juez solicitando su auxilio. En este sentido, se ha señalado que el padre no custodio, en virtud de este derecho-deber de vigilancia y control, puede recurrir al Tribunal en período de ejecución de sentencia, de acuerdo con el art. 91 del CC[433]. Incluso, si media privación de la patria potestad, conforme al contenido mínimo del art. 110 del CC que, entre otros deberes, imprime la obligación de velar por el hijo, puede denunciar un mal ejercicio de la patria potestad por parte del otro progenitor guardador, único titular. Ahora bien, si lo que se pretende es intervenir en el ejercicio de la patria potestad propiamente dicha, debe recuperar la titularidad de la misma mediante la debida sentencia judicial, según ordena el apartado segundo del art. 170 del CC[434].

En el ordenamiento jurídico español, el fundamento jurídico del derecho-función de vigilancia y control es de carácter constitucional: el art. 39.3 de la CE, referido a la protección de la familia y la infancia, establece que «los padres deben prestar asistencia de todo orden a los hijos habidos dentro o fuera del matrimonio, durante su minoría de edad y en los demás casos en que legalmente proceda», dentro de la cual está implícita la función de mantenerse al tanto de la vida del hijo.

Asimismo, como hemos visto, además de este reconocimiento constitucional, el derecho de vigilancia y control constituye una expresión del deber genérico de velar por los hijos menores regulado en los arts. 110, 111.4 y 154 del CC[435], deber que subsiste no obstante la ruptura conyugal[436].

(432) En cuanto al cambio de domicilio, *vid. supra* epígrafe 1.2.5.3 del Capítulo I, a propósito del análisis del derecho-función de tener a los hijos en compañía.

(433) Así lo ha señalado ZANÓN MASDEU, L., *Guarda y..., op. cit.*, pág. 73.

(434) Cfr. BAYOD LÓPEZ, M., «El supuesto...», *op. cit.*, pág. 928.

(435) Cfr. RAGEL SÁNCHEZ, L., «La guardia y custodia...», *op. cit.*, pág. 300.

(436) Como analizamos en su momento, el sustento legal de dicho principio se encuentra específicamente en el párrafo primero del art. 92 del CC. *Vid. supra* epígrafe 3.2 del Capítulo I.

Por último, otro argumento justificativo de este derecho es el que RIVERO HERNÁNDEZ[(437)] construye a partir del deber de mantenimiento que le corresponde al progenitor no guardador, ya que al colaborar económicamente con la crianza y educación de sus hijos, está en situación de controlar que, efectivamente, esa contribución se destine a dichos fines. Sin embargo, algunos autores[(438)] denuncian que cuando se invoca este argumento los Tribunales no suelen amparar al progenitor no guardador en el ejercicio de su derecho de vigilancia y control. Ello se debe a la ausencia de previsión legal expresa respecto del destino de las cantidades recibidas por el padre o madre custodio, en razón de alimentos de los hijos que están bajo su guarda.

2.2.2. *Consagración en el Derecho comparado*

A diferencia del ordenamiento jurídico español, este instituto ha sido recogido expresamente en el Derecho comparado. Desde luego, en Francia e Italia, cuyas legislaciones, como hemos señalado, sirvieron de inspiración a la reforma de 1981[(439)].

— En efecto, el derogado art. 288 del *Código Civil francés* establecía que el padre que no tuviese el ejercicio de la patria potestad conservaba el derecho a vigilar la manutención y la educación de los hijos y debía ser informado, en consecuencia, de las decisiones importantes relativas a la vida de éstos. Esta norma ha sido suprimida por la Ley núm. 2002-305, de 4 de marzo de 2002, que, al equiparar a ambos progenitores en sus funciones parentales a través de la custodia compartida con residencia alternada como régimen principal, ha estimado inútil la regulación del derecho de vigilancia y control.

---

(437) Cfr. RIVERO HERNÁNDEZ, F., «Comentarios al art. 92», en *Matrimonio y divorcio..., op. cit.*, pág. 1035.

(438) Cfr. RAGEL SÁNCHEZ, L. («La guardia y custodia...», *op. cit.*, pág. 301), que cita la sentencia del juez de primera instancia núm. 17 de Sevilla de 31 de marzo de 1998, que denegó la solicitud de rendición de cuentas a cargo del progenitor guardador utilizando este argumento.

(439) En Europa, entre otros países, también lo contempla el Código Civil portugués, al establecer que al progenitor que no ejerce el poder paterno le asiste la facultad de vigilar la educación y las condiciones de vida del hijo (art. 1906.4).

— En especial, este derecho ha encontrado gran desarrollo en la doctrina y jurisprudencia *italiana*. Pasemos a analizar sus principales aspectos.

En primer lugar, conforme a la parte final del inciso cuarto del art. 6 de la Ley de Divorcio italiana de 1970, el cónyuge a quien no se le haya atribuido el cuidado de los hijos tiene el derecho y el deber de vigilar su instrucción y educación y puede recurrir al juez cuando considere que hayan sido adoptadas decisiones perjudiciales para el interés de los mismos. Esta disposición debe ser integrada con el inciso tercero de dicho artículo, que ordena que el juez debe establecer la medida y el modo en que el padre no custodio le corresponde contribuir al mantenimiento, instrucción y educación de los hijos, así como las modalidades de ejercicio de sus derechos respecto de estos últimos. Esta última norma evidencia la importancia otorgada a la intervención judicial en la materia, en cuanto es el juez quien debe determinar los mecanismos a través de los cuales se materializa este derecho-función de vigilancia[(440)]. Por otra parte, el inciso tercero del art. 155 del *Codice* prescribe que la *potestà genitoriale* es ejercitada por ambos progenitores y que las resoluciones de mayor interés para los hijos relativas a su instrucción, educación y salud deben ser adoptadas de común acuerdo teniendo en cuenta la capacidad, las inclinaciones naturales y las aspiraciones de los mismos, y que, en caso de desacuerdo, la decisión corresponde al juez. Cabe destacar que éste puede establecer que los progenitores ejerciten dicha potestad de forma separada sólo respecto de las determinaciones sobre cuestiones de ordinaria administración.

Pues bien, aunque existe discusión al respecto, hemos de señalar que, al igual que en el Derecho español, la regla general en el ordenamiento jurídico italiano es el ejercicio conjunto de la patria potestad. En efecto, para las hipótesis de custodia unilateral de los hijos, ya antes de la reforma operada en febrero del año 2006[(441)], la doctrina afirmaba que en el Derecho italiano no existía una exclusividad absoluta del ejercicio de la patria

(440) Es el juez quien adopta las medidas específicas que permiten un adecuado ejercicio del derecho-deber de vigilancia. En este sentido se pronunció la sentencia de la Corte de Casación núm. 3013 de 3 de mayo de 1986 (*Diritto di famiglia e delle persone*, 1986, pág. 542).

(441) Nos referimos a la Ley de 8 de febrero de 2006, núm. 54, «sobre disposiciones en materia de separación de los progenitores y cuidado compartido de los hijos», a la que aludiremos más adelante.

potestad por parte del progenitor guardador[442], no faltando, por cierto, voces disonantes que estimaban que dicha potestad permanecía siempre en manos del padre o madre custodio[443]. Otros, por último, sobre la base del inciso tercero del art. 155 del *Codice* recién citado, proponían una lectura sistemática de la disciplina en cuestión a través de la reformulación de la idea de una *potestà genitoriale,* exclusiva o no, en relación al tipo de decisión que debía adoptarse[444].

En definitiva, podemos señalar que, para las hipótesis de cuidado personal individual, el Derecho italiano distingue entre ejercicio cotidiano de la patria potestad, el cual corresponde de manera exclusiva al guardador, y ejercicio conjunto de la misma para las cuestiones de mayor relevancia relativas al hijo[445]. De esta forma, si la custodia de los hijos tiene carácter unilateral, esta última facultad y el derecho-función de vigilancia serían, para el padre o madre no custodio, el contenido de la *potestà genitoriale* que está llamado a ejercitar.

El derecho-deber de vigilancia está constituido por aquellas facultades de intervención que el legislador concede al progenitor no guardador con el objeto de garantizar el cumplimiento del mejor interés del menor. Aunque la Ley de Divorcio italiana de 1970 determina que el cónyuge a quien no le haya sido atribuido el cuidado de los hijos tiene el derecho y el deber de vigilar su *instrucción y educación,* la doctrina ha acuñado un concepto amplio de esta función. Así, se ha entendido que este instituto se extiende, no solamente a dichas esferas del desarrollo del menor, sino

(442) Cfr. Quadri, E., «Rapporti tra...», *op. cit.,* pág. 150.

(443) Cfr. Dalla Valle, P., Ongaro, N., Pantaleoni, F. y Sicchiero, G., *Separazione, Divorzio, Annullamento del matrimonio,* Torino, UTET, 1999, pág. 408.

(444) Cfr. de Filippis, B. y Casaburi, G., *Separazione..., op. cit.,* págs. 284-285.

(445) Sobre la base de esta distinción se fue elaborando una copiosa jurisprudencia relativa al concepto y delimitación de las «decisiones de mayor interés o importancia». En general, podemos señalar que los pronunciamientos judiciales se orientaron a admitir una *potestas decidendi* en manos de uno solo de los progenitores, limitada a algunos aspectos de la vida del menor. En este sentido, la sentencia núm. 3060 de la Corte de Casación, de 5 de mayo de 1986 (*Diritto di famiglia e delle persone,* 1986, págs. 547-549). La doctrina, por su parte, comprendió en ellas a las resoluciones de extraordinaria administración y a aquellas que más profundamente incidían sobre la instrucción y la educación de los hijos, por ejemplo, la decisión relativa a una intervención quirúrgica y la adopción de particulares medidas relacionadas con el hijo. Cfr. Finocchiaro, M. y Finocchiaro, A., *Diritto di Famiglia..., op. cit.,* pág. 482.

que comprende, desde luego, la obligación de cooperar en dicho proceso formativo (se trata del denominado derecho de colaboración al cual nos referiremos enseguida). Por otra parte, la jurisprudencia italiana ha entendido que al padre o madre no custodio le debe ser concedido el derecho a visitar periódicamente a los hijos y a transcurrir con ellos durante ciertos períodos, con el objeto de acompañar su desarrollo psicofísico y controlar su educación e instrucción(446).

Al igual que el art. 156 del CC español, la ley italiana atribuye al progenitor no guardador la facultad de dirigirse al juez en los casos en que estime, fundadamente, que los criterios educativos escogidos por el padre o madre custodio son erróneos o dañosos, como por ejemplo, si se cree que se han adoptado decisiones perjudiciales para el desarrollo psicofísico del menor, respecto de su patrimonio o de su entorno social, como sería un cambio de domicilio o de escuela, o la no suministración de un determinado tratamiento médico. En el Derecho italiano se acepta, incluso, la posibilidad de que esta vigilancia sea ejercitada por personas distintas de los padres, como, por ejemplo, un consultorio familiar. En efecto, ello procede cuando el juez atribuye a un tercero neutral el deber de delimitar los excesos de ambos progenitores y de entregar al menor los instrumentos adecuados para que en el futuro pueda disponer de elementos suficientes sobre los cuales adoptar sus propias y libres decisiones definitivas(447).

Por último, en el contexto latinoamericano, el número 2 del inciso segundo del art. 264 del Código Civil de la República de Argentina establece que el progenitor a quien no se le ha atribuido la guarda y que, por ende, conforme a dicha legislación, no tiene la patria potestad sobre sus hijos, posee el derecho a mantener una adecuada comunicación con el hijo y el *derecho de supervisar su educación*. Reconoce así, aunque con otra denominación, el derecho-deber de vigilancia y control. Por otra parte, el art. 264 ter del mismo cuerpo legal contempla el denominado *derecho de oposición* para los casos de desacuerdo entre el padre y la madre, permitiendo que cualquiera de ellos acuda al juez competente, quien resolverá

(446) Así lo señalan las sentencias de la Corte de Casación núm. 5642, de 21 de octubre de 1981 (*Diritto di famiglia e delle persone*, 1981, pág. 97), y núm. 317, de 15 de enero de 1998 (*Diritto di famiglia e delle persone*, 1999, pág. 77).

(447) Así lo afirma el decreto del Tribunal del Menores de Venecia de 10 de mayo de 1990 (*Diritto di famiglia e delle persone*, 1991, págs. 618-623).

lo más conveniente para el interés del hijo por el procedimiento más breve previsto por la ley local, previa audiencia de los padres con intervención del ministerio pupilar. Esta norma difiere de la prevista por el legislador español en el párrafo segundo del art. 156 del CC, en cuanto no atribuye la facultad de decidir a uno de los progenitores sino que se pronuncia, directamente, sobre el fondo de la cuestión, atendido el *favor filii.*

2.2.3. El deber de información

Para que el padre o madre no guardador ejerza adecuadamente su derecho-deber de vigilancia y control, debe tener conocimiento de la forma de vida y educación de que gozan sus hijos. De esta forma, el derecho-deber de vigilancia y control implica, correlativamente, el deber que recae sobre el progenitor custodio de mantener informado al otro padre o madre sobre las decisiones que incidan en la crianza —en sentido general— de los hijos comunes.

— Debido a que el *ordenamiento civil español* no ha regulado expresamente el derecho-deber de vigilancia y control, tampoco encontramos referencias legales al deber de información[(448)]. Sin embargo, algunos pronunciamientos judiciales han dado cuenta de su existencia[(449)].

(448) Aunque cabe señalar que el art. 140 del Código de Familia de Cataluña, referido al denominado «Derecho de información», recoge este derecho estableciendo que «*cuando el ejercicio de la potestad está atribuido al padre o a la madre o distribuido entre los dos, aquel que lo tenga atribuido debe informar al otro inmediatamente que tenga lugar algún hecho relevante en el cuidado del hijo o hija y de su patrimonio y, con carácter general, al menos cada tres meses*».

(449) A este deber de información se refiere la SAP de Barcelona de 12 de marzo de 2002 (LA LEY 53881/2002) señalando que el incumplimiento del deber de consulta que se imputa a la madre guardadora, por no haber recabado el consentimiento del padre para cambiar de escuela a los hijos, es intrascendente. La sentencia agrega que «*el cambio de colegio sin consultar con el esposo no es especialmente reprochable, dadas las circunstancias, pues las carencias económicas a que se ha visto avocada la repetida señora hacían inevitable dicho cambio*». Por su parte, la SAP de León de 3 de noviembre de 2003 (LA LEY 176834/2003) resuelve sobre un recurso en el que se señala que no está acreditado que la madre informe al padre de todas las cuestiones relacionadas con la educación de la hija común, hasta el punto que ha tenido que llamar al colegio para saber del estado de sus estudios. La sentencia establece que «*para evitar futuros conflictos es oportuno recordar a ambas partes que han de cumplir lo acordado libremente por ellas en el convenio regulador, posteriormente aprobado en Sentencia, y en tal sentido se recoge en convenio en la cláusulas primera a) que cualquier decisión que deba tomarse en relación*

Pues bien, cabe señalar que estamos frente a un deber de información, no de obtención de consentimiento. Y la distinción no es sutil. Como lo hemos descrito, en el primer caso, nos encontramos en el campo del legítimo ejercicio del derecho-función de vigilancia y control; en el segundo, nos introducimos derechamente en el ejercicio de la patria potestad, instituto del cual el progenitor no guardador es solo titular.

Si el guardador se niega a cumplir este deber de información, es el juez quien debe compelerlo a ello. En este caso, el juez sólo vela por su cumplimiento, sin pronunciarse directamente sobre el asunto que el padre o madre custodio ha mantenido al margen del conocimiento del otro progenitor. En cambio, si las discrepancias entre los padres en la toma de decisiones que competen a ambos son de tal magnitud que no pueden darle solución sin mediar intervención judicial, el pronunciamiento será sobre el fondo de la cuestión debatida, determinación que puede llegar a ser tremendamente compleja (por ejemplo, casos de intervenciones quirúrgicas o cambios de profesión religiosa).

En este sentido, en el Derecho italiano, ALFONSO y VINCENZO PALLADINO(450) señalan que el poder de vigilancia proporciona una mayor protección a los menores y constituye un medio eficaz para que la autoridad judicial tenga conocimiento de todos aquellos hechos que pudieran ser perjudiciales para la buena educación de la prole y, por tal motivo, se encuentren en condiciones de adoptar las decisiones más convenientes.

A la hipótesis de intervención judicial se refiere el CC en su art. 156, párrafo segundo, y en su art. 92, párrafo cuarto. La primera de estas normas se refiere al caso de desacuerdo entre los padres, estableciendo que cualquiera de ellos puede acudir al juez, quien, después de oír a ambos y al hijo si tuviera suficiente juicio y, en todo caso, si fuera mayor de doce

con la educación y formación integral de la hija será consensuada por los progenitores, complementándose ello con lo dispuesto en el apartado f) sobre la obligación de los progenitores de informarse mutuamente de cualquier circunstancia que acontezca respecto de la menor y que tenga carácter relevante. Se impone así, pues, recordar la obligación de la madre —puesto que ella tiene concedida la guarda y custodia— la obligación de informar al padre de aquellas cuestiones relevantes que tengan que ver con la educación de la hija: centro escolar elegido, tipo de educación, etc., acogiéndose en este aparatado parcialmente el motivo de recurso».

(450) Cfr. PALLADINO A. y PALLADINO V., *Il Divorzio*, Milano, A. Giuffrè, 1975, pág. 255.

años, debe atribuir a uno de los padres, sin ulterior recurso, la facultad de decidir. Por otro lado, la parte final de este precepto brinda una solución a estas diferencias a través de la modificación del ejercicio de la patria potestad; en efecto, el juez, a solicitud fundada del otro progenitor, puede, en interés del hijo, atribuir la patria potestad a dicho solicitante para que la ejerza conjuntamente con el otro progenitor, o bien, puede distribuir entre el padre y la madre las funciones inherentes a su ejercicio. A esta posibilidad de división de las funciones que comprende la patria potestad se refiere también el párrafo cuarto del art. 92 del CC, al establecer que los padres pueden acordar en el convenio regulador o el juez decidir, en beneficio de los hijos, que la patria potestad sea ejercida total o parcialmente por uno de los cónyuges. Estas tres disposiciones regulan situaciones que, aplicadas con un criterio de interpretación lógica, podrían revertir el incumplimiento del deber de información y permitir un eficaz ejercicio del derecho-deber de vigilancia y control.

En todo caso, creemos que la mejor forma de estar al tanto de la vida del hijo, de su rendimiento escolar, ambiente social, estado de salud, actividades de esparcimiento, etc., se logra, en primer lugar, mediante la verificación de contactos directos y regulares con el menor, y en segundo lugar, a través de una comunicación y diálogo aceptables con su guardador. Obviamente, si la edad del hijo u otras circunstancias impiden que el conocimiento de estos aspectos sea instantáneo y espontáneo, el padre o madre custodio debe mantener debidamente informado al respecto al otro progenitor. En este sentido, el hecho de dejar al padre no guardador sin ninguna noticia podría constituir un abuso del derecho de guarda concedido, en cuanto el contenido del mismo autoriza para proporcionar, en un plano cotidiano y próximo, las atenciones de carácter personal que el hijo requiere pero, en ningún caso, para adoptar, de manera unilateral, las decisiones que puedan repercutir más a largo plazo en la vida del menor[451].

Por otra parte, el deber de información ha sido recogido en diversas legislaciones.

— En *Alemania,* el deber de información se encuentra expresamente consagrado, previéndose, además, la intervención judicial en caso de

(451) Cfr. Massip, J., *La réforme du divorce*, tomo I, París, Répertoire du Notariat Defrénois, 1976, pág. 253.

desacuerdos respecto a su ejercicio. El número 3 del parágrafo 1634 del Código Civil alemán prescribe que: «el padre al que no le corresponda el cuidado personal del hijo podrá, en caso de un interés justificado por su parte, exigir información al otro padre acerca de la situación personal del hijo, siempre que ello resulte acorde con el bienestar de éste. Las disputas referentes al derecho a la información serán resueltas por el Tribunal tutelar»(452). En este sentido, el parágrafo 1687 del BGB contribuye a delimitar las esferas de actuación de cada uno de los progenitores al regular el derecho de decisión sobre los asuntos referentes al hijo. Así, al igual que en el Derecho italiano, el BGB establece que, si tras la separación definitiva los padres continúan ejerciendo en común el cuidado paterno, se debe distinguir entre asuntos de fundamental importancia para el hijo y asuntos cotidianos. En el primer caso, se requerirá el acuerdo mutuo de ambos progenitores, para lo cual el padre o madre que ejerza el cuidado personal *deberá informar y obtener el consentimiento del otro progenitor.* Como vemos, el legislador contrapone ambas obligaciones, quedando claro que el deber de informar no conlleva en sí mismo el de recibir el beneplácito del otro padre o madre. En cambio, el progenitor con quien habitualmente resida el hijo por acuerdo entre los padres o por decisión judicial, estará facultado para tomar por sí solo las decisiones relativas a los asuntos cotidianos, entendiéndose por éstos aquellos que aparezcan con cierta frecuencia y que no perturben el desarrollo normal del hijo(453).

— A su vez, en *Francia,* la segunda parte del último párrafo del art. 373-2-1 del *Code,* introducido por la Ley núm. 2002-305, de 4 de marzo de 2002, «relativa a la autoridad parental», prescribe que el progenitor no conviviente conservará el derecho y el deber de cuidar del sustento y la educación del hijo y que «habrá de ser informado de las decisiones importantes relativas a la vida de este último»(454).

(452) Esta norma prescribe que, tanto el progenitor guardador como no guardador, deben abandonar toda medida que impida o dificulte la educación del hijo o su relación con el otro padre. Esta regla es conocida como «cláusula de buen comportamiento». Algo similar sucede en el Derecho suizo, donde el art. 274.1 del Código Civil determina que padre y madre deben abstenerse de todo aquello que altere las relaciones del hijo con el otro progenitor o que dificulte el deber del educador.

(453) Para comentar estas disposiciones nos basamos en la traducción efectuada por Eiranova Encinas, E., *Código Civil alemán..., op. cit.*, págs. 483 y 491.

(454) La traducción corresponde a Núñez Iglesias, A., *Código Civil..., op. cit.*, págs. 229-230.

Otras legislaciones extienden a terceros el deber de información.

— Así, en *Suiza,* el Código Civil prevé la posibilidad de que se solicite información sobre el estado y desarrollo del hijo a terceros que participan en su cuidado, como los profesores o los médicos (art. 275, introducido por la Ley de 26 de junio de 1998, en vigor desde el 1.º de enero de 2000).

— En este mismo sentido se ha legislado en *Holanda,* donde, a partir del 1.º de noviembre de 1995, existe una regulación bastante detallada al respecto[(455)]. En efecto, conforme al art. 1:377b BW[(456)], el padre que ejerce la responsabilidad parental debe mantener informado al otro progenitor sobre los temas importantes relacionados con el hijo (por ejemplo, su salud y situación escolar). Además, debe consultar al otro sobre las decisiones importantes que afectan al menor, aunque es el padre que ejerce dicha responsabilidad quien decide en última instancia sobre tales temas. Sin embargo, basándose en los intereses del menor, el Tribunal puede, ya sea a petición del padre que ejerce la responsabilidad parental o por propia iniciativa, decidir que dicho progenitor no está obligado a informar o consultar al otro sobre las cuestiones atingentes al menor. Por otra parte, las personas que debido a su profesión poseen información relevante sobre el menor, como los profesores, están también obligados a dar tal información al padre que no ejerce la responsabilidad parental del menor; por ejemplo, sobre su rendimiento escolar. En todo caso, existen excepciones a esta obligación de informar. En efecto, la exención de este deber procede: a) si la persona no puede proporcionarla, incluso al padre que ejerce la responsabilidad, debido al secreto profesional; b) si proveer la información entra en contradicción con el mejor beneficio del menor. Por último, en caso de negativa de estos terceros a entregar datos referentes al menor, el interesado puede obtener del Tribunal una orden que compela a ello, la cual será denegada si ello no beneficia los intereses del niño o adolescente.

(455) Para la descripción de la legislación holandesa hemos tomado como base la información proporcionada por el Ministerio de Justicia holandés en inglés: MINISTRY OF JUSTICE, Holland, *Responsibility..., op. cit.,* 25 págs.; MINISTRY OF JUSTICE, Holland, *Marriage, registered..., op. cit.,* 21 págs.; y el artículo de DOEK, J., «Separazione, divorzio, affidamento dei minori: l'esperienza olandese», en SESTA, M., *Separazione, divorzio, affidamento dei minori: quale Diritto per l'Europa?,* Milano, Giuffrè editore, 2000, págs. 167-186.

(456) *Burgerlijk Wetboek* (Código Civil).

— Hacia esta orientación avanza también *Canadá,* donde el Comité Mixto Especial sobre Custodia y Acceso ha propuesto una regulación detallada de dicho deber de información tras la ruptura matrimonial o de pareja, estableciendo que ambos padres deben recibir información y datos respecto del desarrollo y las actividades sociales del menor, como, por ejemplo, calificaciones escolares, historiales clínicos y otros antecedentes pertinentes. Se ha previsto, además, que la obligación de facilitar la información se extienda a las escuelas, los centros médicos, los hospitales y otras instituciones en que ella se origine, la cual debe ser proporcionada a ambos padres salvo disposición judicial en contrario(457).

2.3. El deber de colaboración

Por último, junto al derecho-deber de vigilancia y control, la doctrina suele situar al denominado deber de colaboración(458). Se trata de una obligación de carácter extrapatrimonial atribuida al progenitor no guardador en virtud de la cual debe mantenerse dispuesto a cooperar en el desarrollo de ciertas y determinadas tareas que comprende la crianza del hijo en común. De esta forma, esta figura constituye una contrapartida a la facultad de control a la que nos hemos referido.

Dado que el progenitor no guardador tiene derecho a supervisar la función de custodia atribuida al ex cónyuge y a exigir cierto nivel de información relativa a sus hijos, el padre o madre custodio tiene, a su vez, el derecho de requerirle cierta especial colaboración de carácter no patrimonial, bajo determinadas circunstancias que exceden la tarea de educación y crianza (genéricas) que de todos modos comparten. El objeto de esta obligación de cooperación está constituido por aquellas prestaciones de naturaleza personal surgidas en los casos en que, por particulares eventualidades de tipo subjetivo u objetivo, el progenitor custodio no puede ejecutar íntegramente el deber que le ha sido asignado; por ejemplo, si sobrevienen ciertas urgencias que sencillamente le impiden cumplir con sus

(457) Así lo sugiere la Recomendación núm. 9 del Joint Committee on Custody and Access, *For the sake of Children* [http://www.parl.gc.ca/InfoComDoc/36/1/SJCA/Studies/Reports/sjcarp02-e.htm].

(458) Este instituto encuentra su origen en el desarrollo doctrinal italiano. *Vid.* FALZEA, A., *La separazione personale,* Milano, A. Giuffrè, 1943, pág. 189, y GRASSI, L., *La Legge..., op. cit.,* págs. 188-190.

labores de cuidado habituales (como una ausencia imprevista, accidente o enfermedad que no le permita enviar a los hijos al colegio o brindarles compañía permanente).

Aunque su carácter de deber jurídico es discutible y, por ende, la correlativa existencia de un derecho subjetivo coercible a través del cual pueda pretenderse su realización[459], estimamos que este instituto encontraría aplicación en ausencia de un cumplimiento espontáneo del no guardador y que podría recurrirse al juez para exigir su verificación sobre la base de la corresponsabilidad parental que a ambos corresponde ejercitar frente al hijo (arts. 92, párrafo primero, y 154 del CC).

Pues bien, como hemos analizado, ante la ausencia de norma legal expresa que consagre el derecho-deber de vigilancia y control y el deber de colaboración, la doctrina ha construido ciertas teorías que demuestran su existencia, aunque ellas son escasamente recogidas por los Tribunales. A ello se suman las dificultades que presenta el cumplimiento del derecho-deber de vigilancia y control, en particular, la infracción del deber de información por parte del progenitor guardador y la escasa difusión del deber de colaboración. En definitiva, estas falencias van en desmedro de las relaciones paterno-filiales y del desarrollo progresivo del hijo[460]. Por ello, teniendo en cuenta la importancia práctica que estas funciones alcanzan en el desarrollo de las responsabilidades parentales (especialmente del progenitor no guardador), y la incidencia de ambos institutos en la consecución de relaciones armoniosas entre los ex cónyuges para el bien del hijo, sería aconsejable regularlas positivamente en el contexto español[461].

(459) Cfr. Grassi, L., *La Legge…, op. cit.*, pág. 190.

(460) Diversos autores que se refieren a esta materia están contestes en que la invocación de este derecho se torna compleja en la realidad cotidiana y en los Tribunales. Cfr. Rivero Hernández, F., «Comentarios al art. 92», en *Matrimonio y divorcio…, op. cit.*, pág. 1041, y García Pastor, M., *La situación…., op. cit.*, pág. 97. Por su parte, Ragel Sánchez, L. («La guardia y custodia…», *op. cit.*, pág. 301, nota núm. 70), señala que las delegaciones de las Conserjerías de Educación invierten el alcance de las normas al momento de informar a los progenitores sobre el colegio donde sus hijos estudian, exigiéndoles la solicitud judicial de dicha información. Lo mismo sucede, agrega el autor, en algunos centros educativos religiosos que niegan a los progenitores no convivientes las calificaciones de sus hijos, bajo la excusa de que el contrato educativo ha sido concertado con el otro padre o madre.

(461) En este sentido se manifiesta también Linacero de la Fuente, M. («Leyes de Familia…», *op. cit.*, págs. 71-72), quien prefiere hablar de la «función de información y control» y no «vigilancia y control» por la carga peyorativa que estas expresiones llevan implícita.

En todo caso, cabe señalar que el establecimiento de la custodia compartida puede resultar un mecanismo altamente eficaz para subsanar la carencia legal que hemos puesto de relieve. En efecto, como veremos más adelante, esta figura implica una participación constante y equitativa en la crianza del hijo por parte de ambos progenitores, lo cual les permite permanecer continuamente involucrados e informados de la vida del hijo. De esta forma, los padres adoptan en conjunto las decisiones referentes al cuidado personal sin necesidad de vigilar la aplicación de las pautas que se están observando en la formación del menor, pues ellas obedecen a un único modelo de educación diseñado por ellos mismos sobre la base de una confianza mutua de las cualidades parentales y con la debida participación del hijo(462).

3. ATRIBUCIÓN DE LA GUARDA Y CUSTODIA DE LOS HIJOS A UN TERCERO

3.1. Cuestiones previas

Sobrevenida una crisis matrimonial o de pareja, la regla general teórica y práctica es que los padres sean los guardadores de sus hijos, ya sea de manera conjunta o unilateral. Sin embargo, pueden existir circunstancias que justifiquen la atribución del cuidado y educación de los hijos o de alguno de ellos, a personas distintas de sus progenitores. De esta forma, entendemos que dicha asignación sólo es justificable en el mejor interés del hijo atendiendo a cada caso en concreto, especialmente si ello produce la separación de hermanos.

La práctica demuestra que en la gran mayoría de los casos son los abuelos quienes pasan a ejercer el cuidado de sus nietos, constituyendo un tercer referente para éstos, tanto antes como después de la ruptura matrimonial. Durante la normalidad familiar son los abuelos quienes frecuentemente suplen a los padres en las labores de cuidado y crianza de los hijos cuando, por diversas razones más o menos graves, aquéllos se encuentran imposibilitados de ejercer sus deberes parentales. De esta forma, dada la cercanía que muchas veces viene desarrollándose entre los familiares más

(462) *Vid. infra* epígrafe 2.4.1 del Capítulo IV, relativo a la existencia del derecho-deber de vigilancia y control y del deber de colaboración en el régimen de custodia compartida.

próximos con anterioridad a la crisis conyugal, se prefiere, en las hipótesis de excepcionalidad a las que nos estamos refiriendo, entregar el cuidado personal del hijo a un tercero unido por lazos afectivos ya consolidados.

Ahora bien, esta atribución de la guarda y custodia de los hijos a terceros puede ser acordada por los mismos progenitores o bien por el juez. A ambas situaciones nos referiremos a continuación.

3.2. Atribución parental de la guarda y custodia de los hijos a un tercero

La facultad de los progenitores de entregar el cuidado personal de su hijo a terceras personas no está determinada expresamente en el art. 92 del CC, aunque se deduce de los términos en que está redactado, ya que no excluye ninguna hipótesis de atribución a terceros.

Anteriormente, al referirnos a la función de convivencia que comprende la guarda y custodia(463), abordamos la posibilidad de que los padres, en su calidad de titulares de la patria potestad, o incluso, el mismo progenitor guardador, fijasen la residencia del hijo con una tercera persona. En este sentido, entendemos que la excepcionalidad contemplada para esta hipótesis en el art. 103 del CC, referido a la atribución judicial de la guarda a un tercero, es aplicable también a los casos en que ambos padres pretendan entregar el cuidado de sus hijos a otras personas y que, por lo tanto, deberán concurrir circunstancias que así lo justifiquen.

Como hemos dicho, el cuidado de un menor se caracteriza esencialmente por la convivencia que el guardador debe sostener con aquél, puesto que así se desarrolla la guarda y custodia. De tal forma, si la guarda es ejercida por un tercero, éste tiene el mismo grado de autonomía que correspondería al padre o madre guardador en el desempeño de los cuidados personales del menor(464).

En cuanto a la situación jurídica de los padres que han entregado de común acuerdo la guarda y custodia a un tercero, en primer lugar, en materia de patria potestad, no cabe duda de que los padres continúan siendo titulares de la misma. Sin embargo, cabe preguntarse qué sucede con el ejercicio de la patria potestad. Al respecto, entendemos, junto con GARCÍA

(463) *Vid. supra* epígrafe 1.2.5.2 del Capítulo I.
(464) En este sentido, GARCÍA PASTOR, M., *La situación...., op. cit.*, pág. 103.

PASTOR[465], que es aplicable la regla general del art. 156 del CC, es decir, que ambos progenitores ejercen la patria potestad manteniendo todas las funciones paterno-filiales de carácter personal no absorbidas por la guarda del tercero. A diferencia de éste, que tiene la guarda del menor pero no el ejercicio de su patria potestad.

3.3. Atribución judicial de la guarda y custodia de los hijos a un tercero

3.3.1. Aspectos generales

Esta alternativa está prevista en el Derecho Internacional de la Infancia y la Adolescencia. El art. 9 de la CDN establece que los Tribunales pueden determinar que un hijo sea separado de sus padres cuando, en conformidad a la ley y a los procedimientos aplicables, ello sea necesario para garantizar el interés superior del menor.

En el Derecho nacional, el antiguo párrafo segundo del número 2.º del art. 73 del CC[466] establecía que el juez podía, discrecionalmente, proveer de tutor a los hijos si ambos cónyuges eran culpables de la separación. En la práctica, los jueces aplicaron este precepto para confiar los hijos a un tutor en el evento de concurrir alguna circunstancia especial en ambos que los hiciera inhábiles para ejercer la guarda.

Actualmente, sobre la base del art. 103 del CC, el juez puede atribuir la custodia a un tercero fundándose en el incumplimiento de los deberes inherentes a la patria potestad, o bien, en circunstancias que justifican la privación de la facultad de tener consigo a los hijos sin suprimir ni mermar el resto de las funciones parentales. Vamos a analizarlas por separado.

---

(465) Cfr. GARCÍA PASTOR, M., *La situación...., op. cit.*, pág. 104.

(466) Antes de la reforma de 1981, esta norma ordenaba que: «*Si ambos fueren culpables, el Juez, discrecionalmente, podrá proveer de tutor a los hijos, conforme a las disposiciones de este Código. Esto no obstante, si al juzgarse sobre la separación no se hubiese dispuesto otra cosa, la madre tendrá a su cuidado, en todo caso, a los hijos menores de siete años*». Este tercero pasaba a ejercer las correspondientes «funciones tutelares», que rigieron en España hasta el año 1983. En efecto, la Ley 13/1983 de 24 de octubre, reformó el CC en materia de tutela abandonando los principios de la «tutela familiar» para pasar a regular la denominada «tutela judicial» que otorga al juez las facultades de constitución, vigilancia y extinción de los organismos tutelares.

3.3.2. *Por incumplimiento de los deberes inherentes a la patria potestad*

La primera situación de atribución judicial de la guarda y custodia de los hijos a un tercero es la contemplada en el art. 103 del CC, referido a las medidas provisionales. Esta norma establece, en su regla 1.ª, párrafo segundo, que: «excepcionalmente, los hijos podrán ser encomendados a los abuelos, parientes u otras personas que así lo consintieren y, de no haberlos, a una institución idónea [...]».

En primer lugar, se ha señalado que, no obstante tratarse de una medida que procede en la etapa procesal provisional, no hay razón para impedir que así se decida terminado el juicio, momento en el que hay que solucionar de forma definitiva el destino de los hijos y que, por lo mismo, exige emplear más prudencia y realismo en interés de ellos[467].

Ahora bien, este artículo emplea el vocablo *excepcionalmente,* por lo que sólo en situaciones muy calificadas procederá la entrega de la guarda a terceras personas —generalmente parientes[468]—, cuya aptitud haya quedado establecida en el proceso, o bien, a instituciones idóneas para la protección de menores. Esta excepcionalidad se justifica, conforme lo señala la doctrina, en la similitud que esta medida posee frente a la privación de la patria potestad, que no sólo despoja a los padres del cuidado personal de los hijos sino del resto de las funciones parentales que involucra dicho instituto, las que pasan a ser ejercidas por el tercero guardador con carácter tutelar[469].

(467) Cfr. RIVERO HERNÁNDEZ, F., «Comentarios al art. 92», en *Matrimonio y divorcio..., op. cit.,* pág. 1028, y RAGEL SÁNCHEZ, L., «La guardia y custodia...», *op. cit.,* pág. 288. En este sentido se ha pronunciado la Fiscalía General del Estado en su punto II.B.2), letra a), de la Circular 3/1986, de 15 de diciembre, «sobre intervención del Ministerio Fiscal en los procesos de separación y divorcio», señalando que aunque el art. 92 del CC no atribuye al juez la facultad de encomendar los hijos —en la fase de medidas definitivas— a persona ajena a los padres o a una institución idónea con funciones tutelares, como esta facultad sí se le confiere con carácter excepcional para adoptarla como medida coetánea a la tramitación de la demanda (art. 103.1 del CC), parece razonable que también pueda decidirla al tiempo de dictar sentencia o de ejecutarla, siempre que, ponderando el interés de los hijos, entienda que no deben ser confiados a ninguno de los padres.

(468) Así lo ha señalado RIVERO HERNÁNDEZ, F., «Comentarios al art. 92», en *Matrimonio y divorcio..., op. cit.,* pág. 1029.

(469) Cfr. GARCÍA PASTOR, M., *La situación..., op. cit.,* pág. 104.

3.3.2.1. Situación jurídica de los progenitores

Como lo hemos señalado, en los casos en que el juez atribuye la guarda y custodia de los hijos a un tercero por incumplimiento de los deberes inherentes a la patria potestad, los padres permanecen provisoriamente con la patria potestad suspendida.

Dada la gravedad de las circunstancias que justifican la atribución judicial de la guarda y custodia de los hijos a un tercero, normalmente son puestas en paralelo con aquellas que hacen procedente la privación de la patria potestad. En este sentido, de acuerdo con el carácter excepcional de las medidas del art. 103 del CC, el juez debe analizar los supuestos de privación de la patria potestad, ya que si son motivo para ello, pueden justificar también su suspensión temporal. Si dichos supuestos excepcionales evidencian un incumplimiento de los deberes inherentes a la patria potestad, conforme a lo señalado en el art. 170 del CC, hay suficiente perjuicio y vulneración del interés del hijo como para adoptar tal medida de suspensión(470). Incluso, se señala que pueden verificarse otras circunstancias que, sin constituir incumplimiento de dichos deberes, produzcan la suspensión de la patria potestad. El art. 170 del CC no exige que el incumplimiento sea voluntario, de tal manera que es suficiente que dichas obligaciones se vulneren aun por causas ajenas a la voluntad del padre o madre, como una enfermedad, problemas de índole patrimonial, o factores de carácter personal, como algún impedimento físico o psicológico, o sencillamente la ineptitud concurrente de ambos padres para educar a un hijo menor. En tales casos, la suspensión de la patria potestad no tiene la finalidad sancionadora del art. 170 del CC, sino que está encaminada a proteger el interés de los hijos(471).

Sin embargo, cabe señalar que cierto sector de la doctrina estima que la suspensión de la patria potestad no es la única alternativa judicial. En este sentido, se señala que, conforme al espíritu de la reforma del CC introducida por la Ley de 11 de noviembre de 1987 en el art. 172 de dicho

(470) Cfr. DE LOS MOZOS, J. y HERRERO GARCÍA, M., «Comentarios al art. 103», en *Matrimonio y divorcio. Comentarios al nuevo título IV del libro I del Código Civil* Coordinados por LACRUZ BERDEJO, J. L., Madrid, Civitas, 2.ª ed., 1994, pág. 1277. En este sentido, *vid.* SAP de Barcelona de 12 de noviembre de 1991 (*RJC*, 1992, pág. 838).

(471) Cfr. RIVERO HERNÁNDEZ, F., «Comentario al art. 103 del Código Civil», *Comentarios a las reformas de Derecho de Familia*, vol. I, Madrid, Tecnos, 1984, págs. 698-699.

cuerpo legal, podría determinarse la cesión de ciertas facultades de la patria potestad a través de la figura del acogimiento[(472)].

Por último, para GARCÍA PASTOR[(473)], la afirmación de que los padres permanecen provisoriamente con la patria potestad suspendida, puede resultar un eufemismo, pues, en este caso, puede estar oculto un verdadero supuesto de suspensión cautelar de la patria potestad y no una guarda ejercida por un tercero. La cuestión que podría haber estado en la intención del legislador es revestir, con una denominación más discreta, una medida que resulta infamante, y que la eventualidad de que un conocimiento más acabado de las circunstancias del proceso demostrase que no estaba justificada.

3.3.2.2. Situación jurídica del tercero

El tercero que pasa a ejercer el cuidado personal del menor conserva las facultades y deberes propios de la guarda y, además, las que le corresponden como tutor.

Para algunos autores, en este caso no puede hablarse de guarda propiamente dicha, ya que al no poderse extender la patria potestad a personas distintas de los padres, la «guarda» de este tercero no estaría ni reforzada por la paternidad ni asociada a la patria potestad de los progenitores[(474)]. En efecto, esta corriente minoritaria reserva el concepto de guarda y custodia sólo para la hipótesis en que el ejercicio recae en los padres, de ahí que especifique la denominación «guarda y custodia *de los hijos*»[(475)]. Para

(472) Así lo ha señalado VALPUESTA FERNÁNDEZ, M., «Comentario al art. 103 del Código Civil», en *Comentario del Código Civil*, Madrid, Ministerio de Justicia, 1991, pág. 418.

(473) Cfr. GARCÍA PASTOR, M., *La situación..., op. cit.*, pág. 106.

(474) Cfr. RAGEL SÁNCHEZ, L., «La guardia y custodia...», *op. cit.*, pág. 288, y SIMLER, P. («La notion...», *op. cit.*, pág. 705), quien señala que este tercero sólo puede efectuar los actos usuales relativos a la educación del menor, y para toda iniciativa importante debe consultar a los padres.

(475) Cfr. RAGEL SÁNCHEZ, L., «La guardia y custodia...», *op. cit.*, pág. 290. El autor agrega más adelante que el tutor, el acogedor familiar y el director del establecimiento público de acogida, precisamente por carecer de la patria potestad, no ejercen la guarda y custodia sino sólo la guarda. La ley no obliga al tutor ni siquiera a convivir con el tutelado. En el acogimiento residencial no existe una relación de convivencia entre el establecimiento y el menor. Por último, en el acogimiento familiar, aunque el legislador concede al acogedor funciones idénticas a las de la guarda y custodia, su carácter remunerado, temporal y revocable, le distancian considerablemente de ella (págs. 295-296).

nosotros, si bien es cierto que el legislador emplea expresiones diversas(476) a las que utiliza para los casos en que los padres son los guardadores, ello se debe, a nuestro juicio, a la falta de uniformidad terminológica que el CC mantiene al respecto y no a una nueva categorización(477).

Por otra parte, el párrafo segundo de la regla 1.ª del art. 103 del CC establece que a los abuelos, parientes, terceras personas o institución idónea, se les conferirán «las funciones tutelares que ejercerán bajo la autoridad del Juez».

El art. 242 del CC establece que podrán ser tutores las personas jurídicas que no tengan finalidad lucrativa y entre cuyos objetivos figure la protección de menores e incapacitados. Por su parte, el art. 239 del CC prescribe que la tutela de los menores desamparados corresponde por ley a la entidad a que se refiere el art. 172 del CC, pero que se procederá al nombramiento de tutor conforme a las reglas ordinarias cuando existan personas que, por sus relaciones con el menor o por otras circunstancias, puedan asumir la tutela con beneficio para éste(478).

El párrafo segundo del art. 39 de la Constitución española atribuye a los poderes públicos la protección integral de los hijos, principio desarrollado por la LOPJ (art. 11.2)(479). En cuanto a las Administraciones Públicas,

(476) Se enumeran las siguientes: «ser encomendados» (art. 103.1.ª, párrafo segundo, del CC), «bajo cuya guarda se encuentre» (art. 229 del CC) y «asuma su guarda» (art. 172.2, párrafo primero, del CC). Cfr. RAGEL SÁNCHEZ, L., «La guardia y custodia...», *op. cit.*, pág. 290.

(477) Recordemos lo señalado en este trabajo respecto a la multiplicidad de voces con las cuales el ordenamiento jurídico aborda esta figura jurídica. *Vid. supra* epígrafe 1.1 del Capítulo I.

(478) La redacción de ambas disposiciones fue fijada por la Ley 21/1987 de 11 de noviembre, que modificó la legislación civil en materia de adopción y protección de menores para articular un sistema de tutela *ex lege* que corresponde a las entidades administrativas públicas.

(479) Conviene tener en cuenta lo prescrito por el art. 20 de la CDN:
«1. Los niños temporal o permanentemente privados de su medio familiar, o cuyo superior interés exija que no permanezcan en ese medio, tendrán derecho a la protección y asistencia especiales del Estado.
2. Los Estados Partes garantizarán, de conformidad con sus leyes nacionales, otros tipos de cuidado para esos niños.
3. Entre esos cuidados figurarán, entre otras cosas, la colocación en hogares de guarda, la kafala del Derecho islámico, la adopción, o de ser necesario la colocación en instituciones adecuadas de protección de menores. Al considerar las soluciones, se prestará particular atención a la conveniencia de que haya continuidad en la educación del niño y a su origen étnico, religioso, cultural y lingüístico».

pueden ser tutoras: las designadas por las Comunidades Autónomas y las Ciudades de Ceuta y Melilla, conforme a sus respectivas normas de organización para la protección de los menores de edad (disposición final 22.ª de la LOPJ).

En cuanto a las instituciones de protección, la misma LO 1/1996, de 15 de enero, de Protección Jurídica del Menor, da cuenta de los principios a los cuales debe ajustarse el ejercicio de la función que les corresponde desarrollar. Su art. 21 establece que todos los servicios, hogares funcionales o centros dirigidos a menores, deberán estar autorizados y acreditados por la entidad pública, la cual regulará de manera diferenciada el régimen de funcionamiento de los servicios especializados. Se prevén inspecciones y supervisiones por parte de la entidad pública, de los centros y servicios, y la vigilancia de los mismos por parte del Ministerio Fiscal.

Otras personas jurídicas de carácter privado que pueden desempeñarse como tutoras son las asociaciones, fundaciones y corporaciones no dependientes del Estado que sean de interés público, y las personas jurídicas de carácter eclesiástico.

3.3.3. Hipótesis distintas a las de incumplimiento de los deberes inherentes a la patria potestad

Al igual que en la situación precedentemente analizada, la hipótesis que ahora abordaremos reviste carácter de excepcionalidad, aunque se trata de circunstancias menos graves que justifican la privación de la facultad de tener consigo a los hijos menores, sin suprimir ni disminuir el resto de las funciones parentales. En general, esta medida responde a la necesidad de alejar temporalmente a los hijos del hogar paterno.

Es el juez quien debe sopesar la magnitud de las circunstancias concurrentes y valorarlas razonada y pormenorizadamente en su sentencia. Recordemos que se está privando a los padres de su derecho a convivir con el hijo, cuestión que, de no ser suficientemente ponderada, puede causar un daño irreversible en la vida del mismo.

Si esta medida no ha sido propuesta por ninguno de los progenitores pero, dados los hechos presentados en el juicio, el juez estima conveniente atribuir la guarda y custodia del hijo a terceros, debe informarse adecuadamente a las partes para que hagan valer las alegaciones correspondientes, a fin de no vulnerar el derecho de defensa[480].

Bajo este supuesto, lo que el tercero recibe es solamente el cuidado personal del hijo, subsistiendo en los progenitores el resto de los derechos y deberes que otorga la patria potestad.

A esta solución parece llegar también el Derecho francés, que establece que cuando el hijo haya sido confiado a un tercero, la patria potestad se continuará ejerciendo por los padres. Sin embargo, la persona a quien hubiera sido confiado el hijo realizará todas las acciones usuales relativas a su cuidado y educación. Además, el juez de familia, al confiar el hijo con carácter provisional a un tercero, podrá decidir la promoción de la constitución de la tutela [art. 373-4 del Código Civil francés[481]].

ROCA TRÍAS[482] señala que, en los casos en que el juez no priva a los padres de la patria potestad pero considera conveniente confiar la custodia de los hijos a un tercero, nos encontramos ante la figura del acogimiento. A diferencia de si fuesen los padres quienes decidieren utilizar la anterior posibilidad, caso en el que le parece conveniente inclinarse por considerar la situación como guarda de hecho[483] y aplicar lo dispuesto en el art. 303 del CC, sin excluir la posibilidad del acogimiento.

Compartimos dicha opinión, aunque el art. 173 del CC, referido al acogimiento familiar, no lo deja del todo claro. En el caso de los padres que, de mutuo acuerdo entregan el cuidado del hijo a terceros, creemos que hay más claramente una guarda de hecho. Es dudoso que en el plano legal y teórico sea calificable de acogimiento familiar, ya que la figura prevista en el art. 173 del CC es una institución específica que requiere

(480) Cfr. GARCÍA PASTOR, M., *La situación..., op. cit.,* pág. 107.

(481) Conforme a la traducción de NÚÑEZ IGLESIAS, A., *Código Civil..., op. cit.,* pág. 236.

(482) Cfr. ROCA TRÍAS, E., «Comentario al art. 90 del Código Civil», en *Comentario del..., op. cit.,* pág. 391.

(483) A grandes rasgos, la guarda de hecho se contrapone a la guarda jurídica en tanto la primera no es determinada ni por la ley ni por el juez, sino que es ejercida *de facto* normalmente por un tercero. Éste no ejerce verdaderamente funciones tutelares y, por ende, no le resta facultades a los padres.

formalización y cesa por causas delimitadas[(484)]. Aunque lo deseable sería que así lo formalizaran.

En todo caso, estimamos adecuado que el juez, al atribuir la guarda y custodia a un tercero, determine el régimen de comunicación que tendrá lugar entre los hijos y sus progenitores, con el fin de preservar las relaciones afectivas entre ambos.

4. MUERTE DEL PROGENITOR GUARDADOR

Sobrevenida la crisis conyugal o de pareja, la determinación del régimen de guarda y custodia presupone la existencia del acuerdo de ambos y, a falta de éste, la elección motivada del juez entre uno de ellos, o bien, verificadas ciertas circunstancias, la accesión a la solicitud de custodia compartida. El ejercicio de la guarda y custodia, sea unilateral o conjunto, y los derechos-funciones que subsisten en el otro padre o madre, son concebidos bajo situaciones de normalidad, es decir, en vida de ambos. La muerte de uno de ellos acarrea diversas consecuencias en el ejercicio de las relaciones paterno-filiales, en especial, en lo que respecta a la guarda y custodia.

La situación parece ser más sencilla si fallece uno de los padres existiendo ejercicio compartido de la guarda o si muere el progenitor no custodio si ella era unilateral. En el primer caso, la función de cuidado pasa a ser ejercida completamente por el progenitor sobreviviente. En el segundo caso, los derechos-funciones que le correspondían al padre o madre difunto, desaparecen; y, desde luego, el régimen de comunicación y estancia acordado. La patria potestad pasa a ser ejercida en su totalidad por el padre o madre sobreviviente, quien desempeña las funciones que ella comprende de manera exclusiva. En ambos casos, las decisiones relativas al cuidado, educación y formación del hijo se adoptan con un mayor grado de responsabilidad, ya que si antes se tomaban de consuno, ahora deberán adoptarse individualmente.

En cambio, la muerte del padre o madre guardador en el caso de la custodia unilateral plantea varias interrogantes. El CC no establece qué

(484) Cfr. Rivero Hernández, F., «Comentarios al art. 92», en *Matrimonio y divorcio..., op. cit.*, pág. 1029.

sucede con la atribución de la guarda. Difiere el actual cuerpo legal, del derogado párrafo tercero del art. 73 del CC, que, para el caso de la separación matrimonial (no así para el evento de la nulidad), señalaba que, a la muerte del cónyuge inocente, volvería el culpable a recobrar la patria potestad y sus derechos, si la causa que dio origen a la separación no afectare a la formación moral de los hijos. Dicha disposición daba por sentado que, tratándose del progenitor culpable, se perdían tanto la patria potestad como la guarda de los hijos, cuestión que no necesariamente ocurría, ya que era perfectamente posible que se conservara la titularidad y ejercicio de la primera y que, acaecida la muerte del padre guardador, fuese sólo la segunda la restaurada.

Bajo la actual legislación, fallecido el progenitor a quien se le ha atribuido la guarda y custodia, la disyuntiva que se plantea es restablecer la guarda al padre o madre sobreviviente. Ella le debe ser concedida si acredita aptitud suficiente para el cuidado y educación de sus hijos, ya que el haber preferido anteriormente al fallecido no constituye per se un obstáculo para esta nueva atribución. Y en el caso de no reunir las condiciones necesarias para ejercer la guarda de los hijos, procede el nombramiento de una tercera persona; y, en su defecto, de una institución idónea, del modo como describimos al comentar la guarda ejercida por terceros.

Como dijimos, el art. 92 del CC nada menciona sobre esta situación. A falta de norma al respecto, y teniendo como principio rector en la materia el interés superior de los hijos, creemos que el criterio judicial ha de ser discrecional. En todo caso, ello exige superar la atribución automática al progenitor supérstite, debiendo ponderarse detenidamente las aptitudes y falencias que éste presenta para ejercer el cuidado de los hijos[485]. El padre o madre sobreviviente no es necesariamente la persona más indicada para pasar a ejercer la guarda de sus hijos; ya sea porque puede carecer de las más mínimas capacidades para ello o porque, en ese momento, no tiene los medios y condiciones para hacerlo. En consecuencia, el juez debe

(485) En este sentido, RIVERO HERNÁNDEZ, F. («Comentarios al art. 92», en *Matrimonio y divorcio..., op. cit.,* pág. 1030), opinaba que el criterio judicial era ampliamente discrecional dados los términos abiertos de la redacción del art. 92 del CC que, antes de la reforma de la Ley 15/2005, señalaba que «las medidas judiciales sobre el cuidado y educación de los hijos serán adoptadas en beneficio de ellos [...]», referencia explícita que la actual disposición realiza sólo para la patria potestad pero que entendemos igualmente aplicable conforme a los principios generales.

reunir el máximo de antecedentes que le permitan determinar la persona más idónea para tal encargo y, a falta de ésta, la institución que estime adecuada.

Lo señalado por el art. 158 del CC puede resultar una eficaz herramienta procesal para lograr lo dicho anteriormente(486). Recordemos que esta norma autoriza al juez a adoptar, de oficio o a petición del propio hijo, parientes o del Ministerio Fiscal, las medidas tendentes a apartar al menor de un peligro o evitarle perjuicios. Estas personas están legitimadas para solicitar la adopción de las cautelas que el juez estime conducentes si existen dudas fundadas acerca de la idoneidad de la persona o institución que probablemente recibirá la guarda y custodia del menor. En estos casos, estimamos que lo adecuado, tal como lo pone de manifiesto Pérez Martín(487) al comentar la tendencia de la jurisprudencia en la materia, es el establecimiento de un régimen de comunicación y estancia de carácter gradual con la persona que posiblemente pasará a ser su guardador, exigiéndose la celebración de la audiencia del menor y la emisión de un dictamen psicológico y social.

5. MODIFICACIÓN DE LOS DERECHOS Y OBLIGACIONES RELATIVOS A LA GUARDA Y CUSTODIA DE LOS HIJOS

5.1. Aspectos generales

Así como el interés superior del menor puede indicar que, inmediatamente después de la ruptura familiar, la guarda sea concedida a uno u otro progenitor o a ambos de forma compartida, ese mejor beneficio, considerado en distintas circunstancias, puede justificar un cambio en la atribución de la guarda, de modo que quienes habían sido descartados para ejercerla sean ahora los más idóneos para ello.

La SAP de Jaén de 7 de diciembre de 1995 se refiere al carácter esencialmente revisable de estos asuntos. Señala que «en principio, sería desconocer la realidad humana y jurídica, el pretender que las medidas complementarias reguladoras de los efectos de la separación o del divorcio,

(486) Así lo señala Rivero Hernández, F., «Comentarios al art. 92», en *Matrimonio y divorcio…, op. cit.*, pág. 1030.

(487) Cfr. Pérez Martín, A., *Derecho de Familia*. Tomo III. *Divorcio y…, op. cit.*, pág. 644.

quedaran inmodificables a perpetuidad, por ello es valor entendido que aquellos efectos tienen una validez *rebus sic stantibus* [...]»[488].

Conforme al art. 775 de la LEC, están legitimados para solicitar este cambio de atribución el Ministerio Fiscal (habiendo hijos menores o incapacitados) y, en todo caso, los cónyuges.

De acuerdo con los arts. 90 y 91 del CC, el cambio debe ser sustancial. El art. 91 del CC establece en su parte final que: «estas medidas podrán ser modificadas cuando se alteren sustancialmente las circunstancias».

Se ha señalado que serán verdaderamente relevantes los hechos posteriores cuando, de haber existido con anterioridad, hubiesen determinado la concesión de las medidas en sentido distinto al adoptado[489]. RIVERO HERNÁNDEZ[490] concluye, sobre la base del juego de las palabras *alteración, sustancialmente* y *graves,* que, para que proceda la modificación de medidas, el hecho que se invoque debe ser, por una parte, nuevo, en cuanto no conocido o no podido tener en cuenta al establecer el régimen inicial —es decir, que haya una alteración respecto de los presupuestos fácticos de que se partió— y, además, debe ser suficientemente serio y grave, amén de justo, para dar lugar a ese cambio.

El problema radica en la determinación de esa alteración sustancial, pues se trata de un criterio generalizador de valor relativo. En consecuencia, debe ser aplicado por el juez ponderando las circunstancias concurrentes en el momento de solicitarse la modificación[491]. Así, por ejemplo, el hecho de que el cónyuge pase a convivir con otra persona, contrayendo o no vínculo de matrimonio, no es motivo suficiente para modificar la guarda de los hijos. En cambio, el hecho acreditado de que esta nueva situación amorosa influye negativamente en el hijo sí puede justificar una reforma de la guarda.

(488) LA LEY 12766/1995.

(489) Cfr. ZANÓN MASDEU, L., *Guarda y..., op. cit.,* pág. 131, y SERRA DOMÍNGUEZ, M. y RAMOS MÉNDEZ, F., *Las medidas cautelares en el proceso civil. Teoría general de las medidas cautelares. Medidas provisionales en relación con las personas. Intervención judicial de bienes litigiosos,* Barcelona, Gráf. M. Pareja, 1974, pág. 205.

(490) Cfr. RIVERO HERNÁNDEZ, F., *El derecho..., op. cit.,* pág. 329.

(491) Cfr. SERRA DOMÍNGUEZ, M. y RAMOS MÉNDEZ, F., *Las medidas..., op. cit.,* pág. 205.

La jurisprudencia ha dado ciertas luces al respecto. La SAP de Toledo de 17 septiembre 1998[492] establece que: «la modificación de las medidas o efectos secundarios consecuentes a la separación conyugal o al divorcio acordadas en la sentencia correspondiente, puede tener lugar cuando se produzca una alteración seria o sustancial de las circunstancias contempladas al dictar dicha resolución (art. 91 CC), que suponga la aparición de hechos o situaciones nuevas, o que no fueren tomados en consideración en aquel momento, los cuales van más allá de las variaciones que pudieran estimarse ordinarias o habituales en la vida familiar, y exigen un replanteamiento de las relaciones personales o económicas inherentes a tales medidas». Por su parte, la SAP de Valencia de 15 mayo 1995[493] señala las circunstancias que justifican una alteración sustancial: «1.ª Ha de tratarse de hechos nuevos, inexistentes al tiempo de ser aprobado el convenio [...] 2.ª No es menester que alcancen la categoría de insólitos, extraordinarios o imprevisibles. 3.ª Han de revestir suficiente entidad como para que, de mantenerse lo antes acordado, se derive de ellos un grave perjuicio para alguno de los interesados en relación a la situación de equilibrio configurada al convenir [...] 4.ª No debe tratarse de aquellas circunstancias que las partes tuvieron en cuenta o razonablemente pudieron contemplar para emitir su consentimiento [...] 5.ª Aunque no es preciso que se trate de hechos ajenos a la voluntad del obligado, la asunción de nuevas obligaciones por parte del cónyuge obligado puede no implicar alteración de las circunstancias con efectos modificatorios, porque resulta necesario, por un lado, que se hallen desprovistos de mala fe o ánimo defraudatorio por su parte y, por otro, que la libérrima decisión de asumir nuevas cargas familiares no redunde en menoscabo del cumplimiento de las cargas anteriores».

En todo caso, la doctrina ha afirmado la exigencia de ciertos requisitos adicionales[494]: a) en primer lugar, que la modificación de la guarda y custodia sea beneficiosa para el menor, ya que es inconveniente intentar modalidades nuevas si el hijo se encuentra adaptado adecuada y satisfactoriamente a la actual convivencia; b) en segundo término, es necesario que quede acreditada la incapacidad del progenitor que actualmente ejerce la guarda y custodia, o los perjuicios producidos a los menores durante

(492) Rollo de apelación núm. 88/1998.

(493) Rollo de apelación núm. 121/1994.

(494) Cfr. PÉREZ MARTÍN, A., *Derecho de Familia*. Tomo III. *Divorcio y..., op. cit.,* págs. 631-634.

el desarrollo de la misma; c) además, debe probarse que el padre o madre que solicita la modificación de la atribución de la guarda y custodia del hijo en su favor, es idóneo para asumir las funciones de guarda y custodia; d) en cuarto lugar, deben ser escuchados los hijos que cuenten con suficiente juicio y discernimiento[(495)]; e) y, por último, deberá verificarse la prueba psicosocial por el equipo adscrito a los Juzgados de Familia, con el fin de que el juez pueda constatar la realidad del entorno del padre o madre que actualmente goza del ejercicio del cuidado personal del hijo, y del padre que solicita el cambio de atribución.

Varios de los criterios judiciales más frecuentemente considerados para la modificación de la guarda y custodia, coinciden con los expuestos al abordar las pautas generales de atribución del cuidado personal de los hijos en el Capítulo I de este trabajo. Así sucede, por ejemplo, con el cambio de domicilio del guardador que, conforme lo señalamos anteriormente al abordar el derecho-función de vivir en compañía de los hijos, puede dar lugar a una oposición del progenitor no custodio y no necesariamente a una alteración de la atribución de la guarda y custodia. También mencionamos en su momento la temprana e inconveniente participación del hijo en prácticas religiosas o su profesión en sectas, el padecimiento por parte del progenitor guardador de alguna enfermedad física o psíquica grave que impida un desenvolvimiento normal y adecuado de las funciones de cuidado personal de los hijos, etc.[(496)].

En este epígrafe mencionaremos, sin ánimo exhaustivo, algunos de los criterios relacionados más directamente con la modificación del derecho de guarda y, especialmente, con las alteraciones que respecto de su titularidad son solicitadas.

(495) Cabe tener presente que, como lo señalamos al abordar el derecho del menor a ser oído como criterio legal de atribución de la guarda y custodia, puede sostenerse que, no obstante la eliminación de la referencia a los mayores de doce años en el art. 92 del CC, una interpretación lógica y sistemática de la ley permitiría aplicar dicho límite de edad en base a los apartados segundo y sexto del mencionado artículo, en concordancia con otras disposiciones que contemplan aún dicha regla, como el art. 159 del CC. *Vid. supra* los epígrafes 3.5.2.2 y 3.5.2.3 del Capítulo I.

(496) *Vid. supra* epígrafes 4.2 y 4.3 del Capítulo I.

5.2. Factores de modificación de los derechos y obligaciones relativos al ejercicio de la guarda y custodia de los hijos

5.2.1. En relación a los hijos

5.2.1.1. Edad del hijo

En cuanto a la edad del hijo, la jurisprudencia ha afirmado que la corrección serena y eficaz respecto de determinadas conductas del hijo adolescente sujeto a guarda, suele complicarse dadas las características propias de esta etapa[(497)]. La ausencia de ciertas pautas impuestas por el padre o madre guardador ante situaciones conflictivas, puede ocasionar un inadecuado desarrollo del hijo[(498)]. Al respecto, cabe tener presente que el otro progenitor, en virtud de la titularidad de la patria potestad que ostenta, puede corregir a su hijo sin necesidad de solicitar para sí el ejercicio del cuidado personal, pues este debe ser un recurso de carácter excepcional. En este sentido, la jurisprudencia ha hecho hincapié en que se debe garantizar que el cambio de titular compensará la supuesta pérdida de autoridad, ya que es probable que el comportamiento del adolescente no cambie[(499)] y que responda más bien a problemas de índole afectiva a los cuales deba atenderse mediante otros mecanismos extrajurídicos[(500)].

5.2.1.2. La opinión del hijo

Se ha afirmado que el deseo de los hijos puede constituir una circunstancia suficiente para fundamentar una eventual modificación de la medida relativa a su cuidado personal. Ello responde a la trascendencia que dicha voluntad tiene a la hora de apreciar las condiciones de convivencia más beneficiosas para el menor desde la perspectiva de su desarrollo afectivo y protección integral (art. 39 de la CE), siempre que, naturalmente, ese deseo responda a una voluntad autónoma, ajena a inducciones o influencias extrañas y a caprichos o inclinaciones pasajeras que no se acomodan

---

(497) SAP de Barcelona de 10 de octubre de 2002 (LA LEY 167050/2002).

(498) SAP de Alicante de 10 de septiembre de 2002 (LA LEY 147237/2002).

(499) En este sentido, PÉREZ MARTÍN, A., *Derecho de Familia*. Tomo III. *Divorcio y…, op. cit.*, págs. 663-664.

(500) Así lo señala PÉREZ MARTÍN, A., *Derecho de Familia*. Tomo III. *Divorcio y…, op. cit.*, págs. 657-658.

al verdadero interés legalmente tutelado, y que existan causas objetivas susceptibles de valoración judicial, con el auxilio, en su caso, de especialistas[501]. La jurisprudencia hace hincapié en la manifestación insistente del menor de su deseo de convivir con su otro padre o madre, estableciendo que su opinión debe ser considerada si se determina que verdaderamente se justifican sus aprensiones, considerando siempre primordialmente su mejor interés[502]. En las demás cuestiones relativas al derecho del menor a ser oído, nos remitimos a lo señalado en materia de criterios legales sobre la guarda y custodia en general[503].

5.2.1.3. Otros factores

Podemos enumerar también:

• El deseo de reunificar la convivencia de los hermanos, bajo el supuesto de la desaparición de las circunstancias que en su momento motivaron la distribución de la custodia de los hijos y su consiguiente separación[504].

• Regularización de un cuidado personal que viene ejerciéndose de hecho[505]. Este caso corresponde a aquellas situaciones en que el padre o madre a quien ha sido atribuido el ejercicio de la guarda no es quien la

(501) SAP de Toledo de 2 de mayo de 2000 (LA LEY 90186/2000).

(502) La SAP de Huesca de 2 diciembre 1996 (rollo de apelación núm. 110/1996) modifica la atribución de la guarda y custodia que tenía conferida la madre sobre la base de «*los argumentos dados por los menores (10, 9 y 8 años) en orden a su preferencia por la casa paterna, dadas las buenas relaciones con la compañera del padre, frente a las tensas relaciones con el compañero materno, lo que indudablemente repercute en el ambiente de normalidad, sosiego y bienestar del hogar*». En este mismo sentido, la SAP Albacete de 27 de enero de 2000 (LA LEY 24675/2000); SAP de Lleida de 31 de julio de 2000 (LA LEY 156895/2000); SAP de Cádiz de 9 de enero de 2001 (LA LEY 10545/2001); SAP de Baleares de 10 de junio de 2002 (LA LEY 109511/2002); y SAP de Alicante de 13 de septiembre de 2002 (recurso núm. 488/2001). Decide en sentido contrario a lo expresado por el hijo, la SAP de Barcelona de 6 de julio de 1999 (LA LEY 106587/1999), por estimar que éste carece de la suficiente madurez para decidir por sí mismo.

(503) *Vid. supra* epígrafe 3.5 del Capítulo I.

(504) En este sentido, la SAP de Jaén de 7 de diciembre de 1995 (LA LEY 12766/1995) y la SAP de Cádiz de 23 de enero de 2003 (LA LEY 16776/2003).

(505) Al respecto, *vid.* SAP de Barcelona de 2 de junio de 1998 (rollo de apelación núm. 78/1997); SAP de Granada de 2 de abril de 2001 (LA LEY 70833/2001); SAP de Baleares de 22 de febrero de 2002 (LA LEY 40817/2002); SAP de Ciudad Real de 9 de mayo de 2002 (LA LEY 88617/2002); y SAP de Sevilla de 24 de septiembre de 2003 (LA LEY 147166/2003).

desempeña efectivamente, siendo el otro progenitor o un tercero, quien convive diariamente con los hijos. Resulta relevante poner fin a esta guarda de hecho, ya que jurídicamente sobre la madre o el padre designado como guardador recaen diversas cargas, obligaciones y derechos perfectamente exigibles aunque no se corresponden con la realidad de vida de los hijos.

5.2.2. *En relación a los progenitores*

5.2.2.1. Ejercicio inadecuado de la guarda y custodia de los hijos

Dentro de las causas más invocadas como justificantes de la modificación están, por un lado, la falta de asistencia del menor, y por otro, la conducta desordenada e irregular por parte del progenitor no custodio. Así, en el primer caso, no se prodigan las debidas atenciones a los hijos(506), se revela una ausencia de domicilio común(507), abandono higiénico, alimentario, sanitario(508), o educativo(509), entre otras circunstancias. En el segundo, pueden concurrir drogadicción(510) y alcoholismo(511), vida irregular(512), excesiva vida nocturna(513), etc.

En definitiva, esto se traduce en un incumplimiento de las funciones de cuidado personal inherentes a la custodia de los hijos y en una desnaturalización de la guarda y custodia propiamente dicha.

(506) SAP de Murcia de 6 de febrero de 2001 (LA LEY 30546/2001); SAP de Cádiz de 4 de abril de 2002 (LA LEY 66916/2002); y SAP de Alicante de 10 de julio de 2003 (LA LEY 121652/2003).

(507) SAP de Murcia de 20 de mayo de 2003 (LA LEY 90172/2003).

(508) SAP de Madrid de 30 de abril de 2004 (LA LEY 101678/2004).

(509) SAP de Albacete de 19 de septiembre de 1998 (rollo de apelación núm. 85/1998); SAP de Barcelona 15 de mayo de 2001 (LA LEY 97060/2001); SAP de Murcia de 18 de septiembre de 2002 (LA LEY 152234/2002); SAP de Santa Cruz de Tenerife de 12 de mayo de 2003 (LA LEY 84735/2003); y SAP de Las Palmas de 19 de noviembre de 2004 (LA LEY 244211/2004).

(510) SAP de Salamanca de 27 de julio de 2000 (LA LEY 154513/2000); SAP de Murcia de 4 de enero de 2001 (LA LEY 9539/2001); y SAP de Lugo de 13 de octubre de 2005 (LA LEY 198960/2005).

(511) SAP de Barcelona de 16 de octubre de 2000 (LA LEY 185053/2000); SAP de Guipúzcoa de 27 de noviembre de 2000 (LA LEY 215529/2000); SAP de Santa Cruz de Tenerife de 14 de abril de 2003 (LA LEY 70877/2003); SAP de Álava de 23 de diciembre de 2004 (LA LEY 271548/2004); y de Madrid de 4 de octubre de 2005 (LA LEY 192513/2005).

(512) SAP de Albacete de 10 de marzo de 1999 (recurso de apelación núm. 351/1998).

(513) Cfr. PÉREZ MARTÍN, A., *Derecho de Familia.* Tomo III. *Divorcio y..., op. cit.,* págs. 656 y 663.

5.2.2.2. Obstaculización del régimen de comunicación y estancia

Mención especial merece la obstaculización del régimen de comunicación y estancia por parte del progenitor guardador.

En primer lugar, debemos señalar que esta cuestión se encuentra estrechamente relacionada con el derecho del hijo a la coparentalidad, es decir, la legítima necesidad de mantener un contacto directo y regular con el progenitor en cuya compañía no vive[(514)]. Por ello, con el objeto de garantizar el cumplimiento de este principio, el ordenamiento jurídico contempla ciertos mecanismos destinados a remover los elementos que obstaculizan la verificación del régimen de comunicación y estancia.

Así, el art. 776.3.ª de la LEC consagra la posibilidad de modificar el ejercicio de la guarda y de las visitas a consecuencia del incumplimiento reiterado de las obligaciones derivadas del régimen establecido, tanto por parte del progenitor guardador como del no guardador[(515)].

Entendemos que esta irregularidad debiera intentar subsanarse, primero, por vía de ejecución de sentencia con la adecuada y directa intervención judicial y del equipo psicoasistencial del Tribunal[(516)] y, en especial, considerando la posición que asumen los hijos que se encuentran involucrados en este tipo de procedimientos. En efecto, el menor que, en actuación de una medida de ejecución de custodia o de régimen de comunicación y

(514) A este principio nos referiremos más adelante. *Vid. infra* epígrafe 2.4 del Capítulo III.

(515) Al respecto, Ragel Sánchez, L. («La guardia y custodia...», *op. cit.*, pág. 323) considera positiva la inclusión de este precepto, aunque señala que se llegaba a la misma conclusión con la aplicación del art. 158.3 del CC en cuanto permite al juez, de oficio o a instancia del propio hijo, de cualquier pariente o del ministerio fiscal, dictar las disposiciones que considere oportunas con el objeto de apartar al menor de un peligro o evitarle perjuicios.

(516) Al respecto, la SAP de Madrid de 16 de abril de 2002 (recurso de apelación núm. 658/2001) establece que «*debe recordarse, ante todo, que el citado art. 776.3.ª, que la recurrente cita como infringido, no establece, de modo automático e imperativo, el cambio de custodia, en fase de ejecución de sentencia, ante el incumplimiento por el progenitor guardador del régimen de visitas, abriendo simplemente una posibilidad sustantiva al efecto que, por regla general, y a salvo de los supuestos de urgencia contemplados en el art. 158 del Código Civil, habrá de discurrir por los trámites del art. 775, en su remisión al 771 de la referida Ley procesal, y en el que, en orden al cambio del sistema de guarda propugnado, habrá de ser ponderado no sólo el alegado incumplimiento de las visitas, sino también otros muchos factores, en forma tal que todos, en su conjunto, hagan necesario, o aconsejable, en bien de la prole, el cambio de entorno convivencial*».

estancia, deba ser entregado por un progenitor al otro es, al mismo tiempo, «medio y fin» del procedimiento. «Medio», en el sentido de que la ejecución no puede desarrollarse sin él y debe tenerse en cuenta su eventual resistencia; y «fin», en el sentido de que la ejecución se produce principalmente en su interés y que, por esta razón, no puede prescindirse de sus efectivas exigencias[(517)].

No obstante, el cambio en la atribución de la titularidad de la guarda de los hijos suele utilizarse por algunos jueces como apercibimiento de «sanción» para la facilitación y debido cumplimiento del régimen de comunicación y estancia[(518)]. En este mismo sentido, la doctrina señala que pueden también imponerse multas al progenitor infractor. Así, RAGEL SÁNCHEZ[(519)] concluye que el padre guardador está obligado a hacer todo lo posible para que el menor se relacione con el padre o madre no custodio, entre otras cosas, porque este deber de carácter personalísimo permitiría aplicar el art. 709.1 de la LEC[(520)], referido a la ejecución de las prestaciones de dicha

(517) Cfr. NAPOLITANO, L., *L'affidamento dei minore nei giudizi di separazione e divorzio*, Torino, G. Giappichelli, 2006, págs. 114-115.

(518) La SAP de León de 13 octubre de 2006 (LA LEY 124529/2006) rechaza la custodia compartida solicitada por el padre, estableciendo literalmente que *«la modificación de la custodia se configura como una posible sanción civil para los incumplimientos reiterados del régimen de visitas»*. En un sentido similar, la SAP de Barcelona de 7 de mayo de 2004 (LA LEY 107349/2004). En cambio, la SAP de Toledo de 13 de septiembre de 1999 (LA LEY 122115/1999) establece que *«una vez apreciadas por la Sala las diversas circunstancias que concurren, no se puede sino disentir de la solución adoptada por la juzgadora de instancia, por entender que la modificación del régimen de guarda y custodia, hasta ahora atribuido a la madre y que la Sentencia estimatoria otorgó al padre, más que atender al beneficio de la hija del matrimonio, lo que ha venido es a sancionar a la madre demandada, hoy recurrente, por su reprochable conducta, impidiendo el régimen de visitas concedido al padre, obstaculizándolo, recurriendo a la mentira y al engaño para burlar la aplicación de una Resolución judicial y no dudando la esposa en influir negativamente en el ánimo de la propia hija, con la intención de sembrar el temor y la animadversión de la misma para con su propio padre, como se pone de manifiesto en los diversos informes psicológicos obrantes en autos»*.

(519) Cfr. RAGEL SÁNCHEZ, L., «La guardia y custodia...», *op. cit.*, pág. 329.

(520) Art. 709.1 de la LEC: *«Cuando el título ejecutivo se refiera a un hacer personalísimo, el ejecutado podrá manifestar al Tribunal, dentro del plazo que se le haya concedido para cumplir el requerimiento a que se refiere el art. 699, los motivos por los que se niega a hacer lo que el título dispone y alegar lo que tenga por conveniente sobre el carácter personalísimo o no personalísimo de la prestación debida. Transcurrido este plazo sin que el ejecutado haya realizado la prestación, el ejecutante podrá optar entre pedir que la ejecución siga adelante para entregar a aquél un equivalente pecuniario de la prestación de hacer o solicitar que se apremie al ejecutado con una multa por cada mes que trans-*

naturaleza, generándose, en su caso, la correspondiente responsabilidad patrimonial. Lo que ocurre, sin embargo, es que el art. 776.2.ª(521) eliminó la posibilidad de sustitución automática por el equivalente pecuniario en caso de incumplimiento de obligaciones no pecuniarias, prevista en el art. 709 de dicha ley, aunque podrán mantenerse las multas coercitivas mensuales todo el tiempo que sea necesario más allá del plazo de un año establecido en dicho precepto.

Por otra parte, cierta doctrina sostiene que el incumplimiento sistemático, grave y reiterado del régimen de comunicación y estancia debe ser causa suficiente para que el juez modifique el sentido y titularidad de la guarda y custodia, quitándosela al progenitor renuente para entregársela al cumplidor[522]. Incluso, cierto sector ha llegado a proponer una nueva redacción para el art. 94 del CC que, adicionando un nuevo párrafo a dicha norma, prive de la custodia al progenitor que incumpla o perturbe dos o más veces el derecho de visita[523]. Actualmente existen normas de

curra sin llevarlo a cabo desde la finalización del plazo. El Tribunal resolverá por medio de auto lo que proceda, accediendo a lo solicitado por el ejecutante cuando estime que la prestación que sea objeto de la condena tiene las especiales cualidades que caracterizan el hacer personalísimo. En otro caso, ordenará proseguir la ejecución con arreglo a lo dispuesto en el art. 706».

(521) Art. 776 de la LEC: «*Ejecución forzosa de los pronunciamientos sobre medidas.*
Los pronunciamientos sobre medidas se ejecutarán con arreglo a lo dispuesto en el Libro III de esta Ley, con las especialidades siguientes:
1.ª Al cónyuge o progenitor que incumpla de manera reiterada las obligaciones de pago de cantidad que le correspondan podrán imponérsele multas coercitivas, con arreglo a lo dispuesto en el art. 711 y sin perjuicio de hacer efectivas sobre su patrimonio las cantidades debidas y no satisfechas.
2.ª En caso de incumplimiento de obligaciones no pecuniarias de carácter personalísimo, no procederá la sustitución automática por el equivalente pecuniario prevista en el apartado tercero del art. 709 y podrán mantenerse las multas coercitivas mensuales todo el tiempo que sea necesario más allá del plazo de un año establecido en dicho precepto.
3.ª El incumplimiento reiterado de las obligaciones derivadas del régimen de visitas, tanto por parte del progenitor guardador como del no guardador podrá dar lugar a la modificación del régimen de guarda y visitas».

(522) Cfr. Reina, V. y Martinell, J., *Curso de Derecho Matrimonial*, Madrid, Marcial Pons, 1995, pág. 657.

(523) Cfr. Carretero Sánchez, A., «El nuevo planteamiento...», *op. cit.*, pág. 1024. En dichos casos, la guarda debiera pasar al padre o madre hasta ahora privado de la misma, salvo que el juez, en resolución motivada, atribuya la custodia a otro pariente o a un extraño. Este autor justifica su proposición en que no parece lógico que el art. 94 del CC contemple sólo la posibilidad de limitar judicialmente el derecho de visitas del cónyuge visitante si incumple sus obligaciones o la resolución judicial, y no las consecuencias de la in-

carácter punitivo que castigan esta conducta, aunque no llegan a prever la privación de la guarda[(524)].

Para nosotros, esta obstrucción puede llegar a motivar un cambio en la atribución de la guarda de los hijos sólo si constituye una verdadera causa obstaculizadora de la relación paterno-filial con el padre o madre no conviviente[(525)]. En este sentido, es posible observar que muchas sentencias deniegan la modificación de la guarda y custodia solicitada, al

fracción por parte del cónyuge custodio de su deber de facilitar el desarrollo de dicha comunicación. El autor, sin embargo, se muestra renuente a tipificar esta conducta como delito autónomo dado el carácter de intervención mínima del Derecho penal moderno.

(524) En cuanto a la sanción penal de quien, debiendo entregar al menor y facilitar el desarrollo del régimen de comunicación y estancia mantiene una conducta obstaculizadora, el art. 622 del Código Penal español, sobre quebrantamiento de resolución judicial sobre guarda de menor, establece que *«los padres que sin llegar a incurrir en delito contra las relaciones familiares o, en su caso, de desobediencia infringiesen el régimen de custodia de sus hijos menores establecido por la autoridad judicial o administrativa serán castigados con la pena de multa de uno a dos meses»*. Por su parte, el art. 223 del mismo cuerpo legal —redactado conforme a la LO 9/2002, de 10 de diciembre—, relativo al quebrantamiento de los deberes de custodia, determina: *«el que, teniendo a su cargo la custodia de un menor de edad o un incapaz, no lo presentare a sus padres o guardadores sin justificación para ello, cuando fuere requerido por ellos, será castigado con la pena de prisión de seis meses a dos años, sin perjuicio de que los hechos constituyan otro delito más grave»*.

En forma similar lo contempla el Código Penal suizo en su art. 292. En Italia, a su vez, el Código Penal castiga a quien elude o incumple un mandato del juez civil concerniente a la entrega o puesta a disposición para la guarda de menores o incapaces (art. 388, párrafo segundo). En Alemania, en cambio, se sanciona con el delito de sustracción de menores a quien impida el ejercicio del derecho a las relaciones personales, incluido el guardador jurídico (art. 235 del Código Penal). En Francia existe un delito específico, llamado de *non-représentation*, que castiga con prisión la negativa o actitud resistente del guardador del menor (art. 227-5 del Código Penal francés, ubicado entre los atentados contra el ejercicio de la autoridad parental).

(525) De ello da cuenta la SAP de Vizcaya de 1 de febrero de 2002 (LA LEY 26263/2002), que califica como cierto e incuestionable el daño que la obstrucción del régimen de comunicación provoca en el menor, quien se ha acostumbrado a desarrollarse sin uno de sus progenitores llegando incluso a rechazarlo. La sentencia agrega que la modificación en la atribución de la guarda puede suponer una dificultad para el menor en cuanto a su aclimatación a esa nueva situación, pero que no es menos cierto que puede resultar más pernicioso y perjudicial para el mismo el hecho de desarrollarse y crecer sin oportunidad de mantener una relación normalizada con su padre. La sentencia agrega que esta situación está siendo propiciada por la actitud de una madre que, en definitiva, no es apta para ejercer la guarda y custodia de su hijo de la manera más beneficiosa y acorde al interés del mismo.

estimar que dicho incumplimiento no es suficiente para estimar el cambio interesado(526).

5.3. Cláusulas de revisión del ejercicio de la guarda y custodia de los hijos

Por último, en relación con la modificación de la guarda y custodia, se encuentran las denominadas cláusulas de revisión del estatuto acordado.

A través de ellas pueden introducirse ciertas estipulaciones en el convenio regulador que contemplen un efecto o consecuencia automáticos frente a la verificación de determinados hechos. Por ejemplo, puede establecerse que, llegada cierta edad del hijo, sea éste quien decida con cuál de los progenitores desea vivir. Claro está que el *favor filii* debe salvaguardase en estas cláusulas mediante el debido examen que efectúa el juez al aprobar el convenio regulador; y que ellas pueden alterarse si las circunstancias que motivaron su establecimiento varían sustancialmente.

Por otra parte, no sólo por acuerdo de los padres la medida adoptada en cuanto a la guarda y custodia de los hijos puede quedar sujeta a alguna condición. También puede establecerlo la propia resolución judicial, aunque ello no es muy frecuente.

En este sentido, nos parece interesante comentar la SAP de Valencia de 7 de junio de 2005(527) que, al denegar la custodia alternada de la hija solicitada por el padre, supedita la vigencia del régimen de custodia unilateral de la madre a que el sistema educacional otorgado por ésta sea el adecua-

(526) Así lo afirma la SAP de Madrid de 16 de abril de 2002 (LA LEY 74135/2002), ya citada; la SAP de Las Palmas de 29 de abril de 2004 (LA LEY 100766/2004), que la deniega por falta de acreditación de tal incumplimiento por parte de la madre; y la SAP de Burgos de 26 de abril de 2005 (LA LEY 92917/2005). Otros fallos confirman la atribución concedida al actual progenitor por demostrar una mayor predisposición para facilitar la necesaria relación y contacto del menor con su madre; en este sentido, *vid.* SAP de Lleida de 4 de julio de 2001 (LA LEY 6978/2001). En cambio, da lugar, entre otras, a la modificación de la guarda y custodia a consecuencia de la obstaculización que comentamos, la SAP de Badajoz de 24 de octubre de 2000 (LA LEY 191678/2000). En otras situaciones es al progenitor no conviviente que solicita la guarda de sus hijos a quien se le deniega esta petición por haber incumplido el régimen de comunicación y estancia; así lo decidió la SAP de La Rioja de 28 de febrero de 2001 (LA LEY 46922/2001).

(527) LA LEY 127806/2005.

do, sin que se produzca delegación alguna en su compañero sentimental, quien ha de abstenerse de inferir e interferir en las labores educacionales de la menor. Las razones aducidas por el padre de la niña en cuanto a la modificación de la custodia materna respondían al trato exageradamente estricto prodigado por la nueva pareja de la madre en la corrección de las actitudes de la menor. Así, la Audiencia recuerda que el aspecto educacional de la hija compete exclusivamente a la progenitora y al progenitor, estableciendo que, ante cualquier episodio que pudiera calificarse de trato excesivo en cuanto a la disciplina de la niña, el Tribunal se replantearía seriamente la atribución ya no sólo de la guarda y custodia compartida sino incluso de la atribución de la misma al padre.

Resalta el contenido pedagógico de la decisión, pues, si bien no establece una cláusula de modificación estricta y automática, sí se representa la alternativa de alterar el régimen establecido en el evento de que no se observe un cambio de actitud por parte del «nuevo progenitor» y un mayor control al respecto por parte de la madre. Sin embargo, estimamos negativo el hecho de que la Audiencia conciba la custodia compartida como una especie de sanción para el progenitor que ejerce la guarda exclusiva. En efecto, como tendremos ocasión de analizar, esta figura no debiera constituir un premio o reconocimiento al padre que no ha ejercido el cuidado personal de su hijo, sino más bien una expresión de coparticipación parental en el que ambos progenitores y, sobre todo, el hijo, resulten beneficiados.

6. RESPONSABILIDAD CIVIL DE LOS PROGENITORES POR LOS HECHOS DEL HIJO SUJETO A GUARDA Y CUSTODIA

6.1. Cuestiones metodológicas

En este epígrafe nos corresponde abordar la problemática suscitada por los daños que los hijos sometidos a la guarda y custodia de sus padres causan a un tercero, instituto regulado por el legislador en el párrafo segundo del art. 1903 del CC[(528)].

(528) Art. 1903.2 del CC: «*Los padres son responsables de los daños causados por los hijos que se encuentren bajo su guarda*».

Debido a que la amplitud de este tema supera los objetivos y límites de este trabajo, en esta parte nos dedicaremos a analizar sus aspectos más estrechamente relacionados con la guarda de los hijos. Así, no entraremos en el examen de algunas cuestiones relativas a la responsabilidad por el hecho ajeno que el Derecho de daños suele abordar con ocasión del estudio de este precepto y que damos por reproducidas(529). Asimismo, no examinaremos con detenimiento la obligación de indemnización propiamente dicha de los padres, ni la regulación de este tipo de responsabilidad en sede penal(530), pues, aunque más ligadas con la institución que nos ocupa, como dijimos, son cuestiones que escapan a los fines de este trabajo.

Nos centraremos, entonces, en uno de los requisitos de la responsabilidad civil de los padres por los hechos de sus hijos menores de edad: la guarda.

6.2. Redefinición de los conceptos de patria potestad y guarda de los hijos en materia de responsabilidad civil

El párrafo segundo del art. 1903 del CC prescribe que los padres son responsables de los daños causados por los hijos que se encuentren *bajo su guarda,* limitando así el elenco de sujetos responsables(531).

Pues bien, en primer lugar, debemos indicar que la aplicación del supuesto normativo de esta disposición debe ser adecuada a la realidad

(529) Nos referimos, por ejemplo, al carácter subjetivo u objetivo de la responsabilidad por hecho ajeno, a su naturaleza directa o indirecta, subsidiaria o solidaria, a la enunciación taxativa o enunciativa del párrafo segundo del art. 1903 del CC, a la prescripción de la acción para exigir esta responsabilidad civil; etc.

(530) Sólo cabe tener presente que tanto el ordenamiento penal como civil se refieren a este instituto. El Código Penal establece en su art. 120.1, relativo a la responsabilidad civil subsidiaria derivada de un hecho ilícito cometido por un menor de edad, que deben asumirla los que lo tengan bajo su potestad o guarda legal, a no ser que constare que no hubo por su parte culpa o negligencia. También se refiere a este tipo de responsabilidad, la Ley Orgánica 5/2000, reguladora de la Responsabilidad Penal de los Menores, de 12 de enero de 2000.

(531) Cabe reiterar aquí la afirmación asentadísima en la doctrina nacional según la cual, aunque esta disposición no se refiere expresamente a que los hijos sean menores de edad, ello se sobrentiende del hecho de que los mayores no están bajo la guarda de los padres. *Vid.*, por todos, SANTOS BRIZ, J., «Comentario a los arts. 1903 y 1904 del Código Civil», en *Comentarios al Código Civil y Compilaciones Forales,* dirigidos por Manuel ALBALADEJO, tomo XXIV, Madrid, Edersa, 1984, pág. 571.

actual de las relaciones familiares y, en particular, a la significación que actualmente encierra el concepto de guarda.

En este sentido, se ha puesto de relieve la profunda mutación que las relaciones familiares han experimentado durante el último siglo. Así, hoy en día, carecen de validez las teorías que en el pasado atribuían a los progenitores suficientes facultades de control sobre sus hijos como para poder evitar la posible provocación de daños y que, por ende, facilitaban y justificaban la aplicación de la culpa de los padres como criterio de imputación. Actualmente, esta afirmación no se condice con el grado de autonomía reconocido a los niños y adolescentes en el desarrollo de sus relaciones sociales y familiares[(532)], rasgo que ha sido promovido, por cierto, por el Derecho de familia moderno y que descansa en el respeto a su dignidad humana y a su libertad de expresión.

En efecto, la evolución de la patria potestad, entendida tradicionalmente como un instituto de carácter absoluto y autoritario, hacia su consideración de derecho-función[(533)], nos hace pensar que las potestades de vigilancia y control concedidas por esta institución y, por ende, las probabilidades de evitar la provocación de un daño, están en relación inversamente proporcional a la eventual generación de responsabilidad civil de los padres por los hechos de sus hijos. De esta forma, mientras más imperativas sean las facultades de cuidado frente a éstos, menores serán las posibilidades de que el hijo escape de la esfera de observación de su custodio y, en consecuencia, más eventuales las situaciones en que deba responderse de sus hechos dañosos. Por el contrario, mientras más debilitados estén los poderes de dirección y disciplina de los progenitores, menores serán los medios para impedir la provocación del daño y mayores las hipótesis de responsabilidad civil de estos padres.

(532) Cfr. DE ÁNGEL YÁGÜEZ, R., «Comentario al art. 1903 del Código Civil», en *Comentario del Código Civil*, Madrid, Ministerio de Justicia, 1991, pág. 2009.

(533) A esta transformación de la patria potestad se refieren en este ámbito, entre otros, CARBAJO GONZÁLEZ, J., «La responsabilidad de los padres por los hechos de los hijos», *AC*, 1992-4, pág. 735; y en el Derecho italiano, PATTI, S., *Famiglia e responsabilità civile*, Milano, Dott. A. Giuffrè editore, 1984, págs. 10-11.

Sobre la base de esta constatación se ha ido construyendo desde hace tiempo en la doctrina extranjera[534], la denominación «grandes menores» o «menores medios» adoptada también por diversos autores españoles[535]. Con ella se hace referencia a los menores que han dejado de ser niños acercándose a la mayoría de edad y respecto a cuyos padres es prácticamente imposible sostener la concurrencia de culpa *in vigilando,* la cual quedaría entonces reservada a los hijos más pequeños[536].

Lo cierto es que el creciente respeto por la personalidad del adolescente y la consideración de sus inclinaciones y preferencias, han extendido notablemente las modalidades y espacios físicos en que éste lleva a cabo sus actividades de esparcimiento, de carácter deportivo, académico e interpersonal, de modo que el control ejercido sobre él es cada vez más indirecto. En estos aspectos, a nuestro juicio, el deber de educación y la inculcación de los valores de respeto y prudencia deben basarse en la confianza recíproca y en la concesión de una libertad de acción progresiva del hijo en consideración a su edad y madurez.

En este sentido, la evolución observada en el desenvolvimiento de las relaciones paterno-filiales y, en especial, la redimensión de la autoridad que los padres ejercen frente a sus hijos, han producido una abundante discusión acerca de la naturaleza de este tipo de responsabilidad. Así, y aunque, como dijimos, no entraremos a analizar con detenimiento esta temática, existe una tendencia a calificarla como responsabilidad por hecho

(534) Primero en Francia y luego en Italia. Así, en este último país, la prueba de la incapacidad de un menor de corta edad es considerada *in re ipsa;* en cambio, en los casos de los denominados «grandes menores» (aproximadamente desde los trece años en adelante), el análisis de la imputabilidad conducirá a una sentencia positiva mientras más cerca esté el menor que causa el daño, a la mayor edad. Cfr. Cendon, P. (a cura di), *Trattato della responsabilità civile e penale in famiglia,* vol. II, Padova, Cedam, 2004, págs. 1344-1345.

(535) Entre otros, Díaz Alabart, S., «La responsabilidad por los actos ilícitos dañosos de los sometidos a patria potestad o tutela», *ADC,* 1987, págs. 845-848; y López Sánchez, C., *La responsabilidad civil del menor,* Madrid, Dykinson, 2001, págs. 252-257.

(536) En cambio, respecto de los adolescentes cabría alegar el criterio de la culpa *in educando.* Así lo han señalado las SSTS de 15 de febrero de 1975 (*RJA* 566) y de 7 de enero de 1992 (recurso núm. 1150/1989).

propio (no por hecho ajeno)[(537)] o como cuasi objetiva[(538)]. Al respecto, se ha puesto de manifiesto que la calificación en uno u otro sentido depende

(537) Entre otros, así lo sostienen, CONDE-PUMPIDO FERREIRO, C., «Los problemas de la responsabilidad civil por los hechos ilícitos de los incapaces», en *Estudios de Derecho civil en honor del profesor Castán Tobeñas*, tomo II, Pamplona, Ediciones Universidad de Navarra, 1969, pág. 86; ROGEL VIDE, C., *La responsabilidad extracontractual en el Derecho español*, Madrid, Civitas, 1977, pág. 126; SANTOS BRIZ, J., «Comentario a los...», *op. cit.*, pág. 562; ALBALADEJO, M., *Derecho Civil II. Derecho de Obligaciones*, duodécima edición, Madrid, Edisofer S.L., 2004, págs. 960-961; DÍEZ-PICAZO, L. y GULLÓN BALLESTEROS, A., *Sistema de Derecho Civil. II. El contrato en general. La relación obligatoria, contratos en especial, cuasicontratos, enriquecimientos sin causa. Responsabilidad extracontractual*, sexta edición, Madrid, Tecnos, 1992, pág. 624; y también en LACRUZ BERDEJO, J. L. y otros, *Elementos de Derecho Civil.* II. *Derecho de Obligaciones.* Volumen II. *Contratos y Cuasicontratos. Delito y Cuasidelito*, tercera edición, Madrid, Dykinson, 2005, págs. 496-497.
Esta tendencia doctrinal apuntada se ha verificado también en Italia. Así, respecto del fundamento y naturaleza de la responsabilidad de los padres por los hechos de sus hijos menores no emancipados capaces de entender y de querer y que vivan en su compañía (art. 2048 del *Codice*), se han revelado en el Derecho italiano, esencialmente, dos direcciones. La primera, construida por la doctrina tradicional y la jurisprudencia más consolidada, afirma que se trata de una responsabilidad directa por hecho culposo propio, estando el criterio de imputación concretado sobre la base de una presunción de culpa. En segundo lugar, otra corriente afirma que la excesiva rigurosidad en la apreciación de la prueba liberatoria de la culpa de los padres, tal como sucede en España, hace difícil la existencia de una noción de responsabilidad directa y culposa, debiendo ser calificada, más bien, como responsabilidad indirecta por hecho ajeno o como responsabilidad objetiva fundada sobre la específica relación que une a los responsables civiles con el autor material del ilícito.

(538) A la objetivación de esta responsabilidad se refiere, entre otros, LÓPEZ SÁNCHEZ, C., *La responsabilidad..., op. cit.*, págs. 262-266. En este sentido, cabe señalar que, conforme al párrafo final del art. 1903 del CC, concurriendo los demás requisitos de la responsabilidad civil, ambos progenitores deben responder por el hecho dañoso causado por el hijo, *salvo que uno o ambos prueben que emplearon toda la diligencia debida para prevenir el daño*. Sin embargo, sabemos que esta posibilidad es más teórica que real, pues no se ha dado lugar a dicha prueba de exoneración. Así se señalan, entre otras obras, en LACRUZ BERDEJO, J. L. y otros, *Elementos..., op. cit.*, pág. 497; GÓMEZ CALLE, E., «Sujetos de la responsabilidad civil. La responsabilidad por hecho ajeno», en REGLERO CAMPOS, L. F., *Tratado de Responsabilidad civil*, 3.ª edición, Navarra, Thomson Aranzadi, 2006, pág. 511; y LÓPEZ BELTRÁN DE HEREDIA, C. (*La responsabilidad civil de los padres por los hechos de sus hijos*, Madrid, Tecnos, 1988, pág. 105), quien señala que «la responsabilidad de los padres se ha convertido por obra de nuestro Tribunal Supremo en la más objetiva de las responsabilidades por hecho ajeno». En este sentido, la STS de 5 de marzo de 1997 (recurso de casación núm. 1205/1993), referida a un mayor de edad no incapacitado que, padeciendo de esquizofrenia mató a tres niños con una pistola, exonera de responsabilidad a los padres estableciendo que la única responsabilidad que cabe atribuir corresponde al médico que no informó a los demandados sobre la clase de enfermedad de su hijo.

de la validez de la culpa como criterio de imputación «porque si la obligación de reparar viene impuesta por criterios objetivos, con independencia de la culpa, no hay ningún hecho propio del que responder»[(539)].

Para nosotros, en atención a lo señalado, el factor que origina la responsabilidad civil descrita en el párrafo segundo del art. 1903 del CC es la vinculación existente entre padres e hijos, es decir, la relación de dependencia basada en la patria potestad[(540)], pero entendiendo que ésta no es un poder que permite mantener a los hijos bajo un control directo permanentemente, sino como un conjunto de derechos y deberes que deben ejercerse respetando y fomentando adecuadamente la autonomía del hijo en conformidad a su edad y desarrollo, en un contexto de dinamismo y corresponsabilidad parental.

Por lo mismo, creemos que esta responsabilidad no puede ser calificada como totalmente objetiva, pues donde no hay siquiera un mínimo nivel de vigilancia sobre el hijo no cabe, a nuestro juicio, aplicar a rajatabla el criterio del riesgo creado, dando por sentado una supervisión que no ha existido[(541)].

6.3. El concepto de guarda utilizado en el párrafo segundo del art. 1903 del CC

En primer lugar, podría decirse que el artículo en comento está redactado sobre la base de la existencia de una relación matrimonial o de con-

(539) Navarro Michel, M., *La responsabilidad civil de los padres por los hechos de sus hijos*, Barcelona, José María Bosch Editor, 1998, pág. 23.

(540) A la situación especial de dependencia se refiere León González, J. M. («La responsabilidad por los hechos dañosos del sometido a patria potestad», en *Estudios de Derecho civil en honor del profesor Castán Tobeñas*, tomo VI, Pamplona, 1969, pág. 286), señalando que «es precisamente dicha relación jurídica la razón necesaria y suficiente para que alguien pueda ser llamado a responder por el hecho dañoso ajeno». Para Navarro Michel, M. (*La responsabilidad civil..., op. cit.*, pág. 33), el elemento de la dependencia soluciona la problemática que origina la existencia de otras personas —parientes o terceros— que, de forma regular o esporádica, se encuentran a cargo del cuidado del menor de edad. En este caso, señala la autora, la entidad de la relación de dependencia que existe no es suficiente para aplicar por analogía el párrafo segundo del art. 1903 del CC.

(541) Para Navarro Michel, M. (*La responsabilidad civil..., op. cit.*, pág. 36), las formulaciones basadas en el riesgo son inaplicables a los progenitores, agregando que repugna oír hablar de riesgo con relación a los hijos, como si el solo hecho de tenerlos fuese una actividad peligrosa para terceros.

vivencia de hecho entre los progenitores del hijo que causa el daño, pues, por una parte, ello constituye la situación normal, y por otra, porque así puede desprenderse de la utilización del vocablo *padres* (en plural) que ofrece la idea de un ejercicio dual de las potestades paterno-filiales. Bajo este supuesto, podría incluso afirmarse que el Código no regula la hipótesis de crisis matrimonial o de separación de hecho, cuestión que, desde luego, se ha rechazado por razones de lógica jurídica, pues nada podría llevarnos a razonar que no haya estado en la intención del legislador regular una situación de frecuente ocurrencia en la realidad familiar y que la no utilización de una disyunción, que incluyera también la hipótesis de cuidado personal unilateral o compartido, tuviera como objetivo excluir estas últimas situaciones. En efecto, existe abundante jurisprudencia y doctrina referida a la valoración de la responsabilidad civil derivada de un hecho ilícito cometido por un menor de edad sujeto a la guarda y custodia unilateral de su padre o madre, siendo éste uno de los supuestos que, como veremos, más complicaciones presenta.

Pues bien, para las hipótesis de normalidad matrimonial y ausencia de separación de hecho, cierta doctrina[(542)] ha señalado que la expresión guarda del párrafo segundo del art. 1903 del CC sólo puede entenderse como sinónimo de patria potestad, ya que es la función que puede desempeñarse conjuntamente por ambos padres, a diferencia de la guarda y custodia que normalmente es ejercida de forma unilateral.

Para nosotros, la especial situación de dependencia entre padres e hijos, que justifica la atribución de la correspondiente responsabilidad civil a los padres, se ve materializada en la exigencia de la guarda y no en la patria potestad.

En primer lugar, porque el legislador nunca ha entendido referirse a la patria potestad cuando utiliza la expresión guarda. Como vimos anteriormente[(543)], esta voz fue utilizada por primera vez en el CC a partir de la entrada en vigor de la Ley 11/1981, de 13 de mayo, «de modificación del Código Civil en materia de filiación, patria potestad y régimen económico

(542) En este sentido, RAGEL SÁNCHEZ, L., «La guardia y custodia...», *op. cit.*, pág. 285, nota núm. 12, y DE PRADA GONZÁLEZ, J. («La patria potestad tras...», *op. cit.*, pág. 263), aunque sin argumentar su posición.

(543) *Vid. supra* epígrafe 1.1 del Capítulo I relativo a la terminología de la guarda y custodia de los hijos.

del matrimonio», que siguió la designación de Las Partidas[544] en materia de relaciones filiales. De esta forma, esta expresión fue y es empleada, en primer lugar, en el art. 158.2 del CC[545], referido a las medidas judiciales que tienen por objeto evitar perturbaciones dañosas en los casos de cambio de titular de la *potestad de guarda;* y, por otra parte, precisamente, en el párrafo segundo del art. 1903 del CC que ahora nos ocupa, y que se refiere a la responsabilidad de los padres por los hechos de los hijos que estuvieren *bajo su guarda*.

Sin embargo, esta denominación ya era frecuentemente usada en la jurisprudencia para referirse al cuidado de los hijos, mientras que la doctrina había empleado tradicionalmente el término *cuidado* para referirse a dicho instituto[546], asociando más bien la *guarda* al cuidado que se ejerce respecto de menores e incapacitados en defecto de sus padres, es decir, como sinónimo de tutela y curatela[547]. En efecto, se ha señalado que la expresión *guarda y custodia* se circunscribe exclusivamente a la función ejercida por uno o ambos progenitores, reservándose el empleo de *guarda* para los casos en que ella es desarrollada por un tercero, ya sea tutor, guardador de hecho, o entidad pública[548]. De hecho, así sucede en la Sección Primera del Capítulo V del Título VII del Libro I del CC, relativa al acogimiento y la guarda de menores; y en los artículos reguladores de la guarda de menores o incapacitados del Título X del mismo Libro.

En definitiva, aunque se trata de un ámbito opinable, entendemos que la voz guarda es utilizada en el párrafo segundo del art. 1903 del CC como sinónimo de cuidado personal de los hijos y no en alusión a la patria potestad, pues cuando el legislador quiere referirse a la primera de estas instituciones emplea habitualmente los términos cuidado o guarda y custo-

(544) La Partida 4, Título 19, Ley 3, establecía que *«[...] el otro que non fue en culpa los debe criar y aver en guarda [...]»*.

(545) Art. 158.2 del CC: *«El Juez, de oficio o a instancia del propio hijo, de cualquier pariente o del Ministerio Fiscal, dictará: 2.º Las disposiciones apropiadas a fin de evitar a los hijos perturbaciones dañosas en los casos de cambio de titular de la potestad de guarda»*.

(546) Recordemos que sólo a partir de la entrada en vigor de la Ley 15/2005, el CC ha acogido la denominación de uso más corriente, es decir, *guarda y custodia*.

(547) Ello, conforme al Derecho tradicional español devenido de Las Partidas (Partida 6, Título 16, Ley I).

(548) Cfr. RAGEL SÁNCHEZ, L., «La guardia y custodia...», *op. cit.,* pág. 284. Aunque este mismo autor cita la STS de 25 de junio de 1994 que utiliza las expresiones conjuntas guarda y custodia para referirse a la solicitud de una tía de la menor.

dia y, además, porque la gran mayoría de las veces utiliza guarda, a secas, para referirse a otras figuras jurídicas como la tutela y la curatela (y no a la patria potestad)[549]. Y, aunque no exista acuerdo en la doctrina sobre el concepto de guarda, entendemos que el párrafo segundo del art. 1903 del CC la utiliza en sentido amplio, es decir, como comprensiva de toda la esfera personal de cuidado del hijo. Es con este tenor que la ley alude a este instituto: a la crianza en general, que permite dirigir, educar y vigilar, pues sólo a través de la cercanía (no necesariamente física en el sentido de convivencia) que esta figura implica, es posible delinear el adecuado ámbito de control de la vida del menor de edad que los padres están llamados a ejercer. Y, como veremos enseguida, el CC hace referencia tanto a las hipótesis de regularidad como de crisis familiar y, en este último caso, incluye tanto su ejercicio unilateral como conjunto.

6.4. Ámbito de aplicación del concepto de guarda utilizado en el párrafo segundo del art. 1903 del CC

6.4.1. Aspectos generales

En este epígrafe analizaremos dos cuestiones que corroboran el sentido que hemos atribuido al concepto de guarda utilizado por el legislador en el párrafo segundo del art. 1903 del CC.

En primer lugar, como lo señalamos anteriormente en este trabajo[550], entendemos que la guarda y custodia existe perfectamente en hipótesis de normalidad matrimonial; lo que ocurre es que se encuentra latente dentro de las funciones de carácter personal de la patria potestad, que sólo salen a la luz, con mayor claridad, frente a la ausencia de convivencia con el hijo. La guarda y custodia dual no sólo es factible, sino que es lo más corriente; prueba de ello es que el párrafo segundo del art. 1903 del CC emplea el

(549) En este sentido, si bien los nuevos párrafos 5 y 6 del art. 92 del CC, modificados por Ley 15/2005, nos hablan de *régimen de guarda,* entendemos que aluden a la organización de la crianza de los hijos con posterioridad a la crisis matrimonial, es decir, a la guarda y custodia, aunque no empleen los términos cuidado o guarda y custodia.

(550) *Vid. supra* epígrafe 1.2 del Capítulo I relativo al concepto y contenido de la guarda y custodia de los hijos.

vocablo *padres* (en plural)[551]. No existe, entonces, contradicción entre la utilización del término guarda de la norma en comento y su aplicación a la situación de normalidad conyugal o de convivencia de hecho. Y, por esta misma razón, el empleo de la denominación guarda no debe ser necesariamente interpretado en el sentido de patria potestad.

En segundo lugar, en relación con las hipótesis de crisis familiar, no creemos que este instituto se agote en el hecho de vivir con el hijo[552], pues, pese a la existencia de separación o divorcio, el progenitor no custodio sigue, en parte, desarrollando una cuota de dicho cuidado personal. Recordemos que antes de la reforma operada por la referida Ley 11/1981 esta norma hablaba de «vida en compañía»[553], que claramente significa convivencia, a diferencia de la disposición actual que habla sólo de guarda.

(551) Así lo expresa Ragel Sánchez, L. («La guardia y custodia...», *op. cit.*, pág. 285, nota núm. 12), para quien ambos progenitores son responsables del perjuicio causado porque la norma utiliza el vocablo *padres* en plural, sin especificar si los menores viven o no habitualmente en su compañía.

(552) En cambio, para Díez-Picazo, L. y Gullón Ballesteros, A. (*Sistema..., op. cit.*, pág. 625); y Díaz Alabart, S. («La responsabilidad por...», *op. cit.*, pág. 823); y Gómez Calle, E. («Comentario a la sentencia de 27 de septiembre de 1990», *CCJC*, 1990, pág. 1032), entre otros, la convivencia es indispensable.
En Francia, el art. 1384 del *Code*, exige tanto la *garde* como la convivencia (como veremos más adelante, en el Derecho francés, guarda y residencia son figuras jurídicas diversas). Lo mismo sucede en Italia.

(553) Bajo su antigua redacción, si no existía convivencia, quedaba la posibilidad de demandar sobre la base del art. 1902 del CC. Actualmente, sólo para la generación de la responsabilidad civil de los tutores, el párrafo tercero del art. 1903 del CC exige tanto la convivencia como que los menores o incapacitados estén *bajo su autoridad*.
En Italia, en cambio, el art. 2048 del *Codice* exige que los padres «cohabiten» con el hijo. Sin embargo, sobre el significado de este vocablo, tal como ha sucedido con la voz «bajo su guarda» del párrafo segundo del art. 1903 del CC español, la doctrina italiana ha elaborado diversas interpretaciones. Así, se ha afirmado que indica una relación estable de convivencia o una costumbre de vida en común o, incluso, una simple convivencia ocasional (cfr. Cendon, P., *Trattato della..., op. cit.*, pág. 1346). En todo caso, se ha sostenido que con esta expresión el legislador ha querido enfatizar la exigencia de que los progenitores no deben solamente tener la potestad sobre los hijos sino que están también en grado de ejercitarla. Así lo ha señalado la Corte de Casación italiana en sentencia núm. 2195, de 13 de abril de 1979 (*Repertorio generale della giurisprudenza italiana*, 1979, pág. 99).

Pues bien, si el legislador ha reemplazado dicha frase ha sido, precisamente, para ampliar el supuesto de la norma[554]. En efecto, se ha señalado que la guarda, a diferencia del requisito de la convivencia, no permite una exclusión inicial de los posibles sujetos responsables, pues ningún progenitor queda liberado por el hecho de no vivir en compañía de su hijo. Ésta es la importancia de la inclusión del término guarda[555].

En definitiva, en atención a lo señalado, lo que quiere significar el párrafo segundo del art. 1903 del CC al utilizar esta expresión, es que ambos progenitores tienen control sobre la esfera personal del hijo[556], la cual no se restringe a la convivencia, a la unidad de domicilio[557] y, por ende, en caso de crisis conyugal, tampoco se limita a uno de sus padres, pues, como hemos dicho, el progenitor no guardador también mantiene injerencia sobre algunos de estos aspectos.

En suma, para nosotros, la norma contenida en el párrafo segundo del art. 1903 del CC no es equívoca, aunque hubiese sido más apropiado referirse a la verdadera razón de la generación de dicha responsabilidad, esto es, a la relación efectiva de dependencia y control entre el padre o los padres y el hijo.

(554) Para otros, sin embargo, ésta no es sino una reforma «de estilo». Cfr. DÍAZ ALABART, S., «La responsabilidad por...», *op. cit.,* pág. 820.

(555) Cfr. NAVARRO MICHEL, M., *La responsabilidad civil..., op. cit.,* págs. 66-67.

(556) En efecto, en LACRUZ BERDEJO, J. L. y otros (*Elementos de Derecho Civil II. Derecho de Obligaciones.* Volumen 1. *Parte general Delito y Cuasidelito,* segunda edición, Barcelona, Librería Bosch, 1985, pág. 570), se señala que la guarda significa estar bajo el control vinculante de los padres.

(557) Según SANTOS BRIZ, J. («Comentario a los...», *op. cit.,* pág. 571), el párrafo segundo del art. 1903 del CC, al referirse a la guarda, incluye, indudablemente, no sólo los casos en que los hijos vivan en su compañía sino también aquellos en que no existe convivencia en sentido estricto. De esta forma, para este autor, la reforma operada por Ley 11/1981, de 13 de mayo, ha acentuado el matiz objetivista del art. 1903 del CC (pág. 563). En contra de esta última aseveración, NAVARRO MICHEL, M. (*La responsabilidad civil..., op. cit.,* págs. 67-68), para quien la guarda es solamente un factor de delimitación del sujeto responsable y, en consecuencia, es compatible tanto con las posiciones subjetivas como objetivas de la responsabilidad civil.

6.4.2. *Situaciones que comprende la guarda de los hijos del párrafo segundo del art. 1903 del CC*

6.4.2.1. La situación de crisis familiar

a. La determinación del progenitor responsable civilmente

Entendido el concepto de guarda utilizado en esta norma en el sentido que acabamos de describir, quedan absorbidas dos situaciones.

En primer lugar, la de normalidad matrimonial y convivencia *more uxorio*, porque la guarda y custodia no nace solamente con la crisis conyugal o la separación de hecho, sino que éstas solamente la visibilizan y, por lo tanto, la expresión guarda sí puede emplearse para referirse al cuidado personal que ejercen los padres casados o que conforman una pareja de hecho.

En segundo lugar, la hipótesis de ruptura matrimonial y separación de facto, pues, insistimos, aunque no se comparta la convivencia del hijo, al padre o madre no guardador le compete el desempeño de ciertas tareas vinculadas con la esfera de atención personal del menor, esto es, fundamentalmente, a través de la observancia del deber genérico de velar (al que se refiere el art. 154.1.º del CC) y mediante el ejercicio del derecho-deber de vigilancia y control y del deber de colaboración. Los progenitores no solamente responden en caso de convivencia con los hijos sino también en otras situaciones que impliquen ejercicio del control parental sobre la esfera personal de los mismos[(558)].

En este sentido, cierto sector de la doctrina y de la jurisprudencia, para el cual la convivencia con el hijo es indispensable para que se genere la responsabilidad de los padres, considera que, sobre la base de los arts. 90.A) y 91 del CC, en caso de separación, nulidad y divorcio, debe responder el progenitor guardador por haber incurrido en culpa *in vigilando*[(559)], aunque no se haya privado de la patria potestad de los hijos al otro padre

(558) Para Navarro Michel, M. (*La responsabilidad civil…, op. cit.*, pág. 63), el término guarda no es equiparable al de convivencia y, aunque ésta sea exigida para el surgimiento de esta responsabilidad, no puede serlo sobre la base de la custodia.

(559) Cfr. STS de 22 de enero de 1991 (LA LEY 2195-JF/0000).

o madre; situación que resultaría igualmente aplicable a los casos de separación de hecho en los cuales debe responder quien tenía al hijo bajo su guarda o cuidado(560). De acuerdo con esta interpretación, si el sujeto responsable es quien goza de la guarda de los hijos, el progenitor a favor del cual ha sido fijado un régimen de comunicación y estancia no debiera responder nunca(561).

Al respecto, no podemos sino compartir la postura de quienes señalan que esto genera una situación injusta, pues generalmente el progenitor a quien le ha sido atribuida la guarda y custodia de los hijos es quien más se sacrifica(562). En este sentido, cierta doctrina(563) y jurisprudencia(564) matizan la posición anteriormente descrita, afirmando que en los casos de nulidad, separación y divorcio, si el hijo se encuentra bajo la vigilancia del progenitor no guardador durante el desarrollo del régimen de estancia, el responsable civil es el que en aquel momento ejercía dicho derecho-función de comunicación.

Así lo ha resuelto el Código de la Familia de Cataluña de 1998 al establecer que, en todo caso, las obligaciones de guarda deben ser ejercidas por el progenitor que en cada momento tenga al menor con él, bien porque tenga asignada de hecho o de derecho la residencia

(560) En este sentido, LETE DEL RÍO, J. y LETE ACHIRICA, J., *Derecho de obligaciones*. Vol. I. *Teoría general de la relación obligatoria y del contrato. Derecho de Daños*, Madrid, Thomson Aranzadi, 2005, pág. 675; DÍAZ ALABART, S., «La responsabilidad por...», *op. cit.*, pág. 823; y ZANÓN MASDEU, L., *Guarda y...*, *op. cit.*, pág. 68.

(561) Así lo han señalado DÍEZ-PICAZO, L. y GULLÓN BALLESTEROS, A., *Sistema...*, *op. cit.*, pág. 625.

(562) Cfr. LACRUZ BERDEJO, J. L. y otros, *Elementos de Derecho Civil II. Derecho de Obligaciones*. Volumen II. *Contratos y Cuasicontratos. Delito y Cuasidelito*, tercera edición, Madrid, Dykinson, 2005, pág. 498. En contra, LÓPEZ SÁNCHEZ, C. (*La responsabilidad...*, *op. cit.*, págs. 268-269), quien manifiesta sus dudas al respecto señalando que «no existe la menor constancia de que la guarda y custodia del hijo, por cuya titularidad muchas veces litigan los padres, deba ser entendida como una carga», agregando que la injusticia podría estar en condenar al padre que, no teniendo posibilidad de reprender al hijo, tiene que responder por las consecuencias de las omisiones del guardador y, además, abonar la pensión alimenticia.

(563) Cfr. RIVERO HERNÁNDEZ, F., «Comentarios al art. 94», en *Matrimonio y divorcio. Comentarios al nuevo título IV del libro I del Código Civil*, coordinados por LACRUZ BERDEJO, J. L., Madrid, Civitas, 2.ª ed., 1994, págs. 1101-1102; y ZANÓN MASDEU, L., *Guarda y...*, *op. cit.*, pág. 70.

(564) Cfr. STS de 11 de octubre de 1990 (LA LEY 21300-JF/0000).

habitual, o bien porque el menor se encuentre en su compañía como consecuencia del régimen de comunicación y de relación que se haya establecido (art. 139.3).

Pues bien, la doctrina ha puesto de manifiesto la existencia de dos mecanismos para revertir esta injusta situación.

En primer lugar, podría sostenerse que el progenitor no guardador responde en virtud de la denominada culpa *in educando,* pues pese a no ejercer la custodia de sus hijos ha participado en la educación de los mismos(565).

En segundo lugar, de acuerdo con la teoría del traspaso de la responsabilidad, el desarrollo del régimen de comunicación y estancia implica el traslado de la guarda al progenitor no custodio durante los lapsos en que dicho régimen se verifica, de manera que es éste quien responde de los hechos dañosos causados por el hijo(566). En efecto, la STS de 11 de octubre de 1990(567) aplicó con flexibilidad la expresión *bajo su guarda* del art. 1903 del CC, pues dicha frase admitiría, a juicio del Tribunal Supremo, ciertas situaciones transitorias derivadas del derecho de visita o del propio convenio regulador. El caso sometido a su decisión se trataba de un adolescente de diecisiete años al que se le autorizaba a acudir y permanecer, bajo su voluntad(568), en las esferas paterna y materna, habiéndose probado

(565) Cfr. DE ÁNGEL YÁGÜEZ, R., «De las obligaciones que nacen de culpa o negligencia», en *Comentarios a las reformas de Derecho de Familia,* vol. II, Madrid, Tecnos, 1984, pág. 1976. En cambio, NAVARRO MICHEL, M. (*La responsabilidad civil..., op. cit.,* pág. 71), duda que la culpa *in educando* sea un criterio válido de imputación de la responsabilidad, por su indefinición conceptual y por las imprecisiones de su alcance.

(566) Cfr. LEÓN GONZÁLEZ, J. M., «La responsabilidad...», *op. cit.,* pág. 295; YZQUIERDO TOLSADA, M., «La responsabilidad civil de menores e incapacitados: panorama anterior y posterior a la reforma del Código Civil en materia de tutela», en YZQUIERDO TOLSADA, M. y otros, *Estudios sobre incapacitación e instituciones tutelares,* Madrid, Ediciones ICAI, 1984, pág. 178; DÍAZ ALABART, S., «La responsabilidad por...», *op. cit.,* pág. 823; CARBAJO GONZÁLEZ, J., «La responsabilidad...», *op. cit.,* pág. 746; y GÓMEZ CALLE, E., *La responsabilidad civil de los padres,* Madrid, Editorial Montecorvo, 1992, pág. 309. Para NAVARRO MICHEL, M. (*La responsabilidad civil..., op. cit.,* pág. 72), esta teoría estaría reintroduciendo el requisito de la convivencia en supuesto normativo del párrafo segundo del art. 1903 del CC.

(567) LA LEY 21300-JF/0000.

(568) Nótese la autonomía concedida al hijo en materia de residencia.

que el accidente que provocó el daño se produjo cuando el hijo estaba bajo *custodia* del padre no guardador[(569)].

Para nosotros, durante el cumplimiento del régimen de comunicación y estancia, no es que el progenitor custodio quede despojado de su función de guarda, sino que más bien el otro padre o madre pasa a tener una mayor esfera de control sobre los actos de sus hijos. Recordemos que si bien este progenitor no ejerce la custodia de los hijos, sí le competen ciertas funciones relativas al cuidado personal. Pues bien, el padre o madre con quien permanece el hijo durante las estancias, responderá de los hechos dañosos de sus hijos sobre la base del ejercicio de dichos derechos-deberes y a la mayor capacidad de intervención que poseía sobre las actuaciones del hijo.

En este sentido, en Italia, en cuanto a la disminución del ejercicio conjunto de los padres del poder de educación y vigilancia y, más en general, del acuerdo sobre la dirección de la vida familiar, sea por la separación o el divorcio matrimonial, se ha señalado que no cabe extender la responsabilidad al padre o madre no guardador dada la explícita exigencia de la cohabitación, aunque se reconoce, por otra parte, que la normativa civil en materia de relaciones paterno-filiales (en especial, el inciso tercero del art. 155 del *Codice*) reconoce al progenitor no conviviente el derecho y el deber de vigilar la educación e instrucción del hijo y de recurrir al juez toda vez que considere que hayan sido adoptadas decisiones perjudiciales a su interés. Así, si la actividad que el menor realizaba con ocasión del daño producido ha sido consentida por ambos padres porque existe una línea educativa acordada por ambos, o si se trata de hechos respecto de

(569) El fundamento de Derecho cuarto de la citada resolución afirma que: «*tampoco se ha conculcado el art. 1903, puesto que en el caso de autos su aplicación ha sido correcta por concurrir todos los requisitos en él exigidos. Dice el recurrente que el texto legal vigente establece que los padres son responsables de los daños causados por los hijos que se encuentran bajo su guarda y que el menor hijo del recurrente, por separación judicial de sus progenitores, quedó, según convenio regulador, bajo la guarda de la madre. Siendo ciertas estas afirmaciones del recurrente, no se puede ignorar el carácter flexible del concepto "bajo su guarda", que admite situaciones transitorias derivadas del derecho de visita o del propio convenio, pues en el presente dada la edad del menor, 17 años, se la autorizaba a acudir y permanecer, según su voluntad, en las esferas de relación paterna y materna. Y la sentencia recurrida ha declarado hecho probado que el accidente se produjo cuando el hijo estaba bajo custodia del padre. Este hecho, al no haberse impugnado, ha de mantenerse en casación y comporta la desestimación del motivo y del recurso*».

los cuales el progenitor no guardador no se había opuesto, podría exigirse también de parte de este último la correspondiente indemnización. Asimismo, resultaría del todo aceptable que respondiera por los hechos del hijo durante los períodos de convivencia pactados(570).

b. Situaciones particulares de crisis matrimonial

b.1. Separación de hecho

En materia de separación de hecho creemos que puede existir un alejamiento injustificado de uno de los progenitores, o bien un alejamiento provocado por circunstancias e impedimentos legítimos.

En el primer caso, estimamos que no disminuye su responsabilidad, pues no puede eximirse de sus deberes parentales mediante acto unilateral(571) (y tampoco, obviamente, si existe consentimiento del cónyuge o pareja, pues se trata de cuestiones indisponibles).

En el segundo caso, aunque entendemos que se trata de una cuestión opinable, sostenemos que cabe asimilarlo a las situaciones de separación legal correspondiéndole a dicho padre o madre que ha dejado la casa familiar (por ejemplo, por graves desavenencias), el deber de colaborar y vigilar la educación de su hijo sin que pueda permanecer totalmente exento de responsabilidad excusándose en la ausencia de convivencia(572).

b.2. La responsabilidad civil de los progenitores por los hechos de los hijos sujetos a guarda y custodia compartida

En principio, podría señalarse que la hipótesis particular de custodia compartida no debería tener consecuencias sobre la disciplina general en

(570) En este sentido, Patti, S., *Famiglia..., op. cit.*, págs. 278-279; Monateri, P. G., *Manuale della responsabilità civile*, Torino, UTET, 2001, págs. 312-313; y Fracon, A., *Relazioni familiari e responsabilità civile*, Milano, Giuffrè editore, 2003, pág. 527.

(571) En Italia se ha señalado que, independientemente del hecho de que tras la separación de hecho los padres no asumirán del mismo modo las obligaciones de vigilancia y control sobre el hijo, la responsabilidad civil prevista en el art. 2048 del *Codice* debería permanecer intacta respecto del progenitor no conviviente, pues éste no puede exonerarse de sus deberes legales como padre mediante un acuerdo privado.

(572) En este sentido, en Italia, Monateri, P. G., *Manuale..., op. cit.*, pág. 314.

materia de responsabilidad civil de los padres, pues, más allá de las circunstancias particulares que puedan presentarse, el elemento que hace la diferencia es, en definitiva, el criterio del control efectivo del progenitor que en ese momento específico tiene al hijo bajo su cuidado y vigilancia(573). El problema, conforme lo hemos expuesto, está en determinar el criterio indicador de dicho control, pues la sola convivencia no parece ser un elemento suficiente. Como se ha puesto de manifiesto en la doctrina reciente, a falta de norma que regule esta hipótesis, se plantean dos alternativas: en primer lugar, que cualquiera que sea la situación en que los hijos sujetos a custodia compartida causen el daño, los padres que la ejercen serán solidariamente responsables; o bien, que deberá atenderse a la específica situación de convivencia que se desarrollaba, es decir, deberá indemnizar el progenitor que, en ese momento, tenía la «tenencia» del hijo que originó el perjuicio(574).

Al respecto, creemos que la custodia compartida va más allá de la simple distribución de la convivencia con el hijo; se trata de una figura que descansa, en efecto, sobre la base de un proyecto educativo en común y en la participación equitativa en la crianza del hijo, de manera que el progenitor que no es el residente principal o que no se encontraba ejerciendo la alternancia en el momento de la producción del daño, podría responder igualmente en base a dicha coparticipación. Si la custodia compartida importa la subsistencia de la responsabilidad patrimonial de ambos padres frente a terceros por los gastos que, en el interés del hijo, efectúe sólo uno de ellos, del mismo modo, en el caso de responsabilidad extracontractual por los daños causados por el menor, la imputación a ambos padres parece justificada por el ejercicio conjunto de la guarda.

6.4.2.2. Situación de los padres privados de la patria potestad de sus hijos

Se ha señalado también por la doctrina(575) que es excesivo sujetar a los padres privados de la patria potestad de sus hijos, al pago de la indemnización por los hechos dañosos que éstos causen a terceros.

(573) En Italia, por ejemplo, el criterio a aplicar en estos casos es el de la cohabitación, de manera que responde el padre o madre con quien el hijo se encuentra conviviendo en el momento de producirse el daño. En este sentido, FRACON, A., *Relazioni familiari..., op. cit.*, pág. 528.

(574) Cfr. GARCÍA RUBIO, M. P. y OTERO CRESPO, M., «Apuntes sobre...», *op. cit.*, pág. 103.

(575) Cfr. NAVARRO MICHEL, M., *La responsabilidad civil..., op. cit.*, pág. 64.

Se afirma que, en primer lugar, dicho padre o madre ha perdido todos los derechos que le competen como tal con relación al hijo y que, por ende, deben también cesar todas sus obligaciones, entre ellas, la contemplada en el párrafo segundo del art. 1903 del CC. En segundo lugar, se agrega que si así no fuera, todos los progenitores serían responsables civilmente por el hecho de ser padres.

Para nosotros, debe atenderse, una vez más, a la efectiva relación que existe entre ese padre privado de la patria potestad y su hijo, pues, aunque no le corresponda ejercer los derechos y deberes que dicho instituto comprende, puede que sea la única persona que, en la práctica, posea el control sobre la esfera de actuación del hijo que el supuesto normativo exige.

En todo caso, si la privación de la patria potestad tiene su origen en el abandono del menor o en otra circunstancia similar, parece verdaderamente injusto que este padre se vea liberado de la obligación de responder. En estos casos, deben distinguirse dos posibles hipótesis.

Si la convivencia fuese requisito para la generación de la responsabilidad civil, la sola prueba de su ausencia debería ser absolutamente ineficaz para eximirse de cumplir, pues la no convivencia es imputable al mismo sujeto(576).

En cambio, si para que se origine responsabilidad civil se exige la concurrencia de lazos de dependencia y una esfera de control sobre el hijo fundada en esos mismos vínculos, no existiendo ni siquiera titularidad de la patria potestad del progenitor que, por ejemplo, abandonó al hijo y no mantiene comunicación permanente con éste, no debiera responder, pues, de lo contrario, la responsabilidad civil cumpliría una función punitiva y no de resarcimiento.

6.4.2.3. Situación de las familias recompuestas

Por último, cabe preguntarse qué sucede con el ejercicio de las facultades de vigilancia y control en las familias recompuestas y, en particular,

(576) Cfr. Navarro Michel, M., *La responsabilidad civil..., op. cit.*, págs. 67-68.

plantearse la posibilidad de imputar la responsabilidad de los padres a quien desarrolla «de hecho» las funciones de progenitor.

En este sentido, para nosotros, la atribución de la responsabilidad civil al sujeto que, no siendo el progenitor del menor que causa el daño, ha asumido su cuidado personal, podría fundamentarse no en su calidad de guardador como exige la letra de la ley, pues no lo es en ningún caso, sino en la relación de dependencia que concurre y en las funciones de vigilancia que desempeña pero que, como hemos señalado, no han sido enunciadas explícitamente por el legislador y a las cuales podría recurrirse analógicamente.

Al respecto, la doctrina y jurisprudencia italianas se muestran favorables a la extensión de la responsabilidad civil a la persona que «de hecho» desempeña las funciones de progenitor, ampliando así el ámbito de aplicación del art. 2047 del *Codice*, referido a la vigilancia de los padres sobre sus hijos menores incapaces; hipótesis que podría, incluso, abarcar el art. 2048 del mismo cuerpo legal, esto es, la situación de los menores no emancipados capaces de entender y de querer y que vivan en su compañía[(577)].

(577) Cfr. CENDON, P., *Trattato della…, op. cit.*, pág. 1361.

CAPÍTULO III

LA GUARDA Y CUSTODIA COMPARTIDA

1. ASPECTOS GENERALES DE LA GUARDA Y CUSTODIA COMPARTIDA

1.1. Concepto de guarda y custodia compartida

1.1.1. Cuestiones terminológicas

Tradicionalmente, la regulación de la guarda y custodia de los hijos ha dado lugar a la configuración de la denominada «custodia unilateral». Conforme a ella, el menor reside con uno de sus padres, quien le otorga el cuidado directo que dicha convivencia exige. Este tipo de custodia ha venido consolidándose en los diversos ordenamientos jurídicos mediante la atribución de carácter legal, convencional y judicial del derecho-función de guarda. Ésta puede recaer tanto en el padre como en la madre, si bien la jurisprudencia evidencia una arraigadísima tendencia que la concede a la madre, sobre todo si se trata de hijos de corta edad[(578)].

En cambio, si este derecho-función es distribuido entre ambos progenitores, la doctrina y la jurisprudencia emplean las expresiones «guarda y custodia compartida», «guarda y custodia conjunta» y «guarda y custodia alternada o sucesiva» para referirse a esta situación.

El problema es que la legislación positiva no define ni delimita ninguno de estos vocablos. Las modificaciones introducidas por la Ley 15/2005 al art. 92 del CC se refieren al ejercicio compartido o conjunto de la guarda y custodia sin dar mayores luces sobre su noción y alcance.

(578) Así lo analizamos en los epígrafes 2.1.2 y 4.3.2 del Capítulo I.

De esta forma, la plurivocidad existente ha producido una confusión terminológica frente a la cual los esfuerzos doctrinales y jurisprudenciales resultan infructuosos. En efecto, estas expresiones suelen ser utilizadas indiscriminadamente para referirse a situaciones absolutamente diversas a la figura de la guarda y custodia compartida propiamente dicha. Así sucede, por ejemplo, con la denominada «custodia distributiva»[(579)] o «partida», consistente en el «reparto» de los hijos entre padre y madre de manera que cada uno de éstos convive con uno o más de los menores, separándoles de sus hermanos, quienes viven con el otro padre o madre[(580)]. También se confunde guarda y custodia alternada con el régimen de estancias. Así, se ha señalado que «en todos estos casos, se origina una situación de *guarda y custodia alterna,* pues las funciones de cuidado, educación y formación integral corresponden al progenitor que no tiene la custodia habitual, mientras perdure la estancia de los hijos con él»[(581)].

A continuación, intentaremos fijar el contenido y alcance de la guarda y custodia compartida y de las expresiones frecuentemente utilizadas para referirse a ella.

1.1.2. El concepto de guarda y custodia de los hijos en general y custodia compartida

Al analizar el concepto de la guarda y custodia en general, señalamos que es posible distinguir dos acepciones. En primer lugar, en sentido restringido, la guarda y custodia de los hijos consiste en el cuidado personal, directo, diario y continuo que se entrega al hijo a través de la convivencia. Más ampliamente, en cambio, se entiende que este instituto comprende el conjunto de prestaciones de carácter personal a través de las cuales se cumplen los deberes parentales, sin restringir su contenido al hecho de vivir con el hijo.

(579) Así, algunos buscadores de jurisprudencia catalogan este tipo de custodia bajo la expresión «custodia compartida» para referirse, en realidad, a la distribución del cuidado personal de los hermanos entre ambos progenitores. Así sucede con: SAP de Soria de 29 diciembre de 1997 (rollo de apelación núm. 80/1997); SAP de Valencia de 19 mayo de 1999 (LA LEY 81575/1999); SAP de Girona de 27 julio de 2000 (LA LEY 154481/2000); y SAP de Sevilla de 26 septiembre de 2000 (LA LEY 171290/2000), entre otras.

(580) *Vid. supra* epígrafe 3.9 del Capítulo I, referido al principio de unidad familiar.

(581) RAGEL SÁNCHEZ, L., «La guardia y custodia...», *op. cit.,* pág. 317.

Pues bien, en España, la relación paterno-filial engloba los derechos-funciones de carácter personal y patrimonial bajo la institución de la patria potestad. En situación de normalidad matrimonial ambos padres son titulares de la patria potestad y la ejercen simultáneamente. En circunstancias de ruptura conyugal, en cambio, sólo uno de ellos ejerce la patria potestad (y con ella el cuidado personal del hijo) aunque ambos conservan la titularidad de la misma. Por ello, hablar de custodia compartida teniendo como base un concepto restringido de guarda, significaría que ambos padres coejercen la patria potestad y, a su vez, son co-guardadores, pero que sólo uno de ellos cuida directamente del hijo, lo que resulta absurdo e innecesario[(582)]. En cambio, el concepto amplio de guarda sí se aviene con el de la custodia compartida, pues ésta, aunque es un instituto que descansa principalmente sobre la participación parental en la convivencia con el hijo, no se restringe sólo a la residencia.

En la mayoría de los países que han consagrado la custodia compartida no es necesario acudir a la distinción entre concepto amplio y restringido de la guarda para dimensionar el ámbito de dicha figura, pues el ejercicio conjunto de la patria potestad comprende de antemano la coparticipación en el cuidado personal del hijo. De esta forma, el único pronunciamiento que cabe efectuar de manera separada es la decisión relativa a la organización de la residencia del hijo y no a la custodia propiamente dicha, la cual se entiende que subsiste en manos de ambos progenitores a menos que se decida lo contrario en conformidad al interés superior del menor.

— Así sucede en *Francia,* donde de acuerdo con el art. 373.2 del Código Civil (modificado por Ley núm. 2002-305, de 4 de marzo de 2002), la separación de los padres no repercute en las reglas de atribución del ejercicio de la patria potestad (denominada *autorité parentale*), la cual comprende los aspectos personales y patrimoniales relacionados con el hijo y que, conforme a los principios generales enunciados en el art. 372 del mismo cuerpo legal, se ejerce conjuntamente por el padre y la madre, salvo que el interés del hijo exija que el juez confíe dicho ejercicio a uno solo de los padres (art. 373.2.1 del *Code*)[(583)]. En todo caso, debe indicarse el progenitor *gardien*, a quien corresponderá vivir con el hijo y asegurarle

(582) Cfr. Godoy Moreno, A., «La guarda y custodia compartida...», *op. cit.*, pág. 325.

(583) Para comentar las disposiciones del *Code* nos basamos en la traducción efectuada por Núñez Iglesias, A., *Código Civil...*, *op. cit.*, pág. 229.

el cuidado cotidiano, sin que el otro deje de involucrarse legítimamente en los aspectos personales de la vida del niño o adolescente.

— Por su parte, en *Alemania,* la resolución judicial resuelve directamente sobre la patria potestad sin que recaiga pronunciamiento separado sobre el cuidado personal. En efecto, el art. 1626 del BGB establece que los padres tienen la obligación y el derecho de cuidar del hijo menor de edad. A ello lo denomina cuidado paterno (equivalente a la patria potestad del Derecho español), el cual comprende el cuidado de la persona del hijo (cuidado personal) y el de su patrimonio (administración patrimonial). En caso de separación de los padres, el art. 1671 del BGB prescribe que cada uno de ellos puede solicitar al Tribunal familiar que le ceda, a título unilateral, bajo ciertas condiciones que enuncia, la totalidad o parte dicho cuidado paterno que, en principio, es ejercido conjuntamente por ambos progenitores[(584)]. Lo único que se determina de manera particular es la residencia del hijo, es decir, dónde y con quién vivirá normalmente, lo cual es sólo un aspecto de dicho cuidado paterno.

— En *Italia,* en cambio, el legislador presenta mayores similitudes con el CC español, ya que la asignación del cuidado de los hijos se centra en la regulación del *affidamento* y no directamente sobre la *potestà genitoriale* ni la residencia del hijo propiamente dicha. Antes de la modificación introducida mediante Ley núm. 54, de 8 de febrero de 2006, «sobre disposiciones en materia de separación de los progenitores y cuidado compartido de los hijos», se establecía que el juez sólo debía pronunciarse sobre el cuidado personal de los hijos, al que se unía inmediatamente el ejercicio de la patria potestad por el guardador (que también comprende los aspectos personales y patrimoniales). Actualmente, la regla general en el ordenamiento jurídico italiano es el ejercicio conjunto de la *potestà genitoriale,* a no ser que la guarda haya sido adoptada en conformidad al art. 155 bis del *Codice,* esto es, a favor de uno de los progenitores en razón de que el mejor interés del hijo podía verse afectado si era concedida también al otro en cuyo caso el padre o madre custodio tiene la patria potestad[(585)]. En todo

(584) Para el estudio de estas normas hemos utilizado la traducción de EIRANOVA ENCINAS, E., *Código Civil alemán..., op. cit.,* págs. 487-488.

(585) Cfr. DE FILIPPIS, B., *Affidamento condiviso dei figli nella separazione en el divorzio,* Padova, Cedam, 2006, págs. 98-99. En contra, SESTA, M., «Le nuove norme sull'affidamento condiviso: a) profili sostanziali», *Famiglia e Diritto,* núm. 6, 2006, págs. 380 y 381.

caso, la mencionada reforma ha establecido que el cuidado compartido constituye una valoración prioritaria al momento de determinar judicialmente el modo en que se ejercerá el cuidado de los hijos (inciso segundo del art. 155 del *Codice*), de forma que la patria potestad y la custodia unilaterales constituyen la excepción en el Derecho de familia italiano. Por otra parte, el legislador deja al arbitrio del juez y de las partes la regulación de la «colocación» del hijo, de forma que puede designarse un progenitor principal, o bien una alternancia más o menos estricta en la residencia.

1.1.3. Vinculación entre guarda y custodia compartida y el principio de corresponsabilidad parental o familiar

Ciertos autores[586] han precisado que, en realidad, la guarda siempre es compartida por ambos padres, tanto en situaciones de normalidad matrimonial como en las de ruptura conyugal. En los dos casos hay pluralidad de sujetos que ejercen el cuidado personal: en el primero, de forma simultánea porque la custodia es conjunta, y en el segundo, alternada o sucesiva.

Nosotros creemos que la responsabilidad del cuidado de los hijos es siempre compartida entre los progenitores, ya sea que vivan juntos o estén separados o divorciados. Sin embargo, debemos distinguir dos situaciones.

En primer lugar, si la guarda y custodia es unilateral, lo que verdaderamente comparte el padre o madre no custodio con quien sí lo es, no es la guarda jurídica propiamente dicha sino determinados aspectos que conforman la patria potestad de los hijos de la cual es titular y, desde luego, cuestiones de carácter personal. Ello se verifica mediante el desarrollo de tres funciones: velar por ellos, que importa el derecho-deber de vigilancia y control y el deber de colaboración; tenerlos en su compañía, a través de las estancias y la constante comunicación con los hijos; y, además, mediante la formación y desarrollo integral, en las cuales se participa no obstante la no convivencia. En este caso, por ende, aunque el lenguaje cotidiano pueda conducirnos a hablar de guarda compartida, lo que existe,

(586) GODOY MORENO, A., «La guarda y custodia compartida...», *op. cit.*, pág. 324; PÉREZ MARTÍN, A., *Derecho de Familia.* Tomo II. *El procedimiento..., op. cit.*, y *Derecho de Familia.* Tomo III. *Divorcio y..., op. cit.*, pág. 93; y DE PABLO MURILLO, B. [«La Reforma Matrimonial (II): La nueva regulación de la separación y el divorcio (comentario a la Ley 15/2005, de 8 de julio)», *Repertorio de Jurisprudencia*, núm. 14/2005, Parte Estudio, Pamplona, Editorial Aranzadi, 2005, BIB 2005\1564, pág. 2], quien señala que es más exacto denominarla «alterna».

en estricto rigor, es una guarda unilateral o unipersonal sin perjuicio de que la responsabilidad parental sea siempre compartida[587].

La segunda hipótesis, que es la que propiamente nos ocupa, se produce cuando, no obstante la separación de los padres, se ha decidido de común acuerdo o a instancia de uno de ellos (conforme a la legislación española), que dicho aspecto personal de la patria potestad del hijo sea «efectivamente» compartido por ambos progenitores, los cuales, a través de un ejercicio alternado o sucesivo de la guarda, disfrutan de porciones más o menos equivalentes en la atención de dicho cuidado personal[588].

Asimismo, se ha señalado que el ejercicio conjunto de la patria potestad y de la custodia alude a una regulación de la distribución de las funciones parentales que deja un mínimo margen de situaciones aleatorias en lo que respecta a la educación y formación del hijo[589]. Esta afirmación presupone un concepto de guarda y custodia que comprende no sólo el cuidado directo del hijo, sino el conjunto de derechos y deberes que se generan de la relación paterno-filial, sin distinción de ninguna especie. Conforme a esta noción amplia de guarda y custodia, en situaciones de crisis matrimonial, la guarda compartida o conjunta equivaldría al coejercicio de la responsabilidad parental.

---

(587) Quizá a este aspecto se refería una apelante privada de libertad que solicitó la «custodia compartida» del hijo y el establecimiento de un régimen de visitas en relación con el mismo, extremos que fueron rechazados por la SAP de Murcia de 19 de julio de 2005 (recurso de apelación núm. 63/2005).

(588) En cuanto al uso terminológico, Campuzano Tomé, H. («La custodia compartida. Doctrina jurisprudencial de las Audiencias Provinciales», *Aranzadi Civil,* núm. 22/2004, Parte Estudio, Pamplona, Editorial Aranzadi, 2005, BIB 2005\563, pág. 2), cita diversas sentencias que se refieren a la custodia compartida utilizando este participio o el infinitivo compartir: SAP de Las Palmas de 17 de mayo de 2004 («cuando cesa la convivencia el derecho-deber de tener a los hijos en su compañía no se puede ejercer conjuntamente, pero sí compartir en lo posible [...]»); SAP de Las Palmas de 15 de julio de 2004 («la separación matrimonial no altera en esencia el contenido de las funciones tuitivas mas al cesar la convivencia la obligación de tener a los hijos en compañía de los padres no se puede ejercer conjuntamente, pero sí compartir»); y SAP de Córdoba de 1 de marzo de 2004 («custodia compartida en alternancia»).

(589) Cfr. Ortuño Muñoz, J., «Pàtria potestat, guarda i custodia i crisis familiar. La mediació familiar. Circumstàncies a tenir en compte en la resolució judicial sobre guarda i custodia», *Studia Iuridica,* núm. 5, 1993, pág. 127, y «Criterios sobre la distribución de funciones en el ejercicio de la patria potestad conjunta, en las crisis matrimoniales», en *Derecho de Familia,* Cuadernos de Derecho Judicial, vol. 10, Madrid, 1993, pág. 484.

A nuestro juicio, en estas afirmaciones subyace una confusión entre custodia compartida y corresponsabilidad familiar y, en este sentido impropio, son utilizadas las expresiones «compartida» y «conjunta». En efecto, algunos autores[(590)] definen de la siguiente forma la guarda y custodia compartida: «la asunción compartida de autoridad y responsabilidad en relación a todo cuanto concierna al niño; el respeto de su derecho a continuar contando afectiva y realmente, con un padre y una madre; el aprendizaje de modelos solidarios entre ex esposos pero aún socios parentales; acuerdos entre los integrantes de la familia sobre los tipos de convivencia del niño con uno y con otro».

Estimamos que es posible que la confusión terminológica se deba a una inadecuada traducción de las locuciones empleadas en la legislación extranjera. Así, la denominación guarda y custodia conjunta no es sino la traducción literal de los términos *joint custody* y *garde conjointe* del Common Law y del Derecho francés, respectivamente. Sin embargo, la identidad léxica entre estas expresiones esconde diferencias significativas que debemos aclarar. En efecto, estos dos últimos vocablos poseen un significado más amplio que aquel que nos ha impuesto el uso cotidiano de la frase custodia conjunta o compartida, pues, en realidad, el vocablo *custody* incluye tanto la custodia física como legal[(591)], y la *garde* puede ser tanto *matérielle* como *juridique*[(592)], de forma que ambos términos se refieren no sólo al cuidado personal propiamente dicho de los hijos en el sentido asignado a éste en el Derecho español, sino a un espectro más

(590) SALZBERG, B., *Los niños no se divorcian. Estudio psicológico: cómo preservar a los hijos antes, durante y después del divorcio,* Barcelona, Ed. Logos Clínica Psicoanalítica, 1992, págs. 144-145. Ha hecho suya esta definición POUS DE LA FLOR, M., «Igualdad conyugal y custodia compartida en la legislación española», Ponencia presentada en el Instituto de Investigaciones Jurídicas de la UNAM, *Congreso Internacional de Derecho de Familia, Culturas y Sistemas Jurídicos Comparados*, 22 a 24 de septiembre de 2005, México, pág. 13 (esta ponencia ha sido publicada también en el *Libro-Homenaje al profesor Manuel Amorós Guardiola*, vol. 1, Madrid, Colegio de Registradores de la Propiedad y Mercantiles de España, Centro de Estudios, 2006, págs. 1743-1766).

(591) De hecho, en el Estado de California, *joint custody* significa custodia física y legal (art. 3002 del *California Family Code*).

(592) En efecto, la sentencia de la Corte de Casación francesa de 2 de mayo de 1984 observó que la expresión *garde conjointe*, en cuanto se refiere a los aspectos jurídicos de la custodia, podría ser sustituida por «ejercicio conjunto de la autoridad parental». Cfr. NERSON, R. y RUBELLIN-DEVICHI, J., *Revue trimestrielle de droit civil*, 1984, pág. 692. Al respecto, *vid. supra* nota núm. 18 del Capítulo I.

extenso de derechos y facultades. Tal como se ha señalado en el Derecho italiano, *joint legal custody* y *garde juridique conjointe* equivalen más bien al ejercicio conjunto de la potestad parental[(593)]; de hecho, la expresión francesa *garde* fue sustituida, conforme a la Ley 87-570, de 22 de julio de 1987, por la frase «modalidad de ejercicio de la autoridad parental».

No es éste, sin embargo, el objeto central de nuestro estudio[(594)]. Conforme a lo que hemos comentado hasta ahora, sostenemos que estas descripciones corresponden más bien a una definición de responsabilidad compartida y no a una especial modalidad de custodia. En este trabajo nos abocaremos al ejercicio efectivamente compartido del cuidado de los hijos, que es lo que ha implantado la reforma de 2005, independientemente de si existe o no alternancia estricta de residencias.

1.1.4. Concepto de guarda y custodia compartida en el CC

1.1.4.1. Designaciones utilizadas por el art. 92 del CC

Como lo hemos señalado, la Ley 15/2005 no ha definido esta figura jurídica. Tampoco se refiere unívocamente a ella, con lo cual ha agravado la confusión conceptual que venimos describiendo[(595)].

---

(593) Así lo ha señalado SCANNICCHIO, N., «Commento alla l. 26 marzo 1987, n. 74, *sub* art. 11», en LIPARI, N., *Nuove norme sulla disciplina dei casi di scioglimento del matrimonio*, Padova, Cedam, 1988, pág. 248.

(594) Más adelante analizaremos el principio de la corresponsabilidad parental. *Vid. infra* epígrafe 2.2 del presente Capítulo. Por ahora reproduciremos la intervención de la diputada Pigem i Palmes del Grupo Parlamentario Catalán —realizada en el Congreso de los Diputados durante la sesión plenaria núm. 79 el día 21 de abril de 2005— que es bastante ilustrativa de lo que acabamos de decir: «Estamos hablando de custodia, no de titularidad de patria potestad, es decir, del conjunto de derechos y obligaciones para con los hijos que por ley son ya compartidas, y tampoco hablamos del ejercicio de la patria potestad, es decir, de la adopción de las decisiones de importancia que afectan a los hijos: salud, educación, residencia, etcétera, que son también compartidas por ley cuando no hay causa contraindicada para ello. Estamos hablando de custodia, de dónde duerme el menor cada día, a qué hora, de qué pautas cotidianas de cuidado, de alimentación, de higiene, de criterios, etcétera, se han de tener». *Congreso de los Diputados. Pleno y Diputación Permanente.* Año 2005. VIII Legislatura, núm. 84. Sesión plenaria núm. 79. 21 de abril de 2005, pág. 4105.

(595) Al respecto, ORTUÑO MUÑOZ, P. (*El nuevo régimen..., op. cit.*, pág. 62), ha señalado que «el pretendido efecto pedagógico exigía el uso de un lenguaje más cuidadoso y más apropiado con el principio que se pretende implantar, que es el de corresponsabilidad en el ejercicio de las relaciones parentales».

Veamos cómo denomina el CC a esta nueva institución: el actual art. 92 del CC utiliza los vocablos ejercicio compartido, conjunta o compartida. En efecto, en sus apartados 5, 7 y 8, señala que «se acordará el ejercicio **compartido** de la guarda y custodia de los hijos [...]», «el Juez, al acordar la guarda **conjunta** [...]», «no procederá la guarda **conjunta** [...]», y que «podrá acordar la guarda y custodia **compartida** [...]».

En un intento por aclarar la terminología utilizada por la reforma de 2005, se ha señalado que el art. 92 del CC habla de custodia «conjunta» cuando el juez es quien determina esta modalidad de cuidado, ya sea de oficio(596) o, excepcionalmente, a instancia de una de las partes con Informe del Ministerio Fiscal (apartado octavo), o en aquellos supuestos en que no procede este tipo de custodia porque los padres están incursos en un proceso penal iniciado por atentar contra la vida, la integridad física, la libertad, la integridad moral o la libertad e indemnidad sexual del otro cónyuge o de los hijos que convivan con ambos (apartado séptimo). En cambio, el legislador hablaría de guarda «compartida» cuando son los padres quienes la solicitan en la propuesta del convenio regulador o bien la acuerdan en el transcurso del procedimiento (apartado quinto)(597). Nosotros no creemos que haya estado en la intención del legislador denominar distintamente con uno y otro vocablo estas dos situaciones; no existe durante la tramitación de la Ley 15/2005 algún indicio en tal sentido. Nos inclinamos más bien por afirmar que se trata de una determinación terminológica aleatoria.

1.1.4.2. Ensayo de una definición de guarda y custodia compartida

Todas las expresiones utilizadas por la ley, la jurisprudencia y la doctrina presuponen el principio general de corresponsabilidad parental. Sin embargo, la denominación «alternada o sucesiva» pone el énfasis en la rotación de residencias y, en este sentido, podría entenderse que es la designación

(596) En esta parte, la afirmación es errada, pues el legislador no prevé la posibilidad de fijar de oficio este régimen de cuidado. Más adelante nos referiremos a ello. *Vid. infra* la letra *d)* del epígrafe 3.2.3.2 del presente Capítulo.

(597) Cfr. Pous de la Flor, M., «Igualdad conyugal...», *op. cit.*, pág. 14. En contra, Rodríguez Chacón, R. (*Matrimonio..., op. cit.*, págs. 116-117), quien afirma que no cabe ver diferencias legales entre dichas expresiones y que todas ellas son intercambiables, opinión que compartimos.

más adecuada para referirse a la figura jurídica que regula la ley 15/2005[598]. No obstante, a nuestro juicio, también lo es la de «custodia compartida» o «custodia conjunta» si por ellas entendemos no sólo el ejercicio de la corresponsabilidad familiar, que alude a un principio mucho más amplio, sino también, y especialmente, a la participación en el cuidado propiamente dicho del hijo, independientemente de la alternancia de domicilios, pues, como intentaremos explicar, la custodia sigue compartiéndose aunque no exista una rotación estricta de residencias[599].

Cuando se introduce la custodia compartida en el ámbito familiar posterior a la ruptura conyugal, se están regulando cuestiones que rebasan la determinación de la convivencia con los hijos; se está definiendo el sistema que regirá el cuidado personal del hijo; se están perfilando las funciones de cada padre en el desarrollo cotidiano y general del hijo en el plano personal[600]. Por ello, no estamos de acuerdo con la afirmación con-

(598) Al respecto, la SAP de Madrid de 17 de febrero de 1998 (LA LEY 23898/1998) prefiere la denominación «periódicamente alternativa», ya que el solicitante pretendía convivir con el hijo durante lapsos sucesivos y alternos de un mes.

(599) En este sentido se pronuncia también Ortuño Muñoz, P. (*El nuevo régimen..., op. cit.*, pág. 63), quien señala que para compartir las funciones parentales no es necesaria la convivencia con el menor, como cuando uno de los progenitores está habitualmente ausente por causas profesionales, desplazamientos laborales, procesos migratorios, etc. Asimismo, guarda compartida no es lo mismo que «guarda por períodos repartidos», pues repartir es muy distinto a compartir (págs. 64-65). Así opina también Linacero de la Fuente, M., «Leyes de Familia...», *op. cit.*, pág. 69. En contra, Rivera Álvarez, J. M., «La custodia compartida...», *op. cit.*, pág. 146; y Rodríguez Chacón, R. (*Matrimonio..., op. cit.*, pág. 83), quien rechaza las denominaciones custodia «conjunta» o «compartida» porque por definición los padres separados o divorciados no pueden compartir la convivencia si ya no viven juntos. De ahí que prefiera las expresiones custodia «repartida», «distribuida» o «alternativa o alternada». Por su parte, hay quien contrapone a la «custodia compartida» la denominada guarda «alternativa y sucesiva» que se produce cuando los lapsos de convivencia son por semestres alternos. En este sentido, Montero Aroca, J., *Guarda y custodia de los hijos (La aplicación práctica del art. 92 del Código Civil)*, Valencia, Tirant lo Blanch, 2001, pág. 38. Por otro lado, la jurisprudencia añade aún más confusión al utilizar nuevas designaciones. Así, la SAP de Murcia de 11 julio de 2006 (LA LEY 86295/2006) habla de «custodia concurrente o rotatoria».

(600) Sin embargo, la jurisprudencia inmediatamente posterior a la entrada en vigor de la Ley 15/2005 parece restringirla a la regulación de la convivencia. En efecto, la SAP de Barcelona de 20 de febrero de 2007 (LA LEY JURIS, 629/2007), al ordenar la custodia compartida, señaló que «nos estamos refiriendo a un sistema de alternancia o reparto de tiempos y estancias de los hijos con cada uno de sus padres, o sea, cuando se resuelve sobre la custodia, lo que se está decidiendo es con que progenitor vivirá el niño en cada momento».

forme a la cual «se puede hablar de custodia *sucesiva* o *alternativa*, pero no conjunta, ni compartida», porque «Las decisiones diarias sobre la vida, salud, educación y otras consuetudinarias, las adopta aquel con quien el menor se encuentra físicamente o en cuya casa mora el menor en el instante de adoptarse»(601). A nuestro juicio, la participación en la custodia, como expresión fidedigna del principio de corresponsabilidad familiar, implica que las cuestiones relativas a la vida cotidiana del hijo pasan a asumirse de consuno sin necesidad de habitar bajo el mismo techo con él. En una sociedad globalizada, caracterizada por la proliferación de medios de comunicación interpersonal cada vez más asequibles y expeditos, no es necesaria la concurrencia física de ambos padres para resolver sobre materias de carácter ordinario relacionadas con el menor.

Al respecto, estimamos apropiado lo propuesto por la enmienda núm. 42 presentada en el Congreso por el Grupo Parlamentario de Izquierda Verde-Izquierda Unida-*Iniciativa per Catalunya Verds* al art. 92 del CC, que establecía entre sus justificaciones que «resulta más adecuado emplear los términos "guarda conjunta ejercida de forma alterna", porque pone el énfasis en la permanente corresponsabilidad de los progenitores sobre todas las incidencias de los hijos comunes y refleja el hecho de que físicamente la guarda o la permanencia es alterna»(602). En efecto, esta enmienda no hablaba de custodia alternada, sino de guarda conjunta «ejercida de forma alterna» para destacar que, una cosa es que se compartan las responsabilidades parentales y, otra distinta, que esa coparticipación se manifieste en la organización de la convivencia mediante la rotación de domicilios. Con

(601) Zarraluqui Sánchez-Eznarriaga, L., «Disponibilidad del objeto en los procesos familiares. Especial consideración de la custodia de los hijos», en Zarraluqui Sánchez-Eznarriaga, L. y otros, *Temas de Actualidad en Derecho de Familia*, Madrid, Dykinson, 2006, págs. 61-62. En un sentido similar se manifiesta Ivars Ruiz, J. (*Guarda y custodia compartida tras la actual reforma del Código Civil. Aspectos procesales y sustantivos. Doctrina y Jurisprudencia*, Valencia, Tirant lo Blanch, 2007, pág. 33), para quien la guarda de los hijos no puede ejercerse conjuntamente por los progenitores tras la crisis matrimonial. Sin embargo, este autor agrega que el concepto «compañía» debe entenderse en el sentido más amplio de la expresión, comprendiendo no sólo inmediación física y unidad de techo sino también comunicación de afectividad y cariño y, en general, el deber de velar por los hijos. Para nosotros, entre ambas afirmaciones existe cierta contradicción, pues es precisamente este contenido amplio y flexible de compañía el que permite desarrollar de forma compartida el cuidado de los hijos.

(602) *BOCG Congreso*. VIII Legislatura. Serie A. 15 de marzo de 2005, núm. 16-8, pág. 33.

esta propuesta se pretendía, en definitiva, no descartar otras interpretaciones más amplias de la custodia compartida.

En este orden de ideas, comprendemos por guarda y custodia compartida, alternada o sucesiva aquel sistema familiar posterior a la ruptura matrimonial o de pareja que, basado en el principio de la corresponsabilidad parental, permite a ambos progenitores participar activa y equitativamente en el cuidado personal de sus hijos, pudiendo, en lo que a la residencia se refiere, vivir con cada uno de ellos durante lapsos sucesivos más o menos predeterminados.

De esta forma, entendemos que para que exista custodia compartida no es necesaria la alternancia rigurosa de la convivencia. En efecto, y como tendremos ocasión de analizar más adelante, el cuidado personal compartido de los hijos puede verificarse a través de diversos modelos de convivencia: a) mediante la designación de un progenitor principal con quien el hijo viva la mayor parte del tiempo; b) a través de una alternancia más o menos preestablecida del hijo en los domicilios de cada uno de sus padres; c) y, más excepcionalmente, mediante la rotación parental en la vivienda asignada a los hijos.

Por lo anterior, para referirnos a este instituto utilizaremos indistintamente la denominación custodia compartida, que es el término más comúnmente empleado en el lenguaje jurídico y cotidiano, como las expresiones conjunta, alternada o sucesiva.

1.2. Antecedentes generales de la guarda y custodia compartida

1.2.1. Orígenes legales de la guarda y custodia compartida

La guarda y custodia compartida, alternada o sucesiva encuentra sus orígenes remotos en las primeras reformas legales que comenzaron a otorgar a la mujer un cierto grado de participación en la patria potestad de los hijos, iniciándose así un lento y largo proceso dirigido a situar a ambas figuras parentales en un plano de igualdad en todas las esferas relacionadas con el cuidado y crianza de los hijos. De este modo, podríamos señalar que esta institución comienza a gestarse en el Derecho anglosajón en el año 1925, fecha en que se promulga en Inglaterra la *The guardianship of Infants Act*, primer texto legal que reconoce a la madre los mismos derechos sobre los hijos que históricamente había ejercido el progenitor varón a través de una potestad suprema, exclusiva y excluyente. Este instrumento consagró, además, que en los casos de guarda y custodia los Tribunales debían velar por el bienestar de los menores como consideración suprema, principio que fue introducido en la legislación de todos los estados australianos durante los diez años subsiguientes y que fue recogido en la *Section* 1 de la *The Children Act* de 1989.

Como tendremos ocasión de analizar enseguida, esta incipiente consagración legal fue la expresión de un fenómeno sociológico que estaba también germinando fuertemente en Estados Unidos. Así, el reconocimiento de un mayor protagonismo de la mujer en la esfera privada intensificó los movimientos sociales que habían nacido inspirados, en su gran mayoría, por diversas ideologías feministas que pretendían alcanzar una igualdad real entre hombre y mujer en el plano familiar.

Esta revolución social se reflejó en el ámbito jurídico en la generación de corrientes doctrinales y jurisprudenciales tendentes a defender, sobre la base de diversas orientaciones, la asunción de un nuevo modelo de organización de la familia post-divorcio. Así, como tendremos ocasión de señalar, si estas teorías elaboradas fundamentalmente a lo largo del siglo XX son evaluadas y contrastadas en la actualidad, pueden observarse ciertas contradicciones, pese a que están, en general, basadas en principios similares (fundamentalmente en el interés superior del hijo). Se trata, en suma, de criterios jurídicos que fueron reflejando la enorme transformación producida en el ámbito de los derechos individuales y su consiguiente repercusión en las relaciones interpersonales desarrolladas en el seno familiar.

Actualmente, la custodia sucesiva se encuentra reconocida legalmente, entre otros países, en Francia, Alemania, Italia, Suecia y Holanda[603]; pero es en la doctrina y jurisprudencia de Estados Unidos donde encontramos su mayor desarrollo. En efecto, numerosos Estados de esta nación han asu-

(603) Recientemente, diversos ordenamientos jurídicos han introducido modificaciones legales relativas a la custodia de los hijos. Así ha sucedido en Australia, Canadá, Dinamarca, Inglaterra, Francia, Hong Kong, Portugal, Bélgica, y Estados Unidos. Estas reformas obedecen a una tendencia legislativa que pretende consolidar las políticas de adopción de un modelo de parentalidad compartida. En los orígenes de todas ellas es posible advertir el fuerte impulso llevado a cabo por las asociaciones de padres (varones) separados. A lo largo del presente trabajo nos referiremos a algunas de ellas.

mido esta figura creando, además, diversos matices de la misma e, incluso, en varios de ellos, comienzan a gestarse teorías que tienden a superarla como «criterio preponderante» y a establecerla cada vez con mayor fuerza mediante la introducción de presunciones legales de la misma y la apertura hacia modelos centrados principalmente en una residencia equitativa del hijo con cada uno de sus padres tras la crisis matrimonial, subentendiendo la verificación de la ya consagrada y difundida coparticipación parental.

1.2.2. El Derecho estadounidense

1.2.2.1. Consideración general

Dentro de la evolución de la custodia compartida debemos detenernos en el Derecho estadounidense. Este país cuenta con un ordenamiento jurídico de peculiares características en la regulación de la custodia de los hijos, constituyendo, como hemos dicho, una de las legislaciones más vanguardistas en la materia.

Pues bien, en el desarrollo histórico-jurídico de la institución que nos ocupa es posible distinguir las siguientes doctrinas desarrolladas en Estados Unidos: «los años tiernos» *(tender years* o *maternal preference)*; el criterio del mejor interés de los hijos *(best interests of the child estándar)*; la custodia compartida *(joint custody)*; y el dador de cuidados básicos *(primacy caretaker presumption o primary caregiver)*. Nos referiremos brevemente a cada una de ellas, exceptuando la doctrina del mejor beneficio de los hijos, ya que sus rasgos responden al principio que hemos estudiado al abordar la guarda y custodia de los hijos en general.

Por otro lado, en esta parte del presente trabajo nos permitimos efectuar una consideración general importante. Al instituto de la custodia compartida en Estados Unidos haremos referencia a lo largo de los Capítulos sucesivos en la medida en que ello nos parezca pertinente. Sin embargo, no realizaremos un análisis detallado y profundo de la misma, pues esta figura del Derecho estadounidense difiere sustancialmente del modelo europeo de custodia compartida. En efecto, como sucede con el divorcio en dicho país, la *joint custody* forma parte de un sistema jurídico en el cual el Derecho de familia se encuentra prácticamente ajeno a toda intervención pública. Se trata, en definitiva, de una institución respecto de la cual existen, por una parte, un sinnúmero de diferencias formales debidas a la diversidad de los mecanismos escogidos en ambas clases de legislaciones para consagrarla jurídicamente y, por otra parte y, sobre todo, disimilitudes de carácter sustancial que impiden una interpretación comparativa relativamente exacta de ambos tipos de ordenamientos. En suma, existe una fuerte contraposición en las orientaciones sociojurídicas que inspiran su regulación: la radical privatización de las cuestiones relacionadas con la crisis familiar en el Derecho estadounidense[(604)] y la singular intervención estatal que caracteriza a la normativa sobre la ruptura conyugal en Europa[(605)].

1.2.2.2. Doctrina de «los años tiernos»

La *tender years* o *maternal preference* —que surgió en Inglaterra aproximadamente en 1880 y fue aplicada con rigor hasta la década de los setenta en Estados Unidos— descansaba en la presunción de que toda madre goza per se de las aptitudes suficientes para dispensar los cuidados que requieren los hijos. Bajo este supuesto, los niños de corta edad eran entregados a la madre a menos que ella presentase una incapacidad manifiesta para desempeñar dicho cometido.

Esta corriente tuvo su apogeo durante el siglo XX, período durante el cual las mujeres norteamericanas alcanzaron cierto grado de igualdad frente a los hombres en el plano social, político y, por cierto, en la esfera privada-familiar. Así, llegaron a conquistar la categoría de «jefas de familia» tras la ruptura conyugal, lo cual les permitía seguir ejerciendo la custodia de sus hijos.

Al respecto, POLIKOFF[(606)] afirma que el establecimiento de la preferencia maternal en las decisiones sobre la custodia fue positivo para los hijos en la medida que reflejó un cambio en la concepción de los menores como propiedad y reconoció sus supremas necesidades de cuidado y crianza.

(604) Al respecto cabe señalar que la *joint custody* no ha generado ni requerido, en general, inversión estatal ni ha impuesto una carga financiera considerable sobre el sector privado.

(605) En este sentido, también es necesario señalar que los estudios y teorías a los que haremos mención en este trabajo y, sobre todo, como hemos dicho, en el ámbito norteamericano, deben entenderse de manera referencial, pues responden a un contexto social, cultural y geográfico totalmente diverso.

(606) Cfr. POLIKOFF, N., «Why are mothers losing: A Brief Analysis of Criteria Used in Child Custody Determinations», *Women's Rights Law Reporter*, vol. 7, 1982, pág. 243.

Sin embargo, no fue una doctrina legal apropiada y útil por mucho tiempo pues, poco a poco, desapareció la noción que asignaba sólo a las madres la ejecución de dichos roles. En todo caso, la autora agrega que la eliminación de la predilección materna no debiera considerarse como un mandato para devaluar el papel tradicional de las madres en beneficio de otros factores menos conectados con el cuidado del hijo. Señala que dicha transformación debiera ser vista como una respuesta a la demanda de neutralidad de género ejercida por los varones que desarrollan esas funciones previamente asumidas por las madres.

En este sentido, resulta paradójico que el origen de la doctrina «de los años tiernos», esto es, la reivindicación de los derechos de la mujer en el seno familiar, haya sido el mismo bastión de lucha que provocó su erradicación de diversos textos legales que, durante gran parte del siglo XX, fueron aplicados a los conflictos familiares bajo el convencimiento de que era la mejor forma de proteger a los hijos, y que sirvieron de inspiración a una tendencia legislativa y jurisprudencial que aún es aceptada socialmente y que se encuentra fuertemente arraigada en numerosos ordenamientos jurídicos.

De esta forma, a finales del siglo XX asistimos a un ingente movimiento feminista que, fundándose en los principios de igualdad y no discriminación, pretende reivindicar el papel de la mujer en la familia, desterrando las enraizadas funciones atribuidas a la madre a través de la derogación de dicha presunción legal. En este sentido, según Scott[(607)], la evolución de los roles parentales fue minando la preferencia materna en la custodia. En efecto, aunque más tarde algunas feministas desconfiaron del criterio del mejor interés del hijo porque la presunción «de los años tiernos» parecía reforzar las estereotipadas normas de género, inicialmente apoyaron la innovación que éste presentaba. De esta forma, California lideró el abandono de la preferencia materna instaurando un estándar neutral de género. Así lo demuestra la modificación introducida por la Ley de 17 de agosto de 1972[(608)] que eliminó la regla conforme a la cual la custodia debía ser entregada a la madre si el hijo era de corta edad.

(607) Cfr. Scott, E., «Pluralism, Parental Preference and Child Custody», *California Law Review*, vol. 80, 1992, pág. 620.

(608) Act of Aug. 17, 1972, ch. 1007 sec. 1, 1972 California Statutes 1855, 1855— amending California Civil Code §4600 (a).

Pues bien, todavía más paradójico es que a esa demanda se hayan sumado —a partir de los años ochenta del siglo pasado— los mismos colectivos y asociaciones de padres (varones) separados y divorciados, invocando una discriminación arbitraria en razón de sexo que les inhabilitaba para ejercer el cuidado de sus hijos.

Bajo este panorama y con el objeto de redefinir el derecho relativo a la custodia de los hijos sobre patrones de género de carácter neutral, surge en el Derecho norteamericano la doctrina del mejor interés del menor, la custodia conjunta y la presunción del dador de cuidados básicos. Pasemos a analizar las principales características de estas dos últimas teorías.

1.2.2.3. Doctrina de la custodia conjunta

Conforme al sistema de custodia conjunta estadounidense —introducido por primera vez en California en 1979[(609)] y actualmente vigente en más de cuarenta Estados de este país—, ambos progenitores se involucran por igual en la vida del hijo, el cual puede llegar a convivir con cada uno de ellos por períodos alternos o sucesivos, entendiendo que, en cada uno de dichos lapsos, ambos padres ejercen, sin exclusión del otro, los derechos-funciones relativos a la autoridad parental. Se verifica así, en la máxima expresión que es posible concebir tras la ruptura conyugal, el principio general conforme al cual el menor tiene un derecho inalienable a mantener un debido contacto directo y regular con ambos padres. De esta forma, la determinación de la *joint custody* implica, fundamentalmente, decidir cuál de los progenitores convivirá con los hijos, dirigiendo su educación y formación integral día a día, en un plano doméstico. En definitiva, lo que se discute es el aspecto de la residencia, esto es, con quién vivirá el hijo y cuál de los dos padres desarrollará cotidianamente las funciones de cuidado personal.

(609) Aunque la doctrina mayoritaria fija el nacimiento de esta figura jurídica en California, se ha señalado que, sin embargo, con anterioridad, en el año 1967, Carolina del Norte aprobó un estatuto que permitía la adopción de la *joint custody* después del divorcio sólo si con ella se garantizaba claramente al mejor interés del hijo. Cfr. FOLBERG, J., «Custody overview», en FOLBERG, J. (edited by), *Joint Custody and Shared Parenting*, Second edition, New York-London, The Guilford Press, 1991, pág. 5; y JACOB, H., *Silent revolution: transformation of divorce law in the United States*, Chicago, The University of Chicago Press, 1988, pág. 135.

Los fenómenos sociojurídicos que han precedido la instauración de la custodia compartida en los países cuyas legislaciones la han establecido, no difieren demasiado de la evolución experimentada en el Derecho estadounidense. Así, como veremos más adelante, se ha generado un importante debate social en el que han convergido los diversos intereses en juego, representados por diversas asociaciones y colectivos de padres y madres separados.

Por su parte, en el ámbito jurídico, el rasgo distintivo del Derecho estadounidense está en la fórmula legal que se ha escogido para incorporarla. En efecto, en el ordenamiento alemán, francés, sueco, holandés, y recientemente italiano, la custodia compartida es concebida fundamentalmente como una opción de los progenitores o, a lo más, como una orientación que el juez debe valorar prioritariamente(610). En cambio, como analizaremos, en la gran mayoría de las legislaciones de Estados Unidos, el establecimiento de dicha figura en la estructura familiar ha sido proyectado mediante la aplicación de una presunción simplemente legal(611).

Hay también diferencias en el ámbito terminológico. Así, al no contemplar la figura de la patria potestad, el Derecho anglosajón se refiere solamente a la guarda y custodia de los hijos distinguiendo la siguiente tipología.

Existe la custodia individual, denominada *sole custody,* por la cual el menor vive y se encuentra bajo el cuidado de uno solo de sus progenitores, teniendo el otro un régimen de comunicación tradicional con el hijo con el cual no convive. Esto es, en definitiva, la guarda unilateral del Derecho español.

Por otra parte, la custodia compartida o conjunta, denominada *joint custody*(612), debemos entenderla en dos sentidos.

(610) Así lo dispone también el art. 155 del Código Civil italiano.

(611) Así lo ilustraremos más adelante al analizar los principios que rigen la custodia conjunta y, en especial, el derecho del menor a seguir manteniendo un contacto directo con ambos progenitores tras la ruptura matrimonial. *Vid. infra* epígrafe 2.4 del presente Capítulo.

(612) Como señalamos al inicio de este Capítulo, existen un sinnúmero de denominaciones legales y doctrinales de esta figura jurídica. El Derecho anglosajón, especialmente Estados Unidos, no ha escapado tampoco a esta realidad. En efecto, la custodia conjunta es conocida también como *hared custody, joint parenting, co-custody, concurrent custody, co-parenting* y *joint mananing conservatores.*

— En primer lugar, a través de la denominada *joint legal custody*, ambos progenitores adoptan las decisiones sobre cuestiones importantes que afectan la vida del hijo, independientemente de cómo se organice la convivencia con éste. Conforme a este instituto, ambos padres son preconcebidos en un ámbito teórico de plena igualdad para la adopción de las decisiones relativas al desarrollo físico, psicológico, social, intelectual, emocional y afectivo del menor.

— Otro aspecto, en cambio, se refiere a la residencia del hijo. Así, en virtud de la *joint physical custody,* cada uno de los progenitores vive con el hijo por períodos sucesivos relativamente similares. En este sentido, la distribución de los lapsos y alternancias de convivencia permite diversas modalidades; puede determinarse que el menor viva unos días de la semana o del mes, o durante algunos meses del año, o años alternos, con cada padre o madre.

Por otra parte, con anterioridad al establecimiento de la custodia conjunta, el Derecho estadounidense contemplaba las denominaciones *custodial parent* y *noncustodial parent*. Sin embargo, una vez introducida esta figura jurídica, y alcanzado cierto desarrollo de la misma, dichas designaciones fueron consideradas ofensivas para los padres (varones) que no tenían la custodia de sus hijos, alegándose que dichos términos, y sus normas respectivas, debían ser modificados. De esta forma, las expresiones *shared parenting* y *periods of physical placement* reemplazaron a la *physical custody* y las *visitations*(613).

No obstante el entusiasmo inicial que despertó la doctrina de la custodia conjunta en el contexto social y jurídico, la evolución que esta figura ha experimentado a lo largo de estas últimas décadas demuestra el surgimiento de diversas corrientes críticas.

Así, en el ámbito del feminismo, si bien en un principio se consideró que este instituto concedía autonomía a las mujeres que no deseaban ejercer totalmente la custodia de sus hijos —garantizándose que los hombres también adquirían responsabilidades equitativas respecto a sus hijos—, posteriormente se han denunciado y reprobado ciertos vicios que en la

(613) Así lo pone en evidencia FINEMAN, M., «Dominant discourse, professional language, and legal change in child custody decisionmaking», *Harvard Law Review*, vol. 101, 1988, pág. 733.

práctica estaría generando. En este sentido, se ha señalado que, si bien la custodia compartida constituye una conquista para las mujeres en cuanto es una medida que refleja igualdad entre hombre y mujer, por otra parte, legitima los deseos de los varones por la crianza de los hijos(614), provocando una disminución de la custodia unilateral materna en comparación con la época en que regía la doctrina «de los años tiernos».

Por otra parte, en un artículo publicado en 1982, POLIKOFF(615) afirmaba que las demandas de los movimientos por «los derechos de los padres» (padres varones) estaban basadas en la premisa de que los hombres se encontraban injustificadamente en desventaja en los juicios sobre custodia de los hijos. Sin embargo, agregaba la autora, un análisis de las decisiones judiciales de los años recientes, sugería exactamente lo contrario, ya que las madres estaban perdiendo la custodia como resultado del uso de un criterio inapropiado, insuficientemente relacionado con los mejores intereses de los hijos, y aplicado sobre la base de un razonamiento discriminatorio en cuanto al sexo. Un estudio relativo a Los Ángeles y Minneapolis indicaba que a los padres varones que solicitaban la custodia les era concedida, respectivamente, en un 63% y 45% de las veces. Las reclamaciones del movimiento por los derechos de los padres (varones) en las materias relativas a las consecuencias económicas y a la custodia eran, por lo tanto, ilegítimas y oscurecían la verdadera posición de las madres en el juicio de divorcio. Según la autora, la estadística frecuentemente citada en dicha época —al igual que en la actualidad— con respecto a que el 90% de todos los hijos de padres divorciados estaban bajo la custodia de sus madres, no era evidencia de la existencia de una injusticia hacia los hombres dentro del sistema legal. En la gran mayoría de los casos los padres (varones) no deseaban la custodia y los menores permanecían con su madre por una decisión parental (de ambos padres)(616).

(614) Cfr. FINEMAN, M., «Dominant discourse...», *op. cit.*, pág. 768.

(615) Cfr. POLIKOFF, N., «Why are...», *op. cit.*, pág. 236.

(616) Un estudio relativo al condado de Los Ángeles presentado por WEITZMAN, L. y DIXON, R. («Child Custody Awards; Legal Standars and Empirical Patterns for Child Custody, Support and Visitation after Divorce», *U.C. Davis Law Review*, vol. 12, 1979, pág. 503), arrojó que en 1977 el 63% de todas las solicitudes de custodia presentadas por los padres varones, resultaban exitosas.

En este mismo sentido se pronunciaba SCOTT[617], señalando que algunas feministas críticas afirmaban que la razón de que a las mujeres se les atribuyera más frecuentemente la custodia de sus hijos era que los hombres no la querían, no obstante el hecho de que, cuando eran ellos quienes pedían la custodia, sus solicitudes, a menudo, resultaban exitosas.

Nos parece que esta disminución denunciada es natural y predecible. Los patrones bajo los que funcionan una y otra teoría son esencialmente diversos: si la custodia compartida presupone niveles de igualdad entre padre y madre para el cuidado de los hijos y reparto de las responsabilidades parentales, lo lógico es que, en comparación con la situación existente durante el apogeo de la doctrina «de los años tiernos», sean menos las madres que ejercen la custodia unilateral de sus hijos pequeños. Otro aspecto, totalmente distinto a nuestro juicio, es el debate suscitado en torno a la efectividad de la igualdad material entre hombre y mujer para el establecimiento de las condiciones de ejercicio de la guarda y custodia y demás cuestiones patrimoniales conexas a ello.

Así, en el contexto estadounidense, se ha señalado que la custodia compartida parece apta para satisfacer numerosas expectativas: respetar la autonomía de los progenitores; superar definitivamente el concepto de culpa, ya que ningún cónyuge puede ser castigado con la privación de su propio hijo; resolver el problema de los estereotipos sexuales en la asistencia de los hijos; y permitir la reproducción del modelo de la familia nuclear. Sin embargo, no existiría en realidad un cambio profundo de los roles paterno y materno, pues las tareas domésticas realizadas por los padres y las madres presentan una naturaleza totalmente diversa: los hombres asumen una menor cuota de deberes, y de forma más irregular, a la vez que participan más en actividades de juego que de cuidado directo con sus hijos; además, aunque la cantidad de tiempo que los hombres dedican al trabajo doméstico ha aumentado marginalmente y el de las mujeres ha descendido, los datos demostrarían que los maridos aumentan su nivel de «pequeño trabajo doméstico», sobre todo cuando sus esposas tienen un trabajo fuera de la casa, de manera que son éstas las que siguen asumiendo la mayor parte de las labores domésticas[618]. En este sentido se afirma

(617) Cfr. SCOTT, E., «Pluralism...», *op. cit.*, pág. 626.
(618) Cfr. BROWN, S., «Changes in Laws Governing Divorce. An Evaluation of Joint Custody Presumtions», *Journal of Family Issues*, vol. 5 (2), 1984, págs. 206, 214 y 218.

que, en muchos casos, es el marido quien continúa ejerciendo la posición económica más ventajosa, lo cual acarrea que en el juicio de divorcio la mujer sufra diversas presiones e intimidaciones con respecto a la custodia de los hijos. Viendo reducido su poder de negociación, la madre decide: no incoar el respectivo procedimiento para «evitar tomar el riesgo», no solicitar la correspondiente pensión en su favor y aceptar acuerdos injustos relacionados con los bienes matrimoniales o, incluso, con los alimentos debidos a los hijos[(619)].

Inicialmente, en Estados Unidos, la custodia conjunta fue abrazada con entusiasmo por legisladores y jueces como una forma de validación e incentivo del compromiso de ambos progenitores en la crianza del hijo. Sin embargo, no puede negarse que, a lo largo del tiempo, su recepción ha producido ciertos contrastes en este país. Algunos la han criticado, pues premiaría los derechos de los padres varones sin determinar, como contrapartida, sus correspondientes deberes. Además, como ya hemos apuntado, se ha señalado que induciría a algunas madres a ceder ciertos bienes materiales o derechos de alimentos a cambio de una custodia unilateral. Por otra parte, se ha puesto en duda el alcance de la igualdad de derechos que la Constitución estadounidense otorga a los progenitores en la crianza de los hijos una vez que la separación y el divorcio se producen. Así, se

(619) Cfr. Huaita Alegre, M., «Derecho de custodia...», *op. cit*, pág. 558. Así, un estudio llevado a cabo en Estados Unidos a fines de los años ochenta y principios de los noventa del pasado siglo, arrojó que los padres (varones) con recursos materiales superiores podrían estar en una mejor posición para pactar con sus esposas. Por otra parte, el hecho de contar con una situación financiera favorable les permitiría obtener servicios legales para negociar sus expectativas tras la separación. Cfr. Arditti, J. A, «Differences between fathers with joint custody and noncustodial fathers», *American Journal of Orthopsychiatry*, vol. 62(2), 1992, pág. 193. En este sentido, resulta interesante destacar la investigación llevada a cabo por la socióloga Weitzman, L. («Judicial Perceptions and Perceptions of Judges: the Divorce Law Revolution in Practice», en Crites, L. y Hepperle, W., *Women, the Courts and Equality*, Volume 11 Sage Yearbooks in Women's Policy Studies, Sage Publications, 1987, págs. 99 y ss.), en cuanto a los efectos sociales y económicos de la aplicación del modelo del divorcio sin culpa (*no-fault divorce*) en California, estudio que evidencia un sistemático empobrecimiento de las mujeres divorciadas y de sus hijos, los cuales se habrían transformado en «los nuevos pobres». Según esta autora, para entender cómo leyes introducidas con el objeto de crear mayor equidad han acabado produciendo sustanciales desigualdades entre mujer y hombre, es necesario considerar dos factores: la eliminación del criterio de la culpa en la disolución del matrimonio y la no consideración por parte de los jueces de la desigualdad económica de hecho que existe entre hombres y mujeres en el matrimonio y, en general, en la sociedad.

ha afirmado que el Estado posee una considerable discreción en la atribución de la autoridad parental y en la regulación del derecho al contacto regular una vez producida la crisis matrimonial, incluyendo la asignación de un papel superior y dominante para el cuidado del hijo solamente a uno de los padres. La razón de esta inequidad no estaría dada por la falta de protección de los intereses del progenitor no custodio, como algunos jueces han afirmado, ni porque, bajo un estricto examen constitucional, el mejor interés de los hijos sea un interés estatal de tal categoría y fuerza que supere categóricamente los derechos fundamentales de los padres. En realidad, el motivo principal estaría en que la garantía constitucional de los derechos parentales, tanto del progenitor guardador como no conviviente, es siempre cualificada por los intereses de otros miembros de la familia, aunque, en realidad, debiera entenderse que la Carta Fundamental permite, e incluso exige, que el Estado equilibre los intereses de éstos dentro de la familia[(620)].

En efecto, recientemente, se ha detectado una retirada generalizada de la *joint custody* debido a la restricción que de ella realizan ciertos jueces aplicándola sólo a los casos en que ambos padres están conformes con su introducción[(621)].

Por otra parte, diversas agrupaciones que reivindican los derechos de los padres (varones) separados, frustradas por la escasa utilización práctica de la custodia compartida, han centrado sus esfuerzos en campañas dirigidas al reforzamiento de la denominada «parentalidad compartida». Así, muchos Estados, incluyendo Iowa[(622)], Maine[(623)] y Oregón[(624)], han promulgado normas o introducido declaraciones que favorecen su aplicación[(625)]. Algunas de estas medidas de *shared parenting*, como las leyes adoptadas en Iowa y Maine, crean una presunción a favor de la custodia compartida, autorizando la atribución individual del cuidado personal sólo si circuns-

(620) Cfr. MEYER, D., «The constitutional rights of non-custodial parents», *Hofstra Law Review*, vol. 34, 2006, pág. 1466.

(621) Cfr. MEYER, D., «The constitutional...», *op. cit.*, págs. 1472-1473.

(622) Cfr. Iowa Code, section 598.41 de 2005.

(623) Cfr. Maine Revised Statutes Annotated, title 19-A: Domestics Relations §1653, sub-§1, de 21 de septiembre de 2001.

(624) Cfr. Oregon Revised Statutes 107.179 de 2006.

(625) Así estaría produciéndose en Alabama, Washington y New York. Cfr. MEYER, D., «The constitutional...», *op. cit.*, nota núm. 64.

tancias excepcionales demuestran que esta modalidad beneficia de mejor forma el interés del hijo. Sin embargo, algunas propuestas van más lejos. Por ejemplo, en North Dakota, una iniciativa pretende reconocer un verdadero «derecho a la *joint physical custody*» a menos que se compruebe fehacientemente que cualquiera de los progenitores es incapaz para su ejercicio. Asimismo, en Michigan, se estudia la posibilidad de enmendar la Constitución estatal para crear el derecho a una «igual parentalidad», situación que debiera redundar en una distribución de la residencia del hijo entre los progenitores en una proporción del 50%, a menos que dicho acuerdo lo exponga a un peligro directo e inminente(626).

1.2.2.4. El surgimiento de nuevas doctrinas

a. Doctrina de la presunción del dador de cuidados básicos o del cuidador principal

La *primacy caretaker presumption* o *primary caregiver* forma parte de una corriente de la literatura jurídica estadounidense generada a finales de la década de los ochenta del siglo pasado que pretendió, por una parte, crear criterios alternativos para la custodia de los hijos con el objeto de resolver los problemas derivados de la indeterminación y vaguedad del concepto del *favor filii,* y por otra, poner freno a la proliferación de la *joint custody*. Fue recogida, aunque por breve tiempo, en las legislaciones de Minnesota y West Virginia y consiste, a grandes rasgos, en la evaluación del desarrollo de la vida del hijo antes del divorcio de sus padres. Sin descartar la labor irremplazable del otro progenitor en cuyo favor se fija un régimen de comunicación y estancia, trata de establecer quién de los padres asumió el cuidado del hijo y construyó con él vínculos afectivos más fuertes hasta antes de la crisis matrimonial.

Esta teoría tiene su origen en la sentencia *Garska v. MacCoy*(627) y, en la práctica, se aplica a las situaciones en que se encuentran involucrados hijos

(626) Cfr. Meyer, D., «The constitutional...», *op. cit.,* págs. 1473-1474.

(627) Cfr. *South Eastern Reporter Second, West Virginia*, 278, 1981, págs. 357-364. En España, algunas sentencias han identificado tangencialmente al dador de cuidados básicos. Así, la SAP de Cáceres de 4 abril de 2006 (LA LEY 36896/2006), denegando la solicitud de guarda y custodia compartida de los hijos del padre, señala que *«como consta en el informe Psicosocial, la custodia de la madre resulta más ajustada, pues ha sido la cui-*

de corta edad. En este caso, la Suprema Corte de Apelaciones de West Virginia estableció una lista de criterios a los cuales el juez debía atender para determinar qué padre era el cuidador primario: hacer y planear las comidas; bañar, preparar y vestir; efectuar las compras, limpiar y cuidar de las ropas; cuidado médico, incluida las labores de enfermería y visitas al médico; encargarse de las interacciones sociales después de la escuela, como llevarlo a casa de los amigos, por ejemplo, o a las reuniones de *scouts;* encargarse del cuidado alternativo, como la niñera, el cuidado diario, etc.; llevar a los niños a la cama en la noche, atenderlos en el medio de la noche, despertar al niño en la mañana; la disciplina, enseñar los modales generales y el adiestramiento para ir al baño; educación religiosa, cultural, social, etc.; y enseñar aptitudes elementales, como leer, escribir y aritmética.

Esta teoría descansa en un estándar neutral en cuanto al sexo de los progenitores y tiene como valor supremo la preservación de las relaciones del hijo con el padre que ha ejercido la crianza y el cuidado primario del hijo durante el matrimonio. En este sentido, se ha llegado a decir que, de acuerdo con sus postulados, la custodia puede ser vista como una recompensa por el anterior comportamiento del cuidador(628).

Se trata de una doctrina fuertemente apoyada por un importante sector de autoras feministas. Así, en el plano doctrinal, destaca FINEMAN(629), quien señala que la experiencia de la custodia de las madres como cuidadoras primarias durante el matrimonio y después del divorcio, no figuraría adecuada ni significativamente en las normas sobre el cuidado personal de los hijos. Esta autora, en un artículo publicado en 1988, sugiere un regreso al modelo legal de custodia a través de la teoría del *primary parent*, es decir, el reconocimiento del padre primario o básico(630).

---

dadora inmediata de los hijos, es su figura de referencia, dispone de más información sobre el cuidado de los mismos [...]». Y la SAP de Valencia de 11 mayo de 2006 (LA LEY 110035/2006) que rechaza la custodia conjunta indicando que *«el hecho de inclinar la balanza a favor de la materna resulta en el caso de autos perfectamente justificada en atención a ser ella la principal figura de apego desde el momento de su nacimiento y desde la fecha en que se separó de hecho la pareja [...]».*

(628) Cfr. FINEMAN, M., «Dominant discourse...», *op. cit.*, págs. 770-771.

(629) Cfr. FINEMAN, M., «Dominant discourse...», *op. cit.*, págs. 768-769.

(630) Nos referimos al ya citado artículo «Dominant discourse, professional language, and legal change in child custody decisionmaking», *Harvard Law Review*, vol. 101, 1988, págs. 727-774.

Cabe señalar que, en general, los sostenedores del criterio del cuidador principal son reacios a los procedimientos de tipo informal, pues éstos no garantizarían suficientemente la defensa de las partes. Así, la mediación, como proceso preferido para la resolución de conflictos, y la custodia conjunta, como criterio sustantivo a aplicar, presentarían frecuentemente en la práctica, un desajuste importante con la norma positiva. En efecto, FINEMAN[(631)] manifiesta una desconfianza general hacia a la intervención de los expertos, criticando a los trabajadores sociales y a otros profesionales del área por presentarse a sí mismos como neutrales y pertenecientes a un modelo no adversario, cuando, en efecto, muchos de estos operadores no serían imparciales, ya que tendrían un prejuicio profesional a favor de un específico resultado sustancial: ese rendimiento beneficiaría su oficio al crear la necesidad de la mediación.

FINEMAN[(632)] afirma que, en la mayoría de los matrimonios, uno de los progenitores, normalmente la madre, asume el cuidado primario diario de los hijos. En estas situaciones, la custodia compartida rara vez significaría una división equitativa de las responsabilidades, pues comúnmente uno de los padres sacrificaría más que el otro en el cuidado del hijo. El sentido de «compartir» en este contexto no estaría basado en la asunción por los padres de responsabilidades divididas. Más bien, la custodia compartida se basaría en las relaciones de los padres, quienes distribuirían sus responsabilidades a través de la adopción conjunta de las decisiones importantes relativas a sus hijos. Una visión poco realista e idealizada de la custodia compartida, definida como «independiente» de la relación entre los padres, sería impuesta a las parejas después del divorcio. A través de ella se asumiría que los progenitores salen de su crisis conyugal para compartir exitosamente la parentalidad; pero una cosa es que los padres divorciados elijan voluntariamente el ideal de la custodia compartida y otra, totalmente distinta, que se les imponga[(633)].

a.1. Ventajas

Entre las ventajas atribuidas a la doctrina del dador de cuidados básicos se cuentan las siguientes.

(631) Cfr. FINEMAN, M., «Dominant discourse...», *op. cit.*, pág. 730.
(632) Cfr. FINEMAN, M., «Dominant discourse...», *op. cit.*, págs. 768-769.
(633) Cfr. FINEMAN, M., «Dominant discourse...», *op. cit.*, pág. 769.

— En primer lugar, al proteger la relación con el padre o madre bajo cuyo cuidado diario permaneció vigente el matrimonio, se garantiza la estabilidad de los hijos, particularmente cuando ellos son más pequeños. Al respecto, MELLI[(634)] señala que esta teoría está construida sobre la base del desarrollo del menor porque otorga gran valor a los lazos que se generan entre él y su cuidador primario, vínculos que son considerados esenciales para el desarrollo del bienestar emocional del hijo.

— Por otra parte, la decisión del juez no se centra en la evaluación de los factores que inciden en la vida futura del hijo. Se trata de revisar los antecedentes de cada realidad familiar para decidir quién es el mejor custodio para el hijo; pone el acento en la determinación del progenitor que ha adaptado su vida e intereses a los del hijo sin especular sobre cuál de ellos será, en el futuro, el mejor guardador.

— En este sentido, FINEMAN[(635)] afirma que esta teoría elimina la necesidad de efectuar predicciones acerca del bienestar psicológico posterior de los hijos y las especulaciones sobre cómo asegurar mejor su desarrollo potencial. En este sentido, su aplicación debería remover los posibles abusos de los profesionales del área social o asistencial *(helping professionals),* como el mediador o trabajador social, y los excesos de jueces y abogados que pudieran producirse, ya que no podrían especular acerca de cuál padre sería capaz de producir el mejor ambiente para el hijo. La única pregunta relevante debería ser qué padre, hasta ese momento, ha adaptado su vida a las necesidades del hijo. Incluso, en la determinación de la custodia no debería haber conjeturas acerca de la calidad o extensión de los lazos emocionales entre el padre y los hijos. La teoría del dador de cuidados básicos asume que esos vínculos existen entre el padre que ha sido cuidador primario y el hijo, y que ellos están evidenciados por el sacrificio y entrega hacia el menor.

— Por otro lado, desde una perspectiva feminista, POLIKOFF[(636)] denuncia que el razonamiento judicial que no reconoce ni considera, en la decisión

(634) Cfr. MELLI, M., «Toward...», *op. cit.,* pág. 330.

(635) Cfr. FINEMAN, M., «Dominant discourse...», *op. cit.,* págs. 770-771. En este mismo sentido, MELLI, M., «Toward...», *op. cit.,* pág. 331.

(636) Entre dichos factores destacan: la capacidad de recursos económicos, el desigual tratamiento en el empleo de las madres y de los padres, y el nuevo matrimonio de los padres varones. Sobre estos aspectos, *vid.* POLIKOFF, N., «Why are...», *op. cit.,* págs. 237 y ss.

sobre la custodia, al padre o madre que proveyó la crianza y el cuidado de los hijos, está devaluando esas funciones básicas. Cuando no se sopesa la parentalidad primaria, los jueces confían en otros factores que, sin tener una conexión sustancial suficiente con los mejores intereses de los menores, provocan que las mujeres pierdan el cuidado de sus hijos.

— Por último, se afirma que bajo la aplicación de esta doctrina se reducirían notablemente los juicios sobre custodia debido a la mayor posibilidad de pronosticar el dictamen del juez. En este sentido, la regla del dador de cuidados básicos es particularmente susceptible de un análisis legal porque involucra la conclusión sobre hechos pasados, una pregunta tradicionalmente realizada en estos procedimientos. Tiene la ventaja de ser una norma que los jueces pueden cómodamente aplicar y que los abogados pueden fácilmente entender y utilizar. El criterio para seleccionar al padre custodio es bastante claro, de forma que, en la mayoría de los casos, los padres serán capaces de prever cuál sería el resultado si ellos litigaran sobre la custodia. Semejante posibilidad de predicción reduce la litigación, y evitarla previene al sistema legal de una sobrecarga de juicios. Las normas habituales, que requieren audiencias individualizadas para determinar los hechos y la asistencia de expertos para establecer qué es lo que se aviene al mejor interés del hijo, no proporcionan justicia, particularmente a las mujeres que tienden a ser menos pudientes que los hombres y que no pueden pagar tales costosos procedimientos(637).

a.2. Desventajas

— La gran crítica formulada a esta corriente es que la prueba presentada durante el proceso puede ser insuficiente o, incluso, ser manipulada con el objeto de producir error en la convicción judicial(638). Sin embargo, creemos que se trata de una objeción débil, ya que este defecto puede presentarse en cualquier resolución judicial(639).

(637) Cfr. Fineman, M., «Dominant discourse...», *op. cit.*, pág. 772.

(638) Un sector de la doctrina estadounidense sostuvo duras críticas a esta teoría. Cfr. Ziff, B., «The primary Caretaker Presumption; Canadian Perspectives on an American Development», *International Journal of Law and the Family*, vol. 4, 1990, págs. 187-213, en especial págs. 196-197.

(639) Cfr. Huaita Alegre, M., «Derecho de custodia...», *op. cit.*, pág. 558.

— Por otro lado, si bien el postulado de este criterio de atribución de la custodia de los hijos es teóricamente neutral, en tanto no privilegia directamente al padre o a la madre, ha sido criticado por los colectivos de padres separados quienes afirman que genera una clara predilección por la madre, a diferencia de lo que ocurre con la custodia conjunta, gracias a la cual ambos progenitores se posicionan inicialmente en condiciones de igualdad.

Sin embargo, también es cierto que el hecho de que la aplicación de la titularidad recaiga mayoritariamente en la mujer no es sino la cristalización del fenómeno familiar post-ruptura matrimonial. Es ésta quien, generalmente, asume el cuidado personal de los hijos durante el matrimonio, por lo tanto, frente a la decisión del juez, presenta una importante ventaja comparativa en relación al progenitor varón.

Al respecto, POLIKOFF(640) ha señalado que una solicitud legítima de neutralidad de sexo debería producir habitualmente una atribución de la custodia al padre sólo cuando él ha cumplido el papel de cuidador primario en la familia. La autora concluye, con ironía bastante cierta a nuestro juicio, que los hombres (varones) que se «enfadan» ante la posibilidad de perder la custodia de sus hijos bajo este estándar descrito, no deberían comenzar por cambiar los juicios de divorcio, donde las tendencias estarían directamente en su favor, sino donde el cuidado de los hijos comienza: en el hogar.

Para nosotros, desde este último punto de vista expuesto, esta doctrina traería consigo el riesgo de perpetuar, aun después del divorcio, el papel tradicional asignado a la madre en el grupo familiar. En este sentido se manifestaba SCOTT(641) al afirmar que, paradójicamente, la regla del cuidador básico que generalmente es defendida como un modo de protección de los intereses de la mujer, tiende a reforzar los roles tradicionales parentales y de género, un efecto que, en último término, va en detrimento de aquélla. En efecto, se ha señalado que una posible objeción a esta teoría es que producirá más acuerdos sobre custodia materna que los alcanzados conforme a la doctrina del interés superior del hijo. Pero incluso si esta objeción fuera válida, no debería ser la base para rechazar su aplicación. La teoría

(640) Cfr. POLIKOFF, N., «Why are...», *op. cit.*, pág. 243.
(641) Cfr. SCOTT, E., «Pluralism...», *op. cit.*, pág. 629.

del dador de cuidados básicos no está diseñada para remover la potencialidad de que los padres obtengan la custodia. La regla es neutral en cuanto a género y, como la mayoría de dichas normas, su impacto podría no ser neutral, pero su resultado sólo reflejaría el hecho de que las mujeres son quienes cuidan de los hijos en nuestra sociedad(642).

Hay, sin embargo, un matiz que confirmaría no esa preferencia denunciada por los progenitores varones, sino la involuntariedad de éstos de ausentarse en los procesos de cuidado personal de los hijos. En efecto, existen circunstancias sociales que pueden influir y hasta determinar esta decisión judicial. Sin ir más lejos, el mercado laboral demanda una participación plena de parte del trabajador, presuponiendo que éste cuenta con alguien que resuelve sus responsabilidades domésticas y familiares(643).

— Por otra parte, MELLI(644) señala que la mayoría de las críticas formuladas a esta teoría descansan sobre el hecho de que su aplicación no conlleva, necesariamente, la asignación de la custodia del hijo al progenitor custodio más idóneo. Estas objeciones están basadas en la creencia de que es posible determinar la «mejor» atribución para el hijo con el conocimiento presente del comportamiento humano y la información fáctica disponible en los procedimientos relativos a la custodia del hijo. Para nosotros, el peligro está en priorizar excesivamente por la «cantidad» de cuidado prodigado al hijo y no por la calidad del mismo; creemos que, conforme a los postulados de esta teoría, se podría incurrir en dicho desacierto.

Como antes apuntamos, ZIFF(645) se refiere a la posibilidad de error judicial afirmando que la presunción del dador de cuidados básicos es falible; entre otros factores, porque, conforme a esta teoría, un juez podría atribuir la custodia a una mujer que haya sido efectivamente la cuidadora primaria de su hijo, aunque reconociese abiertamente que el padre presenta mejores atributos que ella para desempeñar las funciones de crianza.

(642) Cfr. FINEMAN, M., «Dominant discourse...», *op. cit.,* pág. 773.

(643) Cfr. HUAITA ALEGRE, M., «Derecho de custodia...», *op. cit.,* pág. 565. *Vid. infra* epígrafe 2.5 del presente Capítulo, relativo a la conciliación de la vida familiar y laboral.

(644) Cfr. MELLI, M., «Toward...», *op. cit.,* págs. 331-332.

(645) Cfr. ZIFF, B., «The primary...», *op. cit.,* pág. 197.

— Por último, CRIPPEN[646] examina la experiencia de Minnesota en cuanto a la presunción del cuidador básico, afirmando que, durante su aplicación, los litigios sobre custodia de los hijos aumentaron, a diferencia de lo sucedido en West Virginia, donde los litigios relativos a los menores disminuyeron enormemente. Según este autor, el fracaso se debió a que la Corte Suprema no desarrolló una definición factible de los cuidados primarios y, por lo tanto, la tasa de litigación experimentó un incremento al ser las partes quienes buscaron delimitar su propia situación. Este autor también descubrió que los jueces no aplicaron la preferencia del cuidador primario, con el objeto de crear falsas relaciones parentales de equidad en la crianza de los hijos.

Al respecto, MELLI[647] refuta que el intento por instaurar esta doctrina fue muy breve: la Suprema Corte de Minnesota adoptó esta preferencia en 1985; en el año 1989, el legislador prohibió que se aplicara solamente un factor al determinar la custodia de los hijos, para luego, en 1990, añadir en lenguaje explícito que el criterio del dador de cuidados básicos no debía ser utilizado como una presunción en la determinación de los mejores intereses del menor.

b. Doctrina de la dualidad paterna/dual responsabilidad

A la teoría del dador de cuidados básicos han sobrevenido nuevas formulaciones que se caracterizan por enunciar, con mayor apego a la realidad de este país[648], propuestas que propenden a la radicación de la guarda y custodia en la madre. Nos referiremos primero a la doctrina de la dualidad paterna/dual responsabilidad.

La premisa de esta teoría es que el mantenimiento general del hijo y el desarrollo del régimen de comunicación y estancia continúan no obstan-

(646) Cfr. CRIPPEN, G., «Stumbling Beyond Best Interests o the Child: Re-examining Child Custody Estándar-Setting in the Wake of Minnesota's Four Years Experiment Whith the Primary Caretaker Preference», *Minnesota Law Review*, vol. 75, 1990-91, I, págs. 470-480.

(647) Cfr. MELLI, M., «Toward...», *op. cit.*, pág. 332.

(648) En Estados Unidos, el 90% de las madres divorciadas son designadas como las guardadoras de los hijos. Así lo afirma CARBONE, J., «Income sharing: redefining the family in terms of community», *Houston Law Review*, vol. 31, núm. 2, 1994, pág. 385, nota núm. 135. Por otra parte, estadísticas recientes muestran que las madres llevan una ventaja en las familias monoparentales en un margen de 5 a 1 en relación a los padres varones. Cfr. MEYER, D., «The constitutional...», *op. cit.*, pág. 1469.

te la crisis familiar. Progenitor e hijo están unidos en una forma positiva y extendida, de modo que éste consigue un adecuado beneficio de los recíprocos y amplios deberes parentales y, a su vez, los padres cumplen sus responsabilidades de cuidado físico y emocional independientemente de quien tiene la custodia. El «padre principal», esto es, quien reside con el hijo, continúa siendo responsable del cuidado del menor por la mayor parte del día; mientras que el padre no residente es también requerido para proveer al cuidado y bases regulares, aunque por una cantidad de tiempo menor: debiera cuidar al hijo, como promedio, el 20% del tiempo total que exige su crianza.

Conforme a la teoría de dualidad paterna/dual responsabilidad ideada por CZAPANSKIY(649), el énfasis no está solamente en el número de horas que el padre pasa con el hijo, sino en la regularidad y normalidad de la participación de dicho progenitor en la vida de éste. De este modo, no sólo se exige el cuidado necesario al padre que vive con el menor sino también al no custodio, del cual se espera que coopere con dicha crianza a través de bases regulares y predecibles, ya sea durante días de la semana, fines de semana, períodos de vacaciones, o una combinación de esos tiempos. Yendo más lejos, podría ejercer las responsabilidades parentales normales, como permanecer toda la noche con el menor, supervisar sus deberes y llevarlo a sus actividades habituales. Proporcionar solamente entretenimiento no sería suficiente ni apropiado.

La dualidad paterna/dual responsabilidad obedece a mejores aproximaciones en el desarrollo de las relaciones del menor con ambos padres y al cumplimiento por éstos de las responsabilidades hacia el hijo. Esta teoría alcanzaría dicha meta al prever que ambos progenitores realicen todas las prestaciones que sean capaces de realizar a favor del hijo, dejando al mismo tiempo, espacio para las legítimas necesidades de autonomía de ambos padres durante la minoría de edad del hijo(650).

Sin embargo, debe evaluarse la viabilidad de esta teoría en el reparto de responsabilidades y adopción de decisiones cotidianas en relación al

(649) *Vid.* CZAPANSKIY, K., «Child support and visitation: rethinking the connections», en MINOW, M. (edited by), *Family Matters: Readings on Family Lives and the Law*, New York, A new press «Law in Context», 1993, págs. 351 y ss.

(650) Cfr. CZAPANSKIY, K., «Child support...», *op. cit.*, pág. 353.

hijo. En este sentido, cabe preguntarse si la participación en la toma de determinaciones respecto de éste debe o no coincidir con el porcentaje del cuidado personal llevado a cabo por dicho progenitor, cómo se distribuyen tales resoluciones, cuáles son los límites, etc.[651].

c. Doctrina de la regla de la aproximación

Por último, nos referiremos a la teoría denominada regla de aproximación, construida por SCOTT[652] en la década de los noventa del pasado siglo.

Esta doctrina rechaza la división tradicional de los roles de la crianza del hijo, esto es, la existencia de un padre «custodio» y «no custodio» y el concepto de «visitas». Favorece la asignación de la responsabilidad en el cuidado del hijo *(custodial responsibility)* acercándose a la distribución de las funciones que las partes ejercían antes de la intervención judicial. Un objetivo explícito de esta doctrina es prescindir de la falta de determinación y del prejuicio potencial que posee el estándar del interés superior, para conservar, de la mayor forma posible, las rutinas y deberes que ambos padres habían adquirido y desarrollado antes de la ruptura matrimonial. Se trata de ubicar la custodia de los hijos lo más cerca posible de la situación familiar anterior a la separación. De esta forma, en los casos en que sólo uno de los progenitores era el dador de cuidados básicos, es éste quien debe continuar ejerciendo el cuidado personal de los hijos. No obstante, en los casos en que el otro padre o madre también haya asumido responsabilidades en dicha función, podría aplicarse la alternativa de la custodia compartida, respetando la manera en que venía desenvolviéndose la vida del hijo. A nuestro juicio, en estos casos, el padre «no tradicional», que

(651) Cfr. HUAITA ALEGRE, M., «Derecho de custodia...», *op. cit.*, pág. 566.

(652) La teoría *approximation rule* fue propuesta por Elizabeth Scott en 1992 en su artículo titulado «Pluralism, Parental Preference and Child Custody», *California Law Review*, vol. 80, 1992, págs. 615-672. Sus postulados —bajo la denominación *the past caretaker estándar*— han sido promocionados por el American Law Institute a través de sus *Principles of the Law of Family Dissolution: Analysis and Recommendations*, en especial *Principles of the Law of Family Dissolution: Analysis and Recommendations §2.03*, Tentative Draft No. 3 Part I, Philadelphia, 1998, 405 págs., publicado por el mismo Instituto. Además, ha sido adoptada por la legislación de West Virginia (*West Virginia Code §48-9-206*, 2001). Sobre esta teoría, *vid.* MELLI, M., «The American Law Institute Principles of Family Dissolution, the Approximation Rule and Shared-Parenting», *Northern Illinois University Law Review*, vol. 25, 2005, págs. 358-361.

ya ha compartido con la madre la crianza de los hijos, es quien menos resiente la separación, pues ha adquirido una papel específico frente a la mujer y los hijos, que no disminuye con la interrupción de la convivencia y, por ende, no tiene necesidad de incoar «batallas judiciales» para obtener la guarda compartida.

Esta formulación tiene su origen en la doctrina de la presunción del dador de cuidados básicos a la que nos referimos anteriormente, aunque difiere de esta última en que el análisis del historial de la crianza del hijo no es importante solamente para determinar cuál de los progenitores debe continuar como guardador, sino también en el establecimiento de los tiempos durante los cuales el menor debe transcurrir con el otro padre o madre.

El elemento fundamental de esta teoría es la reproducción —postdivorcio— del desarrollo de las funciones parentales de cuidado y crianza anteriores a la ruptura. En este sentido, la autora expone sus planteamientos desde una realidad sociofamiliar que califica de innegable: es la madre quien en la gran mayoría de los casos se dedica al cuidado de los hijos y, sólo excepcionalmente, los progenitores varones asumen cierto grado de responsabilidad en dicha crianza.

Su premisa es que ninguna de las doctrinas planteadas para la determinación de la atribución de la custodia de los hijos es totalmente útil. Las reglas que favorecen a las madres ofrecen a las mujeres un beneficio inmediato pero refuerzan el estereotipo de los roles de género(653). Por su parte, el principio del mejor interés del menor se ha visto superado por la problemática de la asignación de la custodia de los hijos, que es cada vez más amplia y discrecional. Además, este criterio no reflejaría el cuidado parental pasado del hijo como una base para la custodia, pues las normas sólo implícitamente animan a los jueces a ponderar la participación parental(654). La evidencia de que los jueces continúan favoreciendo a las madres

(653) Cfr. Scott, E., «Pluralism...», *op. cit.*, pág. 618.

(654) Así sucede, por ejemplo, con la *section* 402 de la *Uniform Marriage and Divorce Act* de 1970 que enuncia, sólo como uno de los factores de consideración para el juez al decidir sobre la custodia, la interacción e interrelación del menor con su padre o padres. Cfr. *§402(3), 9 A, Uniform Laws Annotated (U.L.A.) 561 (1987)*. Esta Ley Uniforme sobre Matrimonio y Divorcio ha sido promulgada en ocho Estados de Estados Unidos: Arizona, Colorado, Illinois, Kentucky, Minnesota, Missouri, Montana y Washington.

en las disputas sobre custodia, sugiere que la función de cuidado previa al divorcio está siendo considerada; aunque la importancia del desempeño parental durante el matrimonio se ha diluido bajo el criterio del mejor interés del hijo[655].

SCOTT[656] se pregunta cuál es la razón que explica la erosión de la conexión entre custodia y el cuidado anterior del hijo. Una explicación podría ser que la tendencia hacia una menor diferenciación entre los roles parentales otorga al cuidado anterior menor utilidad como indicador en la elección de un padre sobre otro. De esta forma, cada progenitor ofrece una evidencia de participación en la vida del menor suficiente para debilitar cualquier solicitud de custodia exclusiva hecha sobre esa base. Otra interpretación emerge cuando esta cuestión es situada en un contexto más amplio de transformación en el Derecho de familia. Influenciada por los principios del liberalismo individual, la concepción legal de la familia ha evolucionado desde una comunidad feudal y jerárquica a una asociación flexible de relación de los derechos individuales. En esta estructura, el discurso sobre la custodia y los derechos relativos a ella han llegado a constituir elementos más apreciados, de modo que el hecho de que ambos progenitores tengan igual oportunidad para establecer sus demandas resulta esencial. Los padres (varones), incluso en la sociedad contemporánea, se encuentran probablemente en desventaja cuando la interrogante decisiva es el cuidado parental durante el matrimonio, de modo que si la custodia va a ser atribuida sólo a uno de los padres, las solicitudes de los progenitores varones son significativas solamente en la medida que otras variables son ponderadas y, además, si la decisión mide las capacidades de los padres y sus recursos, sin un excesivo énfasis en los roles desempeñados con anterioridad.

En cuanto a la doctrina de la custodia conjunta, la autora la considera relativamente superior en estos aspectos, ya que, en comparación con la custodia individual, reproduce más exactamente los roles de los progenitores en la familia pre-divorcio, sobre todo si se considera la evolución que las normas sobre los roles de género han experimentado, pues los padres varones se han convertido cada vez más en partícipes activos en la vida de

(655) Cfr. SCOTT, E., «Pluralism...», *op. cit.*, pág. 621.
(656) Cfr. SCOTT, E., «Pluralism...», *op. cit.*, pág. 623.

sus hijos[657]. El argumento positivo favorable a la custodia compartida con alternancia en la residencia es, sin embargo, menos persuasivo. Si bien es cierto que en algunas familias ambos padres comparten activamente las tareas relativas al cuidado de sus hijos, de modo que tras la ruptura este tipo de custodia viene a reproducir sus roles habituales con exactitud, la mayoría de los padres y madres no son progenitores co-primarios, por lo cual la custodia compartida con residencia alternada no puede ser establecida sobre la base de que ese acuerdo refleja la destinación típica de los roles parentales en el matrimonio. De hecho, esta teoría, como regla generalmente aplicada, no es más exacta en la reproducción de los roles parentales anteriores que la doctrina del criterio del interés superior del hijo. La principal diferencia es que, en este caso típico, la participación de las madres, más que la de los padres varones, será descontada si el Derecho favorece dicho tipo de custodia[658].

A juicio de la autora, la custodia compartida con alternancia en la residencia propicia el conflicto; en cambio, conforme a la teoría de la regla de la aproximación ella sería establecida sólo si reproduce el patrón de cuidado que había durante el matrimonio[659]. De este modo, la custodia compartida, con o sin alternancia en la convivencia, estaría lejos de otorgar la solución correcta a la disyuntiva de la atribución del cuidado de los hijos[660]. Criti-

(657) Cfr. Scott, E., «Pluralism...», *op. cit.*, pág. 624.

(658) Cfr. Scott, E., «Pluralism...», *op. cit.*, pág. 625.

(659) Cfr. Scott, E., «Pluralism...», *op. cit.*, págs. 632-633.

(660) La custodia compartida sin alternancia es, en la práctica, más popular que aquella que prevé la rotación de residencias. En efecto, determinadas investigaciones llevadas a cabo en California indican que la segunda de estas figuras es relativamente menos habitual en esos estados: fueron estudiadas mil familias de California que litigaron por divorcio en los años 1984 y 1985, descubriéndose que, aunque el 75% de los padres tenían la *joint legal custody*, sólo el 19,6% tenían órdenes judiciales de *joint physical custody.* Por otra parte, un estudio efectuado en Massachussets descubrió que de quinientas familias que habían sufrido el divorcio sólo el 10% tenían simultáneamente *joint legal custody* y *joint physical custody*. Cfr. Phear, W. P. C., Beck, J. C., Hauser, B. B., Clark, S. C. y Whitney, R. A., «An Empirical Study of Custody Arrangements: Joint Versus Sole Legal Custody», en Folberg, J. (edited by), *Joint Custody and Shared Parenting,* Washington D.C., Bureau of National Affairs and the Association of Family and Conciliation Courts, 1984, pág. 147. Por su parte, Arditti, J. A. («Differences between...», *op. cit.,* pág. 194), a fines de los ochenta y principios de los noventa del siglo pasado, llevó a cabo una investigación en Estados Unidos, en cuyo contexto una inspección de los registros de los Tribunales de Virginia de todo el rango de los encuestados, habría revelado que la mayoría de los hijos bajo custodia compartida residía físicamente con uno de sus padres, generalmente la madre.

cando otro aspecto de esta figura, la autora agrega que, inicialmente, los defensores de la custodia conjunta señalaron que las tasas de «relitigación» serían más bajas que en la custodia individual. Sin embargo, más tarde, los estudios han demostrado lo contrario. Es más, mediante la Ley de 27 de septiembre de 1988[(661)], California revisó sus estatutos sobre custodia conjunta para aclarar que no contiene una presunción favorable a ella.

Scott[(662)] acomoda dos tendencias relativas al desarrollo del menor que han sido debilitadas dentro del debate político y son usualmente tratadas como irreconciliables. La primera enfatiza la importancia de la relación madre-niño en el desarrollo de la salud del hijo y ha sido invocada como soporte de la presunción «de los años tiernos» y la preferencia del cuidador primario. Esta teoría apoyaría la afirmación de que la deficiencia más grave del criterio del mejor interés del hijo está en el riesgo de destrucción de la relación entre el menor y su cuidador básico. En segundo lugar, ciertas investigaciones sugerirían que el papel del padre varón en las vidas de sus hijos ha sido infraevaluado y que se ha exagerado la unicidad y exclusividad del vínculo del cuidador primario del hijo. Algunos observadores afirman que ello respaldaría una reivindicación de la custodia del padre varón o, al menos, debilitaría la viabilidad de la preferencia del cuidador básico.

En definitiva, la teoría propuesta por Scott considera estas dos perspectivas psicológicas como respuestas legales, pero no escoge entre los padres ni divide la custodia de los hijos; más bien busca medir la fuerza de los lazos existentes y la consecución de ellos a través de los acuerdos sobre el cuidado del hijo. Creemos que ésta es la gran ventaja de esta teoría. La estructura de la custodia que propone la autora podría también mitigar la tensión observada entre dos metas del derecho de custodia: animar la participación de ambos padres después del divorcio y evitar la exposición del hijo a un excesivo conflicto interparental. Es posible asumir que, fundamentar los roles de la custodia sobre patrones de cuidado anteriores, proveería un óptimo compromiso parental con un mínimo conflicto.

De acuerdo con esta fórmula, las estructuras familiares anteriores al divorcio serán ubicadas sobre un *continuum*; desde aquellas en las cuales

(661) Act of Sept. 27, 1988, ch. 1422, §1, 1988 California Statutes 4927, 4927-28, amending California Civil Code §4600 (d).

(662) Cfr. Scott, E., «Pluralism...», *op. cit.*, págs. 631-632.

uno de los padres ha asumido toda la responsabilidad del cuidado del hijo, hasta las familias en las que todas las tareas y decisiones son compartidas con el otro. Conforme a esta estructura, los acuerdos sobre la custodia que siguen al divorcio reflejarían esas diferencias.

Por último, esta teoría excluye mucha de la evidencia cualitativa que es tradicionalmente empleada y evaluada en los procedimientos sobre custodia; de este modo, reduce los costos destructivos de la resolución de esas disputas. En los casos habituales, la evidencia del carácter moral de cada padre, estilo de vida, preferencias, calidad, profundidad y potencial capacidad de proveer el cuidado del hijo, son irrelevantes bajo este nuevo postulado. Cambiar el análisis desde una interrogante cualitativa que determina quién será un mejor padre (o incluso quién ha sido el mejor padre) a un juicio cuantitativo de participación pasada, aminora rasgos reprensibles del criterio del mejor interés de los hijos[(663)].

Sin embargo, a esta doctrina se le ha efectuado la misma crítica que la que expusimos para la teoría del dador de cuidados básicos, esto es, que en algunos casos los padres que asumen un tanto más de las labores habituales del hogar en relación a otros padres, son vistos como «súper-papás», aunque si se contrasta con el total de las tareas que son verdaderamente necesarias para la crianza del hijo, su colaboración no es tan relevante[(664)]. Por otra parte, se ha señalado que esta teoría es similar a la *joint custody* en el sentido de que favorece la actual involucración de ambos padres en el desarrollo del hijo; sin embargo, puede provocar una asignación desigual de las responsabilidades en las parejas que han asumido roles tradicionales en su matrimonio. De esta forma se afirma que, aunque aparentemente neutra, la regla de la aproximación fue diseñada por mujeres como una alternativa a la *joint custody* que ellas percibieron como «obra de los hombres», por lo cual, en la gran mayoría de los casos, esta regla importaría atribuir a las madres un mayor tiempo con los hijos, ya que son ellas las que se ocupan de su cuidado antes del divorcio[(665)].

(663) Cfr. Scott, E., «Pluralism...», *op. cit.*, pág. 638.

(664) Cfr. Huaita Alegre, M., «Derecho de custodia...», *op. cit.*, pág. 566.

(665) Cfr. Hill Kay, H., «No-fault divorce and child custody: chilling out the gender wars», *Family Law Quarterly*, vol. 36, 2002, pág. 38, y Schepard, A., *Children, courts, and custody: interdisciplinary models for divorcing families*, Cambridge, Cambridge University Press, 2004, pág. 168.

En todo caso, creemos que se trata de una posición ecléctica que goza de cierta viabilidad en los países que han encaminado los procesos de reforma legislativa en los asuntos relativos al cuidado de los hijos hacia una mayor corresponsabilidad de los progenitores. De esta forma, sería factible determinar al dador de cuidados básicos en unos casos, y aplicar la custodia alternada o sucesiva en otros en la medida que, efectivamente, haya existido una participación equivalente entre padre y madre en lo que respecta a la crianza de los hijos. Se trata de una fórmula bastante lógica, pues determina la aplicación de uno y otro modelo dependiendo de la realidad de cada situación familiar que será revelada mediante la prueba pertinente. En cualquier caso, para que esta fórmula conciliadora refleje fielmente dichas singularidades, es necesario contar con aquellas condiciones básicas de igualdad y poder de negociación entre los progenitores, lo cual sólo puede materializarse con una previa implementación de planes de responsabilidad parental y la debida concienciación social. Creemos que esta teoría presupone la aplicación previa y consolidada de algún modelo de cuidado personal de los hijos basado en principios serios de coparentalidad y, en este sentido, regulaciones «jóvenes» de la custodia compartida —como la española— están lejos de acercarse a soluciones de este tipo.

1.3. Panorámica general de la consagración de la guarda y custodia compartida en el Derecho comparado

1.3.1. Inglaterra

Dentro del sistema anglosajón, analizaremos la legislación existente en materia de guarda y custodia en Inglaterra(666).

Conforme a la legislación de este país, cada padre posee *in totum* la responsabilidad parental, respecto de la cual no se distingue entre titularidad y ejercicio; el progenitor, aunque no conviva con el hijo, debe continuar cumpliendo sus deberes y desarrollando sus derechos. Son los padres quienes tienen el deber de llegar a un acuerdo que organice la nueva vida familiar, el cual deberá ser adaptado periódicamente en la medida que

(666) La realidad jurídica estadounidense fue descrita anteriormente. *Vid. supra* epígrafe 1.2.2 del presente Capítulo.

muten las circunstancias. Sólo en caso de total incapacidad para construir un modelo de coordinación parental, tiene cabida la intervención judicial, que puede ser provocada incluso por el menor. El juez toma tres tipos de medidas: residencia, contacto entre hijo y padre no conviviente, y el modo en que se habrán de adoptar las decisiones más importantes relativas a éste.

La *Children Act* de 1989[667] no contempla expresamente la denominada *shared residence* del hijo, es decir, la convivencia compartida de éste con ambos padres. En su *section* 11 (4) se refiere a la posibilidad de dictar una orden de residencia respecto de ambos progenitores, estableciendo que cuando se adopta dicha medida *a favor de dos o más personas que no viven juntas, la orden puede especificar los períodos durante los cuales el niño va a vivir en los diferentes hogares en cuestión.*

Como vemos, la ley habla claramente de períodos de residencia con uno y otro padre; sin embargo, la relación entre esta norma y la establecida en la *section* 8 (1) de la *Children Act* presenta cierta contradicción. Esta última define la orden de residencia *(a residence order)* como: *una orden por la cual se establecen las condiciones que tiene que cumplir la persona con la cual el niño va a vivir.*

Así, la ley define la orden de residencia presuponiendo que ella es concedida a una sola persona, mientras que en su *section* 11 (4) prevé la posibilidad de que sea otorgada a favor de dos o más personas que no viven juntas, pudiendo en ese caso determinar los lapsos de convivencia con una y otra familia. Si la ley permitiese directamente la custodia alternada, la *section* 8 (1) hablaría de la *persona o personas* con las cuales el *niño o los niños* han de vivir; a su vez, si la descartara, la *section* 11 (4) aludiría a un solo padre y un solo hijo.

Esta incongruencia ha sido la causa de numerosas denegaciones de solicitudes elevadas por los padres para el otorgamiento de órdenes de residencia compartida de los hijos. La jurisprudencia suele entregar la custodia individual de los hijos, estableciendo convivencias alternadas sólo en las situaciones en que hay un acuerdo total y un alto nivel de cooperación entre los padres. En efecto, se ha señalado que el amplio es-

(667) La gran mayoría de las disposiciones de esta Ley entraron a regir en octubre de 1991.

pacio concedido a la autonomía de la voluntad de los cónyuges en la definición de las relaciones familiares, ha llevado a considerar los derechos de familia como un conjunto de derechos individuales y a la autonomía familiar como expresión de una situación de naturaleza contractual. Por lo mismo, se ha afirmado que el hecho de que la mayor parte de las decisiones en materia de atribución de la custodia de los hijos favorezcan a la madre, no es expresión de una tendencia judicial sino de la ratificación de un acuerdo privado en tal sentido(668).

En noviembre de 2000 una sentencia del Tribunal de Apelaciones pronunciada en el caso *D v D (Shared Residence Order)*(669) revaloró y redirigió la noción de orden de residencia hacia lo que estaba originalmente previsto por el legislador, señalando que la ley no es rígida con respecto a dichas órdenes, las cuales han cambiado y probablemente continuarán cambiando. Asimismo, con respecto a la redacción de la *section* 11 (4), un Informe de la *Law Commission* de 1988 recomendaba al Parlamento inglés que la orden de residencia: «debe ser lo suficientemente flexible para incluir el mayor rango de situaciones [...] En algunos casos, el niño puede vivir con ambos padres aunque no compartan la misma familia. Nunca fue nuestra intención que los niños debieran compartir su tiempo más o menos equitativamente entre sus padres. Tales arreglos serán practicables, sólo si es para el beneficio del niño [...]». Pero después agregó que «sin embargo, la evidencia de Estados Unidos es que donde ellas son practicables pueden funcionar bien y no vemos ninguna razón para que sean activamente desalentadas. En todo caso, más comúnmente, el niño vivirá con ambos padres pero pasará más tiempo con uno que con el otro»(670).

En definitiva, una vez más comprobamos que el principio de responsabilidad parental que diversos países han introducido en el ordenamiento jurídico, pese a enfatizar en el concepto de coparentalidad y cooperación en la crianza de los hijos, buscando redefinir la relación de los padres con el hijo tras la ruptura matrimonial, en la práctica pasa a ser una figura un tanto idealista, superada por la fuerza de los criterios judiciales asentados

(668) Cfr. Zambrano, V., «Interesse del minore ed affidamento congiunto. Esperienze europee a confronto», *Diritto di famiglia e delle persone*, 2000, pág. 1395.

(669) D v D (Shared Residence Order), Family Law Reports, 1, 2001, pág. 495.

(670) Law Commission's Report on *Guardianship and Custody*, Law Commission N. 172, July 1988.

en la jurisprudencia y que, aplicados al caso concreto que conocen, transforman a la custodia con residencia alternada en una figura de excepcional virtualidad.

1.3.2. Francia

En Francia se ha afirmado que la *garde conjointe* es, ante todo, una invención de la jurisprudencia francesa(671), puesto que su desarrollo jurídico encuentra su origen en ciertas sentencias judiciales dictadas en sede de separación y divorcio a inicios de la década de los ochenta del siglo pasado.

Esta figura fue introducida legalmente en el año 1987 mediante la Ley 87-570, de 22 de julio de 1987, relativa al ejercicio de la autoridad parental, instrumento jurídico que tuvo, sin embargo, escasa aplicación práctica en la época. Sólo posteriormente, tras la entrada en vigor de la Ley 93-22, de 8 de enero de 1993, esta figura sería transformada en la regla de aplicación general en materia de autoridad parental, pudiendo incluso ser dispuesta sin el consenso de los progenitores(672). En efecto, se ha señalado que el ordenamiento jurídico francés contempla una presunción que considera a la *garde conjointe* como el mejor instrumento de realización del interés del hijo y al cual corresponde recurrir cuando los progenitores sean capaces de convertirlo, en condiciones de concordia, en un real instrumento de tutela(673). De esta forma, en la actualidad este sistema es aplicado en el 90% de los casos(674).

---

(671) En efecto, en 1983, Bénabent, A. [«Droit du divorce (effets)», *Information rapides (i.r.). Recueil Dalloz Sirey*, 1983-I, pág. 449], comentando las sentencias de la Corte de Casación Civil francesa de 21 de marzo de 1983 y la sentencia del Tribunal de Apelación de París de 27 de octubre de 1982, señalaba que era la creación más importante de la jurisprudencia francesa de los últimos años en el ámbito de la autoridad parental. Lo mismo dice en su libro *Droit Civil. La Famille*, París, Litec, 1982, pág. 434. Sobre la situación jurídica de la custodia conjunta durante dicha época, *vid.* Nicolas-Maguin, M. F., «A pros de la garde conjointe des enfants de parents divorcés», *Recueil Dalloz Sirey*, 1983-I, págs. 111-118, y Nerson, R. y Rubellin-Devichi, J., «Jurisprudence française en matière de droit civil», *Revue trimestrielle de droit civil*, 1984, págs. 91-109.

(672) Para un análisis general de esta ley, *vid.* Rubellin-Devichi, J., «Une importante réforme en droit de la famille: la loi n. 93-22 du 8 janvier 1993», *La semaine juridique*, 1993-I, págs. 123-128, en especial pág. 127, que se refiere a la autoridad parental.

(673) Cfr. Zambrano, V., «Interesse del minore...», *op. cit.*, pág. 1390.

(674) Cfr. Buzzelli, D., «Diritti del...», *op. cit.*, pág. 494.

La legislación francesa, concretamente el *Code,* no se refiere expresamente a la custodia compartida de los hijos (ni siquiera menciona los vocablos *garde conjointe,* que es la terminología con la cual la doctrina denomina esta figura), sino más bien al ejercicio de la autoridad parental conjunta y a la alternancia de la residencia con uno y otro progenitor. Dicho régimen de cuidado de los hijos se materializa en que, en caso de desacuerdo de los padres sobre la residencia del menor, se concede prioridad a la fórmula de la custodia alternada o sucesiva, lo que constituye una aplicación práctica del principio de ejercicio conjunto de la autoridad parental.

A este respecto, cabe señalar que la custodia compartida con alternancia estricta de domicilios, conocida como *garde alternée,* es concebida en el Derecho francés como una institución diversa de la custodia conjunta —tal como ocurre en el Derecho italiano con el *affidamento alternato*—, pues en ésta lo que se comparte, en definitiva, es sólo la residencia con el hijo y no la globalidad de las decisiones relativas al cuidado personal de éste. Dicha figura, fuertemente criticada tanto por la doctrina como por la jurisprudencia francesa(675), era escasamente admitida hasta el año 1984, fecha en que la Corte de Casación se pronunció claramente en contra de su admisión(676), para posteriormente ser eliminada del elenco de posibilidades consentidas a los progenitores en la Ley 87-570, de 22 de julio de 1987.

Conforme al art. 371.1 del Código Civil francés, la autoridad parental —que equivaldría a la patria potestad española— es un conjunto de derechos y de obligaciones que tienen como fin el interés del hijo. El párrafo primero de dicha disposición fija el contenido de esta institución señalando que ella pertenece al padre y a la madre hasta la mayoría de

(675) Cfr. Fulchiron, H., *Autorité parentale et parents désunis*, Paris, Editions du Centre national de la recherche scientifique, 1985, págs. 137-140; y Nerson, R. y Rubellin-Devichi, J. («Jurisprudence française...», *op. cit.,* pág. 694), quienes ponen, sin embargo, en evidencia que la guarda alternada —que no es sino una modalidad de ejercicio de la guarda conjunta— puede ser dispuesta en circunstancias especiales bajo ciertos requisitos, como la buena voluntad de los ex cónyuges y la no involucración del hijo en la conflictividad de estos últimos (pág. 695).

(676) Así lo entendió la sentencia de la Segunda Sala de la Corte de Casación Civil francesa de 2 de mayo 1984 (*Juris Classeur Periodique*, 1984 II, pág. 219), que proclamó la posibilidad de determinar la guarda conjunta pero no la alternada.

edad o emancipación del hijo, para velar por su seguridad, su salud y su moralidad, para asegurar su educación y permitir su desarrollo con el respeto debido a su persona[(677)]. Esta autoridad parental se ejerce de manera conjunta por ambos progenitores (art. 372 del Código Civil francés), regla que no se ve alterada por la posterior separación de los padres. Así lo prescribe el art. 373.2 del *Code:* la separación de los padres no repercute en las reglas de atribución del ejercicio de la autoridad parental. Sin embargo, más adelante, el art. 373.2.1 puntualiza que, si el interés del hijo lo exige, el juez podrá confiar el ejercicio de la autoridad parental a uno de los padres, conservando el otro: el derecho de visitas y de tener en compañía a su hijo; el derecho y el deber de cuidar del sustento y educación del hijo; y el derecho a ser informado de las decisiones importantes relativas a la vida de este último.

Los elementos que el juez debe considerar en cuanto a la forma de ejercicio de la autoridad parental (art. 373.2.11 del *Code*) son: 1.º la práctica seguida por los padres o los acuerdos que hubiesen firmado con anterioridad; 2.º los sentimientos expresados por el niño en las condiciones previstas en el art. 388.1; 3.º la aptitud de cada uno de los padres para asumir sus deberes y respetar los derechos del otro; 4.º el resultado de las exploraciones periciales que hayan podido efectuarse; 5.º los datos de los informes y contrainformes sociales que hayan podido llevarse a cabo.

Entonces, la regla general es que, pese a la ruptura matrimonial, los progenitores continúan compartiendo la titularidad y ejercicio de la autoridad parental, debiendo, en todo caso, indicar el progenitor *gardien* a quien corresponderá vivir con el hijo y asegurarle el cuidado cotidiano. Podríamos decir que existe, entonces, análogamente al Derecho estadounidense, una *garde conjointe phisyque* y una *garde conjointe matérielle*. En otras palabras, bajo este sistema de cuidado de los hijos, la convivencia parental es alternada aunque con designación de un progenitor principal, es decir, el padre o madre con el cual aquéllos tendrán su residencia habitual.

En efecto, ya durante la gestación de la referida Ley 93-22, de 8 de enero de 1993, los parlamentarios acogieron, como principio, el ejercicio conjunto de la autoridad parental aunque rechazando la idea de la

(677) Para comentar las disposiciones del *Code* nos basamos en la traducción efectuada por NÚÑEZ IGLESIAS, A., *Código Civil..., op. cit.,* págs. 224 y ss.

alternancia de domicilios. En todo caso, este elemento sí se debatió explícitamente durante la tramitación legislativa[678] y se mantuvo implícito en el texto a través del establecimiento de la residencia primaria o usual. Además, mediante su reconocimiento judicial y la fijación del régimen de comunicación con el progenitor no conviviente, se transformó en una práctica extendida, perfectamente asimilable al sistema de rotación[679]. Posteriormente, aunque uno de sus objetivos era incentivar la adopción de acuerdos sobre alternancia de domicilios y con ello una equitativa participación parental en el cuidado de los hijos, la Ley núm. 2002-305, de 4 de marzo, no recogió este elemento con el énfasis previsto inicialmente debido a las preocupaciones expresadas en el Senado frente a la posibilidad de imponer esta polémica rotación contra la voluntad de los cónyuges[680].

De esta forma, al igual que durante el debate de la Ley 15/2005 en España, las discusiones se centraron en la no imposición de esta figura en contra de la voluntad de ambos cónyuges. Sin embargo, la solución finalmente establecida en la legislación francesa es muy distinta a la adoptada por el legislador español. En efecto, el primer párrafo del art. 373.2.9 del Código Civil francés enumera, en primer lugar, la posibilidad de acordar la residencia alternativa del menor en el domicilio de cada uno de los padres, tendiendo así a promover dicha modalidad, y luego, en el párrafo segundo, prevé que esta figura sea introducida sin el mutuo consentimiento de las partes pero sólo con carácter temporal, con el objeto de determinar su funcionalidad. Con esta norma, el *Code* pone remedio a las reticencias manifestadas.

Al respecto, resulta necesario destacar que, pese al debate social y legislativo generado al respecto, el establecimiento de la residencia alternada de los hijos ha tenido escasa aplicación. Así, en el año 2003 fue regulada sólo en el 10% del total de los casos, observándose que en los de divorcio

(678) Cfr. FULCHIRON, H., «L'autorité parentale rénovée», *Répertoire du Notariat Defrénois*, 15 de agosto de 2002, núm. 15, págs. 965-966.

(679) Cfr. FULCHIRON, H. y GOUTTENOIRE-CORNUT, A., «Réformes législatives et permanence des pratiques: à propos de la généralisation de l'exercice en commun de l'autorité parentale par la loi du 8 janvier 1993», *Recueil Dalloz Chroniques*, 373, 1997, págs. 363-369.

(680) Así lo expresó el parlamentario Béteille según consta en el Rapport Sénat 71, Session Ordinaire 2001-2002, pág. 18 [http://www.senat.fr/rap/l01-071/l01-0711.pdf].

consensual fueron mucho más frecuentes (15,7%) que en los de carácter contencioso (7,3%)[681].

Las modificaciones al Código Civil francés introducidas por la Ley núm. 2002-305, de 4 de marzo, tienen su origen en el proyecto de reforma del mismo titulado *La reforma de la autoridad parental: los nuevos desafíos de los derechos de las familias*[682]. Fue presentado por el Gobierno francés el 27 de febrero de 2001 en el marco de una iniciativa de reforma del Derecho de familia de ese país que moderniza diversos aspectos tales como la transmisión del apellido, los derechos sucesorios del cónyuge supérstite y el estatuto de los hijos adulterinos. Y, en lo que respecta al ejercicio de la guarda y custodia de los hijos, se advierten, además de los que ya hemos analizado, los siguientes cambios: la desaparición del concepto de «custodia» *(garde)* para hablar sólo de ejercicio común de la autoridad parental; la prioridad concedida al convenio presentado por los padres; y el establecimiento de las fórmulas de mediación en caso de desacuerdo de éstos.

Por último, en cuanto a la relación directa y regular, la ley prevé que el juez decida sobre la modalidad del régimen de comunicación entre el hijo y el progenitor que no ejercita, en su totalidad, la autoridad parental, pero nada ha establecido para la hipótesis de ejercicio conjunto de la custodia. En este caso, a nuestro juicio y como veremos más adelante, también cabe determinar el modo y la frecuencia a través de los cuales se desarrollará un adecuado contacto entre el menor y el padre que no ejerce, en el período correspondiente, el cuidado directo del hijo.

1.3.3. Alemania

El 3 de noviembre de 1982, la Corte Constitucional alemana *(Bundesverfassungsgericht, BVerfG)*[683] declaró la inconstitucionalidad del pa-

(681) Cfr. Department of Justice, Etudes et Statistiques Justice, 23, *La Residence en Alternance des Enfants de Parents Séparés*, 2004 [http://www.justice.gouv.fr/publicat/etudesst.htm#23].

(682) *Vid.* [http://www.famille.gouv.fr/doss_pr/aut_parent/exercer.htm#garde].

(683) *BverfG* 3 novembre 1982, *Zeitschrift für das gesamte Familienrecht (FamRZ)*, 1982, págs. 1179-1184. Sin embargo, la Corte ya había puesto en evidencia la posible inconstitucionalidad del parágrafo 1671 del BGB, enmendado en 1979, tanto por la posibilidad de que contuviera una discriminación arbitraria en contra de uno de los padres como por la eventualidad de establecer un perjuicio en vez de una mayor tutela del menor. Cfr. Patti, S., «Sul Sorgerecht dei genitori divorziati», *Diritto di famiglia e delle persone*, 1983, pág. 263.

rágrafo 1671 IV del BGB, disposición que excluía, en cualquier caso, la posibilidad de atribuir el cuidado paterno del hijo a ambos progenitores divorciados. En dicha ocasión, la Corte señaló que, aunque la atribución del cuidado de los hijos a los dos padres podía constituir una acontecimiento excepcional, ello no impedía que el interés del menor pudiese privilegiar una solución en tal sentido. Además, afirmó que cada ser humano, desde el momento del nacimiento, es titular de un derecho irrenunciable a mantener relaciones con ambos progenitores y que su ejercicio no se interrumpe por la separación de éstos. La sentencia puntualizó que, en los casos en que los padres están de acuerdo en continuar asumiendo conjuntamente la responsabilidad del hijo después del divorcio, no es necesaria la mediación del Estado respecto a sus intereses contrapuestos. Si ambos padres son capaces de educar al hijo y no existen motivos que justifiquen una transferencia de la potestad a uno solo de ellos, el Estado no está llamado, en el ejercicio de su deber de vigilancia, a excluirle de su deber obligación de cuidar y educar a su hijo.

Con este pronunciamiento, el cuidado conjunto de los hijos *(Gemeinsames Sorcherecht)* comenzó a ser desarrollado e introducido en el Derecho alemán, proceso que culminó con la promulgación de la Ley de 16 de diciembre de 1997, que entró en vigor el 1 de julio de 1998, y que constituye la regulación actual en materia de cuidado paterno. Esta institución se identifica con el principio del interés superior del hijo *(Kindeswohl)* a través de la continuidad del cumplimiento de las obligaciones de cuidado que requieren, en todo caso, la involucración y consenso de ambos progenitores(684).

El Título quinto del BGB se refiere al cuidado paterno *(Elterliche Sorge)* de los hijos matrimoniales, y, concretamente, el parágrafo 1626, a su concepto y a la consideración de la creciente independencia del hijo(685). Así, este parágrafo denomina cuidado paterno a lo que nosotros llamamos patria potestad, distinguiendo dentro del contenido de esta institución, entre cuidado personal y administración patrimonial. El párrafo primero del parágrafo 1631

(684) Así lo ha señalado la jurisprudencia alemana en las sentencias de la Corte Constitucional de 3 de noviembre de 1982, antes citada, y de 18 de febrero de 1993 [*BverfG, Zeitschrift für das gesamte Familienrecht (FamRZ)*, 1993, págs. 662-664].

(685) Para comentar las disposiciones del BGB nos basamos en la traducción efectuada por EIRANOVA ENCINAS, E., *Código Civil alemán..., op. cit.*, págs. 480, 482, 487 y 488.

del BGB fija el contenido del cuidado personal del hijo en el derecho y la obligación de determinar su cuidado, educación, guarda y residencia.

El BGB no prevé expresamente la posibilidad de establecer la custodia compartida de los hijos tras la ruptura conyugal, pues el cuidado paterno permanece incólume en manos de ambos padres no obstante la ruptura matrimonial. Las decisiones relativas a la vida del hijo pertenecen a ambos progenitores, de forma que lo que debe acordarse son los asuntos relativos a la residencia del menor. Como vemos, la distinción entre «custodia física» y «custodia material» también encuentra cabida en el Derecho alemán, tal como sucede en otros ordenamientos jurídicos, como en el estadounidense y el francés.

Pues bien, el ordenamiento jurídico alemán prácticamente ha eliminado la obligación de establecer reglas sobre la custodia de los hijos en los casos de disolución del matrimonio. Así, se observa una inversión de las reglas que existen en el derecho de custodia español, pues lo que se solicita no es el cuidado compartido de los hijos sino la custodia unilateral, en cuanto ésta constituye la regla excepcional.

En efecto, al referirse al cuidado paterno común, el parágrafo 1671 del BGB establece que en caso de crisis matrimonial de los padres, si éstos viven separados de forma definitiva y ejercen, no obstante, conjuntamente dicho cuidado, cada uno de ellos podrá solicitar que el Tribunal familiar le ceda el cuidado paterno o una parte del mismo a título unilateral. El parágrafo 1671 continúa prescribiendo que deberá estimarse dicha solicitud siempre que se cumplan dos requisitos. En primer lugar, que el otro padre o madre lo consienta, *salvo que el hijo haya cumplido los catorce años y se oponga a dicha cesión,* lo que constituye un clarísimo reconocimiento de la voluntad del hijo en materia de cuidado personal[(686)]. Y, en segundo

(686) El BGB prevé el consentimiento (*Zustimmung*) del hijo en estas cuestiones, aunque sólo como uno de los elementos a los que el juez debe atender en casos de voluntaria jurisdicción. El menor debe ser escuchado personalmente, pudiendo disponerse también la asistencia de un asesor legal *(Verfahrenspfleger)* toda vez que ello pueda serle útil. Todo ello conforme al parágrafo 50 del Código de Familia alemán (*Gesetz über die Angelegenheiten der freiwilligen Gerichtsbarkeit*, F.G.G.). Cabe hacer notar la diferencia con el Derecho español, que no reconoce poder vinculante a la opinión del menor. Al respecto, *vid. supra* epígrafe 3.5.3 del Capítulo I, en lo relativo a la regulación del derecho del menor a ser oído en Alemania.

lugar, que sea de esperar que la extinción del cuidado paterno común y su cesión al peticionario sea lo mejor para el bienestar del hijo.

Debido a que la regla general es que ambos progenitores continúen ejerciendo el cuidado paterno de los hijos tras la ruptura matrimonial, la solicitud propiamente dicha de custodia compartida procede solamente en la hipótesis en que ambos progenitores no están casados. En efecto, la descripción anterior está contemplada para los casos en que haya existido un vínculo de matrimonio entre las partes. El BGB se refiere por separado a la hipótesis en que los progenitores no están casados. En este caso, de acuerdo con el párrafo segundo del parágrafo 1626.ª de dicho cuerpo legal, el cuidado paterno es ejercido por la madre. Así, de forma similar a la prevista en el parágrafo 1671, el parágrafo 1672 del BGB establece que, en caso de que los padres vivan definitivamente separados y que el cuidado paterno corresponda a la madre, el padre podrá, con el consentimiento de ésta, solicitar que el Tribunal familiar le ceda dicho cuidado o parte de él y que deberá estimarse la solicitud cuando la cesión sea favorable al bienestar del hijo. A su vez, las condiciones a las que está subordinada la concesión del cuidado paterno conjunto del hijo de padres no casados, son la presentación de la correspondiente petición y la factibilidad de tal modalidad, pues el legislador alemán sujeta el establecimiento de esta figura a una cuidadosa valoración de la situación de hecho. En efecto, el párrafo segundo del parágrafo 1672 del BGB agrega que, en la medida en que haya sido estimada dicha solicitud, el Tribunal familiar podrá decidir, a petición de uno de los padres y con el consentimiento del otro, que el cuidado paterno corresponda a los dos conjuntamente, siempre que ello no perjudique el bienestar del hijo.

La duda que nos surge es la razón de la desigual normativa que rige en cuanto a la posibilidad de oposición por parte del hijo mayor de catorce años para el caso en que los padres estén casados. En efecto, como acabamos de analizar, en el evento que sí lo estén, el parágrafo 1671 del BGB establece dos exigencias para acceder a la solicitud de atribución parcial del cuidado paterno. Una de ellas es que el otro padre o madre lo consienta (no existiendo matrimonio debemos colegir que es la madre la que aprueba dicha petición), *salvo que el hijo haya cumplido los catorce años y se oponga a dicha cesión.* Resulta curioso que el parágrafo 1672 del BGB no contemple esta posible objeción del hijo para el caso de padres no unidos por vínculo matrimonial. Esto puede llegar a constituir una discriminación arbitraria por razón de nacimiento.

No obstante la diversidad de ambas situaciones, el elemento común entre la custodia compartida de los hijos nacidos fuera del matrimonio *(Nichteheliche geborenes Kindern)* y de los hijos de padres casados que viven separados *(Getrenntlebende Eltern)* es que, en ambos casos, la primera regla a la que se debe atender es el acuerdo de los progenitores. La problemática de la custodia conjunta en los casos de separación y divorcio se soluciona, de esta forma, a través de decisiones adoptadas en un espíritu de una comunicación recíproca *(Gegenseitige Einvernehmen),* conforme al parágrafo 1687 I del BGB. El común acuerdo, al menos para las cuestiones de mayor importancia, debe siempre fundar las decisiones de los padres, aun en los casos en los que los hijos convivan sólo con uno de ellos, a quien corresponde asumir las cuestiones relativas a la vida cotidiana del hijo *(Entscheidung in Anelegenheiten destäglich Lebens).*

En suma, existen tres modalidades de ejercicio del cuidado personal en Alemania. A) En primer lugar, a través del modelo de la residencia, el hijo vive básicamente con uno de sus padres, quien constituye su principal centro de referencia; al otro padre o madre corresponde, en tanto, el derecho a mantener un contacto directo y regular y el derecho a participar en la adopción de las decisiones más relevantes relativas al menor. B) En segundo lugar, mediante el modelo del péndulo, el hijo pasa periódicamente a vivir con uno y otro progenitor; las cuestiones de mayor importancia se acuerdan conjuntamente por ambos padres o bien por aquél con el cual el menor se encuentra en ese momento. C) Por último, en virtud del modelo «del nido», los hijos viven siempre en el mismo lugar siendo los progenitores quienes se suceden en la residencia. Según Bianca[(687)], estos modelos serían: custodia conjunta con residencia principal *(Domizilmodell),* custodia conjunta con convivencia alternada *(Wechselmodell)* y custodia conjunta con convivencia alternada en la misma casa siendo los padres quienes rotan en ella *(Nestmodell)*[(688)].

(687) Cfr. Bianca, C. M., «Divorzio», en Cian, G., Oppo, G. y Trabucchi, A., *Commentario al Diritto italiano della famiglia,* tomo sexto, 1, Padova, Cedam, 1993, pág. 385, nota núm. 40.

(688) Este último tipo de cuidado tampoco es descartado por Bigiavi, W. (fondata da), *Giurisprudenza sistematica..., op. cit.,* pág. 816, y Schwab, D., *Handbuch des Scheidungsrechts,* München, Verlag Franz Vahlen, 1989, pág. 481.

En todos estos casos, los padres deben estar conformes en un punto central: la residencia habitual del hijo. Si no son capaces de lograrlo, el juez debe intervenir concediendo sólo a uno de ellos el derecho a determinarla, a quien competerá asumir la resolución de los aspectos cotidianos de la vida del hijo, mientras que al otro le concernirá el derecho a participar en las decisiones de mayor importancia. En la práctica, los Tribunales tienden a otorgar a la madre dicha potestad sobre los hijos, aunque el número de casos en que es asignada a ambos progenitores ha aumentado considerablemente. Así, durante los años 1983 y 1985 ella era concedida en el 1% o 2% de los casos, mientras que hacia el año 1998 dicha cifra alcanzaba el 20%, en tanto que la custodia unilateral del padre, en cambio, sólo el 1,8%(689).

Como hemos señalado, dado que el cuidado paterno permanece en manos de ambos padres no obstante la ruptura matrimonial, en la práctica no es necesario establecer reglas sobre la custodia de los hijos, salvo en cuanto a su residencia. De esta forma, toda vez que no es necesario un pronunciamiento judicial para su verificación, es posible entender que el legislador alemán, específicamente en el art. 1671 del BGB, ha privilegiado la guarda conjunta. Sin embargo, en 1999 la Corte Suprema de este país afirmó que la nueva disciplina introducida en dicho cuerpo legal no ha creado una relación de regla-excepción en el sentido de que la custodia compartida debe tener prioridad respecto de otra solución y que, por lo mismo, no puede establecerse una presunción según la cual, en caso de duda, dicho sistema deba considerarse la mejor alternativa de cuidado de los hijos. Según este pronunciamiento, la decisión del juez debe basarse sólo en el bienestar del hijo sin partir de un modelo privilegiado de custodia.

Sin embargo, los Tribunales de primera y segunda instancia han considerado que la modalidad que debe favorecerse es la de la custodia compartida; en efecto, en sus pronunciamientos se advierte, incluso, una cierta reticencia a aceptar la custodia individual cuando es solicitada por uno de los cónyuges. Así, por ejemplo, la Corte de Apelaciones de Hamm ha afirmado que una gran distancia entre las residencias de los padres (en el

(689) Cfr. DIETER, H., «Separazione, divorzio, affidamento dei minori: l'esperienza tedesca», en SESTA, M. (a cura di), *Separazione, divorzio, affidamento dei minori: quale diritto per l'Europa?*, Milano, Giuffrè editore, 2000, págs. 49-50.

caso en cuestión uno vivía en una isla del Mar del Norte y el otro en Ruhr) no justifica, por sí sola, la asignación exclusiva del cuidado paterno a uno de ellos. También, la Corte de Apelaciones de Naumburg ha establecido que los cónyuges están obligados a encontrar una solución consensual y que las declaraciones de «estilo», como aquella según la cual los progenitores no logran comunicarse mutuamente, no son suficientes para acoger la petición de custodia unilateral.

Por último, el Derecho alemán prevé la posibilidad de que la atribución unilateral tenga por objeto sólo algunos aspectos del cuidado paterno, considerándose que los padres, en principio, están en grado de desarrollar una custodia compartida y que solamente si sobrevienen diferencias insuperables con ocasión de ciertas decisiones que deban adoptarse en el interés del hijo, como aquélla relacionada con la escuela o la residencia, la potestad exclusiva puede ser atribuida a uno de los progenitores sólo en relación con dichas cuestiones controvertidas. En este sentido se ha pronunciado la Corte de Apelaciones de Norimberg, que, ante la incapacidad de los padres de adoptar las determinaciones concernientes al ámbito académico del hijo, ha otorgado sólo a uno de ellos la potestad exclusiva en dichas materias. Asimismo, la Corte de Apelaciones de Brandeburgo, ante la ineptitud de los padres para alcanzar un acuerdo sobre el punto, dictaminó la transferencia de la potestad exclusiva sólo en lo relacionado con la residencia habitual del hijo, señalando que respecto de los otros aspectos no había individualizado motivos que justificaran un alejamiento del modelo de potestad conjunta indicado por el legislador(690).

1.3.4. Suecia

En primer lugar, debemos señalar que Suecia presenta una realidad jurídica diversa a los demás países de la región en materia de separación y divorcio. En efecto, los países escandinavos y, en su expresión más pura Suecia, son los únicos países que han acogido el modelo de divorcio sin culpa con procedimiento de tipo sustancialmente administrativo. Por otra parte, en materia de corresponsabilidad parental, cabe señalar que Suecia fue el primer país europeo que, en 1983, introdujo la custodia compartida.

(690) Estas sentencias son comentadas por PATTI, S., «L'affidamento condiviso dei figli», *Famiglia, persone e successioni*, núm. 4, anno II, abril, 2006, pág. 305.

Actualmente, este instituto ha alcanzado un importante nivel de desarrollo normativo, constituyendo una de las legislaciones más avanzadas en la materia.

La nomenclatura utilizada en la legislación sueca —según las fuentes consultadas en inglés— es muy similar a la anglosajona. En efecto, en este país se habla de *vårdnaden gemensam,* que, traducido al inglés, significa *joint custody,* y al español, custodia conjunta. Con esta expresión se hace referencia a la responsabilidad compartida de los padres en el cuidado del hijo, independientemente de si éste es ejercido cotidianamente de manera individual o alternada. No se distingue entre *joint legal custody* y *joint physical custody* o *shared custody,* es decir, entre custodia compartida y custodia compartida con alternancia en la residencia.

De esta forma, en la legislación sueca, la coparentalidad es el punto de partida natural. Ambos padres deben atender las necesidades y derechos del menor y, por ende, han de adoptar en común las decisiones que afecten a su persona. En caso de separación o divorcio han de decidir conjuntamente con quien debe vivir el hijo y de qué forma ha de compartir su tiempo con el otro padre o madre en cuya compañía no convive. Aunque la custodia conjunta no significa que el menor haya de pasar la misma cantidad de tiempo con ambos padres, esto constituye una opción si es conveniente tanto para el menor como para los progenitores. Las normas sobre custodia compartida se han establecido principalmente para proteger la necesidad del niño de mantener un contacto estrecho y satisfactorio con sus dos padres, con independencia de que éstos vivan juntos o no[(691)].

Las disposiciones que hemos analizado al investigar la regulación de la custodia alternada en Suecia son las normas relativas a la *custodia y al contacto* del Código de los Niños y de los Padres[(692)], modificado en octubre de 1998. Según el Ministerio de Justicia sueco[(693)], los objetivos de dicha reforma fueron subrayar la importancia de lograr soluciones de mutuo acuerdo y facilitar el logro de las mismas a los padres; promover

(691) Cfr. SOCIALSTYRELSEN, Sweden, *Getting divorced when you have children,* 2000, pág. 8.

(692) *Act on the Children and Parents Code, Swedish Code of Statutes,* SFS 1949:381. Unofficial translation: Lagen om Föräldrabalk. Los comentarios referidos a esta legislación los hemos efectuado en base a su traducción al inglés.

(693) Cfr. MINISTRY OF JUSTICE, Sweden, «Custody, residence and contact», en *Fact Sheet,* Ju 98.02e, december, 1998, págs. 1-2.

una mayor aplicación de la custodia conjunta; y, por último, insistir en el principio del mejor interés del niño.

En cuanto a esta última directriz, la reforma de 1998 introdujo una nueva disposición en el Código de los Niños y de los Padres que establece que el mejor interés del niño deberá ser la consideración fundamental en las decisiones sobre cualquier materia relacionada con la custodia y que el niño debe compartir su tiempo de residencia y contacto con ambos padres (*Section* 2.ª del Capítulo 6, sobre Custodia, residencia y contacto de dicho cuerpo legal)(694). Además, de acuerdo con la *Section* 2b del Capítulo 6, sobre Custodia, residencia y contacto de dicho Código, en estas materias deberán considerarse los deseos del niño en atención a su edad y madurez.

En cuanto a la posibilidad de ordenar la custodia compartida, el Código de los Niños y de los Padres sueco establece, expresamente, que el Tribunal no puede decretarla si ambos progenitores están en contra de ella. Al igual que lo previsto por la Reforma de 2005 en el párrafo octavo del art. 92 del CC español —que permite, en circunstancias excepcionales y bajo ciertos requisitos especiales, la adopción de la custodia compartida en contra de la voluntad de una de las partes—, el legislador sueco permitiría que ella se ordenase con el asentimiento de uno solo de los progenitores. Así lo ha interpretado el Ministerio de Justicia(695) al afirmar que esta norma permite que la guarda y custodia conjunta sea ordenada aun cuando uno de los padres se oponga a ello, pero siempre que dicha decisión se fundamente en el *favor filii*. Como vemos, el legislador sueco establecería, incluso, menores garantías que las previstas en la norma española.

No sucede lo mismo con la custodia individual, respecto de la cual el juez tiene mayores facultades de intervención; en efecto, el legislador sueco prevé que, en general, las cuestiones relativas a la custodia de los hijos pueden ser instadas por uno o ambos padres, pero que en caso de divorcio el Tribunal puede decretar de oficio la custodia unilateral si la custodia

(694) Según el Ministerio de Justicia sueco, esta norma es más clara que las anteriormente vigentes en cuanto a que el mejor interés del menor ha de ser siempre el fundamento de cualquier decisión. Así, la reglamentación de las cuestiones relativas a la custodia, la residencia y el contacto se vinculan más estrechamente a la CDN. Cfr. MINISTRY OF JUSTICE, Sweden, «Custody, residence...», *op. cit.*, pág. 1.

(695) Cfr. MINISTRY OF JUSTICE, Sweden, «Custody, residence...», *op. cit.*, pág. 1.

conjunta es manifiestamente incompatible con los mejores beneficios del niño (*Section* 5 del Capítulo 6, sobre Custodia, residencia y contacto de dicho cuerpo legal). En suma, cabe la imposición judicial de la custodia unilateral pero no la del régimen compartido (para ambos padres).

Por otra parte, si bien puede afirmarse que la regla general sueca en materia de cuidado de los hijos es la custodia conjunta, debemos distinguir, al igual que sucede con la legislación alemana, si los padres están o no casados[(696)].

— Si *están o han estado casados,* los padres tienen la custodia conjunta de su hijo. Asimismo, si contraen matrimonio después de haber nacido el niño, obtienen automáticamente la custodia conjunta siempre que la paternidad se haya establecido o confirmado legalmente. Además, al igual que las demás legislaciones que hemos analizado, se establece, en forma expresa, que la custodia compartida subsiste si los padres se divorcian. En caso de que éstos prefieran que sólo uno de ellos tenga la guarda del niño, pueden adoptar esa decisión ante el Consejo de Bienestar Social, a condición de que ambos estén de acuerdo, o bien, pueden solicitarlo conjuntamente al Tribunal de distrito. En caso de desacuerdo entre los progenitores, uno de ellos puede presentar su solicitud al Tribunal de distrito. Si se trata de poner fin a la custodia conjunta y ambos padres han llegado a un acuerdo sobre cuál de ellos tendrá la custodia exclusiva, el Tribunal decidirá, sin más indagaciones, conforme al deseo de los progenitores (aunque se consulta al Consejo de Bienestar Social para asegurar que no existen objeciones a dicha solicitud). Los padres que, al divorciarse, deseen poner fin a la custodia compartida, pueden recuperarla mediante un acuerdo que habrá de aprobar el Consejo de Bienestar Social o por sentencia judicial.

— Si los padres *no están casados al nacer el niño,* la madre obtiene la guarda exclusiva (tal como lo establece la norma alemana). De esta forma, los padres que deseen tener la custodia compartida de su hijo han de informar al Consejo de Bienestar Social y, al mismo tiempo, confirmar la paternidad. Todos los padres pueden hacerlo, con independencia de su nacionalidad. Si los padres desean obtener la custodia conjunta en fecha

(696) En los párrafos siguientes observaremos lo expresado por el Consejo Nacional de Salud y Bienestar de Suecia. Cfr. *Getting…, op. cit.,* págs. 8-9, y por el Ministerio de Justicia en el documento denominado MINISTRY OF JUSTICE, Sweden, «Custody of…», *op. cit.,* pág. 2.

posterior, pueden solicitarla a la Autoridad Fiscal en que el niño esté registrado. Sin embargo, un requisito para tal petición es que ambos padres y el niño sean ciudadanos suecos y que la custodia no haya sido establecida previamente por un Tribunal o mediante un acuerdo aprobado por el Consejo de Bienestar Social. No entendemos la razón que ha tenido en cuenta la ley para distinguir entre la solicitud de la custodia conjunta al nacer el niño o bien posteriormente. En el primer caso, la ciudadanía no es requisito; sin embargo, en la segunda hipótesis se exige la ciudadanía sueca, tanto de los padres como del niño respecto del cual se pide la custodia conjunta. A nuestro juicio, constituye, sin duda, un factor arbitrario de discriminación que atenta contra el principio de igualdad consagrado en numerosos Tratados internacionales que vinculan a Suecia y, desde luego, vulnera la CDN y la propia legislación interna de dicho país.

La convivencia del menor cuya custodia se ejerce de forma compartida puede organizarse a través de la designación de una residencia principal, o bien, de forma alternativa con ambos padres, siendo siempre el mejor interés del menor la consideración primordial. Como vemos, la existencia de la guarda conjunta no está circunscrita a la rotación de domicilios, de modo que los progenitores comparten el cuidado de los hijos aunque no medie esta distribución. Si existe acuerdo en cuanto a la modalidad a adoptar, puede suscribirse el convenio con la asistencia de los servicios sociales en materia de Derecho de familia(697). Para que este pacto sea legalmente válido deberá establecerse por escrito, llevar la firma de ambos padres y ser homologado por el Consejo de Bienestar Social, órgano encargado de velar por el mejor interés del niño (*Section* 14.ª del Capítulo 6, sobre Custodia, residencia y contacto del Código de los Niños y de los Padres). Tal acuerdo tiene la misma validez que una decisión judicial, lo que significa, entre otras cosas, que es ejecutorio.

El Consejo Nacional de Salud y Bienestar de Suecia(698) ha señalado que la residencia alternada puede funcionar bien para algunos niños, sobre

(697) Los padres pueden recibir ayuda para alcanzar los acuerdos sobre custodia, residencia y contacto. La autoridad local está obligada a asegurar que esa cooperación y asesoramiento sea asequible a los padres que lo piden, y a asegurar que los padres puedan recibir ayuda para conseguir un acuerdo sobre custodia, residencia y contacto. Cfr. MINISTRY OF JUSTICE, Sweden, «Custody, residence...», *op. cit.*, pág. 2.

(698) Cfr. *Getting..., op. cit.*, págs. 11-12.

todo los de edades escolares más pequeñas, que suelen tener un profundo sentido de la equidad. En cambio, es frecuente que los adolescentes encuentren incómodo trasladarse con sus pertenencias, pues éstas varían según sus propias necesidades, es decir, la proximidad al colegio, los amigos y las actividades recreativas. Por lo demás, si se escoge este tipo de custodia, debe tenerse siempre en cuenta que se hace en beneficio del niño, no por razones de justicia hacia los padres. En este sentido, se destaca que para su funcionamiento es necesario que exista acuerdo, respeto, capacidad para cooperar y generosidad recíproca.

Por último, cabe destacar la precisión que ha alcanzado la normativa sueca sobre guarda compartida en lo que respecta a su ejercicio concreto, en especial, en cuanto a los gastos. En efecto, en primer lugar, se ha señalado que, cuando el niño está viviendo con un progenitor obligado a pagar pensión alimenticia, ese padre o madre incurre, además, en otros gastos generados por el cuidado del niño, a consecuencia de lo cual, simultáneamente, el otro progenitor ve reducidos los gastos habituales del niño(699). Por ello, si el progenitor deudor tiene consigo a su hijo durante un período no inferior a cinco días consecutivos con sus noches, o no inferior a seis días con sus noches en el espacio de un mes, se ha establecido que podrá realizar la deducción correspondiente de la pensión alimenticia que haya de pagar. Por otra parte, la *Section* 15b del Capítulo 6, sobre Custodia, residencia y contacto del Código de los Niños y de los Padres, establece que el progenitor residente deberá cofinanciar los gastos de desplazamiento ocasionados por la necesidad de contacto del niño con el otro progenitor. La cantidad que ese progenitor pague se determinará según se considere razonable en función de su capacidad financiera y de las circunstancias generales de ambos padres. Se trata, a nuestro juicio, de cuestiones que facilitan un desarrollo más armonioso de esta modalidad de cuidado de los hijos.

1.3.5. Holanda

En Holanda, al igual que en la gran mayoría de los países que la han acogido, la custodia compartida se encuentra reglamentada sin hacer referencia a una modalidad específica de residencia ni al modo en que ésta

(699) Cfr. Ministry of Justice, Sweden, «Custody, residence...», *op. cit.*, pág. 2.

debe desarrollarse. El aspecto que resulta interesante analizar es la extensión de estas normas a realidades familiares que han sido reconocidas por el Derecho durante las últimas décadas. En efecto, la legislación holandesa ha regulado las uniones civiles entre homosexuales, a las cuales ha hecho aplicables las reglas relativas a la responsabilidad parental.

Pues bien, antes de entrar en esta temática es conveniente tener en cuenta algunas denominaciones(700). En primer lugar, conforme a la traducción al inglés, el Derecho holandés establece que los menores de dieciocho años están sujetos a *authority,* la cual es ejercida usualmente de forma compartida por ambos progenitores. Esta es la denominada *parental responsibility,* es decir, responsabilidad parental o patria potestad conforme al Derecho español. Por otra parte, esta autoridad también puede ser ejercida conjuntamente por un padre y un no-padre (es decir, un tercero); es la llamada *joint responsibility,* esto es, responsabilidad conjunta, y otorga los mismos derechos y obligaciones al no-padre y al padre(701).

La regla general es que la responsabilidad parental es ejercida de forma compartida por los progenitores que están casados entre sí, respecto de los hijos nacidos durante su matrimonio. La nueva legislación holandesa introducida el 1 enero de 2002(702) ha ampliado esta situación a otras hipótesis. Así, las parejas registradas —que es la institución permitida en Holanda para quienes no desean contraer matrimonio— ejercen de forma conjunta y automática la responsabilidad parental respecto de cualquier niño nacido después de la fecha del registro, siempre que el progenitor varón haya reconocido al hijo.

Asimismo, dos mujeres que conforman una unión civil homosexual o una pareja registrada tienen, automáticamente, la responsabilidad conjun-

(700) Para la descripción de la legislación holandesa hemos tomado como base la información proporcionada por el Ministerio de Justicia holandés: Ministry of Justice, Holland, *Responsibility..., op. cit.,* 25 págs.; Ministry of Justice, Holland, *Marriage, registered..., op. cit.,* 21 págs.; y el artículo de Doek, J., «Separazione...», *op. cit.,* págs. 167-186.

(701) Además, si alguien, aparte del padre o los padres, ejercita la autoridad sobre el menor estamos frente a la *guardianship* (tutela), la cual puede ser ejercitada conjuntamente por el tutor y su pareja a través de la *joint guardianship* (tutela conjunta) que involucra prácticamente los mismos derechos y obligaciones que otorga la responsabilidad conjunta.

(702) Nos referimos a la Ley de 4 octubre 2001 que modificó el Libro I del Código Civil holandés en cuanto a la custodia conjunta automática en caso de nacimiento durante la sociedad registrada. Esta ley entró en vigor el 1 de enero de 2002.

ta de cualquier niño nacido durante su matrimonio o sociedad registrada, siempre que no tenga legalmente ningún otro progenitor. Si uno de los integrantes de la pareja es un hombre, debe reconocer la paternidad para poder ser padre legal[703].

En cuanto al cuidado de los hijos tras el divorcio, conforme a la Ley de 1.º de enero de 1998, los padres continúan compartiendo la custodia de los mismos sin necesidad de someter esta cuestión a decisión judicial. En efecto, conforme al art. 1:251 BW[704], en caso de divorcio, el ejercicio de la autoridad parental que correspondía a los progenitores conjuntamente durante el matrimonio, continúa en manos de ambos tras la ruptura[705]. Sólo en casos excepcionales los padres no ejercitan la custodia compartida tras la ruptura matrimonial. En efecto, la solicitud para que la responsabilidad parental sea atribuida de forma unilateral debe ser presentada al Tribunal de Distrito por ambos o uno de los progenitores, y debe ser adoptada en consideración al interés superior del niño.

Resulta interesante destacar que, habiendo más de un hijo, la custodia será resuelta para cada uno de ellos por separado, y la decisión del juez dependerá de cada situación en concreto. A nuestro juicio, esta situación, si bien destaca la particularidad que debe revestir la solución judicial, puede llevar a separar a los hermanos con menor excepcionalidad que la aconsejada para su bienestar.

---

(703) En España, en cambio, al haberse reconocido directamente el derecho a contraer matrimonio entre personas del mismo sexo (Ley 13/2005, de 1 de julio), el legislador no ha modificado la normativa referida a la filiación natural y a la patria potestad, limitándose a añadir al art. 44 del CC el siguiente párrafo: «*El matrimonio tendrá los mismos requisitos y efectos cuando ambos contrayentes sean del mismo o de diferente sexo*», así como a establecer en la disposición adicional primera de dicha Ley que «*las disposiciones legales y reglamentarias que contengan alguna referencia al matrimonio se entenderán aplicables con independencia del sexo de sus integrantes*». Sin embargo, la Exposición de Motivos de la Ley 13/2005, de 1 de julio, asumiendo las diferencias propias que se producirán en cuanto a la presunción de paternidad, establece que «subsiste no obstante la referencia al binomio formado por el marido y la mujer en los arts. 116, 117 y 118 del Código, dado que los supuestos de hecho a que se refieren estos artículos sólo pueden producirse en el caso de matrimonios heterosexuales».

(704) *Burgerlijk Wetboek* (Código Civil).

(705) Esta reforma constituye la culminación de un proceso de innovación en la materia iniciado con la sentencia de la Alta Corte holandesa (Corte de Casación) de 4 de mayo de 1984, que reconoció a los progenitores la posibilidad de obtener, previa solicitud al respecto, la custodia conjunta de sus hijos.

Cabe mencionar también la posición privilegiada reconocida al hijo en estas materias y la fuerza vinculante que, en algunos casos, su opinión y deseo pueden revestir. Desde luego, el juez debe basar su decisión en los intereses del niño y siempre debe disponer la audiencia de los que tengan doce o más años de edad (art. 809 BW[706]). Si tiene más de doce años o una edad inferior pero demuestra estar en condiciones de entregar una valoración madura de los propios intereses, puede solicitar al juez que su custodia sea ejercida sólo por uno de sus progenitores (art. 251.ª BW). Por otra parte, a los hijos de edad igual o superior a los doce años se les ofrece la oportunidad de solicitar la revisión judicial del acuerdo relativo al régimen de comunicación y estancia (art. 1377g BW).

1.3.6. Australia

Australia cuenta con una de las legislaciones sobre guarda y custodia compartida más recientes del mundo. En efecto, en el año 2006 fue promulgada una ley que intensificó los anteriores mandatos legislativos sobre corresponsabilidad parental y ejercicio conjunto del cuidado personal del hijo; reforma que destaca, a nuestro juicio, por la detallada regulación que prevé en materia de residencia y contacto parental. Por otra parte, la promulgación de esta ley estuvo precedida por diversos estudios que evaluaron negativamente la aplicación de la anterior normativa sobre custodia conjunta, a los cuales nos referiremos brevemente.

Australia comenzó su proceso de adecuación del Derecho de familia al principio de la corresponsabilidad en el año 1996, fecha en que entró en vigor la primera normativa referida a la *parentalidad compartida*. Inspirándose en las modificaciones introducidas en 1991 en el Derecho inglés[707], el legislador australiano de 1996 tuvo como principal objetivo garantizar la subsistencia de las funciones parentales posteriores a la separación o divorcio matrimoniales. Así, actualmente, la *Australian Family Law Act* de 1975, en su *section* 61D(2), prevé que la responsabilidad hacia los hijos no se ve afectada por la ruptura conyugal, de forma que ambos progenitores mantienen los mismos «poderes, responsabilidades y autoridad» (*section* 61B) frente el niño —a menos que una resolución judicial ordene

(706) *Wetboek van Burgelijk Rechtsvordering* (Código de Procedimiento Civil holandés).

(707) Nos referimos a la *Children Act* de 1989 que, en su mayor parte, entró a regir en octubre de 1991.

lo contrario— en relación al lugar de su residencia y la determinación de su cuidador principal.

De forma similar a lo sucedido en Inglaterra, la reforma australiana efectuó diversas modificaciones lingüísticas en la legislación relativa al Derecho de familia, con el objeto de adecuarla a nuevos paradigmas. Los anteriores poderes de tutela *(long-term responsibility)* y custodia *(day-to-day responsibility)* fueron reemplazados por los conceptos de «responsabilidad parental» *(parental responsibility)* y por una nueva gama de «órdenes parentales» *(parenting orders)* reguladas en la *section* 64B de la ley en comento. Adicionalmente, la terminología del «principio de consideración primordial» fue modificada para enfatizar en el mejor interés del hijo *(child's best interests)* y no tanto en su bienestar *(welfare)*.

Hubo también cambios sustantivos. Mientras el contacto directo y regular entre progenitor e hijo pasó a denotar, entre otros aspectos, el anterior concepto de *access,* la residencia del hijo, en cambio, vino a comprender mucho más que la precedente *custody*. En efecto, bajo la normativa derogada, el progenitor guardador gozaba del «derecho a tener el cuidado diario y el control del niño», así como «el derecho y la responsabilidad de tomar las decisiones concernientes al cuidado diario y control del hijo» [anterior *section* 63E(2)]. Con la nueva legislación, el juez sólo determina la o las personas con las cuales el hijo vivirá [*section* 64B(2)(a)] y, en su caso, la asignación de las cuotas de responsabilidad parental del hijo a cada progenitor [*section* 64B(2)(c)]. En esta última situación se establece que la respectiva resolución judicial podría referirse también al reparto de funciones en la adopción de decisiones relacionadas con cuestiones de más a largo plazo atinentes al hijo [*section* 64B(3)].

No obstante las bondades que la Ley de 1996 parecía augurar, cierto sector de la doctrina ha puesto de manifiesto el carácter meramente teórico de sus disposiciones. Así, los resultados de tres estudios llevados a cabo en este país entre los años 1999 y 2001 demostrarían que los objetivos principales de la reforma no han sido alcanzados, entre otras razones, porque los progenitores han continuado adoptando sus acuerdos sobre custodia y acceso sin asumir verdaderamente una coparticipación activa en el desarrollo del hijo. En efecto, se ha señalado que la nueva terminología jurídica ha permanecido ajena a la mayor parte de la población, que la tasa de litigación en este tipo de juicios ha aumentado, y que los jueces y abogados participan en los procedimientos relativos a la residencia de los hijos mucho más de cuanto lo hacían antes, lo que demuestra el grado de judicialización de estas materias. Al parecer, las reformas sobre responsabilidad parental llevadas a cabo en Australia han creado una nueva normativa legal relativa a la vida familiar postdivorcio, basándose en un modelo de cooperación parental que malamente encaja con la realidad de la población que utiliza el sistema legal de Derecho de familia[(708)].

De todas formas, en el año 2006 se promulgó una nueva legislación a través de la cual se reforzó la preferencia legal por la *shared parental responsibility*[(709)]. Las principales innovaciones introducidas son la existencia de una presunción legal a favor de la corresponsabilidad familiar y la regulación del tiempo que el hijo pasa con cada uno de sus padres.

De acuerdo con la nueva *section 61* DA, al dictar una orden de parentalidad, el juez debe aplicar una presunción conforme a la cual la responsabilidad parental compartida y equitativa entre ambos progenitores garantiza el mejor interés del hijo, a menos que existan antecedentes de abuso infantil o violencia intrafamiliar o se considere, en atención a las circunstancias concretas del caso, que ello no protege verdaderamente el interés superior del niño.

Por otra parte, la nueva *section 61* DAA, regula en forma separada la organización de los lapsos que el hijo debe transcurrir con sus progenitores. A tal efecto se distingue entre una *igual* cantidad de tiempo y una *sustancial y significativa* cantidad de tiempo. La ley prescribe que si una orden de parentalidad prevé la existencia de una responsabilidad parental equitativa, debe considerarse si el hecho de que el hijo pase una igual cantidad de tiempo con los padres está en armonía con el *favor filii* y si ello es razonablemente practicable. Por otro lado, si la orden parental no contempla la existencia de una responsabilidad parental compartida equitativa o si no dispone que el hijo transcurra una igual cantidad de tiempo con cada progenitor, el juez

(708) Cfr. Rhoades, H., «The Rise and Rise of Shared Parenting Laws», *Canadian Journal of family Law*, vol. 19, 2002, págs. 75-115, párrafos 17 y 46. A estudios aún más recientes que confirmarían los resultados que hemos descrito, se refieren Rhoades, H. y Boyd, S., «Reforming Custody Laws: A Comparative Study», *International Journal of Law Policy and the Family*, vol. 18, 2004, págs. 119-146.

(709) Nos referimos a la Family Law Amendment (Shared Parental Responsibility) Act de 2006.

debe considerar si el hecho de que el hijo pase con éstos una cantidad sustancial y significativa de tiempo guarda conformidad con su mejor interés y si ello es razonablemente practicable. La ley determina las condiciones que deben concurrir para que el hijo goce de una sustancial y significativa cantidad de tiempo; así, por ejemplo, ello tendrá lugar si dichos lapsos permiten al padre involucrarse en la rutina diaria del hijo y en las ocasiones y eventos de particular importancia para este último. Asimismo, entre los factores que deben analizarse para definir si la igual o la sustancial y significativa cantidad de tiempo son razonablemente practicables, está la lejanía entre los domicilios de los progenitores, la capacidad futura de cada uno de ellos para implementar dicho acuerdo parental y el impacto que un acuerdo de esta naturaleza puede provocar en el niño.

1.3.7. Italia

Especial mención merece Italia, dada la reciente reforma operada en 2006 en esta materia.

En este país, antes de la modificación introducida por la Ley de 8 de febrero de 2006, número 54, «sobre disposiciones en materia de separación de los progenitores y cuidado compartido de los hijos», aparte del modelo tradicional de guarda y custodia unilateral, existían dos figuras jurídicas que habían sido introducidas en 1987 en la Ley de Divorcio italiana(710). Así, el *affidamento congiunto* (en adelante, cuidado conjunto) era definido como aquella situación en la que ambos progenitores ejercitaban en común la potestad sobre los hijos, los cuales eran, de esta forma, mantenidos, instruidos y educados, en una palabra criados, sobre la base de un único y armónico proyecto(711). Mediante su ejercicio se asumían globalmente todas las responsabilidades y poderes relativos al hijo, incluso los relacionados con los aspectos más mínimos de su vida cotidiana, lo cual no excluía su colocación con uno de los progenitores aunque con la más amplia facultad del otro de verlos y tenerlos consigo cuando lo desease(712). Por su

(710) En efecto, mediante Ley de 6 de marzo de 1987, núm. 74, se modificó la Ley de Divorcio italiana de 1970.

(711) Así lo conceptualizaba SESTA, M., «Le nuove...», *op. cit.*, pág. 377.

(712) En este sentido, DOGLIOTTI, M., *Separazione..., op. cit.*, pág. 166, y SANTOSUOSSO, F., «Voce scioglimento del matrimonio», *Enciclopedia del Diritto*, XLI, Varese, Giuffrè editore, 1989, pág. 685.

parte, el *affidamento alternato* (en adelante, cuidado alternado) era el instituto a través del cual los padres alternativamente cuidaban y gestionaban, de modo independiente, las relaciones con los hijos(713), durante períodos prefijados para cada uno de aquellos que en ese lapso ejercitan exclusiva y autónomamente la patria potestad(714).

Este último instituto fue objeto de críticas inmediatas por parte de la doctrina y jurisprudencia(715), pues era considerado una fuente de inestabilidad de vida que podría llegar a comprometer el equilibrio del hijo. Se señalaba que la diferencia entre ambos tipos de cuidado estaba en que, de acuerdo con el cuidado alternado, los padres, alternativamente asignatarios, cuidaban las relaciones con los hijos separadamente del otro. En el cuidado conjunto, en cambio, el progenitor que era temporalmente asignatario mantenía involucrado al ex cónyuge en las decisiones que bien podía adoptar solo(716).

(713) Cfr. Canova, L. y Grasso, L., «Ancora sull'affidamento congiunto od alternato: interesse del minore o finzione giuridica?», *Diritto di famiglia e delle persone,* 1991, pág. 728.

(714) Cfr. Grimaldi, M., «Affidamento congiunto e alternato della prole tra psicologia e diritto», *Diritto di famiglia e delle persone,* 1989, pág. 303. Para algunos se trata de la fórmula potencialmente más adecuada para los casos en que uno de los progenitores viva en el extranjero. En este sentido, Longo, F., «Coniugi separati in conflicto e affidamento dei minori ai terzi», *Famiglia e Diritto,* núm. 2, 2002, pág. 180.

(715) La Corte Constitucional italiana manifestó una constante contrariedad a tal figura, sosteniendo que no podía considerarse permitido por el entonces vigente art. 155 del *Codice* —a causa de la unicidad de su frase «a cuál de los cónyuges los hijos son entregados en custodia»— un *affidamento* fragmentado por cada período de convivencia o por la disponibilidad de los hijos frente a cada uno de los padres. Cfr. Sentencia de Casación de 23 junio de 1980, núm. 3934 (*Diritto di famiglia e delle persone,* 1980, pág. 1126). Aisladamente, dio lugar a esta modalidad el Tribunal de Roma, ord. 12 de mayo de 1987 (*Giurisprudenza di merito,* 1988, pág. 9, con nota de Carlini, G., «L'affidamento alternato: progresso o regresso?»).

(716) Esta diferencia era apuntada por Canali, O., «L'affidamento congiunto o custodia associata: una possible alternativa», en Cigoli, V., Gulotta, G. y Santi, G., *Separazione, divorzio e affidamento dei figli,* Milano, Giuffrè editore, 1997, pág. 345. También los consideran institutos totalmente diversos, de Filippis, B. y Casaburis, G. (*Separazione..., op. cit.,* págs. 235 y 237), quienes señalan que en el cuidado conjunto son los padres los que rotan alrededor de los hijos, los cuales constituyen el centro de una hipotética familia alargada y, en cambio, en el cuidado alternado son los hijos quienes suceden en torno a los padres siendo periódicamente transferidos de uno a otro, no debiendo confundirse esta situación con aquella en que, existiendo cuidado conjunto los hijos tienen una «doble residencia».

En todo caso, la aplicación práctica del cuidado conjunto era escasísima debido a los factores culturales predominantes en la época y a la falta de previsión legal, pues, aunque estaba establecida como institución, carecía por completo de regulación(717). Al igual que en España antes de la introducción de la reforma de 2005, gran parte de la doctrina y jurisprudencia se mostraba reacia a su establecimiento. El rechazo se ve reflejado en las condiciones que, a juicio de muchos autores(718) y de numerosas sentencias(719), debían concurrir para que operara esta modalidad de cuidado personal(720). En efecto, destacan: acuerdo entre los ex cónyuges al respecto, capacidad y buena voluntad entre éstos, cercanía entre los domicilios, subsistencia de estilos de vida homogéneos y ausencia de cualquier obstáculo en la relación de comunicación con el hijo.

Sobrevenida la reforma de 2006, las expresiones *affidamento congiunto* y *alternato*, desaparecen del léxico jurídico de la separación y divorcio matrimoniales, pasando a ser la alternancia en la colocación de los hijos uno

(717) Cfr. DE FILIPPIS, B., *Affidamento..., op. cit.*, pág. 15. Sin embargo, las estadísticas demuestran que la custodia unilateral había disminuido progresivamente en el último decenio para dar lugar al cuidado conjunto y alternado. En efecto, con posterioridad a la reforma de 1987 y antes de la de 2006, en la década de los noventa se produjo un aumento sostenido en la concesión del cuidado conjunto. Así, conforme a los datos ISTAT, en 1994, la custodia conjunta, en sede de separación, alcanzaba el 1,2%; en el año 2003, en cambio, llegaba al 11,9%, apreciándose una disminución en la atribución unilateral de la guarda, tanto el referido al padre como a la madre, a favor del ejercicio compartido de la misma. Lo mismo sucedía en sede de divorcio: en el año 2003 era atribuida en el 9,8% de los casos. Cfr. ISTITUTO NAZIONALE DI ESTATISTICA, *Affidamento dei figli minori nelle separazioni e nei divorzi, Anno 2003*, 6 de julio de 2005, pág. 5 [http://www.istat.it/salastampa/comunicati/non_calendario/20050706_00/testointegrale.pdf]. No obstante, se ha señalado que en el 90% de los casos la custodia de los hijos es asignada a la madre. Cfr. SCHLESINGER, P., «L'affidamento condiviso è diventato legge!», *Il corriere giuridico*, núm. 3, 2006, pág. 301.

(718) Cfr. DOGLIOTTI, M., *Separazione..., op. cit.*, pág. 167; MAGLIETTA, M., «I presuposti dell'affidamento congiunto», *Giustizia Civile*, 1991, I, pág. 3095. Para CANOVA, L. y GRASSO, L. («Ancora sull'affidamento...», *op. cit.*, pág. 726), el nuevo instituto era innovador y positivo pero no pasaba de ser una ficción jurídica.

(719) En este sentido, Apelación de Milano, ord. 9 de mayo de 1986 (*Diritto di famiglia e delle persone*, 1986, págs. 1019-1027); Tribunal de Génova, 18 de abril de 1991 (*Giustizia Civile*, 1991, I, pág. 3095); y Apelación de Perugia, 24 de marzo de 1998 (*Rassegna Giuridica Umbra*, 1998, pág. 670).

(720) Así lo afirman MAGLIETTA, M., «I presuposti...», *op. cit.*, pág. 3095; DE FILIPPIS, B., *Affidamento..., op. cit.*, pág. 15; y SESTA, M., «Le nuove...», *op. cit.*, pág. 377, y también en *Diritto di Famiglia*, Padova, Cedam, 2003, pág. 319.

de los criterios que los progenitores pueden continuar previendo(721). La expresión *affidamento condiviso* (en adelante, cuidado compartido), que el legislador italiano utiliza en la nueva normativa, está en relación con una idea de coparticipación de los progenitores en los deberes de cuidado y crianza del hijo. No se trata de una guarda «repartida» entre los padres, pues éstos ejercitan juntos su rol, es decir, a «manos unidas»(722).

Dentro de las principales innovaciones introducidas por la Ley italiana de 8 de febrero de 2006, se encuentra el hecho de que el cuidado compartido constituye una valoración prioritaria al momento de determinar judicialmente el modo en que se ejercerá el cuidado de los hijos (inciso segundo del art. 155 del *Codice*). De esta forma, la nueva regulación en materia de cuidado tiene su eje en el reforzamiento del principio de la *bigenitorialità,* es decir, de la coparentalidad. En este sentido, la reforma operada en este país en 2006 ayuda a los padres a comprender que, cualesquiera que sean sus opiniones en relación con el ex cónyuge y los resentimientos y rencores que cultivan hacia él, deben siempre aprender a colaborar, en calidad de progenitores, para la realización del interés del menor(723). En efecto, la doctrina italiana ha puesto de manifiesto que, entre las desventajas de la custodia unilateral, está la relegación del padre no guardador a un papel secundario de vigilancia y control que lo mantiene marginado de la esfera personal de desarrollo del hijo(724). Se ha señalado que los tiempos que corren son lo suficientemente «maduros» para considerar que la norma positiva puede modificar el comportamiento de los progenitores y que

(721) Cfr. Dosi, G., «Separazioni, guida all'affido condiviso. Le regole sulla casa e sul mantenimento», *Diritto e Giustizia,* núm. 6, 2006, pág. 101.

(722) Cfr. Sesta, M., «Le nuove...», *op. cit.,* pág. 380.

(723) Cfr. de Filippis, B., *Affidamento..., op. cit.,* pág. 5. Se manifiestan en contra de la reforma mencionada, por deficiente, Missiaggia, M., «L'affido condiviso alla prova dei fatti. Se la tutela va più ai genitori che ai figli», *Diritto e Giustizia,* núm. 7, 2006, págs. 119-122; Marino, M., «L'inadeguata discussione parlamentare ha impedito un corretto affido condiviso», *Guida al Diritto,* núm. 7, 2006, págs. 7-8; y Schlesinger, P., «L'affidamento...», *op. cit.,* págs. 301-305.

(724) Así, por ejemplo, se ilustra esta situación con la existencia de dos normas estrechamente ligadas con el cuidado de los hijos y que dejan en evidencia dicha exclusión: el Código de Deontología Médica reserva sólo al progenitor que ejerce la patria potestad el derecho a consultar la ficha médica (art. 21) y la competencia en materia de consentimiento para las intervenciones diagnósticas y terapéuticas del hijo (art. 33). Cfr. Bianca, C. M., «La nuova disciplina in materia di separazione dei genitori e affidamento condiviso: prime reflessioni», *Diritto di famiglia e delle persone,* vol. XXXV, 2006, pág. 677.

la reforma introducida se mueve, correctamente, en esa dirección[(725)]. De esta forma, se ha implantado un único modelo de guarda y custodia para todas las separaciones[(726)], aplicable también a los procedimientos relativos a los hijos de padres no casados de acuerdo a una tendencia interpretativa ya consolidada en la materia.

Como vemos, el legislador italiano ha descartado el establecimiento de una presunción al estilo del Derecho estadounidense, optando por una valoración prioritaria del cuidado compartido de los hijos. Además, contempla expresamente el deber de determinar la manutención del hijo a cargo de ambos progenitores[(727)] (manutención directa); establece ciertas normas referidas a la atribución de la vivienda familiar; y contempla algunas prescripciones en cuanto a la residencia, cuestiones que, como analizaremos, no se han producido en la legislación española.

Así, el art. 155 quáter del *Codice* establece que el goce de la vivienda familiar debe atribuirse teniendo prioritariamente en cuenta los intereses del hijo y que el eventual título de propiedad de dicha asignación debe considerarse en la regulación de las relaciones patrimoniales entre los progenitores. El derecho al goce de la vivienda familiar cesa en el caso

(725) Cfr. Finocchiaro, M., «Accertamento coatto sui reditti dei coniugi», *Guida al Diritto*, núm. 11, 2006, pág. 30.

(726) Cfr. Lovati, P., «Affidamento condiviso...», *op. cit.*, pág. 166.

(727) En materia de alimentos, el inciso quinto del art. 155 del *Codice* ordena que, salvo acuerdos distintos libremente firmados por ambas partes, cada uno de los padres provee al mantenimiento de los hijos en medida proporcional a las propias rentas; el juez establece, cuando es necesario, el pago de una pensión periódica con el fin de verificar el principio de la proporcionalidad, que se determina considerando: 1) las actuales exigencias del hijo; 2) el nivel de vida de que gozaba el hijo cuando convivía con ambos progenitores; 3) los tiempos de permanencia con cada progenitor; 4) los recursos económicos de ambos padres; y 5) el valor económico de los deberes domésticos y de cuidados asumidos por cada padre. Conforme al inciso sexto de dicho artículo, la pensión es automáticamente adecuada a los índices ISTAT en defecto de otro parámetro indicado por las partes o por el juez. Por último, el inciso octavo y último del art. 155 del *Codice*, indica que cuando las informaciones de carácter económico aportadas por las partes no resulten suficientemente documentadas, el juez puede dispone una verificación de la policía tributaria sobre las rentas y sobre los bienes objeto de la contestación, incluso referidas a sujetos diversos.

que el asignatario no habite o deje de habitar establemente en la vivienda familiar, conviva *more uxorio* o contraiga nuevo matrimonio(728).

El inciso final del art. 155 quáter contiene una regla novedosa y de gran relevancia práctica. Establece que si uno de los cónyuges cambia de residencia o de domicilio, el otro cónyuge puede solicitar, si el cambio interfiere con la modalidad de cuidado del hijo, la redefinición de los acuerdos o de las medidas adoptadas, incluidas aquellas económicas. En general, en estas circunstancias, se recurre a una modificación del régimen de ejercicio de la guarda y custodia e, incluso, de su titularidad. Esta norma dispone directamente la revisión de lo acordado sin necesidad de incoar un procedimiento de modificación de medidas, lo cual facilita la resolución del problema suscitado.

El art. 155 bis del *Codice,* referido al cuidado ejercido por uno solo de los progenitores y a la oposición al cuidado compartido, agrega que el juez puede disponer el cuidado unilateral del hijo desde el momento en que considere, a través de una decisión motivada, que el cuidado ejercido por el otro padre sea contrario a los intereses del menor. Su inciso segundo agrega que cada uno de los padres puede, en cualquier momento, solicitar el cuidado exclusivo cuando subsistan dichas condiciones indicadas. El juez, si acoge la petición, debe ordenar el cuidado exclusivo al progenitor solicitante, poniendo a salvo lo más posible los derechos del hijo previstos en el primer inciso del art. 155 de dicho cuerpo legal. Si la petición resulta manifiestamente infundada, el juez puede considerar el comportamiento del padre solicitante con el fin de determinar las medidas a adoptar en el interés del hijo, además de la aplicación del art. 96 del Código de Procedimiento Civil italiano(729).

(728) Se trata de una norma que ha originado un interesante debate en la doctrina italiana. A ello nos referiremos más adelante. *Vid. infra* epígrafe 2.4.2.3 del Capítulo IV.

(729) Por otra parte, la reforma de 2006 ha introducido una modificación al art. 709 ter del Código de Procedimiento Civil italiano que permite al juez disponer el resarcimiento del daño causado en caso de graves incumplimientos o de actos que produzcan perjuicio al menor u obstaculicen el correcto desarrollo de las modalidades de custodia, sea a favor del menor o del otro progenitor, así como condenar al padre o madre incumplidor al pago de una sanción administrativa pecuniaria de hasta cinco mil euros. *Vid. infra* epígrafe 2.3 del Capítulo IV.

En materia de revisión de las decisiones relativas al cuidado del hijo, el art. 155 ter del *Codice* establece que los padres tienen el derecho a solicitar, en cualquier momento, la revisión de las disposiciones concernientes al cuidado del hijo, la atribución del ejercicio de la potestad sobre ellos y las eventuales disposiciones relativas a la medida y modalidad de la contribución económica fijada.

Por otro lado, nos parece necesario destacar que el concepto de cuidado compartido en Italia, en relación a los lapsos de convivencia con uno y otro padre, es bastante amplio. Así, se ha entendido que esta figura se verifica si el menor transcurre las tardes, cena y duerme con un progenitor, para la mañana siguiente ser acompañado por el otro padre o madre a la escuela, a quien corresponderá también retirarlo de la misma y tenerlo consigo hasta alguna hora de la tarde. Ello equivale a una custodia compartida en que los períodos de residencia están bastante equilibrados. También se considera cuidado conjunto el sistema por el cual los hijos permanecen en la vivienda familiar, siendo los progenitores los que se alternan en ella periódicamente, por ejemplo, con frecuencia mensual. Ello también corresponde a una custodia alternada o sucesiva aunque con una organización de la vivienda familiar muy diversa, pues, como vemos, la doctrina italiana no descarta la posibilidad de que, existiendo cuidado compartido, exista doble residencia de los padres y no de los hijos(730).

Como vemos, la doctrina italiana se refiere distintamente a la tipología *affidamento condiviso* y *affidamento alternato*. Sin embargo, desde la perspectiva jurídica española, ambas figuras no aparecen del todo separadas. Así, entendemos que en el *affidamento condiviso* existe una patria potestad *(potestà dei genitori)* reforzada, es decir, un instituto que se acerca a lo que nosotros conocemos como corresponsabilidad parental(731), y que, a la vez, implica compartir la convivencia de los hijos. En definitiva, no es

(730) Cfr. Finocchiaro, M., «Accertamento...», *op. cit.,* pág. 30. Esta última modalidad fue establecida, a través de un *affidamento alternato,* por el Tribunal de Roma el 12 de mayo de 1987 (*Giurisprudenza di merito,* 1988, pág. 9).

(731) En efecto, la sentencia de primera instancia de Monza de 10 de enero de 1986, recurrida luego en apelación, afirmaba que no podía acogerse la propuesta sobre *affidamento congiunto* porque ya la ley disponía que el progenitor no custodio conservaba todas las prerrogativas de la potestad en relación a las decisiones de mayor interés para la educación de la menor. Cfr. Apelación de Milano, ord. 9 mayo de 1986 (*Diritto di famiglia e delle persone,* 1986, págs. 1019-1027).

sino lo que nosotros hemos denominado custodia compartida, alternada o sucesiva. En el caso del *affidamento alternato*, si bien éste presupone una distribución de tiempos y espacios a través de los cuales se organiza la convivencia habitual con el hijo, no existe propiamente un ejercicio conjunto de la patria potestad, la cual se traslada *in totum* al progenitor que vive con el hijo en el lugar y durante el lapso pactado. En otras palabras, esta figura no es totalmente comparable a la custodia alternada o sucesiva de los hijos regulada por el legislador español de 2005, a menos que admitamos la posibilidad de que, durante el período de convivencia preestablecido, sea el respectivo padre o madre quien ejerza en plenitud los derechos y deberes que comprende la patria potestad, permaneciendo el otro progenitor no custodio, y sólo hasta acabado dicho período, como mero titular de la misma[(732)].

Por lo anterior, sostenemos que la nomenclatura utilizada por la ley italiana no puede trasladarse sin más a la realidad española[(733)]. *Affidamento alternato* no equivale totalmente a la guarda y custodia alternada española, pues, en estricto rigor, el legislador español no ha diferenciado entre guarda compartida y alternada (al estilo italiano), sino que ha subentendido en ambas una participación simultánea de derechos y deberes para con los hijos, relegando a una hipótesis excepcional y en sede de patria potestad propiamente dicha, la atribución parcial del contenido de la misma. Si quisiéramos comparar ambos ordenamientos jurídicos, deberíamos afirmar que en España la distinción entre *affidamento condiviso* y *affidamento alternato* no se encuentra recogida y que, a lo más, el legislador permitiría, en situaciones especialmente particulares, la partición de las funciones paterno-filiales que integran la patria potestad.

(732) Más adelante nos referiremos a las posibles combinaciones entre guarda compartida y ejercicio de la patria potestad. *Vid. infra* epígrafe 2.4.6 del Capítulo IV.

(733) Creemos que esto es lo que ha efectuado Ragel Sánchez, L. («La guardia y custodia...», *op. cit.*, pág. 317), quien contrapone guarda alternada y custodia compartida, entendiendo que en ésta los períodos alternos de convivencia con uno y otro progenitor son cuantitativamente similares; para más adelante señalar, citando a la doctrina italiana, que la guarda común o conjunta es la ejercida simultáneamente por los progenitores y que sólo es viable si los padres conviven en situación de normalidad matrimonial (pág. 321).

1.3.8. Canadá

Finalmente, revisaremos el proceso de reforma que ha venido desarrollándose en Canadá desde hace una década y que, aunque aún no se ha materializado en ley, resulta interesante analizar por el contenido pedagógico de muchas de sus normas proyectadas.

En primer lugar, la Ley de Divorcio de Canadá de 1996 *(Divorce Act)* no recoge expresamente la custodia compartida de los hijos, aunque sí prevé la posibilidad de que ambos progenitores soliciten ejercer el cuidado del mismo. En otras palabras, podríamos decir que prevé una custodia conjunta «nominal». Esta ley se refiere a la custodia de los hijos y al «acceso», que equivale al régimen de comunicación y estancia.

En su *section* 2 establece que la custodia incluye el cuidado, la crianza y cualquier otra cuestión relacionada con ella. La *section* 16 (1) regula las órdenes de custodia estableciendo que un Tribunal de la jurisdicción competente puede, a solicitud conjunta, de cualquiera o de ambos cónyuges o de cualquier otra persona, dictar una orden con respecto a la «custodia de *o* el acceso a», o a la «custodia de *y* acceso a», alguno o todos los hijos del matrimonio. La *section* 16 (4) agrega, bajo el título *«Joint custody or access»* (vemos que aquí alude directamente a custodia conjunta), que el Tribunal puede efectuar una orden que permita la «custodia de *o* el acceso a», alguno o todos los niños del matrimonio a *una o más personas*. Como puede apreciarse, en esta parte, la ley admite la posibilidad de otorgar la crianza de los hijos a más de un progenitor, por lo cual es posible concluir que el Derecho canadiense no rechaza la custodia alternada o sucesiva.

Por otro lado, en cuanto al acceso, la Ley de Divorcio prescribe, en su *section* 10, que el Tribunal dará aplicación al principio de que un niño debe tener tanto contacto con cada cónyuge como sea compatible con sus mejores beneficios, para lo cual tomará en consideración la buena voluntad de la persona que solicita la custodia para facilitar tal contacto.

En octubre de 1997, el Parlamento canadiense creó un *Special Joint Committee on Custody and Access* (Comité Mixto Especial sobre Custodia y Acceso), compuesto por 23 miembros del Senado y de la Cámara de los Comunes. La necesidad de crear este Comité se planteó en 1996 con motivo de las modificaciones introducidas en la Ley de Divorcio de Canadá. En efecto, durante el trabajo parlamentario dirigido a regular las pautas obligatorias de manutención de los hijos, numerosos testigos presentaron historias apremiantes sobre la incompetencia de los mecanismos del sistema jurídico en cuanto a la custodia y el acceso, y de los acuerdos sobre la crianza de los hijos después del divorcio. Fue entonces cuando un grupo de senadores planteó la iniciativa de crear un Comité Mixto, conformado por parlamentarios de diversos sectores políticos y de ambas cámaras.

En el mandato recibido por el Comité figuraban los siguientes objetivos: «examinar y analizar las cuestiones relacionadas con la custodia y el régimen de visitas tras la separación y el divorcio y, en particular, para determinar si es necesario un enfoque de las políticas y prácticas del derecho de familia más orientado hacia el niño y cuya prioridad sea la responsabilización conjunta de ambos padres y unas modalidades de parentalidad más centradas en el niño y basadas en sus necesidades y mejores intereses»[(734)].

En diciembre de 1998, el Comité Mixto Especial sobre Custodia y Acceso del Parlamento del Canadá presentó el Informe titulado *For the sake of Children (Por el bien de los niños)*[(735)], estudio que gravita en torno al concepto de *shared parenting* (coparentalidad) en virtud del cual se reconoce a ambos padres el derecho a participar en la crianza y educación de sus hijos tras la ruptura matrimonial.

Este Informe de 1998 todavía no ha encontrado recepción legal. Tanto en 1999 como en mayo de 2002, los Ministros de Justicia canadienses de turno descartaron dicha alternativa. Finalmente, en agosto de 2002, se anunció que el Gobierno se disponía a emprender la reforma de la Ley del Divorcio, a fin de modificar sus disposiciones en materia de custodia y acceso[(736)].

(734) *Journals* of the Senate, October 28, 1997, [http://www.parl.gc.ca/36/1/parlbus/chambus/senate/DEB-E/011DB_1997-10-23-E.htm#0.2.X57BJ2.FPCXIG.E1UF0H.QK].

(735) SPECIAL JOINT COMMITTEE ON CUSTODY AND ACCESS, *For the sake of Children* [http://www.parl.gc.ca/InfoComDoc/36/1/SJCA/Studies/Reports/sjcarp02-e.htm].

(736) En efecto, el 10 de diciembre del año 2002, el Ministro de Justicia canadiense presentó al Parlamento de Canadá un proyecto de ley (Bill C-22) para enmendar la Ley de Divorcio de 1996. Este documento, que no hacía expresa referencia a un tipo específico de parentalidad compartida, contenía varias de las consideraciones efectuadas en el Informe de 1998. Aunque esta iniciativa ha estado temporalmente archivada tras el cambio de Gobierno producido en dicho país, se ha entendido que dado que es el producto de un largo y serio proceso de reforma, influenciará cualquier otro proyecto legislativo que se presente en la materia. Al proceso de revisión de la custodia en Canadá se refieren RHOADES, H. y BOYD, S., «Reforming Custody...», *op. cit.*, págs. 119-146.

Mientras tanto, se ha generado un fuerte debate social que, al igual que el suscitado en España los meses previos a la promulgación de la Ley 15/2005, gira en torno a dos polos: las asociaciones de padres separados, que han puesto en marcha una campaña para la reivindicación de sus derechos como progenitores, y los grupos de defensa de las mujeres, que derechamente se resisten a la reforma o bien se oponen a ciertas condiciones de otorgamiento de la custodia compartida previstas por la propuesta de Ley de Divorcio. El argumento de estas últimas asociaciones se basa fundamentalmente en que la concesión automática de la custodia compartida puede ser perjudicial para las mujeres y los menores inmersos en situaciones de violencia doméstica(737).

El informe redactó cuarenta y ocho conclusiones, entre las cuales destacan: que la corta edad del niño no debe ser excusa para limitar su contacto con ninguno de sus progenitores; que deberá darse prioridad a los planes o acuerdos de coparentalidad presentados por ambos padres y fomentarse su utilización, si es necesario mediante la mediación familiar, la que en casos de desacuerdo deberá ser obligatoria; y, por último, que no deberá otorgarse preferencia a ninguno de los progenitores por razón de su sexo.

2. PRINCIPIOS GENERALES DE LA GUARDA Y CUSTODIA COMPARTIDA

2.1. Enunciación

Tres son las directrices generales a las que se suele vincular la custodia compartida. Sin perjuicio de la vigencia igualmente válida de otros principios inspiradores de esta figura jurídica —desde luego, el criterio del mejor interés del hijo— entendemos que constituyen el basamento de esta institución: a) la corresponsabilidad parental; b) la igualdad entre los progenitores; y c) el derecho del hijo a seguir manteniendo un contacto directo y regular con ambos padres tras la ruptura matrimonial. Pasemos a analizar cada uno de estos principios.

(737) Cfr. *For the..., op. cit.*, pág. 21.

2.2. Principio de la corresponsabilidad parental

2.2.1. El surgimiento del principio de corresponsabilidad parental

A grandes rasgos, podemos decir que el principio de corresponsabilidad parental consiste en el reparto equitativo de los derechos y deberes que los progenitores deben ejercer frente a sus hijos. En este epígrafe intentaremos explicar las razones de la «explosión» legislativa que explícita o implícitamente lo ha incorporado en diversos cuerpos legales a través de la instauración de la custodia compartida o de otras expresiones jurídicas análogas.

En primer lugar, debemos señalar que la custodia compartida está siendo introducida, hoy en día, en diversos ordenamientos jurídicos europeos pertenecientes a un contexto histórico, social y geográfico en que el divorcio y la separación han alcanzado cifras altísimas(738) y, en el cual, el matrimonio es concebido como un compromiso entre dos personas que, sobre la base de la libertad y la autodeterminación, puede ser revocado cada vez con mayor facilidad, de forma que las aspiraciones personales de las partes no están subordinadas a las exigencias de la institución matrimonial.

En efecto, suele hablarse del fenómeno del *démariage*(739) como síntoma, en suma, de una tendencia a facilitar, tanto la celebración como la disolu-

(738) En Europa, de acuerdo a los índices EUROSTAT, en el año 2004, por cada 1.000 habitantes las tasas de divorcio en algunos países eran las siguientes: España, 2,1; Italia, 0,8; Irlanda, 0,7; Inglaterra, 2,8; Francia, 2,1; Lituania, 3,2; Suecia, 2,4; República Checa, 3,2; y Bélgica, 3,0. Asimismo, la relación entre parejas casadas y divorciadas en el año 2001 indicaba que por cada 100 parejas casadas se divorciaban: en Bélgica, 69,7; Suecia y Finlandia, 59,8; y en Inglaterra, 50,5. Solamente para contar con un punto de comparación, cabe señalar que en Estados Unidos esta última tasa es de 50. Estadísticas españolas más recientes indican que en el año 2005 se divorciaron un total de 72.848 parejas (Instituto Nacional de Estadística de España, 2007).

(739) Esta expresión ha sido acuñada en el Derecho francés para aludir a la tendencia de la banalización del divorcio, es decir, al hecho de que el matrimonio se haya convertido en una experiencia subjetiva, una cuestión privada, en definitiva, un contrato entre particulares. En este sentido, *vid.* Théry, I., *Le démariage*, París, Ed. O. Jacob, 1993, en especial págs. 128-139. La contractualización de las relaciones familiares y la notoria neutralidad de la esfera pública frente a las decisiones de los individuos en el ámbito de su vida íntima y privada, han generado el surgimiento de dos otros importantes fenómenos que conducen a una redefinición del concepto de matrimonio. En primer lugar, el fuerte crecimiento de las convivencias de hecho que, habiendo asumido la configuración

ción del matrimonio, de una realidad que no es sino la expresión de una fuerte crisis en el seno de las relaciones conyugales. Así, el reconocimiento progresivo de la autonomía individual de los cónyuges se ve reflejado, por una parte, en la tendencia a reducir las exigencias legales previstas para el pronunciamiento del divorcio y, por otra, en la denominada cultura jurídica de la autorregulación manifestada, entre otros elementos, en la introducción de la mediación como sistema alternativo de resolución de conflictos, de creciente aceptación en Europa(740), que pretende eliminar los procedimientos contenciosos para ceder lugar al tratamiento de la conflictividad matrimonial sobre la base de los acuerdos de los ex cónyuges. Esta libertad conllevaría un ámbito de disposición de las partes en las materias relativas a su situación conyugal pero no así, en cambio, respecto de la esfera paterno-filial que permanece prácticamente inalterada y férreamente protegida por la intervención judicial a través de la realización del interés superior del hijo.

La reciente reforma española en materia de separación y divorcio de 2005 es, en parte, ejemplo de esta evolución. Por una parte, el legislador ha avanzado hacia el reconocimiento de una mayor capacidad de los cónyuges para autorregular el conflicto familiar. La Ley 15/2005 ha suprimido las causas de separación y divorcio(741), equiparando prácticamente ambas figuras; en efecto, se ha señalado que, con la derogación de los arts. 82, 86 y 87 y la modificación del art. 81 del CC, el legislador ha optado por

---

de formas estables de vida familiar y alcanzado cada vez más un sólido reconocimiento social, contribuyen a atenuar el papel central tradicionalmente reconocido a la familia fundada en el matrimonio. En segundo lugar, la aceptación legal por parte de diversos Estados europeos de las uniones civiles entre personas del mismo sexo o del matrimonio, sobre la base de una verdadera extensión de la libertad matrimonial.

(740) La tendencia a la autorregulación ha tenido gran auge en Inglaterra *(settlement culture),* donde a partir de la *Family Law Act* de 1996 se ha implementado fuertemente el sistema de mediación. Algo similar ha ocurrido en Francia con la Ley núm. 2002-305, de 4 de marzo de 2002, que, confirmando el principio de la coparentalidad enunciado en precedentes disposiciones normativas, ha favorecido la intervención del mediador familiar para permitir los acuerdos entre los progenitores, prescribiendo que el juez debe considerar, en primer lugar, las decisiones adoptadas por estos últimos.

(741) Según Lasarte Álvarez, C. («Merecido adiós al sistema causalista en las crisis matrimoniales», *Actualidad Jurídica Aranzadi,* núm. 655, Parte Tribuna, Pamplona, Editorial Aranzadi, 2005, BIB, 2005\153, pág. 1), la reforma deja atrás el sistema causalista de la crisis matrimonial al abandonar radicalmente las causas de la separación y divorcio, reconociendo, asimismo, la debida libertad a los cónyuges para dejar de estar vinculados por el lazo que antes les unía.

introducir un sistema de absoluto consensualismo en la relación matrimonial, no únicamente al momento de contraer el vínculo sino también al extinguirse(742). Sin embargo, en cuanto a las relaciones parentales, el CC continúa exigiendo, en todo caso, la presentación de un convenio regulador de las relaciones personales y económicas entre las partes y respecto de los hijos y, por otra parte, ha sometido la ordenación y aplicación de la custodia compartida a un fuerte control judicial. Así, si bien conforme al párrafo quinto del art. 92 del CC, son los padres quienes proponen, en principio, dicha modalidad de cuidado, es el juez quien, en definitiva, pondera su procedencia adoptando las cautelas que estime convenientes, recabando Informe del Ministerio Fiscal, oyendo, si corresponde, al menor, y valorando tanto las alegaciones de las partes vertidas en la comparecencia y la prueba practicada en ella, como la relación que los padres mantienen entre sí y con sus hijos(743). Sin considerar que, además, puede determinar su ejercicio contra la voluntad de uno de los padres, de manera excepcional y siempre que concurran los requisitos establecidos en el párrafo octavo del mencionado artículo. De esta forma, a nuestro juicio, el legislador de 2005 ha reforzado el papel decisorio del juez a través de la ampliación de sus poderes discrecionales, inspirado por una indudable lógica de paternalismo judicial.

¿A qué se debe este fenómeno? ¿Por qué se observa una creciente tendencia a adoptar el principio de la corresponsabilidad en el ámbito de las relaciones filiales si, por el contrario, la desunión conyugal es cada vez

(742) Cfr. Ortuño Muñoz, P., *El nuevo régimen..., op. cit.*, pág. 16. Al respecto, las estadísticas publicadas en la revista electrónica del Consejo General del Poder Judicial («Separaciones y Divorcios tras la Ley 15/2005», *Datos de Justicia. Boletín de Información Estadística*, núm. 4, febrero, 2006, 6 págs.) indican que los efectos del denominado «divorcio exprés» han sido evidentes. En el año 2005, un total de 51.768 parejas pusieron fin a su matrimonio de forma amistosa, lo que supuso un aumento de casi el 81% respecto a las cifras de 2004, año hasta el que los divorcios y las separaciones habían permanecido estables. Las rupturas definitivas no consensuales crecieron, por su parte, un 70% (35.577). A su vez, como creemos lógico dada la eliminación del requisito de separación previa, las separaciones han seguido la trayectoria inversa: las consensuales disminuyeron un 35%, y las contenciosas, un 27%. La publicación constata que la nueva normativa ha creado el efecto de «animar» a resolver los conflictos matrimoniales y que, por lo tanto, «resulta innegable la importancia que la nueva ley ha tenido y sus rápidas y concluyentes consecuencias».

(743) En este sentido, Ortuño Muñoz, P. (*El nuevo régimen..., op. cit.*, pág. 46) opina que el legislador de 2005 ha reforzado el control jurisdiccional de la modalidad de custodia.

más patente? ¿Cuál es el factor que debiera asegurar el adecuado ejercicio de la coparticipación parental si ésta no ha sido precedida por una aceptable relación conyugal?

Como se ha puesto de manifiesto en el ámbito de la Sociología del Derecho en Italia y en Francia, la regulación de las relaciones parentales a la luz del interés superior del hijo representa, hoy en día, el punto fundamental de la reglamentación jurídica de la familia. Así, el ordenamiento familiar está siendo construido en un contexto de interrelación entre «lo público» y «lo privado». Dinámica que se caracteriza, de un lado, por la aceptación y reconocimiento de las decisiones autónomas de los individuos adultos y la renuncia a la definición de los derechos y deberes precisos entre los cónyuges y, de otro lado, por la ampliación de las intervenciones jurídicas y sociales en las relaciones filiales. En este sentido, existen diversas corrientes que explican el reforzamiento del principio de la corresponsabilidad postmatrimonial(744).

Así, se ha señalado que el modelo de intervención pública generado en relación a la familia está basado, fundamentalmente, en los vínculos de parentalidad, a los cuales se les estaría atribuyendo un grado de indisolubilidad comparable al asignado en el pasado al matrimonio. De esta forma, hombres y mujeres son reconocidos como seres libres y autónomos en cuanto a sus decisiones y elecciones como cónyuges, pero no como progenitores, pues el aparato estatal puede intervenir con el objeto de verificar si el ejercicio de la patria potestad resulta realmente conforme a los intereses del hijo(745).

(744) Para describir estas corrientes sociológicas nos basamos en RONFANI, P., «Relazioni familiari: evoluzione di modelli e prospettive», en DELL'ANTONIO, A. (a cura di), *Genitori e capacità genitoriale alle soglie del 2000: contributi interdisciplinarii*, Roma, Formello Seam, 1999, págs. 25-40, en especial, págs. 32-34.

(745) Cfr. EEKELAAR, J., *Regulating Divorce*, Oxford, Clarendon Press, 1991, pág. 173. Este fenómeno ha sido puesto de manifiesto también por este autor a propósito de los nuevos gastos que surgen cuando el progenitor separado o divorciado conforma una nueva familia. En este sentido, se ha afirmado que, la ideología según la cual el vínculo matrimonial da lugar a responsabilidades familiares que no pueden ser removidas por obligaciones asumidas posteriormente frente a otras personas, ha sido sorprendentemente reemplazada por una teoría, de acuerdo con la cual, los deberes generados por la paternidad no pueden ser suprimidos o reducidos por la adopción de responsabilidades que se tienen frente a los hijos de otra persona. De este modo, la indisolubilidad del matrimonio habría sido reemplazada por la indisolubilidad de la responsabilidad derivada de la paternidad (pág. 120).

Por otro lado, se ha afirmado que, junto a la coparentalidad se subentiende una nueva visión del matrimonio, el cual es visto como un doble contrato: resoluble en la parte relativa a la unión conyugal pero no en cuanto a las relaciones paterno-filiales; en esta segunda parte, algunas cláusulas solamente mutarían tras la cesación de la convivencia[(746)]. Esta teoría tendría un importante valor simbólico y educativo al destacar las condiciones implícitas en este «nuevo» contrato de matrimonio.

En tercer lugar, se ha señalado que el principio de la subsistencia de la corresponsabilidad parental representa un intento del aparato público por, si bien no imponer, sí sostener fuertemente, valiéndose del conocimiento de los profesionales de la psicología y de su difusión entre los jueces, un determinado modelo de familia, el de la familia indisoluble no obstante la existencia del divorcio. En este sentido, la situación en la que el hijo se ve privado de la crianza y del afecto de uno de sus padres —que es lo que normalmente ocurre tras la crisis matrimonial—, habría sufrido un vuelco radical; se habría producido una suerte de «exorcismo» de la ruptura parental a través de la creación de leyes que conjugan el *démarriage* con su «antídoto»: la coparentalidad. De esta forma, se estaría dando una inversión de las reglas relativas a la autoridad parental: el principio general sería el mantenimiento del ejercicio conjunto de la misma después de la separación y el divorcio y, en cambio, su concesión exclusiva sería la excepción. En la práctica, aunque su aplicación no sea fácil —pero tampoco sea una ilusión—, la idea del mantenimiento de la coparentalidad es una «idea feliz». Ella demuestra la preocupación por no despojar al hijo de una de sus raíces afectivas y genealógicas y, por otra parte, la intención de sustituir la indisolubilidad del matrimonio por la indisolubilidad de la filiación y afirmar el carácter incondicional y la seguridad del vínculo filial[(747)].

Por último, otras interpretaciones indican que la corresponsabilidad parental podría revelar la tentativa del aparato público por resolver la tensión entre el principio del respeto por la vida privada y por las elecciones autónomas de los individuos —lo cual se expresaría en el acogimiento de la

(746) Cfr. AMBROSE, P., HARPER, J. y PEMBERTON, R., *Surviving Divorce. Men Beyond Marriage*, London, Wheatsheaf Books, 1983, págs. 171-174.

(747) Cfr. MEULDERS-KLEIN, M. T., «Familles et Justice: à la recherche d'un modèle de justice», en MEULDERS-KLEIN, M. T. (sous la direction de), *Famille et Justice*, Paris, LGDJ, 1997, pág. 633; y THÉRY, I., *Le..., op. cit.*, págs. 327 y ss.

libertad de divorcio—, y el propósito de mantener la estructura relacional de la familia incluso después del fin del vínculo conyugal. En estas teorías subyace el esfuerzo por contrarrestar la fragilidad que ha originado la tendencia a facilitar la disolución del matrimonio en las relaciones filiales(748).

Todas estas visiones sociales parecen estar inspiradas, más que un modelo familiar, en un modelo parental, como si la familia estuviese constituida por relaciones de persona a persona, como si cada progenitor se posicionase en relación con cada hijo sin ninguna referencia a la pareja conyugal o a la pareja parental. Ello explicaría el hecho de que, no obstante la creciente liberalización del matrimonio y del divorcio, subsista, en todo caso, una férrea y compleja regulación jurídica que tutela los efectos de la disolución matrimonial en relación a los hijos. De esta forma, es posible afirmar que en los últimos años ha venido delineándose una nueva configuración de las relaciones familiares. La imagen más apropiada para describirlas no sería más un círculo en cuyo eje está el menor y en cuya circunferencia se dibujan las recíprocas relaciones entre sus padres que van rotando a su alrededor, sino una forma estelar, una constelación que termina siempre con el hijo al centro, sobre el cual, sin embargo, convergen las conexiones, tanto de tipo biológico como social con sus progenitores, aunque también separadamente con cada uno de ellos(749).

Para nosotros, si bien estas teorías expuestas pueden constituir, desde una perspectiva sociológica, una de las razones del reforzamiento de la corresponsabilidad parental y, por ende, una de las causas que promueven el establecimiento de la custodia compartida, existen un sinnúmero de factores que explican la masificación de esta institución a nivel jurídico. Nos referimos al ingente movimiento social conformado por las agrupaciones de padres separados que, como hemos señalado anteriormente, reivindican un mayor protagonismo en la crianza de los hijos tras la ruptura conyugal(750); a

(748) Cfr. Ronfani, P., «Relazioni...», *op. cit.*, pág. 34.

(749) Esta figura es descrita por Ronfani, P., «Relazioni...», *op. cit.*, págs. 36-38.

(750) En Estados Unidos, Canadá, algunos países de América Latina y Europa, proliferan este tipo de asociaciones cuyos métodos de difusión e impacto social son cada vez más extremos. Así, por ejemplo, con el objeto de alcanzar la máxima atención pública sobre sus demandas, en septiembre de 2004 un padre perteneciente a la asociación Padres por la Justicia logró escalar el Buckingham Palace disfrazado de Batman [http://www.elpais.com/articulo/internacional/grupo/padres/divorciados/planeo/secuestrar/hijo/menor/Tony/Blair/elpporint/20060118elpepuint_4/Tes].

la creciente incorporación de la mujer al mundo del trabajo; y, consecuentemente, al incremento de la participación masculina en la vida familiar y doméstica. Se trata, en definitiva, de elementos de diversa índole que confluyen en la adopción de esta figura jurídica y que se manifiestan a través de los principios que estamos analizando: la igualdad entre progenitores, la corresponsabilidad parental y el derecho a la coparentalidad.

2.2.2. Evolución en el ámbito de la psicología

También desde la psicología se han intentado explicar las causas de esta cada vez más asentada idea de que ambos progenitores están igualmente capacitados para asumir las responsabilidades que derivan de su parentalidad.

En este epígrafe presentaremos algunos apuntes breves sobre la evolución de esta disciplina que, actualmente, considera capaces a ambos padres para establecer relaciones afectivas significativas con sus hijos.

En primer lugar, durante la década de los setenta y ochenta del siglo pasado, GOLDSTEIN, FREUD y SOLNIT[(751)] señalaron que la gran mayoría de los hijos tenían un progenitor psicológico, es decir, una persona que, sobre una base diaria, continua, a través de la interacción, el compañerismo y la reciprocidad, satisfacía las necesidades psicológicas y biológicas del menor[(752)].

Según estos autores, el progenitor psicológico, sin importar la relación que le une al menor, podía ser biológico, adoptivo, de acogida, un padre *common-law*[(753)] o cualquier otra persona, pero nunca un padre ausente, un adulto inactivo. De esta forma, señalaban que, para el normal desarro-

---

(751) Esta teoría del progenitor psicológico fue presentada por primera vez en 1973 en su libro *Before the Best Interests of the Child*, New York-London, The Free Press, 1973. En 1979 fue presentada la segunda edición de esta obra, y en 1996, su última versión revisada.

(752) Cfr. GOLDSTEIN, J., FREUD, A. y SOLNIT, A., *Beyond the Best Interests of the Child*, New York-London, The Free Press, 1979, págs. 19 y 98.

(753) Esta categoría de progenitor corresponde a aquella persona que ha desarrollado una relación con el menor sin ser su padre adoptivo o custodio, ni responder a la asignación inicial (al momento del nacimiento) de un menor a sus padres biológicos; se produce, por ejemplo, cuando un padre, sin recurrir a ningún procedimiento legal, deja a su hijo con un amigo o cercano durante un período prolongado. Cfr. GOLDSTEIN, J., FREUD, A. y SOLNIT, A., *Beyond..., op. cit.*, págs. 19 y 27.

llo y crecimiento del menor, era de suma importancia la existencia de la máxima continuidad, tanto en sus relaciones interpersonales, como en su ambiente social y físico, de manera que debían evitarse cambios bruscos en sus costumbres de vida. Estos autores describieron los devastadores efectos que la ruptura o la interrupción de las relaciones parentales producían sobre los menores concluyendo que, tanto en las situaciones de acogimiento y adopción como en las disputas relativas a la custodia, debía aplicarse el estándar de la «alternativa del menor daño», esto es, que la colocación específica del hijo y el procedimiento para determinarla, maximicen, de acuerdo al sentido del tiempo del hijo y no de los adultos, las oportunidades del menor de ser deseado y de mantener sobre una base continua, incondicional y permanente una relación con, al menos, un adulto que es o llegará a ser su progenitor psicológico(754). En los juicios relativos al cuidado personal de los hijos esto se traducía en la atribución de la custodia individual al padre con quien el menor permanecía más afectivamente unido y del cual habría podido recibir la mayor parte de los cuidados y atenciones físicas, educativas y morales. Una vez determinado el guardador era éste, y no el juez, quien debía decidir bajo qué condiciones deseaba educar a su hijo. De esta forma, el progenitor no custodio no tenía un derecho legalmente ejecutable a visitar a su hijo, pues era el guardador quien debía decidir totalmente si, y en qué medida, su ex cónyuge podía tener contacto con el menor(755).

Posteriormente, WALLERSTEIN y KELLY(756) realizaron una investigación en la cual afirmaban que los hijos de padres separados que presentaban un mayor y mejor desarrollo eran aquellos que mantenían un contacto regu-

(754) Cfr. GOLDSTEIN, J., FREUD, A. y SOLNIT, A., *Beyond..., op. cit.,* págs. 53 y 99.

(755) Cfr. GOLDSTEIN, J., FREUD, A. y SOLNIT, A., *Beyond..., op. cit.,* págs. 38 y 63. En la última edición de esta obra, los discípulos de Anna Freud reiteran esta suerte de exclusión del juez en la regulación de las relaciones filiales y, en definitiva, del papel que le compete en la individualización del mejor interés del hijo. Así, según estos autores, la necesidad de seguridad del hijo dentro de la familia debería ser favorecida por el Estado a través del reconocimiento de la privacidad de la misma como una barrera de la intervención estatal frente a la autonomía de los progenitores. En definitiva, el interés del menor estaría realmente garantizado cuando lo está el derecho de los padres a la libertad de intrusión de la esfera pública en la vida privada y familiar. Cfr. GOLDSTEIN, J., SOLNIT, A., GOLDSTEIN, S. y FREUD, A., *The Best Interests of the Child: The Least Detrimental Alternative,* New York, The Free Press, 1996, págs. 90-92.

(756) Nos referimos a WALLERSTEIN, J. S. y KELLY, J. B., *Surviving the Breakup: How Children and Parents Cope with Divorce,* New York, Basic Books, 1980, 341 págs.

lar y continuo con ambos padres después de la ruptura conyugal, o bien aquellos que pertenecían a familias en las que no había existido o había cesado un alto nivel de conflictividad parental. A su vez, en un intento por unir ambas teorías, SAMIS y SAPOSNEK[(757)] consideraron que la noción de progenitor psicológico era válida aunque necesitaba ser flexibilizada, pues, mientras los hijos de padres separados podían en la práctica tener solamente un padre psicológico, también era posible que tuviesen dos o incluso tres, o bien, ninguno.

Actualmente, esta teoría del progenitor psicológico se considera unánimemente obsoleta. Hoy en día, se valoran no sólo las características de la personalidad de cada sujeto, individualmente considerado, sino también sus dinámicas de relación con las demás personas involucradas en la realidad familiar[(758)]. De esta forma, tanto el padre como la madre pueden asumir este papel y garantizar la continuidad de sus vínculos. Su idoneidad para ejercitarlo depende de la calidad de la relación establecida con el hijo y no tanto de la propia función parental. Al respecto, se ha puesto de manifiesto la necesidad de revertir el *iter* hasta ahora seguido en los razonamientos judiciales, en el sentido de que las cualidades personales del padre o madre y su «validez parental», es decir, la determinación del «buen progenitor», no sean el punto de partida sino de llegada; en definitiva, que esta «legitimidad» sea establecida en consideración a la relación desarrollada con el hijo[(759)].

2.2.3. Consagración en el ámbito internacional

Como veremos enseguida, el contexto jurídico internacional, comunitario e interno ha expresado reiteradamente la vigencia e importancia de esta directriz.

En el plano internacional lo consagran la CDN y la CEDAW.

(757) Cfr. SAMIS, M. D. C. y SAPOSNEK, D. T., «Parent-Child Relationships in Family Mediation: A Synthesis of Views», *Mediation Quarterly*, 14-15, 1986-87, págs. 23-37.

(758) En este sentido, BRICKLIN, B., *Nuovi test psicologici per l'affidamento dei figli nei casi di separazione e divorzio*, Milano, Giuffrè, 2005, pág. 46.

(759) Cfr. GALOPPINI, A., «Affidamento dei figli nella crisi coniugale e trasformazione dei ruoli genitoriali», *Diritto di famiglia e delle persone*, 1994, pág. 734; y BRICKLIN, B., *Nuovi test..., op. cit.*, pág. 39.

La CDN ha sido uno de los primeros Tratados en reconocer el principio de la corresponsabilidad parental como un derecho humano de los menores. En efecto, su art. 18 establece que «1. Los Estados Partes pondrán el máximo empeño en garantizar el reconocimiento del principio de que ambos padres tienen obligaciones comunes en lo que respecta a la crianza y el desarrollo del niño [...]»(760).

La norma de la CDN refleja la previsión del art. 5 de la Convención para la Eliminación de Todos las Formas de Discriminación Contra la Mujer de 1979, que requiere el reconocimiento por parte de los Estados de una «[...] responsabilidad común de hombres y mujeres en cuanto a la educación y al desarrollo de sus hijos, en la inteligencia de que el interés de los hijos constituirá la consideración primordial en todos los casos». Por otra parte, su art. 16 prescribe que: «los Estados Partes [...] asegurarán, en condiciones de igualdad entre hombres y mujeres: [...] Los mismos derechos y responsabilidades como progenitores, cualquiera que sea su estado civil, en materias relacionadas con sus hijos; en todos los casos, los intereses de los hijos serán la consideración primordial».

2.2.4. Consagración en el ámbito comunitario

En el plano comunitario, a su vez, diversos instrumentos se refieren al principio de la corresponsabilidad familiar.

(760) En este sentido, el Comité de los Derechos del Niño felicitó a Alemania por las medidas que ha tomado para promover la corresponsabilidad: *«El agradecimiento expresado se debe al reconocimiento de usar la Convención, como un instrumento sobre los derechos del niño, para dar nitidez al conocimiento de las responsabilidades de las personas que cuidan a los niños y la necesidad de igualar las responsabilidades entre padres en la crianza de sus niños [...]»* (IRCO de Alemania, Add. 43, para. 30). Cfr. *Implementation Handbook..., op. cit.*, pág. 247. Los países son animados a destacar este principio en sus medidas de educación parental: *«El comité recomienda que sean emprendidas medidas adicionales para educar a los padres sobre sus responsabilidades hacia sus niños, incluyendo, a través de la previsión de la educación de la familia, que debe enfatizarse la igualdad de responsabilidades de ambos padres [...]»* (IRCO de Reino Unido, Add. 34, para. 30). Por otra parte, *«[...] el comité recomienda que el Estado Parte promueva la educación parental y el asesoramiento de familia, y tome las medidas para asegurar la adhesión al principio de que ambos los padres tienen responsabilidades comunes en la crianza de niños»* (IRCO de Paraguay, Add. 75, paras. 19 y 39). Cfr. *Implementation Handbook..., op. cit.*, pág. 247.

Así, la Resolución del Parlamento Europeo A3-0172/1992, de 8 de julio de 1992, sobre una Carta Europea de Derechos del Niño, establece en su punto 8.11 que padre y madre tienen una responsabilidad conjunta en el desarrollo y educación del menor[(761)].

Por su parte, el Principio 5 de la Recomendación del Comité de Ministros del Consejo de Europa R 84 (4), de 28 de febrero de 1984, afirma que las responsabilidades de los progenitores respecto de un hijo deben pertenecer conjuntamente a ambos; agregando, en su Principio 10, que si las responsabilidades parentales son ejercidas de manera compartida por ambos padres, cualquier decisión que afecte los intereses del hijo debe ser adoptada por el acuerdo de ambos.

Asimismo, en este ámbito, el art. 5 del Protocolo Adicional número 7 del Convenio Europeo para la Protección de los Derechos del Hombre y de las Libertades Fundamentales, de 22 de noviembre de 1984, establece que los cónyuges gozarán de igualdad de derechos y responsabilidades de carácter civil entre ellos y en las relaciones con sus hijos, tanto en caso de matrimonio y durante el matrimonio, como después de su disolución.

Especial mención merece el Reglamento (CE) 2201/2003 del Consejo, de 27 de noviembre de 2003, «relativo a la competencia, el reconocimiento y la ejecución de resoluciones judiciales en materia matrimonial y de responsabilidad parental, por el que se deroga el Reglamento (CE) núm. 1347/2000», que define la responsabilidad parental como los derechos y obligaciones conferidos a una persona física o jurídica en virtud de una resolución judicial, por ministerio de la ley o por un acuerdo con efectos jurídicos, en relación con la persona o los bienes de un menor; y en particular, los derechos de custodia y visita (art. 2, número 7). Como vemos, se trata de un concepto que no se condice con la normativa comunitaria

(761) A la custodia compartida se había referido con anterioridad la Comisión de la Comunidad Europea en el año 1980, a propósito de la interrogación escrita núm. 71/1980, de 19 de marzo, por la cual se preguntaba a dicha Comisión si había sido examinada la posibilidad de conferir un estatuto jurídico al sistema de la custodia alternada. En la respuesta a esta cuestión, de fecha 29 de agosto de 1980, se señaló que, independientemente de las ventajas de la custodia alternada *(alternating custody)*, la Comisión entendía que el problema no era de su competencia y que debía ser resuelto por los Estados mismos o bien a través de una organización especializada en la materia. Ambos documentos pueden consultarse en el *Diario Oficial de la Comunidad Europea* N. C 245, de 22 de septiembre de 1980, págs. 1 y 2.

a este respecto; sólo recoge los aspectos formales de este instituto, sin dimensionar el alcance que la participación de ambos padres ha adquirido en su ejercicio. En efecto, el Reglamento define los «derechos de custodia» como los derechos y obligaciones relativos al cuidado de la persona de un menor y, en especial, el derecho a decidir sobre su lugar de residencia (art. 2, núm. 9). Asimismo, considera que la custodia es ejercida de manera conjunta cuando, en virtud de una resolución judicial o por ministerio de la ley, uno de los titulares de la responsabilidad parental no pueda decidir sin el consentimiento del otro titular sobre el lugar de residencia del menor (art. 2, número 11, letra b). Se trata de definiciones construidas sobre la permanencia de una concepción que es resabio del sistema de guarda exclusiva, que ve al padre no conviviente en una posición opuesta a la de coparticipación plena en el proyecto educativo y que sólo le permite intervenir marginalmente en la vida del hijo. Así, conforme a estas definiciones, la custodia implica cuidado del menor pero no está inseparablemente ligada a una relación de estable convivencia con el hijo; la referencia a la colocación y, específicamente, al poder de decidir el lugar de residencia, parece representar el contenido primario de la guarda. En cambio, la responsabilidad parental que venimos analizando, comprende una pluralidad de elecciones mucho más amplia que aquella del dónde y por cuánto tiempo el hijo deba vivir con uno y otro progenitor(762).

2.2.5. Consagración en el ámbito interno

En primer lugar, debemos señalar que aunque las legislaciones internas no han proclamado la corresponsabilidad parental expresamente a nivel de principios, como sucede, por ejemplo, con el interés superior del hijo, diversas normas inspiradas en esta regla han sido establecidas en un número considerable de ordenamientos jurídicos europeos durante los últimos años.

Del desarrollo legislativo interno de este principio da cuenta el *Manual para la Aplicación de la Convención de los Derechos del Niño* elaborado por la UNICEF(763), el cual ha señalado que debe enfatizarse la importan-

(762) En la doctrina italiana, Napolitano, L. (*L'affidamento..., op. cit.*, págs. 108-109) y Patti, S. (*Famiglia..., op. cit.*, pág. 158), han manifestado también ciertas críticas a las definiciones contenidas en este Reglamento.

(763) Cfr. *Implementation Handbook..., op. cit.*, pág. 247.

cia de que ambos padres tienen responsabilidades comunes para con los menores; agregando que la mayoría de las sociedades han reconocido, sólo recientemente, que tanto los padres como las madres pueden y deben emprender el cuidado diario de sus hijos y que a ambos les corresponden funciones patrimoniales y derechos legales en relación con aquéllos.

Para el caso de crisis familiar, la UNICEF ha señalado(764) que en estos supuestos la desigualdad de la responsabilidad parental tiende a agudizarse en muchos países. En efecto, los Iniciales y Segundos Informes de varios Estados han revelado que las costumbres jurídicas y sociales asignan rígidamente la responsabilidad unilateral de la educación infantil a la madre o al padre en caso de separación. A menudo, la fórmula adoptada corresponde a la siguiente realidad: a las madres les es dado el cuidado inicial de los bebés y niños de corta edad, mientras que los padres mantienen, subsecuentemente, las funciones y poderes dominantes para determinar la forma de la vida del hijo. Tales medidas representan, por una parte, un progreso respecto al sistema totalmente patriarcal, pues reconocen la existencia de un fuerte vínculo entre madres y niños pequeños que, generalmente, sería perjudicial romper. No obstante, se señala, convertir este reconocimiento en una ley inflexible puede constituir un incumplimiento de los derechos del menor.

España no ha permanecido ajena a este fenómeno. Podemos señalar que la evolución hacia el ejercicio compartido de las responsabilidades parentales tuvo su origen en la Ley 11/1981, de 13 de mayo, que modificó el Código Civil en materia de filiación, patria potestad y régimen económico del matrimonio, y que, publicada sólo dos meses antes del texto legal que introdujo en España la institución del divorcio (Ley 31/1981, de 7 de julio), permitió el ejercicio conjunto de la patria potestad por ambos progenitores tras la ruptura matrimonial. Esta ley reconoció a la madre los mismos derechos paterno-filiales que históricamente habían sido asignados al padre tras la crisis conyugal, consolidando así, por una parte, el proceso de equiparación jurídica entre hombre y mujer comenzado con la Ley de 2 de mayo de 1975 e iniciando, y por otra, el camino hacia la materialización de esa igualdad en el ámbito familiar.

(764) Cfr. *Implementation Handbook...*, *op. cit.*, págs. 249-250.

Las condiciones sociales, culturales, ideológicas y jurídicas de la época no propiciaban un reconocimiento mayor de la coparticipación en el ejercicio de las relaciones parentales; sin embargo, transcurridos veinticinco años desde la publicación de las mencionadas leyes, la legislación y la práctica evidencian un fuerte reconocimiento de la capacidad de autorregulación de las partes en la crisis matrimonial y un intercambio cada vez mayor de los roles tradicionalmente asignados a uno u otro sexo en las relaciones familiares(765).

Este contexto ha originado y promovido la promulgación de la Ley 15/2005 que ha introducido positivamente el principio de la corresponsabilidad familiar en el Derecho español a través del reconocimiento legal de la custodia compartida. En efecto, así lo ha asumido la jurisprudencia inmediatamente posterior a la entrada en vigor de la Ley 15/2005, señalando que esta figura «viene motivada, porque en la sociedad actual, la dinámica de algunas familias empieza a ser distinta cada vez que, factores como el acceso de la mujer al mercado laboral, y los cambios en determinadas pautas de educación están provocando que cada vez más, los padres tengan una intervención mayor en el cuidado diario de sus hijos y se produzca en muchos supuestos una coparticipación en el cuidado, asistencia y educación de los menores»(766).

Por su parte, la Ley Orgánica 3/2007, de 22 de marzo, «para la igualdad efectiva de mujeres y hombres»(767), también ha integrado la corresponsabilidad parental o familiar como uno de sus criterios inspiradores. Así, dentro del Capítulo I de su Título II, referido a las «Políticas públicas para la igualdad», enuncia en el número 8 del art. 14, como «criterios generales de la actuación de los Poderes Públicos», el establecimiento de medidas

(765) Al respecto, ORTUÑO MUÑOZ, P. (*El nuevo régimen…, op. cit.*, pág. 40), señala que desde la propia base social se ha ido imponiendo una visión más normalizada de la crisis matrimonial. Ello se reflejaría en el incremento de los procesos de mutuo acuerdo, ya que la sociedad es más permisiva en cuanto a las relaciones familiares; en la introducción de técnicas y prácticas de negociación de la abogacía; y en la implantación de nuevas metodologías, como la mediación y la especialización de las disciplinas relativas a la psicología familiar.

(766) SAP de Barcelona de 20 de febrero de 2007 (LA LEY JURIS, 629/2007). *Vid. infra* epígrafe 3.3 del presente Capítulo relativo a la introducción de nuevos principios en materia de cuidado personal de los hijos en la legislación española.

(767) Publicada en el *BOE* de 23 de marzo de 2007. En adelante, LOIE.

que aseguren la conciliación del trabajo y de la vida personal y familiar de las mujeres y los hombres, así como el fomento de la corresponsabilidad en las labores domésticas y en la atención a la familia.

En numerosos países, la recepción de esta directriz en el ámbito interno se ve reflejada, entre otros aspectos, en un replanteamiento legislativo de la patria potestad y en la introducción de los denominados «planes de co-parentalidad» o «planes de responsabilidad parental». A ambas cuestiones nos referiremos brevemente a continuación.

2.2.5.1. El abandono del concepto de patria potestad

Es necesario destacar que en el ámbito interno, en observancia a este principio de corresponsabilidad parental, los países que han acogido la custodia compartida han redimensionado el instituto de la patria potestad, comenzando por desterrar esta denominación.

En efecto, en el Derecho comparado, esta expresión ha sido reemplazada por *autoridad parental,* concepto que alude a una función ejercida por ambos padres en el propio interés del hijo y no a un poder de dominio sobre éste. Además, esta nueva designación suprime las prerrogativas del padre varón, poniendo de relieve que ambos progenitores son titulares de la autoridad de la familia en una posición de igualdad; de hecho, se tiende, además, a abandonar la distinción entre titularidad y ejercicio de la misma.

— Así, en *Francia,* la Ley de 4 de junio de 1970 modificó el concepto de patria potestad por *autorité parentale,* término que ha sido también utilizado por la Ley núm. 2002-305, de 4 de marzo de 2002, que modificó el Código Civil francés precisamente en algunas materias referidas a dicha institución. Asimismo, mediante esta última ley, se ha abandonado la expresión *garde,* que ha sido reemplazada por «autoridad parental conjunta» y «alternancia de la residencia con uno y otro progenitor». Al respecto, cabe señalar que el vocablo *autorité parentale* ha sido adoptado por cierta doctrina y jurisprudencia española[768] traduciéndola a *autoridad*

(768) La SAP de Navarra de 13 de abril de 2005 (LA LEY 81604/2005) afirma que la autoridad parental conjunta del Derecho francés equivale a nuestro «rancio» término jurídico de patria potestad.

parental, cuestión que, en estricto rigor, no alude —a diferencia del idioma francés— a la responsabilidad o autoridad de los progenitores sino, literalmente, al de los padres o *parientes* en general[(769)].

— En *Italia,* por su parte, el Código Civil ha mantenido la expresión «potestad». En efecto, la Ley de 19 de mayo de 1975 se refiere a la *potestà dei genitori,* es decir, la potestad de los progenitores. Del mismo modo, la Ley de 8 de febrero de 2006, número 54, «sobre disposiciones en materia de separación de los progenitores y cuidado compartido de los hijos», se refiere a la *potestà genitoriale,* lo cual ha levantado críticas en la doctrina[(770)].

— En *Alemania,* conforme a las leyes de 18 de julio de 1979 y 1 de julio de 1998, el BGB habla de *elterliche Sorge,* esto es, cuidado parental. Y en *Inglaterra*[(771)], *Escocia*[(772)], *Grecia*[(773)], *Luxemburgo*[(774)] y *Suiza*[(775)] se utilizan

(769) La Real Academia Española define el adjetivo «parental» como «perteneciente o relativo a los padres o a los parientes». *Diccionario de la Lengua Española,* Real Academia Española, vigésima segunda edición, Madrid, Espasa Calpe, 2001, pág. 1682.

(770) Al respecto, refiriéndose a esta última reforma, la doctrina italiana ha señalado que habría sido oportuno superar el concepto de *potestà genitoriale* y, en línea con otros ordenamientos, afirmar el interés público por la tutela de las personas que componen la familia. Cfr. LOVATI, P., «Affidamento condiviso...», *op. cit.,* pág. 166.

(771) La *Children Act* de 1989 se refiere a la *«responsabilidad parental»* estableciendo en su *section* 3.1 que ella representa todos los derechos, deberes, poderes, responsabilidades y la autoridad que por ley el padre de un niño/a tiene en relación con el niño/a y su propiedad.

(772) La *section* 1 de la *Children (Scotland) Act* de 1995 se refiere a las *«responsabilidades parentales»:* proteger y promover la salud del niño, su desarrollo y bienestar social; proveer al niño, de manera apropiada a la etapa de su desarrollo, de la dirección y orientación adecuada; si el niño no está viviendo con uno de los padres, mantener relaciones personales y contacto regular con aquél, y actuar como el representante legal del niño. Todo ello en la medida que sea practicable y en interés del niño.

(773) El art. 1510 del Código Civil griego utiliza la expresión *«cuidado parental»* estableciendo que el cuidado de un niño menor de edad es un deber y un derecho de los padres, el cual es ejercido conjuntamente. El cuidado parental incluye el cuidado de la persona del niño, la dirección de su propiedad y la representación del niño en cualquier transacción legal.

(774) El Título IX del Libro I del Código Civil de Luxemburgo, conforme a la Ley de 6 febrero 1975, se intitula *«De la autoridad parental».*

(775) El Capítulo Tercero del Título VIII de la Segunda Parte del Libro II del Código Civil suizo se refiere a la *«autoridad parental»,* conforme al texto introducido por la Ley de 25 de junio de 1976, en vigor desde el 1.º de enero de 1978.

también expresiones similares a *autoridad parental* o *responsabilidad parental.* En cambio, en *Portugal*[776] se habla de *poder paternal.*

En España, en cambio, el legislador sigue refiriéndose a la patria potestad.

En efecto, se ha señalado que, en atención a los principios constitucionales que la inspiraron, la reforma introducida por la Ley 11/1981, de 13 de mayo, debió reemplazar dicha expresión —históricamente unida a la jefatura del padre— y cualquier otra que connotase el predominio del padre sobre la madre, como lo es el epígrafe del Título VII del Libro I del Código Civil español, referido a las relaciones paterno-filiales, cuyas disposiciones continúan utilizando el término *patria potestad*[777]. Al respecto, cierto sector[778] ha afirmado que el cambio de denominación de dicho epígrafe se debe a la pretensión de englobar alguna norma que no reglamenta la patria potestad, como por ejemplo, el art. 155 del CC, referido a los deberes de los hijos frente a sus padres; o a la intención de aminorar el mantenimiento de los artículos atinentes a la adopción dentro del mismo Título[779].

De todas formas, entendemos que el pluralismo que caracterizó a la reforma en materia de patria potestad conllevó el abandono de soluciones patriarcales y autoritarias y el recurso necesario a la intervención pública

(776) El art. 1878.1 del Código Civil portugués, conforme a la redacción dada por el Decreto-Ley 496/1977, de 25 de noviembre de 1977, se refiere al contenido de dicho poder paternal estableciendo que compete a los padres, en el interés de los hijos, velar por la seguridad y salud de éstos, proveer a su sustento, dirigir su educación, representarlos, incluso a los nascituros, y administrar sus bienes.

(777) Cfr. Bercovitz Rodríguez-Cano, R., «Comentario al art. 154...», *op. cit.,* pág. 1043. Incluso, las «Conclusiones sobre *Las Reformas del Derecho de Familia...», op. cit.,* pág. 3., recomiendan que se haga constar el término «responsabilidad parental» entre paréntesis junto al término «patria potestad» o el correspondiente nombre que se le dé a la institución por los derechos forales, como «autoridad familiar» en Aragón o «potestad» en Cataluña. En sentido contrario se manifiesta Castán Vázquez, J. («Comentario al Título VII del Libro I del Código Civil», en *Comentarios al Código Civil y Compilaciones Forales..., op. cit.,* pág. 66), para quien la expresión patria potestad se encuentra arraigada y su reemplazo es dificultoso.

(778) Así, de la Válgoma, M., «Notas sobre la titularidad en el ejercicio de la patria potestad», *RFDC,* núm. 62, 1981, pág. 100.

(779) Cfr. Bercovitz Rodríguez-Cano, R., «Comentario al art. 154...», *op. cit.,* pág. 1044.

a través del control judicial, generando, además, una mayor atención por el contenido personal de la patria potestad[780].

Nosotros compartimos estas críticas y sostenemos que el concepto de patria potestad ha cedido, aunque no se refleje en un cambio legal terminológico, un importante terreno a nuevos paradigmas en el Derecho de familia, fenómeno que se traduce en un creciente reconocimiento del interés superior del hijo en las últimas leyes dictadas en la materia. Así, entre las normas referidas a la guarda y custodia, destaca el art. 92 del CC —modificado por la Ley 15/2005—, cuyo párrafo cuarto recoge el interés superior del menor a propósito del convenio regulador de las crisis matrimoniales y el ejercicio de la patria potestad, estableciendo que los padres pueden acordar en dicho instrumento o en su caso el juez decidir, *en beneficio de los hijos,* que aquélla sea ejercida total o parcialmente por uno de los cónyuges. Esta última ley, pese a introducir notables cambios en materia de separación y divorcio y en las relaciones filiales que rigen la realidad familiar una vez producida dicha crisis, ha desperdiciado la oportunidad de promover una trascendental modificación en el lenguaje jurídico del Derecho de familia[781].

(780) Así lo ha señalado BERCOVITZ RODRÍGUEZ-CANO, R., «Comentario al art. 154...», *op. cit.,* pág. 1044. En todo caso, para algunos autores la patria potestad sigue siendo un derecho subjetivo de los padres perteneciente al Derecho civil y privado. En este último sentido se manifiestan PEÑA BERNALDO DE QUIRÓS, M., *Derecho de..., op. cit.,* pág. 505, y RUIZ-RICO RUIZ, J., DE LA FUENTE NÚÑEZ DE CASTRO, M. y LUQUE JIMÉNEZ, C., «Reflexiones...», *op. cit.,* págs. 62-64.

(781) En efecto, se propusieron algunas enmiendas con el objetivo de reemplazar la expresión «patria potestad» por «responsabilidad parental». Así, la justificación de la enmienda núm. 10 presentada en el Congreso de los Diputados por el Grupo Parlamentario *Esquerra Republicana* (ERC), daba cuenta del surgimiento de estas nuevas denominaciones citando los diversos instrumentos europeos a los que hemos hecho alusión anteriormente. Además, señalaba que «En la legislación catalana, y a partir de la Ley 12/1996 sobre la potestad del padre y de la madre, desaparece esta denominación esgrimiendo el argumento de que la relación de padres e hijos debe alejarse del principio de autoridad del padre. Asimismo, la denominación de patria potestad resulta impropia de la regulación que se da en el Derecho moderno a esta institución, pues actualmente no se hace referencia a una potestad autoritaria (como lo era en Derecho romano), sino un derecho-función en beneficio de los hijos, cuyo ejercicio corresponde tanto al padre como a la madre [...]». *BOCG Congreso.* VIII Legislatura. Serie A. 15 de marzo de 2005, núm. 16-8, pág. 23.

En este sentido, nos parece adecuada la expresión *autoridad parental* o *función tuitiva,* como ciertos colectivos comienzan a denominar la patria potestad haciendo hincapié en su función dual sin invisibilizar a la madre[(782)].

2.2.5.2. Los planes de coparentalidad o de responsabilidad parental

En aplicación del principio de corresponsabilidad, diversas legislaciones prevén la presentación de un *Plan de Coparentalidad* o *Plan de Responsabilidad Parental* diseñado de mutuo acuerdo por ambos padres para el ejercicio de los derechos-funciones que comprende la autoridad parental. Se trata de determinar, de manera detallada, las responsabilidades de cada progenitor en lo que respecta al cuidado, residencia, vivienda, alimentos y demás aspectos de relevancia relativos al hijo que se estime necesario regular, como los aspectos sanitarios, educativos o sociales de los hijos.

Se trata de una figura jurídica que ha alcanzado difusión en los países que cuentan con una normativa consolidada en materia de custodia compartida. Así, por ejemplo, en Estados Unidos, el Código Civil del Estado de Lousiana[(783)] establece que en los casos en que se haya acordado el ejercicio conjunto del cuidado de los hijos, el Tribunal, salvo casos excepcionales, requerirá la presentación de un plan de custodia; o que los padres, a título individual o de mutuo acuerdo, podrán proponerlo antes que se adopte una decisión al respecto. Asimismo, la legislación de Kansas[(784)], al referirse a los regímenes de residencia, establece que, tras determinar el régimen de custodia, el Tribunal decidirá sobre el lugar en que haya de vivir el niño en función del mejor interés de éste, añadiendo que las partes presentarán un «plan de responsabilidad parental acordado» o, en caso de divergencia, someterán posibles acuerdos a la consideración del juez[(785)].

---

(782) Cfr. «Conclusiones del Taller de Trabajo realizado por la Asociación de Mujeres Juristas Themis, sobre el *Anteproyecto de la reforma del Código Civil en materia de separación y divorcio*», España, 17 de noviembre de 2004 [http://www.hera2001.com/custodia-responsable/doc/CONCLUSIONES.pdf], pág. 3.

(783) Art. 131, letra A, núm. 1), sobre Custody of children pending the litigation del Civil Code.

(784) Kansas Statute No. 60-1610, chapter 60, article 16, 5).

(785) También contemplan un plan de custodia los Oklahoma Statutes, 43 O.S. §109, C); en Missouri, el núm. 9 de los *Missouri Revised Statutes, chapter 452, Dissolution of Marriage, Divorce, Alimony and Separate Maintenance, Section 452.375.1,* de 28 de agosto

Cabe señalar que la mediación resulta particularmente importante en estos aspectos, no sólo como mecanismo previsto para la resolución de posibles conflictos posteriores, sino durante la adopción del acuerdo de coparentalidad propiamente dicho y, sobre todo, en aquellos casos que presenten cierto grado de disputa entre partes. En este sentido, en Canadá, aunque aún no se ha consagrado legalmente la custodia compartida, el Comité Mixto Especial sobre Custodia y Acceso del Parlamento, en su Informe de 1998(786), recomienda que se inste a los padres que se divorcian a elaborar un plan de responsabilidad parental por sí mismos, con ayuda de un mediador capacitado o a través de alguna forma de resolución alternativa de conflictos.

En cuanto al incumplimiento de las sentencias de responsabilidad parental, estimamos de gran utilidad la previsión de respuestas coordinadas que incluyan tanto elementos terapéuticos como punitivos. Así, la recomendación número 19 del Informe canadiense aludido, prevé programas de educación parental, políticas de recuperación del tiempo de convivencia, asesoramiento para las familias con conflictos sobre el desempeño de las funciones parentales, servicios de mediación y, en los casos persistentes y difíciles de tratar, soluciones punitivas para los progenitores que incumplan injustificadamente las sentencias de responsabilidad parental(787).

Este valioso Informe sugiere, además, la adopción de políticas de educación parental, elemento que deviene como indispensable para una adecuada concienciación de la labor de responsabilidad de los padres y que aparece absolutamente novedoso en el contexto del Derecho comparado. En efecto, el Comité señala que todos los padres que soliciten sentencias de responsabilidad parental, a menos que exista acuerdo entre ellos sobre los términos de tales sentencias, deben participar obligatoriamente en un

---

de 2001; en Pennsylvania, como «plan de aplicación de la sentencia de custodia», los *Pennsylvania Consolidated Statutes, Title 23: Domestic Relations, §5306;* y en Alabama, conforme al *Code of Alabama,* 1975, Acts 1996, núm. 96-520, §30-3-153, de 1 de enero de 1997. El Estado de Illinois lo denomina «Acuerdo de Responsabilidad Parental Conjunta», el cual debe especificar las facultades, los derechos y las responsabilidades de cada uno de los padres para el cuidado personal del niño y las decisiones importantes, tales como las relativas a la educación, la atención sanitaria y la formación religiosa *[Illinois Marriage and Dissolution of Marriage Act, 750 ILCS 5/602.1.b)].*

(786) Cfr. *For the..., op. cit.,* pág. 32.

(787) Cfr. *For the..., op. cit.,* pág. 55.

programa educativo que les ayude a tomar conciencia de las reacciones de los padres tras la separación, las necesidades del desarrollo de los hijos en las diferentes edades, los beneficios de la cooperación entre los progenitores tras el divorcio, los derechos y responsabilidades de los padres y la disponibilidad y las ventajas de la mediación y de otras formas de solución de conflictos[(788)].

Asimismo, este Informe sugiere que las resoluciones judiciales sean expresadas como acuerdos de parentalidad. En este sentido, consideramos positivo que todas las decisiones relativas a estos aspectos de la vida del hijo se materialicen formalmente en planes de coparentalidad, de manera que exista coherencia y uniformidad normativa entre los asuntos que han sido resueltos con cierta litigiosidad y aquellos en los que ha existido mutuo acuerdo. Asimismo, en conformidad al derecho del menor a ser oído y a su interés superior, estimamos que durante el proceso de adopción del acuerdo es altamente aconsejable que el hijo sea oído y que su deseo sea tomado en cuenta en función de su edad y madurez.

Por último, cabe señalar que en España, durante la tramitación de la Ley 15/2005, se produjeron algunos intentos por introducirlo en la legislación civil. Así, el Grupo Parlamentario Popular, en su enmienda núm. 81, lo proponía en la redacción del apartado quinto del art. 92 del CC, que, sin embargo, no llegó a prosperar[(789)].

(788) Cfr. *For the..., op. cit.*, pág. 30.

(789) El texto propuesto era el siguiente: «La guarda y custodia compartida sólo será posible cuando exista acuerdo entre las partes sobre las mismas y sobre el uso de la vivienda habitual, la pensión alimenticia y sobre cuantos extremos resulten necesarios para asegurar la educación, bienestar y protección de los menores. En estos casos, el Plan de Responsabilidad Parental presentado por las partes deberá ser ratificado por el Juez debiendo fundamentar su resolución en la mejor protección del interés del menor. Además, deberá adoptar las cautelas procedentes para el eficaz cumplimiento del régimen de guarda, comunicación y estancias». Tal propuesta se fundamentaba en que «La guarda y custodia compartida exige una situación de acuerdo y comunicación entre ambos padres muy similar a la que existía durante el matrimonio. Por ello, una vez disuelto el matrimonio o decretada la separación judicial de los padres, sólo en caso de que éstos lleguen a un acuerdo sobre el ejercicio de la guarda y custodia conjunta debe aprobarse. Se trata de que los padres presenten al juez un plan de responsabilidad parental que incluya acuerdos sobre la residencia del menor, la vivienda, la pensión alimenticia, etc., y que éste compruebe que ésta es la situación que más favorece la protección y bienestar del menor». *BOCG Congreso*. VIII Legislatura. Serie A. 15 de marzo de 2005, núm. 16-8, pág. 50. Además, cabe destacar que el art. 233.10 del «Anteproyecto de Ley por el cual

2.3. Principio de igualdad entre los progenitores

2.3.1. La consagración de la guarda y custodia compartida y el principio de igualdad jurídica entre progenitores

Habiendo analizado los antecedentes históricos generales de la custodia compartida(790), podemos señalar que, en la gran mayoría de los países cuyas legislaciones la contemplan, el establecimiento de la misma ha estado precedido por un importante debate social y jurídico en torno a la igualdad real o material entre los progenitores y, si bien en Europa la recepción legal de la custodia conjunta no siempre ha ido acompañada de una declaración expresa que refuerce la igualdad de roles parentales, claro está que ha sido una de sus directrices informadoras(791). En otros países, sin embargo, se ha consagrado positivamente el deber de considerar a ambos padres en pie de igualdad para la determinación de los derechos y responsabilidades parentales, sin conceder preferencia a uno de los progenitores respecto del otro debido a su sexo, edad, estado civil, o sexo del hijo. Así sucede en un gran porcentaje de Estados de Estados Unidos, como por ejemplo Kansas, cuya ley establece que en ningún caso se considerará que uno de los padres tiene derechos adquiridos respecto de la custodia o residencia de un hijo en perjuicio del otro padre, con independencia de la edad del menor, y que no existirá presunción de que la adjudicación de la custodia o de la residencia a la madre coincide con el mejor interés del niño menor de un año *(infant)* o del niño de corta edad *(young child)*(792).

---

se aprueba el Libro Segundo del Código Civil de Catalunya relativo a la persona y la familia» contempla la existencia de un «plan de parentalidad», es decir, una propuesta por escrito que deberán presentar los cónyuges al juez de manera conjunta o separada en todos los casos de ruptura y en la que detallarán cómo se relacionarán con los hijos cuando no estén con ellos, cómo ejercerán sus responsabilidades, cómo adoptarán las decisiones que afecten a su cuidado y educación y, en definitiva, qué labores ejercerán cada uno y qué tiempo dedicarán a ello.

(790) *Vid. supra* epígrafe 1.2 del presente Capítulo.

(791) Así sucede, por ejemplo, en Suecia, donde se ha afirmado que las normas sobre la custodia se basan en el principio de que el menor necesita mantener relaciones estrechas y positivas con ambos padres cuando éstos se separan; agregando, en este sentido, que las normas suecas parten del supuesto de que ninguno de los padres es más idóneo que el otro para obtener la custodia simplemente en razón de su sexo. Cfr. MINISTRY OF JUSTICE, Sweden, «Custody of...», *op. cit.*, pág. 2.

(792) Cfr. *Kansas Statute No. 60-1610, chapter 60, article 16, 3), B.* De manera similar se ha establecido esta regla: en Maine (núm. 4 de los *Maine Revised Statutes Annotated, title*

Por otra parte, es posible observar que no sólo existe una consagración y promoción directa del principio de igualdad a favor de los progenitores, sino que la proscripción de la discriminación en contra de los menores alcanza también a los mayores bajo cuyo cuidado se encuentran. De ello da cuenta la particular visión que subyace en la CDN en materia de igualdad. En efecto, este instrumento internacional contempla uno de los conceptos más omnicomprensivos del principio de «no discriminación», ya que no sólo prohíbe efectuar diferencias arbitrarias en contra del menor sino también respecto de sus padres y representantes legales. Su art. 2.1 establece que «los Estados Partes respetarán los derechos enunciados en la presente Convención y asegurarán su aplicación a cada niño sujeto a su jurisdicción, sin distinción alguna, independientemente de la raza, el color, el sexo, el idioma, la religión, la opinión política o de otra índole, el origen nacional, étnico o social, la posición económica, los impedimentos físicos, el nacimiento o cualquier otra condición **del niño, de sus padres o de sus representantes legales»**[(793)]. Y aunque la CDN no ha establecido qué entiende por «discriminación», el Comité de Derechos Humanos, que es el órgano de Naciones Unidas encargado de vigilar el cumplimiento de las normas del Pacto Internacional de los Derechos Civiles y Políticos de 1966 (en adelante, PIDCP) e interpretar su contenido, ha señalado que la «no discriminación», junto con la igualdad ante la ley y la igual protección de la ley, constituye un principio básico y general relativo a la protección de los Derechos Humanos; agregando, en cuanto a la discriminación en contra de los niños y niñas, que el art. 24 del PIDCP dispone que todo niño, sin discriminación alguna, tiene derecho a las medidas de protección que su condición de menor requiere, tanto por parte de su familia

19-A: Domestics Relations §1653, sub-§1, de 21 de septiembre de 2001); en California (art. 3040, letra a.1, del *California Family Code*); en Louisiana (letra A, núm. 2, del art. 131, sobre *Custody of children pending the litigation* del *Civil Code*); en Missouri (núm. 8 de los *Missouri Revised Statutes, chapter 452, Dissolution of Marriage, Divorce, Alimony and Separate Maintenance, Section 452.375.1*, de 28 de agosto de 2001); en Alaska (*Alaska Statutes, title 25 — AS 25.20.060*, letra b); en Nevada (*Nevada Revised Statutes, Chapter 125, NRS 125.480.2*); Mississippi (núm. 7 de la *SEC. 93-5-24* del *Mississippi Code of 1972, as amended by Laws 2000, Ch. 453, Secc. 1; HB214;* en vigor desde el 1 de julio de 2000); en Florida (art. 61.13 de los *Florida Statutes Annotated*); y en Texas (*Texas Family Code, chapter 153 — Conservatorship, possesion and access §153.003*).

(793) La negrita es nuestra.

como de la sociedad y del Estado(794). En particular, el Comité de Derechos Humanos destaca que, en ciertos casos, dicho Pacto exige expresamente a los Estados Partes que adopten medidas que garanticen la igualdad de derechos de las personas de que se trate. Así, el párrafo cuarto del art. 23 del PIDCP estipula que deben efectuarse acciones apropiadas para asegurar la igualdad de derechos y de responsabilidades de ambos esposos en cuanto al matrimonio, durante el matrimonio y *en caso de disolución del mismo*(795).

En España, la Ley 15/2005 suscitó un interesante debate social en torno al principio de igualdad entre progenitores. En efecto, su establecimiento ha sido impulsado, principalmente, por asociaciones de padres (varones) separados y divorciados que, reivindicando su papel en la formación integral de sus hijos sobre la base del principio de igualdad, demandaron al Estado el reconocimiento legal de un mayor protagonismo en el desarrollo de las funciones de convivencia con los mismos. De esta forma, entre las ventajas que este instituto presenta frente a la custodia unilateral, se aduce que fortalece la igualdad de roles entre hombres y mujeres, padres y madres, y su progresiva y equitativa responsabilidad en la educación de sus hijos, quienes se verían beneficiados al crecer en un ambiente donde los valores de la igualdad y respeto quedan mejor protegidos que en el actual sistema patriarcal y sexista(796).

(794) Cfr. Comité de Derechos Humanos: Observación General núm. 18 (1989), *No Discriminación*, Ginebra, U.N. Doc. HRI/GEN/1/Rev.7 at 168, 1.º de noviembre de 1989, pfo. 1 y 5.

(795) Cfr. Comité de Derechos Humanos: Observación General núm. 18 (1989), *No Discriminación*, Ginebra, U.N. Doc. HRI/GEN/1/Rev.7 at 168, 1.º de noviembre de 1989, pfo. 5. La cursiva es nuestra.

(796) Resulta interesante revisar una encuesta realizada para la «Asociación SOS papá» poco antes de la entrada en vigor de esta controvertida ley. Arrojaba los siguientes resultados. A la pregunta «¿está usted a favor o en contra de que, tras un divorcio, los hijos puedan continuar relacionándose por igual con ambos progenitores?», el 90% de los entrevistados se manifestaron a favor; el 3%, en contra, y el 7% no supo o no contestó. A la pregunta «cuando no hay acuerdo entre los ex cónyuges respecto a la custodia de los hijos, ¿está usted a favor o en contra de una ley de custodia compartida?», el 83,6% de los encuestados contestaron a favor; el 4,8%, en contra, y el 11,6% no supo o no contestó. Por último, a la pregunta «¿considera honesta o deshonesta la actitud de los políticos que están a favor de la igualdad pero en contra de la custodia compartida?», el 8,6% señaló que la consideraba honesta, y el 64,3%, deshonesta. Intergallup, S.A. (Grupo Gallup España), *Encuesta sobre Custodia Compartida*, Referencia 050110, abril de 2005 [www.custodiacompartida.org/content/view/124/]. La ficha técnica de este estudio es la siguiente. Universo: población española de 18 y más años. Ámbito geográfico: Nacional,

2.3.2. *Introducción de la guarda y custodia compartida en España, igualdad parental y movilización social*

A la igualdad jurídica entre hombre y mujer se refiere la Exposición de Motivos de la Ley 15/2005, al establecer que «esta reforma legislativa también ha de ocuparse de determinadas cuestiones que afectan al ejercicio de la patria potestad y la guarda y custodia de los hijos menores e incapacitados, cuyo objeto es procurar la mejor realización de su beneficio e interés, y hacer que **ambos progenitores** perciban que su responsabilidad para con ellos continúa, a pesar de la separación o el divorcio, y que la nueva situación les exige, incluso, un mayor grado de diligencia en el ejercicio de la potestad»(797). A mayor abundamiento, en cuanto a la igualdad de roles que ambos progenitores deben desempeñar en el ejercicio de la corresponsabilidad parental, el Ministro de Justicia señaló, al promulgarse dicha ley, que esta reforma estaba dirigida a la más plena igualdad de derechos y oportunidades de la mujer. Se trata, señaló, de desterrar la concepción que tradicionalmente le es asignada en el cuidado familiar (binomio maternidad-hogar), mediante la creciente asunción de roles compartidos por ambos progenitores en lo que respecta a la guarda y custodia de los hijos; agregando que, para que la mujer participe en condiciones de equidad en la vida pública, debe garantizarse que pueda hacerlo también en su vida privada(798).

En este orden de ideas, creemos que no se puede desconocer la existencia de ciertos condicionamientos sociales que han alterado los tradicionales criterios de atribución de la guarda y custodia de los hijos. Así, desde hace algunos años, se advierte un proceso de revisión de dichas pautas que es, en definitiva, lo que ha pretendido reflejar la referida reforma legal(799).

---

exceptuando Canarias, Ceuta y Melilla. Tamaño muestral: 964 n. Entrevistas: Telefónicas mediante sistema CATI en el hogar de los entrevistados. Fecha del trabajo de campo: del 25 al 29 de abril de 2005.

(797) La negrita es nuestra.

(798) Cfr. LÓPEZ AGUILAR, J., «Los criterios...», *op. cit.,* págs. 4-5. Sobre algunos apectos de los aquí comentados, *Vid.* LATHROP GÓMEZ, F., «Custodia compartida de los hijos e igualdad material entre progenitores», en Figueruelo, A., Ibáñez M. L., Merino, R. M. (editoras), Igualdad *¿para qué? (A propósito de la L.O. de Igualdad efectiva entre mujeres y hombres),* Granada, Comares, 2007, págs. 251-280.

(799) Así lo demuestra la SAP de Barcelona de 12 enero de 2006 (LA LEY 2969/2006), al afirmar que *«se han de modificar en definitiva los parámetros conforme a los cuales se vienen resolviendo estos problemas y adecuarlos a las condiciones actuales de cada*

Entre dichos factores de cambio social se encuentran la lucha progresiva por la igualdad jurídica y material entre hombre y mujer; la incorporación femenina normalizada al mundo del trabajo; la reivindicación de la igualdad económica, social y familiar, que ha implicado el surgimiento de conflictos de intereses hasta ahora desconocidos; y el ejercicio de la libertad sexual de hombres y mujeres en un plano de igualdad, que ha significado la consolidación de una nueva conciencia social, con nuevos hábitos y pautas de comportamiento(800).

Al respecto, y como hemos analizado, la custodia compartida viene a expresar la necesidad de que ambos progenitores se impliquen en las tareas de cuidado parental. Sobre la base del principio de igualdad entre hombre y mujer, la custodia conjunta contribuiría a desterrar la asignación de los roles que tradicionalmente les son asignados: de provisión y seguridad económica y el cumplimiento de labores domésticas, respectivamente.

Sin embargo, diversos sectores del feminismo y la gran mayoría de las agrupaciones de madres separadas y divorciadas, han puesto en tela de juicio muchos de los beneficios atribuidos a la custodia conjunta. Resulta cuando menos paradójico que estos colectivos, tradicionalmente abanderados por la lucha de la igualdad de género, vean con perplejidad el establecimiento de un modelo compartido de cuidado personal de los hijos que, teóricamente, promovería la desaparición del papel históricamente asignado a la mujer en el seno familiar. De hecho, en el mismo mundo del feminismo existen posturas que defienden la custodia conjunta como sistema que permite balancear efectivamente el cumplimiento de los roles domésticos y de cuidado de los hijos y, por otra parte, corrientes que la rechazan al atribuirle la desventaja de perpetuar la asignación de las funciones tradicionalmente asociadas a la mujer.

---

familia. El art. 3 del Código Civil indica claramente que las normas deben interpretarse conforme a la realidad social del tiempo en que han de ser aplicadas y es un hecho notorio, que el funcionamiento interno de las familias, en cuanto a distribución de roles entre el padre y la madre, ha evolucionado hacia una mayor participación del padre en la tarea del cuidado de los menores, convirtiéndose en una figura presente que ha asumido la función cuidadora». En este mismo sentido, la SAP de Córdoba de 24 abril de 2006 (LA LEY 100628/2006).

(800) Algunos de dichos factores son enumerados por ORTUÑO MUÑOZ, J., «Pàtria potestad...», *op. cit.*, pág. 121, y en «Criterios sobre la...», *op. cit.*, págs. 479-480.

Como vemos, la defensa del principio de igualdad genera argumentos, tanto para promover como para descartar la custodia compartida. Ello explica la gran polémica levantada en torno a su implementación jurídica y social, y el abundante debate existente al respecto en las más variadas disciplinas dedicadas al estudio de la familia, desde luego, en el Derecho y en la Psicología. En suma, es posible advertir que diversos grupos sociales conformados, generalmente, únicamente por padres y madres, en su caso, tienen como bastión de lucha la consecución del principio de igualdad sobre la base de intereses diametralmente opuestos. En el primer caso, se persigue ejercer la custodia de los hijos en condiciones de paridad junto a las progenitoras, tradicionalmente consideradas más aptas para ejercer las labores de cuidado y crianza de los hijos comunes, invocando, además, el derecho del hijo a seguir gozando de relaciones directas y regulares con sus dos padres. En el segundo caso, se reivindica el principio de igualdad señalando que la custodia compartida puede generar situaciones abusivas dada la desigualdad real existente aún en la sociedad española, injusticias que, en definitiva, pueden acarrear que las madres accedan al establecimiento de la custodia conjunta frente a las presiones económicas de sus ex cónyuges —que continúan estando en condiciones de superioridad para negociar estos aspectos—, a cambio de continuar gozando de un nivel de vida que les permita seguir desenvolviéndose con cierta estabilidad patrimonial y al cual no han podido acceder o no podrían acceder en situación de paridad junto al sexo opuesto precisamente por esa profunda y arraigada diferencia denunciada. Piénsese, por ejemplo, en la brecha salarial existente (del 30%, aproximadamente[801]) y en las dificultades de la mujer para reincorporarse al mundo laboral tras años de renuncia a cualquier clase de promoción y calificación profesional[802].

(801) Según la Encuesta de Estructura Salarial del INE de 2004, el salario promedio anual femenino supuso el 71,3% del masculino.

(802) Otros datos que reflejan estas desigualdades los encontramos en el porcentaje de trabajadoras que deben reducir sus jornadas laborales o que son despedidas al quedarse embarazadas; o en el hecho de que una de cada seis mujeres que trabaja en España no cotiza en la Seguridad Social (según los datos de la Encuesta de Población Activa y el Anuario de Estadísticas Laborales y de Asuntos Sociales de 2004). Por otro lado, conforme a la Encuesta de Calidad de Vida del Trabajo del año 2004, realizada por el Ministerio de Trabajo y Asuntos Sociales, independientemente de la situación laboral de su pareja —ocupada o no—, la mitad de las mujeres asumen en solitario las tareas domésticas (48,7% si trabaja su pareja y 50% si su cónyuge no trabaja); y casi el 34% de las mujeres ocupadas con hijos a cargo menores de 12 años asumen principalmente solas el

Al respecto, algunos sectores han cuestionado el discurso tradicional de igualdad de género que subyace en la defensa de la custodia compartida, pues la reforma llevada a cabo conduciría más bien hacia la igualdad formal y no material[(803)], llegando incluso a sostenerse que la instauración de la custodia compartida crearía una desigualdad en el resultado[(804)]. Ello se produciría debido a que el mayor grado de poder contractual de los padres, fruto de esta cultura igualitaria, se vería reforzado ante la imposición judicial de esta modalidad de cuidado personal de los hijos. El modelo de estructura familiar actual, al diseñarse sobre la base de una distribución complementaria de responsabilidades, invisibilizaría las relaciones de poder entre hombres y mujeres y la posición subordinada de éstas en la familia. Así, si bien se experimentan algunas transformaciones en los roles que tradicionalmente le son asignados al hombre y a la mujer, el reparto del trabajo doméstico y las prácticas reales de cuidado de los menores continuarían radicadas primordialmente entre las mujeres.

Por otra parte, se ha afirmado que la custodia conjunta perjudica a las mujeres al potenciar las posibilidades de que sea el padre quien la solicite y obtenga. Esta situación crearía un efecto perverso, puesto que «como la madre valora casi siempre mucho más que el padre la custodia de los hijos, acabará estando dispuesta a renunciar a todo (pensión, alimentos, bienes matrimoniales)»[(805)]. Al respecto, creemos que el juez debe garantizar que el establecimiento de la guarda y custodia compartida y las cuestiones patrimoniales conexas a ella, se acuerden en conformidad al principio de protección del cónyuge más débil, de manera que la negociación se lleve a cabo en paridad de condiciones y las transacciones que se efectúen se mantengan ajenas a presiones y concesiones ilegítimas. En tal sentido no podemos desconocer que, en muchos casos, es el marido quien continúa

---

cuidado de los hijos fuera de su horario laboral. Asimismo, según la Encuesta de Empleo del Tiempo 2002-2003 del Instituto Nacional de Estadística, las labores domésticas y de cuidado de los hijos son esencialmente femeninas; pasan más tiempo en el hogar pero las funciones que asume al interior del mismo les significa, en un día promedio, una hora menos de tiempo libre que los hombres.

(803) Cfr. Goiriena Lekue, A., «La Custodia Compartida...», *op. cit.*, pág. 57.

(804) En efecto, sectores feministas han criticado la doctrina de la custodia alternada calificándola como una vía que otorga poder a los padres como colectivo, debilitando, a su vez, el poder individual de las madres. Cfr. Huaita Alegre, M., «Derecho de custodia...», *op. cit.*, pág. 558.

(805) Carrasco Perera, A., «Custodia...», *op. cit.*, pág. 1.

ejerciendo la posición económica más ventajosa, lo cual provoca que en el juicio de divorcio la mujer sufra intimidaciones con respecto a la custodia de los hijos. Sin embargo, el legislador español prevé ciertos remedios frente a esta distorsión, como la norma conforme a la cual el juez debe velar por el interés del cónyuge más débil (párrafo antepenúltimo del art. 90 del CC) y que, aplicada con prudencia, puede llegar a constituir una herramienta de gran utilidad en la consecución de dicha igualdad material.

En todo caso, creemos que el legislador de 2005 ha intentado poner límites a esta desigualdad real en el seno familiar a través de la modificación del art. 68 del CC, ubicado en el Capítulo IV, relativo a los derechos y deberes de los cónyuges, del Título II del Libro I del CC, agregando a los tradicionales deberes de vivir juntos, guardarse fidelidad y socorrerse mutuamente, los de «compartir las responsabilidades domésticas y el cuidado y atención de ascendientes y descendientes y otras personas dependientes a su cargo»(806). Al parecer, mediante este precepto ubicado fuera de la reglamentación de los efectos comunes a la nulidad, separación y divorcio del Capítulo IX del Título IV del CC, donde se regula la custodia compartida, el legislador ha pretendido establecer un soporte normativo de esta figura. Se ha intentado, a nuestro juicio, concretar el principio de corresponsabilidad parental reforzando la vigencia del principio de igualdad jurídica, para que hombre y mujer, padre y madre, puedan reconstruir sus relaciones de familia en paridad de condiciones(807).

2.3.3. *El impacto de la Ley 15/2005 y de la LO 3/2007 en materia de igualdad parental*

Frente a la realidad descrita en los epígrafes anteriores, podría sostenerse que la reforma de 2005 se ha apresurado al implementar la modalidad de custodia compartida. La negativa inicial a legislar en la materia por par-

(806) El origen de esta modificación lo encontramos en la enmienda núm. 37 presentada en el Congreso de los Diputados por el Grupo Parlamentario Vasco (*BOCG Congreso.* VIII Legislatura. Serie A. 15 de marzo de 2005, núm. 16-8, pág. 32), que tenía por objeto «proclamar la igualdad en aspectos considerados responsabilidad exclusiva o preferente de la mujer».

(807) Sin embargo, esta modificación ha sido criticada por RODRÍGUEZ CHACÓN, R. (*Matrimonio…, op. cit.,* págs. 74-75), quien considera que estos nuevos extremos serán, al igual que los demás deberes contenidos en los arts. 67 y 68 del CC, inefectivos e inexigibles jurídicamente.

te de diversos colectivos de mujeres separadas y ciertos condicionamientos posteriores exigidos para la implementación de la misma, responden a la idea de que aún no están dadas totalmente las condiciones sociales suficientes y adecuadas para la instauración de un régimen de custodia que requiere, idealmente, no sólo un mínimo de entendimiento y colaboración entre los progenitores, como a menudo suele señalarse en el plano doctrinal, sino también una igualdad material entre hombre y mujer.

Es en este orden de ideas donde, a nuestro juicio, cobra importancia la Ley Orgánica 3/2007, de 22 de marzo, «para la igualdad efectiva de mujeres y hombres», pues ella sienta las bases sobre las cuales la Ley 15/2005 puede desarrollar su función promocional de la igualdad parental al interior y exterior de la familia. La nueva Ley reconoce y dispone una serie de elementos esenciales para el desarrollo de los principios de corresponsabilidad parental y conciliación de la vida familiar y laboral y, en este sentido, podría contribuir a llenar ese «vacío» que impide la justa aplicación de diversas expresiones del principio de corresponsabilidad, como la custodia compartida.

La LOIE, que transpone la Directiva comunitaria 2002/73/CE, relativa a la igualdad de trato entre hombres y mujeres, pretende hacer efectivo el principio de igualdad y eliminar toda discriminación contra la mujer. Para ello, contempla un conjunto de medidas transversales en todos los órdenes de la vida política, jurídica y social. Como lo señala su Exposición de Motivos, el carácter horizontal que reviste el principio de igualdad se ve reflejado en la estructura de esta Ley, que efectúa una proyección general de esta directriz en diversos ámbitos normativos, de forma que su vocación es erigirse como una «ley-código de la igualdad entre hombres y mujeres».

La LOIE reconoce el derecho a la conciliación de la vida personal y laboral y el fomento de una mayor corresponsabilidad entre mujeres y hombres en la asunción de las obligaciones familiares. Establece la representación equilibrada entre mujeres y hombres en todos los ámbitos de las Administraciones Públicas y de los Consejos de Administración de las empresas; fijando, además, la composición equilibrada de hombres y mujeres en las listas electorales.

En lo que respecta a la custodia compartida, podemos señalar que la LOIE tiene incidencia en los aspectos relativos a la corresponsabilidad familiar y, fundamentalmente, en el reforzamiento de las políticas de conciliación de la vida familiar y laboral, así como en la creación e implementación de otras nuevas.

El art. 3 de la LOIE establece que «el principio de igualdad de trato entre mujeres y hombres supone la ausencia de toda discriminación, directa o indirecta, por razón de sexo, y, especialmente, las derivadas de la maternidad, la **asunción de obligaciones familiares** y el estado civil»(808). Es más, la LOIE ha elevado la igualdad de trato y de oportunidades entre mujeres y hombres a la categoría de principio informador del ordenamiento jurídico, prescribiendo que, como tal, se integrará y observará en la interpretación y aplicación de las normas jurídicas (art. 4). A mayor abundamiento, su Título II, referido a las «Políticas públicas para la igualdad», establece que «el principio de igualdad de trato y oportunidades entre mujeres y hombres informará, con carácter transversal, la actuación de todos los Poderes Públicos. Las Administraciones Públicas lo integrarán, de forma activa, en la adopción y ejecución de sus disposiciones normativas, en la definición y presupuestación de políticas públicas en todos los ámbitos y en el desarrollo del conjunto de todas sus actividades» (art. 15).

De esta forma, la LOIE ha dotado a las mujeres de herramientas jurídicas efectivas que facilitarán el acceso al trabajo y la compatibilización entre éste y el cuidado material de los hijos (piénsese, desde luego, en los diversos beneficios de carácter laboral reconocidos). Por otra parte, es de esperar que la implementación de las diversas medidas transversales previstas en dicha ley permita, en un futuro no muy lejano, crear las condiciones sociales adecuadas para que tanto el padre como la madre se involucren por igual en las tareas domésticas y familiares. De esta forma, se van removiendo obstáculos a la aplicación de la custodia compartida, de manera que se justifica la función promocional y pedagógica de la misma. Se comienza a recorrer así el *íter* de la corresponsabilidad familiar, desde sus expresiones más mínimas como, por ejemplo, el reconocimiento de derechos laborales por razón de paternidad en situaciones de normalidad matrimonial, hasta la coparticipación e implicación efectiva de ambos progenitores no obstante la crisis conyugal. Así, si las previsiones contenidas en la Ley 15/2005 y en la LOIE generan las bases para su aceptación

(808) La negrita es nuestra.

social, la custodia compartida debiera ir ganando terreno como sistema de organización familiar posterior a la ruptura matrimonial, de manera que, paulatinamente, llegue a consolidarse una jurisprudencia que invierta la regla general práctica de asignación individual del cuidado de los hijos que actualmente se encuentra arraigada en el Derecho español.

Reformas recientes llevadas a cabo en el contexto jurídico europeo nos demuestran la vinculación entre la custodia compartida y la igualdad entre progenitores. El proyecto de ley de reforma del Código Civil francés titulado *La reforma de la autoridad parental: los nuevos desafíos de los derechos de las familias* [809], presentado por el Gobierno francés el 27 de febrero de 2001 y que luego se transformaría en la Ley núm. 2002-305, de 4 de marzo, señalaba, entre sus motivaciones, que el ejercicio de la función parental no puede considerarse con independencia de las cuestiones de igualdad social e igualdad entre los sexos. Agregando que, promover una coparentalidad es permitir a los padres y a las madres el establecimiento de un equilibrio entre la vida profesional, social y familiar; y que la consideración de esta última en la organización del tiempo profesional debe afectar tanto a los hombres como a las mujeres.

2.3.4. La consideración de los diversos intereses involucrados en la situación de crisis familiar

La relevancia del principio de igualdad entre progenitores en materia de responsabilidad parental, nos lleva a abordar la problemática de la atribución de la guarda y custodia de los hijos, y la elección de la modalidad en que se ejercerá, desde una perspectiva integral que considere los diversos intereses personales involucrados. Semejante desafío se presenta complejo, pues reformula la valoración que tradicionalmente se efectúa al adoptar una decisión relativa al cuidado de los hijos.

En efecto, suele afirmarse que el elemento preponderante al que debe atenderse es el interés superior del menor[810], idea que se encuentra fuerte-

(809) http://www.famille.gouv.fr/doss_pr/aut_parent/exercer.htm#garde.

(810) A modo de ejemplo, la SAP de Alicante de 3 de marzo de 2005 (LA LEY 50731/2005) afirma que es el principio del beneficio del menor el que impera en estos casos, de manera que lo esencial no son los intereses de los padres cuyas vidas seguirán caminos distintos.

mente consagrada en la legislación nacional e internacional. Sin embargo, cabe preguntarse qué sucede con el interés de los padres involucrados en esta decisión. En primer lugar, la vida de los progenitores se ve sustancialmente afectada desde el momento mismo en que uno de ellos deja de convivir habitualmente con su hijo a consecuencia de la ruptura conyugal o de pareja. En segundo lugar, proyectando la situación personal y de vida de cada progenitor, debemos representarnos la posibilidad de que conformen una nueva pareja o matrimonio e, incluso, que nuevos hijos se ensamblen a esta nueva realidad familiar. En tercer lugar, es importante evaluar las condiciones en que cada uno de los ex cónyuges establece las bases de su vida postruptura; en particular, nos interesa destacar la situación de igualdad material a la que nos hemos referido y que se relaciona con la plataforma de negociación en que las partes se encuentran para definir las condiciones materiales de vida ulteriores a la separación o divorcio. Frente a estas tres aristas, es necesario tener en consideración que las expectativas de vida relacionadas con la disgregación familiar han cambiado notablemente como consecuencia del intercambio de roles domésticos que antes comentábamos. Así, mientras el padre y la madre más hayan nivelado e igualado sus roles y compromisos familiares y extrafamiliares, más intensa será la exigencia por mantener la posición alcanzada con posterioridad a la ruptura.

Por lo anterior, entendemos que la idea asentadísima de la consideración primordial del interés del menor no debe descartar la valoración de otros intereses que gravitan en torno a la atribución de la guarda y custodia de los hijos[811]. Esta temática adquiere un especial relieve frente a la posibilidad de instaurar la custodia compartida, ya que, evidentemente, esta figura contribuye a que los deslindes de las esferas individuales de esta estructura triangular (padre-madre-hijo) aparezcan más difusas que en una atribución unilateral de la misma. La alternancia en el cuidado del hijo, sin llegar provocar interferencias directas, fomenta un mayor conocimiento e involucración en las situaciones de vida de los ex cónyuges.

(811) En efecto, el Anteproyecto de la Ley de 2005 señalaba que la custodia compartida se determinaría «en beneficio exclusivo de los menores». En cambio, el Proyecto introdujo la frase «en interés exclusivo de los hijos» y el Informe de la Ponencia se remitió solamente al «interés superior del menor».

Así, por ejemplo, en el Derecho estadounidense se ha señalado que una solución exitosa a las preguntas sobre cómo y en qué grado el mantenimiento del menor y el régimen de comunicación y estancia deben estar vinculados, podría ser el establecimiento de un justo equilibrio entre tres intereses: a) las necesidades del niño en cuanto a su mantenimiento financiero y emocional y el cuidado físico de ambos padres; b) la necesidad humana de los progenitores de relacionarse con otros; c) y la necesidad de éstos de autonomía personal. Una nueva y diferente aproximación a estas cuestiones balancearía, tanto las necesidades de los niños como la autonomía personal, seguridad y niveles emocionales, físicos, sociales y financieros de ambos padres, de modo neutral en cuanto al género de ambos. Esto podría lograrse mediante la fórmula denominada dualidad paterna/dual responsabilidad a la cual ya nos hemos referido(812).

En definitiva, creemos que la actividad judicial debe enfocar la problemática de la atribución de la guarda de los hijos y, muy especialmente, la modalidad de la misma, intentando lograr un equilibrio entre los intereses de los hijos (que será siempre la consideración primordial, pero no excluyente, conforme al art. 3 de la CDN), pero también su interrelación con los de los padres, subdistinguiendo en cuanto a estos últimos, su condición de progenitores propiamente dichos y la autonomía que les corresponde como hombre y mujer. Incluso, algunos autores(813) han agregado un cuarto interés comprometido: la no separación de los hermanos o principio de unidad familiar, al cual nos referimos en el Capítulo I de este trabajo.

2.4. Principio de la coparentalidad

2.4.1. La crisis del modelo unilateral de ejercicio de la guarda y custodia de los hijos

2.4.1.1. Las críticas hacia la guarda y custodia unilateral de los hijos

El reconocimiento del derecho del hijo a la coparentalidad consiste en garantizar la continuación de las relaciones afectivas del menor con ambos

(812) Cfr. Czapanskiy, K., «Child support...», *op. cit.*, págs. 350-351. *Vid. supra* la letra *b* del epígrafe 1.2.2.4 del presente Capítulo.

(813) Cfr. Huaita Alegre, M., «Derecho de custodia...», *op. cit.*, pág. 551.

progenitores no obstante la crisis familiar. En este sentido, es evidente la ventaja comparativa que la guarda conjunta presenta frente a la custodia unilateral; sin entrar a valorar la conveniencia o inconveniencia de esta figura jurídica en el caso concreto, nos parece que sus postulados se basan, a diferencia de la modalidad exclusiva, en la continuación de los lazos filiales afectivos tras la ruptura conyugal.

En efecto, la gran mayoría de las críticas dirigidas a la custodia unilateral se basan en la defensa del derecho a la coparentalidad. A grandes rasgos, diversos sectores sociales representados en su gran mayoría por las agrupaciones de padres separados o divorciados han señalado que, bajo este último sistema, a menudo se observan relaciones inadecuadas, irregulares o inexistentes entre padre o madre no custodio y los hijos. La guarda compartida, en cambio, tiene por objeto preservar la cotidianeidad de dichas relaciones paterno-filiales de manera que se desarrollen contactos frecuentes con ambos padres. Por ello se viene observando una tendencia cada vez más asentada en la doctrina y jurisprudencia que otorga la custodia de los hijos al progenitor que ofrezca las mayores y más adecuadas garantías de acceso al menor al otro cónyuge[(814)].

Revisemos otras críticas frecuentemente mencionadas.

Es opinión unánime que, normalmente, con el abandono de la casa familiar el progenitor no custodio comienza a alejarse del mundo cotidiano del hijo. La separación conyugal comporta en este sentido la imposibilidad de seguir de cerca el crecimiento del menor y de brindarle el cuidado personal habitual, pues ya no forma parte del ambiente al cual el hijo se encuentra material y emotivamente ligado. La ausencia de relaciones cotidianas y económicas, dada la relegación al papel de deudor de una pensión alimenticia que es entregada directamente al guardador sin posibilidad de satisfacer directamente las necesidades del menor, termina

(814) Este criterio es denominado *«friendly parent»* en el Derecho anglosajón. Así, por ejemplo, en el estado de Missouri, donde se han adoptado los criterios contenidos en la *Uniform Marriage and Divorce Act,* se ha agregado la exigencia por la cual el juez debe considerar, dentro de los factores que determinan el mejor interés del hijo, qué progenitor está más dispuesto a facilitar al hijo relaciones frecuentes y significativas con el padre o madre no conviviente. Cfr. *Missouri Revised Statutes, chapter 452, Dissolution of Marriage, Divorce, Alimony and Separate Maintenance, Section 452.375.(2)(6),* de 28 de agosto de 2001.

por marginarlo absolutamente de la vida familiar. De esta forma, la parentalidad que le cabe ejercitar se ve limitada a dos aspectos: la titularidad de la patria potestad (y no siempre su ejercicio) que le permite injerir tangencialmente en algunos ámbitos de la vida del hijo y la realización de un régimen de comunicación y estancia. Por otra parte, se ha denunciado que es frecuente que el progenitor guardador, generalmente la madre, conciente o inconscientemente, traslade su propio resentimiento contra el ex cónyuge, creando o fomentando actitudes y sentimientos hostiles en los hijos, dificultando así el ejercicio del régimen de comunicación y estancia y produciendo, en definitiva, un distanciamiento total entre los menores y el padre o madre no custodio[(815)].

En definitiva, puede observarse que el modelo de custodia individual está siendo fuertemente reprobado en diversos ámbitos de la vida social. La principal debilidad que le es atribuida es que no garantiza la continuación de lazos afectivos significativos entre hijo y progenitor no custodio. En este sentido, cada vez son más las voces que se levantan en la doctrina y en la jurisprudencia para reclamar la sustitución de las denominaciones «guarda y custodia» y «derecho de visitas» por la fuerte carga negativa que representan al sugerir la existencia de un progenitor custodio «ganador» y otro visitante, el «perdedor»[(816)]. Así lo señala la SAP de Madrid de 23 de septiembre de 1997 al pronunciarse sobre un caso en que las partes habían eludido, libre y concientemente, referirse a la asignación de la «custodia» de los hijos a uno u otro progenitor para referirse a «aquel en cuya compañía se encuentran los menores en cada momento». La sentencia pone de manifiesto que «existe una demanda social, cada vez más acentuada, de eliminaciones terminológicas, que no responden a un sustrato fáctico y que crean estigmas formales que deben ser eludidos, en una aplicación de la Ley conforme a la realidad social de cada momento, conforme prescribe el art. 3 del Código Civil».

Esta institución ha sido también cuestionada jurídicamente sobre la base de los principios de corresponsabilidad familiar e igualdad de género. Así, podemos afirmar que en el Derecho comparado se ha transformado en un

(815) *Vid. infra* el siguiente epígrafe 2.4.1.2, sobre el síndrome de alienación parental y de la madre maliciosa.

(816) *Vid.*, por todos, ZARRALUQUI SÁNCHEZ-EZNARRIAGA, L., «Disponibilidad del objeto...», *op. cit.*, págs. 58-60.

sistema desgastado, ineficaz, teóricamente en retirada dada la introducción de nuevos institutos basados primordialmente en la corresponsabilidad parental. En este sentido, en Italia, por ejemplo, se ha llegado a afirmar que la elección del modelo absolutamente monoparental es un resabio de la visión que niega la centralidad del menor en el ámbito familiar y que no lo considera un sujeto, sino un objeto de la separación, constreñido a sufrir las consecuencias de un proceso iniciado y conducido por otros. Asimismo, se afirma que es un efecto de la separación culposa y de la valoración de la voluntad del progenitor «inocente» de excluir al otro de la relación con los hijos(817).

Por otra parte, diversas investigaciones en el ámbito psicojurídico han revelado que los hijos de padres separados presentan una gran insatisfacción frente a los patrones tradicionales de visita del progenitor no guardador, manifestando un deseo de mantener con éste contactos menos vinculados a rígidos esquemas prefijados. En este sentido, se agrega que existe una relación importante entre la frecuencia de los contactos padre-hijo y la adaptación psicológica y social del menor al divorcio. En cuanto a los progenitores, se ha afirmado que los padres (varones) presentan ciertas reacciones psicológicas negativas a consecuencia de las reducidas posibilidades de ejercicio de la propia función parental y que las madres evidencian una necesidad de ayuda frente al estrés de deber ser progenitor a tiempo completo(818).

2.4.1.2. Referencia a los síndromes de alienación parental y de la madre maliciosa

La psicología ha analizado especialmente algunas de las anormalidades psíquicas que sufren o pueden llegar a sufrir los miembros de la familia que se encuentra en situación de crisis. Uno de los desórdenes más frecuentes que los jueces que conocen los casos de separación y divorcio han detectado y mencionado en sus sentencias, es el abuso emocional denominado «Síndrome de Alienación Parental» (en adelante, S.A.P.) que tiene lugar con mayor frecuencia en los litigios relacionados con el derecho de guarda

(817) Cfr. DE FILIPPIS, B., *Trattato breve di Diritto di Famiglia*, Padova, Cedam, 2002, pág. 445.
(818) Cfr. MANNINO, A. y VALVO, G., «Analisi critica relativa a studi e ricerche sull'affidamento congiunto», en MALAGOLI, M., *Affido congiunto e condivisione della genitorialità. Un contributo alla discussione in Ámbito psicogiuridico*, Milano, Franco Angeli, 2005, pág. 80.

y custodia y que se manifiesta, en especial, a través de la obstrucción del contacto regular entre hijo y progenitor no conviviente.

El S.A.P. ha sido definido como un trastorno caracterizado por el conjunto de síntomas que resultan del proceso por el cual un progenitor (alienador) transforma la conciencia de sus hijos mediante distintas estrategias, con el objeto de impedir, obstaculizar o destruir sus vínculos con el otro padre o madre, hasta hacerla contradictoria con lo que debería esperarse de su condición[(819)].

Los primeros estudios relacionados con esta patología fueron realizados en la década de los ochenta del pasado siglo por el psiquiatra y psicoanalista RICHARD GARDNER[(820)], quien, a partir del análisis de las denuncias infundadas de abusos sexuales interpuestas en el contexto de la crisis conyugal en Estados Unidos, afirmó la existencia de ésta y otras alteraciones psicológicas desencadenadas por el divorcio y la litigación[(821)].

Este síndrome está caracterizado por la inculcación progresiva en el hijo de sentimientos de odio hacia el progenitor no guardador (y su familia). Esta aversión, que el menor generalmente expresa con un lenguaje inusual a su edad, se desarrolla hasta que el hijo pasa a tener una independencia y conciencia propias de profundo rechazo frente a dicho padre o madre, sin necesidad de que el otro progenitor (alienador) lo supervise. A través de esta «autonomía de pensamiento» el menor comienza a evitar y rechazar, por iniciativa propia, los contactos y visitas del padre con quien no convi-

---

(819) Cfr. AGUILAR CUENCA, J., «El uso de los hijos en los procesos de separación: el síndrome de alienación parental», *RDF*, núm. 29, octubre-diciembre, 2005, pág. 72. Para un análisis más detallado, *vid.* del mismo autor, *S.A.P., síndrome de alienación parental*, Córdoba, Almuzara, 2004; y SÁNCHEZ IGLESIAS, I., «Infancia y adolescencia ante la separación de los padres: efecto mediador de los Puntos de Encuentro Familiares», *Revista de Estudios de Juventud*, junio, 2006, págs. 97-101.

(820) Nos referimos a GARDNER, R. A., *The parental alienation syndrome and the differentiation between fabricated and genuine child sex abuse*, Cresskill, N.J., Creative Therapeutics, 1987.

(821) No corresponde al objeto de nuestro estudio profundizar en esta temática; sin embargo, debemos señalar que parte de la doctrina moderna ha puesto en duda la veracidad y seriedad de las investigaciones llevadas a cabo por dicho autor. En efecto, la construcción teórica y práctica del SAP ha sido fuertemente criticada por cierto sector de la psicología. En este sentido, BLANCO BAREA, M., «Efectos de la globalización del Derecho de familia. ¿Qué es el síndrome de alienación parental?», *Iuris: Actualidad y Práctica del Derecho*, núm. 90, enero, 2005, págs. 44-55.

ve. Incluso, el guardador —que no es necesariamente conciente del daño que ha provocado en su hijo— puede llegar a manifestar una sensación de impotencia frente a esta situación de intolerancia, considerándose incapaz de revertir dicha animosidad.

El S.A.P. existe cuando se presentan todos los síntomas siguientes: a) el menor está alineado con el progenitor alienador en una campaña de denigración contra el padre no guardador (progenitor objeto); b) las razones alegadas para justificar el descrédito del progenitor objeto generalmente son débiles, frívolas o absurdas; c) la animadversión hacia el padre o madre rechazado carece de la ambivalencia normal en las relaciones humanas; d) el menor afirma que la decisión de evitar al progenitor objeto es exclusivamente propia (pensador independiente); e) el hijo apoya reflexivamente al padre con cuya causa está comprometido; f) expresa desprecio sin culpa por el odio hacia el progenitor objeto; g) se evidencian «escenarios prestados», por ejemplo, las afirmaciones del menor reflejan temas y terminologías propias del progenitor alienador; h) la animosidad se extiende a la familia de origen y a quienes se asocian con el padre o madre odiado.

La ruptura de la relación parental provocada por el S.A.P. produce consecuencias que pueden llegar a ser irreparables en los hijos. La afectación del desarrollo de su autoconcepto y autoestima favorece el surgimiento de otros problemas psicológicos. El menor aprende a manipular y ser valorado en tanto muestra adhesión a los preceptos marcados por el progenitor alienador. La infidelidad emocional del hijo frente al padre o madre custodio puede derivar en sanciones de variada índole, como expresiones de chantaje, retirada de afecto o castigos corporales. En definitiva, a través del S.A.P. se introducen en el hijo modelos, creencias y valores altamente perniciosos para su desarrollo progresivo, ideas que organizarán su conducta futura y el modo en que afronte su vida[(822)].

Los expertos han señalado que, dependiendo del grado de manifestación del S.A.P., que puede ser leve, moderado o severo, los jueces deben adoptar decisiones que impliquen un cambio sustancial de la realidad que vive el hijo[(823)]. Cada vez son más las sentencias que, reconociendo o

(822) Cfr. Aguilar Cuenca, J., «El uso de los hijos...», *op. cit.*, pág. 77.

(823) Ibídem. En Italia, a su vez, aunque en relación con hipótesis de conflictividad de los padres, la jurisprudencia se ha referido a la «situación afectiva consolidada», de acuerdo

negando su existencia, ordenan o deniegan la modificación del titular de la custodia o bien ajustan el modo en que ésta y el régimen de comunicación y estancia son ejercidos. En efecto, diversas sentencias han afirmado la concurrencia de esta alteración patológica. La SAP de Asturias de 29 septiembre de 2005[(824)] concedió la guarda y custodia de los hijos al padre habiéndose acreditado, mediante informe psicosocial, que los hijos sufrían el síndrome de alienación parental inducido por la madre guardadora. Por su parte, la SAP de Murcia de 3 julio de 2006[(825)] suprimió temporalmente el contacto parental entre hijo y el padre no custodio, que era quien estaba provocando el S.A.P.[(826)].

También la justicia europea ha conocido casos sobre S.A.P. La Sentencia del Tribunal Europeo de Derechos Humanos de Estrasburgo de 13 julio 2000[(827)] reconoció, sobre la base de las declaraciones de un niño de cinco años de edad que padecía S.A.P., la denegación ilegítima del «régimen de visitas» decretado a favor de su padre. Esta sentencia impuso al Estado alemán el pago de una indemnización por los daños causados al rechazarse la verificación de una adecuada práctica pericial que habría permitido determinar la relación de alienación parental. Este fallo invocó los arts. 6, 8 y 14 del Convenio para la protección de los Derechos Humanos y de las Libertades Fundamentales referidos, respectivamente, al derecho a un proceso equitativo, al derecho al respeto de la vida privada y familiar, y a la prohibición de discriminación.

---

a la cual la hostilidad inculcada en los hijos hacia uno de los padres puede estar en tal grado radicada que impide, en cualquier caso, que dicho progenitor pueda ser designado como guardador, lo que demuestra la irreversibilidad que pueden alcanzar estas situaciones. Cfr. sentencia núm. 5642 de la Corte de Casación de 21 de octubre de 1980 (*Giustizia Civile Massimario Annotato della Cassazione*, 1980, II, pág. 2374).

(824) LA LEY 188077/2005. Asimismo, un importante revuelo mediático provocó la sentencia de 21 de junio de 2007 dictada por una jueza de Manresa (Barcelona), que retiró a una mujer la guarda y custodia de su hija de ocho años por incumplir de forma «constante» el régimen de visitas concedido al padre, haciendo expresa mención al síndrome de alienación parental [http://www.elpais.com/articulo/sociedad/madre/pierde/custodia/hija/crearle/fobia/padre/elpepusoc/20070621elpepisoc_7/Tes].

(825) LA LEY 107835/2006.

(826) En cambio, rechazan la existencia de este síndrome, las SSAP de Lleida de 3 mayo de 2006 (LA LEY 131268/2006) y de Segovia de 28 marzo de 2006 (LA LEY 86957/2006).

(827) TEDH, demanda núm. 25735/1994.

Por último, cabe señalar que en estrecha relación con el S.A.P. se encuentra el llamado «Síndrome de la Madre Maliciosa Asociado al Divorcio»[(828)]. Consiste en la utilización de diversos mecanismos legales e ilegales para «sancionar» y acosar al ex cónyuge con el objeto de obstaculizar el régimen de comunicación y estancia, de manera que se produce un patrón estable de actos maliciosos contra el progenitor no custodio. El castigo injustificado del ex cónyuge se puede producir indisponiendo a los hijos en contra del otro padre o madre no conviviente, implicando a terceras personas en sus actos maliciosos y/o a través de un interminable proceso judicial. La obstrucción del régimen de comunicación y estancia se produce a través de actos específicos dirigidos a impedirlo (por ejemplo, ausentándose durante el horario establecido para la recogida), negando el acceso telefónico (por ejemplo, diciendo que los menores no están en casa cuando los llama el padre), y/o dificultando la participación del ex cónyuge en la vida escolar y extracurricular de los hijos (por ejemplo, proporcionando falsa información sobre los programas de estas actividades). Por último, el patrón de actos maliciosos que este síndrome genera hacia el ex cónyuge consiste en mentir a los menores (diciéndoles que el padre no es realmente su padre, que no paga la manutención o que la maltrataba cuando estaban juntos), o bien a otras personas (desprestigiándolo ante sus compañeros de trabajo o incluso llegando a realizar falsas denuncias de abuso sexual), y/o en la violación de la ley (causando daños en la vivienda o propiedades del ex cónyuge o sustrayendo documentos importantes)[(829)].

2.4.2. Consagración del principio de coparentalidad en el ámbito internacional

Esta tercera gran directriz que informa el establecimiento de la custodia compartida está reconocida, en primer lugar, en el Principio 6 de la

(828) El desarrollo de esta figura se debe a TURKAT, I., «Child visitation interference in divorce», *Clinical Psychology Review*, vol. 14, núm. 8, 1994, págs. 731-742.

(829) Cfr. CANTÓN DUARTE, J., CORTÉS ARBOLEDA, M. y JUSTICIA DÍAZ, M., *Conflictos matrimoniales, divorcio y desarrollo de los hijos*, Madrid, Pirámide, 2000, págs. 318-319. La jurisprudencia que reconoce la existencia de esta alteración es menor que la que admite la concurrencia del SAP. Declaran la falta de prueba del síndrome de madre maliciosa, las siguientes sentencias: SAP de Córdoba de 20 marzo de 2003 (LA LEY 55608/2003); SAP de Huelva de 18 julio de 2005 (LA LEY 159615/2005); y SAP de Córdoba de 13 de abril de 2005 (LA LEY 82163/2005), entre otras.

Declaración de los Derechos del Niño de 1959(830). Asimismo, tal como lo señalamos al abordar el interés superior del menor, la CDN contempla dos normas claves en esta materia. Su art. 18.1 determina que los Estados Partes deben garantizar el reconocimiento del principio de que ambos padres tienen obligaciones comunes en lo que respecta a la crianza y el desarrollo del menor. Agrega que a éstos incumbe la responsabilidad primordial de la crianza y el desarrollo del menor y que su preocupación fundamental debe ser su interés superior. Más directamente, el art. 9.3 de dicho instrumento internacional, referido al derecho del menor que se encuentre separado de uno o ambos progenitores, establece que éste tiene derecho a mantener relaciones personales y contacto directo con ambos padres de modo regular, salvo si ello es contrario a su interés.

2.4.3. Consagración del principio de coparentalidad en el ámbito comunitario

Las normas internacionales recién mencionadas están recogidas también en el Derecho comunitario.

Así, la Resolución del Parlamento Europeo A3-0172/1992, de 8 de julio de 1992, sobre una Carta Europea de Derechos del Niño, establece, en su punto 8.13, que, en caso de separación de hecho, separación legal, divorcio de los padres o nulidad del matrimonio, el menor tiene derecho a mantener contacto directo y permanente con los dos padres, teniendo ambos las mismas obligaciones, incluso si alguno de ellos vive en otro país, salvo si el órgano competente en el Estado miembro afectado lo declara incompatible con la salvaguardia de los intereses del menor. En este mismo sentido se expresa la Carta de los Derechos Fundamentales de la Unión Europea del año 2000, al establecer en su art. 24.3, que todo menor tiene derecho a mantener de forma periódica relaciones personales y contactos directos con su padre y con su madre, salvo si son contrarios a sus intere-

(830) Principio 6: «*El niño, para el pleno y armonioso desarrollo de su personalidad, necesita amor y comprensión. Siempre que sea posible, deberá crecer al amparo y bajo la responsabilidad de sus padres y, en todo caso, en un ambiente de afecto y de seguridad moral y material; salvo circunstancias excepcionales, no deberá separarse al niño de corta edad de su madre. La sociedad y las autoridades públicas tendrán la obligación de cuidar especialmente a los niños sin familia o que carezcan de medios adecuados de subsistencia. Para el mantenimiento de los hijos de familias numerosas conviene conceder subsidios estatales o de otra índole*».

ses. Esta norma se encuentra consagrada también en el párrafo tercero del artículo II-1984 del Tratado por el que se establece una Constitución para Europa, adoptado en Bruselas el 13 de octubre de 2004[(831)].

Por último, el Reglamento (CE) 2201/2003 del Consejo, de 27 de noviembre de 2003, «relativo a la competencia, el reconocimiento y la ejecución de resoluciones judiciales en materia matrimonial y de responsabilidad parental, por el que se deroga el Reglamento (CE) núm. 1347/2000», define el «derecho de visitas» como el derecho de trasladar a un menor a un lugar distinto al de su residencia habitual durante un período de tiempo limitado (art. 2, número 10). Como vemos, al igual que los conceptos que este instrumento contempla en materia de responsabilidad parental y custodia, se trata de una noción pobre e insuficiente. No se ajusta a la tendencia que valora el derecho de comunicación sobre el plano de las relaciones personales y afectivas entre el progenitor no guardador (y sus parientes) y el hijo involucrado en la crisis familiar[(832)]. Se aleja del concepto de coparentalidad, respondiendo más bien al modelo unilateral clásico de cuidado de los hijos.

2.4.4. *Consagración del principio de coparentalidad en el ámbito interno*

Este principio constituye el basamento más visible de la custodia compartida en los países que la reconocen como modelo de cuidado de los hijos. Revisemos algunas legislaciones.

— En *Francia,* este derecho está reconocido en el art. 371.4 del Código Civil, al establecer que «el hijo tiene derecho a mantener relaciones personales con sus ascendientes. Sólo motivos graves pueden impedir este derecho». Por su parte, el párrafo segundo del art. 373.2 del *Code,* referido al ejercicio de la autoridad parental por los padres separados, ordena que «cada uno de los padres debe mantener relaciones personales con el hijo y respetar los vínculos que éste tenga con el otro padre», agregando su párrafo tercero que cualquier cambio de residencia de uno de los progenitores que modifique la forma de ejercicio de la autoridad parental, deberá notificarse previamente y en tiempo hábil, al otro padre; garantizando así,

(831) *«Todo niño tiene derecho a mantener de forma periódica relaciones personales y contactos directos con su padre y con su madre, salvo si ello es contrario a sus intereses».*

(832) En este sentido, NAPOLITANO, L., *L'affidamento..., op. cit.,* pág. 108.

el normal desarrollo del régimen de comunicación y estancia. Por otro lado, el art. 373.2.1 del mismo cuerpo legal establece que, salvo motivos graves, no se podrá negar al padre no conviviente el ejercicio del derecho de visita y el de tener en su compañía al hijo. Y, por último, el art. 373.2.6 del Código Civil francés ordena la adopción judicial de las medidas que permitan garantizar la continuidad y la efectividad de la conservación de los vínculos del hijo con cada uno de sus padres(833).

— En *Italia,* por su parte, el inciso primero del art. 155 del *Codice,* modificado por la Ley de 8 de febrero de 2006, establece que, también en el caso de separación personal de los progenitores, el hijo menor tiene el derecho a mantener una relación equilibrada y continuada con cada uno de ellos, a recibir cuidado, educación e instrucción de parte de ambos y a conservar relaciones significativas con los ascendientes y con los parientes de cada uno de los padres. El inciso segundo de este artículo agrega que, para realizar esta finalidad, el juez que pronuncia la separación personal de los cónyuges debe adoptar las medidas relativas a los hijos con exclusiva referencia a los intereses morales y materiales de ellos.

— En *Alemania,* el párrafo tercero del parágrafo 1626 del BGB establece que para el bien del hijo debe promoverse una relación con ambos padres, agregando que lo mismo se aplicará respecto de su relación con otras personas que condicionen su desarrollo. El parágrafo 1634 del BGB puntualiza esta norma estableciendo el derecho a obtener información relativa al niño; consagra, además, que el padre al que no corresponda el cuidado de la persona del hijo conserva el derecho al trato personal con éste y que ambos progenitores deben abandonar toda medida que impida o dificulte la educación del hijo o su relación con el otro padre. Asimismo, el párrafo segundo concretiza lo establecido por el parágrafo 1626, al añadir que el Tribunal familiar podrá regular más concretamente las condiciones del trato con el hijo y de su ejercicio, incluso con respecto a terceros. Además, llama la atención la extensión de las personas respecto de las cuales se goza de este derecho; en efecto, el párrafo primero del parágrafo 1685 del BGB lo reconoce a favor de los abuelos y hermanos, agregando, incluso, el párrafo segundo que lo mismo se aplicará para los *cónyuges o anteriores cónyuges de uno de los padres* que hayan convivido en comunidad domés-

(833) Para comentar estas disposiciones nos basamos en la traducción efectuada por NÚÑEZ IGLESIAS, A., *Código Civil..., op. cit.,* págs. 226 y 229 y ss.

tica durante cierto tiempo con el hijo, y para las personas bajo cuyo cuidado familiar éste hubiere permanecido durante cierto tiempo, extendiendo así notablemente el ámbito subjetivo de este derecho-función[(834)].

— En *Suecia,* la legislación otorga una enorme importancia al derecho del menor a mantener contacto directo con el progenitor que no reside con él. Los padres tienen la responsabilidad conjunta de asegurar, tanto como sea posible, que sea cubierta la necesidad de contacto del menor con el padre o madre con quien no convive. Asimismo, quien tiene la custodia debe garantizar que la necesidad de contacto del menor con cualquier otra persona que esté particularmente cerca, sea igualmente satisfecha. Si ambos progenitores tienen la custodia del hijo y éste ha de tener contacto con el padre o madre con quien no vive, el otro padre o madre proveerá la información necesaria acerca del menor y promoverá dicho contacto, a menos que existan razones especiales que indiquen lo contrario. Si los padres están de acuerdo, podrán suscribir un convenio sobre el contacto del menor con el progenitor no residente, el cual debe ser aprobado por el Comité de Bienestar Social si sus términos coinciden con el mejor interés del menor (*Section* 15 del Capítulo 6, sobre Custodia, residencia y contacto del Código de los Niños y de los Padres[(835)]).

— Conforme al *Derecho holandés*[(836)], tras el divorcio, niños y padres tienen el denominado «derecho de acceso» (art. 1477.ª BW[(837)]). A su vez, si los padres nunca han estado casados entre sí, el padre que no tiene la «responsabilidad» del hijo (figura similar a la patria potestad española) puede pedir al Tribunal que el derecho de acceso sea regulado. Por otra parte, un progenitor puede pedir al Tribunal que dicho derecho sea negado al otro padre, a lo cual se accederá solamente si: a) el acceso es gravemente perjudicial para el desarrollo psicológico o físico del niño; b) el padre en

(834) Para comentar estas disposiciones nos basamos en la traducción efectuada por Eiranova Encinas, E., *Código Civil alemán..., op. cit.,* págs. 480, 483 y 490.

(835) *Act on the Children and Parents Code, Swedish Code of Statutes,* SFS 1949:381. Unofficial translation: Lagen om Föräldrabalk.

(836) Para la descripción de la legislación holandesa hemos tomado como base la información proporcionada por el Ministerio de Justicia holandés en inglés: Ministry of Justice, Holland, *Responsibility..., op. cit.,* 25 págs.; Ministry of Justice, Holland, *Marriage, registered..., op. cit,* 21 págs.; y el artículo de Doek, J., «Separazione...», *op. cit.,* págs. 167-186.

(837) *Burgerlijk Wetboek* (Código Civil).

cuestión es incapaz de mantener y desarrollar relaciones con el hijo; c) el niño de doce o más años de edad tiene serias objeciones sobre dicho acceso; d) el acceso se contradice con los mejores beneficios del niño en otros aspectos. Resulta importante señalar que los hijos de edad igual o superior a los doce años pueden solicitar la revisión judicial del acuerdo relativo al régimen de comunicación y estancia o, en su caso, pedir que se determine (art. 1377g BW)[838]. Como hemos señalado anteriormente, se trata de un importantísimo reconocimiento del derecho del menor a ser oído[839]. Por último, a partir del 1.º de noviembre de 1995, el art. 1377f BW contempla el acceso para personas distintas de los padres, de tal forma que quienes tienen lazos íntimos con el menor plantear una solicitud ante el Tribunal.

— En cuanto al *Derecho estadounidense,* la Ley Uniforme sobre Jurisdicción y Aplicación de la Custodia de Niños (*Uniform Child Custody Jurisdiction and Enforcement Act,* UCCJEA) de Estados Unidos de 1997, recomienda el contacto asiduo y significativo del menor con ambos padres tras la separación o el divorcio, directriz que numerosos Estados han incorporado a sus legislaciones[840].

(838) Al respecto, una investigación realizada en el año 1991, esto es, un año después de la promulgación de esta norma, indicó que muy pocos hijos habían utilizado esta prerrogativa. Cfr. DOEK, J., «Separazione...», *op. cit.,* pág. 181.

(839) *Vid. supra* la letra *b)* del epígrafe 3.5.4 del Capítulo I.

(840) Entre ellos, California, cuyo art. 3020, letra b), del *California Family Code* establece que el poder legislativo considera y declara que es política de este Estado garantizar a los hijos el contacto frecuente y continuo con ambos padres tras la separación de éstos o la ruptura de su matrimonio, y alentar a los padres a compartir los derechos y responsabilidades de la crianza de los hijos para llevar a efecto esta política, excepto si ese contacto no es compatible con el mejor interés del menor con arreglo a lo previsto en el art. 3011 de dicho cuerpo legal. En términos similares se pronuncia la legislación de Maine (núm. 1.C de la *Maine Revised Statutes Annotated, title 19-A: Domestics Relations §1653, sub-§1,* de 21 de septiembre de 2001); Louisiana (letra D del art. 131 sobre *Custody of children pending the litigation* del *Civil Code*); Idaho (*Idaho Statutes, Title 32 — Domestic relations, Chapter 7 — Divorce Actions, 32-717B,* párrafo segundo del núm. 2); Missouri (núm. 4 de los *Missouri Revised Statutes, chapter 452, Dissolution of Marriage, Divorce, Alimony and Separate Maintenance, Section 452.375.1,* de 28 de agosto de 2001); Pennsylvania (*Consolidated Statutes, Title 23: Domestic Relations, §5301*); Nevada (*Nevada Revised Statutes, Chapter 125, NRS 125.460*); Montana (*Montana Code Annotated 1995,* art. 40-4-222); y Texas (*Texas Family Code, chapter 153 — Conservatorship, possesion and access §153.251, b*). Asimismo, los *Wisconsin Statutes and Annotations, Chapter 767, Actions affecting the family: 767.41.4(c),* refuerzan el derecho a la coparentalidad al establecer que ningún Tribunal puede denegar o conceder períodos de convivencia física ante el incumplimiento de cualquier obligación financiera a favor del niño o, si las partes estuvieron casadas, a favor del ex cónyuge.

— En *España,* el derecho a la coparentalidad está garantizado esencialmente por los arts. 90, 94 y 160 del CC. En sede de separación y divorcio, el párrafo primero del art. 94 del CC establece que «el progenitor que no tenga consigo a los hijos menores o incapacitados gozará del derecho de visitarlos, comunicar con ellos y tenerlos en su compañía»; agregando que «el Juez determinará el tiempo, modo y lugar del ejercicio de este derecho, que podrá limitar o suspender si se dieren graves circunstancias que así lo aconsejen o se incumplieren grave o reiteradamente los deberes impuestos por la resolución judicial»[(841)]. Por su parte, diversos pronunciamientos han destacado la importancia del derecho del menor a seguir manteniendo contacto directo con el progenitor que no vive en su compañía. Así, por ejemplo, la SAP de Valencia de 22 de abril de 1999[(842)], que adopta de oficio la custodia compartida de los hijos, establece que, conforme lo consagra el Derecho interno e internacional, se hace necesario mantener como norte y meta de la actuación judicial la obtención de interés superior del menor. En esta línea, la Audiencia señala que debe procurarse, con carácter general, que los hijos tengan el mayor contacto posible con ambos progenitores[(843)]. Asimismo, la SAP de Madrid de 17 de septiembre

(841) El art. 90 del CC determina el contenido del convenio regulador. Su letra A) establece que este instrumento debe referirse al *«régimen de comunicación y estancia de los hijos con el progenitor que no viva habitualmente con ellos».* La actual redacción tiene su origen en la enmienda núm. 63 presentada en el Congreso por el Grupo Parlamentario Catalán (*BOCG Congreso.* VIII Legislatura. Serie A. 15 de marzo de 2005, núm. 16-8, pág. 63), que vino a subsanar la omisión del texto del Proyecto que excluía sin razón alguna lo relativo al ejercicio de la patria potestad y régimen de visitas. Por su parte, el párrafo primero del art. 160 del CC establece que «los progenitores, aunque no ejerzan la patria potestad, tienen el derecho de relacionarse con sus hijos menores, excepto con los adoptados por otro o conforme a lo dispuesto en resolución judicial».

(842) LA LEY 66241/1999. Más adelante volveremos sobre esta sentencia. *Vid. infra* la letra *d)* del epígrafe 3.2.3.2 del presente Capítulo.

(843) Esta sentencia agrega que *«el régimen usual de atribución de la custodia del hijo a un progenitor con exclusión del otro no satisface las exigencias de un saludable equilibrio de las figuras materna y paterna en el niño. Su convivencia continuada con sólo uno de ellos provoca que tome a éste como único modelo de comportamiento, desdibujándose las referencias del otro, con el que se relaciona esporádicamente; la falta de contacto habitual condiciona también la conducta del progenitor no custodio, que con excesiva frecuencia trata de ganar en poco tiempo, con halagos y regalos excesivos, el afecto del pequeño; en otras ocasiones, la falta de convivencia provoca, antes o después, el enfriamiento de las relaciones interpersonales y el abandono del régimen de visitas, con evidente perjuicio del derecho del menor».* En términos idénticos, con posterioridad a la reforma de 2005, la SAP de Córdoba de 24 abril de 2006 (LA LEY 100628/2006).

de 2002[844] confirmó la sentencia de primera instancia que concedía la guarda y custodia alternada de uno de los dos hijos de la pareja. De acuerdo con esta resolución, estando ambos padres capacitados para atender al hijo, esta opción de guarda y custodia se ve como la salida más beneficiosa para el menor al constituir un modo de compartir a sus padres de manera positiva, sin tener que renunciar a uno ni a otro, enriqueciéndose así de ambas figuras.

Asimismo, se advierte una tendencia creciente a otorgar regímenes de comunicación y estancia amplios y flexibles a favor del solicitante de la custodia conjunta que es denegada, en cuyo caso, a nuestro juicio, no debe confundirse ejercicio de la coparentalidad con establecimiento de la guarda compartida, pues la extensión y elasticidad del primero no es sinónimo de coparticipación parental[845].

Al respecto, CAMPUZANO TOMÉ[846], en un minucioso estudio jurisprudencial sobre la custodia compartida, señala que, en algunos casos, paradojalmente, el régimen de contacto entre el hijo y el progenitor no custodio establecido es tan amplio que, en la práctica, constituye una custodia alternada. Así sucede en la SAP de Barcelona de 10 de febrero de 2005[847] que resuelve la pretensión de un padre que estima que las visitas se han transformado en una custodia compartida. Conforme a un acuerdo temporal originado por la

(844) LA LEY 150896/2002.

(845) En este sentido, entendemos que, con posterioridad a la reforma de 2005, algunas sentencias incurren en esta confusión. La SAP de Madrid de 4 abril de 2006 (LA LEY 58716/2006) rechaza la custodia conjunta solicitada por el padre, invocando la concesión y existencia de un régimen amplio de comunicación y estancia que, por lo mismo, pasaría a denominarse «custodia alternativa». En efecto, la resolución señala que se ha reconocido un *«régimen de visitas muy amplio, que incluye fines de semanas hasta el lunes, así como dos tardes a la semana, además del período correspondiente a las vacaciones; de ello se deduce que, ciertamente, al padre le corresponde asumir las funciones propias de quien ostenta la custodia en los amplios períodos que tiene reconocida la comunicación con los hijos, por lo que podría hablarse, en los términos que se ha resuelto la custodia y las visitas, de la existencia de una custodia alternativa»*. Asimismo, la SAP de Valencia de 22 marzo de 2006 (LA LEY 66207/2006) rechaza la custodia compartida solicitada por el padre al establecer que *«en el presente caso se peticiona por el recurrente una nueva pernocta semanal (la del jueves) con cuya concesión la custodia de ambos menores vendría a ser compartida por días, y no anual como se planteó en la demanda»*.

(846) Cfr. CAMPUZANO TOMÉ, H., «La custodia compartida...», *op. cit.*, pág. 1.

(847) LA LEY 32038/2005.

circunstancia de que la madre se encontraba realizando un curso, el menor se quedaba en el domicilio del progenitor varón todos los martes y miércoles desde la salida del colegio hasta la entrada al mismo al día siguiente, así como los fines de semana alternos. La sentencia en cuestión, atendida la edad del menor, rechazó la custodia compartida fijando un amplio régimen de comunicación a favor del recurrente.

Pues bien, puede ser que esta decisión no se haya ajustado a la realidad familiar concreta, ya que durante el desarrollo de ese régimen flexible de estancias no se había observado inconveniente alguno que desaconsejara el establecimiento directo de la custodia compartida posteriormente solicitada. Sin embargo, debe tenerse en cuenta que este elemento no significa que haya existido una verdadera coparticipación parental en las decisiones relativas al cuidado general del hijo. La verificación de un régimen de comunicación y estancia flexible y armonioso es un excelente antecedente para introducir la custodia compartida pero no es necesariamente una custodia compartida. Si se trata, en cambio, de una situación de alternancia consolidada en la que las cuestiones relativas al hijo son acordadas mutuamente sin limitarse a compartir la residencia (como sucede en el *affidamento alternato* del Derecho italiano o la *garde alternée* del Derecho francés), no existe razón sustancial que justifique la «negación» de una realidad que viene desarrollándose con perfecta normalidad. Se trataría sólo de un juego de conceptos para designar una misma verdad.

Por último, cabe destacar que en diversos ordenamientos jurídicos el derecho del hijo a la coparentalidad encuentra también aplicación respecto de otros miembros de la familia extensa. En este sentido, España ha reconocido legalmente la importancia de la continuación de los lazos afectivos entre abuelos y nietos no obstante la ruptura conyugal. Al respecto, se ha destacado el papel fundamental que los abuelos desempeñan en la transmisión de valores hacia los menores y la colaboración que pueden efectuar durante las crisis matrimoniales como figuras ajenas al conflicto conyugal propiamente dicho[(848)]. Este derecho —que hasta hace unos años

(848) Para un análisis más detallado de este derecho-función, *vid.* Colás Escandón, A., «Relaciones familiares de los nietos con sus abuelos: derecho de estancia, comunicación y atribución de la guarda y custodia (Ley de noviembre)», *Cuadernos de Aranzadi Civil,* núm. 21, Parte Estudios, Pamplona, Editorial Aranzadi, septiembre-diciembre, 2004, BIB 2004\1793, 118 págs.; y Benito de los Mozos, A., «El derecho de los abuelos a mantener

se reconocía sólo jurisprudencialmente— tiene reflejo normativo en la Ley 42/2003, de 21 de noviembre, «de modificación del Código Civil y de la Ley de Enjuiciamiento Civil en materia de relaciones familiares de los nietos con los abuelos». Con esta iniciativa se ha querido poner atajo, entre otras situaciones, a los impedimentos injustificados del padre o madre guardador para que sus hijos se relacionen con los progenitores de su ex cónyuge o pareja. Se trata de un derecho propio de los abuelos basado en los derechos y obligaciones recíprocas que caracterizan el Derecho de familia, en el parentesco legal que les une y en la misma relación biológica.

Así, el párrafo segundo del art. 160 del CC establece que no pueden impedirse sin justa causa las relaciones personales entre el hijo y sus abuelos y otros parientes y allegados; agregando su párrafo tercero que, en caso de oposición, el juez, a petición del menor o de dichos familiares resolverá, atendidas las circunstancias, debiendo asegurar, especialmente, que la adopción de medidas para favorecer las relaciones entre abuelos y nietos no faculten la infracción de las resoluciones judiciales que restrinjan o suspendan las relaciones de los menores con alguno de sus progenitores. En consecuencia, este régimen de comunicación es también uno de los contenidos del convenio regulador de las crisis matrimoniales descritos por el art. 90 del CC (regulado en su letra B); así lo confirma el párrafo segundo del art. 94 del CC al establecer que el juez podrá determinar, previa audiencia de los padres y de los abuelos, que deberán prestar su consentimiento, el derecho de comunicación y visita entre éstos y sus nietos, teniendo siempre presente el interés del menor.

2.4.5. El modelo de presunción de la guarda y custodia compartida

Sobre la base del respeto al derecho a la coparentalidad, en diversos ordenamientos jurídicos la guarda y custodia compartida se ha convertido en un modelo supletorio de regulación del cuidado de los hijos en caso de ruptura matrimonial o de pareja; efecto que se logra a través de la presunción de la guarda y custodia conjunta como modalidad a implementar.

---

relaciones personales con sus nietos (La Ley 42/2003, de 21 de noviembre, ¿novedad u oportunidad?», en Alonso Pérez, A., Martínez Gallego, E. y Reguero Celada, J. (Coors.), *Protección jurídica de los mayores,* Madrid, La Ley, 2004, págs. 265-298.

Cierta doctrina[849] considera positivo para el bienestar del hijo la aplicación de este mecanismo jurídico, pues trata de invertir la relación norma-excepción (normalmente, custodia individual; excepcionalmente, custodia conjunta) que rige hasta ahora, con el objeto de garantizar la continuidad de la vida del hijo. Desde la psicología, por su parte, se ha planteado como ideal la obtención de un acuerdo en el marco de una mediación que, siguiendo una pauta jerarquizada, esto es, de mayor a menor, se detenga en un punto lo más próximo posible a la custodia compartida, opuesta a la custodia exclusiva de un solo progenitor[850].

Al respecto, el *Manual para la Aplicación de la Convención de los Derechos del Niño* elaborado por la UNICEF[851] señala que, bajo los términos del art. 18 de la CDN, la ley debe reconocer el principio de que ambos padres tienen responsabilidad común y que, como lo reconoce en su punto 2, las medidas del Gobierno deben estar dirigidas a respaldar y promover la viabilidad de la custodia compartida de los hijos. Sin embargo, agrega que, en tales circunstancias, la ley no debe efectuar presunciones inflexibles sobre qué progenitor toma la prioridad, pues los fundamentos para tomar la decisión deben concentrarse en el mejor interés del menor.

En todo caso, dicho Manual, sin pronunciarse directamente sobre la conveniencia o inconveniencia de este sistema, realiza una interpretación normativa que se inclina por la posibilidad de establecer una presunción de este tipo. Señala que, por un lado, el art. 23.4 del PIDCP establece que los Estados Partes deben tomar las medidas apropiadas para asegurar la igualdad de derechos y de responsabilidades de ambos esposos al contraer matrimonio, durante su vigencia y en caso de disolución del mismo. En este último caso deben crearse disposiciones que aseguren la protección necesaria de los hijos, teniendo siempre en cuenta el art. 9.3 de la CDN, que consagra el derecho del menor que está separado de uno o de ambos padres a mantener relaciones personales y contacto directo con ambos progenitores de modo regular. Estas normas, y los arts. 7 y 18 de la CDN, referidos, respectivamente, al derecho a la identidad del menor y a ser cuidado por sus padres y a la corresponsabilidad parental, sugieren que

(849) Cfr. GOLDSTEIN, J., «En el interés...», *op. cit.*, pág. 115.

(850) Cfr. REINA, V. y MARTINELL, J., *Curso...*, *op. cit.*, pág. 656, e IBÁÑEZ VALVERDE, V., «Los psicólogos en...», *op. cit.*, pág. 129.

(851) Cfr. *Implementation Handbook...*, *op. cit.*, pág. 249.

la ley debe presumir que, a menos que se demuestre lo contrario, la participación persistente de ambos padres en la vida del hijo está en su mejor interés(852).

La legislación estadounidense es la más ilustrativa en cuanto a la elección de este sistema de adopción de la custodia compartida. En este país, conforme ya lo adelantamos, la custodia conjunta *(joint custody)* comprende dos conceptos. En primer lugar, la custodia legal conjunta *(joint legal custody),* adoptada por la gran mayoría de los Estados, de acuerdo con la cual los padres comparten el derecho de decisión sobre las cuestiones de importancia que afecten al hijo, existiendo un régimen amplio de convivencia que varía en cada Estado. La segunda, en cambio, se denomina custodia física conjunta *(joint physical custody)* y se caracteriza por el hecho de que el hijo reside con ambos padres, conviviendo durante lapsos más o menos iguales en la vivienda de cada uno de ellos(853).

Este último tipo de custodia es considerada como la más apropiada para el interés del hijo por la gran mayoría de los Estados. Diversas legislaciones establecen que si uno o ambos padres solicitan que el juez se pronuncie sobre el régimen de cuidado alternado de los hijos, y el Tribunal no lo concede, éste deberá exponer en su decisión las razones por las que considera que dicha modalidad no coincide con el interés del hijo. Se presume que la custodia alternada es el régimen de cuidado de los hijos que resguarda de mejor forma el interés superior del menor(854).

(852) Cfr. *Implementation Handbook..., op. cit.,* pág. 250.

(853) En algunos Estados, como California, se establece que por custodia conjunta se entenderá custodia física conjunta y la custodia legal conjunta (art. 3002 del *California Family Code*). Lo mismo sucede en Montana (*Montana Code Annotated 1995,* art. 40.4.224, núm. 2). En Michigan, en cambio, por custodia conjunta se entiende una orden del Tribunal en la que se establezca una de las siguientes disposiciones o ambas: a) que el niño residirá de forma alternada durante períodos concretos con cada uno de los padres; b) que los padres compartirán la autoridad para tomar decisiones importantes que afecten al bienestar del niño (núm. 7 de la *Child Custody Act,* 722.26.ª).

(854) Así sucede en el Estado de Maine [núm. 2.D.1) de la *Maine Revised Statutes Annotated, title 19-A: Domestics Relations §1653, sub-§1,* de 21 de septiembre de 2001]; Texas (*Texas Family Code, chapter 153 — Conservatorship, possesion and access §153.131*); Alabama [*Code of Alabama, 1975, Acts 1996, núm.96-520, §30-3-152, c),* de 1 de enero de 1997]; Distrito de Columbia (*§16-914-2 District of Columbia Official Code 2001 Edition*); y en Louisiana (letra C del art. 131 sobre *Custody of children pending the litigation* del *Civil Code*). El Estado de California establece un orden de preferencia de acuerdo con el cual la custodia debe concederse, en primer lugar, a ambos padres conjuntamente

En Europa, en cambio, no existe un modelo estricto de presunción de la custodia compartida. Se ha optado por establecer una valoración judicial prioritaria de este instituto, como lo prevé la legislación italiana(855), o bien, por la introducción de normas que consagren, como regla general, la continuación de la autoridad parental no obstante la crisis familiar, como lo contempla el Código Civil francés(856).

En España, la reforma introducida por la Ley 15/2005 no impone, a falta de acuerdo de los progenitores, un modelo específico de guarda y custodia a adoptar en los casos de crisis matrimonial. Ni siquiera se sugiere como remedio deseable o solución prioritaria. Como ha señalado Cañete Quesada(857), establecer una presunción legal al respecto supondría una verdadera revolución que modificaría la imagen que la sociedad española tiene respecto de la justicia familiar y su hipotética parcialidad. Ello significaría obligar a los cónyuges a probar que el modelo de custodia compartida no responde, en su propia realidad familiar, al interés superior del hijo, circunstancia que presupone una igualdad entre progenitores que, al día de hoy, es más formal que material. Sin embargo, más adelante, este autor agrega que lo deseable sería que la ley optara por este modelo de custo-

o a cualquiera de ellos, existiendo la presunción de que, salvo prueba en contrario, la custodia conjunta coincide con el mejor interés del hijo, siempre que los padres hayan llegado a un acuerdo de custodia conjunta o así lo acuerden en la audiencia en la que se deba decidir sobre la custodia del niño [art. 3040.a).1) y 3080 del *California Family Code*]. En un sentido similar se pronuncian los *Idaho Statutes, Title 32 — Domestic relations, Chapter 7 — Divorce Actions, 32-717B, 4*, que, salvo ciertas situaciones, establece que existirá la presunción de que la custodia conjunta coincide con el mejor interés del hijo o los hijos menores; y los *Nevada Revised Statutes, Chapter 125, NRS 125.490.1.*

(855) El inciso segundo del art. 155 del Código Civil, modificado por la Ley de 8 de febrero de 2006, núm. 54, «sobre disposiciones en materia de separación de los progenitores y cuidado compartido de los hijos», se refiere a las medidas relativas a los hijos, estableciendo que el juez debe valorar prioritariamente la posibilidad de que los hijos menores permanezcan bajo el cuidado de ambos progenitores, reflejando así, claramente, la inversión del modelo legal de custodia desde la modalidad unilateral a la compartida que pasa a ser la regla general. *Vid. supra* punto vii del epígrafe 1.3 del presente Capítulo.

(856) Ésta ha sido la opción escogida por la Ley francesa núm. 2002-305, de 4 de marzo de 2002. El primer párrafo del art. 373.2.9 del Código Civil francés enumera, en primer lugar, la posibilidad de acordar la residencia alternativa del niño en el domicilio de cada uno de los padres, tendiendo así a promover dicha modalidad, y luego, en el párrafo segundo, prevé que esta figura sea introducida sin el mutuo consentimiento de las partes pero sólo con carácter temporal, con el objeto de determinar su funcionalidad. *Vid. supra* punto ii del epígrafe 1.3 del presente Capítulo.

(857) Cfr. Cañete Quesada, A., «El anteproyecto de ley...», *op. cit.*, pág. 6.

dia, dejando a las partes la libertad suficiente para pactar otro diferente, o bien, discutir dicha fórmula ante los Tribunales, estableciendo que la carga probatoria pese sobre la parte que estima inconducente dicho sistema. En base a tales afirmaciones, el autor afirma que la reforma ha perdido una oportunidad histórica para acabar con el retrógrado modelo de legalidad familiar imperante[858].

Para nosotros, el establecimiento de una norma que invierta la carga de la prueba hacia la parte que no está conforme con la custodia compartida, tal y como lo propone el autor, no es sino la aplicación de una presunción simplemente legal de que dicho sistema es el más apropiado para el desarrollo de las relaciones familiares postruptura matrimonial o de pareja. A nuestro juicio, el modelo de presunciones no es la solución correcta. En primer lugar, porque impide detectar que la custodia compartida no es la modalidad más adecuada para implementar en el caso concreto, pues, si previamente a la separación o divorcio los padres tenían dificultades en la adopción de alguna decisión respecto del menor, al aplicar irreflexivamente este modelo e impedir su debida discusión, el conflicto permanece oculto. Por otra parte, existe el riesgo de crear una excesiva uniformidad en la resolución de cada situación sometida al conocimiento judicial, sin atender a las circunstancias concretas de la misma[859]. Para nosotros, este mecanismo invisibiliza la singularidad de cada realidad familiar e ignora los obstáculos para su aplicación imponiendo a la parte disconforme un *onus probandi* que puede llegar a ser excesivo. Puede crear un efecto perverso que, a la larga, transforme la presunción en una disposición «de papel». En efecto, si una norma de este tipo se aplicase automáticamente por el juez a las causas de separación o divorcio, podría afirmarse que, teóricamente, en todos esos casos existe una custodia compartida; pero ¿qué ocurre en la realidad práctica?, ¿existe coparticipación parental?, ¿existe alternancia en la residencia de los hijos? Creemos que el énfasis debe colocarse en la adopción de un acuerdo concreto y serio, que prevea de la manera más detallada

(858) Cfr. Cañete Quesada, A., «El anteproyecto de ley...», *op. cit.*, pág. 13.

(859) Al respecto, Finlandia hace notar que «*la costumbre muy común de los Tribunales en cuanto a ordenar la custodia conjunta, incluso donde los padres son totalmente incapaces de coincidir en algo respecto del niño, ha sido objeto de una fuerte crítica. En el peor de los casos, esto ha dejado al niño en una situación de no-solución. Para el niño podría llevar muchos años, por ejemplo, poder cambiar escuela u obtener un pasaporte*» (IR de Finlandia, para. 259). Cfr. *Implementation Handbook...*, *op. cit.*, pág. 249.

posible el modo a través del cual se llevará a cabo la coparticipación en la crianza del hijo. A mayor abundamiento, Brown[(860)] señala que entre los efectos negativos de la imposición de la custodia compartida a través de presunciones legales está la posibilidad que tiene el juez de no considerar o de reenviar decisiones de fundamental importancia sobre responsabilidades precisas a cargo de alguno de los progenitores, de forma que, en la confianza no siempre bien correspondida de que la custodia compartida incentive la cooperación de los progenitores, el juez abdica de su propia función decisoria; en vez de determinar si, en el caso concreto sometido a su conocimiento, existen los presupuestos para el establecimiento de esta figura jurídica. Por otra parte, el sistema de presunción de este régimen de cuidado del hijo produciría el riesgo de estigmatizar como «mal progenitor» a quien solicita su ejercicio tradicional, es decir, unilateral.

En este sentido nos parece más apropiada la opción legislativa adoptada por la Ley 15/2005, que, aunque con diversas deficiencias, deja a las partes la elección del sistema de cuidado de sus hijos, sin imponer especialmente ninguno. Claro está que el hecho de que se reconozca legalmente la figura de la guarda y custodia compartida, ayuda a crear cierta conciencia de corresponsabilidad parental y prepara el camino para una mayor recepción en la jurisprudencia. En ese aspecto la reforma de 2005 es encomiable, pues genera un importante efecto pedagógico[(861)]. Sin embargo, creemos que deberán transcurrir muchos años para que se invierta el sistema tradicional de atribución de la guarda, es decir, que la alternancia en el cuidado de los hijos pase a ser la regla general y, la custodia unilateral, la fórmula excepcional. Entre otras cosas, como ya hemos señalado anteriormente, deberá alcanzarse una mayor igualdad de género para que ambos progenitores se encuentren en paridad de condiciones durante la negociación, promover una progresiva compatibilización de la vida familiar y laboral, e implementar mecanismos alternativos de resolución de conflictos que acerquen a las partes las herramientas necesarias que les permitan llegar a una conclusión propia, consensuada y, por lo tanto, viable, de sus problemas familiares.

(860) Cfr. Brown, S., «Changes in...», *op. cit.*, págs. 207-208.

(861) Sobre el alcance jurídico que atribuimos a esta reforma, *vid. infra* epígrafes 3.3 y 3.4 del presente Capítulo.

2.5. Referencia a la conciliación de la vida familiar y laboral

Analizados los principios de corresponsabilidad familiar, igualdad entre los progenitores y continuación de una adecuada relación directa y regular entre hijo y padre no custodio, nos parece pertinente efectuar una breve referencia a la conciliación de la vida familiar y laboral del hombre y de la mujer, pues es un mecanismo que, a través de la implementación de diversas medidas, intenta reunir dichas directrices y aplicarlas a la realidad práctica.

Se trata de una temática generada en torno a la progresiva equiparación entre hombre y mujer en el acceso al mercado de trabajo. Presenta una estrecha vinculación con la corresponsabilidad parental, pues la debida armonización de la vida familiar y la actividad laboral remunerada produce un reparto equitativo de los cuidados relacionados con el hijo en común. Así, la conciliación de la vida familiar y laboral en situaciones de normalidad matrimonial constituye la antesala de una verdadera corresponsabilidad familiar entre los padres y, a largo plazo, conduce al abandono de los tradicionales roles atribuidos a cada uno de ellos en conformidad a su género, cuestión que enlaza con el principio de igualdad. De este modo, queda de manifiesto el carácter transversal de las políticas de equidad entre hombre y mujer, ya que algunas de las actuaciones dirigidas a fomentar la conciliación de la vida familiar y laboral inciden en dicha igualdad aunque no sea éste su objetivo principal y, por otra parte, las políticas de fomento de la natalidad o de igualdad de género propiamente dichas, no encaminadas directamente a la conciliación de la vida familiar y laboral, repercuten, a su vez, en ésta[862].

Por otra parte, entendemos que la armonización de la vida familiar y laboral, una vez sobrevenida la ruptura familiar, adquiere especial relevancia para el mantenimiento de una adecuada comunicación con el hijo y la organización del tiempo dedicado a estar en su compañía, sea cual sea la forma de cuidado personal que se establezca en el ámbito familiar. Recordemos que el art. 18 de la CDN se refiere a la asistencia que el Estado debe prestar a los padres, en los siguientes términos: «2. A los

(862) Cfr. ARAGÓN MEDINA, J., CÁNOVAS MONTERO, A. y ROCHA SANTANDER, F., *Las políticas de conciliación de la vida laboral y familiar en las Comunidades Autónomas*, Madrid, Ediciones Cinca, 2005, pág. 11.

efectos de garantizar y promover los derechos enunciados en la presente Convención, los Estados Partes prestarán la asistencia apropiada a los padres y a los representantes legales para el desempeño de sus funciones en lo que respecta a la crianza del niño y velarán por la creación de instituciones, instalaciones y servicios para el cuidado de los niños. 3. Los Estados Partes adoptarán todas las medidas apropiadas para que los niños cuyos padres trabajan tengan derecho a beneficiarse de los servicios e instalaciones de guarda de niños para los que reúnan las condiciones requeridas».

Es más, una adecuada política de conciliación de la vida familiar y laboral puede contribuir a que los estereotipos de género no se agudicen una vez sobrevenida la crisis conyugal. De hecho, suele ocurrir que, producida la separación, ante la dificultad de compartir cotidianamente la crianza de la descendencia común, la madre, culturalmente asociada al trabajo doméstico, se consolida en dicha función ante la imposibilidad de dejar a su hijo bajo el cuidado de otra persona durante la jornada laboral o, incluso más, puede verse obligada a renunciar a su actividad remunerada si la distribución de su tiempo y espacio familiar y laboral no le permite compatibilizar ambas cuestiones frente a la ausencia del padre varón en el desarrollo de dichas tareas de cuidado de los hijos. Por otra parte, el progenitor puede ver reforzada la función proveedora que históricamente se le ha asignado, debiendo concentrar su tiempo en la esfera remunerada para cumplir las necesidades económicas de la realidad familiar postruptura en desmedro de una suficiente relación filial.

Dicho lo anterior, creemos que, en este sentido, la introducción expresa de la custodia compartida en el ordenamiento jurídico, como alternativa de organización del cuidado de los hijos, cumple un papel promocional y pedagógico. En efecto, la custodia compartida ofrece a los padres separados una mayor flexibilidad en la distribución de las tareas relacionadas con la crianza de la descendencia común, contribuyendo así al abandono de la estricta sujeción al modelo de custodia unilateral, de acostumbrada atribución convencional y judicial. Todo ello, sin olvidar la ventaja que puede constituir en el aspecto personal de cada ex cónyuge, pues entendemos que tras la crisis familiar éstos deben continuar realizándose en el plano individual y afectivo, cuestión que queda notoriamente mermada para el progenitor custodio bajo la modalidad unipersonal de la guarda.

Realizadas las anteriores reflexiones, señalaremos que por *políticas de conciliación de la vida laboral y familiar* se entiende «el conjunto de actuaciones públicas encaminadas a que hombres y mujeres puedan compaginar la gestión compartida del hogar y el cuidado de las personas dependientes con su participación en el plano laboral»(863). De este modo, el Estado interviene en los siguientes ámbitos para promover la conciliación de la vida familiar y laboral: aspectos puramente vinculados al trabajo remunerado, prestación de servicios sociocomunitarios y sensibilización social(864).

En consonancia con lo anterior, en el ámbito autonómico, se distinguen las siguientes políticas de armonización. A) En primer lugar, en el contexto laboral: fomento de la contratación; incentivos que inciden sobre el tiempo del trabajo; promoción del autoempleo; y formación continua y ocupacional. B) Por su parte, en materia de prestación de servicios sociocomunitarios: ampliación y/o mejora de centros y servicios de atención a la infancia; ayudas económicas para el acceso a estos centros y servicios; ampliación y mejora de prestaciones de asistencia de otras personas dependientes; ayudas económicas destinadas a la utilización de estos dispositivos; y otras líneas de actuación como el establecimiento de criterios de calidad en el otorgamiento de servicios sociocomunitarios, incentivos a empresas que los proporcionen a sus empleados o estudios sobre necesidades existentes de los mismos. C) Y, por último, en cuanto a la sensibilización social, se cuentan, entre otras: actuaciones destinadas a tomar en consideración la conciliación de la vida familiar y laboral en las decisiones de políticas públicas; acciones encaminadas a sensibilizar sobre la conciliación de los horarios; actividades institucionales que incidan en la valoración social de la maternidad y paternidad y del trabajo doméstico; campañas institucionales que fomentan la igualdad en las responsabilidades del hogar y otras actuaciones en materia de armonización; y estudios sobre valores sociales y problemas de conciliación(865).

---

(863) Ibídem.

(864) También es posible distinguir la adopción de medidas fiscales destinadas fundamentalmente a establecer desgravaciones en el Impuesto sobre la Renta de Personas Físicas (IRPF).

(865) Esta esquematización corresponde a Aragón Medina, J., Cánovas Montero, A. y Rocha Santander, F., *Las políticas de..., op. cit.*, págs. 14-16.

En esta materia, el ordenamiento español ha desarrollado los principios establecidos en el Derecho internacional(866) y comunitario(867). La principal normativa está constituida por la Ley 39/1999, de 5 de noviembre, «para promover la conciliación de la vida familiar y laboral de las personas trabajadoras», y la Ley Orgánica 3/2007, de 22 de marzo, «para la igualdad efectiva de mujeres y hombres».

La Ley 39/1999 buscó concretar la *Directiva 92/85/CEE, de 19 de octubre, relativa a la aplicación de medidas para promover la mejora de la salud de la trabajadora embarazada, que haya dado a luz o en período de lactancia*(868); y la *Directiva 96/34/CE, de 3 de junio, relativa al Acuerdo marco sobre el permiso parental celebrado por la UNICE, CEEP, CES*(869). Su principal reforma fue la regulación de la suspensión del contrato por maternidad y de la excedencia por cuidado de hijos. Amplió las posibilidades

(866) Reconociendo la Declaración Universal de Derechos Humanos de 1948 el derecho a cuidados y asistencia especiales para la maternidad y la infancia, en el marco de la Organización Internacional del Trabajo (OIT) se han suscrito diversos Convenios dirigidos, en general, al acceso de las mujeres al mercado de trabajo y su impacto en la vida familiar y laboral (*Convenio núm. 3 relativo al empleo de las mujeres antes y después del parto*, de 1919; *Convenio núm. 156 sobre los trabajadores con responsabilidades familiares*, de 1981; y el *Convenio núm. 183 sobre protección de la maternidad*, de 2000). En el contexto internacional destaca también la Convención sobre la Eliminación de todas las formas de Discriminación contra la Mujer, adoptada por la ONU en 1979, que recomienda a los Estados miembros el establecimiento de medidas para facilitar la conciliación de la vida familiar y laboral de hombres y mujeres, y modificar los papeles asignados tradicionalmente a ambos en la sociedad y en la familia.

(867) En este ámbito destacan las Directivas comunitarias dictadas en la materia (Directiva 92/85/CEE, de 19 de octubre, relativa a la aplicación de medidas para promover la mejora de la seguridad y salud en el trabajo de la trabajadora embarazada, que haya dado a luz o en período de lactancia; y a la Directiva 96/34/CE, de 3 de junio, que relativa al Acuerdo marco sobre el permiso parental celebrado por la UNICE, CEEP, CES de 14 de diciembre de 1995); y, aunque no vinculantes, la Recomendación 92/241/CEE del Consejo, de 31 de marzo de 1992, sobre el cuidado de los niños y de las niñas, que invita a los Estados miembros a adoptar o fomentar de manera progresiva iniciativas que permitan a las mujeres y a los hombres conciliar sus responsabilidades profesionales, familiares y de índole educativa derivadas del cuidado de los hijos; y, en segundo lugar, la Resolución del Consejo y de los Ministros de Trabajo y Asuntos Sociales, reunidos en el seno del Consejo, de 29 de junio de 2000, relativa a la participación equilibrada de los hombres y mujeres en la actividad profesional y en la vida familiar, que remarca las nuevas posibilidades de actuación comunitarias brindadas en este ámbito por el Tratado de Ámsterdam.

(868) *DOCE* de 28 de noviembre de 1992.

(869) *DOCE* de 19 de junio de 1996.

para el disfrute por parte de ambos progenitores del permiso por maternidad, de manera consecutiva o simultánea y a tiempo completo o parcial. Introdujo, entre otras cuestiones: la excedencia y posibilidad de reducción de jornada por cuidado de familiares que, por razones de edad, accidente o enfermedad no puedan valerse por sí mismos y no desempeñen actividad retribuida; la extensión del derecho a la excedencia por cuidado de hijos a los supuestos de acogimiento tanto permanente como preadoptivo; un nuevo supuesto de suspensión del contrato de trabajo con reserva de puesto en caso de riesgo durante el embarazo, así como una nueva prestación económica de la seguridad social durante tal situación, denominada «riesgo durante el embarazo».

Sin embargo, las pretensiones de integridad de esta ley, manifestadas desde luego en su ambicioso Título, han quedado frustradas debido a la regulación casi exclusivamente laboral de la materia(870). En efecto, esta ley no ha adoptado un enfoque global sobre la asunción de responsabilidades familiares, como sería, por ejemplo, la promoción de cambios en los roles tradicionalmente asumidos por mujeres y hombres con el objeto de que los permisos de maternidad dejen de ser utilizados mayoritariamente por las primeras y cesen progresivamente las discriminaciones en el mercado de trabajo(871). Por otra parte, se ha criticado la deficiencia de las correcciones introducidas a través de su promulgación, pues responden sólo a modificaciones formales de equiparación entre hombre y mujer, sin que se hayan solucionado muchas de las interrogantes planteadas con anterioridad a su entrada en vigor(872). En este sentido, se ha señalado que una de sus principales debilidades es no haber afrontado el desafío de la igualdad real a

(870) Se ha afirmado que su contenido y oportunidad parece haber estado orientado por motivaciones de carácter más bien político. Cfr. BALLESTER PASTOR, M., *LA LEY 39/1999 de conciliación de la vida familiar y laboral,* Valencia, Tirant lo Blanch, 2000, pág. 21.

(871) Cfr. ARAGÓN MEDINA, J., CÁNOVAS MONTERO, A. y ROCHA SANTANDER, F., *Las políticas de..., op. cit.,* págs. 41-42. En este mismo sentido, MOLINA GONZÁLEZ-PUMARIEGA, R., «Comentarios a la Ley 39/1999, para promover la conciliación de la vida familiar y laboral de las personas trabajadoras. El permiso parental por maternidad y a la protección frente al despido tras la Ley 39/1999», *Aranzadi Social,* 1999-V, págs. 1161-1175. Por el contrario, el Consejo Económico y Social (CES) emitió, en líneas generales, un dictamen favorable del Anteproyecto de Ley en su Sesión Extraordinaria del Pleno de 28 de abril de 1999 (Dictamen 4/1999, sobre el Anteproyecto de Ley para promover la conciliación de la vida familiar y laboral de las personas trabajadoras).

(872) Al respecto, *vid.* MOLINA GONZÁLEZ-PUMARIEGA, R., «Comentarios a...», *op. cit.,* pág. 1175.

través de medidas de acción afirmativa, fomentando la asunción masculina de las responsabilidades domésticas y familiares mediante estrategias efectivas contra la discriminación laboral y salarial[873]. Así, podemos observar que la mayoría de sus normas que tienen por objeto conciliar la vida familiar y laboral, en realidad no van más allá de la ampliación o reforzamiento de los supuestos de hecho de asistencia y protección, inicialmente ideados para la mujer trabajadora, mediante una extensión parcial de los mismos a favor de los padres varones. Se ha apartado así de lo que la Comisión Europea ha entendido por *mainstreaming,* esto es, «integración de la dimensión de igualdad», es decir, «tener en cuenta sistemáticamente las prioridades y necesidades respectivas de las mujeres y de los hombres en todas las políticas y medidas»[874].

Además, el modelo protector construido por la ley obedece a una determinada concepción de la familia entendida como un marco estable formado por una pareja heterosexual casada[875]. Han quedado excluidas las familias monoparentales y, desde luego, las parejas divorciadas o separadas cuyo contexto, como hemos señalado, exige aun una mayor conciliación de la vida familiar y laboral de ambos progenitores para el mantenimiento de los lazos filiales. Por otra parte, quedan marginadas también las parejas de hecho heterosexuales y homosexuales, aunque reconocemos que la legislación autonómica ha llenado en cierta medida el vacío respecto de las primeras[876], y que la Ley 13/2005, de 1 de julio, sobre el derecho a contraer matrimonio las personas del mismo sexo, ha consagrado legalmente a las segundas, quedando pendiente, en todo caso, la adecuación normativa prevista por la Ley 39/1999, de 5 de noviembre, a ambas realidades.

(873) Cfr. Ballester Pastor, M., *La Ley 39/1999..., op. cit.,* págs. 9, 10 y 12; y Molina González-Pumariega, R., «Comentarios a...», *op. cit.,* pág. 1168.

(874) Comunicación de la Comisión, de 21 de febrero de 1996, *Integrar la igualdad de oportunidades en el conjunto de las políticas y acciones comunitarias,* COM (96) 67 final, no publicada en el *Diario Oficial.*

(875) Cfr. Almendros González, M., *Familia y trabajo. Comentario práctico a la ley de conciliación de la vida familiar y laboral: aspectos laborales,* Granada, Comares, 2002, pág. 34.

(876) La Ley 7/2004, de 16 julio, del Parlamento de Galicia para la igualdad de hombres y mujeres, en su art. 46 relativo al permiso de paternidad, establece en su párrafo segundo que *«el padre no tendrá derecho al permiso si los progenitores no estuvieran casados ni estuvieran unidos de hecho en análoga relación de afectividad [...]».*

En definitiva, debemos señalar que se advierte una cierta dispersión en las políticas dirigidas a promover la conciliación de la vida familiar y laboral. Ello se debe al sinnúmero de iniciativas planteadas por al menos cuatro planes de acción sectorial a nivel estatal. Además, existe una pluralidad de Administraciones competentes en la materia, en sus respectivos ámbitos territoriales, a lo que se añade la diversidad de Departamentos competentes para su desarrollo. Por otra parte, el enfoque programático predomina frente al enfoque presupuestario, suscitándose un cierto desequilibrio debido al protagonismo de las medidas de carácter estrictamente laboral frente a la carencia en materia de servicios e infraestructuras de apoyo a cuidado de menores y otras personas dependientes(877).

Éstos son algunos de los aspectos que la Ley Orgánica 3/2007, de 22 de marzo, «para la igualdad efectiva de mujeres y hombres», ha pretendido subsanar. Como lo hemos señalado anteriormente, la LOIE transpone la Directiva comunitaria 2002/73/CE, relativa a la igualdad de trato entre hombres y mujeres, introduciendo un conjunto de medidas transversales en todos los órdenes de la vida política, jurídica y social. Algunas de sus normas refirman el principio de compatibilización de la vida laboral y familiar con el objeto de alcanzar su propósito principal: hacer efectivo el principio de igualdad y eliminar toda discriminación contra la mujer.

De esta forma, la LOIE reconoce el derecho a la conciliación de la vida personal y laboral y el fomento de una mayor corresponsabilidad entre mujeres y hombres en la asunción de las obligaciones familiares. Establece la representación equilibrada entre mujeres y hombres en todos los ámbitos de las Administraciones Públicas y de los Consejos de Administración de las empresas; promoviendo, además, la denominada «democracia paritaria» a través del establecimiento de una composición equilibrada de hombres y mujeres en las listas electorales.

Como vemos, esta ley ha venido a concretizar el principio de igualdad entre hombres y mujeres, sin haberse restringido, en la materia que nos ocupa, al ámbito puramente laboral. No obstante, este último sigue siendo el ámbito en que el legislador otorga mayores garantías de compatibilización entre trabajo remunerado y vida familiar (al igual que la Ley 39/1999,

(877) Cfr. Aragón Medina, J., Cánovas Montero, A. y Rocha Santander, F., *Las políticas de…, op. cit.*, págs. 37 y 48.

de 5 de noviembre), especialmente en materia de permisos y beneficios de protección a la maternidad.

Su art. 44, relativo a «los derechos de conciliación de la vida personal, familiar y laboral», establece que:

> «1. Los derechos de conciliación de la vida personal, familiar y laboral se reconocerán a los trabajadores y las trabajadoras en forma que fomenten la asunción equilibrada de las responsabilidades familiares, evitando toda discriminación basada en su ejercicio.
>
> 2. El permiso y la prestación por maternidad se concederán en los términos previstos en la normativa laboral y de Seguridad Social.
>
> 3. Para contribuir a un reparto más equilibrado de las responsabilidades familiares, se reconoce a los padres el derecho a un permiso y una prestación por paternidad, en los términos previstos en la normativa laboral y de Seguridad Social».

Por su parte, la letra b) del art. 51, referido a los «Criterios de actuación de las Administraciones Públicas», establece que las Administraciones Públicas, en el ámbito de sus respectivas competencias y en aplicación del principio de igualdad entre mujeres y hombres, deberán facilitar la conciliación de la vida personal, familiar y laboral, sin menoscabo de la promoción profesional. Además, su art. 56 prevé, para la Administración Pública, el establecimiento de un régimen de excedencias, reducciones de jornada, permisos u otros beneficios, con el fin de proteger la maternidad y facilitar la conciliación de la vida personal, familiar y laboral; y, con la misma finalidad, dispone la creación de un permiso de paternidad.

Por último, la LOIE ha consagrado también este principio en materia de planes de igualdad de las empresas[(878)] y ha promocionado su desarrollo en el mundo rural[(879)].

---

(878) El núm. 2 de su art. 46 prescribe que «*Para la consecución de los objetivos fijados, los planes de igualdad podrán contemplar, entre otras, las materias de acceso al empleo, clasificación profesional, promoción y formación, retribuciones, ordenación del tiempo de trabajo para favorecer, en términos de igualdad entre mujeres y hombres, la conciliación laboral, personal y familiar, y prevención del acoso sexual y del acoso por razón de sexo*».

(879) El núm. 4 de su art. 30 establece que «*Las Administraciones públicas promoverán el desarrollo de una red de servicios sociales para atender a menores, mayores y dependientes como medida de conciliación de la vida laboral, familiar y personal de hombres y mujeres en mundo rural*».

3. REGULACIÓN DE LA GUARDA Y CUSTODIA COMPARTIDA EN EL CÓDIGO CIVIL

3.1. La guarda y custodia compartida en el Derecho español antes de la Ley 15/2005

Con la entrada en vigor de la Ley 15/2005, el ordenamiento jurídico español reconoce positivamente el sistema de custodia compartida, alternada o sucesiva como modalidad de ejercicio de la guarda o custodia. Sin embargo, antes de su promulgación se discutía si la ley reconocía esta figura jurídica. La doctrina y la jurisprudencia, asumiendo la realidad de los hechos, se inclinaban por su procedencia legal[(880)] aunque, como veremos, existía y existe una gran reticencia a su viabilidad práctica.

Cierta doctrina[(881)] afirmaba que del tenor literal de los arts. 90, letra A), y 103 del CC se desprendía que la persona a cuyo cuidado debían

(880) En tal sentido, entre otros, RIVERO HERNÁNDEZ, F., «La guarda y custodia de los hijos y el derecho de visita tras la crisis matrimonial», en *La situación jurídica de la mujer en los supuestos de crisis matrimonial*, Cádiz, Servicio de Publicaciones de la Universidad de Cádiz, 1997, págs. 61 y ss.; CAMPUZANO TOMÉ, H., «La custodia compartida...», *op. cit.*, pág. 20; PASTOR VITA, J., «Algunas consideraciones...», *op. cit.*, pág. 45; y PÉREZ UREÑA, A., «El interés del menor y la custodia compartida», *RDF*, núm. 26, enero-marzo, 2005, págs. 277-278.
Por su lado, TAMBORERO DEL RÍO, R. («La guarda y custodia compartida», en VV.AA., *Diez años de Abogados de Familia*, Madrid, *LA LEY*, 2003, pág. 517, y en «La guarda y custodia compartida», *Abogados de Familia*, núm. 25, 2002, págs. 2-4) mencionaba que el Código de Familia de Cataluña permitía una interpretación sobre la distribución del tiempo libre de los hijos con sus padres, que se acercaba a una custodia alternada, pero señalaba: «Entiendo que una separación consensuada puede llegar a admitir la posibilidad de una guarda y custodia compartida, pero en un proceso contencioso ello resulta poco menos que imposible, teniendo además en cuenta que **nuestra legislación no lo contempla de forma expresa»** (la negrita es nuestra).

(881) La rechazaban como modalidad, PÉREZ MARTÍN, A. (*Derecho de Familia*. Tomo II. *El procedimiento...*, *op. cit.*, pág. 304), para quien el beneficio del menor se alcanza si éste permanece durante todo el curso escolar con un solo progenitor, alternándose, ambos padres, en el cuidado personal del hijo en época de vacaciones.
Por su parte, la SAP de Baleares de 19 de abril de 1999 (Recursos de Apelación núms. 567/1998 y 624/1998) señalaba que si bien en abstracto, la doctrina y la jurisprudencia son muy poco partidarias de soluciones como la custodia compartida, por estimar que no favorecen la deseada y necesaria estabilidad de los menores afectados por situaciones de crisis matrimonial, la gran diversidad de situaciones que pueden producirse, pueden aconsejar la aludida solución en supuestos excepcionales. En el caso resuelto por esta sentencia se estableció el seguimiento cuatrimestral de la psicóloga del juzgado con el objeto de atender una posible modificación si las circunstancias lo justificaban.
Cfr. GODOY MORENO, A., «La guarda y custodia compartida...», *op. cit.*, pág. 335.

quedar los hijos podía no ser uno de los padres. El art. 90, letra A), del CC utilizaba la palabra *persona* y no *progenitor* a cuyo cuidado hubiesen de quedar los hijos. Ello, a diferencia de lo que establecía la misma norma para el régimen de comunicación que se regulaba a favor del *progenitor* que no viviese con ellos, excluyendo su concesión a otro individuo. Todo ello se encontraba confirmado por el art. 103 del mismo cuerpo legal, que permitía atribuir la guarda del hijo a un tercero, alternativa frente a la cual se señalaba que era mucho más apropiado que ambos padres pudiesen compartir, a la vez, la custodia de sus hijos.

Aplicando el principio general de acuerdo al cual está permitido lo que no está prohibido expresamente por la ley, la doctrina sostenía que en la práctica era posible establecer un régimen de custodia compartida. Los arts. 92 y 159 del CC nada decían con respecto a esta modalidad de guarda, lo que conjugado con el principio de autonomía de la voluntad de los cónyuges que incardinaba todo el sistema de las crisis matrimoniales en la legislación civil, y la regla general del ejercicio dual de la patria potestad, conducía a aceptar su viabilidad legal, aunque excepcionalmente(882).

En este aspecto la jurisprudencia se mostraba vacilante. La SAP de Alicante de 7 de julio de 1997(883), resolviendo un recurso planteado por la madre ante la atribución por el Juzgado de Primera Instancia de un régimen de custodia compartida, señaló que «el legislador es también contrario a este tipo de soluciones y así lo pone de manifiesto, por todos, el art. 90.a) CC que trata de "la determinación de la persona a cuyo cuidado hayan de quedar los hijos [...] y el régimen de visitas, comunicación y estancia [...] con el progenitor que no viva con ellos"»(884). En el mismo sentido, la SAP de Palencia de 10 de febrero de 1999(885) priorizó por una interpretación y aplicación literal de la ley; en efecto, señaló que «los arts. 90 y 92, del Código

(882) Cfr. Godoy Moreno, A., «La guarda y custodia compartida...», *op. cit.*, pág. 335; y Campuzano Tomé, H., «La custodia compartida...», *op. cit.*, pág. 7.

(883) Rollo de apelación núm. 128/1995. En este sentido, la SAP de Madrid de 17 de febrero de 1998 (LA LEY 24458/1998) y la SAP de Cantabria de 22 de junio de 2005 (LA LEY 140147/2005) que afirman que el ordenamiento jurídico español sólo ha previsto la custodia unilateral.

(884) Sin embargo, la Audiencia desestima el recurso planteado afirmando la existencia de circunstancias excepcionales que aconsejan la aplicación del régimen de guarda y custodia compartida.

(885) Recurso de apelación núm. 233/1998.

Civil al regular la opción de custodia de los hijos en supuesto de separación o divorcio de los padres, no prevén en concreto la posibilidad de que la custodia pueda ser concedida de forma compartida al padre y a la madre, aunque tampoco lo prohíben, pero del hecho de esa falta de previsión se revela que en la mente del legislador no estuvo la concesión de la custodia de ese modo con carácter general, sin duda ante la problemática que suscitaría en una situación de crisis matrimonial y por lo tanto de las relaciones entre los progenitores que éstos se hubieran de poner de acuerdo hasta para las cuestiones más mínimas en relación con el cuidado y atención de los hijos, razón por la cual, y si bien es cierto que una situación ideal podría derivar en esa atribución de custodia compartida, tal atribución, cuando se hace lo es en base a una situación en que las circunstancias no sólo lo permitan sino que así lo aconsejen [...]». Por su parte, la SAP de Las Palmas de 15 de abril de 2004(886) se pronunció en el mismo sentido, aunque sí concedió la custodia alternada: «cierto es que a la hora de fijar la guarda y custodia, conforme al art. 90.A) del Código Civil deberá indicarse la persona a cuyo cuidado deban quedarse los hijos sujetos a patria potestad, siendo por lo tanto normal que se designe a uno de los progenitores, y no a los dos. Por lo tanto es innegable que ha de ser excepcional el compartimiento de tal tarea [...]». Y la SAP de Baleares de 6 de octubre de 2004(887) señaló que «es cierto que no puede descartarse en casos muy concretos la aplicación de la controvertida medida, lo cual aunque no se recoja por el momento en nuestro CC tampoco queda prohibida, ya que lo señalado por el párrafo 4 del art. 92 de dicho Código se refiere a la decisión que debe tomar el Juez respecto de cual de los progenitores tendrá a su cuidado los hijos menores, pero ello no debe de ser entendido como norma general, pues es innegable que el niño precisa de un entorno estable para su formación integral». En cambio, la SAP de Barcelona de 10 de febrero de 2005(888) estableció que la posibilidad de acordar

(886) LA LEY 88891/2004.

(887) LA LEY 207976/2004.

(888) LA LEY 32037/2005. En este mismo sentido se había pronunciado la SAP de Valencia de 22 de abril de 1999 (LA LEY 66241/1999). Asimismo, posteriormente, la SAP de Barcelona de 10 de marzo de 2005 (LA LEY 57431/2005), aunque deniega el establecimiento de la custodia alternada solicitada por el padre; y la SAP de Girona de 20 de octubre de 2004 (LA LEY 218278/2004) que señala que del art. 76.1 del Código de Familia catalán no se desprende una prohibición del régimen de custodia compartida, pudiendo concluirse, como mucho, al igual que lo que sucede con el CC, que dicha posibilidad no ha sido expresamente contemplada por el legislador, pero que no puede afirmarse que haya sido proscrita.

un régimen de custodia compartida no era contrario a las previsiones de los arts. 76.1 y 82.2 del Código de Familia catalán, ni a los arts. 81, 86, 90.A) y 103 del CC, pues obedecía a circunstancias procedentes y concurrentes apreciadas en torno a la protección del interés superior del hijo.

En todo caso, la aplicación judicial de esta figura jurídica era muy escasa. Los jueces de primera instancia estimaban, en general, que la guarda y custodia compartida presentaba mayores inconvenientes que ventajas y las Audiencias, aunque menos reacias a este tipo de cuidado, la admitían sólo excepcionalmente, a petición de ambos progenitores y siempre que su relación fuere relativamente aceptable, elemento que debía comprobarse por los asesores del Tribunal(889).

A la realidad de la aplicación de esta figura se refería la SAP de Girona de 20 de octubre de 2004(890) pronunciada unos meses antes de la entrada en vigor de la Ley 15/2005. Así, señalaba que los reparos radicales del apelante al sistema de guarda y custodia compartida no dejaban de ser contrarios a todas las reformas legales que se estaban debatiendo, que no se encaminaban precisamente en el sentido propugnado en el recurso sino en el contrario. Terminaba afirmando que no podía ignorarse que este régimen era cada vez más frecuente en los pactos entre parejas rotas, matrimoniales o no.

Más allá del análisis de ciertas disposiciones legales específicas hubo quien, incluso antes de la reforma de 1981, apelando a la aplicación del arbitrio judicial y principio de igualdad entre progenitores, se mostraba a favor de la alternancia en la responsabilidad de los hijos. Así, Navarro Fajardo(891), constatando una realidad innegable, cual era la preferencia casi absoluta de la madre sobre el padre en orden a la concesión de la custodia de los hijos comunes (arts. 70 y 73 del CC vigentes en esa época(892)),

(889) Un estudio judicial llevado a cabo en Cataluña, referido a los años 1990-2000, señaló que de los casos decididos en sentencia sólo el 1,52% correspondían a la concesión de guarda y custodia compartida en procedimientos de separación y un 3,35% en los de divorcio. Cfr. Rivero Hernández, F., «Efectos de...», *op. cit.*, págs. 28-29.

(890) LA LEY 218278/2004.

(891) Cfr. Navarro Fajardo, J., «El derecho a...», *op. cit.*, págs. 4-5.

(892) El antiguo art. 70 del CC establecía: «*La ejecutoria de nulidad del matrimonio producirá los siguientes efectos:*

Los hijos mayores de siete años quedarán al cuidado del padre, y las hijas al cuidado de la madre, si de parte de ambos cónyuges hubiese habido buena fe.

apostaba por el uso equitativo de este criterio judicial, afirmando que era perfectamente factible que el padre y la madre se alternasen en la custodia del hijo por lapsos equivalentes.

Este autor agregaba que un correcto desenvolvimiento de los principios constitucionales de igualdad ante la ley (art. 14 de la CE) y del derecho a contraer matrimonio en igualdad jurídica consagrado en el art. 32 de la CE —interpretado en el sentido de que dicha igualdad no existe sólo al momento de contraer matrimonio sino también durante su vigencia y disolución—, conducía a la eliminación de toda desigualdad en el trato de los padres (varones) para la atribución de la guarda y custodia de los hijos una vez sobrevenida la ruptura. En tal sentido, la primera condición que debía verificarse era la concesión de tiempos iguales a los progenitores para el cumplimiento del cuidado personal de los hijos. No se trataba de defender la superioridad del derecho de los padres a estar en compañía

Si la buena fe hubiese estado de parte de uno solo de los cónyuges quedarán bajo su poder y cuidado los hijos de ambos sexos.

Si la mala fe fuere de ambos, el Tribunal resolverá sobre la suerte de los hijos en la forma que dispone el párrafo segundo del número segundo del art. 73.

Los hijos e hijas menores de siete años estarán hasta que cumplan esta edad, al cuidado de la madre.

Sin embargo, de lo establecido en estas normas, si el Tribunal que conoció sobre la nulidad del matrimonio hubiese por motivos especiales proveído en su sentencia acerca del cuidado de los hijos, deberá estarse en todo caso a lo decretado por él.

Por análogos motivos, y en lo que no haya dispuesto la sentencia de nulidad, el Juez que haya de ejecutarla podrá también aplicar su criterio discrecional según las particularidades del caso».

Y el art. 73 del CC prescribía: «*La ejecutoria de separación producirá los siguientes efectos:*

1.º La separación de los cónyuges.

2.º Quedar o ser puestos los hijos bajo la potestad y protección del cónyuge inocente.

Si ambos fueren culpables, el Juez, discrecionalmente, podrá proveer de tutor a los hijos, conforme a las disposiciones de este Código. Esto no obstante, si al juzgarse sobre la separación no se hubiese dispuesto otra cosa, la madre tendrá a su cuidado, en todo caso, a los hijos menores de siete años.

A la muerte del cónyuge inocente, volverá el culpable a recobrar la patria potestad y sus derechos, si la causa que dio origen a la separación no afectare a la formación moral de los hijos. En otro caso se les proveerá de tutor. La privación de la patria potestad y de sus derechos no exime al cónyuge culpable del cumplimiento de las obligaciones que este Código le impone respecto de sus hijos.

Sin embargo, de lo anteriormente establecido, si al juzgarse sobre la separación se hubiera, por motivos especiales, proveído acerca del cuidado de los hijos, deberá estarse en todo caso a lo decretado [...]».

de sus hijos sobre el *bonum filli,* sino de armonizar ambos principios. La no discriminación de los progenitores por razón de su sexo y el supremo interés de los hijos no eran antitéticos sino complementarios[(893)].

Por último, quienes rechazaban la admisibilidad del sistema de custodia compartida argumentaban que el art. 158 del CC excluía el cambio de titular de la guarda por estimarlo dañoso para el menor, al punto de facultar al juez para adoptar de oficio las medidas necesarias destinadas a evitar las perturbaciones que dichas modificaciones en la titularidad de la custodia acarrearen[(894)]. Frente a ello se esgrimía que dicha norma no apuntaba a la custodia compartida sino al caso del cambio de potestad de guarda que, obviamente, no incluía la custodia conjunta, puesto que en ésta son ambos padres los titulares de la guarda y lo que comparten sucesivamente es su ejercicio[(895)].

3.2. El nuevo art. 92 del CC

3.2.1. Aspectos generales

En lo que respecta a nuestro estudio sobre la guarda y custodia compartida, alternada o sucesiva de los hijos, dentro de las modificaciones introducidas al Código Civil por la Ley 15/2005, debemos detenernos con especial énfasis en la nueva redacción del art. 92 de dicho cuerpo legal[(896)].

La materia que nos ocupa ha sido objeto de una de las reformas más relevantes del Derecho de familia de los últimos veinticinco años. La Ley 15/2005, que ha reconocido legalmente la figura de la guarda y custodia compartida, ha venido precedida de una importante discusión en diversos ámbitos de la actividad jurídica y social despertando, por consiguiente, el

(893) Cfr. Navarro Fajardo, J., «El derecho a...», *op. cit.,* págs. 7-9.

(894) Así lo señala Campuzano Tomé, H. («La custodia compartida...», *op. cit.,* pág. 2). Por otra parte, la autora pone de manifiesto que muchas de las sentencias que negaban la custodia sucesiva, aun cuando ésta parecía del todo apropiada al caso concreto, se basaban en que el Código Civil sólo reconocía la custodia unilateral, sin referirse expresamente a la modalidad de ejercicio alternado.

(895) Cfr. Godoy Moreno, A., «La guarda y custodia compartida...», *op. cit.,* pág. 335.

(896) El análisis de esta disposición en materia de guarda y custodia en general lo desarrollamos en el Capítulo Primero del presente trabajo.

interés de la doctrina y jurisprudencia por abordar sus enormes repercusiones en el ordenamiento legal español[(897)].

Esta ley introdujo positivamente en el Derecho español la figura de la custodia compartida, alternada o sucesiva. Es el párrafo quinto del art. 92 del CC el que se refiere a la posibilidad de compartir el ejercicio de la guarda y custodia, señalando que se acordará la guarda y custodia conjunta cuando lo soliciten los padres en la propuesta del convenio regulador o cuando ambos lleguen a este acuerdo en el transcurso del procedimiento. Es decir, los progenitores cuentan con dos oportunidades para establecer este instituto: 1) en el convenio regulador mismo que se presenta junto a la demanda de separación, nulidad y divorcio; 2) o bien, durante el desarrollo del proceso cuando, no habiendo estado inicialmente inclinados por dicha modalidad, convengan que es la mejor manera de regular el cuidado personal del hijo y de garantizar su interés superior, como consecuencia de los requerimientos judiciales, de la intervención de mediadores o por simple acuerdo[(898)].

Existe una doble imprecisión jurídica al establecer que «**se acordará** el ejercicio compartido de la guarda y custodia de los hijos cuando así lo **soliciten** los padres en la propuesta de convenio regulador [...]»[(899)]. En primer lugar, la frase *se acordará* da a entender que el solo convenio de los padres obliga al juez. Pero no es así. Más adelante, la norma menciona ciertos requisitos que deben cumplirse para que el juez acceda a la custodia alternada[(900)]. En segundo lugar, tal como lo señalamos al referirnos

(897) Al respecto, se ha señalado que esta reforma se llevó a cabo en contra de la opinión de muchos interesados, de expertos en educación de hijos afectados por la crisis matrimonial de sus padres y de una parte de la doctrina. Cfr. LACRUZ BERDEJO, J. L. y otros, *Elementos de Derecho Civil IV. Derecho de Familia*, Madrid, Dykinson, 2005, pág. 99.

(898) Como afirma PÉREZ VEGA, A. («La guarda...», *op. cit.*, págs. 679-680), el acuerdo puede alcanzarse antes de la celebración de la vista del juicio verbal, durante la celebración de la misma e, incluso, una vez que ésta ha concluido.

(899) El tenor de esta norma proviene de una enmienda presentada en el Congreso por el Grupo Parlamentario Socialista. Enmienda núm. 48. *BOCG Congreso*. VIII Legislatura. Serie A. 15 de marzo de 2005, núm. 16-8, pág. 36. Las negritas son nuestras.

(900) Así se pronuncia también SEISDEDOS MUIÑO, A., «Las medidas...», *op. cit.*, pág. 11. En cambio, para IVARS RUIZ, J. (*Guarda y custodia..., op. cit.*, pág. 43), la no utilización del verbo en condicional, indica que el juez debe acordar el ejercicio compartido de la custodia cuando así lo soliciten los padres. Además, agrega el autor, la expresión del párrafo segundo del art. 92 del CC «el juez, al acordar la guarda conjunta» parece querer dar poco margen de maniobrabilidad al juez en la decisión adoptada de mutuo acuerdo.

al papel de la autonomía de la voluntad en el convenio regulador[901], las partes someten a la decisión judicial las propuestas contenidas en dicho acuerdo para su procedente homologación o rechazo; el acuerdo debe ser aprobado por el juez, salvo si causa perjuicio a los hijos o a uno de los cónyuges (párrafo antepenúltimo del art. 90 del CC). Por ello, en realidad, no se trata de una solicitud propiamente dicha[902]. La redacción del Anteproyecto era en este punto más acertada: «Los padres podrán acordar o, en su caso, el Juez podrá decidir, a instancia de parte y siempre en beneficio del menor, que la guarda de los hijos sea ejercida por uno solo de ellos o conjuntamente, procurando no separar a los hermanos»[903].

Al respecto, debemos tener presente que la Ley 15/2005 modificó los arts. 81.2.º y 86 del CC exigiendo que, en los procesos incoados a instancia de uno de los cónyuges, se acompañe a la demanda una propuesta fundada de las medidas que hayan de regular los efectos de la separación y divorcio solicitado[904]. Por lo tanto, si se trata de un divorcio o separa-

(901) *Vid. supra* epígrafe 2.3 del Capítulo I del presente trabajo.

(902) En tal sentido Seisdedos Muiño, A., «Las medidas...», *op. cit.*, pág. 8, y Guilarte Martín-Calero, C., «Comentarios del nuevo...», *op. cit.*, pág. 161.

(903) Sin embargo, más adelante, el Proyecto contempló para dicha norma la siguiente redacción: «En la propuesta de convenio regulador o a instancia de uno de los padres, podrá solicitarse que el juez, previo informe del Ministerio Fiscal, decida en interés exclusivo de los hijos, valorando la relación que los padres mantengan entre sí, tras oír a los mayores de 12 años y, si lo considera preciso, a los menores que tengan suficiente juicio, que la guarda de éstos sea ejercida por uno de ellos o conjuntamente». Se acercaba así al tenor de la norma vigente.

(904) El art. 81 núm. 1.º del CC, establece en su párrafo segundo que: *«a la demanda se acompañará propuesta fundada de las medidas que hayan de regular los efectos derivados de la separación»*. Luego, el art. 86 del CC prescribe que *«se decretará judicialmente el divorcio, cualquiera que sea la forma de celebración del matrimonio, a petición de uno solo de los cónyuges, de ambos o de uno con el consentimiento del otro, cuando concurran los requisitos y circunstancias exigidos en el art. 81»*.
El texto original del Proyecto establecía que «A la demanda se acompañará propuesta de las medidas provisionales que hayan de regular los efectos derivados de la separación o del divorcio, conforme al art. 103 de este Código». El Informe del Consejo General del Poder Judicial de 27 de octubre de 2004 estimaba una contradicción acompañar a la demanda la propuesta de medidas provisionales, pues éstas regulan las relaciones entre los cónyuges durante la tramitación del procedimiento, mientras que los efectos derivados de la separación o el divorcio sobrevienen con la sentencia judicial correspondiente. La referencia debía hacerse tanto a las medidas provisionales como definitivas. Y así lo contempla el texto vigente de la norma. Cfr. *Informe del Consejo General del Poder Judicial*, de 27 de octubre de 2004, pág. 20.

ción unilateral, el demandante debe acompañar, junto a su demanda, la proposición de la medida referida a la guarda y custodia compartida que pretende obtener, indicando desde ya las razones que justifican su establecimiento. Los términos del debate quedan fijados a partir de dicho momento, pudiendo la contraparte oponerse si lo estima necesario mediante una contrapropuesta, en cuyo caso debe rendirse la prueba pertinente para la acertada resolución del juez.

En todo caso, debemos considerar que el juez puede denegar tal acuerdo invocando que, con ello, se vulnera el interés superior del hijo o se causa un perjuicio grave a uno de los cónyuges. Así lo establece el antepenúltimo párrafo del art. 90 del CC, regla general aplicable a la hipótesis que se nos presenta: «Los acuerdos de los cónyuges adoptados para regular las consecuencias de la nulidad, separación o divorcio serán aprobados por el juez, **salvo si son dañosos para los hijos o gravemente perjudiciales para uno de los cónyuges»**[905]. De esta forma, por muy de acuerdo que estén los cónyuges en solicitar la custodia compartida, alternada o sucesiva de sus hijos, el juez, al efectuar el control judicial que exige la norma transcrita, puede denegar dicha petición argumentando la existencia de un interés superior que debe tutelar. En este sentido, el apartado quinto del art. 92 del CC agrega que si el juez no observa óbice al pacto mediante el cual se ha acordado la guarda y custodia compartida de los hijos, debe adoptar, a través de resolución fundada, las cautelas pertinentes para su eficaz cumplimiento, procurando no separar a los hermanos, directriz que, como analizamos al abordar los criterios generales para la atribución de la guarda y custodia, el legislador de 2005 ha mantenido.

Existen, además, otros criterios previstos en la ley que deben ser observados por el juez al evaluar la conveniencia de este tipo de guarda. Ellos son: la valoración de las alegaciones de los padres y la prueba vertida en juicio; la ponderación de la relación que éstos mantienen entre ellos y con sus hijos; el Informe del Ministerio Fiscal, etc. A todos ellos nos referiremos en lo sucesivo.

---

(905) Las negritas son nuestras.

3.2.2. Las causas legales de inadmisión de la guarda y custodia compartida

3.2.2.1. Consideraciones generales

La Ley 15/2005 ha previsto causas legales tasadas de improcedencia de la guarda y custodia compartida. Las enumera taxativamente el párrafo séptimo del art. 92 del CC. Son las siguientes:

— Estar cualquiera de los padres incurso en un proceso penal iniciado por hechos punibles que atenten contra los siguientes bienes jurídicos protegidos del otro cónyuge o los hijos que convivan con ambos: vida, integridad física, libertad, integridad moral o libertad e indemnidad sexual.

— Si de las alegaciones de las partes y las pruebas practicadas, el juez advierte la existencia de indicios fundados de violencia doméstica.

Se trata de una norma que proviene intacta del texto del Proyecto (apartado sexto del art. 92 del CC)[906].

(906) Las dos enmiendas presentadas en el Senado a este apartado de la norma se rechazaron. Ambas fueron impulsadas por el Grupo Parlamentario *Entesa Catalana de Progrés.* La núm. 6 añadía la expresión «cautelarmente» después de «procederá». Y agregaba, al final del primer párrafo, lo siguiente: «sin perjuicio de la revisión de la resolución en materia de guarda y custodia en los supuestos de sobreseimiento o absolución posteriores». Dicha modificación se justificaba en que en tales supuestos podría llegar a vulnerarse el principio de presunción de inocencia: «La reparación de los derechos del justiciable en los casos de sobreseimiento o absolución por los delitos a que se refiere el apartado 7 del art. 92 hace imprescindible que se garantice el derecho a la revisión de la medida denegatoria adoptada de manera cautelar, ya que de otra manera se lesiona el derecho constitucional de inocencia del padre o madre imputados». La enmienda núm. 7 suprimía el segundo párrafo del apartado 7 del art. 92 por considerar que el mismo vulneraba las garantías procesales de las partes, ya que «Si existe cualquier indicio fundado de violencia doméstica, la obligación del Juez, por imperativo legal, es la de proceder contra el presunto autor, sea mediante la instrucción del procedimiento de naturaleza penal correspondiente, sea mediante comunicación al Ministerio Fiscal o al órgano instructor que sea competente. Únicamente la valoración de las pruebas practicadas, y no las meras alegaciones de parte, pueden fundamentar la resolución judicial. Adicionalmente, la concurrencia de antecedentes de violencia doméstica en uno de los padres resulta incompatible con la protección superior del interés del menor, y, por tanto, con la autorización de la guarda compartida». *BOCG Senado.* VIII Legislatura. Serie II: Proyectos de Ley. 26 de mayo de 2005, núm. 14 (c), pág. 14.
Vid. en este aspecto las «Conclusiones sobre *Las Reformas del Derecho de Familia...*», *op. cit.,* pág. 3.

Antes de analizar cada una de ellas, debemos señalar que entendemos que los supuestos que establece esta norma no son solamente causas para no otorgar a ese padre o madre infractor la guarda y custodia en su modalidad compartida, sino para que le quede vedado cualquier ejercicio de la guarda y custodia de los hijos(907). A nuestro juicio, la intención del legislador fue restringir el acceso a la guarda y custodia compartida y blindarla de protecciones a través de estas causas de no admisión. Quizá hubiese sido útil establecer una norma de tal tenor pero con carácter general, aplicable a la guarda y custodia sin especificar modalidades de su ejercicio. De todas formas, hay autores que advierten que incluso esto hubiese sido superfluo ante el principio general de protección del supremo interés del hijo, pues resulta evidente que en tales hipótesis dicho interés no está siendo salvaguardado judicialmente(908). Por último, cabe señalar que el legislador no ha distinguido entre procedimientos de mutuo acuerdo y contenciosos y que, por lo tanto, no cabe circunscribir estas hipótesis sólo a los casos en que exista conflictividad entre las partes(909).

3.2.2.2. Existencia de ciertos procesos penales

El párrafo séptimo del art. 92 del CC establece que no procederá la guarda conjunta cuando uno de los padres esté incurso en un proceso penal iniciado por hechos punibles que atenten contra la vida, integridad física, libertad, integridad moral o la libertad e indemnidad sexual del otro cónyuge o de los hijos que convivan con ambos.

La norma no ha sido lo suficientemente clara al delimitar esta hipótesis, pues no habla de condenado, imputado ni denunciado. Al respecto se ha señalado que el legislador estaría prejuzgando, pues, a no ser que existan pruebas irrebatibles de la culpabilidad, como el reconocimiento de los he-

(907) Cfr. LACRUZ BERDEJO, J. L. y otros, *Elementos..., op. cit.*, pág. 99, y LINACERO DE LA FUENTE, M. («Leyes de Familia...», *op. cit.*, págs. 73 y 81), quien señala que, en este caso, debió establecerse la no procedencia de la guarda conjunta o no conjunta o, en su caso, su suspensión.

(908) Cfr. SEISDEDOS MUIÑO, A., «Las medidas...», *op. cit.*, pág. 12.

(909) Así lo ha señalado, RODRÍGUEZ CHACÓN, R., *Matrimonio..., op. cit.*, pág. 119. El autor agrega que en ambos tipos de procedimientos este hecho negativo no debe llegar a ser objeto de investigación judicial, aunque sí es aconsejable que el juez mantenga una actitud vigilante para garantizar el cumplimiento de los requisitos legales y la debida libertad en la adopción de los acuerdos (pág. 120).

chos por el imputado, se estaría «sancionando» a este progenitor al negarle la posibilidad de compartir con el otro padre o madre el cuidado de sus hijos, ya que estar *«incurso en un proceso penal»* no significa ser culpable[910]. Sin embargo, creemos que la imprecisión del legislador no ha sido casual, sino que ha querido comprender el mayor número de supuestos presentables «previniendo», de alguna forma, concesiones «equivocadas» de este tipo de guarda[911]. Por lo anterior, y atendiendo a la letra de la ley, por *«incurso en un proceso penal»* entendemos al individuo acusado y, en su caso, condenado, y a aquel contra el cual existe imputación formal, es decir, a quien ya se le ha denunciado en sentido estricto una vez admitida a trámite la denuncia o querella. De esta forma, no es necesario que se haya dictado sentencia condenatoria para que quede excluida la custodia compartida, lo cual implica que si se ha interpuesto formalmente querella o denuncia por estos delitos en contra de uno de los progenitores, no cabe establecer esta modalidad de cuidado pendiente el juicio respectivo. En cambio, sí podría solicitarse si dicho padre o madre resulta absuelto, en cuyo caso podrá iniciar un procedimiento de modificación de medidas definitivas por cambio de circunstancias (art. 775 de la LEC).

3.2.2.3. Existencia de indicios fundados de violencia doméstica

La segunda hipótesis de improcedencia de la custodia alternada o sucesiva se produce si, de las alegaciones de las partes y las pruebas prac-

(910) Cfr. Martínez Gallego, E., «Las recientes reformas...», *op. cit.*, pág. 269. En este sentido, se ha señalado que la imprecisión legal de la expresión utilizada puede dar lugar a actuaciones de mala fe por parte del cónyuge que pretenda impedir a toda costa el establecimiento de la custodia compartida, es decir, a denuncias o acusaciones falsas. Así, Montserrat Quintana, A., «La custodia compartida en la nueva Ley 15/2005, de 8 de julio», *Práctica de Tribunales,* año III, núm. 23, enero, 2006, pág. 13.

(911) Aunque se ha señalado que en estos casos el solo hecho de «incluir el ámbito penal» descarta la viabilidad objetiva de la guarda conjunta. Cfr. Rodríguez Chacón, R., *Matrimonio..., op. cit.*, pág. 119, nota núm. 372. En este sentido, la SAP de Murcia de 29 junio de 2006 (LA LEY 117194/2006) declara que difícilmente podría aplicarse el régimen de custodia compartida previsto en el art. 92 del CC *«en la situación en que se encuentran los litigantes, incursos incluso en un procedimiento penal entre ambos, cuando el citado artículo exige para acordar dicha situación de ejercicio compartido de la guardia y custodia, el acuerdo mutuo, o en su caso, cuando con informe favorable del M. Fiscal, se considere necesario para proteger el interés superior del menor, no existiendo ni el informe favorable del M. Fiscal ni se acredita la circunstancia de mejor protección»*.

ticadas, el juez advierte la existencia de indicios fundados de violencia doméstica[912].

En primer lugar, aunque el art. 92 del CC se refiere a la violencia doméstica y, por ende, es indiferente el sexo del agresor y la víctima puede ser tanto el padre, la madre o los hijos involucrados[913], cabe tener en cuenta el art. 1 de la Ley Orgánica 1/2004, de 28 diciembre, «sobre Medidas de Protección Integral contra la Violencia de Género» (en adelante, Ley Integral), que, refiriéndose al objeto de la ley, define la violencia de género estableciendo, en su número 3, que comprende todo acto de violencia física y psicológica, incluidas las agresiones a la libertad sexual, las amenazas, las coacciones o la privación arbitraria de libertad.

El legislador de 2005 ha creado una especial vinculación entre los procedimientos matrimoniales y los actos constitutivos de violencia de género; ha intentado armonizar artificiosamente sus preceptos con los de la Ley Integral, entre otras razones porque esta última entrega competencia civil a los Juzgados de Violencia sobre la Mujer. En efecto, su art. 44 establece, en su número 2, que estos Juzgados podrán conocer de los asuntos sobre nulidad, separación y divorcio, y sobre los que versen exclusivamente sobre guarda y custodia de hijos e hijas menores o sobre alimentos reclamados por un progenitor contra el otro en nombre de los hijos e hijas menores (de manera que la competencia civil es accesoria a la penal). Esta disposición agrega, en su número 3, que los Juzgados de Violencia sobre la Mujer tendrán de forma exclusiva y excluyente competencia en el orden civil cuando concurran simultáneamente los siguientes requisitos: a) que se trate de un proceso civil que tenga por objeto alguna de las materias anteriormente indicadas; y b) que alguna de las partes del proceso civil sea víctima de los

(912) Se trata de una norma existente en el Derecho comparado. En Estados Unidos, el *Iowa Code* de 2005 establece en su *section 598.41, 1b,* que existirá una presunción de derecho contra la concesión de la custodia compartida si el Tribunal constata que existen antecedentes de violencia doméstica. Algo similar se establece en Kansas al enumerar los factores que el juez debe especialmente valorar al decidir sobre la custodia y residencia del niño y el tiempo de convivencia con sus padres; entre ellos se señala «la constatación de malos tratos conyugales» *[Kansas Statute No. 60-1610, chapter 60, article 16, 3), B].* Asimismo, el *Texas Family Code, chapter 153 — Conservatorship, possesion and access §153.131,* se refiere a la constatación de antecedentes de violencia familiar por parte de los padres del niño.

(913) En este sentido, MARTÍNEZ GALLEGO, E., «Las recientes reformas...», *op. cit.,* pág. 269.

actos de violencia de género frente a los cuales dichos Juzgados poseen competencia penal.

De esta forma, cuando se producen actos de violencia sobre la mujer en los casos mencionados, surge una pérdida de competencia objetiva regulada en el art. 57 de la Ley Integral. Esta disposición ha adicionando un nuevo art. 49 bis en la Ley de Enjuiciamiento Civil, determinando que esta pérdida de competencia de los Tribunales en materia civil se producirá en tres ocasiones. A) En primer lugar, cuando un juez que esté conociendo en primera instancia de un procedimiento civil tenga noticia de la *comisión de un acto de violencia* de los definidos en el art. 1 de la Ley Integral, que haya dado lugar a la iniciación de un proceso penal o a una orden de protección, en cuyo caso deberá remitir los autos en el estado en que se hallen al Juez de Violencia sobre la Mujer que resulte competente, salvo que se haya iniciado la fase del juicio oral. B) En segundo lugar, también se pierde competencia objetiva si un juez que está conociendo de un procedimiento civil tiene noticia de la *posible comisión de un acto de violencia de género* que no haya dado lugar a la iniciación de un proceso penal ni a dictar una orden de protección, en cuyo caso deberá citar inmediatamente a las partes a una comparecencia con el Ministerio Fiscal, que se celebrará en las veinticuatro horas siguientes a fin de que éste tome conocimiento de cuantos datos sean relevantes sobre los hechos acaecidos. C) Por último, se pierde también competencia objetiva, cuando un Juez de Violencia sobre la Mujer que está *conociendo de una causa penal por violencia de género* tiene conocimiento de la existencia de un proceso civil, caso en el que requerirá de inhibición al Tribunal Civil, el cual deberá acordarla de inmediato y remitir los autos al órgano requirente.

Creemos que de estas tres hipótesis, las dos primeras dan ciertas luces acerca de lo que debe entenderse por «advierta [...] la existencia de indicios fundados de violencia doméstica» a los que se refiere el párrafo séptimo del art. 92 del CC: si se tiene noticia (el precepto no exige la comprobación) de la comisión o posible comisión de un acto de violencia de género(914). Como

(914) PÉREZ VEGA, A. («La guarda...», *op. cit.*, pág. 691), señala que dichos indicios podrían advertirse en los escritos de demanda o contestación, desprenderse de las manifestaciones de las partes vertidas en la comparecencia o en el acto de la vista del procedimiento, de la conducta de los cónyuges, de las manifestaciones de terceros que declaren en calidad de testigos, o bien de la prueba documental o pericial.

vemos, se trata de una hipótesis extremadamente genérica y abstracta, pues no exige siquiera denuncia en contra del supuesto maltratador[915].

Por su parte, los arts. 65 y 66 de la Ley Orgánica 1/2004, sobre Medidas de Protección Integral contra la Violencia de Género, se refieren a la existencia de un inculpado por violencia de género, en cuyo caso el juez podrá suspender el ejercicio de la patria potestad o de la guarda y custodia de los menores y/o ordenar la suspensión de visitas a sus descendientes. De este modo, si previamente existe una sentencia que acuerde una patria potestad compartida y una guarda y custodia alternada, la ulterior denuncia penal por violencia de género permitiría al Juez de Violencia acordar la suspensión de dichas patria potestad y guarda y custodia de los hijos al amparo del mencionado art. 65, siempre que las circunstancias así lo justifiquen y, en especial, si ello puede ocasionar daño a los menores.

En cuanto al régimen de comunicación y estancia, se ha señalado que, si bien el art. 66 de la Ley Orgánica 1/2004, sobre Medidas de Protección Integral contra la Violencia de Género, permite su suspensión, esta medida puede parecer desproporcionada cuando la violencia no afecte a los menores y pueda recurrirse a sistemas alternativos como el intercambio de los menores en el Punto de Encuentro Familiar[916].

Al respecto, estimamos que el juez debe permanecer sumamente atento frente a cualquier tipo de violencia de género, pues la violencia ejercida contra la mujer puede fácilmente implicar violencia doméstica de carácter físico o psicológico en el resto de los miembros de la familia, caso en el cual, en virtud de lo dispuesto en el número cuatro del art. 158 del CC, deberá adoptar las medidas que estime convenientes para apartar al hijo de cualquier peligro como, por ejemplo, suspender el contacto directo y regular con el agresor.

---

(915) Critica también la insuficiencia de esta terminología MARTÍNEZ GALLEGO, E., «Las recientes reformas...», *op. cit.*, pág. 270.

(916) Cfr. «Conclusiones aprobadas por el Seminario *Implicaciones civiles de la Ley 1/2004, de Medidas de Protección Integral contra la Violencia de Género*», Madrid, 21 a 23 de junio de 2006, pág. 8 [www.http://www.mujeresjuristasthemis.org/novedades/conclusiones%20seminario%20implicaciones%20civiles%20ley%20integral%20junio%202006.pdf]. En estas Conclusiones se agrega que en los partidos judiciales que no cuenten con Puntos de Encuentro Familiar, y en supuestos específicos, el intercambio puede encomendarse a una tercera persona.

Por último, debemos destacar que algunas legislaciones prevén sanciones a las acusaciones falsas sobre violencia, aunque aún es una materia hasta ahora poco regulada en los diversos ordenamientos jurídicos que contemplan la custodia compartida. Así, en Texas[(917)] —además de ser sancionadas penalmente por perjurio, agravio u obstrucción de la justicia— las falsas acusaciones pueden ser valoradas como una falta grave a tener en cuenta en el fallo relativo a la custodia. En este sentido, la recomendación número 43 del Informe de 1998 del Comité Mixto Especial sobre Custodia y Acceso del Parlamento del Canadá sugiere que, en lo que respecta a las acusaciones intencionadamente falsas de maltrato o abandono, el Gobierno Federal examine la validez del Código Penal para hacer frente a las falsas denuncias en litigios de familia y desarrolle políticas para impulsar la adopción de medidas en los casos claros de agravio, obstrucción de la justicia o perjurio[(918)].

3.2.3. *Requisitos para establecer la guarda y custodia compartida*

3.2.3.1. El acuerdo de los progenitores como criterio determinante de los requisitos exigidos para establecer la guarda y custodia compartida

Una de las cuestiones más discutidas durante la tramitación de la Ley 15/2005 fue la inclusión de ciertas circunstancias de hecho a las que el juez debía atender para el otorgamiento de la guarda y custodia compartida. En especial, se debatió si correspondía establecer como necesario el acuerdo de ambos padres para instaurar este sistema de cuidado de los hijos.

Al respecto, se ha estimado que el acuerdo efectivo de los progenitores es una de las condiciones esenciales para el establecimiento de la custodia conjunta, su presupuesto de hecho[(919)]. Las peculiaridades de este sistema

(917) *Texas Family Code, chapter 153 — Conservatorship, possesion and access §153.013.*

(918) Cfr. *For the..., op. cit.*, pág. 90.

(919) El concierto de las partes ha adquirido especial relieve en varias legislaciones. Así, en Alabama, conforme al *Code of Alabama, 1975, Acts 1996, núm. 96-520, §30-3-152 c),* de 1 de enero de 1997, dentro de las consideraciones de los Tribunales debe tenerse en cuenta que si ambos padres han solicitado la custodia conjunta se da por supuesto que ella coincide con el mejor interés del niño. Asimismo, en Michigan, el art. 722.26.ª de la *Child Custody Act,* relativo a la custodia conjunta, establece que si los padres están de acuerdo respecto de la custodia conjunta el Tribunal la concederá a menos que determine en su sentencia, sobre la base de pruebas claras y convincentes, que no coincide con el mejor interés del niño.

exigirían un mínimo de entendimiento entre padre y madre y de una permanente colaboración entre ellos para su buen funcionamiento. En este sentido, se ha señalado que ambos deben estar en condiciones de aceptar una pérdida parcial del control sobre las decisiones que conciernen a la vida cotidiana de los hijos; deben estar disponibles a una constante y asidua comunicación y ser capaces de realizar una valoración objetiva y serena de las circunstancias(920).

Los extremos sobre los cuales debe recaer este acuerdo son de variada índole. Todos ellos están dirigidos a la organización de los diversos aspectos que involucra el ejercicio compartido de la custodia de los hijos(921). Sin perjuicio de ello, podemos afirmar que uno de los elementos de vital importancia para su verificación es la existencia de un proyecto común de educación de los hijos, en cuanto ello define las líneas de su formación en los más diversos aspectos de la vida y el grado de intervención de los progenitores en ella. Toda vez que la custodia compartida está precedida de la disgregación del ambiente familiar, su funcionamiento no descansa en la concordia de las decisiones de los padres respecto de su educación, sino sobre su recíproco reconocimiento de aptitudes parentales, así como en el convencimiento de deber favorecer un equilibrado acceso al menor(922).

En este orden de ideas, se ha señalado que la custodia unilateral descansa en una lógica *partitiva* de los poderes relativos al cuidado de los hijos. La custodia conjunta, en cambio, plantea una dinámica *asociativa* en el ejercicio de dichas funciones, pues los progenitores deben desarrollar de manera armónica un único poder. Es por ello que el acuerdo de los padres cobra especial relevancia. Durante la normalidad matrimonial no sólo representa la forma en que se realiza la patria potestad, sino el presupuesto mismo que permite mantener vigente la unidad de la familia; el ejercicio conjunto de dicho instituto tiene su fundamento en la convivencia y está

(920) Cfr. GRIMALDI, M., «Affidamento congiunto...», *op. cit.*, pág. 307.

(921) A algunos de ellos nos referiremos en el Capítulo siguiente relativo al ejercicio de la guarda y custodia compartida *Vid. infra* epígrafe 2.4 del Capítulo IV.

(922) Sin embargo, algunos autores se manifiestan contrarios a la concreción de un único proyecto educativo, pues ello exigiría una cohesión de vida y de objetivos de los progenitores y una frecuencia de relación entre ellos que son típicas de la unidad familiar y no de la realidad posterior a la ruptura. Así, SPARPAGLIONE, R., «Affidamento congiunto... re melius parpensa», en CIGOLI, V., GULOTTA, G. y SANTI, G., *Separazione, divorzio e affidamento dei figli*, Milano, Giuffrè editore, 1997, pág. 363.

regulado por el concierto de sus miembros. Una vez sobrevenida la ruptura conyugal, dicho pacto deviene aun más decisivo en cuanto constituye, junto a la decisión judicial, la regla que gobierna el ejercicio de la patria potestad(923).

Se ha señalado que la guarda y custodia de los hijos constituye una responsabilidad primaria de los padres y que, sólo a falta de éstos, el Estado posee la facultad de resolver las discrepancias existentes. En este sentido, deberían favorecerse y propiciarse los acuerdos de los progenitores y, conforme al mandato legal, con criterio de racionalidad, frente al predominio de las medidas adoptadas de forma voluntaria y de mutuo acuerdo, éstas habrían de imponerse de forma forzosa con tal de dirimir una discrepancia irresoluble por otros medios(924).

De esta exigencia se aparta el CC español. El apartado quinto de su art. 92 establece lo siguiente: «se acordará el ejercicio compartido de la guarda y custodia de los hijos cuando así lo soliciten los padres en la propuesta de convenio regulador o cuando ambos lleguen a este acuerdo en el transcurso del procedimiento». Se reconoce así un origen convencional de la custodia compartida. Sin embargo, más adelante, el párrafo octavo del mismo artículo prescribe que: «excepcionalmente, aun cuando no se den los supuestos del apartado cinco de este artículo, el Juez, a instancia de una de las partes, con Informe favorable del Ministerio Fiscal, podrá acordar la

(923) En este sentido, en el Derecho italiano, SCANNICCHIO, N., «Commento...», *op. cit.*, págs. 240-241. Al respecto, CANALI, O. («L'affidamento congiunto o custodia...», *op. cit.*, pág. 354), señala que la declaración de voluntad de querer adoptar la custodia compartida podría manifestarse de la siguiente forma en el respectivo acuerdo de los padres: «Las partes se reconocen recíprocamente la cualidad y la capacidad para el cuidado, la custodia, la educación, y el control de los hijos menores. Por lo tanto, es intención de los cónyuges acordar una custodia asociada de los hijos, en virtud de la cual las partes continuarán teniendo el mismo, activo y pleno rol en la satisfacción de las exigencias sociales, morales, económicas y educativas de los hijos. Los cónyuges se consultarán mutuamente en cada asunto relacionado con el crecimiento religioso, los problemas educativos, las decisiones sociales, la salud (también en casos de no gravedad) de los hijos, y las cuestiones respecto de las cuales los hijos mismos entiendan que debe consultarse a ambos progenitores. Las partes reconocen que los poderes derivados de la custodia compartida no serán ejercitados con el propósito de traicionar, frustrar o controlar en cualquier modo el comportamiento del otro progenitor».

(924) Cfr. ORTUÑO MUÑOZ, J., «Pàtria potestad...», *op. cit.*, pág. 124, y «Criterios sobre la...», *op. cit.*, pág. 482.

guarda y custodia compartida fundamentándola en que sólo de esta forma se protege adecuadamente el interés superior del menor».

Antes de la reforma introducida por la Ley 15/2005 se entendía que el origen de la custodia compartida debía ser convencional. GODOY MORENO[(925)] llegaba a dicha conclusión señalando que el art. 159 del CC[(926)] era claro: a falta de acuerdo, el juez debía decidir con qué *progenitor* quedaban los hijos. La utilización de dicho vocablo en singular significaba que la adopción de la custodia alternada quedaba circunscrita a la sede consensual, es decir, a su estipulación en el convenio regulador.

Por otra parte, en opinión de esta autora, las facultades del juez para rechazar el acuerdo de los padres que establecía la custodia compartida eran limitadas. Su denegación sólo era justificable en circunstancias muy especiales, y en interés del hijo, siendo insuficiente el argumento de que dicho sistema era, *a priori*, perjudicial para el menor sin atender al caso concreto. La función reconocida a la autonomía de la voluntad de los cónyuges en el art. 90 del CC era suficiente motivo para defender el respeto de la decisión de los padres[(927)].

No estamos de acuerdo con esta interpretación. En primer lugar, entendemos que las facultades del juez para denegar la aprobación del convenio regulador son más fuertes que las que le atribuye esta autora. El párrafo antepenúltimo del art. 90 del CC contempla dos directrices claras en cuanto al control público jurisdiccional: el interés superior de los hijos y la protección del cónyuge más débil. De ellas se deduce que el juez no se somete automáticamente a la voluntad de las partes, sino, por el contrario, puede llegar a ser extraordinariamente activo invocando la salvaguarda de dichos principios[(928)].

(925) Cfr. GODOY MORENO, A., «La guarda y custodia compartida...», *op. cit.*, pág. 339.

(926) El art. 159 del CC, no modificado por la Ley 15/2005, señala que: «si los padres viven separados y no decidieren de común acuerdo, el Juez decidirá, siempre en beneficio de los hijos, al cuidado de qué progenitor quedarán los hijos menores de edad. El Juez oirá, antes de tomar esta medida, a los hijos que tuvieran suficiente juicio y, en todo caso, a los que fueran mayores de doce años».

(927) Cfr. GODOY MORENO, A., «La guarda y custodia compartida...», *op. cit.*, pág. 340.

(928) Al respecto, TAMAYO HAYA, S. («La custodia compartida...», *op. cit.*, pág. 677), señala que no obstante la literalidad del actual párrafo quinto del art. 92 del CC, en cuanto establece que «se acordará» la guarda y custodia compartida cuando así lo soliciten los padres, es el juez quien, en último caso, debe sopesar discrecionalmente la oportunidad de esta medida en conformidad al principio del interés superior del hijo, considerando los informes de especialistas aportados y la audiencia del hijo, entre otros elementos.

En segundo lugar, la jurisprudencia que escasamente daba lugar a la custodia compartida, entendiendo que ella no estaba prevista en el ordenamiento jurídico, da cuenta de la poca libertad reconocida a los padres para la estipulación de esta medida, por muy conveniente que resultase su aplicación en el terreno teórico. A modo de ejemplo, la SAP de Cádiz de 18 de enero de 2001[(929)] denegó la custodia compartida solicitada de común acuerdo por ambos progenitores al considerar que no facilitaba ni la educación ni la formación integral a las que se refiere el art. 154 del CC, añadiendo que se trataba de una medida pensada más en la satisfacción de los padres que en el mejor desarrollo y educación del menor, el cual, de admitirse la medida propuesta, con el transcurso de los años no tendría idea clara de un hogar fijo y determinado, viéndose dificultado su arraigo en un círculo definido de amigos y ambiente. La jurisprudencia que accedía a la custodia alternada solicitada de común acuerdo por ambos progenitores era escasa. Destaca la SAP de Madrid de 22 de febrero de 2005[(930)] que, al considerar algunas ventajas de este sistema, afirmó la pertinencia de resolver conforme a lo solicitado por todos los interesados, padres e hijo, fundamentalmente porque la custodia compartida requería para su establecimiento unas condiciones y circunstancias que sí concurrían en la situación familiar en estudio: un proyecto común, comunicación y flexibilidad.

3.2.3.2. El párrafo octavo del art. 92 del CC

a. Origen del párrafo octavo del art. 92 del CC

Durante la tramitación de la Ley 15/2005, el texto previsto originalmente para el actual párrafo octavo del art. 92 del CC sufrió diversas variaciones, al punto de admitir la posibilidad de que el juez, excepcionalmente y fundándose en el interés superior del hijo, a instancia de una de las partes y con Informe favorable del Ministerio Fiscal, pudiese acordar la guarda y custodia compartida cuando no existiere acuerdo de los padres. Analicemos la gestación de esta norma.

El texto del Anteproyecto no exigía que hubiera mutuo acuerdo entre los progenitores para el establecimiento de la custodia compartida, de modo

(929) LA LEY 16894/2001.
(930) LA LEY 42018/2005.

que ésta podía concederse a petición de uno solo de ellos e, incluso, el juez podía disponerla aunque no mediase solicitud al respecto. En efecto, el texto del «Proyecto de ley de modificación del Código Civil en materia de separación y divorcio» del Ministerio de Justicia, establecía, en el párrafo quinto del art. 92 del CC, que «Los padres podrán acordar o, en su caso, el Juez podrá decidir que la guarda de los hijos sea ejercida por uno solo de ellos o conjuntamente»[931].

En cambio, el texto del Proyecto permitía que, tanto la custodia unilateral como la conjunta, pudiesen determinarse a propuesta de uno de los padres o por ambos en el convenio regulador, situando ambas modalidades en situación de igualdad. En efecto, el apartado quinto de su art. 92 establecía que «En la propuesta de convenio regulador o a instancia de uno de los padres, podrá solicitarse que el juez, previo Informe del Ministerio Fiscal, decida en interés exclusivo de los hijos, valorando la relación que los padres mantengan entre sí, tras oír a los mayores de 12 años y, si lo considera preciso, a los menores que tengan suficiente juicio, que la guarda de éstos sea ejercida por uno de ellos o conjuntamente»[932].

Numerosas enmiendas fueron presentadas en el Congreso con el objeto de introducir el acuerdo de los progenitores como requisito esencial para

(931) El texto completo contemplado en el Anteproyecto para el art. 92 del CC era el siguiente: «La separación, la nulidad y el divorcio no eximen a los padres de sus obligaciones para con los hijos.
Las medidas judiciales sobre el cuidado y educación de los hijos serán adoptadas en beneficio de ellos, tras oírles si tuvieran suficiente juicio y siempre a los mayores de doce años.
En la Sentencia se acordará la privación de la patria potestad cuando en el proceso se revele causa para ello.
Los padres podrán acordar en el Convenio regulador o el Juez podrá decidir, en beneficio de los hijos, que la patria potestad sea ejercida total o parcialmente por uno de los cónyuges.
Los padres podrán acordar o, en su caso, el Juez podrá decidir que la guarda de los hijos sea ejercida por uno solo de ellos o conjuntamente.
Si hubiera más de un hijo, el Juez, a instancia de parte, podrá decidir que cada uno conviva separadamente con uno de sus padres. El Juez sólo adoptará esta medida tras recabar informe favorable de un perito psicólogo, haber oído al Ministerio Fiscal, a los hijos que tengan suficiente juicio y siempre a los mayores de doce años.
El Juez, de oficio o a petición de los interesados, podrá recabar el dictamen de especialistas».

(932) *BOCG Congreso.* VIII Legislatura. Serie A. 1 de diciembre de 2004, núm. 16-1.

la determinación de la custodia compartida, aunque también las hubo para eliminar tal exigencia, invocando que la decisión judicial es superior, en todo caso, a la determinación de los padres(933). En general, se sostenía que el nivel y frecuencia de comunicación que los padres debían mantener para el ejercicio sucesivo de la guarda, hacía imprescindible que ambos estuviesen conformes en someterse a dicho régimen, expresando su voluntad seria en tal sentido en el correspondiente convenio(934).

(933) Se trata de las enmiendas núm. 42, del Grupo Parlamentario Izquierda Verde-Izquierda Unida-*Iniciativa Per Cataluya-Verds,* y núm. 59 de la Coalición Canaria. La primera pretendía sustituir el art. 92 del CC sin hacer referencia al acuerdo de los padres. Se entendía que «La autoridad judicial debe tener, en todo caso, la última palabra en relación con las medidas que se vayan a adoptar sobre los hijos, por encima e, incluso, en contra, del propio acuerdo de los padres. Éste es otro de los principios esenciales rectores en materia de menores, que hace primar el aspecto obligacional de las relaciones paterno-filiales». *BOCG Congreso.* VIII Legislatura. Serie A. 15 de marzo de 2005, núm. 16-8, pág. 33. La segunda, abogando por el principio de la custodia compartida como factor de equilibrio y desarrollo de los hijos, adicionaba un nuevo número, como ocho, respecto al art. 94 del Código Civil, pasando el del Proyecto a ser ocho bis, que contendría un nuevo párrafo con el siguiente tenor: «El régimen de comunicación y estancias de los hijos con sus padres, se abordará en el acuerdo parental o, en su defecto, determinado por el juez informado por la mediación familiar.

En defecto de acuerdo parental, el criterio judicial procurará la custodia compartida salvo circunstancias evidentes que no lo aconsejen. En este caso, se establecerá un régimen de comunicación y estancias lo más amplio posible con la finalidad de facilitar la compañía con sus progenitores». *BOCG Congreso.* VIII Legislatura. Serie A. 15 de marzo de 2005, núm. 16-8, pág. 40.

(934) El Grupo Parlamentario Mixto presentó la siguiente enmienda núm. 30: «Al final del quinto párrafo de la redacción propuesta al art. 92 del Código Civil se añade lo siguiente: "[...] en cuyo caso será requisito imprescindible que la solicitud se formule conjuntamente por ambos progenitores"». Su justificación fue la siguiente: «La pretensión de guarda y custodia compartida exige un previo acuerdo entre ambos progenitores, pues han de mostrar un consenso diario sobre las cuestiones relativas a la educación y formación de sus hijos e hijas, por lo que es preciso excluir la posibilidad de otorgarla de forma conjunta cuando ni siquiera se plantea la formulación conjunta de la solicitud». *BOCG Congreso.* VIII Legislatura. Serie A. 15 de marzo de 2005, núm. 16-8, pág. 29.

En un sentido similar, el Grupo Parlamentario Vasco presentó la enmienda núm. 40: «Art. 92. [...] En la propuesta de convenio regulador, si existe mutuo acuerdo, podrá solicitarse [...]». Se argumentaba que la «La custodia compartida debe estar vinculada a la petición conjunta de ambos progenitores y no ser nunca una imposición judicial. Así se contempla, además, en los ordenamientos jurídicos que la posibilitan en nuestro entorno europeo». *BOCG Congreso.* VIII Legislatura. Serie A. 15 de marzo de 2005, núm. 16-8, pág. 33.

Algunas de dichas enmiendas se fundamentaban en que la custodia compartida exigía que algunas decisiones cotidianas relativas al cuidado y educación del hijo debían ser tomadas de consuno, de forma que el acuerdo y la comunicación entre ambos padres debía ser muy similar a la que existía durante el matrimonio[(935)]. La exigencia del concierto entre las partes demostraba la necesidad de reproducir la realidad familiar anterior a la ruptura; acuerdo y comunicación que difícilmente habrían podido existir considerando que muchas veces la pareja o el matrimonio se disuelve por desavenencias profundas.

Pues bien, muchas organizaciones de mujeres descontentas con el texto del Proyecto de Ley realizaron, durante ochos meses, una intensa negociación para que los artículos que posibilitaban la custodia alternada quedasen redactados de manera diversa. Finalmente, el Informe de la Ponencia, siguiendo una enmienda presentada por el Grupo Parlamentario Socialista[(936)], llegó a una postura intermedia. La regla general sería enton-

(935) El Grupo Parlamentario Popular, en su enmienda núm. 81, proponía la siguiente redacción para el apartado quinto del art. 92 del CC: «La guarda y custodia compartida sólo será posible cuando exista acuerdo entre las partes sobre las mismas y sobre el uso de la vivienda habitual, la pensión alimenticia y sobre cuantos extremos resulten necesarios para asegurar la educación, bienestar y protección de los menores. En estos casos, el Plan de Responsabilidad Parental presentado por las partes deberá ser ratificado por el Juez debiendo fundamentar su resolución en la mejor protección del interés del menor. Además, deberá adoptar las cautelas procedentes para el eficaz cumplimiento del régimen de guarda, comunicación y estancias». Tal propuesta se fundamentaba en que «La guarda y custodia compartida exige una situación de acuerdo y comunicación entre ambos padres muy similar a la que existía durante el matrimonio. Por ello, una vez disuelto el matrimonio o decretada la separación judicial de los padres, sólo en caso de que éstos lleguen a un acuerdo sobre el ejercicio de la guarda y custodia conjunta debe aprobarse. Se trata de que los padres presenten al juez un plan de responsabilidad parental que incluya acuerdos sobre la residencia del menor, la vivienda, la pensión alimenticia, etc., y que éste compruebe que ésta es la situación que más favorece la protección y bienestar del menor». *BOCG Congreso*. VIII Legislatura. Serie A. 15 de marzo de 2005, núm. 16-8, pág. 50.

(936) Enmienda núm. 48 para «incrementar las garantías de prevalencia del interés del menor en la decisión del régimen de custodia». Se propuso la siguiente modificación del art. 92 del Código Civil:

«1. La separación, la nulidad y el divorcio no eximen a los padres de sus obligaciones para con los hijos.

2. El juez, cuando deba adoptar cualquier medida sobre la custodia, el cuidado y la educación de los hijos menores, velará por el cumplimiento de su derecho a ser oídos.

3. En la sentencia se acordará la privación de la patria potestad cuando en el proceso se revele causa para ello.

ces la necesidad de acuerdo, aunque conforme al apartado octavo del art. 92 adicionado al texto, excepcionalmente, no existiendo dicho consenso, el juez, con el Informe favorable del Fiscal, podría acordar la guarda y custodia sucesiva fundamentándola en que sólo de esa forma se protegería adecuadamente el interés superior del menor(937).

Sin embargo, el texto enmendado planteaba la duda de si era posible que, en los casos en que no existiendo acuerdo de parte de ambos progenitores para el establecimiento de la guarda y custodia compartida, ella fuera decretada aunque ninguno de ellos la hubiera solicitado. Como vimos más arriba, en el texto del Proyecto estaba claro, pues al menos se requería la petición de uno de los padres. El Dictamen de la Comisión de Justicia del Congreso resolvió la interrogante adicionando, en el párrafo octavo (que

---

4. Los padres podrán acordar en el Convenio regulador o el Juez podrá decidir, en beneficio de los hijos, que la patria potestad sea ejercida total o parcialmente por uno de los cónyuges.
5. Se acordará el ejercicio compartido de la guarda y custodia de los hijos cuando así lo soliciten los padres en la propuesta de convenio regulador o cuando ambos lleguen a este acuerdo en el transcurso del procedimiento. El Juez, al acordar la guarda conjunta y tras fundamentar su resolución, adoptará las cautelas procedentes para el eficaz cumplimiento del régimen de guarda establecido, procurando no separar a los hermanos.
6. En todo caso, antes de acordar el régimen de guarda y custodia, el Juez deberá recabar informe del Ministerio Fiscal, oír a los mayores de 12 años y, si lo considera preciso, a los menores que tengan suficiente juicio, valorar las alegaciones de las partes vertidas en la comparecencia y la prueba practicada en ella, y la relación que los padres mantengan entre sí para determinar su idoneidad con el régimen de guarda.
7. No procederá la guarda conjunta cuando cualquiera de los padres esté incurso en un proceso penal iniciado por atentar contra la vida, la integridad física, la libertad, la integridad moral o la libertad e indemnidad sexual del otro cónyuge o de los hijos que convivan con ambos.
Tampoco procederá cuando el Juez advierta, de las alegaciones de las partes y las pruebas practicadas, la existencia de indicios fundados de violencia doméstica.
8. Excepcionalmente, aun cuando no se den los supuestos del apartado cinco de este artículo, el Juez, con informe favorable del Ministerio Fiscal, podrá acordar la guarda y custodia compartida fundamentándola en que sólo de esta forma se protege adecuadamente el interés superior del menor.
9. El Juez, antes de adoptar alguna de las decisiones a que se refieren los apartados anteriores, de oficio o a instancia de parte, podrá recabar dictamen de facultativos relativo a la idoneidad del modo de ejercicio de la patria potestad y del régimen de custodia de los menores». *BOCG Congreso.* VIII Legislatura. Serie A. 15 de marzo de 2005, núm. 16-8, pág. 36.

(937) *BOCG Congreso.* VIII Legislatura. Informe de la Ponencia. Serie A. 12 de abril de 2005, Núm. 16-10, pág. 63.

había sido reformado por la mencionada propuesta), la frase «a instancia de una de las partes», después de «el Juez»[938].

Ante la persistencia de la preocupación de diversos sectores sociales, el Grupo Parlamentario Socialista volvió a presentar en el Senado una nueva enmienda destinada a introducir garantías adicionales que aseguraran la estabilidad del menor respecto del régimen de custodia acordado cuando el juez decidiese la guarda y custodia compartida no mediando acuerdo entre las partes[939]. Pretendía redactar el apartado octavo del art. 92 del CC condicionando la decisión del juez a los siguientes factores: que la custodia conjunta se solicitare a instancia de una parte siempre que la otra hubiere reclamado una custodia exclusiva; que el Informe favorable del Ministerio Fiscal fuese preceptivo; que se asegurase que la ubicación de los domicilios de los padres otorgase al menor la necesaria estabilidad para el mejor desarrollo de su personalidad y para el desenvolvimiento idóneo de sus hábitos y relaciones personales.

El Informe de la Ponencia y el Dictamen de la Comisión de Justicia del Senado conservaron el texto del art. 92 procedente del Congreso reservando, para el debate en el Pleno, la defensa de las enmiendas presentadas. Pero además, en el seno de la Comisión, el Grupo Parlamentario Socialista formuló una propuesta de transacción[940] en cuanto a la enmienda a la

(938) *BOCG Congreso.* VIII Legislatura. Serie A. 19 de abril de 2005, núm. 16-12, pág. 72.

(939) Se trataba de la enmienda núm. 37, que proponía la sustitución del apartado octavo del art. 92 del CC por la siguiente redacción: «8. Sólo excepcionalmente, cuando no se den los supuestos del apartado 5 de este artículo, el juez podrá acordar la guarda y custodia compartida fundamentándola en la preservación del supremo interés del menor, conforme a los siguientes criterios: que se solicite a instancia de una de las partes, siempre que la otra haya reclamado la custodia para sí en exclusiva; que se emita informe favorable por el Ministerio Fiscal; que en todo caso se asegure que la ubicación de los domicilios de los padres el menor gozará de la necesaria estabilidad para el mejor desarrollo de su personalidad y para el desenvolvimiento idóneo de sus hábitos y relaciones personales». *BOCG Senado.* VIII Legislatura. Serie II: Proyectos de Ley. 26 de mayo de 2005, núm. 14 (c), pág. 27.

(940) «[...] atendiendo a los distintos planteamientos de los grupos parlamentarios, con los que coincidimos en la intencionalidad del proyecto, queremos dar respuesta a los requerimientos de cada uno de ellos. Así, a requerimiento de Coalición Canaria, rechazamos en el contenido de nuestras enmiendas el término "sólo", con el que pretendíamos remarcar el carácter excepcional del régimen de nuestra enmienda núm. 37. La referencia al ejercicio alterno de la guardia y custodia, que está contenida en las enmiendas números 1 y 8, del Grupo Parlamentario Mixto, Izquierda Unida y Grupo Parlamentario *Entesa*

que nos acabamos de referir. De acuerdo con las proposiciones de otros grupos parlamentarios, pretendía eliminar la expresión «sólo», asumir la frase «guarda y custodia compartida ejercida de forma alterna», y suprimir la exigencia de que el Informe del Ministerio Fiscal fuera favorable para poder decretar esta medida sin acuerdo de los padres. Así, el texto del apartado octavo del art. 92 del CC que resultó aprobado por del Senado era el siguiente:

> «Art. 92.8: Excepcionalmente, aun cuando no se den los supuestos del apartado 5 de este artículo, el Juez podrá acordar la guarda y custodia compartida ejercida de forma alterna, fundamentándola en la preservación del supremo interés del menor, conforme a los siguientes criterios: que se solicite a instancia de una de las partes, siempre que la otra haya reclamado la custodia para sí en exclusiva; que se emita informe preceptivo del Ministerio Fiscal; que en todo caso se asegure que, por la ubicación de los domicilios de los padres, el menor gozará de la necesaria estabilidad para el mejor desarrollo de su personalidad y para el desenvolvimiento idóneo de sus hábitos y relaciones personales»[(941)].

Todos los Grupos del Congreso (excepto el Grupo Popular) manifestaron estar conformes con este texto aprobado por el Senado, que debiera ser el texto vigente hoy. Sin embargo, el día 30 de junio de 2005, cuando tras casi diez horas de votación el Pleno del Congreso debía pronunciarse respecto de las enmiendas a los apartados octavo y noveno del art. 92 del CC, debido a un error en que incurrió el Grupo Parlamentario Socialista —que votó en contra de las modificaciones que había apoyado—, éstas

Catalana de Progrés, respectivamente, se asumen desde el punto de vista terminológico y también del contenido real de dicha atribución, y lo recogemos en el ámbito de los apartados 8 y 9 del art. 92. [...] Compartimos con la enmienda núm. 5, del Grupo Parlamentario *Entesa Catalana de Progrés*, el interés del menor como criterio rector de la división judicial sobre guardia y custodia, recogiendo en el nuevo texto la eficacia del informe del Ministerio Fiscal, que no sea necesariamente favorable, sino asumiendo su propuesta, de tal modo que se evita el problema derivado de la vinculación del juez incluso al acierto o no del propio informe del Ministerio Fiscal». VIII Legislatura. Comisiones, núm. 184. Cortes Generales. *Diario de Sesiones del Senado. Comisión de Justicia.* 14 de junio de 2005, pág. 29.

(941) *BOCG Congreso.* VIII Legislatura. Serie A. Enmiendas del Senado. 30 de mayo de 2005, Núm. 16-14, págs. 90-91.

resultaron rechazadas en los siguientes términos: se emitieron 320 votos, 32 a favor y 288 en contra(942).

b. El establecimiento de la guarda y custodia compartida en contra de la voluntad de uno de los progenitores

El texto actual del apartado ocho del art. 92 del CC establece los siguientes requisitos para que el juez pueda determinar *excepcionalmente* la guarda y custodia compartida no existiendo común acuerdo entre los cónyuges (original o producido durante el juicio):

- Que una de las partes solicite la custodia compartida.
- Que exista Informe favorable del Ministerio Fiscal.
- Que la decisión judicial en tal sentido se fundamente en que sólo de esta forma se protege el interés del hijo.

Son varias las diferencias con el texto que debió ser el definitivo y que finalmente no fue aprobado por el error que algunos parlamentarios cometieron al momento de votar. Pero no todas son sustanciales. Se trata de una norma menos detallada en cuanto a los requisitos que se exigen para el establecimiento de la custodia compartida en esta hipótesis. El texto del Senado estaba mejor redactado y establecía claramente, procurando enumerarlos, los criterios para acceder a dicho ejercicio compartido.

En primer lugar, uno de los progenitores debe solicitar la custodia compartida(943). El párrafo octavo del art. 92 del CC establece claramente que el juez puede ordenarla «a instancia de una de las partes». No es necesario que esta petición sea única o principal, sino que basta que se plantee con carácter alternativo o, incluso, subsidiario(944). Por otro lado, se ha discutido

(942) *Cortes Generales. Diario de Sesiones del Congreso de los Diputados. Pleno y Diputación Permanente.* VIII Legislatura. 29 de junio de 2005, núm. 102, pág. 5210.
Cabe destacar que, con fecha 16 de julio de 2005, el Gobierno prometió subsanar dicho error en la «primera ocasión en que resulte congruente con la materia». [http://www.elmundo.es/papel/2005/07/16/espana/1832881_impresora.html].

(943) Como veremos más adelante, este requisito es uno de los argumentos legales que impiden el establecimiento judicial de oficio de la custodia compartida. *Vid. infra* la letra *d)* del epígrafe 3.2.3.2 del presente Capítulo.

(944) Cfr. Rodríguez Chacón, R., *Matrimonio..., op. cit.*, pág. 125. En un significativo número de sentencias dictadas inmediatamente después de la entrada en vigor de la Ley 15/2005,

la posibilidad de que la petición del Ministerio Fiscal dé por satisfecha la exigencia de solicitud de «parte»(945), conforme al art. 749.2 de la LEC(946). Para nosotros, el carácter excepcional que reviste el párrafo octavo del art. 92 del CC responde precisamente a la ausencia del acuerdo entre los *progenitores*(947) con respecto a la custodia compartida, elemento que queda evidenciado justamente en la solicitud que sólo uno de ellos hace de la misma. Por esta razón, entendemos que no cabe interpretar esta norma en el sentido apuntado; de lo contrario se produciría una intromisión ilegítima en la intimidad familiar pretendiendo reemplazar la voluntad de las partes.

La redacción final no exige que el otro padre o madre haya reclamado la custodia unilateral en su favor. Es irrelevante la actitud de la contraparte, que puede incluso no tener intención alguna de ejercer el cuidado personal de su hijo. Al respecto, SEISDEDOS(948) estima más adecuado el texto vi-

---

la custodia unilateral fue solicitada como petición principal y, en forma subsidiaria, la custodia compartida. En este sentido, entre otras: SAP de Castellón de 27 junio de 2006 (LA LEY 116555/2006); SAP de León de 13 octubre de 2006 (LA LEY 124529/2006); SAP de Murcia de 29 junio de 2006 (LA LEY 117194/2006); y SAP de Valencia de 19 junio de 2006 (LA LEY 134599/2006).

(945) Nos referimos al hecho de la petición propiamente dicha, no a la manifestación favorable del Informe sobre su establecimiento, pues, en este último caso, nada se está solicitando. Y si el Ministerio Fiscal pidiera expresamente en el mencionado Informe la introducción de la custodia compartida, tampoco procedería dar por cumplido el requisito de «instancia de parte», pues, según se ha señalado, el Informe favorable es una exigencia cumulativa y distinta de aquél. En este último sentido, RODRÍGUEZ CHACÓN, R., *Matrimonio…, op. cit.*, pág. 126.

(946) Art. 749.2 de la LEC: *«En los demás procesos a que se refiere este título será preceptiva la intervención del Ministerio Fiscal, siempre que alguno de los interesados en el procedimiento sea menor, incapacitado o esté en situación de ausencia legal»*.

(947) En este sentido, cabe recordar que la enmienda núm. 37 presentada por el Grupo Parlamentario Socialista que anteriormente hemos comentado, proponía la sustitución del apartado octavo del art. 92 del CC exigiendo «que la otra haya reclamado la custodia para sí en exclusiva», entendiendo claramente por «parte» al otro progenitor (*BOCG Senado*. VIII Legislatura. Serie II: Proyectos de Ley. 26 de mayo de 2005, núm. 14 (c), pág. 27).

(948) Cfr. SEISDEDOS MUIÑO, A., «Las medidas…», *op. cit.*, pág. 10. La autora sostiene que si uno de los padres no desea ejercer el cuidado de los hijos, ni individualmente ni de forma alternada, y se exige que éste la haya pedido para sí (como lo hacía el texto del Senado), la única opción sería la atribución individual y que, muy probablemente, el juez se la daría a quien la solicitó conjunta, aunque éste no desee o no pueda ejercer adecuadamente la guarda exclusiva. En este caso, afirma, es mejor el texto definitivo, porque es más adecuado en lugar de imponer la guarda y custodia por entero a quien sólo quería la mitad, imponer la mitad a quien nada quería (nota núm. 42).

gente, por cuanto acepta la posibilidad de que, en algún caso, observadas las garantías que exige la norma, pueda decretarse la guarda compartida si un padre la ha solicitado incluso cuando el otro no la ha reclamado para sí. Agrega que, teniendo en cuenta el interés superior del hijo y el Informe favorable del Ministerio Público, es innecesaria la exigencia de que al menos uno de los progenitores haya solicitado la guarda conjunta. En este mismo sentido, PASTOR VITA[949] no observa razones de peso que impidan que se establezca judicialmente la custodia compartida cuando es solicitada unilateralmente por uno de los padres con la oposición del otro, siempre que el juez adopte la decisión con el máximo de cautela, ponderando rigurosamente todas las circunstancias atinentes al menor y, en especial, su voluntad si fuera mayor de doce años.

Para nosotros, la norma aprobada permite la existencia de una custodia conjunta de origen judicial, constituyendo una importante excepción a la naturaleza consensual de la decisión de los progenitores en cuanto al cuidado personal de los hijos[950]. En este aspecto, cabe señalar que las enmiendas e intervenciones producidas durante los inicios de la tramitación de la Ley 15/2005 dejaban meridianamente claro que la custodia compartida sólo procedía en caso de mutuo acuerdo de los padres[951]. Sin embargo, después de su paso por el Senado, donde se esperaba que el texto legal eliminara o redujera la posibilidad de establecer la custodia conjunta en procedimientos contenciosos (sobre todo después de las de-

(949) La autora admite la posibilidad de que se adopte judicialmente la custodia compartida cuando sea solicitada de común acuerdo por los padres en el convenio regulador, el propio menor no manifieste ninguna oposición a tal posibilidad y, el juez, considerando las circunstancias del caso, como la edad y grado de madurez del menor, la estime beneficiosa. Cfr. PASTOR VITA, J., «Una primera aproximación...», *op. cit.*, pág. 16; y de la misma autora, «Algunas consideraciones...», *op. cit.*, págs. 45-46.

(950) En tal sentido se manifiestan también FORCADA MIRANDA, J., «Las últimas...», *op. cit.*, pág. 36; RODRÍGUEZ CHACÓN, R., *Matrimonio..., op. cit.*, págs. 125-127; y GOIRIENA LEKUE, A., «La Custodia Compartida...», *op. cit.*, págs. 56 y 57. Al respecto, especialmente pesimista se pronuncia CARRASCO PERERA, A. («Custodia compartida», *Actualidad Jurídica Aranzadi*, núm. 648, Parte Tribuna, Pamplona, Editorial Aranzadi, 2004, BIB 2004\1707, pág. 1), quien ha criticado fuertemente la reforma de 2005 señalado que la ausencia del acuerdo entre los padres producirá la recuperación del «doble tramo» que el Derecho de familia ha superado con la modificación del régimen del divorcio, pues habrá un primer paso judicial de fijación de custodia compartida y una «segunda vuelta» con objeto de modificar la medida adoptada.

(951) Para un análisis más detenido de la historia de la ley en este punto, *vid.* RODRÍGUEZ CHACÓN, R., *Matrimonio..., op. cit.*, págs. 90-92.

claraciones realizadas en este sentido por el Presidente de Gobierno), se flexibilizó aún más la norma que estamos comentando. Al respecto, cabe señalar que la jurisprudencia recaída tras la reforma parece confirmar el sentido inicial dado a esta institución. Por ejemplo, la SAP de León de 13 octubre de 2006[(952)] establece claramente que el «supuesto normal» es el expuesto en el párrafo quinto del art. 92 del CC, es decir, la concesión de la guarda y custodia compartida solicitada de común acuerdo.

Pues bien, creemos que la posibilidad contemplada por la Ley 15/2005, en cuanto a la adopción de la custodia compartida en contra de la voluntad de uno de los padres[(953)], puede originar dos tipos de consideraciones.

En primer lugar, podría sostenerse que constituye un gran error legislativo. Dada la relevancia que el ordenamiento civil concede al acuerdo de los padres en estas materias, podría parecer totalmente inconducente que el juez establezca este sistema de guarda contra la voluntad o en silencio de uno de los progenitores[(954)], en cuyo caso existiría una verdadera custodia conjunta forzada. En este sentido, esta norma podría generar ciertos defectos y vicios. Así, la petición de custodia compartida podría ser utilizada de manera instrumental frente al probable asignatario del cuidado exclusivo, pues éste —generalmente la madre— se vería «forzado» a reducir las pretensiones de alimentos (o la correspondiente compensación del art. 97 del CC) y de asignación de la vivienda familiar, con el fin de asegurarse la custodia de los hijos[(955)]. En este sentido, se ha señalado que el interés

(952) LA LEY 124529/2006.

(953) Como hemos analizado, conforme a la letra de la ley no sería posible, en cambio, disponerla en contra de la voluntad de ambos, pues se requiere que al menos un progenitor la haya solicitado.

(954) La SAP de Girona de 9 de febrero de 2000 (LA LEY 33636/2000) se refiere a los efectos nocivos de la custodia compartida adoptada sin el consenso de ambos padres; en efecto, señala que *«en cuanto a la guarda y custodia compartida que se había establecido en la sentencia de separación, existen claras muestras de su rotundo fracaso ante la situación de intransigencia y enfrentamiento de los padres de los menores, lo que constituye un* ***ejemplo paradigmático del fracaso de la guarda compartida cuando ésta no es propuesta y concertada de mutuo acuerdo por los progenitores*** *que mantienen entre ellos una postura razonable y equilibrada ante la crisis matrimonial»* (la negrita es nuestra). También en este sentido, SAP de Guipúzcoa de 14 de mayo 1999 (recurso de apelación núm. 2184/1998).

(955) Así sucedió en el caso decidido por la SAP de Barcelona de 12 enero de 2006 (LA LEY 2969/2006), resolución que, denegando la solicitud del padre en orden a obtener la custodia compartida, señaló que «el padre está sometiendo a la madre e hijas a una presión

por la constitución de la guarda y custodia alternada debería ser explícito; que la voluntad de ambos progenitores debería reflejar una predisposición a su sujeción. En todo caso, sostener que su establecimiento en un procedimiento contencioso podría llegar a tener éxito si sólo uno de los progenitores lo ha solicitado, sería sostener una falacia. Un uso inadecuado de dicha facultad judicial conduciría al fracaso de esta institución.

En segundo lugar, sin embargo, podría estimarse que si uno de los padres desea ejercer de manera participativa el cuidado personal de hijo con el otro progenitor, incluso si éste no ha solicitado siquiera la custodia unilateral, el establecimiento judicial de esta figura constituiría un intento por reforzar el principio de corresponsabilidad parental no obstante la disgregación familiar(956).

Para nosotros, el desacierto de la norma prevista radica no tanto en la posibilidad de ordenar la custodia compartida ante el silencio del otro progenitor (que, como sabemos, puede no haber solicitado para sí la custodia unilateral e incluso puede no querer ejercerla), sino más bien en la viabilidad de su imposición contra la negativa expresa y seria a participar con el otro en el cuidado del hijo.

En el primer caso, es decir, la situación en que una de las partes mantenga una actitud de silencio frente al establecimiento de la custodia compartida, puede existir una desidia injustificada que, en el interés del hijo,

---

y ahogo económico que resulta incompatible con el interés manifestado en el proceso y en esta alzada para solicitar la custodia de las niñas. Desde que se han iniciado los procedimientos legales, las denuncias penales por mal tratos, amenazas, se han sucedido una detrás de otra [...] Existen indicios suficientes, derivados todos ellos de la conducta incumplidora del padre, de que la motivación de la petición de la guarda y custodia, es predominantemente económica, al ir vinculada dicha medida a la de la atribución del uso del domicilio familiar y la de abonar una pensión de alimentos».

(956) Al respecto, cabe reproducir la intervención de la diputada Couto Rivas durante la sesión dedicada monográficamente a esta Ley el día 6 de abril de 2005: «Compartimos totalmente, y es la realidad, que en el ámbito del mutuo acuerdo es en donde podremos hablar con mayor soltura, con mayor facilidad, de la custodia compartida. Es una realidad, pero no cerremos la puerta a la posibilidad de que una de las partes lo pida. Esa puerta será más grande o más pequeña, la práctica de esta Ley nos lo dirá, pero no la cerremos, sobre todo, **por ese otro principio que ha inspirado el espíritu de la ley: la corresponsabilidad de las partes en las funciones de la guarda y de la custodia**». *Cortes Generales. Diario de Sesiones del Congreso de los Diputados. Comisiones.* Año 2005. VIII Legislatura, núm. 242. 6 de abril de 2005. pág. 13 (la negrita es nuestra).

deba ser obviada por el juez frente al mayor beneficio que significa para éste la aplicación de los principios de corresponsabilidad familiar y continuidad parental que ha reconocido el Derecho español[957]. En este sentido, el requisito exigido por el texto del Senado (que el otro padre o madre la hubiese solicitado en exclusiva para sí) tenía por objeto evidenciar que existía voluntad de ejercer el cuidado del hijo. Al omitir esta condición el legislador ha ampliado y facilitado el ámbito de aplicación de la custodia conjunta y, a la vez, ha reforzado el principio de corresponsabilidad parental que corresponde ejercer a la contraparte renuente. Como ha señalado Ortuño Muñoz[958], éste puede ser un instrumento que la ley pone a disposición del juez para evitar que se impida toda posibilidad de custodia compartida en las situaciones en las que, aun concurriendo en teoría las condiciones idóneas, debido a una resistencia no razonable del progenitor más cercano a los hijos, todo acuerdo en este sentido sea inviable[959].

Por otra parte, recordemos que, en la gran mayoría de los casos, los padres varones ni siquiera solicitan la custodia individual, ya sea por desinterés o por desánimo ante la arraigada práctica de los Tribunales de otorgarla a la madre. La imposición de la custodia compartida, en los casos en que uno de los progenitores guarde silencio, podría reflejar la aplicación de nuevas directrices introducidas en el Derecho de familia español, principios que buscan, entre otros aspectos, establecer la igualdad de roles entre padre y madre en el modelo familiar y fortalecer su coparticipación

(957) Como lo señalaremos más adelante, para nosotros, la introducción de la custodia compartida ha implicado el reconocimiento de estas dos directrices. *Vid. infra* epígrafe 3.3 del presente Capítulo.

(958) Cfr. Ortuño Muñoz, P., *El nuevo régimen..., op. cit.*, pág. 73. El autor agrega que hubiese sido más útil prever que las partes asistieran a un proceso de mediación (pág. 74). Asimismo, García Rubio, M. P. y Otero Crespo, M. («Apuntes sobre la referencia expresa al ejercicio compartido de la guarda y custodia de los hijos en la ley 15/2005», *RJCL*, núm. 8, febrero, 2006, págs. 97-98), estiman que exigir el acuerdo de ambos progenitores para el establecimiento de la custodia compartida equivale a otorgar un derecho de veto a una modalidad de guarda, pese a ser, la más de las veces, el sistema más adecuado para el desarrollo del hijo.

(959) Éste parece ser el objetivo que persigue la legislación del estado de Missouri al establecer que, antes de determinar el régimen de custodia, el juez debe atender a la concesión de la custodia física y legal conjunta a ambos padres, que «no se denegará únicamente porque uno de ellos se oponga a esa concesión de la custodia conjunta» (circunstancia primera del núm. 5 de los *Missouri Revised Statutes, chapter 452, Dissolution of Marriage, Divorce, Alimony and Separate Maintenance, Section 452.375.1*, de 28 de agosto de 2001).

en el cuidado del hijo. Como lo veremos más adelante, el principio de corresponsabilidad parental y el derecho a la coparentalidad contribuyen a determinar el interés superior del menor, de manera que éste puede entenderse realizado si la custodia compartida se fija a favor de un progenitor que, en un inicio, no quiere o no puede ejercer ninguna porción de dicho cuidado. Por otro lado, esta actitud pasiva puede provenir del cónyuge más débil, que puede estar siendo objeto de presiones como las que señalamos más arriba; que esté sufriendo un chantaje a cambio de ceder aspectos de carácter económico en la negociación. En este caso, será el juez quien deba conducir la adopción del acuerdo con especial atención y control de este tipo de actitudes (párrafo antepenúltimo del art. 90 del CC). De todas formas, cabe señalar que esta situación será la menos habitual, pues es muy difícil que en un procedimiento contencioso la contraparte no haya expuesto su pretensión frente a la solicitud de custodia compartida efectuada.

En cambio, la oposición expresa al establecimiento de la custodia conjunta, que es el caso que más nos importa, revelaría una actitud manifiestamente contraria a la implantación del nuevo sistema, y proseguir con ella podría implicar un aumento de la litigiosidad. La hostilidad de los progenitores impide la realización de un proyecto educativo común e imposibilita el ejercicio normal y adecuado de las esferas individuales de coparticipación en la crianza del hijo[960].

Goldstein[961], enlazando este problema con el principio del interés superior del menor, señala que «cuando la autoridad judicial se convierte en un sustituto del entendimiento compartido entre los padres separados, o cuando la autoridad de las leyes es utilizada para imponer la voluntad de

(960) En este sentido, Velásquez, A. («Tenencia compartida y el superior interés del niño», en *Ponencias del XIII Congreso Internacional de Derecho de Familia*, 18 a 22 de octubre de 2004, Sevilla-Huelva, España, págs. 5, 10 y 11), señala que cuando la guarda y custodia alternada es impuesta judicialmente se está propiciando una ausencia de unidad de criterio y dirección de la vida del hijo. En estos casos, concluye, deben existir pruebas contundentes sobre el beneficio concreto que este tipo de decisiones judiciales produce en la formación del hijo cuyos padres se encuentran enfrentados.

(961) Goldstein, J., «En el interés...», *op. cit.*, pág. 116. En la página 128 de la obra citada se agrega que la imposición judicial o la amenaza de un acuerdo previo sobre custodia conjunta o contacto, se transforma en un obstáculo para la integridad de la nueva familia, y en una invitación a invadir su privacidad y a violar la autonomía paterna.

uno de los padres sobre el otro a través de la imposición de un régimen de visitas y órdenes de custodia conjunta, la continuidad de estas relaciones en la nueva forma de organización de la unidad familiar, está siendo minada».

El párrafo octavo del art. 92 del CC fue aplicado por primera vez, casi dos años después de la reforma, por la Sección 18.ª de la Audiencia Provincial de Barcelona, en el mes de febrero de 2007(962). La sentencia concedió la custodia compartida solicitada por el padre con la oposición de la madre, existiendo Informe favorable del Ministerio Fiscal al respecto. La decisión se fundamentó en la protección del interés superior de los dos hijos, tanto del mayor, de trece años, quien manifestó su deseo de pasar el mismo tiempo de convivencia con ambos padres, opinión a la que el Tribunal concedió especial importancia, como de la pequeña, de siete años, para quien su hermano era un referente importante en todos los aspectos de la vida. Se declaró que ambos progenitores contaban con la capacitación y aptitud suficiente y adecuada para ostentar la custodia de sus hijos, considerándose prioritario para los menores la presencia de las dos figuras parentales sobre la estabilidad del espacio físico donde desarrollan su vida. En efecto, la SAP estimó irrelevante el hecho de que cada uno de los padres viviese en una localidad distinta e invocó el aseguramiento de una regularidad en la vida de los menores, fijando la alternancia por días intersemanales en cada una de las viviendas. Además, determinó que cada progenitor debía abonar directamente los gastos de manutención de los hijos durante los lapsos de convivencia, y satisfacer, por mitad, los demás desembolsos que fuesen necesarios. Por último, cabe destacar que entre las diversas ventajas y desventajas de la custodia conjunta que la sentencia valoró, se encuentra el hecho de que bajo este sistema los padres han de cooperar necesariamente, por lo que esta figura favorece la adopción de acuerdos, lo que se convierte asimismo en un modelo educativo de conducta para el menor.

c. La ausencia de conflictividad entre los progenitores

Si bien es cierto que para un adecuado ejercicio de la custodia compartida es necesario un mínimo consenso entre los progenitores (razón por la

(962) SAP de Barcelona de 20 de febrero de 2007 (LA LEY JURIS, 629/2007). *Vid.* LLAMAS POMBO, E., «Separación: custodia compartida a petición de un cónyuge», *AC*, núm. 8, 2.ª quincena de abril de 2007, págs. 944-949.

cual entendemos que ella no puede ser impuesta en contra de la voluntad seria y manifiesta de uno de los padres), el requisito de no conflictividad parental no puede extremarse al punto de exigir una armonía que claramente no existía durante la situación de normalidad matrimonial.

En efecto, cierta doctrina ha rechazado la custodia conjunta afirmando que obliga a los padres a permanecer unidos, pues «necesita casi reproducir la situación familiar pre-ruptura, haciendo peligroso el incremento de intensidad de la vieja relación, que los *ex* querrían (se supone) dejar atrás, y dificulta la expectativa de construir una nueva vida sin la presencia del otro»[(963)]. Conforme a esta posición, la custodia compartida requeriría del consenso parental tanto al momento de su introducción como durante su funcionamiento, elemento que podría interpretarse como una ultra actividad del matrimonio disuelto.

Al respecto, entendemos que la exigencia de un mínimo entendimiento entre los progenitores está dirigida a que, sin necesidad de reconstruir sus relaciones personales, éstos hagan el máximo esfuerzo para que la alternancia en el cuidado del hijo sea lo más efectiva y eficaz posible[(964)]. Las relaciones entre los padres deben ser mínimas en lo que a ellos les involucra como ex cónyuges; su contacto debe limitarse a establecer las reglas comunes respecto de la educación y formación del hijo durante el desarrollo de la convivencia que cada uno de ellos corresponda. Si los padres son concientes de los términos del acuerdo, probablemente respetarán la esfera privada del otro y se limitarán a discutir sobre las cuestiones relativas a sus deberes como progenitores (no como cónyuges).

La ausencia de conflictividad entre las partes garantiza en buena medida el futuro éxito del funcionamiento de esta modalidad de la guarda y la adecuada armonía en que el menor debe desarrollarse afectiva y materialmente; sin embargo, no es requisito sine qua non para su establecimiento.

---

(963) CARRASCO PERERA, A., «Custodia...», *op. cit.*, pág. 1.

(964) En este mismo sentido, en la doctrina italiana se ha señalado que a través de la custodia compartida no puede propenderse la persistencia de algunos de los efectos de la relación matrimonial, pues ésta no puede configurarse como un instrumento necesario para mantener vivo, para prolongar e imponer artificiosamente a los mismos cónyuges una estructura que se ha deshecho. Cfr. DI PRISCO, N., «La comunità degli ex coniugi: note sull'affidamento congiunto dei figli», en QUADRI, E. (a cura di), *La riforma del divorzio*, Napoli, Jovene editore, 1989, pág. 215.

El elemento esencial es el reconocimiento mutuo de las capacidades parentales, independientemente de la ruptura producida.

CAMPUZANO TOMÉ(965) señala que, si existe hostilidad entre los padres, la determinación de la custodia exclusiva no asegura la estabilidad física ni emocional del hijo, ni un mejor entendimiento entre los progenitores y que, por lo tanto, dicho factor no debe significar el rechazo a priori de la custodia sucesiva. En definitiva, si por una parte la custodia unilateral no asegura una mejor comunicación entre padre y madre, la existencia de conflictividad entre ellos no tiene por qué producir, por otra, el rechazo de la custodia compartida, la que sigue siendo una situación viable. Ante la disyuntiva de optar por uno u otro régimen, el desacuerdo entre los progenitores no debe dirigir la decisión, sino que sólo es una circunstancia susceptible de valoración.

En este sentido, la Instrucción de la Fiscalía General del Estado 1/2006, de 7 de marzo, «sobre la guarda y custodia compartida y el empadronamiento de los hijos menores», afirma que para admitir la guarda y custodia compartida debe valorarse especialmente la existencia de una buena relación entre los padres que les permita postergar su desencuentro personal en beneficio del hijo común. Por su parte, la jurisprudencia anterior a la Ley 15/2005 ha aplicado este elemento con estricto rigor, enfatizando el carácter excepcional de esta figura. Así, por ejemplo, la SAP de Las Palmas de 15 de abril de 2004(966) señaló que la determinación de la custodia compartida tiene un carácter tan excepcional «como la buena relación entre los cónyuges, que es lo que permite la observancia del régimen, entre quienes son capaces de postergar su desencuentro personal, por el beneficio del hijo/a común».

(965) Cfr. CAMPUZANO TOMÉ, H., «La custodia compartida...», *op. cit.*, págs. 13-14.

(966) LA LEY 88891/2004. En este mismo sentido, las SSAP de Barcelona de 3 de marzo de 2004 (LA LEY 54857/2004) y de 16 de marzo de 2004 (LA LEY 66392/2004). Por su parte, la SAP de Sevilla de 30 de junio de 2003 (LA LEY 114555/2003) establece que la custodia compartida no procede en los casos en que el enfrentamiento y la intransigencia entre los progenitores acarrea perjuicios a los menores, máxime cuando la disputa conlleva incluso la existencia de denuncias y se basa en una distinta concepción vital de los progenitores. Por último, la SAP de Valencia de 21 de abril de 2005 (LA LEY 89413/2005) pone en evidencia la tensión existente entre los progenitores respecto de cuestiones relativas a los hijos, factor que hace inconveniente el establecimiento de la custodia sucesiva solicitada por el padre.

Por último, si bien es cierto que la custodia compartida no puede ser invocada para sanar la derrota y exclusión de un cónyuge respecto del otro y que, en este sentido, no debe ser concebida como una solución a la conflictividad[967], bien puede, en ciertos casos excepcionales, contribuir a reducirla. La distribución de las funciones de cuidado entre los padres no debe tener por objeto la recomposición del vínculo matrimonial, pero sí la construcción de una actitud positiva que contribuya a sortear los altercados que puedan producirse, de manera que la voluntad de los padres debe encaminarse a superar, en beneficio de los hijos y del suyo propio, los reproches de la ruptura[968]. En este sentido, la SAP de Baleares de 17 de septiembre de 2004[969] estimó que la custodia alternada, si bien no elimina la hostilidad que los propios procesos de separación y divorcio llevan

(967) En Italia y Argentina se advierte cierta tendencia a concebir la custodia compartida como una solución a la hostilidad de los padres. En efecto, en la jurisprudencia italiana se han dictado algunas sentencias con dicho objetivo. Entre ellas, la Sentencia del Tribunal de Milano de 9 de enero de 1997 (*La nuova giurisprudenza civile commentata*, 1997-I, págs. 584-592) ordenó la custodia compartida sin el acuerdo y contra la voluntad de las partes, entendiendo que el cuidado conjunto de los hijos era una medida que obligaba a los padres en cuestión a abrir el diálogo y la colaboración, a los cuales, existiendo la posibilidad, éstos se habían resistido. La doctrina italiana ha criticado duramente estas escasas decisiones. En este sentido, COSTANZA, M., «Quale interesse nell'affidamento congiunto della prole?», *La nuova giurisprudenza civile commentata*, 1997-I, págs. 592-596; y FERRANDO, G. (*Separazione e divorzio,* Milano, Giuffrè editore, 2003, pág. 235), quien asume una posición más moderada, señalando que si bien ello tuerce la *ratio* del cuidado conjunto, tampoco el preexistente acuerdo entre los progenitores puede ser entendido como un presupuesto indefectible del mismo. En Argentina, sobre la base de que ambos progenitores son idóneos para el cuidado de los hijos, se ha recurrido a la custodia compartida con el objeto de que los padres se vean en la obligación de llegar a ciertos acuerdos. Así lo pone de manifiesto, VELÁSQUEZ, A., «Tenencia compartida...», *op. cit.,* pág. 6. Asimismo, la doctrina de ese país ha señalado que la custodia conjunta puede constituir un medio viable para mejorar la convivencia de quienes se separan. La comunidad espera que los progenitores sean capaces de ejercer una coparentalidad sana, aunque obviamente no una vida conyugal, de manera que las situaciones difíciles que surgen no sean resueltas a través de la ruptura, la violencia o el imperio de la ley. Cfr. HOLLWECK, M., y MEDINA, G., «Importante precedente que acepta el régimen de tenencia compartida como una alternativa frente a determinados conflictos familiares», pág. 11 [http://www.gracielamedina.com/archivos/articulos/pdf/000146.pdf].

(968) Al respecto, GOLDSTEIN, J. («En el interés...», *op. cit.,* págs. 116-117), señala que, en esta materia, la noción de «acuerdo» de los progenitores, en lo que al interés del menor respecta, significa un acuerdo real en el que ambos padres comparten el cuidado y la custodia del menor y cooperan con el otro para ayudarlo a satisfacer su función paterna pese a no haber encontrado una base satisfactoria para vivir juntos.

(969) Recurso núm. 285/2004.

implícitos, puede ayudar a mitigar la confrontación y que, en este sentido, pese a que la relación entre ambos padres no era absolutamente cordial, la custodia compartida había dado resultados eficaces en el caso concreto. Por otra parte, la SAP de Girona de 25 de febrero de 2001(970) revocó la sentencia de primera instancia que modificó el sistema de custodia conjunta que venía desarrollándose, valorando favorablemente dicho régimen. La Audiencia consideró que la custodia compartida era la mejor opción para la hija, ya que reunía más aspectos positivos que negativos para su correcto desarrollo, haciendo factible el respeto de su derecho fundamental a seguir contando de forma real y afectivamente con un padre y una madre. Resolvió que, ante esta situación y sus beneficiosos resultados, era innecesario e inconveniente romper con el estado actual en que se había mantenido una maternidad y paternidad responsables, aun cuando la relación de los progenitores entre sí hubiese sido conflictiva y complicada. Entre los factores provechosos observados por la Audiencia destacan: que la niña asumió dicha custodia sin traumas ni desequilibrios de ningún tipo; que sus resultados académicos y de desarrollo integral no acusaron deterioro alguno, sino que más bien ellos fueron buenos e, incluso, excelentes; que el hecho de que los progenitores tuvieran domicilio en la misma localidad y relativa proximidad facilitó los eventuales cambios domiciliarios sin afectar las relaciones sociales de la menor; y que la niña disponía de su propia habitación en ambos domicilios. Y, por último, la SAP de Madrid de 25 de octubre de 2002(971) afirma que durante la alternancia del cuidado personal se produjeron vivencias satisfactorias en los menores en cuanto a la disminución de la tensión entre los progenitores; agregando que la custodia compartida ha facilitado la conservación del contacto y relación personal con ambos padres, atemperando demandas de elección, exclusividad o pérdida, lo que es vivido por los menores de forma positiva.

d. El establecimiento judicial de oficio de la guarda y custodia compartida

En estrecha relación con la exigencia o prescindencia del acuerdo de las partes para el establecimiento de la custodia compartida está la facultad del juez para ordenarla de oficio.

(970) Recurso de apelación núm. 488/2000.
(971) LA LEY 177477/2002.

En primer lugar, cabe señalar que, conforme al párrafo octavo del art. 92 del CC, esta posibilidad está prohibida por el legislador al prescribir que el juez puede decretar la custodia conjunta de los hijos sin el acuerdo de una de las partes, excepcionalmente y cumpliendo ciertos y determinados requisitos legales, pero siempre que el establecimiento de dicha modalidad haya sido solicitado «a instancia de una de las partes».

Antes de la entrada en vigor de la Ley 15/2005, la SAP de Valencia de 22 de abril de 2001[(972)] estableció de oficio la custodia compartida de los hijos afirmando que aunque en autos no se había planteado esta posibilidad, el Tribunal podía valorarla de oficio al no estar constreñido por los principios de rogación y congruencia, los cuales no regían en las materias que afectan al interés público de resolver, en beneficio de los menores, las cuestiones relativas a las relaciones con sus progenitores.

Asimismo, el Tribunal Constitucional se ha pronunciado tangencialmente sobre esta cuestión. Mediante sentencia de 15 de enero de 2005, conociendo un recurso de amparo deducido en contra de la SAP de Valencia de 1 de septiembre de 1997, estableció que, al confirmar el criterio de la Audiencia en cuanto a otorgar la custodia alternada sin que ello hubiese sido solicitado por el padre —quien no habría cuestionado la atribución del cuidado personal del hijo a la madre sino sólo solicitado una ampliación del régimen de comunicación—, no puede afirmarse que haya habido un pronunciamiento ajeno al debate procesal y totalmente desviado de las pretensiones y peticiones hechas valer. La STC fundamenta su decisión en que precisamente, en garantía de cualquiera de los cónyuges, de los hijos, o del interés familiar más necesitado de protección, la ley atribuye al juez que conoce de un proceso de separación, divorcio o nulidad matrimonial, potestades de tutela relacionadas con determinados efectos de la crisis matrimonial que han de ejercitarse en defecto e, incluso, en lugar de las propuestas por los litigantes[(973)]. Agrega que en todo proceso matrimonial

(972) Recurso de apelación núm. 371/1998. En este mismo sentido, la SAP de Valencia de 9 de marzo de 2000 (LA LEY 55831/2000) que estableció la custodia alternada del hijo sin que existiese petición alguna en dicho sentido; y la SAP de Castellón de 27 de junio de 2003 (LA LEY 113568/2003) que, aunque no decreta la custodia sucesiva en razón del desarraigo e inseguridad que puede producir, deja meridianamente claro que puede adoptarla aunque expresamente no haya sido solicitada en primera instancia, siempre que se estime conveniente.

(973) Conforme lo establece el ATC 100/1987, de 28 de enero.

se dan elementos no dispositivos, esto es, de *ius cogens*, por tratarse de un instrumento al servicio del Derecho de familia. La naturaleza de las funciones de tutela atribuidas a la jurisdicción en este ámbito impide trasladar de forma mimética las exigencias de congruencia consustanciales a la función jurisdiccional *stricto sensu*, pues el principio dispositivo, propio de la jurisdicción civil, queda atenuado y, paralelamente, los poderes del juez se amplían al servicio de los intereses que han de ser tutelados(974). En definitiva, la incongruencia no existiría, puesto que la Sentencia del Tribunal versa sobre puntos o materias que, de acuerdo con la ley, está facultado para introducir *ex officio*(975).

Estamos de acuerdo con el Tribunal Constitucional en cuanto a la atenuación del principio dispositivo que se produce en los procedimientos matrimoniales. Así lo hemos puesto de manifiesto al analizar el papel de la autonomía de la voluntad en la actual regulación de la guarda y custodia de los hijos que, claramente, se encuentra disminuida por diversos principios constitucionales que prevalecen en esta materia(976). Sin embargo, estimamos que debe actuarse con especial cautela si se trata de establecer el ejercicio compartido de dicho derecho-función; no para decidir en términos que excedan lo solicitado por las partes, sino más bien para corroborar la existencia de cierto consenso y entendimiento parental que permita un adecuado desarrollo de la custodia conjunta(977). En el caso en cuestión, el padre había solicitado la custodia alternada como medida provisional de la demanda de separación conyugal sin insistir luego en su petición. La SAP de Valencia, y después el Tribunal Constitucional, haciendo uso de sus facultades *ex officio*, instauraron tal régimen sin considerar las alegaciones de las partes en dicho sentido, por lo que nos parece una decisión errada que, sin duda, bajo la normativa introducida por la Ley 15/2005, no

(974) *Vid.* STC 120/1984, de 10 de diciembre, a la cual ya hemos aludido en este trabajo, y los AATC 328/1985, de 22 de mayo, y 291/1994, de 31 de octubre.

(975) Al respecto se pronuncia la STC 77/1986, de 12 de junio.

(976) *Vid. supra* epígrafe 2.3 del Capítulo I.

(977) En contra, García Rubio, M. P. y Otero Crespo, M. («Apuntes sobre...», *op. cit.*, pág. 101), quienes defienden la posibilidad de establecer la custodia compartida de oficio si, según el criterio judicial, ello es lo más adecuado para el hijo. En este aspecto, estas autoras califican la reforma como un retroceso.

procedería dictar, puesto que no hubo solicitud de uno de los cónyuges al menos (apartado octavo de art. 92 del CC)[(978)].

En todo caso, cabe señalar que algunas sentencias dictadas con posterioridad a la Ley 15/2005 han reiterado, a nuestro juicio desacertadamente, la vigencia de la facultad judicial de decidir de oficio en las materias relativas a la guarda compartida de los hijos. Así, por ejemplo, la SAP de Castellón de 27 junio de 2006[(979)] señala que pese a que efectivamente la custodia conjunta no fue solicitada en su momento procesal oportuno, no es menos cierto que no rige en esta materia el principio dispositivo o de rogación, por lo que no existiría inconveniente alguno para resolver sobre dicha petición. Asimismo, la SAP de León de 12 mayo de 2006[(980)], al referirse al apartado octavo del art. 92 del CC, establece que el supuesto que contiene pone de manifiesto el carácter de orden público que tiene el régimen de guarda y custodia de los menores y que el juzgador tiene que obrar no a instancia de parte, sino de oficio.

3.2.3.3. Requisitos para establecer la guarda y custodia compartida existiendo común acuerdo de los progenitores

Siguiendo con el análisis del marco jurídico de la guarda y custodia compartida, alternada o sucesiva establecido por la Ley 15/2005, a continuación expondremos los requisitos legales para su establecimiento. En este aspecto la reforma aparece nuevamente deficiente; los párrafos quinto a

(978) Tampoco se valoraron, a nuestro juicio, las alegaciones de las partes vertidas en la comparecencia, la prueba practicada en ella y la relación que los padres mantenían entre sí y con sus hijos para determinar su idoneidad con el régimen de guarda, extremos que, conforme al actual apartado sexto del art. 92 del CC, deben ponderarse si la custodia compartida ha sido solicitada sólo por uno de los progenitores. Con respecto a la facultad del juez de disponer la guarda y custodia compartida aun en ausencia de solicitud conjunta de las partes, cabe señalar que en Italia esta posibilidad ha sido ampliamente respaldada por la jurisprudencia, no existiendo dudas acerca de su procedencia si concurren los requisitos legales generales y el convencimiento de que constituye la mejor solución para el hijo. En este sentido se ha pronunciado la Corte de Casación italiana en su sentencia de 23 de marzo de 2004 (sentencia núm. 5742) y numerosas sentencias de mérito entre las cuales se cuenta la sentencia del Tribunal de Florencia de 14 de junio de 2005 (*Merito*, 2006, pág. 41). Asimismo, existe consenso en la doctrina al respecto, Cfr. Napolitano, L., *L'affidamento..., op. cit.*, pág. 68.

(979) LA LEY 116555/2006.

(980) LA LEY 71450/2006.

noveno del art. 92 del CC presentan una «cierta anarquía sistemática»[981], producto de las variaciones que el texto sufrió durante su tramitación. Sin embargo, conforme lo venimos desarrollando en los epígrafes precedentes, como consecuencia de la importancia concedida al común acuerdo entre los progenitores, es posible organizar esquemáticamente las exigencias previstas para la configuración de la custodia compartida, dependiendo de si concurre o no dicho requisito.

Pues bien, dada la relación de género-especie entre la guarda en general y la custodia compartida, daremos por reproducido lo dicho en cuanto a los criterios legales generales para la atribución de la guarda y custodia que estudiamos en el Capítulo I y que son igualmente aplicables a la modalidad de cuidado personal que nos ocupa, aunque de manera especial dadas las particularidades de esta figura.

Conforme al art. 92 del CC, para que proceda el régimen alternado de la guarda y custodia de los hijos existiendo común acuerdo entre los progenitores, deben observarse las siguientes exigencias.

— En primer lugar, el párrafo quinto del art. 92 del CC prescribe que dicho acuerdo debe presentarse en la propuesta del convenio regulador o cuando así lo convengan las partes en el transcurso del procedimiento.

— En cuanto a los criterios legales para la atribución de este tipo de custodia, son aplicables los principios de responsabilidad parental, el interés superior del hijo y su derecho a ser oído.

— Los apartados seis y nueve del art. 92 del CC se refieren más bien a reglas generales que deben observarse en materia de guarda y custodia y, por cierto, a su modalidad compartida. Así, conforme al párrafo sexto del art. 92 del CC, el juez debe: a) oír a los menores que tengan suficiente juicio cuando se estime necesario de oficio o a petición del Fiscal, partes o miembros del Equipo Técnico Judicial, o del propio menor; b) recabar Informe del Ministerio Fiscal (siendo «irrelevante» si éste se pronuncia favorable o desfavorablemente respecto de la aplicación de la custodia compartida al caso en concreto); c) con el objeto de determinar la idoneidad

(981) Ortuño Muñoz, P., *El nuevo régimen…, op. cit.,* pág. 71. Este autor agrega que en estos párrafos se contienen condiciones de naturaleza sustantiva, procesal u orgánica judicial para el establecimiento de la guarda conjunta.

del régimen de guarda, valorar: las alegaciones de las partes vertidas en la comparecencia, la prueba practicada en ella y la relación que los padres mantengan entre sí y con sus hijos; d) y, conforme al apartado nueve del art. 92 del CC, el juez, antes de pronunciarse sobre la guarda y custodia, de oficio o a instancia de parte, puede recabar el dictamen de especialistas debidamente cualificados, referidos a la idoneidad del modo de ejercicio de la patria potestad y del régimen de custodia de los menores.

— En cuanto a la decisión judicial misma, el párrafo quinto del art. 92 del CC exige que sea fundamentada. Además, el juez debe adoptar las cautelas procedentes para su eficaz cumplimiento, procurando no separar a los hermanos.

3.2.3.4. Requisitos para establecer la guarda y custodia compartida a instancia de uno de los progenitores

Si no existe acuerdo entre los progenitores, el juez podrá acceder a ella *excepcionalmente* si, además de los requisitos enunciados en el epígrafe anterior, concurren los siguientes elementos.

A) Que, conforme lo exige el párrafo octavo del art. 92 del CC, dicha modalidad de cuidado de los hijos sea solicitada por uno de los padres. En este punto nos remitimos a la descripción efectuada anteriormente sobre la determinación de la guarda y custodia compartida a falta de acuerdo de uno de los progenitores(982). En todo caso, cabe señalar que puede pedirla tanto el demandante en su escrito de demanda como también el demandado en el escrito de reconvención, hipótesis que se verifica cuando el actor ha reclamado la guarda para sí de forma exclusiva (letra d) de la regla 2.ª del art. 770 de la LEC(983), de acuerdo a la redacción dada por la Ley 15/2005)(984).

(982) *Vid. supra* epígrafe 3.2.3.1 del presente Capítulo.

(983) Esta norma establece lo siguiente: «*La reconversión se propondrá con la contestación a la demanda. El actor dispondrá de 10 días para contestarla.*
Sólo se admitirá la reconvención: d) Cuando el cónyuge demandado pretenda la adopción de medidas definitivas, que no hubieran sido solicitadas en la demanda, y sobre las que el Tribunal no deba pronunciarse de oficio».

(984) Así lo ha señalado PÉREZ VEGA, A., «La guarda...», *op. cit.*, pág. 681.

B) En segundo lugar, deberá existir Informe *favorable* del Ministerio Fiscal(985).

Con respecto a este último requisito, cabe señalar que, conforme al apartado seis de la norma en cuestión, dicho Informe tiene el carácter de preceptivo; en efecto, esta disposición establece que el juez *«deberá recabar el Informe del Ministerio Fiscal»* antes de acordar el régimen de guarda en general, actuación que resulta de todas formas aplicable al caso que estamos estudiando no obstante el tenor del párrafo octavo que pareciera no contener un mandato imperativo al respecto.

Sí se exige que este Informe sea *favorable*(986), a diferencia de la guarda y custodia compartida acordada por ambos progenitores, en cuyo caso el legislador no condiciona su sentido.

Esta exigencia fue suprimida en el Senado al considerarla una inadmisible restricción al arbitrio judicial y a la función de juzgar asignada constitucionalmente(987). En efecto, el Grupo Parlamentario de *Entesa Catalana de Progrés* presentó una interesante enmienda en tal sentido(988) que fue incorporada por el Grupo Parlamentario Socialista a la propuesta de tran-

(985) Cabe destacar que el art. 233-11 del «Anteproyecto de Ley por el cual se aprueba el Libro Segundo del Código Civil de Catalunya relativo a la persona y la familia» no recoge este requisito, permitiendo al juez adoptar la custodia compartida solicitada por una sola de las partes, independientemente de la opinión del Ministerio Fiscal.

(986) No quedaría cubierto este requisito si el Informe se limitara a manifestar que «no se opone» a la custodia compartida. Así lo ha afirmado RODRÍGUEZ CHACÓN, R., *Matrimonio...*, *op. cit.*, pág. 126.

(987) Así, durante el debate en el Pleno, el Grupo Parlamentario de Izquierda Verde-Izquierda Unida-*Iniciativa per Catalunya Verds* señaló que «hay un cambio importante en cuanto al informe preceptivo del ministerio fiscal, ya que se vuelve a la redacción original del proyecto de ley y se elimina el carácter favorable de dicho informe. De esta forma se evita lo que a nuestra manera de ver era una restricción al arbitrio judicial y a la función de juzgar que tiene asignada constitucionalmente el juez». *Cortes Generales. Diario de Sesiones del Congreso de los Diputados. Pleno y Diputación Permanente.* VIII Legislatura. 29 de junio de 2005, núm. 102, pág. 5197.

(988) Enmienda núm. 5: «8. Cuando no se den los supuestos del apartado cinco de este artículo, el Juez, a instancia de una de las partes, previo informe del Ministerio Fiscal, podrá acordar la guarda y custodia compartida si de esta forma se protege mejor el interés superior del menor». *BOCG Senado.* VIII Legislatura. Serie II: Proyectos de Ley. 26 de mayo de 2005, núm. 14 (c), pág. 13.

sacción aprobada por el Senado(989). El Grupo *Entesa Catalana de Progrés* justificaba su proposición en el Senado afirmando que la introducción en el Congreso del Informe obligatoriamente favorable del Ministerio Fiscal constituía otra cortapisa impuesta a la decisión judicial, lo cual no era sino una respuesta a las demandas de algunos colectivos sociales. Sostenía que, en el ordenamiento jurídico español, los roles del juez y del Ministerio Fiscal eran diversos, agregando que con dicha redacción sería éste quien resolvería el asunto sometido al conocimiento de aquél cuando el Informe se pronunciare en sentido negativo frente al establecimiento de la guarda y custodia compartida no consentida por ambos progenitores. De ser así, el juez vería limitada su jurisdicción y estaría obligado a rubricar la opinión del Ministerio Fiscal. Se afirmaba que todo ello no se ajustaba a Derecho, pues las disposiciones de rango superior amparan al juez para que adopte la decisión que le parezca más justa conforme a las normas jurídicas aplicables. En otras palabras, se proponía que el Informe del Ministerio Fiscal fuese preceptivo pero no obligatoriamente favorable(990).

Por su parte, quienes defendían esta exigencia basaban sus argumentos en la garantía que constituía contar con la opinión favorable del Ministerio Fiscal(991).

En definitiva, el texto despachado por el Senado establecía «[...] que se emita informe preceptivo del Ministerio Fiscal [...]»(992), descartando la obligatoriedad de que se pronunciase en forma favorable. En todo caso, esta última redacción constituía una redundancia frente a lo dispuesto por el apartado sexto del art. 92 del CC, referido al establecimiento de la custodia en general («En todo caso, antes de acordar el régimen de guarda y custodia, el Juez deberá recabar informe del Ministerio Fiscal [...]»), y también

(989) El Grupo Parlamentario Socialista estuvo conforme a la enmienda núm. 5 del Grupo Parlamentario *Entesa Catalana de Progrés*, puesto que de tal modo que se evitaba el problema derivado de la vinculación del juez incluso al acierto o no del propio informe del Ministerio Fiscal. VIII Legislatura. Comisiones, núm. 184. *Cortes Generales. Diario de Sesiones del Senado. Comisión de Justicia.* 14 de junio de 2005, pág. 29.

(990) *Cortes Generales. Diario de Sesiones del Senado.* VIII Legislatura. Sesión de Pleno. 22 de junio de 2005, núm. 42, pág. 2494.

(991) Así lo mantuvo el Grupo Parlamentario Vasco. *Cortes Generales. Diario de Sesiones del Congreso de los Diputados. Pleno y Diputación Permanente.* VIII Legislatura. 29 de junio de 2005, núm. 102, pág. 5199.

(992) *BOCG Senado.* VIII Legislatura. Serie II: Proyectos de Ley. 29 de junio de 2005, núm. 14 (f), pág. 47.

ante lo prescrito por el art. 749.2 de la LEC («En los demás procesos a que se refiere este título será preceptiva la intervención del Ministerio Fiscal, siempre que alguno de los interesados en el procedimiento sea menor, incapacitado o esté en situación de ausencia legal»)(993).

Sin embargo, a consecuencia del error producido durante la votación final del texto, se mantuvo la redacción inicial de la norma, de manera que el actual art. 92 del CC exige que el Informe del Ministerio Fiscal sea favorable a la introducción del régimen de custodia compartida. Al respecto, se ha afirmado que esta disposición adolecería de inconstitucionalidad al limitar la función decisoria del juez, razón por la cual debería suprimirse mediante reforma legislativa que contemple la obligatoriedad del Informe con independencia de la inclinación del mismo(994).

A nuestro juicio, en la hipótesis contenida en el párrafo octavo del art. 92 del CC, el juez puede denegar la guarda y custodia compartida solicitada por uno de los progenitores aunque el Informe sea favorable; en cambio, no puede concederla si el Informe es desfavorable(995). Esta disposición contempla una fuerte cortapisa al establecimiento de la guarda y custodia compartida en los casos en que no existe acuerdo de los dos padres. La intención del legislador fue introducir mayores cautelas ante la ausencia de dicho consentimiento, cediendo así a las preocupaciones de ciertos sectores sociales que veían en dicha posibilidad una amenaza para el interés del hijo. Sin embargo, esta exigencia produce un efecto perverso, ya que, aun si el juez se inclina por el establecimiento de dicha modalidad al estimar garantizado el bienestar del hijo, si el mencionado Informe es desfavorable no puede disponer conforme a su propia convicción.

(993) En este sentido, Seisdedos Muiño, A., «Las medidas...», *op. cit.*, pág. 11.

(994) Cfr. «Conclusiones sobre *Las Reformas del Derecho de Familia*...», *op. cit.*, pág. 3.

(995) En este sentido, Rodríguez Chacón, R., *Matrimonio*..., *op. cit.*, pág. 127. En contra, «Conclusiones sobre *Las Reformas del Derecho de Familia*...», *op. cit.*, pág. 3, donde se ha señalado que esta norma debe ser interpretada de forma sistemática, pues esta circunstancia no puede impedir que el juez, pese al informe desfavorable, apruebe la guarda y custodia compartida cuando considere motivadamente que es lo más adecuado para el hijo. Asimismo, Guilarte Martín-Calero, C. («Comentarios del nuevo...», *op. cit.*, pág. 162), señala que en estos casos el principio rector determinante para la adopción del régimen de guarda es el *favor filii*.

Así queda de manifiesto en la SAP de Madrid 18 de octubre de 2005[(996)] que se pronunció sobre esta problemática aplicando la nueva legislación. La sentencia señaló que, por una parte, las previsiones legales hacían descartar la solicitud del padre dado que no existía acuerdo al respecto entre ambos progenitores; y que, por otro lado, el reparto del cuidado cotidiano del menor, en los términos propugnados, no aparecía adecuado para el desarrollo armónico y equilibrado, constando a tal efecto el Informe desfavorable del Ministerio Público. Aunque la resolución reproduce más adelante ciertos elementos del dictamen pericial emitido por el equipo psicosocial que desaconsejan el establecimiento de la custodia conjunta, y alude a cierta prueba rendida en autos que hace improcedente la adopción de esta modalidad de guarda, lo cierto es que los Fundamentos de Derecho del fallo se inician con el examen de las disposiciones legales pertinentes, las cuales, como lo deja claro la sentencia, «hacen descartar la alternativa propuesta por el apelante». En definitiva, aunque el juzgador estimaba procedente el funcionamiento de la custodia compartida no pudo ordenar su ejecución, viéndose obligado a fallar en el sentido en que dicho Informe fue evacuado y no como su convicción le indicaba.

C) En tercer lugar, conforme lo prescribe el párrafo octavo del art. 92 del CC, el juez debe fundamentar su decisión en que *sólo* de esa forma se protege adecuadamente el interés superior del menor. Creemos que con esta expresión enfática el legislador tiende a restringir, una vez más, el otorgamiento de esta modalidad de cuidado personal.

Este requisito reitera el carácter extremadamente excepcional de la situación que analizamos. La rigidez de las medidas que el legislador ha previsto y exigido ante la posibilidad de decretarse la custodia compartida sin el acuerdo de una de las partes, nos indican que, en la práctica, estas hipótesis serán sumamente escasas. Tal como se ha puesto de relieve, no se trata de demostrar que la custodia conjunta es la alternativa «más conveniente», sino que se requiere la prueba positiva de que solamente con ella se garantiza una adecuada protección del interés del hijo[(997)].

(996) LA LEY 202608/2005.

(997) En este sentido, RODRÍGUEZ CHACÓN, R., *Matrimonio…, op. cit.,* pág. 126. En la jurisprudencia se advierte ya esta interpretación restrictiva. La SAP de León de 12 mayo de 2006 (LA LEY 71450/2006) pone de relieve la excepcionalidad de la custodia compartida enumerando algunos de los estrictos requisitos que la hacen viable: solicitud de ambos padres;

Por último, debemos destacar que el texto definitivo del art. 92 del CC ha omitido la referencia que efectuaba la redacción del Senado en cuanto a que, en todo caso se asegurara que, por la ubicación de los domicilios de los padres, el menor gozare de la necesaria estabilidad para el mejor desarrollo de su personalidad y para el desenvolvimiento idóneo de sus hábitos y relaciones personales. A nuestro juicio, el texto del Senado era insuficiente al establecer sólo un criterio especial de valoración. Como veremos en el Capítulo siguiente, el legislador de 2005 no se ha referido a las circunstancias concretas de ejercicio de esta figura jurídica, de manera que el estatuto que la regule deberá ser acordado por las partes previa homologación judicial. En efecto, existen un sinnúmero de factores que inciden en el desarrollo de la guarda y custodia compartida como, por ejemplo, las condiciones materiales de cada uno de los cónyuges para albergar al hijo durante los respectivos períodos de convivencia, los lapsos de alternancia, el régimen de comunicación y estancia que puede igualmente determinarse, etc. Por otra parte, resultaba incoherente que se exigiese en este apartado y no en el quinto, referido a la guarda compartida decidida de común acuerdo entre ambos padres, pues en ambas hipótesis era de vital importancia su ponderación(998).

Hubo iniciativas de parte de dos Grupos Parlamentarios para la introducción de ciertos factores a los que el juez hubiese debido atender para el otorgamiento de la guarda y custodia:

---

que esté rigurosamente avalada por la capacidad de los dos progenitores para ostentarla; la existencia de voluntad libre y espontánea del propio menor; que las circunstancias geográficas y sociales no perjudiquen el entorno del menor con un excesivo peregrinaje del domicilio de un progenitor al del otro; nula conflictividad entre los padres; estilos homogéneos de vida; la alta edad de los hijos (no menores de doce años); ausencia de obstáculos laborales; y los correspondientes informes psicológicos del Equipo Técnico Psicosocial adscrito al Juzgado de Familia. Numerosas sentencias han denegado la custodia compartida por ausencia de los requisitos exigidos en el párrafo octavo del art. 92 del CC, en especial, por falta de acuerdo y entendimiento entre las partes. Así lo han señalado, entre otras, las siguientes resoluciones: SAP de Barcelona de 12 enero de 2006 (LA LEY 2969/2006); SAP de Madrid de 4 abril de 2006 (LA LEY 58716/2006); SAP de Córdoba de 24 abril de 2006 (LA LEY 100628/2006); SAP de Pontevedra de 3 mayo de 2006 (LA LEY 52363/2006); SAP de Valencia de 11 mayo de 2006 (LA LEY 110035/2006); SAP de Castellón de 27 junio de 2006 (LA LEY 116555/2006); y la SAP de Murcia de 4 septiembre de 2006 (LA LEY 117335/2006).

(998) Así lo sostiene SEISDEDOS MUIÑO, A., «Las medidas...», *op. cit.*, pág. 11.

— El Grupo Parlamentario Mixto presentó en el Congreso la enmienda núm. 32 con el siguiente tenor: «Para el otorgamiento de la guardia y custodia compartida, el Juez valorará la edad de los hijos, el lugar de residencia de los progenitores, la disponibilidad de un domicilio adecuado por ambos progenitores para el cuidado de los hijos e hijas, el horario laboral de los progenitores, así como otras circunstancias relevantes que posibiliten la custodia compartida sin graves quebrantos en la vida cotidiana de los hijos e hijas»[999]. Como justificación se señalaba que la guarda y custodia compartida debía someterse a una valoración a fondo por parte de los jueces sobre las condiciones en que vivirían los hijos e hijas, de forma que esa nueva situación no alterara sustancialmente su forma de vida y garantizara que se siguieran relacionando en el mismo entorno social. Su argumento descansaba también en el art. 3.1 de la CDN referido al interés del hijo.

— Por su parte, el Grupo Parlamentario Popular presentó en el Congreso la enmienda núm. 81, conforme a la cual la guarda y custodia compartida sólo sería posible cuando existiera acuerdo entre las partes sobre ella y sobre el uso de la vivienda habitual, la pensión alimenticia y cuantos extremos resultaren necesarios para asegurar la educación, bienestar y protección de los menores. Agregaba la inclusión de un Plan de Responsabilidad parental, que hubiese sido conveniente exigir en el Derecho español y que, como hemos visto, es bastante frecuente en los países que contemplan la custodia conjunta alternada como sistema prioritario para el cuidado de los hijos. Señalaba la enmienda, que «en estos casos, el Plan de Responsabilidad Parental presentado por las partes deberá ser ratificado por el Juez debiendo fundamentar su resolución en la mejor protección del interés del menor. Además, deberá adoptar las cautelas procedentes para el eficaz cumplimiento del régimen de guarda, comunicación y estancias»[1000]. Se trataba de que los padres presentaran al juez un plan que incluyera acuerdos sobre la residencia del menor, la vivienda, la pensión alimenticia, etc.,

(999) *BOCG Congreso.* VIII Legislatura. Serie A. 15 de marzo de 2005, núm. 16-8, pág. 30.

(1000) *BOCG Congreso.* VIII Legislatura. Serie A. 15 de marzo de 2005, núm. 16-8, pág. 50. Dicho Grupo Parlamentario presentó en el Senado la enmienda núm. 26, del mismo tenor que la transcrita. *BOCG Senado.* VIII Legislatura. Serie II: Proyectos de Ley. 26 de mayo de 2005, núm. 14 (c), pág. 23.

y que éste comprobara que dicha custodia era la situación que más favorecía la protección y bienestar del menor[1001].

3.3. El surgimiento de nuevos principios en materia de cuidado personal de los hijos

Analizados los principios generales que rigen el sistema de custodia compartida y la regulación que de ella ha efectuado el legislador español en el art. 92 del CC, podemos concluir que, junto al interés superior del hijo, se sitúan dos nuevos ejes del Derecho de familia español: la corresponsabilidad parental o familiar y el derecho a la coparentalidad[1002]. Ambos cobran especial relieve una vez surgida la crisis matrimonial y hubiese sido de acertada política legislativa la previsión de una declaración explícita al respecto, siguiendo la línea de los diversos instrumentos jurídicos que, como hemos tenido ocasión de analizar, han sido suscritos por España a nivel internacional o bien le competen en el ámbito europeo.

Conforme a estas nuevas directrices, las decisiones relativas al cuidado de los hijos no podrán fundarse en la realización de su interés moral y material sin entender que éste también comprende, por una parte, la satisfacción del derecho del hijo a que su padre y su madre se involucren en condiciones de igualdad[1003] y con la misma intensidad y compromiso en

(1001) *BOCG Senado*. VIII Legislatura. Serie II: Proyectos de Ley. 26 de mayo de 2005, núm. 14 (c), pág. 23. A los planes de responsabilidad parental nos referimos anteriormente. *Vid. supra* epígrafe 2.2.5.2 del presente Capítulo.

(1002) Ortuño Muñoz, P. (*El nuevo régimen…, op. cit.*, pág. 41), señala que el criterio interpretativo dirigido a los jueces tras la reforma de 2005 es el de «fomentar la corresponsabilidad en el cuidado de los hijos, con independencia de la modalidad del régimen de ejercicio de la patria potestad que rija las relaciones de la familia en crisis». Asimismo, entendemos que la SAP de Córdoba de 24 abril de 2006 (LA LEY 100628/2006) asume esta nueva realidad al poner de relieve el proceso de intercambio de roles que se ha producido en la familia y señalar que el derecho de los padres a estar con sus hijos, a velar por ellos y procurarles una formación integral *«no puede ser objeto de una interpretación restrictiva y que, por ello, la custodia compartida establecida por la sentencia recurrida puede ser beneficiosa para el menor, puesto que ha quedado acreditado que tanto el padre como la madre son personas idóneas para cuidar a sus hijos»*.

(1003) Como lo señalamos al analizar el principio de igualdad parental, la Ley 3/2007, de 22 de marzo, «para la igualdad efectiva de mujeres y hombres» ha elevado la igualdad de trato y de oportunidades entre mujeres y hombres a la categoría de principio informador del ordenamiento jurídico, prescribiendo que, como tal, se integrará y observará el desarrollo de su formación integral y, por otra parte, el cumplimiento del derecho a continuar disfrutando de una adecuada relación con ambos padres, no obstante la ruptura matrimonial. Si bien el segundo de dichos aspectos había sido recogido por el legislador español en el art. 160 del CC(1004), y en especial a través de la Ley 42/2003, de 21 noviembre, «de modificación del Código Civil y de la Ley de Enjuiciamiento Civil en materia de relaciones familiares de los nietos con los abuelos», estimamos que este derecho del hijo a mantener una comunicación y adecuada relación con sus respectivos ascendientes y parientes cercanos ha adquirido un énfasis especial con la reforma de 2005.

A nuestro juicio, ambos aspectos infundan la nueva regulación en materia de custodia y, además, contribuyen a delimitar con mayor exactitud el amplio concepto de interés superior del hijo, de forma que su generalidad comienza a verse especificada en la ley. Esto no significa que los principios de corresponsabilidad familiar y coparentalidad agoten el interés superior del hijo cuyos padres se divorcian o separan. Si bien es cierto que estas directrices individualizan el *bonum filii,* éste continúa siendo un criterio genérico que, como ya lo hemos afirmado, puede perfectamente conducir al juez a rechazar la custodia compartida acordada por los progenitores.

En todo caso, analizado el nuevo panorama legislativo en materia de guarda de los hijos, podemos afirmar que en España coexiste —y así será por largo tiempo a menos que la jurisprudencia de un vuelco trascendente— la custodia unilateral con la custodia compartida. La ausencia de una declaración legal explícita que favorezca el establecimiento de esta última,

---

en la interpretación y aplicación de las normas jurídicas (art. 4). *Vid. supra* epígrafe 2.3.3 del presente Capítulo.

(1004) Art. 160 del CC: «*Los progenitores, aunque no ejerzan la patria potestad, tienen el derecho de relacionarse con sus hijos menores, excepto con los adoptados por otro o conforme a lo dispuesto en resolución judicial.*
No podrán impedirse sin justa causa las relaciones personales del hijo con sus abuelos y otros parientes y allegados.
En caso de oposición, el juez, a petición del menor, abuelos, parientes o allegados, resolverá atendidas las circunstancias. Especialmente deberá asegurar que las medidas que se puedan fijar para favorecer las relaciones entre abuelos y nietos, no faculten la infracción de las resoluciones judiciales que restrinjan o suspendan las relaciones de los menores con alguno de sus progenitores».

al estilo italiano[(1005)] o estadounidense[(1006)], nos confirma esta concomitancia[(1007)].

A nuestro juicio, el legislador ha sido críptico al delimitar esta nueva institución. Si bien es posible afirmar que el espíritu de la reforma descansa sobre estos dos pilares a los que nos hemos referido, no queda clara la intensidad del mandato legislativo con respecto a la adopción de la custodia compartida. Por una parte, existen varios elementos que pueden conducirnos a afirmar que la elección del modelo de guarda y custodia alternada es vista con desconfianza por el legislador. Así sucede, por ejemplo, con la existencia de las medidas especiales previstas para su establecimiento en el párrafo quinto del art. 92 del CC, según el cual, el juez, al determinar la custodia conjunta, debe fundamentar su decisión y dictar las cautelas que estime procedentes para su eficaz cumplimiento. Al respecto, cabe señalar que el requisito adicional de razonamiento sólo se justifica en la medida que este instituto es visto con especial recelo por el legislador; redundar en un elemento de obvia verificación como es la argumentación de la decisión judicial no se condice con el principio de la interpretación útil de la ley. En segundo lugar, la disposición judicial de las cautelas que se consideren oportunas para su adecuada observación, reafirma el carácter excepcional que reviste su introducción y revela la suspicacia del legislador frente a su aplicación.

Por otra parte, sin embargo, podemos contraponer al panorama anteriormente descrito lo dispuesto por el párrafo octavo del art. 92 del CC, de acuerdo con el cual el juez puede imponer, bajo ciertas y determinadas circunstancias, esta modalidad de cuidado en contra de la voluntad de uno de los ex cónyuges[(1008)]. ¿Cuál podría ser el fundamento de esta regla en

(1005) En Italia, la preferencia por la custodia compartida descansa, en primer término, en el inciso primero del art. 155 del *Codice* que consagra el principio de la coparentalidad postconyugal. En segundo lugar, el inciso siguiente de la misma disposición establece que el juez debe valorar prioritariamente la posibilidad de que los hijos queden bajo la custodia de ambos progenitores.

(1006) *Vid. supra* epígrafe 2.4.5 del presente Capítulo.

(1007) Para Ivars Ruiz, J. (*Guarda y custodia..., op. cit.,* pág. 31), la custodia unilateral sigue siendo el modelo legal general, sobre todo considerando la excesiva prudencia observada por el legislador al regular la custodia compartida.

(1008) *Vid. supra* la letra *b)* del epígrafe 3.2.3.2 del presente Capítulo en cuanto a la determinación de la guarda y custodia compartida sin el acuerdo de los padres.

virtud de la cual se puede imponer judicialmente la coparticipación en el cuidado de los hijos? A nuestro parecer, no es sino la firme protección de los principios de corresponsabilidad familiar y coparentalidad.

En consecuencia, se advierte una cierta tensión interna en el articulado del CC en lo que respecta a la generalidad o excepcionalidad de la guarda y custodia compartida como nuevo sistema de cuidado de los hijos, que probablemente se explica por las diversas orientaciones que al respecto, a lo largo de su establecimiento, fueron materializándose en su texto. A nuestro juicio, es imposible sostener que el legislador ha optado por valorar prioritariamente la introducción de esta figura en la realidad familiar postconyugal[(1009)]. Si bien el principio de la corresponsabilidad parental y el derecho del hijo a mantener una adecuada relación con ambos padres han sido introducidos en la legislación (aunque no en la letra de la Ley 15/2005) con ocasión del reconocimiento expreso de la guarda y custodia compartida, los términos en los que ella ha sido regulada no son suficientes para afirmar que constituye el prototipo a implementar en las relaciones paterno-filiales una vez sobrevenida la crisis matrimonial o de pareja. El legislador no concibe este instituto como el patrón a seguir para superar la instalación automática de la guarda unilateral como sistema de cuidado de los hijos.

Pues bien, como hemos señalado, la inclusión del principio de corresponsabilidad en la realidad familiar posterior a la crisis conyugal o de pareja y el fortalecimiento del derecho a la coparentalidad, han contribuido

(1009) No creemos, a diferencia de RODRÍGUEZ CHACÓN, R. (*Matrimonio..., op. cit.*, pág. 84), que del texto de la Exposición de Motivos del Proyecto pueda inferirse que este tipo de custodia era para el legislador el modelo normal de organización del cuidado del hijo a implementar. Por el contrario, creemos que ésta sí era la idea original de la enmienda núm. 59 presentada por el Grupo Parlamentario Coalición Canarias que pretendía adicionar un nuevo número ocho al art. 94 del Código Civil con el siguiente tenor: «El régimen de comunicación y estancias de los hijos con sus padres, se abordará en el acuerdo parental o, en su defecto, determinado por el juez informado por la mediación familiar.
En defecto de acuerdo parental, el criterio judicial procurará la custodia compartida salvo circunstancias evidentes que no lo aconsejen. En este caso, se establecerá un régimen de comunicación y estancias lo más amplio posible con la finalidad de facilitar la compañía con sus progenitores». *BOCG Congreso*. VIII Legislatura. Serie A. 15 de marzo de 2005, núm. 16-8, pág. 40. Esta propuesta establecía un criterio judicial de valoración de la custodia compartida (la negrita es nuestra).

a delimitar, en sede de custodia de los hijos, el principio rector del interés superior de los mismos. De esta forma, producida su redefinición, esta gran directriz no podrá, a nuestro juicio, ser invocada genéricamente en una decisión que desconozca la vigencia de los principios referidos sólo porque el juez no confíe en la virtualidad de su aplicación. Además, el influjo de la coparticipación familiar atañe también a cuestiones no estrictamente relacionadas con el cuidado personal de los hijos (la custodia compartida no es la única expresión ni el medio exclusivo y excluyente para alcanzarla), de manera que se ha instalado una nueva óptica en la resolución de todos los asuntos relativos a la vida del hijo(1010). Por ello, estimamos que toda resolución que se fundamente en la no aplicabilidad de tales principios al caso en cuestión, debe contener, de todas formas, un pronunciamiento razonado al respecto.

Por lo anterior, y propiamente en relación con la custodia compartida de los hijos, estimamos que no podrá rechazarse judicialmente la asignación de la responsabilidad parental a ambos progenitores sobre la base de la conflictividad que existe entre éstos(1011). Entre otras razones, porque la coparentalidad no constituye sólo una legítima reivindicación de los

(1010) En Italia, por ejemplo, la introducción de la custodia compartida como regla general aplicable ha provocado también un cambio en el establecimiento de la custodia exclusiva. En efecto, SESTA, M. («Le nuove...», *op. cit.*, pág. 382), señala que en los casos en que ésta sea dispuesta el juez deberá articular su pronunciamiento de manera detallada, asignando las respectivas esferas de competencia e inhibiendo a uno y a otro de inmiscuirse, salvo que se trate de las decisiones de mayor importancia. *Vid.* art. 155 bis del *Codice*.

(1011) Según DE FILIPPIS, B. (*Affidamento..., op. cit.*, pág. 5), la coparentalidad no es imposible en caso de alta conflictividad porque ella misma es remedio para esta última. Por su parte, CANALI, O. («L'affidamento congiunto o custodia...», *op. cit.*, pág. 353), señala que incluso en la separación contenciosa el cuidado conjunto puede ser solicitado por parte de uno solo de los cónyuges.

Al carácter residual de la custodia unilateral en el ordenamiento jurídico italiano se refiere SESTA, M. («Le nuove...», *op. cit.*, pág. 379), quien señala que para disponerla no basta que exista una genérica conflictividad entre los padres sino que se requieren específicas circunstancias que, atendido el interés del menor, desaconsejen atribuir también al otro progenitor el cuidado del hijo. En este mismo sentido, el Tribunal de Venecia, en sentencia del 22 de enero de 2003 (*Famiglia e Diritto*, 2003, pág. 241, con nota de SACCHETI, L., «Dell'affidamento congiunto imposto»), ha señalado que no basta para motivar la revocación de la custodia conjunta la solicitud del cónyuge aduciendo una conflictividad surgida con el otro al decidir una cuestión de «mayor interés» para el hijo.

padres sino también un derecho del hijo. En efecto, la custodia individual puede constituir una limitación del derecho humano del hijo a ser formado incondicionalmente por ambos padres, más aún si se observa que no siempre son consideradas sus opiniones, debiendo sufrir pasivamente las nuevas decisiones de vida acordadas por aquéllos y por el juez[(1012)].

Para nosotros, exigir la ausencia de conflictividad entre los progenitores puede transformar la custodia compartida en una figura de nula aplicación práctica, de relevancia puramente teórica, sobre todo si consideramos que en realidad no existen crisis matrimoniales exentas de desavenencias, pues esta misma situación es la que los lleva a tomar la decisión de separase o divorciarse. La pareja constituye un centro de relaciones en el cual la conflictividad, si bien permanece latente durante la convivencia, surge con mayor fuerza durante la ruptura. Del mismo modo, no es suficiente invocar la existencia de una diferencia de pareceres entre los padres para rechazar o suspender la aplicación de la custodia compartida, ya que se vería totalmente frustrada la voluntad de la ley en cuanto a la implantación de un nuevo modelo familiar. Debe existir una situación de hecho que, por su objetiva gravedad, desaconseje la vigencia de la custodia conjunta. En caso de desacuerdo entre los progenitores, la armonía que falta deberá ser sustituida y construida por una atenta reglamentación de la relación dirigida a evitar el probable surgimiento de sucesivos conflictos y a incentivar el acuerdo que, no siendo el presupuesto, deberá ser el objetivo de la decisión judicial[(1013)]. Asimismo, con el objeto de facilitar el desarrollo de la custodia compartida, sería aconsejable que se adoptasen medidas prácticas tendentes a evitar la conflictividad parental que normalmente está presente en la etapa inmediatamente posterior a la ruptura como, por ejemplo, rehuir un contacto personal frecuente entre los ex cónyuges[(1014)].

(1012) Cfr. Sesta, M., «Le nuove...», *op. cit.*, pág. 377.

(1013) Cfr. Scannicchio, N., «Commento...», *op. cit.*, pág. 243.

(1014) En este sentido, el *Texas Family Code, chapter 153 — Conservatorship, possesion and access §153.316* prevé que el comienzo y el final de los períodos de convivencia alterna coincidan con los horarios escolares, de forma que los padres dejen y recojan a los menores en el colegio o la guardería, evitándose con ello las fricciones o la simple frialdad de trato en presencia de los hijos, favoreciendo así la participación de ambos padres en la vida escolar.

3.4. Alcance de la reforma introducida por la Ley 15/2005

En el contexto jurídico europeo, la regla general en materia de autoridad parental (expresión que equivale a lo que el ordenamiento jurídico español denomina patria potestad) está constituida por la subsistencia del ejercicio conjunto de la misma no obstante la verificación de la ruptura matrimonial o de pareja. Así, por ejemplo, en Suecia, Inglaterra, Francia, Bélgica, Alemania e Italia, la autoridad parental permanece, aun mediando separación o divorcio, en manos de ambos progenitores, de manera que cada uno de ellos está llamado a ejercer con absoluta normalidad los derechos y deberes —de carácter personal y patrimonial— atribuidos en relación al hijo, a menos que sobrevengan circunstancias especiales que, atendido el interés superior del mismo, aconsejen una alteración de dicha regla general, esto es, la atribución exclusiva de dichas funciones a uno solo de los ex cónyuges o la distribución de las mismas entre éstos para que sean desempeñadas en determinadas esferas de actuación respecto del hijo.

Dado que parte de la realidad descrita existe en España a partir del año 1981 (Ley 11/1981, de 13 de mayo, que modificó el Código Civil, en materia de filiación, patria potestad y régimen económico del matrimonio) a través de la introducción del ejercicio compartido de la patria potestad (patria potestad dual: párrafo primero del art. 156 del CC), cabe determinar, entonces, cuál es el verdadero alcance de la Ley 15/2005. A nuestro entender, el legislador de 2005 ha pretendido abordar una faceta particular de dicho instituto, esto es, la guarda y custodia de los hijos, pues, de lo contrario, no tendría ningún sentido la reiteración de la modalidad conjunta de la patria potestad. De esta forma, el CC ha acogido expresamente el ejercicio compartido del cuidado de los hijos, situándose junto a un número importante de países que habían abordado con anterioridad esta problemática en el contexto jurídico europeo.

Por otra parte, profundizando las razones que motivaron esta reforma, si entendiéramos que lo que se reguló mediante Ley 15/2005 es el ejercicio conjunto de la patria potestad, éste no sería la regla general en el CC, porque, en principio, la figura introducida tiene lugar a solicitud de las partes (o, en su caso, de uno solo de los progenitores, conforme al párrafo octavo del art. 92 del CC), lo cual resultaría reiterativo frente a lo dispuesto por los arts. 156 y 90, letra A), que consagran el ejercicio dual de la patria potestad. La nueva ley no redunda, por lo tanto, en el desempeño de la patria potestad. Es más, el nuevo art. 92 del CC habla de *custodia* compartida, es decir, lo que se «comparte» es la guarda de los hijos.

Lo que ocurre es que el legislador español, a diferencia de otros ordenamientos jurídicos europeos, ha elevado una barrera entre patria potestad y guarda y custodia y, a su vez, entre titularidad y ejercicio de la patria potestad, de forma que, si bien se reconocía el desempeño compartido de la misma, no sucedía lo mismo con el cuidado personal de los hijos. Esta dicotomía entre ambos institutos queda reflejada en la redacción actual del art. 92 del CC, que distingue entre patria potestad y guarda y custodia, designándoles párrafos distintos para las hipótesis que contempla. A mayor abundamiento, el párrafo cuarto de esta disposición se refiere, de manera separada y con claridad meridiana, al carácter conjunto de la patria potestad, al establecer que «los padres podrán acordar en el convenio regulador o el Juez podrá decidir, en beneficio de los hijos, que la **patria potestad** sea ejercida total o parcialmente por uno de los cónyuges»[(1015)].

Por lo anterior, entendemos que esta ley viene a reforzar, por una parte, dicho ejercicio conjunto de la patria potestad, y por otra, a establecer nuevas reglas en cuanto a la guarda y custodia de los hijos.

Ahora bien, esta distribución en el cuidado de los aspectos personales del menor y, en definitiva, de la convivencia con el mismo, puede ser «dividida» de manera más o menos homogénea entre ambos progenitores, cuestión que plantea la siguiente interrogante: si con anterioridad a la Ley 15/2005 el ejercicio de la patria potestad estaba concebido de manera conjunta por el legislador, ¿no deberíamos entender que con la reforma se ha pretendido introducir más bien un ejercicio propiamente *alternado* en la convivencia con los hijos, manifestando así el legislador su preferencia por una específica modalidad de la misma referida a la estricta rotación de residencias? Bajo este supuesto, la Ley 15/2005 no sólo reforzaría la asunción compartida de las diversas responsabilidades parentales en el contexto de postruptura matrimonial, instituto surgido a finales de los años setenta en el Derecho norteamericano —conocido como *joint custody*—, sino que, además, acogería positivamente la denominada *rotating custody*,

(1015) La negrita es nuestra.

de creación posterior, llegando a situarse, de esta forma, a la vanguardia del Derecho de familia europeo.

A nuestro entender, los términos del debate que precedió el nacimiento de la Ley dejan claro que lo que se buscó instaurar fue una efectiva participación en las funciones de custodia de los hijos y una promoción de asunción de responsabilidades en los ámbitos de la relación paterno filial posterior a la ruptura matrimonial o de pareja, no obstante lo cual, el legislador no se inclinó por una específica alternancia de los padres en el espacio físico donde tiene lugar la convivencia. En definitiva, a nuestro juicio, no se ha preferido —aunque tampoco descartado— la organización de la participación parental en el cuidado de los hijos a través de «turnos» delimitados con relativa rigurosidad.

Ahora bien, en cuanto al elemento de la residencia, temática sobre la cual versa, a nuestro juicio, una de las principales discusiones generadas en torno a la custodia compartida, debemos señalar que en algunos países que regulan esta institución, por ejemplo, Alemania y Francia[1016], se contempla la designación de un domicilio principal del hijo y, en consecuencia, la determinación del progenitor bajo cuyo cuidado permanecerá generalmente. Pues bien, en estos casos, lo que se comparte continuamente es el conjunto de derechos y obligaciones que comprende la patria potestad, mientras que la convivencia con el hijo se distribuye por determinados períodos sucesivos sin que exista, evidentemente, una participación simultánea ni un reparto matemático de los mismos. Sostenemos que puede existir, perfectamente, una guarda y custodia conjunta sin rotación frecuente entre las respectivas residencias; es más, creemos que ésta es una cuestión que deberá resolverse dentro de cada realidad familiar atendidas las propias particularidades concurrentes, sin que pueda establecerse una regla general o supletoria al respecto. Un ejemplo de esto último es que la

(1016) En Italia, en cambio, este requisito ha sido desarrollado por la doctrina a falta de previsión legal expresa. Así, se ha afirmado que el juez deberá fijar los tiempos y modalidades de la guarda y custodia compartida considerando los acuerdos de las partes no contrarios a los intereses del hijo. Cfr. SESTA, M., «Le nuove...», *op. cit.*, págs. 381-382; DE FILIPPIS, B., *Affidamento...*, *op. cit.*, pág. 91; y PALADINI, M., «L'abitazione della casa familiare nell'affidamento condiviso», *Famiglia e Diritto*, núm. 3, 2006, pág. 329. En un sentido similar, LOVATI, P., «Affidamento condiviso...», *op. cit.*, pág. 170.

lejanía entre los domicilios de los padres no justifica una denegación de la custodia conjunta, como se ha entendido en Alemania(1017).

En definitiva, la cuestión que deberá acotarse a través de la aplicación práctica de la reforma es si, al referirse al ejercicio compartido de la custodia, el legislador español ha optado por una frecuencia alternada de la convivencia más bien estricta o si, por el contrario, ha dejado su regulación: al arbitrio de las partes materializado en el convenio regulador debidamente homologado por el juez; a la determinación que éste efectúe en defecto de dicho acuerdo; o, por último, directamente al arbitrio judicial. Más claras, en este aspecto, nos parecen las reformas operadas en Alemania y en Francia (aunque ésta hable igualmente de «alternancia» en la residencia enfatizando la elección por una modalidad de cuidado específica) y, más recientemente, en Italia(1018).

Al respecto, nosotros podemos afirmar que, sobrevenido el divorcio o la separación, no hay otro modo de compartir la guarda y custodia de los hijos sino interviniendo de manera conjunta, si bien obviamente no simultánea, en la vida cotidiana de los mismos. En consecuencia, lo que se ejerce coordinadamente entre los progenitores es precisamente el cuidado del hijo y, conforme se acuerde, la convivencia con el hijo(1019). En efecto, la alternancia en la residencia dependerá del acuerdo adoptado por los padres previa aprobación judicial. Al juez le corresponde intervenir directamente en dicha regulación, en caso de ausencia o deficiencia de dicho

(1017) La Corte de Apelaciones de Hamm se pronunció en este sentido al examinar el caso en que uno de los progenitores vivía en una isla del Mar del Norte y el otro en Ruhr. Asimismo, la Corte de Apelaciones de Naumburg estableció que los cónyuges están obligados a buscar una solución consensual y que las declaraciones de «estilo», como aquella según la cual los padres no logran comunicarse entre sí, no son por sí solas suficientes para acoger la demanda de custodia unilateral, así como tampoco lo es la existencia de una gran distancia entre las residencias de los progenitores. Ambas sentencias son comentadas por PATTI, S., «L'affidamento...», *op. cit.*, pág. 305. En este sentido, en Italia se ha manifestado la Corte de Apelaciones de Milán en sentencia de 14 de febrero de 1997 (*Famiglia e Diritto*, núm. 5, 1997, con nota de MORELLO, D., págs. 444-446).

(1018) *Vid. supra* epígrafe 1.3 del Capítulo III, relativo a la consagración de la custodia compartida en el Derecho comparado.

(1019) En efecto, al analizar la legislación sueca, señalamos que en dicho país la custodia compartida no se ve jurídicamente disminuida por la inexistencia de cierta distribución de la convivencia con el hijo.

acuerdo privado, valorándolo, por supuesto, bajo el criterio general que rige estas materias, esto es, el interés superior del hijo.

Para nosotros, esta situación de convivencia que denominamos custodia compartida, conjunta, sucesiva o alternada equivale al *affidamento condiviso, joint custody* o *garde conjointe,* de las legislaciones italiana, estadounidense y francesa, respectivamente, sin limitarnos con ello a designar una modalidad estrictamente alternada de la residencia del hijo. No se trata, por ende, de una rotación matemática entre los padres de los tiempos de convivencia con el hijo sino de una sucesión equilibrada y proporcionada de los mismos. Como tuvimos ocasión de señalar(1020), la custodia compartida no se reduce a la regulación de la convivencia sino a las materias en las que, en general, se expresa el principio de la corresponsabilidad parental.

(1020) *Vid. supra* epígrafe 1.1.3 del presente Capítulo.

CAPÍTULO IV

EJERCICIO DE LA GUARDA Y CUSTODIA COMPARTIDA

1. VENTAJAS Y DESVENTAJAS DE LA GUARDA Y CUSTODIA COMPARTIDA

1.1. Ventajas de la guarda y custodia compartida

A continuación esbozaremos algunas de las ventajas atribuidas a la custodia compartida. Se trata de algunos de los elementos que favorecen y justifican la introducción de esta figura jurídica en la situación familiar posterior a la ruptura matrimonial o de pareja.

• En primer lugar, la custodia compartida es el sistema que más se apega a los principios de corresponsabilidad familiar y derecho a la coparentalidad.

Como lo analizamos al abordar los principios que la informan, la custodia compartida potencia la corresponsabilidad familiar, reforzando, a su vez, la visión que el hijo tiene de sus padres desde un enfoque de igualdad en los roles. El ejercicio conjunto hace que ambos progenitores estén más informados acerca de las necesidades cotidianas de su hijo y más equiparados en el desarrollo de las responsabilidades frente a éste, fortaleciendo el intercambio de funciones que caracteriza los nuevos tiempos(1021).

De ello da cuenta la SAP de Ciudad Real de 3 de mayo de 2004(1022) al señalar que «hoy se tiende a la custodia compartida como mejor forma de implicación de los padres en el desarrollo de sus hijos, sin que éstos se vean perjudicados por tal régimen». Asimismo, la SAP de Valencia de 1

(1021) Cfr. Luis Mizrahi, M., *Familia, Matrimonio y Divorcio*, Buenos Aires, Astrea, 1998, pág. 422. *Vid. supra* epígrafe 2.2 del Capítulo III, referido al principio de corresponsabilidad parental.

(1022) (LA LEY 103597/2004.

de septiembre de 1997 modificó el sistema de guarda exclusiva y decretó la guarda y custodia conjunta a favor de ambos progenitores, afirmando que el régimen impuesto «no pretende por más que intentar favorecer del modo más razonable posible la íntima y necesaria relación del menor con cada uno de sus progenitores de forma que el hijo de los litigantes sienta que tanto la casa de su padre como la de su madre son su propia casa, y que cada uno de sus progenitores interviene en todos y cada uno de los momentos de su vida; de descanso, de colegio, de vacaciones, etc.».

Por otra parte, la custodia compartida favorece e intensifica la coparentalidad a través de la conservación de un régimen de comunicación paterno-filial continuo. En ello se diferencia claramente del sistema de custodia unilateral, que descansa en la idea de que sobrevenida la ruptura resulta prácticamente imposible idear una forma por la cual padre y madre puedan continuar manteniendo un contacto fluido con el hijo, diluyéndose así el saludable equilibrio entre las figuras materna y paterna(1023). En este sentido, la SAP de Alicante de 3 de marzo de 2005(1024) afirma que la convivencia continuada del hijo con uno solo de los progenitores provoca que el menor considere a su guardador como único modelo de comportamiento, desdibujándose las referencias del otro padre, con quien se relaciona esporádicamente; la falta de contacto habitual condiciona también la conducta del progenitor no custodio que, con excesiva frecuencia, trata de ganar en poco tiempo, con halagos y regalos excesivos, el afecto del pequeño; en otras ocasiones, la falta de convivencia provoca el enfriamiento de las relaciones interpersonales y el abandono del régimen de visitas, con evidente perjuicio del derecho del menor.

• La custodia compartida mantiene la vigencia de dos modelos adultos frente al hijo(1025).

Conforme al sistema de custodia compartida, los progenitores gozan de igualdad en el desarrollo del papel educativo y, en general, en las funciones y en los poderes relativos al hijo. De esta forma, la relación que éste mantiene individualmente con ambos padres se expresa en los mismos

(1023) *Vid. supra* epígrafe 2.4 del Capítulo III, relativo al derecho del hijo a seguir manteniendo un contacto directo y regular con ambos progenitores tras la crisis matrimonial.

(1024) LA LEY 51561/2005.

(1025) Cfr. SPARPAGLIONE, R., «Affidamento congiunto...», *op. cit.*, pág. 365.

términos de antes, subsistiendo inalterados los puntos de referencia de cada modelo adulto, sin percibir en ninguno de ellos modificaciones de la personalidad derivadas de la lógica del «derrotado y vencedor», «cómplice y traidor» y «estafador y estafado».

Esta ventaja presenta, además, un beneficio educativo, pues puede ser el preludio de la responsabilidad parental que el hijo desempeñará en su propia experiencia familiar futura(1026).

- La custodia compartida es la modalidad que con menos dificultades rescata y preserva la situación de vida del menor previa a la ruptura.

Es el método que más se asimila al ejercicio conjunto de la patria potestad y de la guarda que ambos padres desarrollaban con anterioridad a la ruptura matrimonial.

La crisis conyugal normalmente rompe la unidad de domicilio de los progenitores y altera sustancialmente el ambiente y modo de vida del menor(1027). Sobre la base del denominado «principio de continuidad» la intervención judicial debe crear o recrear, tan rápido como sea posible, una familia para el hijo. En este sentido, la custodia unilateral no protege el entorno afectivo del menor, pues más bien responde a la «necesidad» de consolidar una situación de hecho que normalmente se produce después de la ruptura, esto es, la convivencia de los hijos con uno solo de sus padres(1028). Por ello, este principio de continuidad no debe ser aplicado a rajatabla. Así, si se ha estado creando ilegítimamente cierta estabilidad en

(1026) En este sentido, CANALI, O., «L'affidamento congiunto o custodia...», *op. cit.*, pág. 347.

(1027) En este sentido, en el campo de la psicología se ha señalado que, en general, el crecimiento físico, emocional, intelectual, social y moral del menor ocasiona dificultades internas inevitables. La inestabilidad de todos los procesos mentales durante su período de desarrollo necesita ser compensada por el equilibrio y apoyo ininterrumpidos provenientes del ámbito externo del menor. Por ello, no debe dificultarse dicho crecimiento con sobresaltos y cambios del mundo exterior. Cfr. GOLDSTEIN, J., «En el interés...», *op. cit.*, págs. 115, 117 y 121.

(1028) Así lo afirman la SAP de Barcelona de 2 junio 1998 (rollo de apelación núm. 78/1997); SAP de Las Palmas de 16 diciembre 1996 (rollo de apelación núm. 585/1995); SAP de La Coruña de 14 marzo 1995 (rollo de apelación núm. 221/1994); SAP de Guadalajara de 15 julio 1996 (rollo de apelación núm. 16/1996-A); SAP de Cáceres de 1 de febrero de 2000 (recurso de apelación núm. 384/1999); y SAP de Valencia de 18 de enero de 2006 (recurso de apelación núm. 1012/2005).

la vida del hijo durante un determinado lapso, su prolongación y consolidación no justifica el otorgamiento de la custodia individual al progenitor que suscitó dicha situación de manera irregular. En este sentido, la recomendación número 40 del Informe de 1998 del Comité Mixto Especial sobre Custodia y Acceso del Parlamento del Canadá[(1029)] sugiere que no se permita que el progenitor que haya alejado unilateralmente al menor utilice el período resultante en que éste ha estado a su cargo y control exclusivos, con independencia de su duración, como base para obtener una sentencia de responsabilidad parental exclusiva.

En cambio, la custodia compartida garantiza la subsistencia de los ambientes físicos y emocionales del hijo a través de la convivencia con su madre y su padre, no simultáneamente bajo el mismo techo, pero sí durante lapsos más o menos alternados dependiendo de las circunstancias concretas que concurran en cada caso.

- La custodia compartida aminora el «divorcio» entre hijo y padre o madre no custodio, y el sentimiento de «luto» que produce el alejamiento del progenitor no guardador.

Quienes defienden esta modalidad de custodia señalan que el primer y más inmediato efecto positivo que produce en los hijos es la notable neutralización de los sentimientos de pérdida, shock, luto y traición provocados por el alejamiento del progenitor no conviviente[(1030)]. Dichas sensaciones son experimentadas casi inevitablemente por los menores cuyos padres se separan (sobre todo si son de corta edad) y se acentúan con el establecimiento de la guarda unipersonal. La custodia compartida, en cambio, protege y promueve una relación cercana con ambos padres, evitando así la aparición de secuelas negativas[(1031)]. Como tuvimos ocasión de analizar, uno de los principios de este instituto es la continuidad del contacto directo y regular entre hijo y padre no custodio, gracias al cual el menor disfruta de dos modelos parentales y percibe el mantenimiento pleno de

(1029) Cfr. *For the..., op. cit.*, pág. 84.

(1030) A algunos de los «sentimientos del posdivorcio» se refieren POUSSIN, G. y LAMY, A., *Custodia..., op. cit.*, págs. 36-38. En efecto, mencionan: el miedo al abandono; el sentimiento de lealtad; el sentimiento de culpa; el sentimiento de negación; y la suplantación.

(1031) Al respecto, *vid.* HUAITA ALEGRE, M., «Derecho de custodia...», *op. cit*, pág. 557; y CANALI, O., «L'affidamento congiunto o custodia...», *op. cit.*, pág. 346.

los roles de cada progenitor; y puede de tener dos ambientes igualmente propios con cada uno de ellos(1032).

La implicación de las figuras paterna y materna atenúa la ansiedad provocada por la sospecha de ser la causa de separación de los padres y reduce los conflictos provocados por las crisis de lealtad que a menudo conducen al hijo a creer que debe preferir a uno de ellos(1033).

- La custodia compartida evita alteraciones a nivel psicológico.

La distorsión de los valores y fantasías atribuidas al progenitor ausente provoca comportamientos hostiles hacia el sexo de pertenencia de la figura parental removida. Esta alteración se manifiesta con particular evidencia en las jóvenes adolescentes que están bajo el cuidado de la madre, pues, frecuentemente, expresan a través de una desenvuelta actividad sexual, la inseguridad provocada por la hostilidad frente sexo masculino(1034). La custodia compartida evita la desaparición de la figura paterna y, en consecuencia, previene el surgimiento de este tipo de desórdenes psicológicos.

Por otra parte, la efectiva presencia y colaboración del padre facilita una mayor y mejor involucración parental de la madre y una compensación recíproca de roles, pues, a menudo, la madre guardadora está sobrecargada de responsabilidades que la mantienen poco disponible en el plano afectivo(1035).

Normalmente, el ejercicio exclusivo del cuidado personal acarrea incertidumbres e inseguridades en el progenitor guardador, y distorsiones en las relaciones entre hijo y padre no custodio(1036). En cambio, la custodia com-

(1032) Así lo afirma Sparpaglione, R., «Affidamento congiunto...», *op. cit.,* págs. 363-364.

(1033) En este sentido, Canali, O., «L'affidamento congiunto o custodia...», *op. cit.,* pág. 346.

(1034) Así lo señala Canali, O., «L'affidamento congiunto o custodia...», *op. cit.,* pág. 347.

(1035) Cfr. Mannino, A. y Valvo, G., «Analisi critica...», *op. cit.,* pág. 82.

(1036) La gran mayoría de las veces, el divorcio y la separación están precedidos por un verdadero proceso psicológico. En efecto, Bohannan, P. [«The Six Stations of Divorce», en Bohannan, P. (edited by), *Divorce and after,* New York, Doubleday, 1971, págs. 33-62], individualizó seis etapas fundamentales que, a su juicio, caracterizan al divorcio: el divorcio emocional, centrado en el deterioro del matrimonio y en la dependencia del otro cónyuge; el divorcio legal; el divorcio económico, que comporta no sólo la división de los bienes en común sino que acarrea un cambio en el tenor de vida; el divorcio parental, que representa quizás el momento más delicado del proceso en gepartida produce efectos psicológicos positivos en los padres. Los ex cónyuges ven reducidos sus sentimientos de fracaso, mantienen más fácilmente una relación «civilizada» y participativa, abandonando la clásica dinámica de la custodia unilateral que sitúa al padre conviviente «ofreciendo» o «permitiendo» al otro el goce de un régimen de comunicación y estancia a cambio de la ayuda económica que éste proporciona al hijo común(1037). Además, al existir una equiparación entre ambos progenitores en cuanto al tiempo libre para su vida personal y profesional, se evitan dinámicas de dependencia en la relación con los hijos, pues en ocasiones el dolor y vacío que produce una separación se tiende a suplir con la compañía del menor, quien se convierte así en la única razón de vivir del progenitor(1038).

También en el ámbito psicológico se ha señalado que el nivel de autoestima de los hijos sujetos a custodia compartida es notablemente mayor que aquellos que permanecen bajo el cuidado de un solo padre; son psicológicamente más fuertes y presentan menores problemas conductuales, emotivos y escolares. Ello se debe a que la mayor frecuencia de contactos entre padres e hijos determina favorablemente la formación de referentes parentales sólidos sobre los cuales el menor se desarrolla(1039).

• La custodia compartida puede enriquecer el mundo social, afectivo y familiar del hijo.

La capacidad de adaptación que el menor desarrolla al convivir alternadamente con su padre y madre puede otorgarle una visión más amplia del mundo y completar integralmente el desarrollo de su personalidad. En este sentido, se ha señalado que la custodia conjunta favorece las relaciones con la familia extensa. En efecto, la limitada disponibilidad de tiempo que otorga el régimen tradicional de comunicación y estancia dificulta el

---

neral, por el cual la pareja, si bien ha cesado de concebirse como tal, debe continuar percibiéndose como progenitor de los propios hijos; el divorcio de la comunidad, ya que la separación comprende también a los grupos, las redes de amigos y parientes con los cuales los cónyuges mantenían relaciones comunes; y el divorcio psicológico, por el cual la pareja debe ser valorada no más como cónyuge sino como sujeto.

(1037) A los efectos psicológicos negativos de la custodia unilateral se refieren WALLERSTEIN, J. S. y KELLY, J. B., *Surviving the…*, *op. cit.*, págs. 28-31 y 36-37.

(1038) Así lo señala la SAP de Barcelona de 20 de febrero de 2007 (LA LEY JURIS, 629/2007).

(1039) En este sentido, MANNINO, A. y VALVO, G., «Analisi critica…», *op. cit.*, pág. 81; y POUSSIN, G. y LAMY, A., *Custodia…*, *op. cit.*, pág. 47.

mantenimiento de contactos entre el menor y la red de parientes del padre o madre no guardador. Se ha observado que razones de orden práctico y las reducidas posibilidades de asistencia de los hijos, pueden provocar un retorno del progenitor guardador a la familia de origen e, incluso, cuando la involucración es excesiva, ello puede producir una sustitución de la función familiar frente al menor, sobre todo por parte de los abuelos. En este sentido, la custodia compartida podría asegurar una relación equilibrada entre el hijo y ambas ramas parentales(1040).

• La custodia compartida propicia una visión de conjunto en cuanto a la educación y desarrollo del menor sin que padre y madre se sientan ganadores ni perdedores en el ejercicio del cuidado del hijo(1041).

La custodia conjunta evita que en el proceso de separación y divorcio los ex cónyuges entren en intimidades y reproches que sólo agravan la conflictividad propia de dichos procedimientos. Es lo que suele suceder cuando uno de los progenitores pretende obtener la custodia unilateral, pues procura demostrar que el otro padre o madre no es idóneo para ejercer el cuidado de los hijos comunes(1042). La custodia compartida impediría a los ex cónyuges perpetrar «batallas» y reivindicaciones utilizando a los hijos como «piezas de juego» de sus propios movimientos y como espías de los del otro(1043). Como lo hemos señalado, la satisfacción experimentada por las madres que ejercen la custodia compartida de sus hijos reduce el exceso de responsabilidad que ellas normalmente asumen, evitándose, a la vez, que el otro progenitor se desentienda de sus deberes parentales y surjan dinámicas de descalificación en su contra(1044).

• La custodia compartida redefine la posición del progenitor no conviviente.

El ejercicio compartido del cuidado personal del hijo y la coparticipación en su educación reduce o elimina la posibilidad de que el progenitor

(1040) Así lo afirman MANNINO, A. y VALVO, G., «Analisi critica...», *op. cit.,* pág. 82.
(1041) Así lo señala TAMBORERO DEL RÍO, R., «La guarda...», *op. cit.,* pág. 518.
(1042) Cfr. PASTOR VITA, J., «Una primera aproximación...», *op. cit.,* pág. 15.
(1043) En este sentido, MANNINO, A. y VALVO, G., «Analisi critica...», *op. cit.,* pág. 83.
(1044) Así opina MAZZONI, S., «L'affido congiunto nella rappresentazione delle persone che si stanno separando», en MALAGOLI, M., *Affido congiunto e condivisione della genitorialità. Un contributo alla discussione in Ámbito psicogiuridico,* Milano, Franco Angeli, 2005, pág. 130.

no conviviente desarrolle el régimen de comunicación y estancia con la obligación de «dar lo mejor de sí». En efecto, el deseo de recuperar o mantener la relación con los hijos se expresa en comportamientos extremadamente permisivos que tienden a rehabilitar la figura de «sí mismo» dañada por la derrota sufrida en el conflicto judicial[(1045)]. De esta forma, mientras el progenitor guardador desarrolla una función que expresa cuidado y afecto, pero que conlleva también la «autoridad» parental normalmente ligada a la rutina cotidiana, el padre no custodio, al no tener ocasión para ello, no manifiesta la propia «autoridad», manteniendo así una relación con el hijo en un plano de gratificación suficiente como para producir en éste la idea del «padre bueno», contrapuesta a la figura más rígida del progenitor conviviente. En virtud de este fenómeno, denominado en el contexto estadounidense como Síndrome de Disneylandia *(The week-end Disneyland Daddy Syndrome)*, los hijos son tratados como (y sólo como) huéspedes de especial consideración[(1046)].

- La custodia compartida presenta ventajas de orden económico.

Sin duda, el principal objetivo de las legislaciones relativas a la custodia compartida ha sido la protección del interés superior del hijo. Así, a través de la guarda conjunta, los legisladores de diversos países han intentado, fundamentalmente, poner a salvo el desarrollo y bienestar psicológico del menor garantizando la continuidad de sus relaciones familiares con ambos progenitores. Sin embargo, han existido también otros propósitos secundarios. Así, por ejemplo, mediante el establecimiento de la corresponsabilidad familiar y el ejercicio conjunto de la autoridad parental, se ha intentado atajar el problema del deterioro de las condiciones materiales de vida de muchas madres guardadoras y de sus hijos, producido por el incumplimiento de los padres varones de sus obligaciones económicas. De esta forma, al compartir la crianza de la descendencia de acuerdo a un criterio de igualdad en la distribución de las funciones parentales, se refuerza también el deber de asistencia material de los hijos y, en suma, el efectivo y adecuado desarrollo de la responsabilidad paterno-filial tanto en su aspecto personal como patrimonial.

(1045) En este sentido, SPARPAGLIONE, R., «Affidamento congiunto...», *op. cit.*, págs. 365-366.
(1046) Cfr. CANALI, O., «L'affidamento congiunto o custodia...», *op. cit.*, pág. 347.

Se ha señalado que la satisfacción experimentada por los progenitores que ejercen la custodia compartida de los hijos produce una mayor puntualidad y estabilidad en la entrega de la pensión alimenticia y que, de esta forma, desaparecen los conflictos de carácter económico entre los ex cónyuges(1047). En efecto, las agrupaciones de padres separados promueven la custodia conjunta afirmando que las innovaciones que conlleva estimulan a los progenitores varones para el cumplimiento del deber de manutención de la descendencia.

Entendemos que el hecho de compartir con cierta continuidad el cuidado de los hijos induzca un mayor e intenso compromiso en la asunción de las responsabilidades pecuniarias frente al hijo. Sin embargo, no es menos cierto que esta realidad no puede constituir un argumento que apoye y justifique el otorgamiento de la custodia compartida a los padres que incumplen la pensión alimenticia. El deber de alimentos constituye un bien superior que no debe supeditarse a la modalidad de cuidado de los hijos. En este sentido, HUAITA ALEGRE(1048) señala que, irónicamente, la negligencia es utilizada como un argumento que justifica reconocer a los padres incumplidores un mayor control sobre los hijos e, indirectamente, sobre sus madres. La custodia alternada, señala la autora, puede entregar poder a los progenitores varones sin exigirles demostración de responsabilidad.

Por otra parte, se ha señalado que esta institución elimina la calidad de deudor de la pensión alimenticia y, con ello, los problemas derivados de la fijación y cumplimiento propios de la custodia unilateral(1049).

Sin embargo, esta aseveración no es del todo cierta. Como lo analizaremos posteriormente(1050), lo ideal es que mientras se ejerza la custodia con alternancia de domicilios, esto es, durante el tiempo que le corresponda a cada progenitor tener al hijo en su compañía, el deber de dar alimentos subsista en ambos de forma equitativa y proporcional a su capacidad económica a través del denominado «mantenimiento directo». En todo caso, como veremos, cabe tener presente que la custodia conjunta puede perfectamente conllevar la determinación de una pensión alimenticia, pues este

(1047) Al respecto, *vid.* MAZZONI, S., «L'affido...», *op. cit.*, pág. 130, quien cita bibliografía anglosajona que se pronuncia en este sentido.

(1048) Cfr. HUAITA ALEGRE, M., «Derecho de custodia...», *op. cit*, pág. 559.

(1049) En este sentido, entre otros, PÉREZ VEGA, A., «La guarda...», *op. cit.*, pág. 676.

(1050) *Vid. infra* epígrafe 2.4.4.1 del presente Capítulo.

sistema no siempre satisface con equidad todas las necesidades del hijo y su fijación puede corregir ciertos desequilibrios patrimoniales.

De todas formas, cualquiera que sea la modalidad de cuidado de los hijos, estimamos que la cuestión debe centrarse en definir un mecanismo eficaz de distribución de las responsabilidades pecuniarias frente al menor con el objeto de evitar problemas de incumplimiento de las obligaciones alimenticias. En este sentido, cabe destacar que la disposición adicional única de la Ley 15/2005 ha previsto el establecimiento de una garantía estatal de los alimentos reconocidos e impagados a favor de los hijos menores de edad[(1051)]; previsión que ha sido concretada por la Ley Orgánica 3/2007, de 22 de marzo, «para la igualdad efectiva de mujeres y hombres», que en su disposición transitoria decimoprimera establece que el Gobierno, durante el año 2007, debe regular el Fondo de Garantía previsto en la citada disposición adicional, creado y dotado inicialmente en la disposición adicional quincuagésima tercera de la Ley 42/2006, de 28 de diciembre, «de Presupuestos Generales del Estado para el año 2007». En efecto, cabe señalar que en el mes de junio de 2007 el Consejo de Ministros recibió un Informe del Ministro de Justicia sobre el proyecto de Real Decreto relativo a la organización y funcionamiento del Fondo de Garantía de Alimentos a hijos menores en supuestos de separación legal y divorcio, y el pasado 7 de diciembre de 2007 el Gobierno aprobó en el Consejo de Ministros el

(1051) Esta disposición tiene su origen en la enmienda núm. 66 presentada en el Congreso de los Diputados por el Grupo Parlamentario Catalán *Convergència i Unió* (*BOCG Congreso*. VIII Legislatura. Serie A. 15 de marzo de 2005, núm. 16-8, pág. 66). Sin embargo, cabe señalar que poco antes, la disposición adicional decimonovena de la Ley Orgánica 1/2004, de 28 diciembre, «sobre Medidas de Protección Integral contra la Violencia de Género», había previsto un fondo de características similares para el cumplimiento de los derechos económicos establecidos, entre otras disposiciones, en el art. 27 del mismo cuerpo legal, consistentes en las ayudas sociales dirigidas a facilitar los recursos que permitan la independencia de las víctimas de violencia de género. No obstante el loable propósito de esta previsión, la norma había recibido algunas críticas en la doctrina. Así, Ortuño Muñoz, P. (*El nuevo régimen..., op. cit.*, pág. 100), calificó su eficacia como «dudosa», y Rodríguez Chacón, R. (*Matrimonio..., op. cit.*, pág. 191), por su parte, afirmó que se trataba solamente de una buena intención de futuro pero que no llegaba siquiera a nivel de compromiso; además, este autor señaló que este fondo no protegería las prestaciones que deban satisfacerse a los hijos mayores de edad y las que se deban en virtud de la compensación regulada en el art. 97 del CC. Sin embargo, como hemos señalado, la LO 3/2007 ha venido a disipar las desconfianzas manifestadas.

Fondo de Garantía del Pago de Alimentos a hijos menores previsto en la Ley de Presupuestos Generales del Estado de 2007[1052].

• La custodia compartida reduce la hostilidad del hijo frente a las segundas parejas de sus progenitores.

La custodia compartida podría jugar un papel ventajoso en el proceso de reorganización de las relaciones familiares y, en particular, en la adaptación del menor a las nuevas relaciones sentimentales que inicien sus padres con otras personas. En la medida que esta figura jurídica preserva los vínculos del hijo con sus dos progenitores, las parejas de éstos deberían parecerle menos amenazantes. Asimismo, podría verse reducido el sentimiento de pérdida que sufren los hijos cuando los padres contraen nuevas nupcias. Este sistema de cuidado fomentaría los lazos entre los hijos y las nuevas parejas de sus padres, así como la cohesión de la familia reconstruida[1053].

• La custodia compartida reduciría los índices de divorcio.

Así lo demuestran diversos estudios realizados en Estados Unidos y Canadá que comparan los índices de divorcio antes y después de la introducción de la custodia conjunta. Se ha afirmado que, frente a la constatación de que los hijos tienden a reproducir la crisis conyugal de sus padres en sus propias relaciones matrimoniales, la custodia compartida prevendría este círculo vicioso preservando el papel que ocupa cada progenitor en la vida de su hijo[1054].

• La custodia compartida podría suprimir el régimen de comunicación y estancia que da origen a numerosos conflictos[1055].

(1052) El proyecto de Real Decreto prevé la creación de una Unidad Administradora del Fondo, la atribución de la gestión al IMSERSO y la adscripción al Ministerio de Trabajo y Asuntos Sociales. [www.la-moncloa.es/ConsejodeMinistros/Referencias/_2007/refc20070615.htm#Alimentos].

(1053) Así lo afirman MANNINO, A. y VALVO, G., «Analisi critica...», *op. cit.*, pág. 83.

(1054) Así lo ponen de manifiesto POUSSIN, G. y LAMY, A., *Custodia...*, *op. cit.*, págs. 46-47. Estos autores señalan que aproximadamente el 25% de los hijos de padres separados acaban también divorciándose, frente al 13% de los que crecieron junto a ambos progenitores.

(1055) En este sentido, LINACERO DE LA FUENTE, M., «Leyes de Familia...», *op. cit.*, pág. 70.

Esta ventaja teórica asignada a la custodia conjunta se erige sobre un razonamiento erróneo: las alternancias previstas para el ejercicio directo del cuidado del hijo agotan el derecho y el deber de conservar un adecuado contacto frecuente y regular. Al respecto, debemos señalar que no obstante el desarrollo compartido de la guarda, debe subsistir una comunicación fluida entre el hijo y el progenitor que, conforme a la modalidad establecida, no tiene la calidad de residente principal o que, durante un determinado lapso acordado, no ejerce la convivencia. Claro está que la frecuencia y la forma en que se lleva a cabo dicha relación dependerán, entre otros factores, de los períodos de alternancia fijados, de la distancia que existe entre ambas viviendas parentales y de la disposición de los medios materiales para llevar a cabo dicha comunicación con mayor o menor facilidad.

1.2. Desventajas de la guarda y custodia compartida

1.2.1. La inestabilidad del hijo sujeto a guarda y custodia compartida

1.2.1.1. Aspectos generales

Cada una de las ventajas expuestas en el epígrafe anterior puede ser contra argumentada sobre la base de una gran crítica: la inestabilidad física, afectiva y emocional que la custodia compartida provoca en todos los aspectos de la vida del hijo vulnera su interés superior y provoca falta de unidad de dirección en su educación[1056].

En efecto, se ha discutido la conveniencia de la guarda conjunta sosteniendo que altera la estabilidad de los hijos, provocando perturbaciones en su desarrollo y formación integral. La seguridad del menor se vería afectada al no contar con un punto de referencia estable, al generarse una convivencia itinerante y al hacerse imposible la uniformidad de criterios educacionales.

La mayor o menor estabilidad estaría dada, entre otros factores, por el grado de semejanza entre los dos ambientes de vida del hijo: estilos de

(1056) Cfr. Tamborero del Río, R., «La guarda...», *op. cit.*, pág. 518, y de Cossío Martínez, M., *Las medidas..., op. cit.*, págs. 20-21.

educación y disciplina, costumbres, características físicas del entorno, posibilidad económica de los progenitores, etc. Si bien, para algunos, el factor más relevante sería la diferencia en los métodos de formación, para otros, en cambio, son las atribuciones valóricas determinadas por los padres las que podrían mayormente perturbar al menor[1057].

Desde la psicología se ha indicado que un adecuado espacio de crecimiento para el hijo está constituido por la posibilidad de satisfacer su necesidad de protección y de autonomía. El desarrollo del hijo, que comprende sucesivos reequilibrios entre ambos aspectos, podría verse seriamente comprometido por la inestabilidad derivada de la rotación en la convivencia. En este sentido, se puntualiza que los menores que permanecen alternativamente y por períodos cíclicos con cada uno de sus padres deben adaptarse a las costumbres, valores existenciales, modelos de identificación, decisiones pedagógicas y medidas educativas diversas y contradictorias. En esta situación pueden, incluso, resultar fuertemente expuestos al riesgo de desarrollar una tendencia de desdoblamiento de la propia personalidad para complacer los deseos explícitos o implícitos de ambos progenitores.

Por otra parte, GOLDSTEIN, FREUD y SOLNIT[1058] han afirmado que la continuidad de las relaciones ambientales es, a menudo, infravalorada por el mundo adulto. En general, el crecimiento físico, emocional, intelectual, social y moral no se produce sin causar inevitables dificultades interiores en el menor. Por ello, la inestabilidad de todo el proceso mental durante el período en que se desarrollan las necesidades del hijo debe ser compensada por la estabilidad y sostenimiento continuo de los recursos externos. Un crecimiento regular es interrumpido o alterado cuando trastornos y cambios externos se agregan a los internos.

Sin embargo, se ha señalado que las dificultades de la «doble unión» que representa la custodia alternada, si bien pueden implicar para el hijo la ansiedad de deber tener una misma y leal relación con ambos padres, ellas se presentan casi exclusivamente durante el período inicial de adaptación, desapareciendo gradualmente en virtud del contacto prolongado

(1057) Así lo han señalado MANNINO, A. y VALVO, G., «Analisi critica...», *op. cit.*, pág. 86.
(1058) Cfr. GOLDSTEIN, J., FREUD, A. y SOLNIT, A., *Beyond...*, *op. cit.*, pág. 32.

con ambos progenitores[1059]. Así, se ha puesto de relieve la diferencia existente entre los resultados preliminares de las indagaciones efectuadas sobre la custodia compartida y las conclusiones más recientes publicadas al respecto. En efecto, se ha señalado que en las primeras investigaciones llevadas a cabo en Estados Unidos, diversos autores evidenciaron que los traslados del hijo entre las casas de sus padres, al exponerlo a sucesivas separaciones, podían producir efectos negativos sobre él, pues afectaban la necesidad de continuidad en el cuidado y la estabilidad en el entorno del menor. Además, dichos estudios habrían demostrado que los hijos sujetos a la alternancia de hogares eran menos capaces de controlar su ambiente de vida y de disfrutar de la relación con ambos progenitores. No obstante, con posterioridad, se ha afirmado que la mayor parte de los menores sujetos a dicha rotación, tras un período inicial de adaptación, se mostraban satisfechos con la posibilidad de tener contacto con ambos padres y la valoración de la custodia compartida era mucho más positiva[1060].

1.2.1.2. Valoración jurisprudencial de la inestabilidad del hijo sujeto a guarda y custodia compartida

Pues bien, sobre la base de los argumentos de inestabilidad descritos, la jurisprudencia mayoritaria ha entendido que la custodia compartida de los hijos reviste un alto grado de excepcionalidad[1061]. En efecto, se ha afirmado que, salvo casos puntuales, es criterio de la Sala la no concesión de la guarda y custodia alternada de los hijos a los padres en situación de separación o divorcio. Antes de la reforma de 2005, Bermúdez Ballesteros[1062] señalaba que «como regla general las Audiencias Provinciales vienen valorando negativamente de cara al equilibrio y normal desarrollo de los mismos, tanto en la esfera emocional, como escolar, social, etc., dos circunstancias: por un lado, los cambios de lugar de domicilio y, por otro, la atribución de la guarda y custodia compartida». Revisemos algunas sentencias.

(1059) Así lo afirma Canali, O., «L'affidamento congiunto o custodia...», *op. cit.*, págs. 349-350.

(1060) *Vid.* Mannino, A. y Valvo, G. («Analisi critica...», *op. cit.*, pág. 85), quienes mencionan diversos estudios efectuados en Estados Unidos.

(1061) Así lo manifiesta Luna Serrano, A., «Invalidez, relajación y disolución del matrimonio», en Lacruz Berdejo, J. L. y otros, *Elementos de Derecho Civil IV. Derecho de Familia*, 4.ª ed., Barcelona, J. M. Bosch Editor, 1997, pág. 168.

(1062) Bermúdez Ballesteros, M., «Criterios para la...», *op. cit.*, págs. 1875 y 1878.

Hace veinte años, la jurisprudencia se mostraba marcadamente reacia a alterar la arraigada concesión unilateral de la guarda y custodia a la madre. Así, la SAT de Bilbao de 23 de abril de 1985[(1063)] determinó que una guarda alternada por años no era lo más adecuado para el interés del menor porque vendría a representar un continuo cambio, no sólo en el ámbito familiar, sino también en sus hábitos, costumbres, relaciones sociales, etc., con repercusiones en su formación integral. La SAT de Granada de 17 de junio de 1985[(1064)] hizo excepción a este criterio general al determinar que, manifestando los hijos idénticos deseos de vivir con ambos padres conjuntamente, dado que tanto el padre como la madre han de ser considerados, en principio, capaces de cumplir fielmente los deberes que les incumben como tales, lo más beneficioso para los hijos es que convivan con el padre durante los períodos de escolaridad, en interés de su educación y estudios, y con la madre, en los de vacaciones, todo ello sin perjuicio de la patria potestad que habrá de mantenerse en los términos del art. 156 del CC.

En todo caso, durante la década pasada, la tendencia jurisprudencial se mostraba contraria a su establecimiento. Así lo demuestran las siguientes sentencias. En primer lugar, la SAP de Madrid de 17 de febrero de 1998[(1065)], representativa de la doctrina judicial de la época, rechazó la custodia compartida señalando que la guarda y custodia se desenvuelve en un quehacer

(1063) Sentencia citada por García Gil, F., *La separación y el divorcio en la jurisprudencia*, Zaragoza, 1989, pág. 220.

(1064) Sentencia citada por García Gil, F., *La separación…*, *op. cit.*, pág. 246.

(1065) LA LEY 24458/1998. Asimismo, la SAP de Cuenca de 30 de septiembre de 1996 (rollo de apelación núm. 76/1996) rechazó la custodia compartida solicitada por el padre mediante apelación, señalando que: «*la permanencia de un niño de tan corta edad por períodos quincenales o mensuales con cada uno de los progenitores privaría al niño de un punto de referencia fijo sobre cuál es un auténtico entorno, sin contar con la situación de inestabilidad que para el pequeño comportaría el hacer cada cierto tiempo la maleta para trasladarse a su "otro hogar". Esa inestabilidad redundaría en perjuicio del equilibrio emocional de un niño tan pequeño. La moderna psicología insiste en lo importante que para la estabilidad psíquica de los niños, desde su más tierna infancia, el contar con referentes fijos que identifiquen como suyos con facilidad: su habitación, sus juguetes, etc. Ello proporciona al niño sensación de seguridad y bienestar, y, en definitiva, la tan reiterada estabilidad, que con toda seguridad no se consigue viviendo cada quince días, cada mes, o incluso por períodos algo mayores, en una casa distinta*». En este mismo sentido, más recientemente, la SAP de Cádiz de 18 de enero de 2001 (LA LEY 16894/2001); SAP de Granada de 1 de octubre de 2002 (LA LEY 161592/2002); SAP de Valencia de 31 de marzo de 2004 (LA LEY 79508/2004); y SAP de Valencia de 3 de octubre de 2005 (LA LEY 191128/2005).

más cotidiano y doméstico, cuyo ejercicio difícilmente podría compartirse por quienes ya no viven juntos. Admitir otra tesis, agregaba la sentencia, supondría una invasión mutua en la esfera privada de cada progenitor, o bien, un peregrinaje del hijo entre los domicilios parentales.

Por su parte, la SAP de Albacete de 1 de diciembre de 2003[1066] estimó que la custodia compartida no podía acogerse, pues, aunque podía dar satisfacción a los sentimientos de cariño de uno y otro padre hacia los hijos y al hecho de que éstos quieren por igual a sus padres, tal medida comportaría para aquéllos un evidente trastorno vivencial por las dificultades de adaptación que el continuo cambio de hogar llevaría consigo. Asimismo, la SAP de Valladolid de 13 de julio de 2004[1067], en fecha más cercana a la reforma de 2005, puso de manifiesto los riesgos a los que se expone la estabilidad psicológica del hijo al señalar: «No nos imaginamos a la menor pasando una semana con el padre y otra con la madre, o un mes con cada uno de ellos; desde el punto de vista psicológico estamos seguros de que no sería bueno para Lena, porque nunca llegaría a centrarse, por lo que esta solución la rechazamos de plano». Y, por último, refiriéndose también a la inestabilidad que provoca en la hija pero centrándose en el aspecto habitacional, la SAP de Córdoba de 16 de diciembre de 2004[1068] descartó la proximidad de domicilios como motivo para el establecimiento de la custodia alternada, subrayando la excepcionalidad de la atribución de esa guardia y custodia dada la situación irregular que representaría para la niña el no tener un domicilio estable, sino dos. La sentencia consideró que la estabilidad en la vida, hábitos y costumbres de la niña eran absolutamente esenciales, más aún considerándose su escasa edad.

Después de la reforma de 2005 se ratifica este criterio. Así, la SAP de Murcia de 4 septiembre de 2006[1069] rechazó la custodia compartida estableciendo que de las conclusiones del Informe Técnico se extrae la

(1066) LA LEY 198651/2003. En el mismo sentido, la SAP de Barcelona de 30 de septiembre de 2004 (LA LEY 203457/2004).

(1067) LA LEY 166057/2004. Por su parte, la SAP de Albacete de 1 de diciembre de 2003 (LA LEY 198651/2003) estimó que la custodia alternada comportaría un evidente trastorno vivencial por las dificultades de adaptación que el continuo cambio de hogar lleva consigo.

(1068) Recurso de apelación núm. 368/2003. En este mismo sentido, la SAP de Asturias de 20 de mayo de 2005 (LA LEY 114412/2005).

(1069) LA LEY 117335/2006.

necesidad que tienen los menores de contar con un espacio de referencia físico estable, ya que los continuos cambios provocan en los mismos una situación de inseguridad e inestabilidad que repercute de forma negativa en su desarrollo emocional.

En suma, es posible sostener que tan relevante resulta la estabilidad física del hijo para gran parte de la jurisprudencia que, paradójicamente, con la excusa de protegerla sacrifican el equilibrio emocional del mismo.

A mayor abundamiento, reproducimos aquí una importante constatación efectuada por CAMPUZANO TOMÉ[(1070)], quien señala que los jueces son reticentes al otorgamiento de esta modalidad de cuidado personal de los hijos, aun cuando en muchas sentencias reconocen que el desarrollo integral del menor se obtiene con un contacto habitual entre éste y sus padres. La autora cita la SAP de Las Palmas de 17 de mayo de 2004[(1071)] en cuanto afirma que, no obstante la crisis familiar, «quiere la Ley que se cumplan, en la medida de lo posible, los fines asignados al núcleo familiar, entre ellos el del pleno desarrollo de la personalidad de sus miembros. Y el pleno desarrollo de los hijos menores de edad no se alcanza sin el mantenimiento del mayor contacto posible con ambos progenitores». Más adelante, la autora pone de manifiesto la siguiente contradicción. En ocasiones, los jueces consideran adecuado para la formación del hijo el reparto de los períodos de convivencia con sus padres detallando, incluso, de forma minuciosa su distribución; sin embargo, no optan por calificar tal modalidad como custodia compartida, conservando el esquema de atribución exclusiva y ampliación del régimen de comunicación y estancia[(1072)].

(1070) La autora distingue tres clases de tendencias en la jurisprudencia: aquella por la cual se reconoce la bondad de la custodia alternada, pero no obstante se atribuye la custodia a uno solo de los padres, otorgando al otro un amplio derecho de visitas superior al ordinario; aquellas sentencias en las que, excepcionalmente, los juzgadores han acogido la modalidad de custodia compartida; y aquellas resoluciones en las que los jueces, ya sea por considerar que el caso no reúne las condiciones idóneas, o bien por las dificultades prácticas que su aplicación conlleva, o por no alejarse de la letra de la ley, han rechazado cualquier modalidad de alternancia en los períodos de convivencia entre ambos progenitores, acogiéndose al régimen tradicional de atribución exclusiva de la custodia a uno de los progenitores y un derecho de comunicación al otro. Cfr. CAMPUZANO TOMÉ, H., «La custodia compartida...», *op. cit.*, pág. 4.

(1071) LA LEY 115552/2004.

(1072) Cfr. CAMPUZANO TOMÉ, H., «La custodia compartida...», *op. cit.*, pág. 4.

Efectivamente, muchas resoluciones judiciales, a falta de previsión expresa que autorizara la custodia compartida, determinaron un régimen de comunicación y estancia notablemente más amplio que el de fines de semana alternos y quincenas vacacionales, ajustándose, al mismo tiempo, al sistema clásico de atribución unilateral en materia de custodia. Ciertamente, según CAMPUZANO TOMÉ[(1073)], optar por esta solución intermedia o por la fijación directa de la custodia alternada, sí tiene relevancia, ya que ambas soluciones se fundamentan en cuestiones muy distintas. En el primer caso, se distribuye la convivencia de manera más homogénea entre los padres, pero no así las responsabilidades que ella conlleva (elemento que sí opera en la custodia alternada), generándose dificultades en cuanto a la atribución automática de la vivienda familiar al padre o madre custodio y el establecimiento de una pensión alimenticia a cargo del no custodio.

Por otra parte, cabe destacar que cierto sector ha estimado que la disfunción o alteración del marco vital de los menores provocado por la alternancia periódica de viviendas, entornos, desplazamientos, hábitos, horarios o detalles mínimos y cotidianos de la vida doméstica, queda paliada en los supuestos de custodia compartida con residencia alternada por la responsabilidad máxima de los padres que, proyectando de acuerdo y conjuntamente el desenvolvimiento de la vida del hijo común, se relacionan en condiciones de confianza y entendimiento[(1074)]. En este sentido, la SAP de Girona de 25 de febrero de 2001[(1075)] estimó el recurso planteado por el padre frente a la sentencia de primera instancia, en la cual el juez, invocando el criterio de la estabilidad física del menor, procedió a modificar el régimen de custodia compartida que, hasta ese momento, venía siendo aplicado a favor de ambos progenitores, para atribuirlo de forma exclusiva a la madre. La Audiencia Provincial, en cambio, valoró el hecho de que ambos progenitores tenían sus domicilios en la misma localidad y con relativa proximidad, lo cual facilitaba los eventuales traslados sin afectar a las relaciones sociales de la menor (escolares, amigas, actividades extra-académicas) que podrían seguir manteniéndose sin cambio alguno. Igualmente, valoró como circunstancia positiva la existencia de una habitación propia para la menor en ambos domicilios. La sentencia agregó que

(1073) Ibídem.
(1074) Así lo ha señalado la SAP de Madrid de 22 de febrero de 2005 (LA LEY 42018/2005).
(1075) Recurso de apelación núm. 488/2000.

«la conservación del espacio hogareño, donde se ha desarrollado la vida de la menor, ha comportado en ella una concentración afectiva en ambos progenitores con ausencia de sentimientos de abandono o indiferencia que se traducen en una personalidad alegre y tranquila, con reflejo en sus logros escolares y de relación, síntomas de un alto índice de autoestima que, en su propio interés no justifican una guarda y custodia individualizada, sino el mantenimiento de la tenencia compartida».

Al espacio físico alude la SAP de Guadalajara de 9 de abril de 2002[(1076)], que rechazó la custodia compartida basándose en el hecho determinante de vivir los progenitores en distintas localidades. En efecto, la sentencia señala que la adaptación a los cambios de todo orden derivados de la convivencia temporal con uno y otro progenitor —lo que no puede considerarse que facilite la educación ni la formación integral de los menores al privarles de una estabilidad que se torna necesaria—, se agudizarían «a la vista del distinto lugar de residencia de ambos progenitores, lo que incluso obligaría a las hijas a tener que cambiar de localidad, con todo lo que ello conlleva». Finalmente, también en referencia a este aspecto, la SAP de Córdoba de 16 de diciembre de 2003[(1077)] denegó la custodia conjunta solicitada por el progenitor varón, afirmando que el cambio de domicilio de éste —quien había pasado a residir en la misma localidad de la madre y a escasa distancia— no era motivo para el cambio de la guarda y custodia unilateral ejercida por ésta. La sentencia agregaba que la atribución de la custodia compartida tiene un carácter excepcional y que, en el caso en cuestión, representaba una situación irregular, de difícil encaje, pudiendo, además, suponerse un incremento de la crispación entre los progenitores.

Por su parte, la SAP de Barcelona de 22 de julio de 2004[(1078)] pone de manifiesto la tendencia de la doctrina y de la jurisprudencia en cuanto a no efectuar una atribución compartida de la guarda y custodia, debido a la conflictividad que surge al tratar de materializar la alternancia. Según dicha sentencia, los factores que la obstaculizan pueden ser la distancia geo-

(1076) LA LEY 69600/2002. En igual sentido se han pronunciado la SAP de Cuenca de 30 de septiembre de 1996 (rollo de apelación núm. 76/1996); SAP de Palma de Mallorca de 11 de noviembre de 1996 (*RGD*, 1998, pág. 1602); SAP de Alicante de 7 de julio de 1997 (rollo de apelación núm. 128/1995); y SAP de Granada de 20 de enero de 2003 (LA LEY 14493/2003).

(1077) LA LEY 211372/2003.

(1078) LA LEY 174233/2004.

gráfica —aun en la misma población—, la ausencia de vivienda adecuada de cada uno de los padres, la inestabilidad emocional que del cambio constante de ambiente se puede derivar y, en mayor medida, la dificultad de establecer un sistema de horarios, comidas, estudios, juego, descanso, etc., ordenado y estable, especialmente importante en los períodos de crecimiento y formación escolar del hijo. Sin embargo, la sentencia concluye que «nada impide que si realmente se acredita que lo más beneficioso para el menor es permitir que ambos padres asuman, de forma compartida, la custodia, se adopte judicialmente esta medida como la más adecuada para regir en el futuro la situación del menor».

Sin embargo, la SAP de Valencia de 22 de julio de 2005[(1079)], al aplicar la recién publicada Ley 15/2005, concedió la custodia compartida de los hijos al estimar que ambos progenitores estaban capacitados para ostentar la guarda y custodia. Dicha sentencia valoró, entre otras, la circunstancia de que ambos padres vivían a poca distancia, cuestión que facilitaba que los hábitos y actividades cotidianas de los menores, entre las que destacaban la asistencia al colegio, no experimentasen cambios perturbadores.

1.2.1.3. Nuestra opinión

Analizada la tendencia jurisprudencial en materia de inestabilidad del hijo sujeto a custodia compartida, creemos que es posible advertir una dicotomía entre el supuesto desequilibrio físico que ocasiona dicha figura y la protección de los aspectos afectivo-emocionales que le son atribuidos. En este sentido, creemos que ambos ámbitos pueden conjugarse resguardando el ritmo de vida del hijo, procurando una cierta continuidad en sus costumbres diarias y respetando su cotidianeidad[(1080)]. La custodia conjunta no debe entenderse como una guarda «pendular» en razón de la cual los hijos cambian constantemente de domicilio; se trata de permitir al menor tener una relación personal con uno y otro progenitor por períodos de tiempo determinados, de forma que se respete un ritmo de vida normal y un regular cumplimiento de los deberes escolares y de otras obligaciones análogas.

(1079) LA LEY 163697/2005.

(1080) Así, Velásquez, A. («Tenencia compartida...», *op. cit.*, pág. 8), ha entendido por *rutina* «la sosegada secuencia de hábitos regulares y metódicos que interpretando, no deformando, las tendencias infantiles, las condiciona para una fructífera convivencia».

Asimismo, en cuanto a la crítica que se formula a la custodia compartida atribuyéndole una falta de «unidad de dirección» en la educación del hijo, cabe destacar que se tiende a confundir el concepto de unidad con unipersonalidad. Así, la primera significa concurrencia de voluntades en un mismo sentido; no equivale, como se ha expresado, a una concentración del poder de decisión en forma individual. Si así fuese, deberíamos concluir que la unidad de criterio en la educación es imposible tras la crisis matrimonial y que si ella es un requisito esencial para la formación, ésta sería irrealizable tras el divorcio o la separación de los progenitores e, incluso, dentro del mismo matrimonio o convivencia de los padres[(1081)].

Al respecto, creemos que los valores y principios sobre los cuales descansa el modelo de formación para el hijo deben construirse por ambos progenitores, como expresión de la patria potestad, independientemente de la modalidad de custodia establecida. Con anterioridad a la reforma, la SAP de Madrid de 25 de octubre de 2002[(1082)] se refería a este tema señalando que la guarda y custodia compartida requiere, para su óptimo desarrollo, que ambos progenitores proporcionen ambientes y condiciones educativas compatibles, lo cual exige un mínimo grado de entendimiento entre ellos.

Asimismo, la SAP de Valencia de 22 de julio de 2005[(1083)], aplicando la recién publicada Ley 15/2005, señaló, entre los argumentos favorables a la concesión de la custodia compartida, la existencia de estilos educativos adecuados y similares entre ambos progenitores, elemento que podría paliar los inconvenientes derivados de la falta de comunicación fluida inherente a toda crisis matrimonial contenciosa.

En suma, la gran mayoría de las críticas efectuadas a la custodia compartida se realizan sobre la base de un supuesto de hecho que puede presentarse y que lamentablemente se produce en un alto porcentaje de las rupturas: que los progenitores no mantienen una relación y comunicación aceptables. La custodia compartida, al prever mayores contactos entre los ex cónyuges, ofrecería más posibilidades de confrontación, agravando entonces la conflictividad existente entre ellos; además, la frecuencia de los

(1081) Cfr. VELÁSQUEZ, A., «Tenencia compartida...», *op. cit.*, pág. 3.

(1082) LA LEY 177477/2002.

(1083) LA LEY 163697/2005.

contactos entre progenitores haría más probable que los hijos permanezcan envueltos en sus discordias. Al respecto, debemos señalar que la conflictividad parental es un elemento prácticamente connatural a las crisis matrimoniales, independientemente del tipo de custodia establecida y de la frecuencia con la que los ex cónyuges se vean o comuniquen(1084). Este tipo de afirmaciones crean una situación idealizada de la custodia compartida que se aleja de la realidad de las relaciones entre los padres una vez producido el divorcio. La guarda compartida no presupone que los progenitores interrelacionarán positivamente. Anteriormente sostuvimos que la ausencia de conflictividad no es un requisito esencial del establecimiento de la custodia compartida y que, en realidad, las cuestiones que obligan a los padres a mantener cierto grado de comunicación son las relativas al cuidado de los hijos, no a las que les unieron como cónyuges(1085).

En definitiva, conforme a lo hasta aquí expuesto, la inestabilidad y la falta de unidad de dirección en el cuidado y educación del hijo son las principales desventajas atribuidas a la custodia compartida. Sin embargo, para nosotros, existe una resistencia, más bien preconcebida que racional, a aceptar la idea de que los hijos puedan compartir dos casas y dos relaciones parentales(1086). Como hemos afirmado anteriormente, la guarda conjunta no es sinónimo de alternancia estricta de residencias, no existe un único modelo de custodia compartida, de forma que las circunstancias

(1084) Al respecto, Mannino, A. y Valvo, G. («Analisi critica...», *op. cit.*, pág. 84), señalan que la única investigación que parece apoyar la hipótesis de la mayor confrontación entre los padres debido a la asiduidad de los contactos entre ellos es la realizada por Johnston, J. R., Kline M. y Tschann, J. M. («Ongoing post-divorce conflict: effects on children of joint custody and frequent access», *American Journal Orthopsychiatry*, vol. 59 (4), 1989, págs. 576-592), según la cual los menores que veían frecuentemente a ambos progenitores estaban mayormente involucrados en el conflicto y presentaban notables problemas emotivos y conductuales. Respecto a la segunda hipótesis, la de la involucración del hijo en las disputas de sus padres, estos autores italianos señalan que no existen estudios que avalen su veracidad.

(1085) *Vid. supra* la letra *c)* del epígrafe 3.2.3.2 del Capítulo III.

(1086) En un sentido similar se manifiesta, en el Derecho italiano, Canali, O., «L'affidamento congiunto o custodia...», *op. cit.*, pág. 345. Por su parte, de Filippis, B. (*Affidamento...*, *op. cit.*, pág. 17), señala que la oposición inicial a la instauración de esta figura jurídica responde a un mero momento dialéctico, propedéutico a un cambio cultural inevitable cada vez que se prospectan revolucionarias modificaciones legales.

particulares de cada situación son las que definen el modo en que se ejercen los principios de corresponsabilidad familiar y coparentalidad[1087].

1.2.2. Otras desventajas

A la guarda y custodia compartida se le atribuyen además las siguientes desventajas:

- Se ha afirmado que la custodia conjunta perjudica a las mujeres al potenciar las posibilidades de que sea el padre quien la solicite y obtenga.

Esta situación crearía un efecto perverso, puesto que «como la madre valora casi siempre mucho más que el padre la custodia de los hijos, acabará estando dispuesta a renunciar a todo (pensión, alimentos, bienes matrimoniales)»[1088].

Esta falencia denunciada se vincula con la efectividad de la igualdad material entre hombre y mujer a la que nos hemos referido anteriormente[1089]. Al respecto, creemos que el juez debe garantizar que el establecimiento de la guarda y custodia compartida y las cuestiones patrimoniales conexas a ella, se acuerden en conformidad al principio de protección del cónyuge más débil, de manera que la negociación se lleve a cabo en

(1087) De hecho, argumentando lo beneficioso que puede llegar a ser el contacto del menor con ambos padres y la igualdad de posiciones entre éstos, distintas Audiencias han acogido la figura de la guarda y custodia alternada. Así, la SAP de Valencia de 22 de abril de 1999 (LA LEY 66241/1999) señala que «*el régimen normal de atribución de la custodia del hijo a un progenitor con exclusión del otro no satisface las exigencias de un saludable equilibrio de las figuras materna y paterna del niño. Su convivencia continuada con sólo uno de ellos provoca que tome a éste como único modelo de comportamiento, desdibujándose las referencias del otro, con el que se relaciona esporádicamente; la falta de contacto habitual condiciona también la conducta del progenitor no custodio, que con excesiva frecuencia trata de ganar en poco tiempo, con halagos y regalos excesivos, el afecto del pequeño; en otras ocasiones, la falta de convivencia provoca, antes o después, el enfriamiento de las relaciones interpersonales y el abandono del régimen de visitas, con evidente perjuicio del derecho del menor [...] Por ello se hace preciso establecer un régimen de custodia compartida en el que las figuras materna y paterna se equilibren, compensen y complementen de manera adecuada*». En este sentido se pronuncia también la SAP de Las Palmas de 15 de marzo de 1999 (recurso de apelación núm. 530/1998).

(1088) CARRASCO PERERA, A., «Custodia...», *op. cit.*, pág. 1.

(1089) *Vid. supra* epígrafe 2.3 del Capítulo III relativo al principio de igualdad entre los progenitores.

paridad de condiciones y las transacciones que se efectúen se mantengan ajenas a presiones y concesiones ilegítimas. En tal sentido no podemos desconocer que, en muchos casos, es el marido quien continúa ejerciendo la posición económica más ventajosa, lo cual provoca que en el juicio de divorcio la mujer sufra intimidaciones con respecto a la custodia de los hijos. Sin embargo, el legislador español prevé ciertos remedios frente a esta distorsión, como la norma por la cual el juez debe velar por el interés del cónyuge más débil (párrafo antepenúltimo del art. 90 del CC) y que, aplicada con prudencia, puede llegar a constituir una herramienta de gran utilidad en la consecución de dicha igualdad material.

• Se señala también que la guarda compartida intensifica un fenómeno que en situaciones de custodia unilateral con régimen de comunicación ya es habitual, esto es, que el menor puede transformarse en una arma arrojadiza de los padres cuando éstos se hallen en situaciones problemáticas, creándose, además, conflictos de lealtad en el menor al verse atrapados en las disputas de sus padres(1090). Ello acarrearía el mantenimiento de procesos familiares disfuncionales, problemas de adaptación en los hijos, sobrecarga de tener que vivir en dos hogares, confusión y ansiedad en la anticipación de los cambios(1091).

• Se afirma que en caso de incumplimiento del sistema de cuidado conjunto acordado, esta figura se transformaría en una fuente inagotable de conflictos judiciales(1092).

Toda vez que el derecho-función de cuidado personal es ejercido cualitativa y cuantitativamente en condiciones de igualdad por los padres, aquel que no cumpliese con el deber de dejar al otro padre o madre ejercer el cuidado personal durante el lapso correspondiente provocaría, posteriormente, una similar reacción a modo de venganza.

• La custodia compartida fomentaría un ideal de relación coparental continua que podría dejar poco espacio para la formación de nuevas re-

(1090) Cfr. GARDNER, R. A., «Joint custody is not for everyone», en FOLBERG, J. (edited by), *Joint Custody and Shared Parenting*, Second edition, New York-London, The Guilford Press, 1991, pág. 90.

(1091) La SAP de Alicante de 3 de marzo de 2005 (LA LEY 51561/2005) enumera algunas de esta consecuencias del fracaso de la custodia compartida.

(1092) Cfr. GODOY MORENO, A., «La guarda y custodia compartida...», *op. cit.*, pág. 338.

laciones de los progenitores y de los mismos hijos. Los menores podrían sufrir más con estas relaciones sin final; podrían no lograr superar nunca la típica fantasía de que «mamá y papá volverán a estar juntos»[(1093)].

• Por último, se ha señalado que la custodia compartida puede producir síndromes competitivos entre los ex cónyuges a través de los cuales, sublimando la recíproca hostilidad, se asumen comportamientos dirigidos a provocar un sostenido antagonismo con el otro progenitor[(1094)].

2. LA CONSTRUCCIÓN DE UN MODELO DE GUARDA Y CUSTODIA COMPARTIDA

2.1. La importancia de atender al caso concreto

Al referirnos al interés superior del menor como uno de los criterios generales de atribución de la guarda y custodia de los hijos, afirmamos que se trata de un concepto jurídico indeterminado; que sólo adquiere real dimensión al aplicarse al caso concreto, atendidas las condiciones personales y familiares concurrentes. Asimismo, al sostener el surgimiento y/o fortalecimiento de los principios de igualdad, coparentalidad y corresponsabilidad parental que la Ley 15/2005 ha producido, señalamos que estas directrices han redimensionado los tradicionales criterios de asignación de la guarda y custodia, de manera que la satisfacción del derecho del hijo a que su padre y su madre se involucren, en condiciones de igualdad, en el desarrollo de su formación integral y el cumplimiento del derecho a continuar disfrutando de una adecuada relación con ambos padres no obstante la ruptura matrimonial, son elementos de necesaria observancia para concretizar dicho interés superior en los asuntos que digan relación con el hijo y, en especial, los concernientes a la guarda y custodia del mismo.

Pues bien, en cuanto a la hipótesis de la vida familiar que nos ocupa, la delimitación del *favor filii* consiste en establecer, sobre la base de la valoración de las más detalladas circunstancias, cuál de las modalidades de custodia garantiza un «mayor bienestar» para el menor. Si lo es la custodia unipersonal, con cuál de ambos progenitores debe permanecer; o bien, si la guarda compartida satisface adecuadamente dicho interés, qué régimen

(1093) Cfr. Fineman, M., «Dominant discourse...», *op. cit.*, pág. 762.
(1094) Cfr. Canali, O., «L'affidamento congiunto o custodia...», *op. cit.*, pág. 350.

específico en el tiempo y en el espacio debe establecerse para el ejercicio conjunto del cuidado personal.

Al respecto, estimamos que no deben dictarse sentencias estereotipadas; debe estudiarse exhaustivamente cada familia, pareja, progenitor e hijo, con sus particulares características. Debe atenderse «tanto a las circunstancias concurrentes en cada caso, como a los inconvenientes y perjuicios que tal medida puede conllevar para el menor y para los progenitores. En Derecho de familia no hay dos casos iguales y las medidas que en una situación se presentan como beneficiosas para el menor, en otras puede constituirse en generadoras de resultados gravemente perjudiciales»[(1095)]. En este sentido, la SAP de Baleares de 19 abril 1999[(1096)] establece que, si bien la doctrina y la jurisprudencia son muy poco partidarias de soluciones como la custodia compartida, por estimar que no favorecen la deseada y necesaria estabilidad de los menores afectados por situaciones de crisis matrimonial, la gran diversidad de situaciones que pueden producirse pueden aconsejar la aludida solución en supuestos excepcionales. Por su parte, la SAP de Girona de 20 de octubre de 2004[(1097)] determina que, tan absurdo es oponerse «por sistema» a un régimen de custodia compartida, como tenerlo por idóneo siempre, pues la modalidad más adecuada habrá de establecerse en cada caso, atendiendo primordialmente a las necesidades de los hijos afectados y a las circunstancias de toda índole concurrentes en sus progenitores[(1098)]. A mayor abundamiento, la SAP de Barcelona de 12 enero de 2006[(1099)], pronunciada con posterioridad a la reforma de 2005, señala que «pueden establecerse a priori determinados presupuestos objetivos favorecedores de un sistema de custodia compartida, tales como la ausencia de conflictividad o tensión entre los progenitores, cercanía de

(1095) Cfr. Campuzano Tomé, H., «La custodia compartida...», *op. cit.*, pág. 1. En un sentido similar se pronuncia Bermúdez Ballesteros, M., «Criterios para la...», *op. cit.*, pág. 1865; y Sainz Torres, M., «El menor en las situaciones de crisis matrimonial», en Lázaro González, I. (coordinación), *Los menores en el Derecho español* (vol. col.), Madrid, Tecnos, 2002, pág. 233.

(1096) Recursos de apelación núms. 567/1998 y 624/1998.

(1097) LA LEY 218278/2004.

(1098) Esta idea se encuentra recogida en la legislación de Montana, Estados Unidos, al establecer que el funcionamiento de la custodia se determinará en cada caso, considerando los aspectos prácticos concurrentes, siendo la consideración fundamental el mejor interés del hijo. Así lo establece la letra a) del núm. 2 del art. 40.4.222 del *Montana Code Annotated* de 1995.

(1099) LA LEY 2969/2006. La negrita de página siguiente es nuestra.

los domicilios paterno y materno, disponibilidad laboral de horarios de ambos padres para atender a los menores, entre otros, **pero ello no significa que de concurrir todos y cada uno de estos presupuestos, resulte siempre beneficioso para el menor la custodia compartida, ni que, de no concurrir alguno de ellos, deba denegarse sin más dicho sistema de custodia.** La dinámica de las relaciones familiares, tanto la anterior como la posterior a la ruptura de pareja, es extraordinariamente compleja y variada, y es dicha dinámica y las consecuencias y efectos que la ruptura haya ocasionado en los integrantes de la familia las que determinarán cuál es el sistema de custodia más beneficioso para los menores».

Estimamos que, en la gran mayoría de los casos, será necesario y útil que la decisión judicial por la cual se establece la custodia compartida mencione, con el mayor detalle posible, los aspectos del cuidado del hijo que corresponderá ejercer a cada progenitor, considerando el estilo de vida de los padres y del hijo. En este sentido, la SAP de Madrid de 22 de febrero de 2005[(1100)] señala que la custodia sucesiva deberá ejecutarse con criterios de flexibilidad por parte de los progenitores, en un clima de entendimiento y mutuo acuerdo, dejando al margen su conflicto personal, y permitiendo que el hijo pueda ver, cuando desee, al progenitor con el que no conviva en ese momento, o que pueda estar con el animal doméstico que tenga en el otro domicilio, o llevarse los efectos personales o juguetes de su pertenencia a la casa en la que se encuentre, etc., todo ello con criterios de diálogo, afinidad y proyecto conjunto a los fines de facilitar el equilibrio y bienestar del hijo común.

2.2. Factores que pueden determinar el funcionamiento de la custodia compartida

Un adecuado funcionamiento de la custodia compartida requiere la presencia de elementos de carácter objetivo, psicológico y social. Los siguientes son algunos de los factores que se han definido como imprescindibles para su adecuada aplicación.

Desde la doctrina se ha señalado que debe existir una situación previa, inmediatamente anterior a la separación, en que los progenitores hayan colaborado por partes iguales en la crianza del hijo, pues la guarda del

(1100) LA LEY 42018/2005.

padre o madre que no haya participado hasta entonces en su cuidado no debe suponer una novedad demasiado difícil de asumir para el menor[1101]. Al respecto, estimamos que la existencia previa de un cierto grado de coparticipación en la crianza del hijo constituye un antecedente sumamente importante para el establecimiento de la custodia compartida y su posterior funcionamiento. Sin embargo, no debe infravalorarse el carácter pedagógico y promocional que esta figura jurídica reviste, de forma que estimamos positiva la introducción gradual de medidas basadas en el coejercicio de las responsabilidades parentales, aunque no constituyan plenamente una custodia conjunta.

Para nosotros, es esencial la existencia de un proyecto educativo común que, atendida la opinión del hijo que tenga suficiente juicio, contemple pautas homogéneas sobre las cuales desarrollar el cuidado del mismo[1102]. Se trata de un plan diseñado por los progenitores con ayuda del juez y/o personal de apoyo especializado, en sede judicial o bien en el contexto de una mediación familiar u otra alternativa amistosa de resolución de conflictos. Sobre la base de este proyecto educativo los progenitores deben desarrollar las responsabilidades parentales con espíritu colaborativo, respetando la esfera que al otro padre o madre le corresponde ejercer en el cuidado del hijo. En este sentido, los cónyuges deben estar predispuestos positivamente frente al surgimiento de problemas relacionados con sus hijos, de modo que las soluciones pertinentes sean adoptadas de común acuerdo[1103]. El éxito del funcionamiento de la custodia compartida depende, en gran medida, de la confianza que cada progenitor deposite en las capacidades parentales del otro, de manera que se reconozcan mutuamente aptos para el ejercicio de las funciones de cuidado y crianza.

Desde la psicología, GARDNER[1104] enumera los siguientes elementos básicos para el ejercicio de este tipo de custodia. En primer lugar, ambos

(1101) Cfr. GODOY MORENO, A., «La guarda y custodia compartida...», *op. cit.*, págs. 340-341.

(1102) En este sentido, no creemos que los modelos existenciales o proyectos de vida de los progenitores deban ser similares, como opina GODOY MORENO, A. («La guarda y custodia compartida...», *op. cit.*, pág. 340), pues los criterios educativos pueden ser definidos con independencia del estilo de vida de los padres.

(1103) En este sentido, también se manifiesta GODOY MORENO, A., «La guarda y custodia compartida...», *op. cit.*, pág. 340.

(1104) Cfr. GARDNER, R. A., «Joint custody...», *op. cit.*, pág. 91.

padres deben estar razonablemente capacitados para asumir las responsabilidades de cuidado del menor; su implicación y nivel de afecto deben ser similares. Deben haber demostrado capacidad para cooperar razonablemente y de modo significativo en las materias relativas al cuidado de los hijos; las palabras claves son «cooperación» y «comunicación». El acuerdo relativo a la custodia alternada generalmente es posible sólo si ambos padres viven cerca del establecimiento educacional al que asiste el hijo, aunque este autor afirma que los traslados del hijo desde una casa a otra no deberían perturbar su situación escolar.

Ciertas investigaciones han arrojado que las circunstancias que mejor propician la atribución de la custodia compartida son: la cooperación y comunicación entre los padres; la ausencia de conflicto entre ellos; el fuerte apego del hijo a ambos progenitores; la sanidad mental de éstos; la dispensación de cuidados parentales; y el deseo del padre y la madre(1105).

Las siguientes situaciones de hecho recomendarían, en cambio, la adopción de una custodia individual: el padecimiento de una enfermedad de tipo psicótico o mental; la no cooperación mutua y la ausencia de comunicación entre los progenitores; la evidencia de abuso físico o sexual; la detección de excesos en la ingesta de alcohol u otras drogas; y, finalmente, la existencia de distancia geográfica entre las residencias de los padres. A su vez, factores similares pueden desaconsejar la custodia sucesiva: la ausencia de cooperación y comunicación entre ex cónyuges; alta hostilidad y conflictividad parental; lejanía entre los domicilios de ambos progenitores; antecedentes de violencia doméstica o familiar; dificultad de adaptación de los hijos de corta edad a los traslados que deben efectuarse para cumplir la alternancia acordada(1106); el hecho de que la custodia compartida represente un compromiso para un progenitor que pretendía obtener el cuidado unilateral del hijo pero que no le ha sido concedido; si el padre que ha «acatado» el divorcio que el otro progenitor ha decidido efectuar, utiliza la custodia sucesiva para negar la separación, de manera que ésta le permita mantener contactos, aunque conflictivos, con el ex cónyuge, o bien, si manifiesta un exceso de dedicación hacia los hijos los cuales son,

(1105) Cfr. Ackerman, M. J. y Ackerman, M. C., «Custody evaluation practices: a survey of experienced professionals (revisited)», in *Professional Psychology: Research and Practice*, 28 (2), 1997, pág. 143.

(1106) Ibídem.

de este modo, utilizados como «puente»; si la custodia alternada sirve para desviar hacia el otro progenitor ciertas responsabilidades parentales que son inconscientemente rechazadas por significar un impedimento para la realización personal aunque, al mismo tiempo, se quiera mantener «oficialmente» un papel socialmente aceptado; si uno de los padres considera esta figura como una venganza o una posibilidad de afirmar el «poder» dirigido a limitar el del otro; y, genéricamente, cuando la custodia compartida sirve para atenuar los diversos tipos de sentimientos de culpabilidad, de forma que su asunción es fruto de una decisión formal y no sustancial(1107).

Por su parte, la jurisprudencia ha enunciado tanto elementos que favorecen la custodia compartida como otros que la hacen contraproducente. La SAP de Barcelona de 8 de junio de 2000(1108) afirma que, salvo supuestos excepcionales, como son la ausencia de conflictividad entre los cónyuges, cercanía de domicilios y entorno habitual(1109), preferencia mostrada por los hijos, etc., la guarda y custodia compartida no se traduce en beneficio para los hijos. Al contrario, los continuos traslados hacia uno y otro domicilio, la imposibilidad de marcar horarios y ritmos de trabajo escolar, y la inseguridad que ello comporta, hacen desaconsejable esta medida. Por su parte, la SAP de Alicante de 3 de marzo de 2005(1110) intenta enumerar los factores que hacen de la custodia alternada una modalidad exitosa del cuidado personal de los hijos: muy bajo nivel de conflicto entre los progenitores; buena comunicación y cooperación entre ellos; residencias cercanas o geográficamente compatibles; afinidad de rasgos de personalidad y carácter de los hijos y los padres; edad de los menores y número de hermanos que permitan su adaptación al régimen(1111); cumplimiento de las

(1107) Cfr. Gardner, R. A., «Joint custody...», *op. cit.*, pág. 93.

(1108) LA LEY 118163/2000.

(1109) En este sentido, la SAP de Valencia de 4 mayo de 2006 (LA LEY 110068/2006) descarta la custodia compartida debido a la distancia que media entre el lugar de residencia de la madre (Bilbao) y el del padre (Valencia).

(1110) LA LEY 51561/2005. Asimismo, la SAP de Las Palmas de 17 de mayo de 2004 (LA LEY 115552/2004) determinó que *«en este reparto temporal de la convivencia han de tenerse en cuenta factores como la situación de los progenitores (personal y laboral), la vinculación familiar de los hijos, arraigo con el lugar donde se ha desarrollado la convivencia hasta entonces, las posibilidades de adaptación de los menores a un cambio de residencia, y análogas [...]»*.

(1111) En cuanto al número de hijos, se ha señalado que la custodia compartida es desaconsejable cuando existe una cantidad elevada de hijos (superior a tres). Así lo señala Canali, O., «L'affidamento congiunto o custodia...», *op. cit.*, pág. 348.

obligaciones económicas; respeto mutuo entre ambos progenitores; que no exista excesiva judicialización de la separación; existencia de un vínculo afectivo de los menores con sus padres; la aceptación por parte de aquéllos de este tipo de custodia; y, por último, que ambos progenitores estén de acuerdo con la introducción de la custodia compartida. En definitiva, agrega la sentencia, se trata de características de madurez personal de los progenitores y capacidad para separar el plano de la relación de pareja de sus roles como padres.

Por último, la opinión del hijo es un factor de suma importancia para la valoración de la conveniencia de la guarda y custodia compartida[(1112)]. Como observamos al analizar los criterios legales de atribución de la guarda y custodia en general, lo manifestado por el menor ante el juez no determina la decisión judicial sino que solamente la informa, como cualquier otro elemento de juicio. De ahí que existan resoluciones judiciales diametralmente opuestas al deseo expresado por el hijo con respecto a su cuidado personal. Así, en la SAP de Barcelona de 22 de julio de 2004[(1113)], no obstante haberse escuchado a un adolescente de diecisiete años que prefería vivir con su padre por tener una pésima relación con su madre, se resolvió que el ejercicio alternado de la custodia era altamente favorable para el desarrollo del hijo. En cambio, la SAP de Córdoba de 1 de marzo de 2004[(1114)] considera el deseo de una adolescente de dieciséis años al sostener que «si como ella opina, esa situación de alternancia la encuentra positiva, el principio del *favor filii* debe entenderse proclive a esa solución [...]». En el mismo sentido, la SAP de Tarragona de 22 de junio de 2000[(1115)] considera, entre otros factores, la opinión manifestada por el menor en cuanto a que la alternancia semanal en casa de uno y otro progenitor no le parece la solución ideal, ya que le causa trastorno, prefiriendo vivir con su madre sin perjuicio de contactar periódicamente con su padre.

(1112) Así, en la doctrina, LINACERO DE LA FUENTE, M. («Leyes de Familia...», *op. cit.*, pág. 70) enumera los siguientes requisitos para el establecimiento de la custodia compartida: el acuerdo de los padres en aquellas cuestiones de mayor relevancia para la vida del menor, la relativa proximidad entre las residencias de los padres y la escucha del menor.

(1113) LA LEY 174233/2004.

(1114) LA LEY 52193/2004.

(1115) LA LEY 128549/2000.

2.3. La ausencia de un modelo legal de ejercicio de la guarda y custodia compartida

Consideradas las ventajas y desventajas atribuidas a la custodia compartida y, en especial, las circunstancias concretas de cada caso, corresponde configurar un sistema conforme al cual deban organizarse los elementos fácticos que convergen durante su ejercicio. Se trata de un modelo que comprende los diversos factores que, por su esencial importancia práctica, determinan el adecuado desarrollo de esta figura jurídica, delimitando los derechos y deberes que incumben a los progenitores, el modo en que tendrá lugar la convivencia con los hijos y, en general, la forma en que se desenvolverá la distribución de las funciones de cuidado personal de los mismos.

No es posible afirmar la existencia de un único y rígido sistema de ejercicio de la custodia compartida de los hijos. Creemos que no pueden ni deben determinarse en la ley requisitos estáticos ni taxativos de los cuales dependa el funcionamiento de la custodia sucesiva. La exigencia de ciertas condiciones fácticas básicas dependerá, sobre todo, del régimen de alternancia en la residencia que se establezca.

Sin embargo, hubiese sido aconsejable que el legislador indicara pautas generales a las que el juez debiera atender para valorar, en el caso concreto, aquellas circunstancias de hecho imprescindibles para el desarrollo de la alternancia en la custodia de los hijos(1116). Así, podría haberse establecido que el juez, entre otros aspectos, debe ponderar la edad de los menores y examinar la situación habitacional con el objeto de regular un régimen de rotación en la residencia más o menos flexible. Se trataría, en definitiva, de examinar ciertos aspectos de la estructura familiar que resultan determinantes para la aplicación del régimen de custodia compartida.

(1116) Esta omisión ha sido criticada también por RODRÍGUEZ CHACÓN, R., *Matrimonio..., op. cit.*, pág. 129. Al respecto, el numeral 3 del art. 233.11 del «Anteproyecto de Ley por el cual se aprueba el Libro Segundo del Código Civil de Catalunya relativo a la persona y la familia» contempla que el juez debe fijar «de manera precisa los períodos temporales» de convivencia con el hijo. Además prevé la existencia de un «plan de parentalidad» a través del cual se determine con detalle el modo en que se llevará a cabo la custodia compartida (art. 233.10).

Aunque el legislador de 2005 ha omitido la regulación de estos aspectos, entendemos que ello resulta de toda necesidad práctica[1117], pues la resolución judicial que homologa el convenio de las partes, pero que no detalla los elementos básicos de su funcionamiento, convierte a esta institución en una figura «de papel». En efecto, de la parte final del párrafo quinto del art. 92 del CC se deduce la necesidad de reglamentar estas circunstancias. Esta norma prescribe que el juez, al acordar la custodia conjunta, adoptará las cautelas procedentes para el eficaz cumplimiento del régimen de guarda establecido, procurando no separar a los hermanos[1118]. Entre dichas «cautelas procedentes» entendemos implícita la consideración de todos estos extremos. Igual exigencia podemos extraer de este párrafo en cuanto establece la obligación de fundamentar la resolución que concede la custodia compartida.

Por otra parte, hubiese sido aconsejable que el legislador español determinase ciertas sanciones en contra de los progenitores en caso de inobservancia del régimen de guarda y custodia compartida establecido. Como vimos anteriormente, en los casos de ejercicio unilateral, la medida más solicitada frente al incumplimiento del titular es el cambio de la atribución de la guarda y custodia a favor del peticionario. Pues bien, dado que la custodia compartida de los hijos comporta la existencia de co-guardadores, deberá revisarse el modo en que las cuestiones que causan dificultades han sido organizadas[1119]. Por ejemplo, si el progenitor principal obstacu-

(1117) Cabe señalar que la enmienda núm. 81 presentada por el Grupo Parlamentario Popular contemplaba la regulación de estas cuestiones. Además de limitar la posibilidad de adoptar la custodia compartida a los casos en que hubiera acuerdo de las partes, la enmienda exigía que los padres regulasen también el uso de la vivienda, los alimentos y demás aspectos que pudieran tener relación con la custodia, los cuales debían concretarse en el correspondiente plan de responsabilidad parental. *BOCG Congreso*. VIII Legislatura. Serie A. 15 de marzo de 2005, núm. 16-8, pág. 50.

(1118) Así, por ejemplo, sobre la base de estas «cautelas procedentes» podría fijarse, de oficio o a petición de parte, el seguimiento e informe de los servicios psicosociales del Juzgado de Familia o de la Administración de los Servicios Sociales para evaluar el desarrollo de la vida del menor y el nivel de cumplimiento de lo acordado por los padres. En este sentido, Rivera Álvarez, J. M., «La custodia compartida...», *op. cit.*, pág. 161. Por otra parte, según Linacero de la Fuente, M. («Leyes de Familia...», *op. cit.*, pág. 76), el párrafo quinto del art. 92 del CC debe ser interpretado en armonía con las medidas tuitivas enunciadas en el art. 158 del mismo cuerpo legal.

(1119) Al respecto, Canali, O. («L'affidamento congiunto o custodia...», *op. cit.*, pág. 355), señala que en el convenio por el cual se adopta la custodia compartida pueden estipularse las siguientes cláusulas con el objeto de salvaguardar algunas necesidades liza la comunicación del hijo con el otro padre o madre durante el correspondiente período de convivencia, el juez deberá plantearse, atendidas las circunstancias y el interés del menor, la posibilidad de atribuir la calidad de residente principal a quien no la tenía, sin que ello altere la participación de ambos en el cuidado del hijo.

Con el fin de evitar medidas de carácter extremo que redunden negativamente en el desarrollo cotidiano de la vida del menor, sería conveniente establecer ciertas y determinadas medidas punitivas en contra del progenitor incumplidor, aunque considerando, en todo caso, el interés superior del hijo. De esta forma, en el ejemplo expuesto, si el padre o madre residente principal resulta ser, en todo caso, el progenitor más idóneo para ejercer esta calidad, deberá descartarse la eliminación de dicha función a modo de sanción. Por otra parte, la exclusión de uno de los padres en el ejercicio de la custodia compartida y, en consecuencia, la regulación de una custodia de carácter unilateral a favor del otro, deberá ser ordenada sólo en casos de máxima excepcionalidad, debiendo recurrirse antes a las demás medidas alternativas que se estimen convenientes, como la modificación de los tiempos y modalidades de convivencia de los hijos con cada uno de ellos.

En este sentido se ha legislado en Italia, donde la Ley de 8 de febrero de 2006, número 54, «sobre disposiciones en materia de separación de los progenitores y cuidado compartido de los hijos», ha introducido una modificación al art. 709 ter del Código de Procedimiento Civil, que permite al juez disponer el resarcimiento del daño causado en caso de graves incumplimientos o de actos que produzcan perjuicio al menor u obstaculicen el correcto desarrollo de las modalidades de custodia, sea a favor del menor o del otro progenitor, así como condenar al padre o madre incumplidor al pago de una sanción administrativa pecuniaria de hasta cinco mil euros[1120]. Incluso, la legislación italiana prevé ciertas consecuencias

precisas de los hijos: «En ningún caso la división del cuidado de los hijos implicará que los mismos deban, durante el año, frecuentar más de un instituto»; «En caso de cambio de residencia de uno de los cónyuges los acuerdos sobre el cuidado cotidiano de los hijos serán revisados»; y/o «En caso de nuevas nupcias de una de las partes el presente acuerdo sobre el cuidado cotidiano de los hijos será sometido a revisión».

(1120) El art. 709 del Código de Procedimiento Civil italiano establece que en caso de graves incumplimientos o de actos que produzcan perjuicio al menor u obstaculicen el correcto desarrollo de las modalidades de custodia, el juez puede modificar las medidas en vigor y frente a la solicitud de custodia compartida manifiestamente infundada; en dicho caso, el juez puede considerar el comportamiento del padre o madre peticionario al determinar las medidas que deba adoptar en interés del hijo (art. 155 bis del *Codice*).

Como señalamos, si bien el legislador ha omitido la referencia y/o regulación de estos aspectos a los que nos referiremos enseguida, creemos que se ha iniciado el camino hacia la consolidación de un modelo de familia que, sobrevenida la crisis conyugal o de pareja, asume la guarda y custodia de los hijos comunes y, en general, el desarrollo de las relaciones entre sus integrantes, como una consecuencia de la cohesión moral que en ella existe y que es en definitiva la condición esencial para una efectiva realización de los derechos esenciales de la personalidad humana de cada uno de ellos y, muy especialmente, del menor. En los próximos años, mediante la aplicación de la Ley 15/2005, se irá construyendo una jurisprudencia más uniforme al respecto.

Algunos de los elementos sobre los cuales puede estructurarse la custodia compartida, alternada o sucesiva son la residencia del hijo y los lapsos de convivencia con uno y otro padre; el espacio físico en el que se desarrolla, esto es, la vivienda familiar; la edad de los hijos; la manutención de los mismos y la distribución de los gastos; el régimen de comunicación y estancia; y, por último, el ejercicio de la patria potestad.

2.4. La organización de la guarda y custodia compartida

2.4.1. ¿Subsiste el derecho-deber de vigilancia y control y el deber de colaboración en la guarda y custodia compartida?

Como señalamos en Capítulo II de este trabajo, el derecho-deber de vigilancia y control y el deber de colaboración son aquellas funciones

también, conjuntamente: amonestar al progenitor incumplidor; disponer el resarcimiento de los daños, a cargo de los progenitores, a favor del menor; disponer el resarcimiento de los daños, a cargo de uno de los progenitores, a favor del otro; condenar al progenitor incumplidor al pago de una sanción administrativa pecuniaria de un mínimo de setenta y cinco euros a un máximo de cinco mil euros a favor de la *Cassa delle amende*. En caso de incumplimiento existe también la posibilidad de aplicar el art. 96 del Código de Procedimiento Civil italiano que autoriza la determinación de una indemnización de perjuicios siempre que exista mala fe o culpa grave.

cuyo cumplimiento corresponde al padre o madre no guardador en virtud de la titularidad y ejercicio de la patria potestad que desempeña. En efecto, al progenitor no custodio le cabe vigilar la formación del hijo con el cual no convive y ayudar al ex cónyuge a realizar las tareas de cuidado personal toda vez que a éste le asista una imposibilidad para llevarlas a cabo[(1121)].

Pues bien, dadas las características de coejercicio de responsabilidad parental y la asunción compartida de las funciones relativas a la crianza de los hijos, puede sostenerse que la calidad de vigilante pierde su sentido frente al establecimiento de la custodia compartida, pues sería innecesario enfatizar en dicho deber de colaboración. En términos jurídicos, este sistema de cuidado de los hijos reemplazaría el papel de controlador del progenitor no guardador[(1122)]. Es más, en el Derecho italiano se ha señalado que los comienzos de esta institución podrían estar en la conservación de los derechos de vigilancia y control del progenitor no conviviente y en la norma según la cual ambos cónyuges deben adoptar en conjunto las decisiones de mayor interés para el hijo[(1123)].

En efecto, bajo el sistema de custodia compartida, ambos progenitores desenvuelven plenamente el complejo de derechos y deberes que comprende la patria potestad, razón por la cual no es necesario que opere este «sustitutivo» de las funciones de carácter personal que el padre no custodio deja de ejercer como consecuencia del establecimiento de la guarda unilateral. Se supera, de esta forma, la dicotomía entre cuidado personal del hijo y los derechos-deberes de vigilancia y control y colaboración asignados, respectivamente, a progenitor guardador y no guardador[(1124)].

En todo caso, como tendremos ocasión de analizar en los epígrafes siguientes, la custodia compartida puede comportar pautas más o menos flexibles en cuanto a la convivencia y residencia del hijo. De esta forma, mientras mayor ductilidad se prevea en esta materia, menor cabida tendrá el derecho-deber de vigilancia y control y el deber de

(1121) *Vid. supra* epígrafes 2.2 y 2.3 del Capítulo II.

(1122) En este sentido, Sparpaglione, R., «Affidamento congiunto...», *op. cit.*, pág. 362.

(1123) Cfr. Quadri, E., *Digesto delle discipline privatistiche. Sezione civile VI*, Torino, UTET, 1990, pág. 552.

(1124) En este sentido se ha pronunciado de Filippis, B., *Affidamento...*, *op. cit.*, pág. 72.

colaboración. Por el contrario, si se opta más bien por un modelo de menor alternancia en la convivencia con el hijo, más amplia será la magnitud de este derecho-función. Así, si se designa un progenitor principal con el cual el hijo pase la mayor parte del tiempo, las resoluciones de carácter cotidiano pertenecerán a la esfera de actuación de este padre o madre, aunque subsiste, y en eso consiste esta modalidad de guarda, una facultad de intervención en el diseño general del cuidado personal del hijo. En este ámbito encuentra cabida el derecho-deber de vigilancia y el deber de colaboración. En cambio, si ambos padres viven con el hijo de forma alternada durante lapsos relativamente similares, estas funciones a las que nos estamos refiriendo debieran desaparecer de manera natural toda vez que existe una base de confianza en el desempeño parental del otro sobre el cual se han construido las pautas de organización de la crianza del hijo y la suficiente cooperación para llevarla a cabo.

2.4.2. *El factor físico y temporal*

2.4.2.1. La residencia

El legislador no se ha referido ni al tiempo ni al modo en que ha de verificarse la convivencia del hijo con cada uno de sus progenitores.

Por organización de la residencia de los hijos entendemos, no sólo la previsión del lugar físico en que tendrá lugar (a ello le llamamos vivienda familiar), sino también el carácter de la misma en el sentido de si se optará por la designación de un progenitor principal con el cual han de vivir los hijos durante gran parte del tiempo (custodia compartida con residencia privilegiada), o si, en cambio, éste será distribuido entre los padres de manera rotatoria, en cuyo caso deberá, a su vez, precisarse el grado de alternancia, esto es, los períodos de convivencia (custodia compartida con residencia alternada).

En cuanto a esta última situación, se ha señalado que la custodia compartida puede no ser necesariamente «alternada» en el sentido de traslado de domicilio o, dicho de otro modo, la custodia compartida puede concebirse como aquella en la que, ambos progenitores, se encargan de forma conjunta, periódica o rotatoria del cuidado de los hijos sin que éstos pernocten o pasen parte importante del día en la casa de cada uno de sus padres conforme a la periodicidad pactada[1125]. Según esta concepción de la custodia compartida, bastaría que los padres se organizasen de manera tal que, sin necesidad de que el hijo deje su residencia principal, convivan diariamente con él en tiempos separados. Para nosotros, si bien en este caso el menor no cambia de una vivienda a otra, no deja de ser una custodia compartida, pues se trata solamente de una especial distribución del espacio en el cual se convive con los hijos. Entendemos que para que esta modalidad de guarda y custodia goce de viabilidad es necesario que los padres dispongan de la máxima tolerancia y respeto mutuos y, desde luego, que cuenten con los recursos económicos que esta situación demanda (de hecho, tres viviendas). Se trata de un sistema que, atendido el caso concreto del hijo y las circunstancias personales, laborales y materiales de cada cónyuge, puede llegar a ser altamente beneficioso[1126]. En la jurisprudencia no es frecuente el establecimiento de este mecanismo. Uno de los pocos casos en que se ha reconocido es el resuelto por la sentencia de 11 de mayo de 2005 (antes de la entrada en vigor de la Ley 15/2005) por el Juzgado de Primera Instancia número 23 de Madrid, que ordenó de oficio la introducción de la custodia compartida señalando que los progenitores vivirían con sus hijos por períodos trimestrales durante los cuales existiría, además, un régimen de comunicación y estancias. Este fallo asignó el uso del domicilio conyugal a los menores, quienes debían residir en dicha vivienda en la compañía del progenitor que en cada momento conviviese con ellos. Sin embargo, la SAP de Madrid de 7 de septiembre de 2005[1127] revocó esta decisión disponiendo la custodia exclusiva a favor de la ma-

(1125) Cfr. PÉREZ UREÑA, A., «El interés del menor...», *op. cit.*, pág. 277. El autor agrega que ambos cónyuges pueden compartir permanentemente el cuidado de los hijos, ya sea porque los cónyuges siguen viviendo en el mismo domicilio tras la separación o porque cada uno fija su domicilio en partes distintas de una misma vivienda.

(1126) Al respecto, PÉREZ MARTÍN, A. (*Derecho de Familia*. Tomo II. *El procedimiento..., op. cit.*, pág. 304, y *Derecho de Familia*. Tomo III. *Divorcio y..., op. cit.*, págs. 94-95) entiende que en esos casos la custodia compartida pasa a tener carácter permanente. Este autor distingue entre custodia compartida, que se produciría cuando ambos padres permanecen en la misma vivienda; y la custodia que se ejerce individualmente pero con carácter rotatorio, que vendría a ser la custodia alternada propiamente dicha. Esta última modalidad, señala el autor, tiene poca viabilidad práctica dados los focos de conflictos que produce el abandono de la vivienda para el regreso del otro padre o madre. Al mecanismo por el cual son los adultos los que dejan sus hogares periódicamente, VELÁSQUEZ, A. («Tenencia compartida...», *op. cit.*, pág. 8), le denomina «sistema de anidación».

(1127) LA LEY JURIS, 2497985/2006.

dre. La Audiencia señaló que la custodia conjunta reviste un carácter excepcional y que, en concreto, la modalidad de rotación establecida en primera instancia era incompatible con el proceso de la separación matrimonial, que «supone separación física de cuerpos y abandono por una de las partes del domicilio familiar»; agregando, además, que supondría o un cambio continuo de los progenitores en el domicilio familiar con cambio de costumbres y estilos difíciles de asimilar por los hijos, o un constante peregrinar de éstos al domicilio de cada una de las partes, lo cual resultaba, en definitiva, totalmente desestabilizador.

No obstante la premisa básica conforme a la cual el hijo debe tener la máxima libertad posible para acceder a cada uno de sus padres, resulta completamente compatible con la custodia compartida el establecimiento de su residencia sólo con uno de sus progenitores(1128). El silencio del Código Civil nos lleva a la ineludible conclusión de que el legislador no ha ordenado ni rechazado la indicación de un progenitor residente. En definitiva, serán las partes o, en su defecto el juez, quienes establecerán el modo en que se desarrollará la convivencia con el hijo según lo aconsejen las circunstancias del caso.

De todas formas, nos parece que la regla general teórica debiera ser la no designación de un progenitor principal, de modo que la custodia compartida alcance su más completa expresión a través del ejercicio conjunto de todos los derechos y deberes relativos al hijo, sin efectuar calificaciones especiales a favor de uno u otro. Sin embargo, considerando que para que esto se verifique deben concurrir condiciones de hecho específicas que favorezcan una participación relativamente proporcional en la convivencia del hijo, cuestión que será factible a través de la alternancia o rotación, lo más probable es que esta modalidad de residencia no sea la situación más habitual. Creemos que la regla general práctica será la designación de un progenitor principal que desarrolle de manera directa el cuidado del hijo, aunque compartiendo y, necesariamente, coordinando

(1128) En efecto, en Italia, antes de que se introdujera con mayor fuerza la custodia conjunta, ésta era entendida como la asunción global de todas las responsabilidades y poderes relativos a los hijos, incluso los relacionados con los aspectos más mínimos de la vida cotidiana de los hijos, lo cual no excluía la colocación de los hijos con uno de los progenitores, pero con la más amplia facultad del otro de ver a los hijos y tenerlos consigo cuando lo desee. Cfr. Dogliotti, M., *Separazione…, op. cit.*, pág. 166.

con el otro las responsabilidades parentales sobre la base de un proyecto educativo común y de un acuerdo o plan que, en condiciones de igualdad, individualice los respectivos deberes de cuidado.

Sin embargo, ello no puede conducir al extremo contrario, es decir, que el establecimiento de un sólo padre o madre residente se transforme en una «cláusula de estilo» en los casos que se haya adoptado la custodia conjunta. La desconfianza o el excesivo celo en la aplicación inicial de esta figura jurídica no pueden justificar que la regla general no sea la designación de ambos padres como asignatarios del cuidado de los hijos, sin matices que otorguen, en la práctica, más derechos a uno que a otro. El esfuerzo debe encaminarse a idear mecanismos de organización de la residencia que no excluyan a ninguno de los progenitores, atendidas siempre las circunstancias de hecho concurrentes. Así, si éstos viven relativamente cerca y durante el día el menor tiene libre acceso a ambos, bien puede éste disfrutar de un punto de referencia estable en el aspecto habitacional, viviendo con uno solo de sus padres. Asimismo, si las residencias se encuentran ubicadas a una distancia considerable, el hecho de que el hijo conviva habitualmente con uno solo de los progenitores no impide la aplicación de la guarda compartida si existen y son respetados los acuerdos relativos al ejercicio conjunto del cuidado personal y si, al mismo tiempo, el menor tiene la posibilidad de transcurrir ciertos períodos con cada uno de ellos. No existen, por ende, estructuras uniformes que puedan aplicarse con generalidad. A tal efecto, como veremos enseguida, no es necesaria una estricta proporcionalidad en la distribución de los lapsos de convivencia.

Es el juez quien debe determinar los tiempos y modalidades de la custodia compartida, considerando los acuerdos de las partes, en cuanto ellos garanticen los intereses del hijo. La autonomía de las partes alcanza gran relieve en esta materia, aunque cabe señalar que si los padres no son capaces de presentar un proyecto de responsabilidad parental compartida, el juez debe deberá determinar, de la manera más detallada posible, la residencia y los lapsos de alternancia, dejando a los progenitores la realización de los deberes de crianza, atención y formación diarios a través de los acuerdos que vayan adoptando cotidianamente.

A la custodia compartida con residencia alternada le han sido atribuidas las siguientes ventajas: los tiempos de permanencia con cada progenitor son elásticos y no necesariamente de la misma duración, en cuanto son establecidos en consideración a las exigencias sociales, los compromisos escolares, los propósitos culturales y deportivos de los menores y no al derecho idéntico de los ex cónyuges a la custodia de sus hijos; si no existen niveles importantes de conflictividad, el juez no entra a regular la organización de la alternancia, ya que la relación más o menos cordial entre los padres y la edad del hijo son pautas suficientes para que ella se desarrolle conforme a la evolución de las circunstancias; el menor asume un papel de protagonista sin sufrir pasivamente el cambio de residencia como una vivencia continua y reiterada; por último, como lo señalamos anteriormente, en ciertos casos (que deben valorarse con extremo cuidado y siempre que los recursos económicos y la situación de los padres lo propicien) puede disponerse que la alternancia sea efectuada por los progenitores en vez de los hijos, atribuyendo la residencia de la vivienda familiar a éstos[(1129)].

2.4.2.2. El cambio de domicilio del progenitor principal

En materia de residencia de los hijos cuyo cuidado se ejerce de forma compartida, resulta interesante analizar la especial relevancia que presenta el cambio de domicilio del progenitor principal.

A diferencia de lo que sucede con la guarda unilateral[(1130)], en la hipótesis de custodia compartida esta situación se encuentra condicionada por el hecho de permanecer el cuidado del hijo en manos de ambos padres, sin que ninguno de ellos tenga más facultades que el otro sobre los aspectos personales de la vida del menor.

Si la convivencia se desarrolla tanto en uno como en otro domicilio, sin designación de un progenitor principal, la mutación de cualquiera de las residencias alterará la vida cotidiana de los hijos y es posible que deba comprobarse la subsistencia de las circunstancias fácticas para un adecuado desarrollo de la rotación prevista (como la cercanía geográfica, por ejemplo). A su vez, si la custodia compartida se lleva a cabo a través de la alternancia de convivencias con designación de un progenitor principal, la fijación de la residencia habitual no pertenece a la esfera de determina-

(1129) Cfr. Grimaldi, M., «Affidamento congiunto...», *op. cit.*, pág. 312.

(1130) En este caso, como ya hemos puntualizado, el progenitor custodio que muda su domicilio, modifica también el del hijo que tiene bajo su cuidado. *Vid. supra* epígrafe 1.2.5.3 del Capítulo I.

ción exclusiva de uno de los padres, sino que integra el elenco de cuestiones —quizá la más importante— que deben ser fijadas de común acuerdo por los co-ejercientes. En este caso, mayores serán las perturbaciones si el cambio lo efectúa el progenitor con el cual los hijos pasan la mayor parte del tiempo, pues ello puede hacer imposible la custodia compartida toda vez que impide la plena participación de uno de ellos en la vida de los hijos comunes, y podría verse perjudicada la relación y comunicación que el hijo mantiene con el otro padre o madre. Incluso, el progenitor que no vive habitualmente con los hijos podría resultar afectado si esta modificación causa dificultades en el acceso a los mismos e irroga más gastos. A su vez, si disminuye la frecuencia y calidad del contacto con dicho padre o madre, los hijos podrían ver vulnerado su derecho a la coparentalidad.

En definitiva, todos estos casos hacen procedente un replanteamiento del régimen establecido, de manera que deben estipularse las adecuaciones correspondientes para la apropiada continuidad del mismo. A falta de previsión legal sería recomendable disponer en el convenio regulador o, en su caso, en la sentencia, la verificación de una notificación, comunicación, o bien, la revisión de las reglas adoptadas relativas a la residencia. Incluso, como posible solución, se ha señalado que el progenitor que ha motivado el cambio de domicilio se haga cargo de los respectivos costos que implica la nueva situación, toda vez que ella le resulte beneficiosa(1131).

Difiere el ordenamiento jurídico español de lo dispuesto en la legislación italiana que, tras la modificación introducida por la Ley de 8 de febrero de 2006, número 54, «sobre disposiciones en materia de separación de los progenitores y cuidado compartido de los hijos», dispone en el inciso final del art. 155 quáter del *Codice* que, en el caso que uno de los cónyuges cambie de residencia o de domicilio, el otro cónyuge puede solicitar, si el cambio interfiere con la modalidad de cuidado compartido del

(1131) Así lo ha señalado Scannicchio, N., «Commento...», *op. cit.*, pág. 245. Quizá, debido a la posible introducción de estas condicionantes, la SAP de La Rioja de 30 de enero de 2004 (LA LEY 27172/2004) señaló, sin fundamentar esta afirmación, que la custodia compartida puede restringir el derecho de cada persona a fijar su residencia y su libertad ambulatoria garantizados por el art. 19 de la Constitución. Por su parte, sobre la base de este precepto constitucional, la SAP de Valencia de 4 mayo de 2006 (LA LEY 110068/2006) descarta la posibilidad de acercar a la madre (que vive en Bilbao) al lugar de residencia del hijo (Valencia), rechazando de esta forma el establecimiento de la custodia compartida.

hijo, la redefinición de los acuerdos o de las medidas adoptadas, incluidas aquellas económicas.

En este mismo sentido, una solución muy apropiada a nuestro juicio es la propuesta por el Comité Mixto Especial sobre Custodia y Acceso del Parlamento de Canadá, creado en 1997 para evaluar la implementación en ese país de la custodia alternada como régimen de cuidado de los hijos tras el divorcio de los padres. Dicho Comité sugiere en la Recomendación núm. 30 de su Informe *For the Sake of the Children*(1132), que la Ley de Divorcio canadiense se modifique para exigir, vigente dicha modalidad de guarda: a) que el progenitor que desee cambiar de residencia acompañado de sus hijos, en caso de que la distancia requiera la modificación de las disposiciones sobre responsabilidad parental mutuamente acordadas o impuestas por los Tribunales, solicite autorización judicial con una antelación mínima de 90 días antes de la mudanza prevista, y b) que se avise al mismo tiempo al otro progenitor.

2.4.2.3. La vivienda familiar

Resulta evidente que sobrevenida la ruptura matrimonial o de pareja debe garantizársele al menor un espacio físico estable donde desarrollar sus actividades diarias, estudiar, comer, recrearse, dormir, etc. Es esencial que el hijo cuente con una habitación (en el sentido amplio de vivienda o morada) en la cual desarrollar su vida. En esta materia, el legislador español no ha previsto normas especiales relativas a la custodia compartida. El art. 96 del CC prescribe que «en defecto de acuerdo con los cónyuges aprobado por el Juez, el uso de la vivienda familiar y de los objetos de uso ordinario en ella corresponde a los hijos y al cónyuge en cuya compañía queden», de tal forma que la regla relativa a la vivienda familiar en materia de custodia de los hijos se refiere únicamente a la modalidad unilateral de la misma(1133).

Aunque el legislador nada ha puntualizado, entendemos que la disposición enunciada sufre una alteración sustancial si el sistema aplicable es la custodia conjunta. En efecto, creemos que no cabe aplicar el automatismo

(1132) Cfr. Special Joint Committee on Custody and Access, *For the sake…, op. cit.,* pág. 70.

(1133) A diferencia de la ley italiana, que contempla como criterio prioritario el mejor interés del hijo (art. 155 quáter del *Codice*).

del referido art. 96 del CC toda vez que la compañía de los hijos queda en manos de ambos progenitores co-custodios, independientemente del sistema de residencia que se acuerde entre los ex cónyuges o, en su defecto, el establecido por el juez[(1134)]. Con el establecimiento de la custodia alternada o sucesiva se instala en el Derecho español un nuevo concepto de vivienda y ajuar familiar posterior a la ruptura matrimonial. No se trata sólo del lugar físico en el cual habita el hijo, sino del contexto en que se desarrollarán, de manera participativa, su educación y formación integral, procurando mantener una cierta continuidad con el anterior entorno. En este sentido, se ha señalado que la noción del ambiente de vida tiene carácter compuesto: comprende cuestiones relativas al aspecto físico del lugar de residencia, a la valoración del mismo como contexto de las relaciones familiares y sociales, y a la estructura organizativa de la vida familiar[(1135)].

Dicho lo anterior, deberá tenerse siempre en consideración que el criterio más relevante para la atribución de la vivienda familiar está en asegurar el interés del hijo a conservar el ambiente doméstico en el cual ha desarrollado su existencia hasta la disgregación familiar. Sin embargo, no debe descartarse la ventaja que puede representar para el hijo el abandono de un hogar que ha sido permanentemente un verdadero «campo de batalla» de los padres. El alejamiento de un lugar ligado tan tristemente a dolorosos recuerdos puede beneficiar al menor en la medida que le produce una verdadera liberación. Del mismo modo, si los hijos están más estrechamente unidos a uno de los progenitores, con el cual se ha previsto su residencia principal, un cambio de domicilio puede provocar una motivación positiva en los menores respecto a la nueva destinación y, al mismo tiempo, la memoria «habitacional» puede ser ejercitada durante los períodos en que el hijo transcurra con el padre o madre que ha permanecido en la anterior residencia[(1136)].

El uso de la vivienda y ajuar familiar debe ser atribuido en función de lo establecido en materia de guarda y custodia. Así, si el régimen establecido

(1134) En este sentido se ha manifestado Tamayo Haya, S. («La custodia compartida...», *op. cit.*, pág. 681), para quien podría aplicarse analógicamente a la custodia compartida lo establecido en el párrafo segundo del art. 96 del CC, cuando existiendo varios hijos, unos quedan bajo el cuidado de un progenitor y otros bajo la guarda del otro padre o madre.

(1135) Así lo ha señalado Napolitano, L., *L'affidamento...*, *op. cit.*, pág. 47.

(1136) Cfr. Martinelli, P. y Mazza F., «La nuova disciplina...», *op. cit.*, pág. 472.

es la custodia compartida con residencia alternada, las partes o, en su caso, el juez, deberán determinar la localización principal de la vida del hijo a través de la asignación de la vivienda familiar al progenitor con el cual aquél vaya a habitar normalmente. De esta forma, si se prevé que los hijos transcurran la mayor parte del tiempo con uno de los padres, la atribución debiera recaer sobre éste. Entonces, una posible solución sería establecer como regla general subsidiaria, la asignación del uso de la vivienda y ajuar familiar al padre o madre que sea designado como residente principal.

Por el contrario, si los hijos comparten su convivencia de manera proporcional con uno y otro progenitor, se ha planteado la posibilidad de que sean los propios hijos los destinatarios directos de tal atribución. Ello podría tener cabida, por ejemplo, si el sistema de rotación consistiese en la alternancia de los padres y no de los hijos. En este caso, frente a las cuestiones suscitadas en razón del ejercicio de este derecho de uso concedido a los hijos, estarían llamados a actuar los padres, pues son éstos quienes, en virtud de la patria potestad, representan legalmente a aquéllos. Sin embargo, cierta doctrina rechaza esta solución señalando que la titularidad del derecho de uso y goce podría provocar colisiones con los derechos personales o reales de los progenitores que a la larga complicarían el cuidado y mantenimiento de los hijos[(1137)].

En definitiva, si ninguno de los padres puede ser considerado como conviviente principal en razón del mayor tiempo que se pasa con los hijos, creemos que el criterio que podría operar en estos casos es la atribución de la vivienda a la parte más necesitada de protección. En efecto, el uso de la habitación familiar no sólo protege los intereses de los hijos sino que también constituye un instituto dirigido a garantizar el equilibrio económico postdivorcio de los ex cónyuges, siendo del todo equitativo que la parte más desfavorecida patrimonialmente permanezca en ella[(1138)].

Por otra parte, no puede excluirse que la custodia compartida importe la asignación de más de una vivienda familiar, lo cual puede suceder si los progenitores tienen la posibilidad de residir en los distintos inmuebles

(1137) Así lo ha afirmado, en el Derecho italiano, PALADINI, M., «L'abitazione...», *op. cit.*, pág. 330.

(1138) En este sentido, en el Derecho italiano, PALADINI, M., «L'abitazione...», *op. cit.*, pág. 330.

que ambos detentaban antes de la separación, en propiedad —exclusiva o común—, o en arrendamiento. En este caso, el juez puede atribuir un inmueble a cada uno de los ex cónyuges siempre que se garantice que el hijo viva en un lugar previamente identificado como ambiente familiar[1139].

Por otra parte, se ha señalado que favorece el sistema de custodia compartida el hecho de que ambos progenitores dispongan de viviendas adecuadas en cada uno de los lugares donde se desarrollará la alternancia del cuidado personal. Así lo consideró, junto a otros factores, la SAP de Castellón de 14 de octubre de 2003[1140], al valorar como determinante el hecho de que cada uno de los padres tuviera, en la misma localidad, una vivienda acomodada a las necesidades de la menor, así como que ambos hubieran sabido ajustar su horario laboral a su contacto con ella, «de tal forma que como la madre trabaja por las tardes, su padre se encarga de recogerla del colegio, llevarla a extraescolares y darle de cenar en su domicilio, acompañando a la niña al domicilio cercano de la madre donde pasa la noche. El padre también lava la ropa de la niña. Si se resta el horario escolar y las horas de sueño, no sabríamos decir, en razón a su aparente equivalencia, si es el padre o la madre quien pasa más tiempo con la niña».

Este criterio parece lógico sobre todo en casos de custodia compartida con residencia alternada —que exige el traslado del menor de un domicilio a otro—, pues si las condiciones de vivienda favorecen dichos cambios de domicilio, se resguarda la estabilidad física y emocional del hijo. Como analizamos anteriormente, una de las principales desventajas aducidas con respecto a esta figura es el continuo peregrinaje a que se vería sometido el menor y que le ocasionaría dañosos desequilibrios. Pues bien, la adopción de medidas en el ámbito material beneficia el desarrollo de la alternancia en la custodia y aminora dichos efectos nocivos. En esta situación, podríamos entender que se está favoreciendo una mayor estabilidad emocional sacrificando, en cierto modo, la estabilidad física del menor. Éste compartirá su vida y afectos de manera equitativa con su padre y con su madre, debiendo residir, sin embargo, en la vivienda de uno y otro. Las circuns-

(1139) Cfr. Paladini, M., «L'abitazione...», *op. cit.*, pág. 330.

(1140) LA LEY 162043/2003. Categórica aparece en este contexto la SAP de Murcia de 26 de octubre de 1999 (LA LEY 147857/1999), al afirmar que la distancia entre los domicilios de los progenitores hace tan inviable como absurda una atribución compartida de la guarda y custodia.

tancias del caso, esto es, la condición habitacional, propician y justifican la decisión. Así, por ejemplo, con posterioridad a la reforma española de 2005, la SAP de Barcelona de 20 de febrero de 2007[1141] otorgó la custodia compartida de los hijos a ambos progenitores, no obstante vivir éstos en localidades distintas, en atención a que «la escuela de los menores se halla a una distancia intermedia entre las dos poblaciones, en las cuales los dos niños están plenamente arraigados, tanto en el ámbito familiar, como en el social, al haber vivido con anterioridad en los dos sitios siendo sus referentes altamente positivos en los dos entornos».

Por otra parte, cabe destacar que, cualquiera que sea la modalidad de custodia compartida establecida, conforme al principio de continuidad de las relaciones parentales, es sumamente aconsejable que ambos progenitores permitan recíprocamente su presencia en el interior de sus respectivas casas, de manera que se asegure el derecho del hijo a disfrutar de dicha comunicación en el contexto en que desenvolvía su vida familiar antes de la ruptura de sus padres.

Debe también tenerse en cuenta que la atribución de la vivienda y ajuar familiar deberá ser considerada en la regulación de las relaciones familiares de carácter económico, toda vez que ella forma parte del mantenimiento de los hijos y, por lo tanto, es un elemento de cómputo general en los gastos efectuados. Así, por ejemplo, si la casa asignada a uno de los progenitores es de propiedad del otro, éste estará contribuyendo a la manutención de los hijos en modo fácilmente valorable desde el punto de vista patrimonial: la suma que hubiese debido cobrar como renta o que habría podido ahorrar, en su caso, si hubiese cedido el inmueble a terceros o bien lo hubiese utilizado para sí mismo.

En este sentido, se ha afirmado que el «sistema de anidación» podría solucionar el problema habitacional al permitir que el domicilio familiar sea declarado como lugar de permanencia de los hijos y sean los padres lo que vayan rotando en la residencia de los hijos[1142]. Para nosotros, éste es un mecanismo que tendrá lugar en casos muy especiales, pues deben reunirse elementos de carácter económico, material y social. Es necesario disponer de tres viviendas: la principal, en la cual vivirán los hijos, y las propias del

(1141) LA LEY JURIS, 629/2007.

(1142) Así lo afirma Pous de la Flor, M., «Igualdad conyugal...», *op. cit.*, pág. 19.

padre y la madre, y por otra parte, los progenitores deben contar con los recursos económicos suficientes para mantener esos tres hogares. Creemos que estos dos requisitos revisten de un carácter elitista a esta tipología de custodia compartida. Además, los padres deben hacer gala de su tolerancia y respeto mutuos para ejercer, en el mismo espacio físico, aunque no coetáneamente, el cuidado que les corresponde con apego a las reglas básicas de organización del mismo previamente establecidas.

Éstas son algunas de las cuestiones relacionadas con la atribución de la vivienda familiar que deberán ser desarrolladas por la doctrina y la jurisprudencia, pues, como dijimos, el legislador de 2005 ha omitido puntualizar reglas básicas a su respecto en materia de custodia compartida. Dista bastante en ello de lo preceptuado por la reforma italiana de 2006 que, incluso, ha previsto una solución frente a la convivencia *more uxorio* del padre o madre asignatario en la casa objeto de la atribución, disponiendo el cese de la misma (art. 155 quáter, número 4, del *Codice*). De esta forma, el legislador italiano excluye la posibilidad de que nuevas relaciones amorosas se desarrollen en el inmueble familiar, adelantándose a los conflictos que pudieran surgir entre el nuevo conviviente y los hijos; privilegiando, naturalmente, el interés de estos últimos, quienes permanecerán en dicha casa con el otro padre o madre o bien con el anterior pero en virtud de un título diverso al que le fue retirado(1143). A nuestro juicio, esta nueva situación que, eventualmente, puede alterar la vida del hijo, debiera dar lugar a una revisión de lo dispuesto en materia habitacional pero no a un cese automático del derecho establecido.

2.4.2.4. Los lapsos de alternancia

Como hemos señalado, no existe una regla general o modelo predeterminado que fije los días, meses o semanas de los períodos de convivencia.

(1143) Cierta doctrina ha criticado esta norma. Así, DE FILIPPIS, B. (*Affidamento..., op. cit.*, pág. 123), ha indicado que esta norma está mal ubicada sistemáticamente, pues regula más bien las relaciones entre los progenitores y no entre éstos y los hijos. Agrega que habría sido mejor prever una compensación o resarcimiento de carácter económico sin repercusión en relación a los hijos. Otros, como MISSIAGGIA, M. («L'affido...», *op. cit.*, pág. 122), han señalado que esta norma vulnera el interés de los hijos en cuanto los deja desprovistos de la vivienda familiar. Por otra parte, se ha afirmado que esta disposición desaprueba la recomposición familiar y vulnera la libertad de contraer matrimonio o convivir *more uxorio*, cuestión que pone en duda su constitucionalidad. En este sentido, SESTA, M., «Le nuove...», *op. cit.*, pág. 387.

Tampoco es requisito que ellos sean distribuidos idénticamente entre padre y madre[1144]. Debe atenderse siempre la situación familiar en concreto. Basta con que sea equitativa y que, ante todo, permita al hijo mantener relaciones personales y contacto directo efectivo con cada uno de sus padres, teniendo siempre en cuenta su interés superior.

Se ha afirmado que el pacto sobre la alternancia en el cuidado será minucioso en los casos en que las familias tengan una rutina y estilo de vida consolidados. Un acuerdo genérico, si bien ofrece mayor flexibilidad en cuanto a la forma de responder a las más variadas exigencias tanto de los hijos como de los padres, por otra parte presenta un notable factor de riesgo en el surgimiento de diferencias entre estos últimos. La custodia compartida con distribución detallada de los tiempos de custodia podría decir: «El hijo transcurrirá la primera mitad del mes con el padre y la segunda mitad con la madre»; «El padre podrá tener consigo a los hijos por diez días y noches al mes, con inclusión de al menos dos fines de semana (viernes en la tarde-lunes por la mañana). Las específicas modalidades deberán ser acordadas hasta el final de cada mes»; o «El hijo vivirá con la madre durante el año escolar y transcurrirá con el padre el período de las vacaciones de verano». Si la alternancia de los períodos de convivencia es genérica, el convenio puede señalar que: «El cuidado de los hijos será fielmente dividido en consideración a las necesidades de los hijos. Los días y los tiempos específicos serán elaborados y aceptados por ambos progenitores de modo de garantizar la continuidad y la alternancia en consideración al mejor interés de los hijos y escuchado, en cuanto sea posible, sus pareceres»; o «Al inicio de cada mes los cónyuges establecerán los tiempos y los modos en que se dividirá la custodia de los hijos»[1145].

(1144) Ésta es también la opinión de Campuzano Tomé, H., «La custodia compartida...», *op. cit.*, pág. 2. Por otra parte, así se entiende en el Derecho estadounidense. En efecto, el art. *750 ILCS 5/602.1.d* de la *Illinois Marriage and Dissolution of Marriage Act* establece expresamente que ninguna de sus disposiciones deberá interpretarse en el sentido de que la custodia conjunta conlleve necesariamente el mismo tiempo de convivencia con cada progenitor. Asimismo, el núm. 3 de los *Missouri Revised Statutes, chapter 452, Dissolution of Marriage, Divorce, Alimony and Separate Maintenance, Section 452.375.1,* de 28 de agosto de 2001; y el *Code of Alabama, 1975, Acts 1996, núm.96-520, §30-3-153,* de 1 de enero de 1997, prescriben que por custodia conjunta no se entenderá necesariamente custodia física en porcentajes iguales.

(1145) Estas formulaciones pertenecen a Canali, O., «L'affidamento congiunto o custodia...», *op. cit.*, pág. 354.

Ciertos elementos que inciden en la fijación de estos lapsos de alternancia son la edad del hijo y las distancias entre los domicilios de los progenitores y entre éstos y los lugares en los que el menor desarrolla sus actividades cotidianas. Lo que debe salvaguardarse es que la vida escolar y social del hijo se vea lo menos alterada posible. De esta forma, si los padres fijan su residencia relativamente cerca el uno del otro, la alternancia en la convivencia puede ser más frecuente, ya que, por ejemplo, se facilitarán los traslados desde el establecimiento escolar o desde donde el menor desarrolle alguna actividad extra-académica, a cada uno de dichos domicilios.

Por otra parte, desde la psicología se señala que los abogados, jueces y padres que intenten implementar un calendario efectivo para el funcionamiento de la custodia compartida necesitan familiarizarse con: el modo en que los hijos entienden e integran las distintas estructuras del tiempo; la forma en que este factor se combina con los distintos niveles cognitivos del menor; y los efectos de ello en la capacidad de adaptación del hijo al acuerdo de responsabilidad compartida. La frecuencia y duración de las estancias son factores importantes para los menores, pues sus perspectivas del tiempo varían considerablemente dependiendo de sus edades y etapas de conocimiento. En efecto, cuando la forma en que se ha organizado la custodia conjunta no ha sido adaptada a la óptica que los hijos tienen del transcurso del tiempo (un día puede parecerles tan largo como lo que para los adultos es una semana), éstos son menos capaces de comprender las transiciones que se generan entre uno y otro lapso de convivencia y, de este modo, están más susceptibles a sufrir alteraciones[(1146)].

Un sistema de gestión de la custodia compartida preparado por psicólogos estadounidenses indica que es recomendable que la frecuencia de las relaciones entre cada progenitor y su hijo o hijos, en función de la edad de éstos, sea de cada dos días hasta la edad de un año, de cuatro entre los uno y dos años, semanal entre los tres y cinco años, bisemanal entre los seis y nueve años, de cuatro semanas entre los diez a los trece años y de seis semanas desde los catorce años en adelante. En definitiva, sólo después de los diez años el menor podría «resistir» una separación

(1146) Cfr. MAGID, K. y OBORN, P., «Children of divorce: a need for guidelines», *Family Law Quarterly*, 1986-87, págs. 333 y 334.

de los contactos superior a un mes[(1147)]. Los factores que deben ser considerados en la distribución de los lapsos de alternancia conforme a este modelo de distribución de los tiempos de convivencia son: la naturaleza del contacto (por ejemplo, una distancia geográfica significativa puede ser paliada a través de contactos telefónicos, fotografías, correos electrónicos, etc.); el estado físico y emocional del hijo (pues es necesario incorporar las variables relativas al grado de desarrollo del hijo, así como los problemas específicos o de idiosincrasia de cada menor en particular); el medio ambiente en el cual el hijo es considerado (con el objeto de brindar seguridad y bienestar al hijo); y la cantidad de lazos afectivos y cercanía entre cada padre y el hijo[(1148)].

El Consejo de los Derechos del Niño de Maryland prevé una mayor constancia en la comunicación parental. En efecto, aconseja la siguiente relación entre la edad del hijo y la frecuencia de los contactos con sus progenitores[(1149)].

Edad	**Frecuencia del contacto con ambos padres**
Menos de un año de edad	Una parte de cada día (mañana o tarde)
De 1 a 2 años	Días alternos
De 2 a 5 años	No más de dos días seguidos sin ver a cada uno de sus padres
De 5 a 9 años	Alternancia semanal, con medio día (mañana y tarde) de convivencia con el progenitor no conviviente durante esa semana
Más de 9 años	Alternancia semanal

(1147) Cfr. MAGID, K. y OBORN, P., «Children of...», *op. cit.*, pág. 341.
(1148) Cfr. MAGID, K. y OBORN, P., «Children of...», *op. cit.*, págs. 337-339.
(1149) http://members.tripod.com/~mdcrc/schedule.html. A su vez, en Suecia se ha señalado que cuando se trata de niños muy pequeños es especialmente importante aplicar el principio de los contactos «breves pero frecuentes» con el progenitor no residente. Ello permite al menor mantener el recuerdo del otro padre o madre entre los sucesivos encuentros, mientras que las separaciones del progenitor no conviviente le resultan más fáciles. Cfr. *Getting...*, *op. cit.*, pág. 13.

En definitiva, la alternancia puede ser semanal[(1150)], por fracción de semana[(1151)], quincenal[(1152)], mensual[(1153)], semestral[(1154)], por períodos escolares[(1155)], etc. La fijación de los lapsos responde, en suma, de las circunstancias de cada caso en concreto.

(1150) Así lo establece la SAP de Girona de 25 de febrero de 2001 (recurso de apelación núm. 488/2000): por semanas alternas que comenzarán y terminarán el domingo a las 20:00 horas, momento en que cada progenitor deberá dejar a la menor en el domicilio del otro. En este mismo sentido, la SAP de Castellón de 10 de abril de 2003 (LA LEY 69447/2003) estableció la custodia alternada semanal respecto de dos hijos de 13 y 15 años.

(1151) La SAP de Valencia de 9 de marzo de 2000 (LA LEY 55831/2000) estableció la custodia alternada del hijo de la siguiente forma: conviviría con su madre parte de la semana, concretamente los lunes, martes, miércoles y jueves hasta el mediodía y, con su padre, el resto de la semana hasta el final del domingo. En la doctrina, para Ortuño Muñoz, P. (*El nuevo régimen..., op. cit.*, pág. 55, nota núm. 44), éste es el mejor sistema de cuidado cuando los padres no viven en la misma ciudad.

(1152) La SAP de Baleares de 19 de abril de 1999 (Recursos de Apelación núms. 567/1998 y 624/1998) confirma la sentencia de primera instancia que otorga la custodia alternada de los dos hijos a cada uno de los cónyuges por períodos quincenales. En este mismo sentido, la SAP de Madrid de 22 de febrero de 2005 (LA LEY 42018/2005) agrega que los períodos vacacionales de Navidad, Semana Santa y verano, salvo acuerdo de las partes, se repartirán por la mitad, eligiendo el período correspondiente, el padre los años pares y la madre los impares.

(1153) La SAP de Valencia de 22 de abril de 1999 (LA LEY 66241/1999) atribuye la guarda y custodia de los hijos, alternativamente, al padre los meses pares y a la madre los meses impares, señalando que el progenitor que en el correspondiente mes no tenga encomendada la guarda y custodia podrá tener a los menores en su compañía los fines de semana alternos, de 10 de la mañana del sábado a las 20 horas del domingo, y todos los martes y jueves desde la salida del colegio por la tarde —durante los períodos vacacionales se entenderá desde las 17 horas— hasta las 20 horas; este régimen no sufrirá variación durante las vacaciones escolares. Sin perjuicio de lo cual, serán adoptadas conjuntamente por ambos progenitores las decisiones relativas a elección de centro escolar, sometimiento a intervenciones quirúrgicas, participación en viajes o actividades de riesgo, o cualesquiera otras que puedan afectar gravemente al armónico desarrollo de los menores.

(1154) Así ha sido establecido por una sentencia de primera instancia respecto de la cual se pronuncia la SAP de Granada de 3 de octubre de 2000 (LA LEY 177136/2000), que no modifica dicho lapso de alternancia. También pretendía la semestralidad, el recurrente en la SAP de Salamanca de 26 de abril de 2004 (LA LEY 96227/2004), que desestimó su pretensión en razón de la inestabilidad que ello podría generar en la niña de siete años de edad. Por su parte, la SAP de Córdoba de 1 de marzo de 2004 (LA LEY 52193/2004) concede la custodia alternada solicitada por la madre durante períodos semestrales. En la doctrina, Pérez Vega, A. («La guarda...», *op. cit.*, pág. 688), se inclina por esta periodicidad señalando que garantiza una mayor estabilidad física y afectiva.

(1155) SAP de Córdoba de 24 abril de 2006 (LA LEY 100628/2006).

Al respecto, se ha señalado que es conveniente que los lapsos de convivencia en la casa de cada progenitor inicien y acaben en días fijos. De esta forma, por ejemplo, sea cual sea la semana (corta o larga) los lunes el menor estará siempre con su padre y los jueves con su madre. La ventaja de este sistema es que es práctico y crea referencias fijas, tanto para los hijos como para los progenitores. Asimismo, se recomienda que para evitar domingos desalentadores (en los que la idea de separación asedia la mente sin parar) el comienzo y el término de cada período de convivencia coincidan con el ritmo escolar(1156).

2.4.2.5. El empadronamiento de los hijos sujetos a guarda y custodia compartida con residencia alternada

La distribución de los tiempos y espacios de convivencia del menor sujeto a guarda y custodia compartida con residencia alternada ha provocado en la práctica ciertas dificultades.

Así ha sucedido con el empadronamiento de los hijos cuyo cuidado personal los padres desarrollan sucesiva o alternadamente. La Instrucción de la Fiscalía General del Estado 1/2006, de 7 de marzo, «sobre la guarda y custodia compartida y el empadronamiento de los hijos menores», pone de manifiesto que, cuando dicha modalidad de cuidado personal es muy equilibrada se hace imposible determinar la residencia habitual del menor a efectos de empadronamiento. Teniendo en cuenta que el hecho de que el menor se encuentre inscrito en dos domicilios distintos a la vez constituye una irregularidad(1157), concluye que los hijos deben ser empadronados en uno solo de ellos, entendiendo que será preferente el de aquel con el que de acuerdo al cómputo anual el menor pase la mayor parte del tiempo. Y si el equilibrio de la alternancia de la convivencia impidiese determinar la

(1156) Así lo señalan Poussin, G. y Lamy, A., *Custodia..., op. cit.*, pág. 73. Esta distribución ha sido acogida por la SAP de Barcelona de 20 de febrero de 2007 (LA LEY JURIS, 629/2007), al señalar que *«no es conveniente ni aconsejable estimar la petición del Ministerio Fiscal de que se fije aquélla por semanas alternas, si no por días de la semana y partiendo la misma, ya que así se asegura una regularidad en la vida de los niños de forma que determinadas actividades las vincularán con las estancias en casa del padre o en casa de la madre, creando referencias fijas y, eso si alternándose los fines de semana»*.

(1157) La Instrucción cita en este sentido el AAP de Barcelona de 29 de noviembre de 1999 (rec. 850/1990).

residencia preferente, en principio, los dos progenitores deberán decidir de mutuo acuerdo el domicilio en el que debe ser empadronado el menor. La Instrucción agrega que los fiscales deberán velar por que en los convenios reguladores o, excepcionalmente a falta de ellos, en las resoluciones judiciales en que se opte por una guarda y custodia sucesiva equilibrada, se determine cuál ha de entenderse como domicilio del menor a efectos de su empadronamiento. Incluso, la Instrucción establece que, en estos casos, la conveniencia de la previsión sobre el empadronamiento del menor en las resoluciones recaídas en procedimientos matrimoniales, puede entenderse incluida en las cautelas procedentes que, conforme al apartado quinto del art. 92 del CC, debe adoptar el juez.

2.4.3. *La edad del hijo*

2.4.3.1. La guarda y custodia compartida durante la infancia del hijo

Se ha señalado que la guarda y custodia compartida sólo puede ser eficaz durante la primera etapa de la vida de un menor, entendiéndose como límite aproximado para ello el inicio de la enseñanza primaria, período durante el cual el protagonismo de los padres es casi total[(1158)].

Para un sector de la doctrina[(1159)], el criterio de la edad del hijo es el más indicado para determinar el establecimiento de una custodia compartida con residencia principal o privilegiada, o bien, una custodia compartida con residencia alternada. En este sentido, las más importantes escuelas de la Psicología referidas a la edad evolutiva (la del psicoanálisis y la conductista) están conformes en la individualización de los momentos más delicados durante la infancia y preadolescencia: la nutrición, el control de los esfínteres, el aprendizaje en el ámbito sexual y la consecución del dominio de su propia agresividad. Los psicólogos están también de acuerdo en que en estas etapas se viven verdaderas crisis evolutivas cuyo éxito determina la personalidad adulta pero que, como es evidente, en general se resuelven en el período preadolescente, esto es, cuando las funciones del «yo» (control

(1158) Al respecto, GRIMALDI, M. («Affidamento congiunto...», *op. cit.*, pág. 307), afirma que es particularmente aconsejable establecer la custodia compartida a favor de los niños de corta edad, pues con ello se protege la posibilidad de tener a su disposición más modelos adultos sobre los cuales construir su identidad.

(1159) Cfr. GRIMALDI, M., «Affidamento congiunto...», *op. cit.*, págs. 309-310.

motriz, percepciones sensoriales, memoria, afectos, pensamiento, etc.) se han desarrollado y las funciones morales de la personalidad han sido maduradas a través de dictámenes provenientes de los progenitores.

El temor a ser abandonado por el padre o por la madre y el sentimiento de culpa derivado de la sensación de poder ser la causa de la separación matrimonial, constituyen hechos desfavorables para el delicado proceso de crecimiento del hijo. La fijación o regresión a los estadios evolutivos precedentes pueden derivar de circunstancias negativas y, aunque no sean patológicas en sí mismas, pueden estar asociadas a manifestaciones de dicho carácter. De esta forma, resulta evidente la importancia que tiene para el menor mantener lo más posible una relación con ambos progenitores y, en igual medida, residir, por razones de estabilidad, con el progenitor más conciente de sus vivencias, más disponible a tomar en consideración sus exigencias, menos dispuesto a favorecer conductas de interdependencia. En definitiva, en estos casos será aconsejable determinar una custodia compartida con residencia principal o privilegiada.

2.4.3.2. La guarda y custodia compartida durante la adolescencia del hijo

Según algunos autores(1160), superada la primera etapa de la infancia, que es cuando el menor comienza a construir su propio entorno social, la custodia compartida vendría a trastornar notablemente su modo de vida. Ello se vería agudizado llegada la adolescencia, fase en la que se corre el riesgo de que el hijo, dada su intolerancia a la frustración, cambie de residencia ante cualquier contrariedad, utilizando esta facultad como factor de chantaje frente a cada uno de sus padres. Nosotros entendemos que este rechazo está más bien dirigido a la introducción de la custodia compartida con un régimen de residencia estrictamente alternado y no necesariamente a la guarda conjunta. En efecto, para otro sector de la doctrina(1161) su esta-

(1160) Así lo afirman Ragel Sánchez, L., «La guardia y custodia...», *op. cit.*, págs. 319-320, y García Pastor, M., *La situación jurídica..., op. cit.*, pág. 99. En Italia, Canova, L., y Grasso, L., «Ancora sull'affidamento...», *op. cit.*, pág. 737.

(1161) Así, Grimaldi, M., «Affidamento congiunto...», *op. cit.*, pág. 311; Dogliotti, M., *Separazione..., op. cit.*, pág. 167; y Carlini, G., «L'affidamento...», *op. cit.*, pág. 11. Todos ellos afirman la conveniencia de establecer la guarda y custodia compartida respecto de hijos adolescentes próximos a la mayor edad. En todo caso, cabe tener en cuenta que se ha destacado la escasez de investigaciones llevadas a cabo en el ámbito de la psicología acerca de este factor, evidenciándose más bien ciertos resultados contrablecimiento sería perfectamente aplicable para el caso de los adolescentes en la medida que los lapsos de convivencia sean concertados con el hijo. Así, se estima como particularmente importante que la marginalidad a la que son relegados los jóvenes por la sociedad actual y que prolonga su situación de dependencia, no sea reproducida privándoles de la posibilidad de expresar sus deseos acerca de la custodia. En especial, toda vez que sea posible introducir una custodia compartida a su respecto, es recomendable la participación del joven en la decisión acerca de la residencia, pues su edad y madurez psicológica le permiten desvincularse de la convivencia privilegiada sólo con uno de los padres.

Concordamos con la doctrina italiana en cuanto a que la edad del hijo no debe estar cuantificada por el legislador, siendo aconsejable que se fije en aquella que posibilite realizar efectivamente dicha modalidad de cuidado en el interés del niño y del adolescente. Los hijos deben contar con una edad que les permita gozar de un mínimo de autonomía de juicio o de madurez para poder expresar su punto de vista al juez sin padecer, pasivamente, las presiones de los progenitores y del resto de la familia paterna y materna(1162).

En España, la SAP de Las Palmas de 28 de febrero de 2005(1163) afirma, sin fundamentar este punto, que no es aconsejable establecer una custodia compartida respecto de menores de doce años sin que exista acuerdo de ambos progenitores y otras circunstancias que enuncia. La SAP de Córdoba de 1 de marzo de 2004(1164) recoge la opinión de los padres y del Equipo psicosocial en cuanto a que la hija de dieciséis años es una «persona formada», concediendo gran impotencia a la opinión favorable expresada por ésta respecto del régimen de custodia conjunta solicitado por la madre.

---

dictorios entre aquellas referidas a los hijos de corta edad y preadolescentes y faltando, en absoluto, estudios relativos a la etapa adolescente. Así lo han señalado Mannino, A. y Valvo, G., «Analisi critica...», *op. cit.,* pág. 85.

(1162) En este sentido, Canova, L., y Grasso, L., «Ancora sull'affidamento...», *op. cit.,* págs. 731-732, quienes señalan que podría aplicarse por analogía la edad de los doce años contemplados en la Ley italiana núm. 184 de 1983 sobre cuidado de los hijos y adopción.

(1163) LA LEY 47505/2005.

(1164) LA LEY 52193/2004.

2.4.4. La manutención del hijo

2.4.4.1. El sistema de «mantenimiento directo»

La gran mayoría de las sentencias que establecen la custodia conjunta mantienen el pago de una pensión alimenticia a cargo de uno de los progenitores, con la consiguiente valoración de la colaboración del otro[(1165)]. Por otra parte, nada ha dicho el legislador de 2005 en cuanto a los alimentos de los hijos cuya guarda y custodia se ejerce de forma compartida por ambos progenitores. De esta forma, la introducción de esta figura nos lleva a resolver ciertas cuestiones prácticas derivadas del hecho de que no existe sólo un asignatario exclusivo que asuma diariamente la gestión de los recursos económicos aportados por ambos padres sino que, siendo conjunto su cuidado personal, tanto el padre como la madre deben concurrir al mismo durante los períodos de convivencia. Es necesario, entonces, determinar la forma en que ambos progenitores participarán en el sostenimiento de las necesidades económicas de los hijos, ya que, en principio, ambos progenitores asumen la calidad de custodios, no debiendo existir, forzosamente (como ocurre con la guarda unilateral), un padre gravado con una pensión alimenticia. En este sentido, cabe señalar que adquiere especial relevancia la valoración económica de los deberes domésticos y de cuidado asumidos por cada uno de los progenitores durante los períodos de convivencia y, sobre todo, de aquellos que desempeña el padre o madre que, adquiriendo el carácter de residente principal, haya abandonado o reducido su actividad laboral para dedicarse a las funciones de crianza[(1166)].

La adecuada distribución de los gastos, así como los otros elementos que hemos analizado anteriormente, resulta de suma importancia para la

(1165) En este sentido se pronunció la SAP de Girona de 25 de febrero de 2001 (recurso de apelación núm. 488/2000). Por su parte, la SAP de Valencia de 22 de abril de 1999 (LA LEY 66241/1999) resolvió que el padre atendería todas las necesidades que los hijos tuviesen en los meses pares (en los que le correspondía la custodia); y el día primero de los meses impares (en los que la custodia le correspondía a la madre) abonaría a ésta las 60.000 pesetas de pensión alimenticia para cada menor. Por último, la SAP de Córdoba de 1 de marzo de 2004 (LA LEY 52193/2004) determinó una pensión alimenticia a cargo del progenitor que, por el período semestral de alternancia establecido, no tuviese consigo a sus hijas.

(1166) El costo de estos cuidados podría tener como base la suma que habría que desembolsar si se contratara a una persona para ello.

ejecución de la guarda y custodia compartida de los hijos. En principio, la asunción de los desembolsos de carácter fijo a satisfacer en una determinada fecha (por ejemplo, las mensualidades escolares) debiera determinarse de mutuo acuerdo por ambos progenitores, no debiendo presentarse mayores dificultades que las que pudieran haberse generado si el ejercicio de la custodia fuese unilateral. En cuanto a las necesidades pecuniarias de los hijos que se originan y deben solventarse diariamente con independencia de donde se lleve a cabo la convivencia, como la alimentación, locomoción y gastos de diversa índole, estimamos que la regla general debiera ser la del *mantenimiento directo* de los hijos durante los períodos de alternancia(1167). Así, si existe rotación de domicilios, la regla general sería la distribución de estos gastos de acuerdo a los períodos de convivencia con cada progenitor, de forma que en cada lapso fijado la madre o padre respectivo asuma los gastos correspondientes para satisfacer las necesidades de sustento del hijo común. La asistencia indirecta que realizaba el padre o madre no guardador a través de la pensión alimenticia debiera ser sustituida por un sistema que atribuya a ambos progenitores el deber de proveer directamente, en todo o en parte, a las exigencias del hijo.

Así lo establece la SAP de Valencia de 22 de julio de 2005(1168), a la cual ya nos hemos referido por ser uno de los primeros pronunciamientos que aplican la Ley 15/2005. Esta sentencia determinó el sistema de mantenimiento directo, pues no estableció ninguna pensión de alimentos, decidiendo que cada progenitor se hiciese cargo de la manutención de los menores en los períodos que estuvieran consigo. Asimismo, tras la entrada en vigor de la reforma de 2005, la SAP de Barcelona de 20 de febrero de 2007(1169) estableció que «cada progenitor deberá soportar y sufragar los gastos de manutención de sus hijos cuando permanezcan con él y en

(1167) En la legislación italiana, al contrario de lo que ocurría antes de la reforma introducida en 2006, la pensión alimenticia *(l'assegno)* no constituye más la forma ordinaria de manutención del hijo. Por otra parte, puede no comprender totalmente las necesidades del mismo y debe ser cuantificada sobre la base de criterios expresamente indicados por el legislador. En este sentido, DE FILIPPIS, B., *Affidamento..., op. cit.*, pág. 105. La regla del mantenimiento directo ha adquirido tal importancia en Italia, que se ha llegado a afirmar que, en atención de los amplios poderes atribuidos al juez en la materia, también en presencia de la custodia exclusiva puede aplicarse dicho sistema. Así lo ha señalado SESTA, M., «Le nuove...», *op. cit.*, pág. 385.

(1168) LA LEY 163697/2005.

(1169) LA LEY JURIS, 629/2007.

cuanto a los demás gastos de los niños deberán ser satisfechos por mitad entre ambos padres».

Este mecanismo, en cuanto involucra a cada progenitor en la cotidianeidad del hijo, contribuye al adecuado funcionamiento de la custodia compartida. En efecto, ambos asumen no solamente los gastos del hijo, como sucede con el padre no asignatario deudor de la pensión alimenticia en la guarda unilateral, sino también la responsabilidad de suministrarle una adecuada educación y formación integral y todo cuanto resulte necesario para satisfacer sus exigencias de vida y de socialización[1170]. Constituye un importante factor de cohesión entre el menor y ambos padres al crear ocasiones de búsqueda y contacto entre unos y otros, evitando la irresponsabilidad de los progenitores en orden a los problemas concretos de los hijos[1171]. Por otra parte, este sistema admite que la manutención no comprenda todos los tipos de gastos del hijo y que, por ende, algunos de ellos puedan ser satisfechos de manera inmediata como, por ejemplo, los traslados hacia y desde la casa o el instituto, con la correspondiente determinación de una suma de dinero suplementaria.

De todas formas, estimamos que existen situaciones que aconsejan la fijación de una pensión alimenticia. Así sucede en los casos en que uno de los padres tiene una situación económica más consolidada que el otro, o en aquellas hipótesis en que la asunción de los gastos asociados a las actividades y costumbres cotidianas del hijo sólo durante determinados meses del año, hacen demasiado gravoso el régimen de mantenimiento directo del padre o madre que en ese período convive con el menor. En estos casos puede disponerse una pensión alimenticia que reequilibre las situaciones patrimoniales de los progenitores, atendiendo a las circunstancias del caso y siempre que el interés del hijo lo justifique. Además, su determinación es conducente en cualquier situación que impida seriamente el sustento

(1170) En este mismo sentido, DE FILIPPIS, B. y CASABURIS, G., *Separazione…, op. cit.*, pág. 343.

(1171) Así lo ha manifestado DE FILIPPIS, B., *Affidamento…, op. cit.*, pág. 78. El autor ilustra esta cualidad con el siguiente ejemplo. El hecho de que el padre deba ocuparse de la adquisición de ropa para los hijos en cada cambio de estación no implica solamente el pago de la misma sino también que el acompañamiento en la decisión responde a la idea de continuidad de la relación filial y que, por lo tanto, puede ser un instrumento concreto de actuación de la coparentalidad postconyugal. En este mismo sentido, MAGLIETTA, M., «Quelle interpretazioni sull'affido condiviso che rischiano di pregiudicarne le finalità», *Guida al Diritto*, núm. 11, 2006, pág. 12.

cotidiano y directo del hijo como sería, por ejemplo, el hecho de que las residencias de los progenitores estén ubicadas a una distancia considerable. Asimismo, nos parece evidente que una distorsión en el goce y desempeño de este derecho-deber de alimentos puede perfectamente provocar la intervención judicial en el sentido de invertir el mantenimiento a una modalidad indirecta. Así por ejemplo, si uno de los progenitores no cumple adecuadamente y de acuerdo a sus posibilidades las necesidades del menor, constriñéndole a requerimientos y largas esperas, el mantenimiento directo se transformaría en un instrumento de manipulación, ante lo cual el juez deberá fijar una pensión alimenticia para que sea administrada por el progenitor que ofrezca mayores garantías de competente cumplimiento[(1172)].

2.4.4.2. La distribución de los gastos extraordinarios

La apreciación de las circunstancias de hecho para la determinación de la pensión alimenticia resulta especialmente relevante en el caso de la custodia conjunta. Por ejemplo, no obstante la existencia de un sistema de mantenimiento directo, subsiste el problema del reparto de los desembolsos de carácter extraordinario. En efecto, durante los períodos en que el hijo permanece con uno y otro progenitor pueden generarse gastos imprevistos derivados de enfermedades, intervenciones quirúrgicas, del desarrollo de actividades académicas no contempladas, etc.[(1173)].

(1172) Cabe señalar que, hasta ahora, el cumplimiento de las pensiones alimenticias está garantizado por las acciones ejecutivas civiles generales y por algunas normas especiales (como el sistema de multas del art. 776 de la LEC; las retenciones de pensiones, saldos, depósitos y valores, o bien, por las disposiciones establecidas en materia de embargo de bienes que prevén beneficios del crédito alimenticio tanto en el orden de proceder como en la ausencia de límites mínimos de sueldos y pensiones). Por su parte, en el ámbito penal, la ejecución de este deber alimenticio está garantizada por la tipificación del delito de impago de pensiones regulado en el art. 227 del Código Penal. Además, como lo señalamos anteriormente, la Ley 15/2205 ha previsto la creación futura de un fondo de garantía estatal de las pensiones alimenticias. *Vid. supra* notas núms. 31 y 32 de este Capítulo.

(1173) La SAP de Valencia de 5 abril de 2006 (LA LEY 118800/2006) define los gastos extraordinarios como «*todos aquellos gastos no periódicos que por su entidad no se incluyen en la pensión de alimentos, como los gastos médicos y farmacéuticos no cubiertos por la Seguridad Social, así como aquellos otros gastos que por su entidad así se derive y se trate de una actividad consentida por ambos progenitores*».

A este tipo de gastos se refiere la SAP de Castellón de 10 de abril de 2003[(1174)]. En este pronunciamiento, el juez establece el mantenimiento directo señalando que los gastos de carácter cotidiano son asumidos por el progenitor que en cada momento tiene a los menores consigo. A su vez, ordena que los desembolsos que no tienen tal calidad se sufraguen con cargo a un fondo conformado por contribuciones mensuales de cada padre y madre, en razón de 60% y 40%, respectivamente, atendidas las capacidades económicas de cada uno de ellos. En cuanto a la gestión de este capital, la sentencia señala que «si compartida es la custodia y compartida por ello la obligación de atender en cada momento a las necesidades de los hijos comunes, compartida ha de ser la administración», rechazando que ésta deba ejercerse exclusivamente por la madre por no ser suficientes argumentos su pretendida mayor cualificación o dedicación, ni las malas o inexistentes relaciones entre los progenitores, agregando que de ser cierta tal situación la atribución unilateral de tal cometido sólo serviría para nutrir la desconfianza del progenitor marginado acerca del recto desempeño por parte de la esposa.

Como vemos, en la práctica, la repartición que se pacta no es del todo expedita, dado el sinnúmero de inconvenientes e imprevistos que pueden presentarse[(1175)]. Así lo pone de manifiesto la SAP de Granada de 3 de octubre de 2000[(1176)] que se pronunció sobre la modificación de una convivencia alternada ordenada en primera instancia. La esencia de la alteración consistía en que, al acordarse que los hijos vivieran por semestres con cada uno de sus progenitores, se dejaba sin efecto la pensión alimenticia impuesta inicialmente al padre en la sentencia. Sin embargo, al mismo tiempo, se acordaba que dicho convenio tendría vigor hasta el 31 de mayo

(1174) LA LEY 68953/2003.

(1175) Al respecto, Canali, O. («L'affidamento congiunto o custodia...», *op. cit.*, pág. 355), señala que en cuanto a la manutención de los hijos, el convenio de los padres en el cual se acuerda la custodia compartida podrá indicar: «Las partes convienen en que cada una de ellas asumirá los gastos necesarios para el mantenimiento, la educación, la salud, el esparcimiento y los períodos de vacaciones de los hijos por el lapso en que los mismos estén bajo el cuidado de cada una de ellas»; «Al cónyuge temporalmente no conviviente le corresponderá entregar la suma mensual de... para concurrir a los gastos necesarios de mantenimiento, educación, salud y esparcimiento de los hijos»; o «Los gastos necesarios para el mantenimiento (etc.) [...] de los hijos serán igualmente divididos entre el progenitor temporalmente conviviente y el otro progenitor, según una rendición de cuentas mensual que el progenitor momentáneamente conviviente presentará al otro».

(1176) LA LEY 177136/2000.

de 1997, tras lo cual se decidiría de común acuerdo continuar con dicho régimen o volver al establecido en la correspondiente resolución judicial. Además, se condicionaba dicho nuevo régimen a que los hijos decidieran convivir con el progenitor a quien no le correspondía tenerlos bajo su compañía, en cuyo caso, surgía para el otro padre o madre no custodio la obligación de abonar al otro la pensión alimenticia establecida en la sentencia. En definitiva, la combinación de repartos de tiempos de convivencia y desembolsos originó una confusión que llevó al recurrente a mantener su obligación de satisfacer aquellos períodos comprendidos en el semestre que le correspondía tener a sus hijos pero que, por decisión de éstos, no se había verificado, siendo procedente efectuar operaciones aritméticas que contemplasen los gastos que a la madre también le correspondía asumir.

En suma, atendido lo anterior, creemos que la mejor forma de prevenir desequilibrios y desórdenes económicos respecto de la manutención de los hijos es que cada progenitor asuma los gastos cotidianos de aquéllos durante el período de convivencia determinado en su favor, y que se establezca un fondo común mensual, de administración compartida, para los gastos de carácter extraordinario (tal y como lo ordenó la SAP de Castellón de 10 de abril de 2003 antes comentada)[(1177)]. De esta manera, cada padre y madre se vería obligado a aportar una suma determinada, fijada en atención a su realidad económica y a las necesidades no habituales de los hijos, la que, sumada a la proporcionada por el otro progenitor, constituiría un capital del cual cada uno de ellos sustraería, en los períodos determinados para las alternancias de convivencia, la suma requerida para cubrir las necesidades no corrientes del hijo. Todo ello, con la correspondiente obligación de rendición mensual de cuentas y el deber de controlar, tras dicho lapso, la administración realizada por el otro. La SAP de Madrid de 22 de febrero de 2005[(1178)] establece un sistema parecido al propuesto: «cada uno de los progenitores asumirá los que se deriven de la manutención diaria en los períodos de convivencia, con cada uno de ellos, debiendo para los gastos escolares —los que se han de domiciliar, y otros en general derivados de los alimentos del hijo— efectuar ingresos mensuales de 180 euros cada uno de los progenitores, en una cuenta común que se ha de aperturar a tal

(1177) En un sentido similar se pronuncia Pérez Salazar-Resano, M. («Patria...», *op. cit.*, pág. 201), previendo, para los gastos extraordinarios, el establecimiento de una obligación de contribuir en la proporción pactada a tal efecto.

(1178) LA LEY 42018/2005.

efecto y de la que no se podrá disponer sino es con la autorización y del consentimiento del otro».

2.4.5. *El régimen de comunicación y estancia*

La introducción de la guarda y custodia compartida se basa, como hemos señalado, en la continuación de relaciones afectivas armónicas y proporcionadas entre padres e hijos no obstante la ruptura matrimonial. Si bien antes de la reforma de 2005 se advertía un creciente abandono de la denominación «derecho de visitas», que cedía así paso al «régimen de comunicación y estancia», el principio del derecho a la coparentalidad, reforzado con la introducción de la custodia conjunta, justifica aún más la relegación de dicha figura a una función prácticamente residual. En efecto, si el establecimiento de la custodia compartida fuese la regla general a implantar en la nueva realidad familiar podría incluso pensarse que la regulación tradicional del régimen de comunicación y estancia entre hijo y padre no conviviente carece de sentido, siendo más apropiado hablar, en general, del sistema por el cual los dos progenitores sostienen una efectiva y equilibrada relación con el hijo sujeto a la guarda y custodia de ambos, sin distinguir entre guarda y régimen de comunicación y estancia.

Sin embargo, en conformidad a la actual regulación de la custodia compartida, entendemos que, como regla general, debe acordarse un sistema de comunicación a favor del padre o madre que no tenga consigo a los hijos durante el período de alternancia establecido[1179]. Esto significa que, no obstante la vigencia de la custodia compartida, deben determinarse ciertas reglas conforme a las cuales el progenitor no residente continúe relacionándose con su hijo de forma que, pese a la ausencia de contacto físico, ejerza el cuidado personal que le ha sido concedido a través de dicha figura. La forma y la frecuencia dependerán, entre otros factores, de la duración de dichos lapsos de convivencia y de la distancia entre residencias. En todo caso, la clásica determinación de las relaciones directas y regulares a través de visitas y/o estancias semanales o quincenales, solamente tendrá aplicación en los casos en que la custodia sea unilateral.

(1179) Así lo ha entendido la jurisprudencia, según da cuenta la SAP de Córdoba de 1 de marzo de 2004 (LA LEY 52193/2004), que mantiene el régimen de comunicación que venía desarrollándose antes de que la madre solicitara el establecimiento de la custodia compartida. En la doctrina, también es de esta opinión GUILARTE MARTÍN-CALERO, C., «Comentarios del nuevo...», *op. cit.*, pág. 153.

Esta nueva concepción responde a la idea de que ambos progenitores están en un plano de igualdad frente al hijo en cuanto al tiempo que se debe transcurrir con ellos, independientemente de que la residencia principal sea determinada a favor de uno solo con carácter permanente o que, en cambio, ésta sea de carácter rotativo. Recordemos que la custodia compartida no comporta una igualdad cuantitativa de los lapsos de convivencia sino que pone fin a la situación en virtud de la cual uno de los padres permanece involucrado en la vida del hijo y el otro totalmente ajeno[(1180)].

2.4.6. El ejercicio de la patria potestad

Tampoco se ha referido el legislador a la nueva dimensión que adquiere el ejercicio de la patria potestad en sede de custodia compartida. Al respecto, entendemos que la guarda y custodia conjunta otorga a ambos progenitores una efectiva participación en la totalidad de los derechos y deberes que importa esta institución. En efecto, el ejercicio compartido del cuidado de los hijos implica no sólo la concurrencia de ambos padres en la adopción de las decisiones de mayor interés para los hijos sino también, y éste es el rasgo distintivo que la guarda compartida imprime al ejercicio de la patria potestad, de las cuestiones de carácter ordinario que respectan a los hijos. En otras palabras, ambos padres están facultados para intervenir en las resoluciones que deban asumirse en el plano cotidiano de la vida de los hijos, aunque no debe descartarse la posibilidad, en algunos casos imprescindibles, de asignar potestades separadas para determinados ámbitos. Así, si los padres comprenden el verdadero alcance del ejercicio compartido de la guarda, llegando a puntos de acuerdo en lo que se relaciona con el desarrollo formativo del hijo, ambos continuarán ejercitando la patria potestad tal como lo efectuaban cuando existía matrimonio. En caso contrario, es decir, si las partes no son capaces de colaborar positivamente, el juez puede determinar,

(1180) Así se ha entendido en Italia, donde la «facultad de visita» ha sido sustituida por la fijación de los «tiempos y modalidades de la presencia del hijo con cada uno de los progenitores» (inciso segundo del art. 155 del Código Civil italiano), aunque en la vida diaria éstos sean desproporcionados. En efecto, la doctrina italiana ha entendido que el art. 155, inciso cuarto, núm. 3, del *Codice*, al indicar como parámetro para la cuantificación de los alimentos «los tiempos de permanencia con cada progenitor», deja implícito que el cuidado compartido regulado por la reforma de 2006 no impone una identidad de tiempos de convivencia con cada uno de ellos. Cfr. PALADINI, M., «L'abitazione...», *op. cit.*, pág. 329.

con el fin de evitar problemas futuros, la distribución de ciertos deberes entre los padres, como por ejemplo, establecer que a uno de ellos corresponda la dirección del desempeño escolar y al otro la del plano deportivo y sanitario. La división de estas funciones dependerá, en todo caso, de la realidad familiar específica, de los estilos y hábitos de vida de los integrantes de la misma y de las inclinaciones del hijo. Se trata, en definitiva, de una medida encaminada a disolver los obstáculos que impiden un normal desenvolvimiento de la guarda y custodia compartida.

A la posibilidad de distribución de las funciones que comprende la patria potestad se refiere el párrafo cuarto del art. 92 del CC al establecer que «los padres podrán acordar en el convenio regulador o el Juez podrá decidir, en beneficio de los hijos, que la patria potestad sea ejercida total o parcialmente por uno de los cónyuges», reforzando así la disposición contenida en el art. 156 del CC que, para el caso en que los padres viven separados, prevé que la patria potestad sea ejercida por aquel con quien el hijo conviva, para agregar enseguida que, no obstante ello, el juez, a solicitud fundada del otro progenitor, podrá, en interés del hijo, atribuir al solicitante la patria potestad para que la ejerza conjuntamente con el otro progenitor o *distribuir* entre el padre y la madre las funciones inherentes a su ejercicio. Recordemos, además, que dicho artículo ofrece una solución similar para los casos en que, no existiendo separación, los desacuerdos entre los padres sean reiterados o si concurriere cualquier otra causa que entorpezca gravemente el ejercicio de dicha institución. En ambos casos, el juez puede atribuir total o parcialmente el ejercicio de la patria potestad a uno de los padres o *distribuir* entre ellos sus funciones, medida que tendrá vigencia durante el plazo que se determine y que no podrá exceder de dos años. Si las disconformidades no revisten tales dimensiones, cualquiera de los dos padres puede acudir al juez quien, después de oír a ambos y al hijo si tuviera suficiente juicio y, en todo caso, si fuera mayor de doce años, atribuirá sin ulterior recurso la facultad de decidir al padre o a la madre[1181]. Por último, cabe señalar que si el juez o las partes decidieran

(1181) Mientras el legislador español distingue con mayor flexibilidad, a nuestro juicio, entre desacuerdos reiterados y no reiterados como factor determinante para la distribución de las facultades de la patria potestad entre ambos progenitores, el inciso cuarto del art. 155 del Código Civil italiano permite dicha división sólo en las cuestiones de ordinaria administración, descartándola en las situaciones de particular importancia para la vida y el futuro del menor.

llevar a cabo esta división de facultades de la patria potestad, de acuerdo con el último párrafo del mencionado art. 92 del CC, podrá recabarse dictamen de especialistas debidamente cualificados en cuanto a la idoneidad del modo de ejercicio de la misma.

A nuestro parecer, este mecanismo es una solución a la que el juez debe recurrir una vez agotados los intentos por instruir a las partes sobre el verdadero papel y valor de la custodia compartida y el respeto al mejor interés y beneficio del hijo. Para el adecuado ejercicio conjunto de la guarda es aconsejable que el acuerdo de los padres concurra no solamente al momento del establecimiento de la custodia compartida, sino que perdure durante el ejercicio del cuidado personal del hijo, y que los eventuales conflictos sean asumidos de acuerdo a las reglas de recomposición del desacuerdo y no de la adjudicación de derechos. Ello puede efectuarse a través de providencias que determinen, con la mayor claridad y detalle posible, la forma en que ha de solucionarse la situación que genera dificultades e, incluso, siempre con el objeto de evitar ulteriores diferencias, no debe descartarse la posibilidad de que el juez, e idealmente el mediador, haga ver al padre o madre que impide el adecuado cumplimiento del ejercicio compartido, el error que está cometiendo o la negligencia en que está incurriendo.

En definitiva, durante la alternancia de la convivencia es posible distinguir ciertas combinaciones con respecto al ejercicio de la patria potestad. Al diferenciarse en España entre titularidad y ejercicio de ésta, la custodia compartida presenta diversas posibilidades en relación con la patria potestad que coexiste:

• Custodia compartida, titularidad y ejercicio conjunto de la patria potestad: ambos progenitores son titulares de la patria potestad y conservan el ejercicio de ésta. Ésta será la hipótesis habitual, ya que la exclusión y privación de la titularidad de la patria potestad procede excepcionalmente y por circunstancias graves (arts. 111 y 170 del CC). Simultáneamente, la responsabilidad general sobre el menor se encuentra siempre compartida por los padres, puesto que ambos conservan la titularidad y ejercicio de la patria potestad. Lo único que se altera durante los períodos de convivencia es la potestad sobre el cuidado personal directo con el hijo.

Éste es el mecanismo que estimamos más adecuado al interés del hijo y que mejor facilita el desenvolvimiento de las funciones parentales conforme a la lógica asociativa que gobierna la custodia compartida. No sucede lo mismo, a nuestro juicio, en las dos situaciones que pasaremos a describir a continuación, pues ellas prevén un traspaso *in totum* de la patria potestad al progenitor que ejerce la guarda y custodia de los hijos durante el período pactado, mientras que al otro padre o madre le es concedido solamente el derecho a disfrutar del régimen de comunicación con su hijo y a ejercer el derecho de vigilancia y control durante el lapso correspondiente(1182). Esta configuración del ejercicio de la patria potestad puede producir dificultades prácticas. En efecto, como señalamos anteriormente, las relaciones entre los progenitores están regidas por el art. 156 del CC, de manera que los desacuerdos surgidos entre ellos deberán resolverse conforme al mecanismo previsto en su párrafo segundo, siendo necesaria la intervención judicial para su resolución. Por otra parte, podrán producirse conflictos frente a terceros en el ejercicio de la facultad de representación del hijo. En suma, estos mecanismos contradicen la lógica de participación sobre la cual descansa la custodia compartida, pues el acuerdo de las partes resulta necesario únicamente al adoptar la decisión por la cual ella se establece sin que se exija una mediana continuidad del mismo respecto de ciertas cuestiones relativas al hijo. Veamos estas dos hipótesis.

• Custodia compartida y titularidad conjunta con alternancia en el ejercicio de la patria potestad: ambos padres son titulares de la patria potestad, pero la convivencia con el hijo en cada período acordado acarrea el ejercicio de la patria potestad. Durante dicho lapso, sólo uno de los padres vive con el hijo y ejerce, a la vez, exclusivamente, la patria potestad.

• Custodia compartida y titularidad conjunta con ejercicio exclusivo unilateral de la patria potestad: ambos padres son titulares de la patria potestad y entre ellos existe alternancia en la guarda y custodia del menor. No obstante, sólo uno de ellos ejerce siempre, y de forma exclusiva, la patria potestad (aunque el otro progenitor conserva la titularidad de la

(1182) Al respecto, Rivera Álvarez, J. M. («La custodia compartida...», *op. cit.,* pág. 147) y Guilarte Martín-Calero, C. («Comentarios del nuevo...», *op. cit.,* pág. 159), rechazan la existencia de estas combinaciones, ya que no es posible hablar propiamente de custodia compartida sin que se atribuya el ejercicio cotidiano de la patria potestad en su ámbito diario. Para nosotros no es que esta alternativa sea inconcebible jurídicamente, pues el texto de la ley lo permite, sino que es desaconsejable por las dificultades prácticas que pueden presentarse.

misma). De esta forma, el padre o madre a quien corresponde convivir con el hijo durante un determinado período no puede efectuar ningún acto a que autorice la patria potestad, ni siquiera los de carácter ordinario. Por esta razón, y aunque la hipótesis está permitida en la ley, esta combinación puede resultar engorrosa en la práctica. Sin embargo, si se garantiza suficientemente el interés del hijo, cuestión que dudamos, no debiera existir oposición judicial.

La siguiente y última modalidad merece las mismas críticas de orden práctico que las dos combinaciones anteriores. Sin embargo, como hemos señalado, puede tener cabida en situaciones excepcionales de custodia compartida que exijan una división de funciones de la patria potestad entre los progenitores.

• Custodia compartida y titularidad conjunta con ejercicio parcialmente distribuido de la patria potestad: cada progenitor ejerce la patria potestad en un delimitado campo de acción; el ejercicio de dicho derecho-función se haya dividido, por lo cual, en cada lapso de alternancia, el correspondiente padre o madre ejerce su derecho a la guarda del hijo paralelamente al ejercicio de su parte en la patria potestad.

2.5. La guarda y custodia compartida y clases sociales

Resulta interesante abordar los diversos niveles de aplicabilidad que alcanza la custodia compartida dependiendo de los sectores sociales y económicos a los que pertenecen las familias en que dicha figura es establecida. En efecto, ciertos núcleos familiares organizados bajo este sistema de cuidado de los hijos presentan un perfil tan peculiar en comparación con aquellos en que, comúnmente, opera la guarda unilateral, que la custodia alternada podría llegar a considerarse un fenómeno de élite. Al respecto, algunos estudios a los que aludiremos a continuación, han arrojado que los padres que ejercen este tipo de guarda tienen, generalmente, un nivel de instrucción y renta elevado. Ello parece estar unido a factores de orden económico y logístico, pues mantener a un hijo respecto del cual se ejerce la custodia compartida (especialmente si la alternancia es frecuente) resulta bastante costoso. Así, por ejemplo, los progenitores deben disponer de dos casas en las cuales el hijo pueda gozar de un espacio propio y, como hemos señalado anteriormente, en algunos casos excepcionales, pueden llegar a necesitarse incluso tres viviendas, ya que puede que el menor resida establemente en una y sean los padres quienes convivan con él sucesivamente.

A través de una investigación llevada a cabo en Estados Unidos a fines de la década de los años ochenta del siglo pasado, PEARSON y THOENNES[(1183)] sostuvieron que las familias con custodia compartida poseían grados de educación y de ingreso más altos que aquellas en las cuales existía una custodia unilateral. A juicio de las autoras, el cuidado conjunto o alternado de los hijos resultaría más atractivo y factible para los segmentos más ricos e instruidos de la población, por las siguientes razones. En primer lugar, el costo económico que representa el desarrollo de este tipo de custodia produce una carga patrimonial que relativamente pocas personas pueden realmente afrontar. En segundo lugar, los progenitores beneficiados con esta figura gozan de una mayor flexibilidad en sus horarios laborales, lo cual les permite dedicarse al cuidado regular de sus hijos. Por último, es posible que las mujeres que trabajan a tiempo completo en ocupaciones asociadas a ingresos altos tengan una identidad profesional fuerte y estén más inclinadas a adoptar tal tipo de sistema de cuidado, pues obtienen cierta satisfacción de los roles no parentales.

En otra investigación estadounidense de fines de los ochenta y principios de los noventa, también del siglo pasado, ARDITTI[(1184)] analizó los niveles sociales y económicos de los progenitores en relación a la manutención de los hijos. Su estudio arrojó que los factores más decisivos para el cumplimiento de dichos alimentos eran el estatus financiero de sus padres y la cooperación parental. El hecho de que los padres (varones) que gozaban de una custodia compartida tuviesen mayor disposición frente a la asunción y ejecución de sus responsabilidades de mantenimiento, encontraba una explicación más convincente en el nivel económico superior del cual se gozaba que en el tipo de cuidado ejercido. En todo caso, el autor agregaba que las visitas y la participación parental eran elementos importantes de la asistencia financiera suplementaria para el sostenimiento de los hijos.

Aunque nos parece demasiado apresurado efectuar una valoración de la aplicación de la reforma española de 2005, estimamos que la custodia

(1183) Cfr. PEARSON, J. y THOENNES, N., «Custody After Divorce: Demographic and Attitudinal Patterns», *American Journal of Orthopsychiatry*, vol. 60, 1990, págs. 236-237.

(1184) Cfr. ARDITTI, J. A., «Differences between...», *op. cit.*, pág. 188.

compartida no necesariamente debe asociarse a un estatus socioeconómico alto. Creemos que las circunstancias materiales necesarias para su concreción dependen, en gran medida, de las condiciones en que se pacte este sistema de cuidado y, sobre todo, del tipo de alternancia prevista. Así, si se acuerda la designación de una residencia principal es posible pronosticar que los desembolsos no serán mayores a los que se generarían si el sistema de custodia fuese unilateral, pues recordemos que, en dicho caso, para el cumplimiento del régimen de comunicación y estancia también es necesario efectuar ciertos gastos de traslado y mantenimiento e, inicialmente, realizar desembolsos que permitan generar el espacio físico apto en la vivienda del progenitor no custodio para que dicho régimen se lleve a cabo. De esta forma, el padre que no convive habitualmente con el menor debería, fundamentalmente, comprometerse a contar con una habitación que permita al hijo realizar adecuadamente sus actividades normales durante los lapsos en que resida con él. Más oneroso es el «sistema de anidación», pues en este evento se requieren tres viviendas: una para los hijos y dos para cada uno de los progenitores.

Nuestra opinión es que, en estos aspectos, el acuerdo de los ex cónyuges y la labor del juez son elementos esenciales. Una adecuada previsión del funcionamiento práctico de la custodia compartida, en la realidad familiar concreta donde se pretende instaurar, resulta vital para su éxito. Si las estipulaciones de las partes y las medidas adoptadas por el juez se apegan a los recursos materiales y, en definitiva, a su realidad diaria, la coparticipación parental debiera estar al alcance de una familia que goza de un nivel socioeconómico medio. En todo caso, el Estado debe facilitar al máximo la aplicación de la custodia compartida, desde luego, a través de un sistema de mediación accesible a toda la población. Por otra parte, debe concentrar sus esfuerzos en la labor educativa de los padres con el objeto de inculcar, tanto en situación de normalidad matrimonial como después de la ruptura conyugal, el valor de la corresponsabilidad, fomentando, por otra parte, políticas efectivas de conciliación de la vida familiar y laboral. Asimismo, resulta esencial ofrecer formación especializada a los jueces, de manera que pueda garantizarse que el establecimiento de esta figura sea justo y prudente; la aplicación de la custodia conjunta debe ser razonada, sin endurecer sus requisitos, de forma que su promoción, divulgación y masificación sea oportuna y sensata, y no un privilegio de pocos.

2.6. La guarda y custodia compartida y la mediación familiar

2.6.1. *El papel de la mediación familiar en la regulación de la guarda y custodia compartida*

Como hemos venido señalando a lo largo de este trabajo, dentro del modelo de organización a través del cual se regula el funcionamiento concreto de la custodia compartida, es sumamente necesaria la previsión de un sistema alternativo de resolución de los potenciales conflictos. Si bien en este epígrafe nos referiremos en especial a la mediación por ser el instituto que más difusión ha alcanzado en esta materia, cabe tener presente que existen otros mecanismos encaminados a adoptar soluciones extrajudiciales frente a las diferencias que surgen en el seno de la familia, como la concurrencia a organismos locales o municipales de asistencia y orientación familiar —como los Puntos de Encuentro—, o la intervención del sugerido «juez de proximidad»[1185].

En especial, para el adecuado desarrollo y éxito de la guarda y custodia conjunta resulta particularmente aconsejable el establecimiento de instrumentos autocompositivos expeditos. Durante la primera etapa de ajuste de esta modalidad de cuidado existirán muchas cuestiones prácticas que zanjar en el ámbito cotidiano de la vida del hijo. Como hemos señalado, en este sentido pueden resultar de gran eficacia la suficiente especificación del acuerdo o sentencia que determina la guarda compartida y el establecimiento de un sistema de comunicación entre los progenitores que permita afrontar el surgimiento de eventos imprevistos[1186]. Además, es conveniente disponer la forma en que se disiparán las dudas sobre el funcionamiento de este instituto y el modo en que se compondrán las desavenencias que no requieran intervención judicial[1187]. En estos casos, puede acordarse que se recurrirá a la opinión

(1185) Cuya implementación se prevé en el Proyecto de Ley Orgánica de modificación de la Ley 6/1985, de 1 de julio, del Poder Judicial, en materia de justicia de proximidad y Consejos de Justicia, que se encuentra actualmente en la Comisión de Justicia del Congreso de los Diputados.

(1186) En este último sentido, Ortuño Muñoz, P., *El nuevo régimen..., op. cit.*, pág. 65

(1187) Con respecto a la desjudicialización, cabe tener presente que el hecho de concebir a esta última como un «proceso extrajudicial alternativo» no debe llevar a situarla en un contexto en el que se alcanzan soluciones de la crisis familiar propiamente jurisdiccionales, por cuanto lo acordado en la negociación que implica la mediación familiar no o consejo de una tercera persona que cuente con la aprobación de los padres y sea cercana a todos los miembros de la familia, o bien a un organismo público o privado destinado a tales fines autocompositivos. Esta previsión adquiere gran importancia si consideramos que la ausencia de una justa y oportuna resolución del problema suscitado puede provocar falta de confianza o frustración hacia la custodia compartida. En este sentido, esta figura cuenta con una importante ventaja en el establecimiento de estas fórmulas, pues su introducción en la realidad familiar concreta es expresión de la corresponsabilidad parental, principio que alcanza especial validez en situaciones de conflictividad conyugal o parental. En todo caso, si las diferencias son reiteradas y/o graves será altamente conveniente recurrir a la mediación familiar propiamente dicha, es decir, la negociación caracterizada por la existencia de una tercera persona imparcial que ayuda a las partes a adoptar un acuerdo serio y consensuado en una situación de crisis o conflictividad familiar(1188).

Pasemos ahora a analizar algunos aspectos de esta institución.

La mediación familiar no se encuentra recogida positivamente a nivel nacional, aunque existen numerosas legislaciones autonómicas que la han consagrado y regulado como mecanismo alternativo de resolución de conflictos(1189). En cuanto a la reforma de 2005, cabe señalar que la previsión de este instituto figuraba en el texto del Anteproyecto pero no en el

---

posee efecto extrarradio de la misma ni tampoco puede suscitar la creencia que a través de ella se elimina o se suprime el proceso judicial. Así lo señalan LORCA NAVARRETE, A. y DENTICI VELASCO, N., *La regulación de la separación y el divorcio en la nueva «Ley de divorcio» de 2005 con especial referencia a la mediación familiar,* San Sebastián, Instituto Vasco de Derecho Procesal, 2005, pág. 113.

(1188) Algunos de los ámbitos en que puede desarrollarse el proceso de mediación son: en general, los efectos de la separación, el divorcio o la nulidad que constituyen el contenido del convenio regulador; el cumplimiento de la sentencia; la modificación de las medidas adoptadas en la sentencia; los conflictos que entre las partes puedan suscitarse por causa de alimentos; y el cumplimiento del régimen de visitas. Así lo afirma MAGRO SERVET, V., «La mediación familiar», *Práctica de Tribunales,* año III, núm. 23, enero, 2006, pág. 41.

(1189) Nos referimos, entre otras, a la Ley 1/2001, de 15 de marzo, de Cataluña, respecto de cuya Comunidad cabe señalar que su Código de Familia de 1998 fue el primer cuerpo legal en consagrar la mediación en el ordenamiento jurídico español (art. 79.2). Además, la Ley 4/2001, de 31 de mayo, de Galicia; Ley 7/2001, de 26 de noviembre, de Valencia; Ley 15/2003, de 8 de abril, de Canarias; y la Ley 1/2006, de 6 de abril, de Castilla y León.

Proyecto del Gobierno. Durante la tramitación de la Ley 15/2005, distintos Grupos Parlamentarios manifestaron su conformidad con la inclusión de la mediación familiar en el CC y en la LEC En especial, los Grupos Parlamentarios Coalición Canaria[(1190)] y Popular[(1191)] presentaron diversas enmiendas caracterizadas por concebir esta figura con carácter obligatorio, impuesta forzosamente por el juez o bien como causa de suspensión del proceso por decisión judicial[(1192)]. El Informe de la Ponencia no incluyó ninguna de estas propuestas. Fue en la Comisión del Congreso de los Diputados donde se añadió un nuevo párrafo a la Exposición de Motivos, una nueva regla 7.ª al art. 770 de la LEC y una nueva disposición final tercera que pasó al texto

(1190) Enmiendas núm. 55 a 60, en cuyos textos destacan las expresiones «mediación familiar parental» y «acuerdo parental». *BOCG Congreso*. VIII Legislatura. Serie A. 15 de marzo de 2005, núm. 16-8, págs. 39-41.

(1191) Enmiendas núm. 73, 74, 76 y 78, entre otras. *BOCG Congreso*. VIII Legislatura. Serie A. 15 de marzo de 2005, núm. 16-8, págs. 47-49. La redacción del «plan de responsabilidad parental», al que, como hemos señalado antes, se referían varias de las propuestas de este Grupo Parlamentario, podía ser producto de un proceso de mediación familiar.

(1192) Rasgos que Rodríguez Chacón, R. (*Matrimonio..., op. cit.*, pág. 195), define como más propios del arbitraje obligatorio o de la conciliación previa. Al respecto, Ortuño Muñoz, P. (*El nuevo régimen..., op. cit.*, pág. 108), señala que la reforma condiciona la realización de la mediación familiar a la voluntad de las partes y no a la discrecionalidad judicial, habiendo debido establecerse, en concordancia con la normativa europea vigente en la materia, la obligatoriedad de una sesión informativa sobre su metodología. En este sentido, cabe señalar que la legislación francesa prescribe que si las partes no llegan a un acuerdo, el juez debe tratar de conciliarlas y que, con el fin de facilitar la búsqueda de un ejercicio conjunto de la autoridad parental, puede proponerles una mediación y designar un mediador con el acuerdo de los progenitores (párrafos primero y segundo del art. 373.2.10 del *Code*). Como vemos, el ordenamiento jurídico francés reconoce directamente en su Código Civil la posibilidad de la mediación. En Italia, de modo similar, el art. 155 del Código Civil italiano, modificado por la Ley de 8 de febrero de 2006, «sobre disposiciones en materia de separación de los progenitores y cuidado compartido de los hijos», establece que cuando el juez lo estime necesario, oídas las partes y obtenido su consentimiento, puede postergar la adopción de las medidas correspondientes para permitir que los cónyuges, valiéndose de expertos, intenten una mediación para alcanzar un acuerdo. Sin embargo, la legislación italiana, a diferencia de la francesa, no ha regulado orgánicamente la mediación familiar. Al respecto, *vid.* Ferrante, A., «Aspectos legislativos de la mediación familiar en Italia», *Actualidad Jurídica Aranzadi*, núm. 678/2005, Parte Comentario, Pamplona, Editorial Aranzadi, 2005, BIB 2005\1278, 9 págs.; Longo, F., «Diritti...», *op. cit.*, págs. 87-94; y Napolitano, L., *L'affidamento..., op. cit.*, págs. 248-251.

final y que establece el futuro envío al Congreso por parte del Gobierno de un proyecto de ley sobre mediación[(1193)].

En este sentido, aunque, como veremos, se trata de una reforma insuficiente en diversos aspectos, se ha señalado que el actual párrafo segundo del art. 771 de la LEC, modificado por la Ley 15/2005, ha venido a remediar la omisión en que la LEC del año 2000 incurrió al no hacer referencia a la mediación y conciliación en sede de procedimientos matrimoniales[(1194)]. En efecto, el citado artículo establece, dentro de la regulación de las medidas provisionales previas a la demanda de nulidad, separación y divorcio, que «a la vista de la solicitud, el Tribunal mandará citar a los cónyuges y, si hubiere hijos menores o incapacitados, al Ministerio Fiscal, a una comparecencia, en la que se intentará un acuerdo de las partes y que se celebrará en los diez días siguientes. A dicha comparecencia deberá acudir el cónyuge demandado asistido por su abogado y representado por su Procurador»; norma que, por remisión, resulta aplicable a las medidas provisionales del art. 773.3 de la LEC[(1195)] y a la modificación de las mismas regulada en el art. 772.2 del dicho cuerpo legal[(1196)].

Así las cosas, la Ley 15/2005 hace mención a la mediación familiar en tres ocasiones: en la nueva medida 7.ª añadida al art. 770 de la LEC[(1197)], referida a la suspensión del proceso; en el párrafo segundo del art. 777 de la LEC[(1198)], relativo al acompañamiento del acuerdo final alcanzado en el

(1193) *BOCG Congreso.* VIII Legislatura. Serie A. 19 de abril de 2005, núm. 16-12, págs. 71, 73 y 74, respectivamente.

(1194) Cfr. Ortuño Muñoz, P., *El nuevo régimen..., op. cit.,* pág. 103; y Lorca Navarrete, A., y Dentici Velasco, N., *La regulación..., op. cit.,* pág. 105.

(1195) Art. 773.3 de la LEC: *«Antes de dictar la resolución a que se refiere el apartado anterior, se convocará a los cónyuges y, en su caso, al Ministerio Fiscal, a una comparecencia, que se sustanciará conforme a lo previsto en el art. 771».*

(1196) Art. 772.2 de la LEC: *«Sólo cuando el Tribunal considere que procede completar o modificar las medidas previamente acordadas convocará a las partes a una comparecencia, que se sustanciará con arreglo a lo dispuesto en el artículo anterior».*

(1197) Art. 770.7.ª de la LEC: *«Las partes de común acuerdo podrán solicitar la suspensión del proceso de conformidad con lo previsto en el art. 19.4 de esta Ley, para someterse a mediación».*

(1198) Art. 777.2 de la LEC: *«Al escrito por el que se promueva el procedimiento deberá acompañarse la certificación de la inscripción del matrimonio y, en su caso, las de inscripción de nacimiento de los hijos en el Registro Civil, así como la propuesta de convenio regulador conforme a lo establecido en la legislación civil y el documento o documentos en que el cónyuge o cónyuges funden su derecho, incluyendo, en su* procedimiento de mediación familiar; y, por último, en su disposición final tercera que, como hemos apuntado, posterga la regulación legal nacional de esta figura.

Al respecto, entre los principios básicos a los cuales se sujetará el estatuto jurídico de la mediación familiar, algunos de los cuales han sido anticipados por la reforma de 2005 mediante la remisión a las directrices establecidas en las disposiciones de la Unión Europea(1199), se encuentran la voluntariedad, imparcialidad, neutralidad y confidencialidad(1200). A cuya enunciación, entendemos apropiado agregar el derecho del menor a ser oído, que también tiene cabida en los procesos de mediación familiar, pues es un derecho general que debe operar toda vez que los intereses del menor estén en discusión, cualquiera que sea el tipo de procedimiento. En este sentido, cabe enfatizar la necesidad de que el hijo sea correcta y

caso, el acuerdo final alcanzado en el procedimiento de mediación familiar. Si algún hecho relevante no pudiera ser probado mediante documentos, en el mismo escrito se propondrá la prueba de que los cónyuges quieran valerse para acreditarlo».

(1199) Dada la inexistencia de disposiciones vinculantes en el ámbito europeo, debemos entender que la referencia de la Ley 15/2005 dice relación con los principios contenidos en la Recomendación N R (98) 1, de 21 de enero de 1998, del Comité de Ministros del Consejo de Europa, relativa a la mediación, y que vino a aplicar el art. 13 la Convención Europea sobre el Ejercicio de los Derechos de los Niños adoptada en Estrasburgo el 25 de enero de 1996, en cuanto establece que, en orden a prevenir o resolver disputas o a evitar procesos ante la autoridad judicial que afecten a los hijos, los Estados Partes deben fomentar la mediación u otros procedimientos para resolver conflictos y el uso de tales procedimientos para alcanzar acuerdos. Por otra parte, el art. 55, letra e), del Reglamento (CE) núm. 2201/2003 del Consejo, de 27 de noviembre de 2003, «relativo a la competencia, el reconocimiento y la ejecución de resoluciones judiciales en materia matrimonial y de responsabilidad parental, por el que se deroga el Reglamento (CE) núm. 1347/2000», ha promovido la mediación familiar en el ámbito europeo al establecer que las Autoridades Centrales de los Estados Miembros deben cooperar para *«facilitar la celebración de acuerdos entre los titulares de la responsabilidad parental a través de la mediación o por otros medios, y facilitar con este fin la cooperación transfronteriza»*. Para un desarrollo más detallado de estos principios europeos y el Derecho europeo proyectado, *vid.* Ortuño Muñoz, P., *El nuevo régimen..., op. cit.*, págs. 112-119.

(1200) Además, la disposición final tercera de la Ley 15/2005 agrega que se respetarán los servicios de mediación creados por las Comunidades Autónomas. Para un análisis más extenso del concepto, principios, fases de la mediación y desarrollo de la normativa autonómica, *vid.* Lorca Navarrete, A. y Dentici Velasco, N., *La regulación..., op. cit.*, págs. 110-122; y Luquin Bergareche, R., «Acerca de la necesidad de una Ley estatal de Mediación Familiar en España», *Sentencias de TSJ y AP y otros Tribunales*, núm. 3/2006, Parte Artículo, Pamplona, Editorial Aranzadi, 2006, BIB 2006\512, 15 págs.

debidamente informado sobre la evolución del proceso de mediación y sea escuchado, también indirectamente, con exclusión de aquellos procedimientos, contextos y casos en los cuales ello no responda a su beneficio[1201].

La reforma de 2005 ha sido insuficiente al regular las materias relacionadas con la autocomposición. Si bien se aprecia una ampliación de las libertades individuales pertenecientes al ámbito familiar, a través del reconocimiento de un fuerte consensualismo en la disolución del matrimonio y de una mayor autonomía de los progenitores en la esfera de cuidado de los hijos mediante la regulación positiva de la custodia compartida, es posible constatar que dichas libertades no se reflejan adecuadamente en una autodisposición de las partes del conflicto conyugal, pese a que veinticinco años de tradición divorcista han dado cuenta de una progresiva normalización social del conflicto familiar. El legislador de 2005 debió establecer una justa relación entre la reacción judicial heteroimpositiva para los casos que por su gravedad lo requieran y una respuesta de mediación que, valorando la capacidad de autodeterminación de los padres, se situara como solución de regla predecible y preferible para los conflictos de naturaleza familiar y conyugal. Por el contrario, la Ley 15/2005 ha desperdiciado una importante oportunidad para regular y ofrecer, a nivel nacional, una solución extrajudicial alternativa postergada por las reformas de Derecho de familia de los últimos años[1202].

En lo que respecta específicamente a la custodia conjunta, recordemos que el elemento esencial para su procedencia y adecuado funcionamiento es la definición de un proyecto educativo común al que los progenitores deben ceñirse en el desarrollo de las respectivas funciones parentales asignadas. En este sentido, la mediación familiar puede llegar a ser vital en el proceso de reconocimiento mutuo de las capacidades parentales de ambas

(1201) En un sentido similar, NAPOLITANO, L., *L'affidamento..., op. cit.*, pág. 250.

(1202) En este sentido, el legislador español ha recibido críticas similares a las que se han levantado muy recientemente en Italia con ocasión de la Ley de 8 de febrero de 2006, «sobre disposiciones en materia de separación de los progenitores y cuidado compartido de los hijos», pues no obstante existir legislación regional relativa a la mediación familiar, ésta no ha sido regulada a nivel nacional en dicho país. Al respecto, FERNÁNDEZ DEL MORAL DOMÍNGUEZ, L., «La mediazione familiare», en PATTI, S. y ROSSI CARLEO, L. (a cura di), *L'affidamento condiviso*, Milano, Dott. A. Giuffrè Editore, 2005, págs. 229-265, en especial pág. 236.

partes, requisito mínimo para el acuerdo sobre el ejercicio compartido del cuidado de los hijos. Durante el proceso de mediación las partes se sitúan en una situación de igualdad frente al tercero que les ayuda a negociar e intercambiar sus posiciones. Desde este punto de vista, este mecanismo fomenta la igualdad entre los progenitores y la asunción equitativa de los roles que les cabe desempeñar frente a sus hijos. El papel educativo que reviste esta institución al reforzar y materializar los principios de igualdad, coparentalidad y de corresponsabilidad familiar, es uno de los factores de los cuales depende el éxito del reconocimiento legal de esta figura jurídica, a la que el legislador español debió destinar mayores refuerzos. En este sentido, el legislador debió favorecer la búsqueda de soluciones negociales *ante causam* potenciando, en un contexto a menudo marcado por las graves dificultades económicas de los progenitores en vía de separación, el establecimiento de centros públicos de mediación familiar.

2.6.2. Los Puntos de Encuentro Familiar

Como hemos señalado en el epígrafe anterior, pese a la inexistencia de una reglamentación positiva orgánica y nacional de la mediación familiar, existen algunas instituciones llamadas a desarrollarla. Entre ellas se cuentan los denominados «Puntos de Encuentro Familiar» (en adelante, PEF).

Los PEF fueron creados en el año 1994 en la Comunidad Autónoma de Valladolid por iniciativa de la Administración Local y de los Juzgados de Familia especializados, sin estar reglamentados ni depender administrativa o financieramente de la Administración de Justicia. Aunque actualmente no existe una regulación legislativa nacional de estos organismos[(1203)], los Ayuntamientos o las Diputaciones Provinciales, a través de sus competencias en Asuntos Sociales, han asumido la carga profesional y económica de su creación. De esta forma, se ha venido establecido un importante número de PEF en diversas Comunidades Autónomas a lo largo de España,

(1203) No obstante, cabe señalar que existe una Proposición no de Ley sobre medidas a impulsar el desarrollo de Puntos de Encuentro Familiar de 20 de junio de 2001, presentada por el Grupo Parlamentario Popular *(Cortes Generales. Diario de Sesiones del Congreso de los Diputados. Comisiones.* Año 2001. VII Legislatura, núm. 277), iniciativa que podría situar a España dentro de la tendencia de la región en la materia. En efecto, se trata de una figura que ha alcanzado una importantísima difusión en Europa, especialmente en Inglaterra *(supervised visitation child access),* en Francia *(services d'accueil du droit de visites)* y, aunque en menor medida, en Italia *(luoghi o spazi neutri).*

si bien cabe hacer notar que siguen siendo escasos para desempeñar las tareas proyectadas.

El Punto de Encuentro Familiar ha sido definido como «un espacio neutral y alternativo, que proporciona asistencia técnica e institucional, que facilite la relación entre progenitores y sus familiares y los menores, después de un proceso de ruptura familiar conflictiva»(1204).

A estos equipos, integrados por psicólogos y trabajadores sociales, se accede por decisión judicial o por la derivación que realizan los servicios sociales básicos o los servicios sociales especializados de atención a menores y familias. Su objetivo general es disminuir la conflictividad de las relaciones familiares a través del apoyo brindado a los equipos psicosociales existentes en los Juzgados de Primera Instancia e Instrucción. Además, a través de la supervisión del intercambio de los hijos para el cumplimiento del régimen de comunicación y estancia, y del desarrollo de las denominadas «visitas tuteladas», entre otras funciones, estos organismos cumplen una sinnúmero de propósitos específicos como, por ejemplo: favorecer el cumplimiento del derecho a la coparentalidad y la continuación de una adecuada relación con ambos progenitores; fomentar un equilibrio cognitivo, afectivo y emocional de los hijos a pesar de la relación conflictiva entre el padre y la madre; garantizar el cumplimiento del régimen de contacto acordado y supervisar su desarrollo; recabar información acerca de actitudes y aptitudes parentales que ayuden a defender, si fuera necesario, los derechos del o la menor ante instancias administrativas o judiciales; y, como hemos señalado, actuar como mediadores en el proceso de adopción de acuerdos de los padres sobre su forma de ejercer la coparentalidad y, en general, en las cuestiones relacionadas con sus hijos(1205).

(1204) Sánchez Iglesias, I., «Infancia y adolescencia...», *op. cit.*, pág. 101.

(1205) A algunos de estos objetivos se refieren Magro Servet, V., «La necesidad de implantar en España los puntos de encuentro familiar», *Actualidad Jurídica Aranzadi*, núm. 565, Parte Estudio, Pamplona. Editorial Aranzadi, 2003, BIB 2003/36, págs. 3-4; y Sánchez Iglesias, I., «Infancia y adolescencia...», *op. cit.*, pág. 102.

BIBLIOGRAFÍA

Ackerman, M. J. y Ackerman M. C., «Custody evaluation practices: a survey of experienced professionals (revisited)», *Professional Psychology: Research and Practice*, vol. 28 (2), 1997, págs. 137-145.

Aguilar Cuenca, J., «El uso de los hijos en los procesos de separación: el síndrome de alienación parental», *RDF*, núm. 29, octubre-diciembre, 2005, págs. 71-79.

— *SAP, síndrome de alienación parental*, Córdoba, Almuzara, 2004.

Albaladejo, M., *Derecho Civil II. Derecho de Obligaciones*, duodécima edición, Madrid, Edisofer, S.L., 2004.

— *Curso de Derecho Civil IV. Derecho de Familia*, novena edición, Barcelona, Bosch, 2002.

Albarrán Olivera, A., «Figura y función del psicólogo en los órganos judiciales», *BIMJ*, año XLIII, núm. 1525, 25 de abril de 1989, págs. 1722-1741.

Almendros González, M., *Familia y Trabajo. Comentario práctico a la ley de Conciliación de la Vida Familiar y Laboral: Aspectos laborales*, Granada, Comares, 2002.

Alonso Pérez, M., «La Familia entre el pasado y la modernidad. Reflexiones a la luz del Derecho civil», *AC*, 1998-1, págs. 1-26/2.

— «La situación jurídica del menor en la Ley Orgánica 1/1996, de 15 de enero, de protección jurídica del menor, de modificación del Código Civil y de la Ley de Enjuiciamiento Civil: luces y sombras», *AC*, 1997-1, págs. 17-40.

Ambrose, P., Harper, J. y Pemberton, R., *Surviving Divorce. Men Beyond Marriage*, London, Wheatsheaf Books, 1983.

American Law Institute, *Principles of the Law of Family Dissolution: Analysis and Recommendations §2.03,* Tentative Draft No. 3 Part I, Philadelphia, 1998.

Aragón Medina, J., Cánovas Montero, A. y Rocha Santander, F., *Las políticas de conciliación de la vida laboral y familiar en las Comunidades Autónomas,* Madrid, Ediciones Cinca, 2005.

Arditti, J. A, «Differences between fathers with joint custody and noncustodial fathers», *American Journal of Orthopsychiatry,* vol. 62(2), 1992, págs. 185-195.

Ballester Pastor, M., *La Ley 39/1999 de conciliación de la vida familiar y laboral,* Valencia, Tirant lo Blanch, 2000.

Barbiera, L., *Il divorzio dopo la seconda riforma,* Bologna, Zanichelli Bologna, 1988.

Bayod López, M., «El supuesto de hecho del párrafo 5 del art. 156 CC: ¿Qué casos son subsumibles en esta disposición?», *RCDI,* 1991-I, págs. 915-950.

Bénabent, A., «Droit du divorce (effets)», *Information rapides (i.r.). Recueil Dalloz Sirey,* 1983-I, págs. 449-456.

— *Droit Civil. La Famille,* Paris, Litec, 1982.

Benavente Moreda, P., «La custodia de los hijos menores de edad. El art. 159 del CC tras la Ley 11 de 15 de octubre de 1990», *RJCLM,* enero-agosto, 1991, págs. 129-160.

Benito de los Mozos, A., «El derecho de los abuelos a mantener relaciones personales con sus nietos (La Ley 42/2003, de 21 de noviembre, ¿novedad u oportunidad?)», en Alonso Pérez, A., Martínez Gallego, E. y Reguero Celada, J. (Coords.), *Protección jurídica de los mayores,* Madrid, *LA LEY,* 2004, págs. 265-298.

Bercovitz Rodríguez-Cano, R., «Comentario al artículo 154 del Código Civil», *Comentarios a las reformas de Derecho de Familia,* vol. II, Madrid, Tecnos, 1984, págs. 1043-1057.

Bermúdez Ballesteros, M., «Criterios para la atribución y modificación de la guarda y custodia de los hijos en la práctica judicial», *Aranzadi Civil,* 2001-1, págs. 1859-1894.

BIANCA, C. M., «La nuova disciplina in materia di separazione dei genitori e affidamento condiviso: prime reflessioni», *Diritto di famiglia e delle persone*, vol. XXXV, 2006, págs. 676-680.

— «Divorzio», en CIAN, G., OPPO, G. y TRABUCCHI, A., *Commentario al Diritto italiano della famiglia*, tomo sexto, 1, Padova, Cedam, 1993, págs. 373-389.

BIEZMA LÓPEZ, J., «El contexto de trabajo en los peritajes psicológicos de familia», *Papeles del Psicólogo*, núm. 48, 1991, págs. 36-38.

BLANCO BAREA, M., «Efectos de la globalización del Derecho de familia. ¿Qué es el síndrome de alienación parental?», *Iuris: Actualidad y Práctica del Derecho*, número 90, enero, 2005, págs. 44-55.

BO JANÉ, M. y CABALLERO RIBERA, M., «El nuevo derecho del menor a ser oído: ¿sujeto activo en la determinación de su interés?», *LA LEY*, 1996-6, págs. 1485-1498.

BOHANNAN, P., «The Six Stations of Divorce», en BOHANNAN, P. (edited by), *Divorce and after*, New York, Doubleday, 1971, págs. 33-62.

BRICKLIN, B., *Nuovi test psicologici per l'affidamento dei figli nei casi di separazione e divorzio*, Milano, Giuffrè, 2005.

BROWN, S., «Changes in Laws Governing Divorce. An Evaluation of Joint Custody Presumtions», *Journal of Family Issues*, vol. 5 (2), 1984, págs. 200-223.

BUZZELLI, D., «Diritti del minore nella crisi coniugale e affidamento condiviso», en DE TILLA, M. y OPERAMOLLA (a cura di), *Seminari di Diritto di Famiglia*, Milano, Giuffrè editore, 2005, págs. 483-494.

CAMPUZANO TOMÉ, H., «La custodia compartida. Doctrina jurisprudencial de las Audiencias Provinciales», *Aranzadi Civil*, núm. 22/2004, Parte Estudio, Editorial Aranzadi, S.A., Pamplona, 2005, BIB 2005\563.

CANALI, O., «L'affidamento congiunto o custodia associata: una possibile alternativa», en CIGOLI, V., GULOTTA, G. y SANTI, G., *Separazione, divorzio e affidamento dei figli*, Milano, Giuffrè editore, 1997, págs. 341-356.

Cañete Quesada, A., «El anteproyecto de ley por el que se modifica el Código Civil en materia de separación y divorcio», *Diario LA LEY,* núm. 6140, año XXV, 2 de diciembre de 2004, Ref. D-245.

Canova, L. y Grasso, L., «Ancora sull'affidamento congiunto od alternato: interesse del minore o finzione giuridica?», *Diritto di famiglia e delle persone,* 1991, págs. 725-740.

Cantón Duarte, J., Cortés Arboleda, M. y Justicia Díaz, M., *Conflictos matrimoniales, divorcio y desarrollo de los hijos,* Madrid, Pirámide, 2000.

Carbajo González, J., «La responsabilidad de los padres por los hechos de los hijos», *AC,* 1992-4, págs. 729-756.

Carbone, J., «Income sharing: redefining the family in terms of community», *Houston Law Review,* vol. 31, núm. 2, 1994, págs. 359-415.

Carbonnier, J., *Droit civil. Tome 2. La famille, l'enfant, le couple,* 21 édition refounde, Paris, Thémis, 2002.

— *Droit civil 2: La famille, les Incapacités,* 12 édition refounde, Paris, Thémis, 1983.

Carlini, G., «L'affidamento alternato: progresso o regresso?», *Giurisprudenza di merito,* 1988, págs. 9-11.

Carrasco Perera, A., «Custodia compartida», *Actualidad Jurídica Aranzadi,* núm. 648, Parte Tribuna, Pamplona, Editorial Aranzadi, 2004, BIB 2004\1707.

Carretero Sánchez, A., «El nuevo planteamiento del régimen de visitas», *LA LEY,* 1994-2, págs. 1020-1025.

Castán Pérez-Gómez, J., «La patria potestad», en Delgado de Miguel, J. (Coordinador general), *Instituciones de Derecho Privado.* Tomo IV. *Familia.* Vol. 1.º, Madrid, Civitas, 2001, págs. 619-827.

Castán Tobeñas, J., *Derecho Civil español, común y foral,* V. *Derecho de Familia.* Vol. 1.º. *Relaciones conyugales,* 9.ª edición, Madrid, Reus, 1976.

Castán Vázquez, J., «Comentario al artículo 154 del Código Civil», en *Comentario del Código Civil,* Madrid, Ministerio de Justicia, 1991, págs. 544-548.

— «Comentario al artículo 154 del Código Civil», en *Comentarios al Código Civil y Compilaciones Forales,* dirigidos por Manuel ALBALADEJO, tomo III, vol. II, Madrid, Edersa, 1982, págs. 100-132.

— «Comentario al Título VII del Libro I del Código Civil», en *Comentarios al Código Civil y Compilaciones Forales,* dirigidos por Manuel ALBALADEJO, tomo III, vol. II, Madrid, Edersa, 1982, págs. 55-99.

— *La Patria Potestad,* Madrid, Editorial Revista de Derecho Privado, 1960.

CASTILLO TAMARIT, J., «Reflexiones sobre la modificación del Código Civil en materia de patria potestad», *RDN,* 1982-2, págs. 57-79.

CECCARELLI, E., «Figli e genitori tra ideologia e realtà», *Questione giustizia,* núm. 3, 2006, págs. 475-490.

CENDON, P. (a cura di), *Trattato della responsabilità civile e penale in famiglia,* vol. II, Padova, Cedam, 2004, págs. 958-1729.

COLÁS ESCANDÓN, A., «Relaciones familiares de los nietos con sus abuelos: derecho de estancia, comunicación y atribución de la guarda y custodia (Ley de noviembre)», *Cuadernos de Aranzadi Civil,* núm. 21, Parte Estudios, Pamplona, Editorial Aranzadi, septiembre-diciembre, 2004, BIB 2004/1793.

— «Conclusiones aprobadas por el Seminario *Implicaciones civiles de la Ley 1/2004, de Medidas de Protección Integral contra la Violencia de Género*», Madrid, 21 a 23 de junio de 2006, [www.http://www.mujeresjuristasthemis.org/novedades/conclusiones%20seminario%20implicaciones%20civiles%20ley%20integral%20junio%202006.pdf; fecha de consulta: 15 de enero de 2007].

— «Conclusiones del Taller de Trabajo realizado por la Asociación de Mujeres Juristas Themis sobre el *Anteproyecto de la reforma del Código Civil en materia de separación y divorcio*», España, 17 de noviembre de 2004 [http://www.hera2001.com/custodiaresponsable/doc/CONCLUSIONES.pdf; fecha de consulta: 15 de enero de 2007].

— «Conclusiones sobre *Las Reformas del Derecho de Familia. II Encuentro institucional de jueces y magistrados de familia, fiscales y secretarios judiciales, con abogados de la Asociación Española de Abogados de Familia*», Madrid, 23, 24 y 25 de noviembre de 2005 [http://www.reicaz.es/circubol/boletcol/bolc0172/bolc0172.pdf; fecha de consulta: 15 de enero de 2007].

COMISIÓN EUROPEA, *Guía práctica para la aplicación del nuevo Reglamento Bruselas II* (Reglamento (CE) núm. 2201/2003 del Consejo, de 27 de noviembre de 2003, «relativo a la competencia, el reconocimiento y la ejecución de resoluciones judiciales en materia matrimonial y de responsabilidad parental, por el que se deroga el Reglamento (CE) núm. 1347/2000»).

COMISIÓN EUROPEA, *Integrar la igualdad de oportunidades en el conjunto de las políticas y acciones comunitarias*, Comunicación de la Comisión, de 21 de febrero de 1996, COM (96) 67 final.

COMITÉ DE DERECHOS HUMANOS: Observación General núm.18 (1989), *No Discriminación*, Ginebra, U.N. Doc. HRI/GEN/1/Rev.7 at 168, 1.º de noviembre de 1989, pfo. 1 y 5.

CONDE-PUMPIDO FERREIRO, C., «Los problemas de la responsabilidad civil por los hechos ilícitos de los incapaces», en *Estudios de Derecho civil en honor del profesor Castán Tobeñas*, tomo II, Pamplona, Ediciones Universidad de Navarra, 1969, págs. 71-109.

CONSEJO ECONÓMICO Y SOCIAL, «Dictamen 4/1999 sobre el Anteproyecto de Ley para promover la conciliación de la vida familiar y laboral de las personas trabajadoras», Sesión Extraordinaria del Pleno de 28 de abril de 1999.

CONSEJO GENERAL DEL PODER JUDICIAL, «Informe de 27 de octubre de 2004».

CONSEJO GENERAL DEL PODER JUDICIAL, «Separaciones y Divorcios tras la Ley 15/2005», *Datos de Justicia. Boletín de Información Estadística*, núm. 4, febrero, 2006.

COSTANZA, M., «Quale interesse nell'affidamento congiunto della prole?», *La nuova giurisprudenza civile commentata*, 1997-I, págs. 592-596.

CRIPPEN, G., «Stumbling Beyond Best Interests o the Child: Re-examining Child Custody Estándar-Setting in the Wake of Minnesota's Four Years

Experiment Whith the Primary Caretaker Preference», *Minnesota Law Review*, vol. 75, 1990-91, I, págs. 427-503.

CZAPANSKIY, K., «Child support and visitation: rethinking the connections», en MINOW, M. (edited by), *Family Matters: Readings on Family Lives and the Law*, New York, A new press «Law in Context», 1993, págs. 349-361.

DALLA VALLE, P., ONGARO, N., PANTALEONI, F. y SICCHIERO, G., *Separazione, Divorzio, Annullamento del matrimonio*, Torino, UTET, 1999.

DE ÁNGEL YÁGÜEZ, R., «Comentario al artículo 1903 del Código Civil», en *Comentario del Código Civil*, Madrid, Ministerio de Justicia, 1991, págs. 2003-2034.

— «De las obligaciones que nacen de culpa o negligencia», en *Comentarios a las reformas de Derecho de Familia*, vol. II, Madrid, Tecnos, 1984, págs. 1975-1976.

DE BUEN, D., *Derecho civil español común*, volumen II, 2.ª edición, Madrid, Editorial Reus, 1931.

DE COSSÍO MARTÍNEZ, M., *Las medidas en los casos de crisis matrimonial*, Madrid, McGraw-Hill, 1997.

DE FILIPPIS, B., *Affidamento condiviso dei figli nella separazione en el divorzio*, Padova, Cedam, 2006.

— *Trattato breve di Diritto di Famiglia*, Padova, Cedam, 2002.

DE FILIPPIS, B. y CASABURI, G., *Separazione e divorzio nella dottrina e nella giurisprudenza*, Padova, Cedam, 2004.

DE LA VÁLGOMA, M., «Notas sobre la titularidad en el ejercicio de la patria potestad», *RFDC*, núm. 62, 1981, págs. 89-104.

DE LOS MOZOS, J. y HERRERO GARCÍA, M., «Comentarios al artículo 103», en *Matrimonio y divorcio. Comentarios al nuevo título IV del libro I del Código Civil*, coordinados por LACRUZ BERDEJO, J. L., Madrid, Civitas, 2.ª ed., 1994, págs. 1261-1321.

DE PABLO MURILLO, B., «La Reforma Matrimonial (II): La nueva regulación de la separación y el divorcio (comentario a la Ley 15/2005, de 8 de julio)»,

Repertorio de Jurisprudencia, núm. 14/2005, Parte Estudio, Pamplona, Editorial Aranzadi, 2005, BIB 2005\1564.

DE PRADA GONZÁLEZ, J., «La patria potestad tras la reforma del Código Civil», *RDN*, 1982-1, págs. 253-325.

DELGADO ECHEVERRÍA, J., «Comentario al artículo 142 del Código Civil», en *Comentario del Código Civil*, Madrid, Ministerio de Justicia, 1991, págs. 522-524.

— «Comentario a la STS de 5 de noviembre de 1984», *CCJC*, 1985, págs. 2127-2133.

DELGADO ECHEVERRÍA, J., «La transformación del Derecho de Familia y la formación del jurista», en LACRUZ BERDEJO, J. L. y otros, *El nuevo régimen de la familia*. Tomo I. *Matrimonio y divorcio*, Madrid, Civitas, 1982, págs. 11-18.

DEPARTMENT OF JUSTICE, ETUDES ET STATISTIQUES JUSTICE, 23, *La Residence en Alternance des Enfants de Parents Séparés*, 2004 [http://www.justice.gouv.fr/publicat/etudesst.htm#23; fecha de consulta: 25 de marzo de 2007].

DI PRISCO, N., «La comunità degli ex coniugi: note sull'affidamento congiunto dei figli», en QUADRI, E. (a cura di), *La riforma del divorzio*, Napoli, Jovene editore, 1989, págs. 211-219.

DÍAZ ALABART, S., «La responsabilidad por los actos ilícitos dañosos de los sometidos a patria potestad o tutela», *ADC*, 1987, págs. 795-894.

DIETER, H., «Separazione, divorzio, affidamento dei minori: l'esperienza tedesca», en SESTA, M. (a cura di), *Separazione, divorzio, affidamento dei minori: quale diritto per l'Europa?*, Milano, Giuffrè editore, 2000, págs. 43-56.

DÍEZ-PICAZO, L., *Familia y Derecho*, Madrid, Civitas, 1984.

— «Notas sobre la Reforma del Código Civil en materia de patria potestad», en *La Reforma del Derecho de Familia. Jornadas Hispalenses sobre la Reforma del Derecho de Familia*, Sevilla, 1982, págs. 291-308.

— «Notas sobre la Reforma del Código Civil en materia de patria potestad», *ADC*, 1982, págs. 3-20.

— «La situación jurídica del matrimonio separado», *RDN*, enero-marzo, 1961, págs. 7-125.

DÍEZ-PICAZO, L. y GULLÓN BALLESTEROS, A., *Sistema de Derecho Civil. II. El contrato en general. La relación obligatoria, contratos en especial, cuasicontratos, enriquecimientos sin causa. Responsabilidad extracontractual*, sexta edición, Madrid, Tecnos, 1992.

— *Sistema de Derecho Civil. IV. Derecho de Familia. Derecho de Sucesiones*, Madrid, Tecnos, 1975.

DOEK, J., «Separazione, divorzio, affidamento dei minori: l'esperienza olandese», en SESTA, M., *Separazione, divorzio, affidamento dei minori: quale Diritto per l'Europa?*, Milano, Giuffrè editore, 2000, págs. 167-186.

DOGLIOTTI, M., *Separazione e divorzio*, Torino, UTET, 1988.

— «L'interesse del minore nella separazione fra i coniugi», *Diritto di famiglia e delle persone*, 1986, págs. 1223-1233.

DOSI, G., «Separazioni, guida all'affido condiviso. Le regole sulla casa e sul mantenimento», *Diritto e Giustizia*, num. 6, 2006, págs. 100-107.

DOSSETTI, M., «Gli effetti della pronunzia di divorzio», en BONILINI, G. y CATTANEO, G., *Il Diritto di Famiglia. I. Famiglia e matrimonio*, Torino, UTET, 1997, págs. 499-620.

ECHARTE FELIÚ, A., *Patria potestad en situaciones de crisis matrimonial*, Granada, Comares, 2000.

EIRANOVA ENCINAS, E., *Código Civil alemán. Comentado*, Barcelona, Marcial Pons, 1998.

EEKELAAR, J., *Regulating Divorce*, Oxford, Clarendon Press, 1991.

ESPÍN CÁNOVAS, D., «Comentario al artículo 39 de la Constitución española», en ALZAGA VILLAMIL, O. (dirigidos por), *Comentarios a las Leyes Políticas. Constitución Española de 1978*, tomo IV, arts. 39-55, Madrid, Edersa, 1984, págs. 17-45.

ESPINOSA LOZANO, J., *Problemas procesales en el derecho de familia*, Barcelona, José María Bosch Editor, S.A., 1991.

FALZEA, A., *La separazione personale,* Milano, A. Giuffrè, 1943.

FERNÁNDEZ DEL MORAL DOMÍNGUEZ, L., «La mediazione familiare», en PATTI, S. y ROSSI CARLEO, L. (a cura di), *L'affidamento condiviso,* Milano, Dott. A. Giuffrè Editore, 2005, págs. 229-265.

FERRANDO, G., *Separazione e divorzio,* Milano, Giuffrè editore, 2003.

FERRANDO G., FORTINO, M. y RUSCELLO, F. (a cura di), *Trattato di Diritto di Famiglia (diretto da* PAOLO ZATTI*), Volume Primo. Famiglia e Matrimonio.* Tomo II. *Separazione e divorzio,* Milano, Dott. A. Giuffrè editore, 2002, págs. 893-1693.

FERRANTE, A., «Aspectos legislativos de la mediación familiar en Italia», *Actualidad Jurídica Aranzadi,* núm. 678/2005, Parte Comentario, Editorial Aranzadi, S.A., Pamplona, 2005, BIB 2005\1278.

FINEMAN, M., «Dominant discourse, professional language, and legal change in child custody decisionmaking», *Harvard Law Review,* vol. 101, 1988, págs. 727-774.

FINOCCHIARO, M., «Accertamento coatto sui reditti dei coniugi», *Guida al Diritto,* núm. 11, 2006, págs. 30-31.

FINOCCHIARO, M. y FINOCCHIARO, A., *Diritto di Famiglia. Volume Terzo. Il divorzio,* Milano, Dott. A. Giuffrè editore, 1988.

FISCALÍA GENERAL DEL ESTADO, Circular 1/2001, de 5 de abril, «relativa a la incidencia de la nueva Ley de Enjuiciamiento Civil en la intervención del Fiscal en los procesos civiles».

— Circular 1/2006, de 7 de marzo, «sobre la guarda y custodia compartida y el empadronamiento de los hijos menores».

— Circular 3/1986, de 15 de diciembre, «sobre intervención del Ministerio Fiscal en los procesos de separación y divorcio».

FOLBERG, J., «Custody overview», en FOLBERG, J. (edited by), *Joint Custody and Shared Parenting,* Second edition, New York-London, The Guilford Press, 1991, págs. 3-10.

FONSECA GONZÁLEZ, R., «El deber de oír a los hijos», en *La Tutela de los Derechos del Menor,* Córdoba, Departamento de Derecho Civil de la

Facultad de Derecho de la Universidad de Córdoba, 1984, págs. 133-139.

FORCADA MIRANDA, F., «Las últimas reformas legales en España sobre el derecho a contraer matrimonio y en materia de separación y divorcio. Puntos de reflexión», *Aequalitas,* núm. 17, julio-diciembre, 2005, págs. 27-37.

FOSAR BENLLOCH, E., *Estudios de Derecho de familia.* Tomo II. *La separación y el divorcio en el Derecho español vigente.* Vol. 1.°, Barcelona, Bosch, 1982.

FRACON, A., *Relazioni familiari e responsabilità civile,* Milano, Giuffrè editore, 2003.

FRANCESCATO, D., *Figli sereni di amori smarriti: ragazzi e adulti dopo la separazione,* Milano, Mondadori, 1994.

FUENTE NORIEGA, M., *La patria potestad compartida en el Código Civil español,* Madrid, Montecorvo, 1986.

FULCHIRON, H., «L'autorité parentale rénovée», *Répertoire du Notariat Defrénois,* 15 de agosto de 2002, núm. 15, págs. 959-990.

— *Autorité parentale et parents désunis,* Paris, Editions du Centre National de la Recherche Scientifique, 1985.

FULCHIRON, H. y GOUTTENOIRE-CORNUT, A., «Réformes législatives et permanence des pratiques: à propos de la généralisation de l'exercice en commun de l'autorité parentale par la loi du 8 janvier 1993», *Recueil Dalloz Chroniques,* 373, 1997, págs. 363-369.

GALOPPINI, A., «Affidamento dei figli nella crisi coniugale e trasformazione dei ruoli genitoriali», *Diritto di famiglia e delle persone,* 1994, págs. 725-740.

GARCÍA CANTERO, G., «Comentarios a los arts. 92 a 94 del Código Civil», en *Comentarios al Código Civil y Compilaciones Forales,* dirigidos por Manuel ALBALADEJO, tomo II, Madrid, Edersa, 1982, págs. 385-403.

GARCÍA GIL, F., *La separación y el divorcio en la jurisprudencia,* Zaragoza, 1989.

GARCÍA GOYENA, F., *Concordancias, motivos y comentarios del Código Civil español I-II*, reimpresión de la edición de Madrid de 1852, Barcelona, 1973.

GARCÍA PASTOR, M., *La situación jurídica de los hijos cuyos padres no conviven: Aspectos personales*, Madrid, Ed. McGraw-Hill, 1997.

— «El derecho de visitas en circunstancias excepcionales (SSTS de 22 de mayo y 21 de julio de 1993)», *AC*, 1995-4, págs. 753-766.

GARDNER, R. A., «Joint custody is not for everyone», en FOLBERG, J. (edited by), *Joint Custody and Shared Parenting*, Second edition, New York-London, The Guilford Press, 1991, págs. 88-96.

— *The parental alienation syndrome and the differentiation between fabricated and genuine child sex abuse*, Cresskill, N.J., Creative Therapeutics, 1987.

GARRIDO GENOVÉS, V., «Psicología Jurídica en España: líneas fundamentales de intervención», *Papeles del Psicólogo*, núm. 48, 1991, págs. 20-25.

GUILARTE MARTÍN-CALERO, C., «Comentarios del nuevo art. 92 del Código Civil», en GUILARTE GUTIÉRREZ, V. (Dir.), *Comentarios a la reforma de la separación y el divorcio*, Valladolid, Lex Nova, 2005, págs. 111-179.

GODOY MORENO, A., «La guarda y custodia compartida. Guarda conjunta y guarda alternada», en VV.AA., *Diez años de abogados de familia*, Madrid, *LA LEY*, 2003, págs. 315-346.

— «La guarda y custodia compartida. Guarda conjunta y guarda alternada», *Abogados de Familia*, núm. 16, 2000, págs. 2-14.

GOIRIENA LEKUE, A., «La Custodia Compartida, el interés del menor y la neutralidad de género», *Aequalitas*, núm. 16, enero-junio, 2005, págs. 52-57.

GOLDSTEIN, J., «En el interés superior de quién», en BELOFF, M. (Compiladora), *Derecho, Infancia y Familia*, Barcelona, Gedisa Editorial, 2000, págs. 115-129.

GOLDSTEIN, J., FREUD, A. y SOLNIT, A., *Beyond the Best Interests of the Child*, New York-London, The Free Press, 1979.

— *Before the Best Interests of the Child*, New York-London, The Free Press, 1973.

GOLDSTEIN, J., SOLNIT, A., GOLDSTEIN, S. y FREUD, A., *The Best Interests of the Child: The Least Detrimental Alternative*, New York, The Free Press, 1996.

GÓMEZ CALLE, E., «Sujetos de la responsabilidad civil. La responsabilidad por hecho ajeno», en REGLERO CAMPOS, L. F., *Tratado de responsabilidad civil*, 3.ª edición, Navarra, Thomson Aranzadi, 2006, págs. 461-538.

— *La responsabilidad civil de los padres*, Madrid, Editorial Montecorvo, 1992.

— «Comentario a la sentencia de 27 de septiembre de 1990», *CCJC*, 1990, págs. 1023-1032.

GRANADOS PÉREZ, F., *Ética y técnica de la intervención psicológica en los juzgados de familia*, Madrid, Editorial de la Universidad Complutense de Madrid, 1991.

— «El "setting" del psicólogo en los juzgados de familia. Algunos aspectos», *II Congreso del Colegio Oficial de Psicólogos*, Área Psicología Jurídica, Madrid, Colegio Oficial de Psicólogos, 1990, págs. 54-57.

GRASSI, L., *La Legge sul Divorzio*, Napoli, Casa editrice dott. Eugenio Jovene, 1971.

GRIMALDI, M., «L'affidamento del minore al padre nella separazione en el divorzio», *Diritto di famiglia e delle persone*, 1992, págs. 847-863.

— «L'affidamento dei figli al genitore più idoneo nella separazione en nel divorzio», *Giurisprudenza di Merito,* 1990, I, págs. 183-199.

— «Affidamento congiunto e alternato della prole tra psicologia e diritto», *Diritto di famiglia e delle persone*, 1989, págs. 307-323.

GROISMAN, E. y HARARI, S., «La fijación del domicilio del hijo: hacia una coparentalidad», en *Ponencias del XIII Congreso Internacional de Derecho de Familia*, 18 a 22 de octubre de 2004, Sevilla-Huelva, España, págs. 4-9.

GUTIÉRREZ FERNÁNDEZ, B., *Códigos ó estudios fundamentales sobre el Derecho civil español,* tomo primero, Madrid, 1868.

HILL KAY, H., «No-fault divorce and child custody: chilling out the gender wars», *Family Law Quarterly*, vol. 36, 2002, págs. 27-48.

HOLLWECK, M. y MEDINA, G., «Importante precedente que acepta el régimen de tenencia compartida como una alternativa frente a determinados conflictos familiares» [http://www.gracielamedina.com/archivos/articulos/pdf/000146.pdf; fecha de consulta: 30 de abril de 2007].

HUAITA ALEGRE, M., «Derecho de custodia, neutralidad de género, derechos humanos de la mujer e interés superior del niño o niña», en *Género y Derecho*, Santiago de Chile, Ediciones Lom, 1999, págs. 541-574.

IBÁÑEZ VALVERDE, V., «Los psicólogos en los juzgados de familia», *II Congreso del Colegio Oficial de Psicólogos*, Área Psicología Jurídica, Madrid, Colegio Oficial de Psicólogos, 1990, págs. 126-130.

INTERGALLUP, S. A. (GRUPO GALLUP ESPAÑA), *Encuesta sobre Custodia Compartida*, Referencia 050110, abril de 2005 [www.custodiacompartida.org/content/view/124/; fecha de consulta: 15 de enero de 2007].

ISTITUTO NAZIONALE DI ESTATISTICA (ISTAT), *Affidamento dei figli minori nelle separazioni e nei divorzi, Anno 2003*, 6 de julio de 2005 [http://www.istat.it/salastampa/comunicati/non_calendario/20050706_00/testointegrale.pdf; fecha de consulta: 25 de marzo de 2007].

IVARS RUIZ, J., *Guarda y custodia compartida tras la actual reforma del Código Civil. Aspectos procesales y sustantivos. Doctrina y Jurisprudencia*, Valencia, Tirant lo Blanch, 2007.

JACOB, H., *Silent revolution: transformation of divorce law in the United States*, Chicago, The University of Chicago Press, 1988.

JOHNSTON, J. R., KLINE M. y TSCHANN, J. M., «Ongoing post-divorce conflict: effects on children of joint custody and frequent access», *American Journal Orthopsychiatry*, vol. 59(4), 1989, págs. 576-592.

LACRUZ BERDEJO, J. L. y otros, *Elementos de Derecho Civil. II, Derecho de Obligaciones. Volumen 2. Contratos y cuasicontratos. Delito y cuasidelito*, Madrid, Dykinson, 2005.

— *Elementos de Derecho Civil. IV. Derecho de Familia*, Madrid, Dykinson, 2005.

— *Elementos de Derecho Civil. IV. Derecho de Familia*, Madrid, Dykinson, 2002.

— *Elementos de Derecho Civil. II. Derecho de Obligaciones. Volumen 1. Parte general Delito y Cuasidelito*, segunda edición, Barcelona, Librería Bosch, 1985.

LASARTE ÁLVAREZ, C., *Principios de Derecho Civil. T. 6. Derecho de Familia*, 5.ª edición, Madrid, Marcial Pons, 2006.

— «Merecido adiós al sistema causalista en las crisis matrimoniales», *Actualidad Jurídica Aranzadi*, núm. 655, Parte Tribuna, Pamplona, Editorial Aranzadi, 2005, BIB 2005\153.

LATHROP GÓMEZ, F., «Custodia compartida de los hijos e igualdad material entre progenitores», en FIGUERUELO, A., IBÁÑEZ M. L., MERINO, R. M. (editoras), *Igualdad ¿para qué? (A propósito de la L.O. de Igualdad efectiva entre mujeres y hombres)*, Granada, Comares, 2007, págs. 251-280.

— *Cuidado personal de los hijos*, Santiago de Chile, Puntolex, 2005.

— «El derecho del niño a ser oído», en SCHMIDT HOTT, C. y MARTINIC GALETOVIC, M. (Coords.), *Instituciones de Derecho de Familia*, Santiago de Chile, Lexis Nexis, 2004, págs. 145-185.

LEÓN GONZÁLEZ, J. M., «La responsabilidad por los hechos dañosos del sometido a patria potestad», en *Estudios de Derecho civil en honor del profesor Castán Tobeñas*, tomo VI, Pamplona, 1969, págs. 267-341.

LETE DEL RÍO, J. y LETE ACHIRICA, J., *Derecho de obligaciones*. Vol. I. *Teoría general de la relación obligatoria y del contrato. Derecho de Daños*, Navarra, Thomson Aranzadi, 2005.

LINACERO DE LA FUENTE, M., «Leyes de Familia y Constitución: Ley 13/2005, de 1 de julio, y Ley 15/2005, de 8 de julio», *RDP*, marzo-abril, 2006, págs. 33-82.

— «Acerca de la posible inconstitucionalidad del art. 159 del Código Civil», *RDP*, julio-agosto, 1990, págs. 561-582.

LLAMAS POMBO, E., «Separación: custodia compartida a petición de un cónyuge», *AC*, núm. 8, 2.ª quincena de abril de 2007, págs. 944-949.

— *El patrimonio de los hijos sometidos a la patria potestad*, Madrid, Trivium, 1993.

LLEBARÍA SAMPER, S., *Tutela automática y acogimiento de menores*, Barcelona, José M.ª Bosch Editor, S.A., 1990.

LOMBARDA, R., «Diverse punteggiature sull'affido congiunto. Futuri esperti ed operatori a confronto», en MALAGOLI, M., *Affido congiunto e condivisione della genitorialità. Un contributo alla discussione in Ámbito psicogiuridico*, Milano, Franco Angeli, 2005, págs. 107-125.

LOMBARDO VÁSQUEZ, J., «Problemática que plantea la audiencia de los hijos menores en la aprobación de los convenios y sus incidencias», en VV.AA., *Convenios reguladores de las crisis matrimoniales*, DIF, Pamplona, Ediciones Universidad de Navarra, 1984, págs. 399-412.

LONGO, F., «Diritti del minore, mediazione familiare e affidamento condiviso», *Famiglia e Diritto*, número 1, 2003, págs. 87-94.

— «Coniugi separati in conflicto e affidamento dei minori ai terzi», *Famiglia e Diritto*, número 2, 2002, págs. 178-182.

LÓPEZ AGUILAR, J., «Los criterios constitucionales y políticos inspiradores de la reforma del Derecho Civil en materia matrimonial», *Actualidad Jurídica Aranzadi*, núm. 655, Parte Comentario, Pamplona, Editorial Aranzadi, 2005, BIB 2005\156.

LÓPEZ BELTRÁN DE HEREDIA, C., *La responsabilidad civil de los padres por los hechos de sus hijos*, Madrid, Tecnos, 1988.

LÓPEZ PÉREZ, J., *La patria potestad: voluntad del titular*, Valladolid, Editorial Universidad de Valladolid, 1982.

LÓPEZ SÁNCHEZ, C., *La responsabilidad civil del menor*, Madrid, Dykinson, 2001.

LÓPEZ Y LÓPEZ, A., «Comentarios al artículo 90», en *Matrimonio y divorcio. Comentarios al nuevo título IV del libro I del Código Civil*, coordinados por LACRUZ BERDEJO, J. L., Madrid, Civitas, 2.ª ed., 1994, págs. 969-990.

LORCA NAVARRETE, A. y DENTICI VELASCO, N., *La regulación de la separación y el divorcio en la nueva «Ley de divorcio» de 2005 con especial referencia a la mediación familiar,* San Sebastián, Instituto Vasco de Derecho Procesal, 2005.

LOVATI, P., «Affidamento condiviso dei figli: luci ed ombre della nuova legge», *Rivista Critica del Diritto Privato,* anno XXIV-1, marzo, 2006, págs. 165-173.

LUIS MIZRAHI, M., *Familia, Matrimonio y Divorcio,* Buenos Aires, Astrea, 1998.

LUNA SERRANO, A., «Invalidez, relajación y disolución del matrimonio», en LACRUZ BERDEJO, J. L. y otros, *Elementos de Derecho Civil. IV. Derecho de Familia,* 4.ª ed., Barcelona, J. M. Bosch Editor, 1997, págs. 109-190.

— «Matrimonio y divorcio», en LACRUZ BERDEJO, J. L. y otros, *El nuevo régimen de la familia.* Tomo I. *Matrimonio y divorcio,* Madrid, Civitas, 1982, págs. 19-382.

LUQUIN BERGARECHE, R., «Acerca de la necesidad de una Ley estatal de Mediación Familiar en España», *Sentencias de TSJ y AP y otros Tribunales,* núm. 3/2006, Parte Artículo, Pamplona, Editorial Aranzadi, 2006, BIB 2006\512.

MAGID, K. y OBORN, P., «Children of divorce: a need for guidelines», *Family Law Quarterly,* 1986-87, págs. 331-341.

MAGLIETTA, M., «Quelle interpretazioni sull'affido condiviso che rischiano di pregiudicarne le finalità», *Guida al Diritto,* núm. 11, 2006, págs. 11-12.

— «I presuposti dell'affidamento congiunto», *Giustizia Civile,* 1991, I, pág. 3095. Para SESTA, M., *Diritto di Famiglia,* Padova, Cedam, 2003, pág. 319.

MAGRO SERVET, V., «La mediación familiar», *Práctica de Tribunales,* año III, número 23, enero, 2006, págs. 36-46.

— «La necesidad de implantar en España los puntos de encuentro familiar», *Actualidad Jurídica Aranzadi,* núm. 565, Parte Estudio, Pamplona, Editorial Aranzadi, 2003, BIB 2003/36.

MANERA, G., «Criteri di affidamento della prole nel giudizio di separazione e modalità di visita del minore da parte del genitore non affidatario», *Giurisprudenza di merito,* 1991, I, págs. 41-45.

MANNINO, A. y VALVO, G., «Analisi critica relativa a studi e ricerche sull'affidamento congiunto», en MALAGOLI, M., *Affido congiunto e condivisione della genitorialità. Un contributo alla discussione in Ámbito psicogiuridico,* Milano, Franco Angeli, 2005, págs. 77-92.

MARINO, M., «L'inadeguata discussione parlamentare ha impedito un corretto affido condiviso», *Guida al Diritto,* número 7, 2006, págs. 7-8.

MARTÍN CORRAL, S., «Psicología forense en los juzgados de familia», en URRA PORTILLO, J., *Tratado de Psicología Forense,* Madrid, Siglo Veintiuno de España, 2002, págs. 33-82.

MARTINELLI, P., «Il diritto del minore all'ascolto nei procedimenti di separazione e divorzio», *Minorigiustizia,* 4, 2003, págs. 16-25.

MARTINELLI, P. y MAZZA F., «La nuova disciplina dell'affidamento: una legge improvvisata e aprossimativa», *Questione giustizia,* número 3, 2006, págs. 459-474.

MARTÍNEZ GALLEGO, E., «Las recientes reformas del Derecho de Familia», en FIGUERUELO BURRIEZA, A. e IBÁÑEZ MARTÍNEZ, M., *El reto de la efectiva igualdad de oportunidades,* Granada, Comares, 2006, págs. 254-270.

MARTÍNEZ RODRÍGUEZ, N., «El menor en las situaciones de crisis familiares: la atribución de su guarda y custodia», en MARTÍNEZ GALLEGO, E. (Coord.), *Menores: Instituciones de protección y responsabilidad,* Murcia, Fundación Diagrama, 2004, págs. 115-137.

— *La obligación legal de alimentos entre parientes,* Madrid, *LA LEY,* 2002.

MARTÍN-GRANIZO FERNÁNDEZ, M., «Comentario al artículo 154», en VV.AA., *Código Civil. Doctrina y Jurisprudencia,* tomo I, arts. 1 a 332, Madrid, Trivium, 1991, págs. 975-986.

MASSIP, J., *La réforme du divorce,* tomo I, París, Répertoire du Notariat Defrénois, 1976.

MAZZONI, S., «L'affido congiunto nella rappresentazione delle persone che si stanno separando», en MALAGOLI, M., *Affido congiunto e condivisione della genitorialità. Un contributo alla discussione in Ámbito psicogiuridico,* Milano, Franco Angeli, 2005, págs. 126-155.

MELLI, M., «The American Law Institute Principles of Family Dissolution, the Approximation Rule and Shared-Parenting», *Northern Illinois University Law Review*, vol. 25, 2005, págs. 347-362.

— «Toward a restructuring of Custody Decision-Making at Divorce: An Aternative approach to the Best Interest of the Child», en EEKELAAR, J. y SARCEVIC, P. (Eds.), *Parenthood in Modern Society: Legal and Social Issues for the Twenty-first Century*, London, The International Society of Family Law, 1993, págs. 325-337.

MENGONI, L., «Affidamento del minore nei casi di separazione e di divorzio», en SACCHI, M., *Affidamento del minore nei casi di separazione e di divorzio*, Milano, Franco Angeli, 1984, págs. 55-67.

MEULDERS-KLEIN, M. T., «Familles et Justice: à la recherche d'un modèle de justice», en MEULDERS-KLEIN, M. T. (sous la direction de), *Famille et Justice*, Paris, LGDJ, 1997, págs. 603-639.

MEYER, D., «The constitutional rights of non-custodial parents», *Hofstra Law Review*, vol. 34, 2006, págs. 1461-1496.

MINISTRY OF JUSTICE, Holland, *Marriage, registered partnership and cohabitation*, AVT02/JU66666.

— *Responsibility, access and information*, august, 2000.

MINISTRY OF JUSTICE, Sweden, «Custody, residence and contact», en *Fact Sheet*, Ju 98.02e, december, 1998.

— «Custody of Children», en *Fact Sheet*, Ju 00.05, may, 2000.

MISSIAGGIA, M., «L'affido condiviso alla prova dei fatti. Se la tutela va più ai genitori che ai figli», *Diritto e Giustizia*, núm. 7, 2006, págs. 119-122.

MNOOKIN, R., «Child Custody Adjudication: Judicial Functions in the Face of Indeterminacy», *Law and Contemporary Problems*, vol. 39, 1975-II, págs. 226-293.

MOLINA GONZÁLEZ-PUMARIEGA, R., «Comentarios a la Ley 39/1999, para promover la conciliación de la vida familiar y laboral de las personas trabajadoras. El permiso parental por maternidad y a la protección frente al despido tras la Ley 39/1999», *Aranzadi Social*, 1999-V, págs. 1161-1176.

MONATERI, P. G., *Manuale della responsabilità civile*, Torino, UTET, 2001.

MONTERO AROCA, J., *Guarda y custodia de los hijos (La aplicación práctica del art. 92 del Código Civil)*, Valencia, Tirant lo Blanch, 2001.

MONTSERRAT QUINTANA, A., «La custodia compartida en la nueva Ley 15/2005, de 8 de julio», *Práctica de Tribunales*, año III, número 23, enero, 2006, págs. 6-27.

NAPOLITANO, L., *L'affidamento dei minore nei giudizi di separazione e divorzio*, Torino, G. Giappichelli, 2006.

NAVARRO FAJARDO, J., «El derecho a la custodia de los hijos de los padres separados», *BIMJ*, año XXXIII, núm. 1.189, 2, 1979, págs. 3-10.

NAVARRO MICHEL, M., *La responsabilidad civil de los padres por los hechos de sus hijos*, Barcelona, José María Bosch Editor, 1998.

NERSON, R. y RUBELLIN-DEVICHI, J., «Jurisprudence française en matière de droit civil», *Revue trimestrielle de droit civil*, 1984, págs. 91-109.

— *Revue trimestrielle de droit civil*, 1984, págs. 691-706.

NICOLAS-MAGUIN, M. F., «A pros de la garde conjointe des enfants de parents divorcés», *Recueil Dalloz Sirey*, 1983-I, págs. 111-118.

NÚÑEZ IGLESIAS, A., *Código Civil francés*, edición bilingüe, Madrid-Barcelona, Marcial Pons, 2005.

ORLANDI, O., «El derecho del niño a ser oído en los procedimientos judiciales vinculados con la familia», en *X Congreso Internacional de Derecho de Familia: El Derecho de Familia y los Nuevos Paradigmas*, Ponencias Comisión II, Mendoza, 1998, págs. 65-71.

ORTEGA LLORCA, V., «La protección de los hijos menores en el proceso matrimonial», *RGD*, mayo, 1996, págs. 5023-5049.

ORTIZ IBÁÑEZ, M., «La custodia compartida de los hijos e hijas en casos de nulidad, separación y divorcio», *Aequalitas*, núm. 7, mayo-agosto, 2001, págs. 35-37.

ORTUÑO MUÑOZ, P., *El nuevo régimen jurídico de la crisis matrimonial*, Navarra, Thomson Civitas, 2006.

— «Criterios sobre la distribución de funciones en el ejercicio de la patria potestad conjunta, en las crisis matrimoniales», en *Derecho de Familia,* Cuadernos de Derecho Judicial, vol. 10, Madrid, 1993, págs. 479-486.

— «Pàtria potestat, guarda i custodia i crisis familiar. La mediació familiar. Circumstàncies a tenir en compte en la resolució judicial sobre guarda i custodia», *Studia Iuridica,* núm. 5, 1993, págs. 111-128.

PALADINI, M., «L'abitazione della casa familiare nell'affidamento condiviso», *Famiglia e Diritto,* núm. 3, 2006, págs. 329-336.

PALLADINO A. y PALLADINO V., *Il Divorzio,* Milano, A. Giuffrè, 1975.

PASTOR VITA, J., «Algunas consideraciones sobre la Ley de Reforma del Código Civil en materia de separación y divorcio», *RDF,* núm. 28, julio a septiembre, 2005, págs. 25-56.

— «Una primera aproximación al Proyecto de Ley de reforma del Código Civil en materia de separación y divorcio», *Diario LA LEY,* núm. 6235, 20 de abril de 2005, Ref. D-93.

PATTI, S., «L'affidamento condiviso dei figli», *Famiglia, persone e successioni,* núm. 4, anno II, abril, 2006, págs. 300-307.

— *Famiglia e responsabilità civile,* Milano, Dott. A. Giuffrè editore, 1984.

— «Sul Sorgerecht dei genitori divorziati», *Diritto di famiglia e delle persone,* 1983, págs. 262-264.

PEARSON, J. y THOENNES, N., «Custody After Divorce: Demographic and Attitudinal Patterns», *American Journal of Orthopsychiatry,* vol. 60, 1990, págs. 233-249.

PEÑA BERNALDO DE QUIRÓS, M., *Derecho de Familia,* Madrid, Facultad de Derecho Universidad Complutense de Madrid, Sección Publicaciones, 1989.

— «Comentario al artículo 110 del Código Civil», *Comentarios a las reformas de Derecho de Familia,* vol. I, Madrid, Tecnos, 1984, págs. 815-820.

PÉREZ DEL CAMPO NORIEGA, A., «Presente y futuro de las relaciones entre padres e hijos en las familias de carácter monoparental», *Infancia y Sociedad*, núm. 30, 1995, págs. 68-79.

PÉREZ MARTÍN, A., *Derecho de Familia.* Tomo II. *El procedimiento contencioso de separación y divorcio,* Valladolid, Lex Nova, 1997.

— *Derecho de Familia.* Tomo III. *Divorcio y separación de mutuo acuerdo. El procedimiento de modificación de medidas,* Valladolid, Lex Nova, 1996.

PÉREZ SALAZAR-RESANO, M., «Patria potestad», en GONZÁLEZ POVEDA, P. y GONZÁLVEZ VICENTE, P., *Tratado de Derecho de familia. Aspectos sustantivos y procesales. Adaptado a las Leyes 13/2005 y 15/2005,* Pozuelo de Alarcón (Madrid), Sepín, 2005, págs. 159-224.

PÉREZ UREÑA, A., «El interés del menor y la custodia compartida», *RDF,* núm. 26, enero-marzo, 2005, págs. 275-278.

PÉREZ VEGA, A., «La guarda y custodia compartida de los hijos sometidos a patria potestad», *Anuario da Facultade de Dereito da Universidade da Coruña,* núm. 9, 2005, págs. 673-692.

PHEAR, W. P. C., BECK, J. C., HAUSER, B. B., CLARK, S. C. y WHITNEY, R. A., «An Empirical Study of Custody Arrangements: Joint Versus Sole Legal Custody», en FOLBERG, J. (edited by), *Joint Custody and Shared Parenting,* Washington D.C., Bureau of National Affairs and the Association of Family and Conciliation Courts, 1984, págs. 142-158.

POLIKOFF, N., «Why are mothers losing: A Brief Analysis of Criteria Used in Child Custody Determinations», *Women's Rights Law Reporter,* vol. 7, 1982, págs. 235-243.

POUS DE LA FLOR, M., «Igualdad conyugal y custodia compartida en la legislación española», ponencia presentada en el Instituto de Investigaciones Jurídicas de la UNAM, *Congreso Internacional de Derecho de Familia, Culturas y Sistemas Jurídicos Comparados,* 22 a 24 de septiembre de 2005, México.

— «Igualdad conyugal y custodia compartida en la Ley 15/2005, de 8 de julio», *Libro-homenaje al profesor Manuel Amorós Guardiola,* vol.

1, Madrid, Colegio de Registradores de la Propiedad y Mercantiles de España, Centro de Estudios, 2006, págs. 1743-1766.

POUSSIN, G. y LAMY, A., *Custodia compartida*, Madrid, Espasa, 2005.

PROYECTO DE REFORMA DEL CÓDIGO CIVIL FRANCÉS, *«La reforma de la autoridad parental: los nuevos desafíos de los derechos de las familias»* [http://www.famille.gouv.fr/doss_pr/aut_parent/exercer.htm#garde; fecha de consulta: 15 de enero de 2007].

QUADRI, E., *Digesto delle discipline privatistiche. Sezione civile VI*, Torino, UTET, 1990.

— «Rapporti tra genitori e figli nel divorzio», en CIPRIANI, F. y QUADRI, E., *La nuova legge sul divorzio II. Presuposti. Profili personali e processuali*, Napoli, Jovene Editore, 1987, págs. 83-180.

RABADÁN SÁNCHEZ-LAFUENTE, F., «Régimen de atribución del ejercicio de la patria potestad en los supuestos que los padres no conviven», en *Ponencias del XIII Congreso Internacional de Derecho de Familia*, 18 a 22 de octubre de 2004, Sevilla-Huelva, España.

RAGEL SÁNCHEZ, L., «Reflexiones sobre los deberes paterno-filiales», en *Estudios Jurídicos en Homenaje a Luis Díez-Picazo*, tomo III, Madrid, Thomson Civitas, 2003, págs. 4887-4900.

— «La guardia y custodia de los hijos», *DPC*, núm. 15, 2001, págs. 281-329.

REINA, V. y MARTINELL, J., *Curso de Derecho Matrimonial*, Madrid, Marcial Pons, 1995, 885 págs.

— *Propuesta de Reforma de la Legislación Matrimonial*, Barcelona, PPU, 1987.

RHOADES, H., «The Rise and Rise of Shared Parenting Laws», *Canadian Journal of family Law*, vol. 19, 2002, págs. 75-115.

RHOADES, H. y BOYD, S., «Reforming Custody Laws: A Comparative Study», *International Journal of Law Policy and the Family*, vol. 18, 2004, págs. 119-146.

RIVERA ÁLVAREZ, J. M., «La custodia compartida: génesis del nuevo art. 92 del Código Civil», *CTS*, vol. 18, 2005, págs. 137-162.

RIVERO HERNÁNDEZ, F., «Efectos de la crisis matrimonial respecto de los hijos. Estudio judicial (Juzgados de Catalunya)», *RJC*, número 3, 2003, págs. 9-40.

— *El interés del menor,* Madrid, Dykinson, 2000.

— «Comentarios a los arts. 92, 93 y 94 del Código Civil», en RAMS ALBESA, J. y MORENO FLÓREZ, R. M. (Coords.), *Comentarios al Código Civil. II.* Vol. 1.º, Libro Primero (Títulos I a IV), Barcelona, J. M. Bosch Editor, 2000, págs. 915-1006.

— *El derecho de visita,* Barcelona, Bosch, 1997.

— «La guarda y custodia de los hijos y el derecho de visita tras la crisis matrimonial», en *La situación jurídica de la mujer en los supuestos de crisis matrimonial,* Cádiz, Servicio de Publicaciones de la Universidad de Cádiz, 1997, págs. 61-134.

— «Comentarios al artículo 91», en *Matrimonio y divorcio. Comentarios al nuevo título IV del libro I del Código Civil* (coordinados por LACRUZ BERDEJO, J. L.), Madrid, Civitas, 2.ª ed., 1994, págs. 991-1013.

— «Comentarios al artículo 92», en *Matrimonio y divorcio. Comentarios al nuevo título IV del libro I del Código Civil* (coordinados por LACRUZ BERDEJO, J. L.), Madrid, Civitas, 2.ª ed., 1994, págs. 1014-1043.

— «Comentario al artículo 93 del Código Civil», en *Matrimonio y divorcio. Comentarios al nuevo título IV del libro I del Código Civil* (coordinados por LACRUZ BERDEJO, J. L.), Madrid, Civitas, 2.ª ed., 1994, págs. 1044-1078.

— «Comentario al artículo 94 del Código Civil», en *Matrimonio y divorcio. Comentarios al nuevo título IV del libro I del Código Civil* (coordinados por LACRUZ BERDEJO, J. L.), Madrid, Civitas, 2.ª ed., 1994, págs. 1079-1129.

— «Comentario al artículo 103 del Código Civil», *Comentarios a las reformas de Derecho de Familia*, vol. I, Madrid, Tecnos, 1984, págs. 677-732.

ROCA TRÍAS, E., *Familia y Cambio social (De la «casa» a la persona),* Madrid, Cuadernos Civitas, 1999.

— «Contestació dicurso Alegría Borrás», *RJC*, 103-II, 1994, págs. 969-990.

— «Comentario al artículo 90 del Código Civil», en *Comentario del Código Civil*, Madrid, Ministerio de Justicia, 1991, págs. 381-386.

— «Comentario al artículo 90 del Código Civil», en *Comentarios a las reformas de Derecho de Familia*, vol. I, Madrid, Tecnos, 1984, págs. 540-571.

RODRÍGUEZ CHACÓN, R., *Matrimonio, separación y divorcio en España: nueva regulación: estudio sistemático de las Leyes 13/2005, de 1 de julio, y 15/2005, de 8 de julio*, Barcelona, Experiencia, 2005.

ROGEL VIDE, C., «Comentario al artículo 159 del Código Civil», en *Comentarios a las reformas del Código Civil*, BERCOVITZ RODRÍGUEZ-CANO, R. (Coord.), Madrid, Tecnos, 1993, págs. 587-609.

— *La responsabilidad extracontractual en el Derecho español*, Madrid, Civitas, 1977.

ROMERO NAVARRO, F., «La custodia compartida. Una perspectiva sociológica. Función del mediador», en *La mediación, una visión plural: diversos campos de aplicación*, Gobierno de Canarias, Consejería de Presidencia y Justicia, Viceconsejería de Justicia y Seguridad, 2005, págs. 96-98.

RONFANI, P., «Relazioni familiari: evoluzione di modelli e prospettive», en DELL'ANTONIO, A. (a cura di), *Genitori e capacità genitoriale alle soglie del 2000: contributi interdisciplinarii*, Roma, Formello Seam, 1999, págs. 25-40.

RUBELLIN-DEVICHI, J., «Une importante réforme en droit de la famille: la loi n. 93-22 du 8 janvier 1993», *La semaine juridique*, 1993-I, págs. 123-128.

RUBIO, M. P. y OTERO CRESPO, M., «Apuntes sobre la referencia expresa al ejercicio compartido de la guarda y custodia de los hijos en la Ley 15/2005», *RJCL*, núm. 8, febrero, 2006, págs. 69-105.

RUBIO SAN ROMÁN, J., «Comentarios a los arts. 154 a 161 del Código Civil», en RAMS ALBESA, J. (Coord.), *Comentarios al Código Civil. II*. Vol. 2, Libro Primero (Títulos V a XII), Barcelona, J. M. Bosch Editor, 2000, págs. 1471-1500.

RUIZ-RICO RUIZ, J., *Acogimiento y delegación de la patria potestad*, Granada, Comares, 1989.

RUIZ-RICO RUIZ, J., DE LA FUENTE NÚÑEZ DE CASTRO, M. y LUQUE JIMÉNEZ, C., «Reflexiones sobre la protección de menores en el ordenamiento jurídico español», *RDF*, núm. 17, octubre, 2002, págs. 53-86.

RUSCELLO, F., «Gli effetti riguardo ai figli», en BIGIAVI, W. (fondata da), *Giurisprudenza sistematica di diritto civile e commerciale*, tomo II, Torino, UTET, 2003, págs. 787-842.

SAINZ TORRES, M., «El menor en las situaciones de crisis matrimonial», en LÁZARO GONZÁLEZ, I. (coordinación), *Los menores en el Derecho español* (vol. col.), Madrid, Tecnos, 2002, págs. 212-323.

SALZBERG, B., *Los niños no se divorcian. Estudio psicológico: cómo preservar a los hijos antes, durante y después del divorcio,* Barcelona, Ed. Logos Clínica Psicoanalítica, 1992.

SAMIS, M. D. C. y SAPOSNEK, D. T., «Parent-Child Relationships in Family Mediation: A Synthesis of Views», *Mediation Quarterly*, 14-15, 1986-87, págs. 23-37.

SÁNCHEZ IGLESIAS, I., «Infancia y adolescencia ante la separación de los padres: efecto mediador de los Puntos de Encuentro Familiares», *Revista de Estudios de Juventud*, junio, 2006, págs. 97-101.

SÁNCHEZ PRIETO, A., «La audiencia del menor en las causas matrimoniales», *LA LEY*, 1988-1, págs. 960-962.

SANCHO REBULLIDA, F., «La patria potestad», en LACRUZ BERDEJO, J. L. y otros, *El nuevo régimen de la familia II*, Madrid, Civitas, 1982, págs. 93-120.

SANTOS BRIZ, J., «Comentario a los arts. 1903 y 1904 del Código Civil», en *Comentarios al Código Civil y Compilaciones Forales* (dirigidos por Manuel ALBALADEJO), tomo XXIV, Madrid, Edersa, 1984, págs. 560-603.

SANTOSUOSSO, F., «Voce scioglimento del matrimonio», *Enciclopedia del Diritto*, XLI, Varese, Giuffrè editore, 1989, págs. 691-692.

SCANNICCHIO, N., «Commento alla l. 26 marzo 1987, n. 74, *sub* art. 11», en LIPARI, N., *Nuove norme sulla disciplina dei casi di scioglimento del matrimonio*, Padova, Cedam, 1988, págs. 233-255.

SCARDULLA, F., *La separazione personale dei coniugi ed il divorzio,* quarta edizione, Milano, Giuffrè, 2003.

— *La separazione personale dei coniugi ed il divorzio,* Milano, Giuffrè, 1977.

SCHEPARD, A, *Children, courts, and custody: interdisciplinary models for divorcing families,* Cambridge, Cambridge University Press, 2004.

SCHLESINGER, P., «L'affidamento condiviso è diventato legge!», *Il corriere giuridico,* núm. 3, 2006, págs. 301-305.

SCHUTZ, B. M., DIXON, E. B., LINDENBERGER, J. C. y RUTHER, N. S., *Solomon's sword: a practical quide to conducting child custody evaluations,* San Francisco, Jossey-Bass Publishers, 1989.

SCHWAB, D., *Handbuch des Scheidungsrechts,* München, Verlag Franz Vahlen, 1989.

SCOTT, E., «Pluralism, Parental Preference and Child Custody», *California Law Review,* vol. 80, 1992, págs. 615-672.

SEISDEDOS MUIÑO, A., «Las medidas relativas a los hijos en los procesos de divorcio y separación matrimonial: Primera aproximación al nuevo texto del Código Civil (Ley 15/2005)», *Aranzadi Civil,* núm. 22/2005, Parte Estudio, Pamplona, Editorial Aranzadi, 2006, BIB 2005\2649.

— *La patria potestad dual,* Bilbao, Servicio Editorial de la Universidad del País Vasco, 1988.

SÉNAT, Session Ordinaire de 2001-2002, Rapport Sénat 71, 108 págs. [http://www.senat.fr/rap/l01-071/l01-0711.pdf; fecha de consulta: 15 de enero de 2007].

SERRA DOMÍNGUEZ, M. y RAMOS MÉNDEZ, F., *Las medidas cautelares en el proceso civil. Teoría general de las medidas cautelares. Medidas provisionales en relación con las personas. Intervención judicial de bienes litigiosos,* Barcelona, Gráficas M. Pareja, 1974.

SESTA, M., «Le nuove norme sull'affidamento condiviso: a) profili sostanziali», *Famiglia e Diritto,* núm. 6, 2006, págs. 376-387.

SIMLER, P., «La notion de garde de l'énfant», *RTDC,* 1972, págs. 685-728.

SOCIALSTYRELSEN, Sweden, *Getting divorced when you have children*, 2000.

SOLÍS VILLA, C., «Notas sobre el ejercicio de la representación legal de los hijos», en *La Reforma del Derecho de Familia. Jornadas Hispalenses sobre la Reforma del Derecho de Familia*, Sevilla, 1982, págs. 317-323.

SPARPAGLIONE, R., «Affidamento congiunto... re melius parpensa», en CIGOLI, V., GULOTTA, G. y SANTI, G., *Separazione, divorzio e affidamento dei figli*, Milano, Giuffrè editore, 1997, págs. 357-372.

SPECIAL JOINT COMMITTEE ON CUSTODY AND ACCESS, *For the sake of Children* [http://www.parl.gc.ca/InfoComDoc/36/1/SJCA/Studies/Reports/sjcarp02-e.htm; fecha de consulta: 15 de enero de 2007].

STANZIONE, P., *Studi di Diritto Civile*, Napoli, Edizione Scientifiche Italiane, 1986.

SUÁREZ SÁNCHEZ-VENTURA, J. y MARTÍNEZ MARTÍNEZ, F., «Los actos de disposición de bienes de menores sometidos a la patria potestad en el Código Civil», *RDP*, 1981, págs. 851-891.

TAMAYO HAYA, S., «La custodia compartida como alternativa legal», *RCDI*, núm. 700, 2007, págs. 667-709.

TAMBORERO DEL RÍO, R., «La guarda y custodia compartida», en VV.AA., *Diez años de Abogados de Familia*, Madrid, *LA LEY*, 2003, págs. 515-519.

— «La guarda y custodia compartida», *Abogados de Familia*, núm. 25, 2002, págs. 2-4.

THÉRY, I., *Le démariage*, París, Ed. O. Jacob, 1993.

TURKAT, I., «Child visitation interference in divorce», *Clinical Psychology Review*, vol. 14, núm. 8, 1994, págs. 731-742.

UNICEF, prepared by Rachel Hodgkin and Peter Newell, *Implementation Handbook for the Convention on the Rights of the Child. Fully revised edition*, june 2002.

URIBE SORRIBES, A, «La representación de los hijos», *AAMN*, XXV, 1982, págs. 239-277.

VALPUESTA FERNÁNDEZ, M., «Comentario al artículo 103 del Código Civil», en *Comentario del Código Civil,* Madrid, Ministerio de Justicia, 1991, págs. 416-421.

VARELA PORTELA, M, «Protección a la maternidad en los procesos de separación y divorcio», ponencia presentada en el *XVII Congreso Estatal de Mujeres Abogadas,* Valladolid, octubre de 2004, disponible en [http://www.bufete-varela.com/publicaciones_detalle.asp?idPublicacion=99; fecha de consulta: 30 de abril de 2007].

VARGAS CABRERO, B., «El Ministerio Fiscal y el principio del interés del menor», en VV.AA., *El menor y la familia: Conflictos e implicaciones,* Madrid, RODRÍGUEZ TORRENTE (Ed.), Publicaciones de la Universidad Pontificia de Comillas, 1998, págs. 85-98.

VEGA SALA, F., *Síntesis práctica sobre la regulación del divorcio en España,* Barcelona, Praxis, 1981.

VELÁSQUEZ, A., «Tenencia compartida y el superior interés del niño», en *Ponencias del XIII Congreso Internacional de Derecho de Familia,* 18 a 22 de octubre de 2004, Sevilla-Huelva, España.

VENTOSO ESCRIBANO, A., *La representación y distribución de los bienes de los hijos,* Madrid, Edit. Colex, 1989.

WALLERSTEIN, J. S. y KELLY, J. B., *Surviving the Breakup: How Children and Parents Cope with Divorce,* New York, Basic Books, 1980.

WEITZMAN, L., «Judicial Perceptions and Perceptions of Judges: the Divorce Law Revolution in Practice», en CRITES, L. y HEPPERLE, W., *Women, the Courts and Equality,* Volume 11 Sage Yearbooks in Women's Policy Studies, Newbury Park, Sage Publications, 1987.

WEITZMAN, L. y DIXON, R., «Child Custody Awards; Legal Standars and Empirical Patterns for Child Custody, Support and Visitation after Divorce», *U.C. Davis Law Review,* vol. 12, 1979, págs. 473-521.

YZQUIERDO TOLSADA, M., «La responsabilidad civil de menores e incapacitados: panorama anterior y posterior a la reforma del Código Civil en materia de tutela», en YZQUIERDO TOLSADA, M. y otros, *Estudios sobre incapacitación e instituciones tutelares,* Madrid, Ediciones ICAI, 1984, págs. 155-182.

ZAMBRANO, V., «Interesse del minore ed affidamento congiunto. Esperienze europee a confronto», *Diritto di famiglia e delle persone*, 2000, págs. 1382-1400.

ZANÓN MASDEU, L., *Guarda y custodia de los hijos*, Barcelona, Bosch, 1996.

ZARRALUQUI SÁNCHEZ-EZNARRIAGA, L., «Disponibilidad del objeto en los procesos familares. Especial consideración de la custodia de los hijos», ZARRALUQUI SÁNCHEZ-EZNARRIAGA, L. y otros, *Temas de Actualidad en Derecho de Familia*, Madrid, Dykinson, 2006, págs. 13-84.

ZIFF, B., «The primary Caretaker Presumption; Canadian Perspectives on an American Development», *International Journal of Law and the Family*, vol. 4, 1990, págs. 187-213.